Joachim Schubert

Fachwörterbuch Textil

Joachim Schubert

Fachwörterbuch Textil

deutsch-französisch / français-allemand

Deutscher Fachverlag

CIP-Titelaufnahme der Deutschen Bibliothek

Schubert, Joachim:
Fachwörterbuch Textil: dt.-franz. français-allemand/
Joachim Schubert. – Aktualisierte Neuaufl. – Frankfurt am Main:
Dt. Fachverl., 1988
ISBN 3-87150-256-1
NE: HST

ISBN 3-87150-256-1

Satz: Offenbacher Layoutsetzerei Horst Schiller, Offenbach am Main
Druck und buchb. Verarbeitung: Ebner Ulm

Vorwort

Für jeden Textileinkäufer, Industriellen und Textiltechniker ist dieses zuverlässige zweisprachige Fachwörterbuch ein geradezu unentbehrliches Hilfsmittel angesichts der zunehmenden internationalen Verflechtung des Marktes.
Die aktualisierte Neuauflage deckt mit ihren rund 26000 Eintragungen sämtliche Bereiche der einschlägigen Textilbranche ab:
Stoffe, Bekleidung und Mode werden ebenso berücksichtigt wie die Textilmaschinenindustrie, Farbstoffe, Chemiefasern und anverwandte Prozesse.

Avant-propos

Ce dictionnaire technique bilingue devient par sa fiabilité une ressource indispensable pour le travail de tout acheteur, industriel ou technicien du textile. Il le sera d'autant plus, vu les tendances de concentration sur le marché international.
La nouvelle édition, complètement remise à l'ordre du jour et largement élargie, couvre avec ses environ 26 mille mentions tous les domaines relatifs au textile:
Tissus, habillement et mode sont aussi bien pris en considération qu'équipement mécanique, colorants, fibres synthétiques et procédés rattachés.

Teil I

Deutsch – Französisch

Part I

Allemand – Français

Teil I: Deutsch-Französisch
Part I: Allemand-Français

Genre des noms: m : masculin (le)
f : féminin (la)
pl : pluriel (les)

Abänderung changement *(m)*, modification *(f)*
Abbastmaschine (Flachsbrechm.) broie *(f)*mécanique, teilleuse *(f)*mécanique
Abbau (chem.) décomposition *(f)*, dégradation *(f)*
Abbau der (von) **Stärke** dégradation de l'amidon, décomposition de l'am.
abbaubar dégradable
abbauen, auflösen (chem.) décomposer, dégrader
abbäumen (Web.) dérouler, démonter la chaîne
Abbauprodukt produit *(m)* de dégradation, produit *(m)* de réduction, produit *(m)* de décomposition
Abbaureaktion réaction *(f)* de décomposition
abbeizen (Stahl) dérocher, décaper
Abbeizmittel décapant *(m)*
abbinden (v. Klebstoffen o. ä.) durcir
abblasen, ablassen (Luft, Gas) dégonfler
Abblaseventil (Ablaßventil) soupape *(f)* d'évacuation
Abblasrohr tube *(f)* de purge
abbrausen arroser, rincer
abbrennen, absengen flamber
abbrühen ébouillanter, débouillir
abbrühen i.d. Färberei échauder
abdämmen barrer, endiguer
Abdämmung, Absperrung barrage *(m)*, endiguement *(m)*
Abdampf vapeur *(f)* d'échappement *(m)*
abdampfen (lassen) évaporer, volatiliser
Abdampfentöler déshuileur *(m)* de vapeur
Abdampfgefäß (Verdampferschale) récipient d'évaporation, vase *(m)* évaporatoire
Abdampfkessel chaudière *(f)* à vapeur d'échappement
Abdampfleitung conduit *(m)* de vapeur d'échappement
Abdampfprobe (Verharzungsprobe) épreuve *(f)* de gomme
Abdampfrückstand résidu *(m)* d'évaporation
Abdampfschale (Chem. Labor) écuelle d'évaporation, capsule *(f)* d'évaporation
Abdampfstutzen tubulure *(f)* d'échappement
Abdampfverwertung utilisation *(f)* de vapeur d'échappement
Abdampfvorwärmer réchauffeur *(m)* à vapeur d'échappement
Abdeckblech tôle *(f)* de protection
Abdeckgas (für Laborchemikalien) gaz *(m)* de couverture
abdestillieren distiller
Abdichtungsgummiring joint *(m)* en caoutchouc

abdocken (Spinnerei) enlever les bobines *(f)*
abdrosseln (Masch. od. Motor) amortir, étrangler
abdunkeln (von Färbungen) rendre plus foncé
Abendanzug tenue *(f)* de soirée
Abendfarbe couleur *(f)* à la lumière artificielle
Abendgarderobe toilette *(f)* du soir, grande toilette
Abendkleid robe *(f)* du soir
Abendkleidung vêtements *(m, pl)* de soirée
Abendmantel manteau *(m)* de soirée, sortie *(f)* de bal
Abendstrumpf bas *(m)* pour le soir
Abendtasche sac *(m)* du soir
Abfall (i. d. Kämmerei) entredents *(m, pl)*
Abfall von Baumwolle épluchures *(f, pl)* de coton
Abfallbaumwolle déchet de coton
Abfallbehälter réservoir *(m)* des déchets
Abfallchemikalien rejets *(m, pl)* chimiques
Abfallprodukt (verwertbar) produit *(m)* de récupération
Abfallreiniger (Spinnerei) nettoyeuse *(f)* pour déchets de carde
Abfallsäure acide *(m)* résiduaire
Abfallschlamm déchets *(m, pl)* sous forme be boue
Abfallseide (Bourettseide) bourette *(f)*
Abfallverbrennungsanlage installation *(f)* d'incinération des déchets
Abfallverwertung récupération *(f)* des déchets
Abfallwolle (Klunkerwolle) laine *(f)* de rebut
abfärben déteindre, lâcher la couleur, décolorer
ab-, einfassen border, garnir
abfiltern filtrer, séparer par filtration *(f)*
abflammen flamber
abfließen s'écouler
Abfließen écoulement *(m)*
Abfluß débouché *(m)*, déchargeoir *(m)*
Abflußbecken für Schmutzwasser bassin *(m)* d'évier, évier *(m)*
Abflußgeschwindigkeit vitesse *(f)* d'écoulement
Abflußkanal canal *(m)* d'écoulement
Abflußrohr tube *(m)* d'écoulement, tuyau *(m)* de descente, tuyau *(m)* de chute
Abflußwasser eau *(f)* de décharge, eau *(f)* d'écoulement
Abfühlnadel (für Schablonen) palpeur *(m)*
Abführung (Spinnerei) sortie *(f)*
abfüllen (teilw. entleeren) désemplir
Abfüllvorrichtung dispositif *(m)* de distribution
Abfüllwaage peseuse *(f)*
Abgangsaufbereitung (Spinnerei) préparation *(f)* des déchets
Abgasemission émission *(f)* des gaz d'échappement
Abgaswärme chaleur *(f)* des gaz brûlés
abgelegte Kleidung hardes *(f, pl)*, vieux vêtements *(m, pl)*, vêtements usagés
abgepaßter Teppich tapis *(m)* à bordure
abgepaßtes Muster dessin *(m)* à bordure
abgerissene Leiste (Weberei) lisière *(f)* déchirée
abgeschlagener Schuß trame *(f)* éboulée
abgeschleudert, weggeschl. (Öl, Spulöl) projecté, jailli
abgeschorene Wolle tonte *(f)*
abgesetzter Nadelschaft talon *(m)* dégradé
abgestuft gradué
abgießen, dekantieren épancher, décanter
Abgleichspule bobine *(f)* d'équilibrage
abhaaren ôter le poil
Abhäkeln (Abwerfen i. d. Spinnerei) abattage *(m)***abhaspeln, abwickeln** dévider, dérouler
Abhaspeln, Abwickeln dévidage *(m)*, déroulage *(m)*
Abhitzerückgewinnung récupération de la chaleur perdue
Abhitzeverwertung utilisation *(f)* de la chaleur perdue, récupération thermique
abketteln (Wirkmaschine) tourniller
abklären (filtrieren) clarifier
Abklärgefäß (Chemie) décanteur *(m)*
abklatschen (beim Stoffdruck) tirer
abklatschen auf den Walzen (Färb) rapplicage *(m)* sur les rouleaux

Abkochapparat appareil *(m)* de débouillisage
Abkochdruckapparat (Beuchapparat) appareil *(m)* de débouillisage sous pression
abkochen (Gewebe usw.) débouillir, rébouillir
abkochen (Chem.) décuire
Abkochen (Gewebe) débouillisage *(m)*
Abkochen (Chem.) décoction *(f)*
abkühlen refroidir, rafraîchir
Abkühlung refroidissement
ablagern (absetzen chem.) déposer, précipiter
Ablagerung (Chem.) dépôt *(m)*, sédiment *(m)*
ablassen (von Dampf, Luft) laisser échapper
ablassen (Flotte usw.) vider, évacuer
ablaufen lassen (Flüssigkeit) faire partir, faire s'écouler
Ablauge lessive *(f)* résiduaire
Ableger, Abtafler (für Ware) plieur *(m)*
Ablegen (der Warenbahn) pliage *(m)*
Ablegewagen charriot *(m)* pour mettre en plis
ableimen, losleimen décoller
ableiten, sich se dériver
ableiten (von Wärme) enlever (la chaleur), conduire (la chaleur)
Ableitfähigkeit für elektrostatische Ladungen capacité de décharge pour charges
Ableitung zur Erde, Erdableitung (an Maschinen) dérivation à la terre
Ablesegenauigkeit précision *(f)* des lectures
Ablieferungswalze, Abzugswalze (Spinn) réunisseur *(m)*, débiteur *(m)*
Ablieferungswalzen, Abzugswalzen der Anlegemaschinen cylindres *(m, pl)* détacheures de l'étaleuse
ablösbar séparable, amovible
Abluft air *(m)* d'échappement
Abluftventilator ventilateur *(m)* aspirant
abmessen, messen mesurer, prendre la mesure
Abmeßpumpe, Dosierpumpe pompe *(f)* de dosage
Abmessung, Abmaß dimension *(f)*
abmildern von Färbungen dégrader la teinte, changer la nuance
abmustern échantillonner, contrôler la nuance, vérifier la nuance
abnähen (Naht) piquer, (die Taille) diminuer la taille
Abnäher pince *(f)*
Abnahme (Zulassung) homologation *(f)*
Abnahmeprüfung (an Maschinen) essai *(m)* de réception
Abnahmevorrichtung dispositif *(m)* d'enlèvement
abnehmen, vermindern der Maschen diminuer les mailles
Abnehmerkamm (Spinnerei) peigne *(m)* détacheur
Abnehmerwalze (Spinnerei) peigneur *(m)*
abnutschen (durch Filter absaugen) filtrer à la trompe, filtrer par aspiration
Abnutzung usure *(f)*
aboxydieren éliminer par oxydation
abpassen, anpassen proportionner
Abperleffekt effet *(m)* déperlant
abpressen extraire par pression
abpuffern tamponner
abpumpen évacuer par pompe, vider par pompe
Abquetscheffekt (am Foulard) effet *(m)* d'exprimage
Abquetschfoulard foulard-exprimeur *(m)*
abrahmen (Flotation) écumer
abrakeln racler
abreiben (abnutzen) ôter en frottant
Abreißkraft force *(f)* d'arrachement, force *(f)* d'adhérence
Abreißzylinder (Baumwollspinnerei) cylindre arracheur
Abriebprüfgerät abrasimètre
abrollen dérouler
abrollen von der Haspel dévider, débobiner
Abrollhaspel dévidoir *(m)*, dérouleuse *(f)*
Abrollspule, Laufspule i. d. Weberei bobine *(f)* à dérouler
Abrutschen (von Fäden) éboulement *(m)*
absäuern acidifier
absaugen aspirer, épuiser, sucer
Absaugmaschine machine à sucer, suceuse *(f)*
Absaugpumpe pompe *(f)* d'aspiration

Absaugung aspiration *(f)*, exhaustion *(f)*, essorage *(m)*
Absaugvorrichtung (Spinnerei) buse *(f)* d'aspiration de mèche
abschälen peler, décortiquer, écorcer
abschalten (elektr. Geräte, Masch.) débrancher, découper le circuit
Abschalter, Ausschalter interrupteur *(m)*
abschattiert ombré, nuancé
abscheidbar (chem.) précipitable
abscheiden, absondern séparer
Abscheider (Sammler) collecteur *(m)*
Abscheider i. d. Spinnerei condensateur *(m)*
abscheuern, aufscheuern récurer
Abschlagbarre barre *(f)* d'abbatage
abschlagen abattre
Abschlagkamm peigne *(m)* d'abattage
Abschlagplatine platine *(f)* d'abattage
Abschlußventil soupape *(f)* d'arrêt
abschmieren (von Masch. oder Lagern) graisser
abschmieren (von Farben usw.) déteindre, salir
abschnüren étrangler
Abschnürung (Weberei) armure *(f)*, billure *(f)*, encordage *(m)*
abschöpfen (von oben) enlever de dessus d'un liquide
abschrauben dévisser
abschwächen amortir, affaiblir
abschwächen einer Farbe éteindre une couleur
abschwemmen rincer
Abseite (Weberei) envers *(m)* (d'un tissu)
Absetzbecken bassin *(m)* sédimentaire
absetzen, sich (Bodensatz bilden) se déposer
Absetzverhinderer agent *(m)* de suspension
Absetzzeit temps de dépôt *(m)*
absieben cribler, tamiser
absolut (rein bei Chemikalien) absolu
absolut reiner Alkohol alcool *(m)* absolu
absolutes spez. Gewicht poids *(m)* spécifique absolu
absondern, abscheiden sécréter
absorbieren absorber,
absorbierend absorbant
Absorbierung absorption
Absorptionsgrad facteur *(m)* d'absorption
Absorptionsvermögen pouvoir *(m)* d'absorption
absperren arrêter, fermer
Absperrhahn robinet *(m)* d'arrêt
abspulen dérouler, dévider
abspülen, spülen rincer
Abspulgerät débobineuse *(f)*
Abspulmaschine für Kokons dévideur *(m)* de cocons
ABS-Schaumstoff mousse *(f)* ABS
Abstandhalter écarteur *(m)*
abstechen (Farben) contraster (coloris)
abstimmen (Farben) assortir, marier
abstoßen (Wäsche, Walke, den Gerber) effleurer, évacuer
Abstreifblech (Spinnerei) tôle *(f)* de dosage
abstufbar variable (par degrés)
abstufen échelonner
abstufen von Färbungen graduer
Abstufung échelonnement *(m)*, gradation
abstumpfen (chem.) neutraliser
abstumpfen von Farben ternir
Abtafelmaschine plieuse *(f)*
abtafeln plier
Abtaster explorateur *(m)*
abtönen, schattieren dégrader, nuancer
abtropfen dégoutter
abtropfen lassen égoutter
abwaschbar lavable
abwaschen, säubern nettoyer en lavant
Abwasser eaux *(f, pl)* usées, eaux d'égout
Abwasseranlagen installations *(f, pl)* de vidange
Abwasseranfall débit *(m)* d'eau usée
Abwasserbehandlung traitement *(m)* des eaux usées (d'égout)
Abwassereinleitung introduction *(f)* d'eaux usées
Abwasserkanal zur Kläranlage canal *(m)* des eaux usées
Abwasserkläranlage station *(f)* d'épuration
Abwasserlast (eines Flusses z. B.) charge *(f)* en eau d'égout
Abwasserleitung, Beseitigung évacuation *(f)* des eaux usées
Abwasserreinigung épuration *(f)* des eaux d'égout

Abwasserschlamm, Rückstand vase *(f)* d'eaux usées
Abwasserverband, Zweckverband association *(f)* pour l'épuration des eaux usées
Abwasserverrieselung épandage des eaux usées, irrigation *(f)* des eaux usées
Abwasserverwertung utilisation *(f)* des eaux d'égout
Abwasserzufluß adduction des eaux d'égout
Abweichung vom Sollwert écart *(m)* de consigne
abweisend (Wasser, Schmutz, Öl) qui ne retient pas l'eau, la poussière, les oléagineux
Abwerfvorrichtung déverseur
abwickeln dérouler, dévider
Abwicklung, positive der Webkette mouvement *(m)* positif pour dérouler la chaîne
abwiegen peser
abzapfen (von Flüssigkeiten) soutirer, tirer
Abzeichen badge *(m)*
abziehen (einer Farbe) démonter
Abziehen der Spulen v. einem Spulengatter levée *(f)* par dévidage *(m)* des bobines d'un cantre *(m)*
Abzug (Spinnerei) levée *(f)*
Abzugwalze der Anlegemaschine (Spinn) cylindre *(m)* détacheur de l'étaleuse *(f)*
Abzugwalze i. d. Kämmerei cylindre délivreur
Abzugwalze i. d. Wirkerei roulette *(f)* de tirage *(m)*
abzwicken von Knoten (Schauerei) énoder
Accessoires accessoires *(m, pl)*
Acetatseide soie *(f)* d'acétate
Acetatspinnfaser fibranne *(f)* d'acétate
Acetylcellulose, Celluloseacetat acétocellulose *(f)*
Achselklappe, Schulterklappe épaulette *(f)*
Acidität acidité *(f)*
Acrylat acrylate *(m)*
Acrylfaden fil *(m)* acrylique
Acrylfaser fibre *(f)* acrylique
Acrylharz résine *(f)* acrylique
Acrylnitril acrylnitrile *(m)*
Acryl-Nitril-Butadien-Styrol-Copolymerisat copolymère *(m)* d'acryl-nitrile-systhème-butadiène
Acrylschlichte apprêt *(m)* acrylique
Additionsverbindung, Addukt produit *(m)* d'addition
Additiv, Zusatzstoff additif *(m)*
additive Grundfarbe couleur *(f)* de base d'un mélange additif
Adhäsion, Reibungskraft force *(f)* d'adhérence, force de frottement
Adhäsionsvermögen pouvoir *(m)* adhérent
Adriabindung cannélé *(m)* diagonal
adsorbierend adsorbant
Adsorptionsgrad taux *(m)* d'adsorption
Aerometer aéromètre *(m)*
Affinität affinité *(f)*
Afgalaine laine *(f)* d'Afghanistan
Afghan Teppich) afghan *(m)* (tapis)
Aggregatzustand état *(m)* physique (fest) solide, (flüssig) liquide
Aktivkohle charbon actif
aktuell actuel, moderne
Alaunbeize mordant *(m)* d'alun
Albumin (wasserlösl. Eiweiß) albumine *(f)*
Aldehyd aldéhyde *(m)*
Alençonspitze dentelle *(f)* d'Alençon
Alginatchemiefaser soie *(f)* artificielle
Alginatfaser fibre *(f)* alginate
Alginatsäure acide *(m)* alginique
Algolfarbstoff teinture *(f)* algo
aliphatisch aliphatique, acyclique
Alizarinblau bleu *(m)* d'alizarine
Alizarinfarbstoff colorant *(m)* alizatique
Alkali alcali*(m)*
alkalibeständig résistant aux alcalis
Alkali bildend alcalifiant, alcaligène
Alkalibildner alcaligène *(m)*
Alkali enthaltend alcalifère
alkalihaltig alcalin
Alkalilauge lessive *(f)* alcaline
Alkalimetalle métaux *(m, pl)* alcalins
alkalisch alcalin
alkalisch machen alcaliniser
alkalisch reagieren réagir alcalin
Alkalisilikat silicate *(m)* alcalin
Alkalität alcalité *(f)*
Alkali zusetzen alcaliniser
Alkohol alcool *(m)*

Alkoholbildung (durch Gärung) alcoolification *(f)*
Alkoholgehalt taux *(m)* d'alcool, teneur *(m)* en alcool
alkoholisch alcoolique
alkohollöslich soluble dans l'alcool
Alkydharz résine *(f)* alkyde
Alkyl, Alkylrest alkyle, alcoyle *(m)*
Alligatortuch étoffe *(f)* alligator
All-Over-Druck impression *(f)* all-over
Aloefaser fibre *(f)* d'agave
Alpakawolle laine *(f)* d'alpaga
alterungsbeständig non-vieillissant, inaltérable
Alterungsbeständigkeit résistance *(f)* au vieillissement *(m)*
Alterungsschutzmittel (gegen 0_2) anti-oxygène *(m)*
Altmaterial, Lumpen (Web.) chiffons *(m, pl)*
altmodisch démodé
Aluminiumsalzflockung floculation *(f)* à hydroxyde d'aluminium
Ameisensäure acide *(m)* formique
Amid amide *(m)*
Aminobenzol aniline *(f)*
Ammoniak, in wässriger Lösung ammoniaque *(f)*
Ammoniakflüssigkeit ammoniaque liquide
Ammoniakverbindung combinaison *(f)* ammoniacale
Ammoniakwäsche (bei Wolle) lavage *(m)* à l'ammoniaque
amorph amorphe
Amphotensid agent *(m)* de surface ampholyte
amphoter amphotère
amphotere Verbindung composé *(m)* amphotère
Amylopektin amylopectine *(f)*
anaerob anaérobe
Analyse analyse *(f)*
Analysenergebnis valeur *(f)* trouvée par analyse
Analysengang processus *(m)* analytique
Analysenwaage balance *(f)* de précision
analysieren analyser
anatolischer Teppich tapis *(m)* d'Anatolie
anbluten (Färbungen) dégorger
Anbluten dégorgement *(m)*
andrehen (Fäden i. d. Weberei) rattacher des fils
Andrehen rattachage *(m)*, nouage *(m)*
Andreher rattacheur *(m)*, noueur *(m)*
Andruck, Probedruck épreuve *(f)* d'impression
anfahren (von Maschinen) démarrer
Anfahren démarrage *(m)*
Anfangsreihe première rangée *(f)*
Anfangstemperatur température *(f)* initiale
Anfärbbarkeit pouvoir *(m)* tinctorial
Anfärbeversuch essai *(m)* de teinture *(f)*
anfersen talonner
anfertigen fabriquer, confectionner
anfeuchten humecter, humidifier, mouiller
anfilzen commencer à feutrer
anfühlen, sich avoir un toucher
Angebot und Nachfrage offre *(f)* et demande *(f)*
Angelschnur ligne *(f)*
an-, aufgerauht brossé, frotté
angereichert enrichi
angleichen compenser, mettre au même niveau *(m)*
Angoragarn fil *(m)* d'Angora
Angorakaninwolle poil de lapin d'Angora
anhaften adhérer
anhaftende Feuchtigkeit humidité *(f)* adhérente
An(Auf)**heizkurve** courbe *(f)* d'échauffement *(m)*
Anheizzeit temps *(m)* d'échauffement
Anilinfarbe couleur *(f)* à l'aniline
Anion anion *(m)*
Anionenaustauscher échangeur *(m)* anionique, échangeur d'anions
Ankleidepuppe mannequin *(m)*
Anknoten der Webketten nouage *(m)* des chaînes
anknüpfen rattacher, nouer
Anknüpfmaschine machine *(f)* à rattacher
ankoppeln accoupler
Anlagerung, Vernetzung (Chem.) réticulation *(f)*
Anlagerungsverbindung composé *(m)* d'addition
Anlaßregler démarreur-régulateur *(m)*
Anlauf, Versuch tentative *(f)*

Anlauf, Inbetriebnahme démarrage *(m)*
anlaufen lassen (Masch.) mettre en marche, mettre en train
anlaufen, beschlagen se ternir
Anlaufreibung friction *(f)* au démarrage
Anlaufzeit durée de démarrage
anlegen (Spinnerei) étaler
Anlegetisch (Spinn.) tablier *(m)* d'alimentation
anleimen coller
annähen, an coudre, à
Anorak anorak *(m)*
anorganisch inorganique
anorganische Chemie chimie *(f)* minérale, chimie inorganique
anpassen, passend machen adapter, ajuster
Anprobe essayage *(m)*
Anprobekabine cabine *(f)* d'essayage
anprobieren essayer
Anrändernaht couture *(f)* remaillée
anreißen (Druckwalzen) dégraver
anrühren (Chem.) préparer en agitant
Ansatzkanne (Spinn.) pot *(m)* d'étirage
ansäuern aciduler, acidifier
Ansäuerung acidification *(f)*
anschalten (Elektr., Masch.) mettre en contact, brancher
anscheren, anzetteln ourdir
Anschlag arrêt *(m)*, taquet *(m)*
Anschlag am Webstuhl tavelle *(f)*
anschlagen i. d. Weberei faire l'ourlet *(m)*
Anschmutzen, Anschmutzung salissure *(f)*, souillure *(f)*
Anschnüren der Harnischschnüre encordage *(m)* du harnais
ansetzen, sich s'incruster (refl.)
anspannen étendre, tendre, étirer
anspannen, den Aufzug (Web.) enlisseronner
anspinnen commencer à filer
anspinnen, einen Faden joindre en filant
anspruchsvolle Bekleidung vêtements *(m, pl)* pour les clients exigeants
anstoßen, leichtes Walken fouler légèrement, préfouler
Anstückeln (der Züge i. d. Spinn.) soudage *(m)* de traits
antailliert ajusté
anteigen empâter
anthrazit anthracite
Antibakterizidbehandlung traitement *(m)* bactéricide
Antifilzausrüstung traitement *(m)* antifeutrable
Antioxidationsmittel antioxidant *(m)*
Antipilling anti-boulochage *(m)*
antistatisch antistatique
Antrieb entraînement, actionnement *(m)*
Antriebsart genre *(m)* de commande
anwärmen chauffer légèrement
Anwebstelle (Fehler i. d. Web.) reprise *(f)*
anwenden appliquer
Anwendungsbereich champ *(m)* d'application, champ d'utilisation, domaine *(m)* d'application
Anwendungstechnik application *(f)* technique
Anzeige (Zeitung) annonce *(f)*
anzeigen (durch Masch., Zähler usw.) indiquer
anzetteln ourdir, monter la chaîne
anziehen mettre, porter
Anzug (Kleidung) costume *(m)*
Anzugstoff tissu *(m)* pour complet, draperie *(f)*
apart particulier, original
apfelgrün vert pomme
Apparat appareil *(m)*, mécanisme *(m)*
Apparatefärberei teinture *(f)* sur appareil
apparative Anlagen appareillages *(m, pl)*
Apparatur appareillage *(m)*
Applikationen applications *(f, pl)*
applizieren appliquer
appretieren apprêter, finir
Appretur apprêt *(m)*, finissage *(m)*
Appreturanstalt usine *(f)* d'apprêts
Appreturhilfsmittel apprêtant *(m)*
Appreturmaschine machine *(f)* à apprêter, machine d'apprêtage
Appreturmittel apprêt *(m)*, agent d'apprêtage, agent *(m)* de finissage
Appreturnachbehandlung apprêtage ultérieur
Appreturöl huile *(f)* d'apprêt
Appreturverfahren procédé *(m)* d'apprêt
Après-Ski-Kleidung vêtements *(m, pl)* après-ski
aprikotfarben (couleur) abricot
Arabeske arabesque *(f)*
Arazzo tapisserie *(f)*

Arbeit travail *(m)*
Arbeit, Aufgabe tâche *(f)*
Arbeit im Stücklohn travail à la pièce
Arbeit im Lohn (Lohnveredlung z. B.) travail à façon
arbeiten travailler
arbeiten, funktionieren marcher
Arbeiter ouvrier *(m)*, travailleur *(m)*
Arbeiterin ouvrière *(f)*, travailleuse *(f)*
Arbeitsablauf, im Einzelnen gamme *(f)* opératoire
Arbeitsablauf, Verlauf d. Arbeit phases *(f, pl)* de travail, suite *(f)* des opérations
Arbeitsablauf, Arbeitsweg déroulement *(m)* du travail
Arbeitsanleitung instructions *(m, pl)* de travail
Arbeitsaufwand travail *(m)* nécessaire
Arbeitsbereich, Arbeitsfeld rayon *(m)* d'action, champ *(m)* d'activité
Arbeitsbreite largeur *(f)* de travail
Arbeitsersparnis, Vereinfachung simplification *(f)* du travail
Arbeitsfluß circuit de production
Arbeitsgemeinschaft Deutscher Strumpfstrickereien (ads) Groupe *(m)* de travail des fabricants allemands d'articles chaussants
Arbeitshandschuh gant *(m)* de travail
Arbeitshemd chemise *(f)* de travail
Arbeitshose pantalon *(m)* de travail
Arbeitsjacke veste *(f)* de travail
Arbeitskleidung vêtements *(m, pl)* de travail
Arbeitsplan plan *(m)* des travaux *(m, pl)*, programme *(m)* des travaux
Arbeitsplanung ordonnancement *(m)*
Arbeitsschicht journée *(f)*
Arbeitsschutzkleidung vêtements *(m, pl)* de protection
Arbeitsstufe phase *(f)* de travail
Arbeitsvorbereitung préparation *(f)* du travail
Arbeitsvorbereitung, Disposition ordonnancement *(m)*
Arbeitswalze (i. d. Spinnerei) travailleur *(m)*, cylindre *(m)* travailleur
Arbeitsweise méthode *(f)* de travail, mode *(m)* opératoire
Arbeitszeit temps *(m)* de travail, heures *(f, pl)* de travail
Argylemuster dessin *(m)* argyle
Armatur (an Maschinen) garniture *(f)*
Armausschnitt emmanchure *(f)*
Armblätter dessous-de-bras *(m)*
Ärmel manche *(f)*
Ärmelaufschlag revers *(m)* de manche, parement *(m)*
Ärmelfutter doublure *(f)* de manche
Ärmelhalter fixe-manche *(m)*
Ärmelloch emmanchure *(f)*
ärmellos sans manches
Ärmelschoner protège-manche(s) *(m)*, fausse manche *(f)*
Aroma, Duft arôme *(m)*
Aromaten (Chem.) corps *(m, pl)* à noyau benzénique
Aromatenchemie chimie aromatique
aromatische Kohlenwasserstoffe carbures *(m, pl)* aromatiques
Artikel article *(m)*
Aryl aryle *(m)*
Asbest amiante *(m)*
Asbestfaser fibre *(f)* d'amiante
Asbestflocken floches *(f, pl)* d'amiante
Asbestgewebe tissu *(m)* d'amiante
Asbesthandschuh mitaine *(f)* d'amiante
Asbestkleidung revêtement *(m)* en amiante
Asbestkrempel carde *(f)* à amiante
Asbestspinnmaschine métier à filer l'amiante
Asche cendre *(f)*
Aschegehalt (bei Analyse) teneur *(m)* en cendres
Asphaltfilz feutre *(m)* asphalté
Asphaltgewebebahn (Basis Jute) tissu *(m)* de jute bitumé
assemblieren (zusammenbäumen) ensouplage par réunissage *(m)*
assuplieren (Seide) assouplir
asymmetrisch asymétrique
Atemgift toxique *(m)* respiratoire
Äther éther *(m)*
ätherische Öle huiles *(f, pl)* essentielles
Äthoxylierung éthoxylation
Äthyl éthyle *(m)*
Äthylcellulose cellulose *(f)* éthylique
Äthylen éthylene *(m)*
Atlas, Kettatlas satin par chaîne
Atlas, Schußatlas satin *(m)* effet trame
Atlasbarchent futaine *(f)* satinée

Atlasbindung croisement *(m)* satin
Atlasbrokat satin *(m)* broché
Atlasglanz satiné *(m)*, satinage *(m)*
Atlaslegung armure *(f)* satin
Atlaszwirn organsin *(m)* à fort apprêt
atmend (Textilien) respiratoire
Atmungsfähigkeit capacité *(f)* d'un tissu à respirer
atomar atomique
Atombindung liaison *(f)* atomique
Atomenergie énergie *(f)* nucléaire
Atomgewicht poids *(m)* atomique
Ätzalkali, Ätznatron soude *(f)* caustique
Ätzalkalibad bain *(m)* caustique
Ätzalkalilauge lessive *(f)* caustique
ätzalkalisch alcalin caustique
Ätzbarkeit rongéabilité *(f)*
Ätzdruck impression par rongeage, enlevage *(m)* sur mordant
Ätzmittel rongeant *(m)*
ätzen, im Druck ronger
ätzen, auf Maschinenteilen usw. corroder, mordre
Ätzen, von Metall dérochage *(m)*, mordançage *(m)*
ätzend corrosif, corrodant
Ätzfarbe rongeant *(m)*
Ätznatron soude *(f)* caustique
Ätzverfahren (Textildruck) procédé *(m)* d'enlevage
Ätzweiß rongeant *(m)* au chromate blanc *(m)*, enlevage
aufarbeiten (anderweitig) utiliser pour autre emploi *(m)*
aufbäumen enrouler la chaîne, monter la chaîne, ensoupler
aufbereiten, von Brauchwasser déminéraliser l'eau, traiter l'eau
aufbereiten, von Waschwasser, Laugen o. ä. récupérer
aufbrauchen, verbrauchen épuiser, consommer
aufbrausen (Chem. Flüssigkeiten) bouillonner, être effervescent
Aufbreitmaschine (Spinn.) étaleur *(m)*, batteur-finisseur *(m)*
aufbügelbares Band ruban *(m)* à repasser
aufbürsten (von Tuchen) brosser
aufdampfen, von Metallen im Vakuum métalliser sous vide
aufdocken enrouler
aufdrucken (Farbe) imprimer
auffallend (Farbton) voyant
Auffangblech, Tropfblech (Doulard) tôle *(f)* d'égouttage
auffangen, von Flüssigkeit capter, saisir, recueillir un liquide
Auffanggefäß, Sammler collecteur *(m)*
auffärben (von neuem) reteindre, repasser à la teinture
auffüllen, mit remplir de, emplir de
aufgehen (von Nähten) se découdre
aufgepreßtes Muster dessin *(m)* gaufré
aufgesetzte Spitze incrustation *(f)* de dentelle
aufgesetzte Tasche poche *(f)* appliquée
aufhängen pendre, suspendre
Aufhänger attache *(f)*, crochet *(m)*
Aufhängung (Räder, Walzen) suspension *(f)*
aufhaspeln enrouler
Aufheber (Weberei) fil *(m)* d'arcade, arcade *(f)*
Aufheizzeit temps *(m)* d'échauffement *(m)*
aufhellen (von Färbungen) éclaircir
Aufheller (optischer) agent *(m)* d'azurage, azurant *(m)* optique
Aufhellung (von Färbg.) éclaircissage, éclaircissement
aufkleben (von Geweb. u.s.w.) coller, engluer
aufklotzen foularder
Aufklotzen, durch Aufklotzen par foulardage *(m)*
aufknöpfbar déboutonnable
aufkochen faire bouillir, mettre à bouillir
Aufkochen, Kochen ébullition *(m)*, bouillissage *(m)*
aufkratzen carder
Auflage (z. B. Avivagen auf Textil) dépôt *(m)*
auf Lager en stock
Auflageschicht couche *(f)*
Auflagewinkel (Spulen) angle *(m)* de renvidage
Auflaufwalze (Gewebebahnen) cylindre *(m)* de relevage *(m)*
auflegen (Beschichtung, Farbe) enduire
Auflegevorrichtung (Spinn.) nappe *(f)* alimentaire

auflockern (Fasern, Gewebe) démêler, désagréger, ouvrir
auflösbar dissoluble
Auflösemittel dissolvent *(m)*
auflösen dissoudre, résoudre
auflösen (von Fasern) désintégrer
Auflösevermögen (chem.), **Löslichkeit** pouvoir *(m)* dissolvant, solubilité *(f)*
Auflösewalze cylindre *(m)* ouvreur (à dents)
Aufmachung (von Textilien) présentation *(f)*
aufnadeln épingler
aufnähen auf coudre sur
Aufnahme (von Wasser, Flotte u.s.w.) absorption *(f)*
Aufnahme des Imprägniermittels pénétration *(f)* du produit imprégnant
aufnahmefähig absorbeur
Aufnahmefähigkeit faculté *(f)* d'absorption
Aufnahmefähigkeit, für Farbstoffe facilité *(f)* de teinture *(f)*
Aufnahmefähigkeit für Feuchtigkeit propriété *(f)* hygroscopique
Aufnahmespule (Bandteller) bobine *(f)* de ruban
aufnehmen (chem.) absorber
Aufnehmer (bei Maschen) leveur *(m)*
Aufnehmer (bei Strümpfen) cueilleur *(m)*
Aufplattiermuster dessin *(m)* vanisé
aufprägen empreindre
aufrechtstehender Flor poil *(m)* droit
aufrollen enrouler
aufrollen, entfalten dérouler
Aufroller (Vliestrommel) tambour *(m)* enrouleur à nappe *(f)*
aufrühren, umrühren remuer, agiter
Aufsaugevermögen pouvoir *(m)* absorbant, pouvoir d'absorption
aufschäumen, Schaum entwickeln mousser, écumer
Aufschlag (Hose), **Krempe** (am Hut) revers, rebord *(m)*
aufschlagen (Ärmel) retrousser
aufschlämmen mettre en suspension *(f)*
aufschließen, löslich machen dissoudre
aufschließen von Stärke hydrolyser l'amidon, décomposer l'amidon
Aufschluß (chem.) dissolution *(f)*, décomposition *(f)*
Aufschlußmittel agent *(m)* de dissolution, agent d'attaque
Aufschlußverfahren procédé de désagrégation
aufschmelzen (Wachs) fondre
aufschneiden couper
aufschwimmen (von Ware im Färbebad z. B.) flotter
aufspannen étendre, retendre
Aufspindelmaschine machine *(f)* à mandriner les rouleaux d'impression
aufspringende Falten plis *(m, pl)* ouverts
aufspritzen (von Farben, Appreturen) appliquer au pistolet *(m)*
aufstaben (Stränge auf Stäbe fürs Färben) mettre aux baguettes
aufstäuben (Granulate für Verklebung z. B.) saupoudrer
Aufsteckapparat für Hülsen appareil *(m)* à enfiler les busettes
Aufsteckbrett für Spulen plaque *(f)* à bobines
Aufsteckeinrichtung râtelier *(m)* d'alimentation
Aufsteckgatter für Spulen râtelier à bobines, cantre *(m)*
Aufsteckspindel brochette *(f)*
Aufsteckspule bobine *(f)* supportée, bobine à fiches
Aufstoßeinrichtung (Weberei) mécanisme à rebrousser
Aufstoßnadel aiguille *(f)* de transfèrement
aufstreichen, bürsten, aufbürsten (Tuch) rebrousser
aufstreuen saupoudrer
auftafeln (aufhäufeln) empiler
auftauen dégeler
auftragen appliquer
Auftragsmenge dose *(f)* d'emploi
Auftragswalze cylindre *(m)* encolleur, rouleau *(m)* encolleur
auftrennen, Gewebe défaire
auftrennen, Nähte découdre
Aufwärmebekleidung vêtements *(m, pl)* d'échauffement
aufweichen mouiller
Aufwickelapparat rouloir *(m)*
Aufwickelmaschine enrouleur *(m)*, machine *(f)* enrouleuse
aufwickeln (Gewebe) enrouler

aufwickeln (Garne) renvider
Aufwinden, Aufwindung (Garne) renvidage *(m)*
aufziehen auf (Weberei) tendre sur
Aufziehen (von Farbstoffen) montée *(f)*, absorption *(f)*
Aufziehvermögen pouvoir *(m)* de montée, pouvoir d'absorption
Auge, Litzenhäuschen œillet *(m)*, coulisse *(f)*
Augenknopfloch boutonnière *(f)* à œillet
Aus (Schaltstellung) arrêt *(m)*
ausarbeiten élaborer
Ausarbeitung, (zur Vorlage) élaboration *(f)*
Ausarbeitung, (Bearbeitung) façonnage *(m)*
ausbauen (z. B. von Masch. Teilen) démonter, enlever
ausbessern réparer, rhabiller
Ausbesserung (Färbung u.s.w.) reprise *(f)*
ausbeulen déformer
Ausbeute rendement *(m)*
ausbleichen décolorer
ausbleichen durch Ozon fading par l'action *(f)* de l'ozone
ausbluten (Farbstoffe) dégorger
Ausbreitwalze rouleau *(m)* élargisseur
Ausbrennartikel article en tissu dévoré
ausbrennen corroder, brûler
Ausbrenner dévoré *(m)*
ausbrühen (Gefäße) échauder
Ausdehnbarkeit extensibilité *(f)*, expansibilité *(f)*
Ausdehnung, Streckung extension *(f)*
Ausdehnung, Ausweitung élargissement
Ausdehnungsthermometer thermomètre *(m)* à dilation
ausdrücken, pressen exprimer, presser
ausdrücken (von Masch.) débrayer, désembrayer
auseinanderfalten déployer, étaler
ausfahren, leeren von Maschinen décharger
Ausfahrgarnitur parure *(f)* de bébés
ausfällen précipiter
Ausfallmuster échantillon *(m)* de qualité
Ausfallquote (Fehlpartien u.s.w.) taux *(m)* de défaillance
Ausfallzeit temps *(m)* d'arrêt
ausfasern effiler
ausfasern sich (refl.) s'effiler
ausflocken, sich se séparer en flocons
ausflocken coaguler, floculer
Ausflockung coagulation *(f)*
Ausflockungsmittel coagulant *(m)*, floculant *(m)*
Ausflußdüse buse *(f)* de décharge
Ausflußöffnung orifice *(m)* d'écoulement
Ausflußventil clapet *(m)* de décharge
ausfransen découper en franges
ausführen, durchführen exécuter, effectuer
Ausführung exécution *(f)*
Ausfüllungsfäden, Füllfäden fils de remplissage
Ausgangsdruckwalze (Spinn.) cylindre *(m)* de pression délivreur
Ausgangsmaterial substance *(f)* de base
Ausgangswalze (Spinnerei) cylindre *(m)* délivreur
ausgebogte obere Knopfleiste bande *(f)* de boutonnières festonnée
ausgefranst élimé
Ausgehkleid tenue *(f)* de sortie
ausgehobenes Fach (Web.) foule *(f)* formée
ausgestellt évasé
Ausgiebigkeit rendement *(m)*
ausgießen (von Flüssigkeiten) déverser
Ausgleich compensation *(f)*, équilibrage *(m)*
Ausgleichsbehälter réservoir égalisateur, réservoir de compensation
Ausgleichsvermögen pouvoir *(m)* égalisateur
Ausheberwalze (an der Karde) volant *(m)*
Aushubkarde carde *(f)* en fin, finisseur *(m)*
Ausklopfen (Spinn.) battage *(m)*, assouplissage *(m)*
auskochen (Chem.) extraire par la cuisson
auskratzen gratter
auskristallisieren, sich se séparer à l'état cristallin
Auskühlen, Auskühlung refroidissement *(m)*
auskühlen, abkühlen refroidir
auskuppeln (von Masch.) débrayer
Auslage étalage *(m)*

Auslastungsgrad pourcentage *(m)* d'utilisation
auslaufen, sich ergießen se débonder
auslaufen, von Farben dégorger
Auslaufhahn robinet *(m)* de purge
Auslaufschieber tiroir *(m)* d'évacuation
Auslaufzone (z. B. am Spannrahmen) zone *(f)* de sortie
auslaugen macérer à chaud
Ausleger (an Masch.) avant-bras *(m)*
Auslegeware, Teppichboden moquette *(f)*, tapis *(m)* plein
auslitern vérifier la quantité en litres
Ausnadeln dégagement *(m)* des picots
ausnoppen énoder
Ausnutzung exploitation *(f)*, mise *(f)* à profit
auspolstern rembourrer
auspumpen pomper, vider, épuiser
Ausputz (z. B. Fasern a. d. Karde) débourrures *(f, pl)*
ausputzen (Web.) déplucher
Ausputzwalze cylindre *(m)* débourreur
ausrechnen, berechnen calculer
ausrichten, regeln von Masch. ajuster, dresser
ausrüsten, appretieren apprêter, finir
Ausrüstung apprêt *(m)*, finissage *(m)*
Ausrüstungsmittel, Ausr. Produkt agent *(m)* de finissage
aussalzen (Seife) relarguer
Aussalzen relargage *(m)*
ausschalten (elektr. Geräte, Masch.) débrancher, déconnecter
Ausschläger, Feinschläger (Baumw. Spinn.) batteur *(m)* finisseur
ausschleudern centrifuger, essorer
Ausschneidebogen patron *(m)*
Ausschnitt décolleté *(m)*
Ausschußwolle laine *(f)* de rebut
Ausschwitzen (z. B. von Salzen, Salpeter) exsudation *(f)*
Aussehen apparence *(f)*, air *(m)*
Außenluft air *(m)* extérieur
Außenseite, Vorderseite (eines Stoffes) face *(f)* (d'un tissu)
Außentemperatur température *(f)* extérieure
aussetzen (der Sonne, dem Licht, der Luft) exposer à
Aussetzer (an Masch.) raté *(m)*
aussondern trier, mettre à part
ausspannen passer sur rame
ausspinnen filer
Ausspinngrenze limite *(f)* de filabilité
ausspülen rincer
Ausspülen rinçage *(m)*
Ausstattung (an Masch. u.s.w.) équipement *(m)*, installation *(f)*
ausstellen étaler, exposer
Austellung étalage *(m)*, exposition *(f)*, salon *(m)*
Ausstellungsvitrine vitrine *(f)* d'exposition
Aussteuer trousseau *(m)*
Ausstoß, Produktionsmenge débit *(m)*
Ausstoßkamm (Spinn.) peigne *(m)* débourreur
Ausstoßvorrichtung, Auswerfer éjecteur *(m)*
ausstreichen, glätten aplanir
Austauscher, Ionenaustauscher bei Wasserbeh. résine à l'échange d'ions, échangeur *(m)* d'ions
austesten, gründlich prüfen mettre au point *(m)*
Austrittsgeschwindigkeit (Gase, Flüssigk.) vitesse *(f)* de sortie
Austrittemperatur température *(f)* de sortie
austrocknen (Ware u. ä.) assécher, dessécher
Austrockner, Exsikkator dessicateur
Ausverkauf soldes *(m, pl)*
Auswahl choix *(m)*, sélection *(f)*
auswalzen laminer, aplatir
auswaschen délaver, enlever par lavage
Auswaschverlust perte *(f)* au lavage
auswechseln échanger
Auswerfer éjecteur *(m)*
auszeichnen, anzeigen indiquer, étiquetter
Auszeichnungspflicht obligation *(f)* de donner la composition
ausziehbar (Spinnlösung z. B.) ductile
ausziehen, strecken (Spinn.) étirer
Ausziehen (nach d. Breite i. d. Weberei) lissage *(m)*
Ausziehwalze, Streckwalze étireur-laminoir *(m)*, cylindre *(m)* étireur
Auszugszylinder cylindre *(m)* délivreur
auszupfen effiler

Auto-Coat manteau *(m)* sportif pour la voiture
Autoklav autoclave *(m)*
Automatenschützen navette *(f)* automatique
Automatenwebstuhl métier (à tisser) automatique
Automatik (Vorgang, Ereignis) automacité *(f)*
Automatik (als Einrichtung a. Masch.) dispositif *(m)* de commande automatique
Automatikgetriebe transmission *(f)* automatique
automatischer Schußspulwechsel changement *(m)* automatique de bobines
automatischer Vorlauf, Voreilung (Spannr.) avance *(f)* automatique
autom. Wickelapparat (Spinn.) appareil *(m)* automatique d'enroulement et de levée de rouleau de batteur
Automatisierung automation *(f)*, automatisation *(f)*
Automatte paillasson *(m)* d'automobile
Autopolster capitonnage *(m)* d'automobile
Autoschonbezug housse *(f)* de protection pour automobile
Avivage, Avivieren avivage *(m)*
Avivage, bei der Faserherstellung ensimage *(m)* primaire
Aviviterechtheit solidité à l'avivage
avivieren aviver
avivieren, bei der Faserherstellung ensimer
Axminster-Teppich tapis *(m)* d'Axminster
Azalee (Farbe) (couleur) azalée *(f)*
Azidität acidité *(f)*
Azofarbstoff colorant *(m)* azoïque
Azogruppe groupement *(m)* azo
Azo-Körper (Chem. Verbindung) composé azoïque
Azo-Kupplungskomponente constituant *(m)* de copulation azoïque
azotiert azoté
Azurblau azur *(m)*, bleu *(m)* d'azur
Azurgarn fil *(m)* mungo à forte torsion

B

Babyartikel articles *(m, pl)* pour bébés
Babygarn laine *(f)* fine et douce
Babygarnitur ensemble *(m)* pour bébé
Babyjäckchen brassière *(f)*
Bad (Behandlungsbad) bain *(m)*
Bad, durch das B. gehen lassen passer au bain
Bad abschwächen abattre le bain
Badabschwächung abattage du bain
Badbewegung agitation *(f)* du (ou de) bain
Badeanzug maillot *(m)* de bain
Badehose caleçon *(m)* de bain
Badekappe, Bademütze bonnet *(m)* de bain
Bademantel peignoir *(m)*
Badematte descente *(f)* de bain
Bademode mode *(f)* balnéaire
Badetasche sac *(m)* de bain
Badetuch serviette *(f)* de bain
Bahnenrock, Faltenrock jupe *(f)* à lés, jupe à plis
Bakelitfaserstoff bakélite *(f)* fibreuse
Bakterienfilter coupe *(f)* bactérienne
Bakteriengift poison *(m)* bactérien
Bakterien hemmend bactériostatique
Bakterienhemmstoff bactériostatique *(m)*
Bakterienkultur ansetzen faire un bouillon de culture
Bakterienzahl nombre *(m)* de bactéries, nombre de germes
Bakteriostase bactériostasie *(f)*
Bakterizid bactéricide *(m)*, agent bactéricide
Baldachin baldaquin *(m)*
Ballen, Packballen balle *(f)*
Ballenbrecher brise-balles *(m)*, ouvreuse *(f)* de balles
Ballenöffner déballeur *(m)*, démêleur *(m)* de balles de coton
Ballenpackpresse presse *(f)* à emballer, presse à mettre en balles, presse-balles *(m)*
Ballenverpackung emballage *(m)*
Balsam, Balsamharz baume *(m)*
Band (allgem. und Spinn.) ruban *(m)*
Band, Florband ruban de voile
Bandabsteller (Spinn.) dispositif *(m)* de casse-ruban, casse-ruban *(m)*
bandagieren appliquer des bandages
Bandanadruck impression *(f)* bandana
Bandarbeit, B.-Fertigung travail *(m)* à la chaîne

Band(be)druckmaschine machine *(f)* pour l'impression de rubans
Bandbürstmaschine brosseuse *(f)* à rubans
Bändchen petit ruban *(m)*
Bändchensack (gewebt aus Folie) sac *(m)* en bandelettes tissées
Bandeau bandeau *(m)*
Bandeinfasser (Nähmasch.) bordeur *(m)*, appareil *(m)* à ganser
Bandeisen (Verpack.) feuillard *(m)* d'emballage
bandenfrei (Färb.) exempt de barrures
Banderole banderole *(f)*, bandelette *(f)*
Bandfänger, B.-Führer (Spinn.) guide-ruban *(m)*
Bandkratze (Spinn.) carde *(f)* de rubans
Bandmaschine rubaneuse *(f)*
Bandmaß décamètre *(m)* à ruban
Bandrolle (Web.) bobine *(f)* du métier à la barre
Bandschreiber enrégistreur *(m)* à papier déroulant
Bandstickerei broderie *(f)* sur ruban
Bandstrecke (Spinn.) banc *(m)* d'étirage à rubans
Bandtrockner séchoir *(m)* à bande transporteuse
Bandübertrager (Spinn.) transporteur *(m)* du ruban
Bandverdichtung (Spinn.) serrage *(m)* des rubans de nappe
Bandverziehen (Spinn.) étirage du ruban, laminage *(m)* du ruban
Bandwarenspeicher accumulateur *(m)* d'étoffe sur bande transporteuse
Bandweber tissutier-rubanier *(m)*, rubanier *(m)*
Bandweberei rubanerie *(f)*
Bandwebstuhl métier *(m)* à rubans
Bandwickelmaschine réunisseuse *(f)*, machine *(f)* à réunir
Bani-Lon-Verfahren procédé *(m)* Ban-lon
Bärenfellmütze colback *(m)*
Barett barrette *(f)*, toque *(f)*
Barium baryum *(m)*
Bariumsulfat sulfate *(m)* de baryum
Barre, Verteilerplatine (Strumpfherst.) platine *(f)* de distribution, platine de formage
Basaltwolle laine *(f)* de basalte
Base (Chem.) base *(f)*
Basenbildung basification *(f)*
basisch basique
basische Farbstoffe colorants *(m, pl)* basiques, colorants cationiques
basisch machen, bas. stellen rendre basique
basisches Salz sel *(m)* basique
Basislänge longueur *(f)* de base
Basizität, bas. Eigenschaft basicité *(f)*
Baskenmütze béret *(m)* basque
Bassin, Becken bassin *(m)*
Bast liber *(m)*
Bastfaser fibre *(f)* libérienne
Basthanf chanvre *(m)* cru
Bastseide soie *(f)* grège, soie crue
Bastseifenbad bain *(m)* de savon de grès
Batik, gebatikter Stoff batik *(m)*
Batist batiste *(f)*
batschen, schmälzen (Spinn.) ensimer, graisser
Batschen ensimage *(m)*, graissage *(m)*
Batteur, Baumwollschläger batteur *(m)*, cylindre *(m)* batteur
Bauchbildung (bei Kaulen) ballonnement *(m)*
Bauchbinde ventrière *(f)*
Bäuerinbluse blouse *(f)* paysanne
bäumen, aufbäumen ensoupler
Bäummaschine ensoupleuse *(f)*, poupée *(f)* d'ensouplage
Baumschären ourdissage *(m)* sur ensouple
Baumscheibe (am Kettbaum) flasque *(f)* d'ensouple
Baumwollabfall déchet *(m)* de coton
Baumwollanbau cotonnerie *(f)*
baumwollartig cotonnier
Baumwollaufbereitung préparation *(f)* de coton
Baumwollballen balle *(f)* de coton
Baumwollbatist batiste *(f)* d'écosse, batiste de coton
Baumwollbleiche blanchiment *(m)* de coton
Baumwolldämpfer vaporisateur *(m)* de coton
Baumwolldecke couverture *(f)* de coton
Baumwolldrell treillis *(m)* de coton
Baumwolle coton *(m)*

Baumwolle, gepflückte BW coton épluché
Baumwolle, ungereinigte BW coton brut
baumwollen de coton
Baumwollentkörnungsmaschine égreneuse *(f)* de coton
Baumwollfaden fil *(m)* de coton, coton filé
Baumwollfaser fibre *(f)* de coton
Baumwollfeinstrecker étireur *(m)* en fin de coton
Baumwoll(flug)staub poussières *(f, pl)* de coton
Baumwollgarn fil *(m)* de coton
Baumwollgaze tarlatane *(f)*
Baumwollgewebe tissu *(m)* de coton, étoffe *(f)* de coton
Baumwollgewebe aus gefärbtem Garn cotonnade *(f)*
Baumwollgurt sangle *(m)* de coton
Baumwollhaspel, BW Weife dévideur de coton
Baumwollindustrie industrie *(f)* cotonnière
Baumwolljersey jersey *(m)* de coton
Baumwollkämmerei peignage *(m)* du coton
Baumwollkammgarn fil *(m)* de coton peigné
Baumwollkapsel capsule *(f)* du cotonnier
Baumwollkapselkäfer charançon *(m)* de la capsule
Baumwollköper tissu *(m)* de coton en croisé, croisé, sergé *(m)*
Baumwollkrepp crêpe *(m)* de coton
Baumwoll-Linters linters *(m, pl)* de coton
Baumwollmischgarn filé *(m)* de coton mélangé
Baumwollmolton pilou *(m)*, molleton-coton *(m)*
Baumwollmusselin gaze *(f)* de coton, mousseline *(f)* de coton
Baumwollnoppe bouton *(m)* de coton
Baumwollöffner ouvreuse *(f)* (mécanique)
Baumwollpflanze cotonnier *(m)*
Baumwollplüsch peluche *(f)* de coton
Baumwollpresse presse *(f)* à coton
Baumwollraupe chenille *(f)* de coton
Baumwollsamen semence *(f)* de coton, grain *(m)* de coton
Baumwollsamt velours *(m)* de coton
Baumwollschläger batteur *(m)*
Baumwollspeiser alimenteur *(m)* de coton
Baumwollspinnerei (Tätigk. u. Fabrik) filature *(f)* de coton
Baumwollspinnmaschine métier *(m)* à filer le coton
Baumwollstapelfaser soie *(f)* de coton
Baumwollstoff étoffe *(f)* de coton
Baumwollstramin canevas *(m)*
Baumwollstreckmaschine laminoir *(m)* de coton
Baumwollstreichgarn fil *(m)* coton cardé
Baumwollumklöppelung tresse *(f)* de coton
Baumwollumspinnung guipage *(m)* de coton
Baumwollvorgarnmaschine boudineuse *(f)* de coton
Baumwollweberei manufacture *(f)* de coton
Baumwollzwirn fil *(m)* de coton retordu (ou tissage *(m)*)
Bausch (Web.) godage *(m)*
Bausch (von Garn) gonflant *(m)*, voluminosité *(f)*
Bauschärmel manche *(f)* bouffante
Bauschelastizität élasticité du gonflant
bauschen, sich bauschen être gonflant
Bauschgarn (texturiert) fil texturé
Bauschgarn (aufgebauscht) fil *(m)* gonflé, filé gonflé (gonflant)
bautechnische Textilien articles *(m, pl)* textiles employés dans la construction
beanspruchen, belasten charger, soumettre à des efforts *(m, pl)*
Beanstandung réclamation *(f)*
bearbeiten travailler, traiter, ouvrer
Bearbeitung, Behandlung traitement *(m)*, façonnage *(m)*
Bearbeitungsstufe degré *(m)* d'usinage, phase *(f)* d'usinage
Bearbeitungsverfahren procédé *(m)* d'usinage
Becherglas bécher *(m)*, coupe *(f)*
Becherkolben (Erlenmeyer) fiole *(f)* conique (à ébullition)
Becherspulmaschine bobinoir *(m)* à godets

Bedarfsbündelung sélection *(f)* de produits orientée aux besoins
bedienen (Masch.) conduire, manœuvrer, manier
bedienen (nur bei Textilmasch.) soigner
Bedienung, Betreiben conduite *(f)*, maniement *(m)*
Bedienungsanleitung mode *(m)* d'emploi, instructions *(f, pl)* de service
Bedienungsvorschrift règlement *(m)* de service
Bedruckbarkeit imprimabilité *(f)*, facilité *(f)* d'impression
bedrucken, drucken imprimer
Bedrucken, Druck impression*(f)*
bedruckter Baumwollstoff indienne *(f)*
Beeinträchtigung (z. B. bei Echtheit) influence *(f)* néfaste, infl. négative
beeinträchtigen influer (sur) négativement, influencer (acc.) négativement
befeuchten humecter, humidifier, mouiller
Befeuchter (Vorrichtung) humidificateur *(m)*
Befeuchtungsdämpfer humidificateur-vaporisateur *(m)*, vaporisateur *(m)* d'humidification
Befeuchtungsmaschine machine *(f)* d'humectage, machine d'humidification
Beflammen (beim Druck) flammage *(m)*
beflecken, beschmutzen salir, tacher, polluer
Beflocken, Beflockung flocage *(m)*, veloutage *(m)*
Beflockungsmaschine machine *(f)* à floquer
Beflockungsmaterial matière à floquer
Begehversuch essai *(m)* du marcheur
Begleitreaktion réaction *(f)* simultanée, réaction secondaire
Begleitstoff impureté *(f)* d'accompagnement
Begleitsubstanz substance *(f)* d'accompagnement, substance concomitante
Behälter, Behältnis récipient *(m)*
behandeln traiter
Behandlung traitement *(m)*
Behandlungsanweisung, -vorschrift instructions *(f, pl)* de traitement, instructions de service, instructions de manipulation
Behandlungsweise mode *(m)* de traitement
Behang tenture *(f)*
beiderseitig, auf beiden Seiten sur les deux faces *(f, pl)*
beidseitig bilatéral
beidseitiger Druck impression *(f)* sur les deux faces
beige-, sandfarben beige, sable
Beimengung, Beimischung (Chem.) addition *(f)*
Beimengung, Verunreinigung impureté *(f)*
Beimengung, störende Beimengung constituant *(m)* pertubateur
beimischen, zufügen, zugeben ajouter, additionner
Beize, Beizmittel (Chem.) caustique *(m)*, corrosif *(m)*, mordant *(m)*
beizen, ätzen corroder, mordre, mordancer
beizen (i. d. Färb.) mordancer
Beizfarbstoff colorant *(m)* à mordant, colorant de mordançage
Beizmittel (i. d. Färb.) mordant *(m)*
Beizmittel, Schutzbeize (Färb.) agent *(m)* de réserve
Bekleidung vêtement(s) *(m)*
Bekleidungsfilz feutre *(m)* d'habillement
Bekleidungsindustrie industrie *(f)* du vêtement
beladen (mit) charger (de)
Belag, Auflageschicht couche *(f)*
Belastbarkeit capacité *(f)* de..
belasten charger
belastet, voll belastet supportant la charge maxima
Belebtschlamm boue *(f)* activée
Belebtschlammverfahren procédé *(m)* par boues activées
Belebungsverfahren (Abwasser) procédé d'épuration par boues activées
Belegschaft (eines Betriebes) personnel *(m)*, effectif *(m)*
beleibte Figur taille *(f)* forte
belichten exposer à la lumière
Belichtung (Bel. Test u. ä.) exposition *(f)* à la lumière
belüften aérer, ventiler
Belüftung aération, aérage *(m)*, ventilation *(f)*

Belüftungsbecken bassin *(m)* d'aérage, bassin d'aération
bemustern échantillonner
bemustern, mit Mustern versehen décorer
Benadelung, (Bestzg. m. Nadeln, Kämmmasch.) peuplement *(m)* de la barette à aiguilles
benetzbar mouillable
Benetzbarkeit mouillabilité *(f)*
benetzen mouiller, humecter, humidifier
Benetzungsmittel, Netzmittel agent *(m)* mouillant, agent de mouillage, mouillant *(m)*
benutzen, verwenden employer, utiliser
Benutzung utilisation *(f)*, emploi *(m)*, usage *(m)*
Benzen, Benzol benzène *(m)*
Benzin (für Motor) essence *(f)*
Benzofarbstoffe colorants *(m, pl)* benzo
Benzolchlorierung chloruration *(f)* du benzol
Benzolderivat dérivé benzénique *(m)*
Benzolkern noyau *(m)* benzénique, noyau de benzène
Benzolkohlenwasserstoff hydrocarbure *(m)* de benzène
Benzolring cycle *(m)* benzénique
bequem confortable
Berberteppich tapis *(m)* berbère
berechnen calculer, compter
beregnen (Test) arroser
Beregnungsanlage installation *(f)* d'arrosage
Bereich domaine *(m)*, zone *(f)*, secteur *(m)*
Bereich größter Genauigkeit domaine de précision maxima
bereit, fertig prêt, disposé
Bermudahose short *(m)* bermuda
Berstdehnung expansion *(f)* à l'éclatement
Berstdruck pression *(f)* d'éclatement
bersten éclater, crever
Berstfestigkeit résistance *(f)* à l'éclatement
Berstfestigkeitsprüfer éclatomètre *(m)*
Berstfestigkeitsprüfung essai *(m)* d'éclatement
Berufskittel blouse *(f)* de travail
Berufskleidung vêtement *(m)* professionnel, vêtement de travail
Besatz garniture *(f)*
beschädigen endommager
Beschädigung endommagement *(m)*
beschäftigen, Arbeit geben occuper, employer
beschichten enduire, couvrir d'une couche
beschichtetes Gewebe tissu *(m)* enduit
Beschichtung enduction *(f)*
Beschlag (a. d. Karde) garniture *(f)*
beschlagen, sich mit Feuchtigkeit beschl. se couvrir de buée *(f)*
Beschlagnummer (a. d. Karde) numéro *(m)* de la garniture
beschleunigen, aktivieren activer
beschleunigen *(f, pl)*(Phys./Chem.) accélérer
beschleunigend accélérateur, -trice
Beschleuniger, Beschl.mittel accélérateur *(m)*
beschmutzen, verunreinigen polluer, contaminer
beschmutzen, beschmieren salir, souiller
Beschmutzung, Verschmutzung pollution *(f)*, contamination *(f)*
Beschnürung, Gallierung empoutage *(m)*, encordage *(m)*
beschwert (Appr.) chargé
beschwerte Seide soie *(f)* chargée
Beschwerungsappretur apprêt *(m)* chargeant
Beschwerungsmittel agent *(m)* chargeant, agent alourdissant
besetzen (mit Bändern u. ä.) garnir, border
bespannen, mit Stoff bespannen recouvrir d'étoffe *(f)*
bespinnen couvrir de fil *(m)*
besprühen, bespritzen arroser, asperger
bespulen, das Gatter bespulen garnir le cantre
beständig, stabil stable, résistant
beständige Farbe couleur *(f)* solide
Beständigkeit (gegen etwas) stabilité *(f)*, résistance *(f)*
Beständigkeit (einer Farbe, Echtheit) solidité *(f)*
Bestandteil, Zutat ingrédient

Bestandteil (Chem.) constituant *(m)*, composé *(m)*
Bestandteil sein (Chem.) être dans la composition
Bestellmuster échantillon *(m)* de commande
Bestellnummer numéro *(m)* de commande
bestimmbar (chem. analyt.) dosable
bestimmen, ermitteln déterminer
bestimmen (qualit. od. quantit.) doser
bestrahlen irradier
bestücken équiper, munir
betonte Büste buste *(m)* appuyé
Betrieb, Fabrik usine *(f)*, établissement *(m)*
Betrieb, in Betrieb sein marcher, être en action, être en marche
Betriebsablauf déroulement *(m)* de l'exploitation
Betriebsanleitung instruction de service, mode *(m)* d'emploi
Betriebsausfall, Stillstand arrêt *(m)*, interruption *(f)*
Betriebsausfall, Produktionsverlust perte *(f)* d'exploitation
Betriebsbedingungen conditions *(f, pl)* de fonctionnement
betriebsbereit prêt à être exploité, en ordre *(m)* de marche
Betriebsbereitschaft fonctionnement *(m)* instantané, ordre *(m)* de marche
Betriebsingenieur ingénieur *(m)* de fabrication, ingénieur d'exploitation
Betriebskapazität capacité *(f)* en service
Betriebskontrolle contrôle *(m)* de fabrication, service *(m)* du contrôle
Betriebskosten charges *(f, pl)* d'exploitation, dépenses *(f, pl)* d'exploitation, frais *(m, pl)* d'exploitation
Betriebslabor laboratoire *(m)* d'usine
Betriebsleiter chef *(m)* de service
Betriebsleitung direction *(f)* d'usine
Betriebsordnung règlement *(m)* de service
Betriebstemperaturbereich températures *(f, pl)* de fonctionnement
Betriebsunfall accident *(m)* du travail
Bettbezug garniture *(f)* de lit
Bettdecke couverture *(f)* de lit
Bettendrell coutil *(m)* pour literie, toile *(f)* à matelas
Bettjäckchen liseuse *(f)*
Bettlaken, Bettuch drap *(m)* de lit
Bettuchleinwand toile *(f)* à drap de lit
Bettumrandung entourage *(m)* de lit
Bettwäsche linge *(m)* de lit
Bettzeug literie *(f)*
betupfen (für Gew. Test z. B.) moucheter
Beuchapparat appareil *(m)* de débouillisage sous pression, appareil de débouillisage en cuve autoclave
beuchecht solide au lessivage
Beuchechtheit solidité *(f)* au lessivage
Beuchkessel autoclave *(m)* de débouillisage
Beuchlauge lessivage *(m)*
Beutel, Sack petit sac *(m)*, sac, sachet *(m)*
Bewegungsfreiheit liberté *(f)* des mouvements
bewickeln enrouler, entourer
bewickeln (der Spulen i. d. Spinn.) bobiner
Bewicklung enroulement *(m)*, bobinage *(m)*
bewittern (Materialprüfung) exposer aux intempéries *(f, pl)*
Bewitterung exposition *(f)* aux intempéries
Bewitterungsversuch essai *(m)* de résistance aux intempéries, essai de vieillissement
bezetteln, etikettieren étiquetter
bezogen, berechnet auf par rapport *(m)* à
Bezug revêtement *(m)*, recouvrement *(m)*
BH soutien-gorge *(m)*
Biberette flannelette *(f)*
Bibergarn fil *(m)* flanelle
Biberhaar poil *(m)* de castor
Biedermeierstil style *(m)* Louis-Philippe
Biegbarkeit flexibilité *(f)*, souplesse *(f)*
Biege- und Formpresse presse *(f)* à plier et façonner
Biese passepoil *(m)*
bifunktionell à deux fonctions *(f, pl)*
Bikarbonat bicarbonate *(m)*
Bikarbonathärte dureté *(f)* temporaire, dureté carbonatée
Bikomponentengarn fil *(m)* bicomposé
bikonische Hülse tube *(m)* biconique

bilden, aufbauen former, établir
Bildertapete auf Gewebe toile *(f)* de Jouy
Bildungsreaktion (Chem.) réaction *(f)* de formation
Bildungswärme, Reaktionswärme chaleur *(f)* de formation (ou réaction)
Bildweberei, Damastarbeit damassure *(f)*, tissage *(m)* au Jacquard
Billardtuch drap *(m)* pour billard
Billettasche gousset *(m)*
Bimetall bimétal, bilame *(m)*
Bimetallrelais relais thermique *(m)*
Bimetallstreifen bilame *(f)*
Bimetallthermometer thermomètre *(m)* à bilame
Binde, Verbandszeug bandage *(m)*
Bindefäden fils *(m, pl)* de liage
Bindefarbe, Anstrichfarbe peinture *(f)* à base de dispersion
Bindekette (Web.) chaîne *(f)* de liage
Bindekraft, Klebkraft force *(f)* d'adhésion, pouvoir *(m)* adhésif
Bindemittel adhésif *(m)*, liant *(m)*
Bindemittel (für Ausfällungen) agglomérant *(m)*
Bindemitteldispersion liant *(m)* à dispersion
Binder cravate *(f)*
Bindfaden fil *(m)* d'emballage, ficelle *(f)*
Bindfadenbrücke (Spinn.) dévidoir *(m)* de ficelle
Bindung (Chem./Phys.) liaison *(f)*
Bindung (Weberei) armure *(f)*
Bindung zeichnen, entwerfen mettre en carte *(f)*
Bindungsart (Chem.) type *(m)* de liaison
Bindungsbild (Web.) dessin *(m)* d'armure
Bindungsfähigkeit (Chem.) pouvoir *(m)* de liaison, affinité *(f)*
Bindungsfehler pas *(m)* gaillis
Bindungskraft (Chem.) force *(f)* de liaison
Bindungslehre (Web.) théorie *(f)* des armures
Bindungspatrone (Web.) patron *(m)* pour le croisement, damier *(m)* pour le croisement
Bindungspunkt (Web.) point *(m)* de liage
Bindungsrapport (Web.) rapport *(m)* d'armure
Bindungssystem (Chem.) systhème *(m)* de liaison
Bindungswärme chaleur *(f)* de liaison, chaleur de hydratation
Bindungswechsel (Web.) changement *(m)* de liage
Bindungszeichnung (Web.) mise *(f)* en carte
Biochemie biochimie *(f)*
biochemisch biochimique
biochem. Sauerstoffbedarf (BSB) demande *(f)* biochimique d'oxygène
Biokatalysator biocatalyseur *(m)*
biologisch biologique
biologisch abbaubar biodégradable
biologische Abbaubarkeit biodégradabilité *(f)*
biologische Daten données *(f, pl)* biologiques
biologische Kläranlage installation *(f)* de clarification biologique
biologischer Abbau dégradation *(f)* biologique, biodégradation *(f)*
Bisulfat bisulfate *(m)*, sulfate acide
Bisulfid (Disulfid) disulfure *(m)*
Bisulfit bisulfite *(m)*, sulfite acide
Bittersalz epsomite *(f)*, sel *(m)* amer, sel d'Epsom
Bittersalzappretur apprêt *(m)* au sulfate de magnésium
Bitumenkorkfilz feutre-liège *(m)* bitumé
Blähschlamm boue *(f)* gonflée
Blase, Dampfblase bulle *(f)* de vapeur
Blasenbildung formation *(f)* de bulles
Blasfolie (geblasenes Produkt) lamelle *(f)* de soufflage
blaß werden, verblassen v. Farben perdre sa couleur *(f)*, se faner (passer)
Blastexturierung texturation *(f)* par fluide
Blatt (Web.) peigne *(m)*, rot *(m)*, ros *(m)*
Blatt (der Kratze i. d. Spinn.) feuille *(f)*, plaque *(f)*
Blattbinden, Riet machen fabrication *(f)* du peigne
Blattbinder (Web.) rotier *(m)*, peigneron *(m)*
Blattbreite largeur *(f)* du peigne, empeignage *(m)*
Blättchen, Lamelle lamelle *(f)*, lame *(f)*

Blattdichte (Web.) compte *(m)* de peigne, écartement *(m)* des dents
Blatteinrichter (Web.) lamier-rotier *(m)*
Blatteinzugsfehler faute *(f)* de rentrage au peigne
Blattfehler défaut *(m)* de peigne
Blattfilter filtre *(m)* à membrane
Blattmesser (Web.) passette *(f)* pour peigne
Blattnummerierung numérotage du peigne
Blattstreifen (Webfehler) rayure *(f)*
blau bleu
Blaudruck impression *(f)* en bleu
blauen, bläuen bleuir
Blaufuchs renard *(m)* bleu
blaugrau gris bleu
blaugrün, meergrün vert bleu céladon
Blauküpe cuve *(f)* au bleu
bläulich bleuâtre, bleuté
bläulich grau gris bleuâtre
Blazer Blazer *(m)*
Bleiband (Gardinen) bande *(f)* plombée
Bleibelastung charge *(f)* en plomb
bleibend permanent
bleibende Dehnung allongement *(f)* permanent
bleibende (Wasser)**Härte** dureté permanente, dureté non carbonatée
Bleichanstalt blanchisserie *(f)*
Bleichapparat appareil *(m)* à blanchir
Bleichbad bain *(m)* de blanchiment
Bleichdruckapparat appareil *(m)* de blanchiment en cuve autoclave
bleichecht solide au blanchiment
bleichen blanchir
Bleichen procédé *(m)* de blanchiment, blanchiment *(m)*
bleichend décolorant
Bleicherde terre *(f)* décolorante
Bleicherei (Gewerbe) blanchissage
Bleichflotte bain *(m)* de blanchiment
Bleichkessel chaudière à blanchiment
Bleichlauge, -flüssigkeit lessive *(f)* de blanchiment
Bleichlauge (Na-hypochl.) eau *(f)* de Javel
Bleichsoda soude *(f)* à blanchir
Bleichstiefel J-box de blanchiment *(m)*, botte *(f)* de blanchiment
bleifrei exempt de plomb
bleihaltig plombifère
Blendenausschnitt décolleté *(m)*à bordure
blendendweiß d'une blancheur aveuglante
Blendenkragen col *(m)* rabattu
Blickfang point *(m)* de mire, tape-à-l'oeil *(m)*
blinde Kreuzung (Web.) croisement *(m)* perdu
blinde Küpe cuve *(f)* à blanc
Blindprobe (Analyt.) analyse *(f)* à blanc
Blindstich point *(m)* invisible
Blindstichnaht couture *(f)* à point invisible
Blindstrich point *(m)* invisible
Blindversuch essai *(m)* à blanc
Blindwalze (Web.) cylindre *(m)* lisse
Blindwert valeur *(f)* à blanc, valeur de l'essai à blanc
Block-Copolymerisat copolymérisat *(m)* en masse
Blockdruck impression *(f)* au bloc
blockieren bloquer
Blockpolymerisation polymérisation *(f)* en masse alcaline
bloß, mit bloßem Auge à l'oeil nu
Blouson blouson *(m)*
Bluejeansstoff toile *(f)* pour blue-jean
Blumendamast damas *(m)* fleuri
Blumenmuster dessin *(m)* à fleurs
Bluse chemisier *(m)*
Bluten, Ausbluten v. Farbstoffen dégorgement *(m)* du colorant
Blutlaugensalz ferrocyanure *(m)* de potassium
blutrot rouge sanguin
Bobinenspulmaschine machine *(f)* à bobiner
Bobinet, engl. Tüll tulle *(m)* bobin
Bobinet Tüll- u. Spitzenmaschine métier *(m)* à tulle bobin
Bodenbelag, Auslegware revêtement *(m)* du sol
Bodenschlitz des Schützen (Web.) ouverture *(f)* à la base de la navette
Bodenteppich im Auto tapis *(m)* de voiture
Bogenausschnitt décolleté *(m)* festonné
Bogenschuß (Web.-Fehler) festonnage *(m)* par trame

Bogenverzugsrichter redresseur *(m)* de trame courbe
Boistoff boie *(f)*
Bolero, -jäckchen boléro *(m)*
Bombage revêtement *(m)* élastique
Bommel pompon *(m)*
Bondings tissus bondings, contrecollage *(m)*, contrecollé *(m)*
Borat, borsaures Salz borate *(m)*
Borax borax *(m)*, borate de sodium hydraté
Boraxperle perle *(f)* au borax
Bord, Rand (v. Gewebe) bord *(m)*, lisière *(f)*
bordeauxrot rouge *(m)* bordeaux
Bordenführer (Nähmasch.) guide *(m)* galon
Bordüre bordure *(f)*
Bordurenmuster dessin *(m)* de bordures
Borkengewebe crêpe *(m)* profilé
Borsäure acide *(m)* borique
Borste (echte B. vom Schwein) soie *(f)* de porc
Borstenhaar jarre *(m)*
borstenhaarig jarré
Borte (Konfekt.) galon *(m)*, bordure *(f)*, bordé *(m)*
Borte, Litze passe-poil *(m)*
Bortenwirkerstuhl métier de passementerie
Botanygarn fil *(m)* Botany
Botanyköper croisé *(m)* Botany
Boucle, -zwirn, -garn bouclé *(m)*
Boucleteppich tapis *(m)* bouclé
bouillonierter Kräuseleffekt effet *(m)* bouillonné
Bouretteseide, Abfallseide bourette *(f)*
Boutique boutique *(f)*
Boxerschultern épaules *(f, pl)* carrées
Boxkalf box-calf *(m)*
Bradford-System système *(m)* Bradford
Brauchwasser eau *(f)* industrielle
braun brun
Braunfärbung (Chem.) coloration *(f)* brune
Braunfärbung (Einfärbg. v. Stoff) teinture *(f)* brune
bräunlich brunâtre
Brautkleid, -robe robe *(f)* de mariée
brechen (Appr.) rompre, broyer, passer à la dérompeuse
Brechen v. Emulsionen désémulsion *(f)*
Brechen von Flachs broyer le lin, macquer le lin
Brechmaschine (Flachs) broyeuse *(f)*
Brechschwinge (Spinn.) broyeuse-teilleuse *(f)*
Brechung d. Lichtes réfraction (de la lumière)
Brechwalze cylindre *(m)* broyeur
Brechweinstein émétique *(m)*, stibiotartrate *(m)* de potassium
Breecheshose culotte *(f)*, pantalon *(m)*
Brei, breiartige Masse, Paste pâte *(f)*
Breitbehandlung traitement *(m)* au large
Breitbleiche blanchiment *(m)* au large
Breite largeur *(f)*
Breite, der Breite nach dans le sens de la largeur, en large
Breiteneingang, Breiteneinsprung rétrécissement dans la largeur
Breitenverstellung changement *(m)* de largeur
Breitfalten, -faltung pliage *(m)* au large
Breitfärbemaschine teigneuse *(f)* large
Breithalter (Web.) tendeur *(m)* de largeur, régulateur de largeur
Breithalter (b. Warenablauf) templet *(m)*
Breithaltestab (Färb.) barre *(f)* élargisseuse
Breitimprägniermaschine machine *(f)* d'imprégnation au large
Breitlegewalze, Rillenwalze rouleau *(m)* élargisseur
Breitpassage passage *(m)* au large
Breitrauhen lainage *(m)* au large
Breitschleuder essoreuse *(f)* pour tissus au large
Breitschlichten encollage *(m)* au large, encollage en chaîne
Breitschwanz breitschwanz *(m)*
Breitspannmaschine machine à tendre au large
Breitspülmaschine machine à rincer au large
Breitstreckegalisiermaschine (Web.) étireuse *(f)* à égaliser au large
Breitstreckeinrichtung dispositif *(m)* pour mise sous tension au large
Breitstreckwalze rouleau *(m)* élargisseur
Breitstuhl (Teppichweb.) métier large

Breitverweileinrichtung machine *(f)* de maturation au large
Breitwaschmaschine machine à laver au large, laveuse *(f)* au large
Breitzettlerei ourdissage au large
Bremsabstimmung (Wirkmasch. z.B.) mise du frein en règle
Bremsscheibe (Web.) disque *(m)* du frein
brennbar combustible
Brennbarkeit combustibilité *(f)*
Brennbock (Wollausrüstg.) décatisseuse à l'eau bouillante
brennen (Wollausrüstg.) fixer par crabbing, fixer à l'eau bouillante
Brennpunkt, Flammpunkt point *(m)* d'inflammation
Brennstoff combustible *(m)*
brettiger Griff toucher *(m)* carteux, toucher dur
brillantblau bleu brillant
Brillantgarn fil *(m)* d'Ecosse (brillant)
Brillanz brillance *(f)*, luminosité *(f)*
brodeln bouillonner, être en ébullition
Brokat brocart *(m)*
Brom brome *(m)*
Bromid bromure *(m)*
Bromthymolblau (pH-Indikator) bleu *(m)* de bromothymol
Bromzahl indice *(m)* de brome
Bronzieren (bei Färbg.) bronzage *(m)*
Brosche broche *(f)*
Broschierschuß trame *(f)* à brocher
broschiertes Gewebe broché *(m)*
Broschierwebstuhl métier *(m)* à brocher
Bruch, Färbefalte cassure *(f)*
Bruchdehnung (Test f. Fasern z. B.) allongement *(m)* à la rupture
Bruchdrehzahl (bei Fasern) coefficient *(m)* de supertorsion
brüchig (Textil) coupé
Bruchkante (Gew.) pli *(m)*
Bruchkraft allongement *(m)* sous charge déterminée
Brücke carpette *(f)*
Brückenbindung (Chem.) liaison *(f)* pontée
Brühe (Färb.) bouillon *(m)*
brühen, abbrühen échauder
Brühtrog échaudoir *(m)*
Brunnen puits *(m)*
Brüsseler Teppich tapis *(m)* de Bruxelles
Brustabnäher pince *(f)* de poitrine
Brustbaum (Web.) ensouple *(m)* de devant
Brusttasche poche *(f)* intérieure
Brustumfang, Brustweite tour *(m)* de poitrine
Bruttogewicht poids brut *(m)*
Bubikragen col *(m)* Claudine
Buchgewebe, Einbandstoff toile *(f)* à reliure
Buchse (an Masch.) douille *(f)*
Buckskin drap *(m)* fort anglais
Bügel, Kleiderbügel cintre *(m)*
bügelarm à minimum de repassage
Bügelbrett planche *(f)* à repasser
bügelecht solide au repassage
Bügelfalte pli *(m)* repassé
bügelfest à repasser
bügelfrei sans repassage
bügelleicht facile à repasser
Bügelmaschine machine *(f)* à repasser
bügeln repasser (au fer)
Bügelpresse presse-repasseuse *(f)*
Bügelprobe essai *(m)* de repassage
Bügeltemperatur température *(f)* de repassage
Bügeltuch (feucht) pattemouille *(f)*
Builder (Waschmittelzus.) adjuvant *(m)*
Bund, Band, Binde lien *(m)*, écharpe *(f)*
Bündel, Gebund paquet *(m)*
bündeln lier
bündeln von Garn empaqueter les fils
Bündchen (am Ärmel) poignet *(m)*
Bundesverband des Deutschen Textileinzelhandels Fédération *(f)* du Commerce de détail textile allemand
Bundhosenstrumpf chaussette *(f)* de sport
Bundweite tour *(m)* de taille
Bunsenbrenner bec *(m)* de Bunsen
bunt de couleur, en couleur, multicolore
bunt, vielfarbig multicolore, en diverses couleurs
bunt, schlecht egalisiert manque *(m)* d'unisson
Buntätze rongeage *(m)* coloré, enlevage *(m)* coloré
Buntbleiche blanchiment des articles teints
buntbleichecht teint en colorant résistant au blanchiment

Buntgewebe (Garngefärbt) tissu de fils teints
buntgewebt tissé teint
Buntheit, Scheckigkeit bigarrure *(f)*
Buntreserve réserve *(f)* colorée
buntscheckig bigarré
Buntspinnerei filature *(f)* de fils de couleur
Buntwäsche linge *(m)* de couleur
Buntweben, flammen chiner, marbrer, tigrer
Buntweberei tissage en couleurs
Bürette burette *(f)*
Bürettenständer (Labor) porte-burette *(m)*
Burnus burnous *(m)*
Bürokleidung vêtements *(m, pl)* pour le bureau
Burschengröße taille *(f)* de garçons
Bürste brosse *(f)*
bürsten brosser
Bürstenwalze brosse *(f)* cylindrique, rouleau brosseur *(m)*
Bürstmaschine machine *(f)* à brosser, brosseuse *(f)*
Bürst- und Dämpfmaschine machine à brosser et à vaporiser
Büschel von Fasern flocon *(m)* de fibres
Büschelteiler (Web.) râteau *(m)*, râteleir *(m)*
Büste poitrine *(f)*
Büstenhalter soutien-gorge *(m)*
Büstenkörbchen bonnet *(m)* de soutien-gorge
Butan butane *(m)*
Butanol, Butylalkohol alcool *(m)* bytilique
Bütte (Färbebütte) bac *(m)*
Buttersäure acide *(m)* butyrique
Button-down-Kragen col *(m)* button-down
Butylen, Buten butylène, butène
Butylkautschuk butyl *(m)*

C

Caban caban *(m)*
cablé cablé
Camisette chemisette *(f)*
Camisol camisole *(f)*
Campecheholz (Färb.) campêche *(m)*
Campher camphre *(m)*
Canadabalsam baume *(m)* du Canada
C^{14}-Analyse analyse *(f)* sur carbone^{14}
Cannelebindung (Web.) cannelé *(m)*
Cannettseide trame *(f)* de schappe, canette *(f)* de schappe
Cantrece cantrece
Cape cape *(f)*
Capekragen col *(m)* de cape
Caprolactam capro-lactame *(m)*
Capronsäure acide *(m)* caproïque
Carbamat, Carbaminat carbamate *(m)*
Carbamidharz résine *(f)* carbamide, résine durée
Carbaminsäure acide *(m)* carbamique
Carbid carbure *(m)*
Carbinol (Methylalkohol) carbinol *(m)*, alcool *(m)* méthylique
Carbonat carbonate *(m)*
Carbonathärte dureté *(f)* de carbonate
Carbon Black noir *(m)* de carbone
carbonisieren carboniser
Carboxyl carboxyle *(m)*
Carboxylgruppe groupe *(m)* carboxyle
Carboxymethylcellulose cellulose *(f)* carboxyméthylique
Carbylamin carbylamine *(f)*
cardé cardé
Cardigan cardigan *(m)*
Carnaubawachs cire *(f)* de carnauba
Caroafaser fibre *(f)* caroa
Carosche Säure acide *(m)* Caro
Carrageen (irisches Moss) carragaheen *(m)*
Carragenschlichte colle *(f)* de carragaheen
Carrier carrier *(m)*, véhiculeur *(m)*, agent *(m)* véhiculaire
Casein caséine *(f)*
Catechin (Färb./Gerb.) catéchine *(f)*
Cellophan cellophane *(f)*
Cellulase cellulase *(f)*, cytase *(f)*
Celluloid celluloïd *(m)*
Cellulose cellulose *(f)*
weit. s. Zellulose
Celsiusgrad degré *(m)* Celsius
Celsiusskala échelle *(f)* thermométrique Celsius
Celsiusthermometer thermomètre *(m)* centésimal

Cerin (Wachsharz) cérine *(f)*
Chaisingkalander calandre *(f)* type Chaising
chamois (Farbe) chamois
Chanelkostüm tailleur *(m)* Chanel
Changeant (Gewebeart) étoffe *(f)* aux tons changeants
changeant färben teindre en effet *(m)* changeant
Changieren (Webeffekt) changeant *(m)*, effet changeant
changierend changeant
Changierrahmen (Ausrüstg.) rame *(f)* d'oscillation
Changiervorrichtung (Weberei) dispositif *(m)* d'ensouplage croisé
Charmeuse (Gewebe) charmeuse *(f)*
Chassis (Foulardbehälter) châssis *(m)*
Check (gewürfeltes Gewebe) tissus *(m)* à dessin quadrillé (carré)
Chelat chélate *(m)*
Chelatbildung chélation *(f)*
Chemie chimie *(f)*
Chemiefaser fibre *(f)* synthétique, fibre chimique
Chemiefaser auf Viscosebasis rayonne *(f)*
Chemiefaser Endlosgarn filament *(m)*
Chemiefasergewebe tissu *(m)* synthétique
Chemiekupferfaser filament *(m)* cupro-ammoniacal
Chemiekupferseide rayonne *(f)* cupro-ammoniacale
Chemiemonofilament monofilament *(m)* synthétique
Chemiemüll déchets *(m, pl)* chimiques
Chemiereaktor réacteur *(m)* pour procédés chimiques
Chemikalien produits *(m, pl)* chimiques, substances *(f, pl)* chimiques
Chemiker chimiste *(m)*
chemisch chimique, de chimie
chemische Aufbereitung (Abwasser) traitement *(m)* chimique
chemische Beanspruchung exposition*(f)* aux agents chimiques
chemisch beständig chimiquement stable
chemisch binden combiner chimiquement
chemische Eigenschaften propriétés *(f, pl)* chimiques
chemisches Element (chem. Grundstoff) élément chimique
chemische Fällung (Abwasserbeh.) précipitation *(f)* chimique
chemische Formel formule *(f)* chimique
chemisch gebunden combiné chimiquement
chemisch neutral chimiquement neutre
chemisches Radikal radical *(m)* chimique
chemische Reaktion réaction *(f)* chimique
chemisch rein chimiquement pur
chemische Reinigung (Kleider u.s.w.) nettoyage *(m)* à sec
chemische Reinigung (Chem. Verfahren) épuration *(f)* chimique
chemischer Sauerstoffbedarf (CSB) demande *(f)* chimique d'oxygène
chemische Struktur constitution *(f)* chimique
chemische Texturierung texture *(f)* chimique
chemische Umwandlung transformation *(f)* chimique
chemische Verbindung combination *(f)* chimique
chemisch vernetzt réticulé chimiquement
chemischer Widerstand résistance *(f)* chimique
chemisches Zeichen symbole *(m)* chimique
chemische Zusammensetzung composition *(f)* chimique
Chemisierkleid robe *(f)* chemisier
Chemismus chimisme *(m)*
Chemosynthese chimiosynthèse *(f)*
Chemotechniker technicien-chimiste *(m)*
Chenille, Chenillegarn chenille *(f)*
Chenillesamt velours *(m)* chenille
Chenilleschneidemaschine machine *(f)* à cheniller
Chesterfield chesterfield *(m)*
Chevillieren (Seidengarn) chevillage *(m)*
Chevilliermaschine assouplisseur *(m)* et repasseuse-lustreuse pour écheveaux
Cheviot cheviote *(f)*

Cheviotfarbmischgarn mêlé-cheviote *(m)*
Cheviotgarn fil *(m)* cheviote
Chevron chevron *(m)*
chic chic
Chiffon chiffon *(m)*
Chinablau, Reinblau bleu *(m)* soluble
Chinaclay (Appr.) china-clay *(m)*
Chinagras, Ramie fibre *(f)* de ramie, ramie *(f)*
Chinaalizarin quinalizérine *(f)*
Chinolin quinoléine *(f)*
Chinolinblau bleu *(m)* de chinoléine
Chinolinfarbstoff colorant *(m)* quinoléine
Chintz chintz *(m)*
Chintzverfahren impression *(f)* des effets de chintz
chirurgischer Faden fil *(m)* chirurgical
Chitin chitine *(f)*
Chlor (Chlorgas, C1) chlore *(m)*
Chlor, mit Chlor sättigen chlorurer
Chloracetsäure (Chloressigs.) acide *(m)* chloracétique
Chlorameisensäureester ester *(m)* de l'acide chloroformique
Chloramin chloramine *(f)*
Chlorat chlorate *(m)*
Chlorbenzol chlorobenzène
Chlorbestimmung chlorométrie *(f)*
Chlorbleiche blanchiment *(m)* au chlore
Chlorbleichlauge solution *(f)* de chlorure décolorant, eau *(f)* de Javel
Chlorbleichmittel chlorure *(m)* décolorant
Chlorbutadien chloroprène
Chlorechtheit solidité *(f)* au chlore
chloren chlorer
Chlorierung (Chem.) chlorage *(m)*
Chlorierung von Trinkwasser verduniser
Chlorexprozess (Öle) procédé *(m)* chlorex
chlorfest résistant au chlore
chlorfrei exempt de chlore
Chlorgas gaz *(m)* chloré
Chlorgehalt teneur *(f)* en chlore
chlorhaltig chloré
Chlorid chlorure *(m)*
Chloridkorrosion corrosion *(f)* par chlorure
chlorieren (z. B. Wasser) faire la chloration *(f)*
chloriert chloré
Chlorierung mit Hypochloriten javellisation *(f)*
Chlorig, Chlor ... chloreux, chlorique
chlorige Säure acide *(m)* chloreux
Chlorit chlorite *(m)*
chlorithaltig chloriteux
Chlorkalkbleiche blanchiment *(m)* à chaux chloritée
Chlorkohlenstoff chlorure *(m)* de carbone
Chlorkohlenwasserstoff hydrocarbure *(m)* chloré
Chlormaschine (Bleich.) appareil *(m)* à chlorurer
Chloroform chloroforme *(m)*
Chlorometrie chlorométrie *(f)*
Chloropren chloroprène *(m)*
Chlorphenol chlorphénol *(m)*
Chlorretention rétention *(f)* de chlore
Chlorschwefelvulkanisation vulcanisation *(f)* au chlorure de soufre
Chlorstickstoff azoture *(m)* de chlore
chlorsulfoniert chlorosulfoné
Chlorung, Chloren chloration *(f)*
Chlorverbindung composé *(m)* du chlore
Chlorwasserstoff gaz *(m)* hydrochlorique
Chlorzahl indice *(m)* de chlore
Chrom chrome *(m)*
Chrom, Kaliumbichromat bichromate *(m)* de potassium
Chromat chromate *(m)*
Chromatometrie (Farbmessung) chromatométrie *(f)*
Chromazidolfarbstoff colorant *(m)* azidole au chrome
Chromfarbstoff colorant *(m)* au chrome
Chromfärbereiabwässer eaux *(f, pl)* résiduaires de teinture au chrome
chromgelb jaune *(m)* de chrome
chromhaltig chromifère, chromé
chromieren chromater
Chromierfarbstoff colorant *(m)* de chromatage
chromogen (chem.) chromogène
chromophor (farbgebend) chromophore
Chrom(o)schwefelsäure acide *(m)* chromosulfurique
Chrom-II-Salz, Chromosalz sel *(m)* chromeux

Chrom-III-Salz, Chromisalz sel *(m)* chromique
Ciré ciré *(m)*
Citrat citrate *(m)*
Citrin (Färb.) citrine *(f)*
Citronellöl, Lemongrasöl essence *(f)* de citronelle
City-Hemd chemise *(f)* de ville
Clip clip *(m)*
cloqué cloqué
Clubjacke blazer *(m)*
Coagulanz, Coaguliermittel coagulum *(m)*
Coating (engl.), **Beschichtung** enduction *(f)*, enduisage *(m)*
Cocktailanzug costume *(m)* de cocktail
Cocktailkleid robe *(f)* de cocktail
Codierscheibe disque *(m)* codeur, (de codage)
Coeurausschnitt décolleté *(m)* en coeur
Collage collage *(m)*
Collegekleidung vêtements *(m, pl)* style collégien
Collegetuch étoffe *(f)* collégienne
Colloid colloïde *(m)*
Coloplast-Maschine machine *(f)* coloplast
colorimetrieren dosage *(m)* par colorimétrie
Colorimetrierung colorimétrie *(f)*
colorimetrische Bestimmung évaluation *(f)* colorimétrique
coloristisch coloristique
Combiné-Druck impression *(f)* combinée
Combinggarn filé *(m)* de longue soie
Combi-Strumpf bas *(m)* à talon carré fabriqué en combiné
Comeback-Wolle laine *(f)* demi-fine, laine comeback
Complet ensemble *(m)*
Composé(s) composé
Compoundprodukt produit *(m)* composé
Computer ordinateur *(m)*
Cone (Kreuzspulen) cône *(m)*
Container (Transportbeh.) conteneur *(m)*
Container mit Kühlaggregat conteneur à groupe frigorifique
continu s. Kontinu
Converter convertisseur *(m)*, manipulant *(m)*
Converter-Kammzug laine *(f)* peignée convertie
Cord, -stoff, -samt cord *(m)*, velours *(m)* côtelé, velours *(m)* à côtes
Cordbarchent futaine *(f)* côtelée
Cordeinlage für Reifen cordes *(f, pl)* pour armatures de pneumatiques
Cordreifen pneu *(m)* à cordes
Cordschneidemaschine machine *(f)* à couper le velours côtelé
Cordzwirn cordonnet *(m)*
Core-spun-Garn filé *(m)* à fil d'âme
Corsage corsage*(m)*
Corselet corselet *(m)*
Coteline coteline *(f)*
Cotton-Fettsäure acide *(m)* gras d'huile de coton
cottonisieren cotonner
Cotton-Maschine machine *(f)* Cotton
Cotton-Nadel aiguille *(f)* à bec pour métier Cotton
Cottonstrumpf bas *(m)* diminué
Couch canapé *(m)*
Coulometrie (Chem.) coulométrie *(f)*
Cowboyhut chapeau *(m)* de cow-boy
Crackanlage installation *(f)* au craquage
cracken effectuer le craquage
Craquelé craquelé
Creme crême *(f)*
cremeweiß blanc *(m)* crème
Crêpe crêpe *(m)*
Crêpe-de-Chine crêpe de Chine *(m)*
Crêpe Georgette crêpe Georgette
Crêpe Marocain crêpe *(m)* marocain
Crimps (gekräuseltes Baumw. Gewebe) étoffe *(f)* frisée
Crinkle-Verfahren frisage *(m)*, ondulation *(f)*
Crossbredwolle laine *(f)* croisée
Crosslinking Ausrüstung apprêt *(m)* de pontage
Crylor crylor
Cuiteseide soie *(f)* cuite
Cup (BH) bonnet *(m)* (soutien-gorge)
Cupro, Kupferkunstseide filament *(m)* cuproammoniacal
Cut (Cutaway) jaquette *(f)*
Cyan cyanogène *(m)*
Cyanin cyanine *(f)*
Cyanwasserstoff, Blausäure acide *(m)* cyanhydrique

cyclische Verbindung composé *(m)* cyclique
Cyclohexan, Hexahydrobenzol, Napthen cyclohexane *(m)*
Cyclohexanol cyclohexanol *(m)*
Cyclokautschuk caoutchouc *(m)* cyclique

D

Dacca mousseline *(f)* dacca
Daccaseide soie *(f)* dacca
Dachpappe carton *(m)* bitumé
Damast damas *(m)*
Damastarbeit damassure *(f)*
damastartig weben damasser
Damastbindung armure *(f)* de damas
Damastleinwand linge *(m)* damassé
Damastwebstuhl métier de damas
Damenbekleidungsgeschäft magasin *(m)* de vêtements féminins
Damengröße taille *(f)* de femmes
Damenkonfektionsstoffe étoffes *(f, pl)* de confection pour femmes
Damenmode mode *(f)* féminine
Damenoberbekleidung (DOB) prêt à porter *(m)* féminin
Damenschlüpfer slip *(m)*
Damenstrumpfherstellung, -industrie fabrication *(f)* de bas pour dames
Dämmpappe carton *(m)* isolant
Dämmstoff (für Wärmedämmung) matière calorifuge *(f)*
Dämmstoff, Isolierstoff matériau *(m)* isolant
Dampf vapeur *(f)*
Dampf, gesättigt vapeur *(f)* saturée
Dampf, überhitzt vapeur *(f)* surchauffée
Dampfabscheider séparateur *(m)* de vapeur
Dampfantrieb commande *(f)* à vapeur
Dämpfapparat appareil *(m)* à vaporiser
Dampfarmaturen (an Kesseln) armatures *(f, pl)* pour chaudières, à vapeur
Dampfaustritt échappement *(m)* de vapeur
Dampfbad (Chem.) bain *(m)* de vapeur
Dampfbedarf besoin *(m)* en vapeur
Dampfbehandlung, Dämpfen vaporisage
Dampfbildung (ungewollt) formation de vapeur
Dampfblase bulle *(f)* de vapeur
Dampfbügelmaschine machine à repasser par vapeur
Dampfbürsten brossage à la vapeur
Dampfchloren chlorinage à la vapeur
Dampfdekatur décatissage à la vapeur
Dampfdestillation distillation par entraînement à la vapeur
Dampfdruck, -spannung tension de la vapeur, pression de la vapeur
Dampfdruck des Wassers pression de vaporisation
Dampfdruckmesser manomètre *(m)*
Dampfdruckregler régulateur *(m)* de pression de vapeur
Dampfdruckverminderung, -herabsetzung réduction de la pression de vapeur
Dampfdurchlässigkeit perméabilité *(f)* à vapeur
Dämpfechtheit solidité *(f)* au vaporisage
Dampfeinlass conduit *(m)* d'admission de la vapeur
Dampfeintritt, -zutritt admission *(f)* de vapeur
dampfen fumer, dégager des vapeurs, dégager de la fumée
dämpfen, abschwächen affaiblir, réprimer, amortir
dämpfen, mit Dampf behandeln vaporiser
Dämpfen, Dampfbehandlung vaporisage *(m)*
dämpfend, vermindernd amortisseur, d'amortissement
Dampfentnahme, -verbrauch consommation *(f)* de vapeur, prise *(f)* de vapeur
Dampfentöler séparateur *(m)* d'huile pour la vapeur, déshuileur *(m)* de vapeur
Dampfentwicklung formation *(f)* de vapeur
Dampfentwicklungsfarbstoff colorant *(m)* à développement par vapeur
Dämpfer, Dämpfmaschine vaporiseur *(m)*, vaporisateur *(m)*
Dampferzeugung, -produktion production *(f)* de vapeur
Dampffarbendruck imprimerie *(f)* en couleurs vapeur
dampffixieren fixer à la vapeur
dampfförmig à l'état *(m)* de vapeur
Dampfgebläse soufflerie à vapeur

Dampfheizschlange serpentin *(m)* à vapeur
Dampfheizung chauffage *(m)* à la vapeur
Dampfkalander poucier *(m)*
Dämpfkammer chambre *(f)* de vaporisation
Dampfkessel chaudière *(f)* de vapeur
Dampfkompression compression *(f)* de la vapeur
Dampfleistung débit *(m)* de vapeur
Dampfleitung, -rohre tuyauterie *(f)* de vapeur, conduite *(f)* de vapeur
Dämpfmaschine machine *(f)* à vaporisation, machine *(f)* à vaporiser
Dampfphase phase *(f)* vapeur
Dampfplattenpresse presse *(f)* à plateaux
Dampfpresse presse *(f)* à vapeur
Dampfpunkt point *(m)* d'ébullition de l'eau
Dampfreiniger épurateur *(m)* de vapeur
Dampfrohr conduit *(m)* de vapeur, tuyau *(m)* de vapeur
Dampfröste (bei Flachs) rouissage *(m)* de vapeur
Dämpftisch table *(f)* à vaporiser
Dampftrockenapparat (Chem.) étuve *(f)* à vapeur
Dampfüberhitzer surchauffeur *(m)* de vapeur
Dämpf- und Fixiermaschine machine *(f)* à vaporiser et à fixer à chaud
Dampfventil soupape *(f)* à vapeur
Dampfverbrauch consommation *(f)* de vapeur
Dampfvorwärmer réchauffeur *(m)* de vapeur
Dämpfzylinder cylindre *(m)* à vaporiser
Darre (Flachsherst.) séchoir *(m)*
darstellen (chem.) préparer
darüberliegend sus-jacent
Datei (EDV) fichier *(m)* de données, ensemble *(m)* des données
Daten (EDV) données *(f, pl)*
Daten erfassen collecter des données
Daten verarbeiten traiter des données
Datenauswertung exploitation *(f)* de données
Datenbank banque *(f)* de données, base *(f)* de données
Datenblatt, Prospekt fiche *(f)* technique
Dateneingabe entrée *(f)* de données
Datenerfassung collection*(f)* de données, saisie *(f)* de données
Datenerstellung confection *(f)* de données
Datenspeicher mémoire *(f)* d'informations
Datenträger support *(m)* de données, support *(m)* d'informations
Datenübermittlung communication *(f)* de données
Datenverarbeitung traitement *(m)* de données
Datenverarbeitungsanlage, Rechner ordinateur *(m)*
Dauer, Zeitdauer durée *(f)*
Dauerfixierung (Wolle) fixage *(m)* permanent
Dauerglanzappretur apprêt *(m)* de brillant permanent
dauerhaft permanent
Dauerhaftigkeit v. Farben stabilité *(f)* de couleurs
Dauerplissee plissé *(m)* permanent
Dauerprägung gaufrage *(m)* permanent
Dauerversuch essai *(m)* continu, essai *(m)* d'endurance
Daune, Daunenfeder duvet *(m)*
Daunendecke duvet *(m)*
daunendicht (Appretur) clos pour duvets
Daunensatin satin *(m)* pour duvets, (clos pour duvets)
Deckbeize pâte *(f)* rongeante d'enlevage
Decke couverture *(f)*
Deckel couvercle *(m)*
Deckelkarde, -krempel carde *(f)* à chapeau
Deckelkette chaîne *(f)* des chapeaux
Deckelputzvorrichtung appareil *(m)* de débourrage des chapeaux
Deckelschützen (Web.) navette *(f)* à couvercle
Deckerdruck impression *(f)* par recouvrement
Deckfaden (Web.) fil *(m)* à vaniser
Deckfähigkeit (von Farben) pouvoir *(m)* couvrant
Deckfarbe couleur *(f)* opaque, couleur *(f)* non transparente
Deckfarbe, Deckbeize mordant *(m)* à couleurs

Deckform (Geweb. Druck) planche *(f)* à fond
Deckkette (Cottonmasch.) chaîne *(f)* à diminuer
Deckkette (Web.) chaîne *(f)* de recouvrement
Deckkraft (Farbe) pouvoir *(m)* couvrant
Deckweiß blanc *(m)* couvrant
Decylalkohol alcool *(m)* décylique
defekt, beschädigt défectueux, endommagé
Deformierbarkeit déformabilité *(f)*
deformieren déformer
degummieren (Leinen, Seide) décreuser, dégommer
dehnbar, streckbar extensible, élastique
Dehnbarkeit extensibilité
Dehnbarkeit (bei Metallen) ductubilité *(f)*
dehnen, ausdehnen allonger, étendre, étirer
ausdehnen in die Breite élargir
ausdehnen, sich ausdehnen (z. B. Web.) s'étendre
Dehnung, bleibende Dehnung limite *(f)* d'allongement
Dehnungskoeffizient coefficient *(m)* d'allongement
dehydratisieren déshydrater
Dehydratisierung (Wasserentzug) déshydratation *(f)*
dehydrieren déshydrogéner
deionisieren désioniser
dekantieren décanter
Dekantieren décantage *(m)*
dekatieren décatir, presser à chaud
Dekatiermaschine décatissoir *(m)*, presse *(f)* à chaud
Dekatiertuch doublier *(m)* de décatissage
Dekatierung, Dekatur décatissage
Dekatierwalze cylindre *(m)* décatisseur
dekaturecht solide au décatissage
Dekaturechtheit solidité *(f)* au décatissage
Dekolleté décolleté *(m)*
Dekorateur décorateur *(m)*
Dekoration décoration *(f)*
Dekorationsstoff tissu *(m)* d'ameublement
demineralisieren déminéraliser
demulgieren désémulsionner, désémulsifier
denaturierter Alkohol, Spiritus alcool *(m)* dénaturé
Denier denier *(m)*
Denim denim *(m)*
denitrieren dénitrifier
depolymerisieren dépolymériser
Deponie, Müllablage décharge *(f)* de déchets, dépôt *(m)* de déchets
derb grossier, rude
Derbysocke chaussettes *(f, pl)* Derby
Derivat, Abkömmling dérivé *(m)*
Design, Formgestaltung création *(f)*, stylisme *(m)*, design *(m)*
desinfizieren désinfecter
Dessin (Web.) figure *(f)*, dessin *(m)*
Dessinateur dessinateur *(m)*
dessinieren dessiner
Dessiniermaschine, Ausschlagmasch. liseur *(m)* et perceur *(m)* automatique
Dessiniermaschine, Hebe- u. Mustermasch. métier *(m)* à armure
Dessous dessous *(m, pl)*
Destillat distillat *(m)*
Destillation distillation *(f)*
Destillierapparat appareil *(m)* distillatoire, appareil *(m)* à distiller
destillieren distiller
Destillierkolben, -blase alambic *(m)*, ballon *(m)* à distiller
Destillierkolonne colonne *(f)* de distillation
detachieren, Flecken entfernen détacher
Detachiermittel détachant *(m)*
Detachur détachage *(m)*
Detaillist détaillant *(m)*
Detergens, synth. Waschmittel détergent *(m)*
Deutsche Industrienorm (DIN) Normes industrielles allemandes
Deux-pièces deux-pièces *(m)*
Dextrin dextrine *(f)*
dezent décent, délicat
Diagonalbindung armure *(f)* diagonale
Diagonalgewebe étoffe *(f)* croisée, étoffe *(f)* diagonale, tissu *(m)* en fils croisés
Diagonalschlag, Kreuzschlag croisement *(m)* des étoffes doubles
Dialdehyd dialdéhyde *(m)*
Diamin diamine *(f)*
Diaminschwarz noir *(m)* diamine

Diäthylamin diéthylamine *(f)*
Diazobenzol diazobenzène *(m)*
Diazofarbstoff colorant *(m)* diazo
Diazokupplung (bei Farbstoffen) copulation *(f)* diazo
diazotieren diazoter
Diazoverbindung combinaison *(f)* diazoïque
Dichromat bichromate *(m)*
dicht, fest serré, dense, fermé, compact
dicht, undurchlässig imperméable
Dichte (allgem.) densité *(f)*
Dichte (bei Geweben) compte *(m)* de fils, densité *(f)*
dichtgeschlagen (Web.) serré
dichtgewebt à compte de fils important, tissé serré
Dichtung garniture *(f)*, étoupage *(m)*, joint *(m)*
Dichtungsgummi caoutchouc *(m)* pour garnitures
Dichtungsring anneau *(m)* de joint, anneau de garniture, rondelle *(f)* de garniture
Dichtungsschnur corde *(f)* de garniture
Dichtwerden, Festwerden solidification *(f)*
dick (Pasten u.s.w.) épais
dick auftragen (Farben, Appreturen) empâter
Dickwerden, Eindicken épaississement *(m)*
dickflüssig visqueux, consistant
dickflüssig werden, dickfl. machen épaissir
Dickflüssigkeit viscosité *(f)*, consistance *(f)*
Dicyandiamidharz résine *(f)* au dicyandiamide
dielektrisch, nicht leitend diélectrique
Dienst service *(m)*
Dienstleistungsbetrieb entreprise *(f)* des services
Dienstleistungsindustrie industrie *(f)* des services
Dienstleistungsprogramm (EDV) programme *(m)* de service
Dienstvorschrift règlement de service
Dieselkraftstoff, Dieselöl carburant *(m)* Diesel
differentialfärben teindre en différentiel
Differentialgetriebe engrenage *(m)* différentiel
Differenz différence *(f)*
differieren, abweichen différer, être différent
diffundierbar diffusible
diffundieren, durchdringen diffuser
diffundiert diffusé
diffus, zerstreut diffus
diffuse Beleuchtung illumination *(f)* diffuse
Diffusion, Austausch v. Flüssigk. diffusion *(f)* de liquides
Diffusion, Ausbreitung diffusion *(f)*
digital numérique
Digitalanzeige indication *(f)* numérique
digital gesteuert à commande *(f)* numérique
Digitalrechner calculateur *(m)* numérique
Dimethyl diméthyle *(m)*
Dimethylanilin xylidine *(f)*
Dimity (gestreifter Barchent) dimity *(m)*
Dinatrium .. disodique
Dinatriumcellulose cellulose *(f)* disodique
Diorfalte pli *(m)* Dior
Dioxan, Diäthylenchlorid dioxanne *(m)*
Diphenyl diphényl *(m)*
Dipol dipôle *(m)*
Dipolkraft force *(f)* dipolaire
Dippen, Haftungserhöhung adhérisage *(m)*
direkt, unmittelbar direct
Direktdruck impression *(f)* directe
Direktfarbstoff, subst. Farbst. colorant *(m)* direct
Direktspinnmaschine machine *(f)* à filature directe
Direktspinnverfahren filature *(f)* directe du ruban
direkt wirkend à action directe
direktziehend (Farbst.) montant directement (sur la fibre)
Dirndl(kleid) costume *(m)* bavarois
Dirndlrock jupe *(f)* paysanne, jupe *(f)* bavaroise
Dirndlstoff tissu *(m)* dirndl (à motifs traditionnels)
Dischwefelsäure acide *(m)* disulfurique, acide *(m)* pyrosulfurique
Discountladen magasin *(m)* discount

Diskette (EDV) disque *(m)* souple
Diskontinubleiche blanchiment discontinu
Diskontinubreitbleiche blanchiment *(m)* discontinu au large
diskontinuierliche Färbeanlage installation *(f)* de teinture discontinue
diskontinuierliche Strangbleiche blanchiment *(m)* discontinu en boyaux
Diskontinuverfahren procédé *(m)* discontinu
diskontinuierlich, unterbrochen discontinu
Dispatcher, Zuteiler (EDV) distributeur *(m)*
Dispergens, Dispergiermittel dispersant *(m)*, agent dispersant *(m)*
dispergieren, feinst verteilen disperser
Dispergiermaschine, -anlage disperseur *(m)*
dispergiert dispersé, en dispersion *(f)*
Dispergiervermögen pouvoir *(m)* dispersant
Dispergiervorgang procédé *(m)* de dispersion
Dispergierwirkung effet *(m)* dispersant
Dispergierzusatz additif *(m)* dispersant
disperse Phase phase *(f)* dispersée
Dispersion dispersion *(f)*
Dispersionsfarbe, Anstrichmittel peinture *(f)* au latex
Dispersionsfarbstoff colorant *(m)* dispersable, colorant de dispersion
Dispersolfarbe colorant *(m)* dispersol
Display, Sichtanzeige affichage *(m)*
disponieren disposer
Dissoziation, Zerfall dissociation *(f)*
dissoziationsfähig dissociable
Dissoziationsgrad degré *(m)* de dissociation
Dissoziationswärme chaleur *(f)* de dissociation
Disulfid bisulfure *(m)*
Dithionat dithionate *(m)*
dividieren (math.) diviser
Diwan divan *(m)*
Docht, Vorgarn mèche *(f)*, fil *(m)* mèche
Docke, Gewebeaufrollvorrichtung rouleau *(m)* d'enroulage
Docke (Garnaufmachung) écheveau *(m)*
Docke, Geweberolle rouleau *(m)* de tissu
Dodecylalkohol alcool *(m)* dodécylique
Donegal (Gewebe) tweed *(m)* donégal
Doppelabnehmerkrempel (Karde) carde *(f)* à deux peigneurs
Doppelatlas satin *(m)* double face
Doppelaufrollmaschine bobineuse *(f)* double
Doppelbestimmung (Chem.) détermination *(f)* double
Doppelbett grand lit *(m)*
Doppelbindung (Chem.) liaison *(f)* double
Doppeldamast damas *(m)* double face
Doppelfach (Web.) foule *(f)* double, pas *(m)* double
Doppelfaden, Grobgarn fils *(m, pl)* doubles
Doppelfaden (Web.-Fehler) fil *(m)* double
Doppelfeinripp côte 2/2 sur jauge fine *(f)*
doppelflächige Ware marchandise *(f)* à côtes réalisée sur deux fontures
Doppelflorzweikrempelsatz carde *(f)* double à deux peigneurs
Doppelgewebe tissu *(m)* double, matelassé *(m)*, étoffe *(f)* matelassée
Doppelhubjacquardmaschine jacquard *(m)* à double lève
Doppelkalander calandre *(f)* tandem
Doppelkettenstich point *(m)* de chaînette double
Doppelkettenstuhl métier-chaîne *(m)* à deux fontures
Doppelkettgarn fil *(m)* double de chaîne
doppelkonisch biconique
Doppelköper, zweiseitiger Köper croisé *(m)* à double face
Doppelkrempel carde *(f)* double
Doppelkrepp crêpe *(m)* Georgette
doppeln doubler
doppeln, dublieren (Spinnerei) doubler, assembler
doppeln, dublieren (Weberei) dosser
Doppelnadelstrecke (Spinn.) étirage *(m)* à double rangée de barettes (intersecting)
Doppelplüsch peluche *(f)* double face
Doppelrand revers *(m)* double
Doppelreiher costume *(m)* croisé
Doppelriemchen-Streckwerk laminage *(m)* à double manchon
Doppelsalz sel *(m)* double
Doppelsamt velours *(m)* double-pièce

Doppelschlichtmaschine encolleuse *(f)* double
doppelseitig à double face, bilatéral
Doppelspule bobine *(f)* compound
Doppelsteppstichnaht couture *(f)* piquée double
Doppelsteuerung double commande *(f)*
Doppelstretchware, Zweizugware marchandise *(f)* double stretch
doppelt, zweifach double, deux fois
doppelt gewebt à double pli
Doppeltonfärbung teinture *(f)* en deux tons
doppeltumsponnen à guipage double
doppelt wirksam à double effet
doppelt zwirnen, nachzwirnen organsiner
Doppelwägung double pesée *(f)*
doppelwandig à double paroi
Doppelweife dévidoir *(m)* double
doppelwertig, zweiwertig (Chem.) bivalent
Doppelzwirn fil *(m)* double
Doppelzwirnen, Nachzwirnen organsinage *(m)*
dörren sécher, torréfier
Dosenspinnmaschine machine *(f)* à filer centrifuge
Dosierapparat doseur *(m)*
dosieren doser
Dosiergefäß mesureur *(m)*
Dosierhahn robinet *(m)* de règlage
Dosierpumpe pompe *(f)* de dosage
Dosierwaage poidoseur *(m)*
Dosis, Dosisgabe dose *(f)*
Dosismessung, Mengenmessung dosimétrie *(f)*
Dotterblumenmuster dessin *(m)* à renoncules
Double-Face double face *(m)*
Doubliermaschine (Web.) machine *(f)* à dosser, dosseuse *(f)*
Drache cerf-volant *(m)*
Draht fil *(m)* de métal
Drahtsieb (fein) tamis *(m)* métallique
drainieren drainer
Drall, Verwindung tors *(m)*, torsion *(f)*
Drallapparat (Spinn.) appareil *(m)* tordeur
Drap-de-Soie drap-de-soie *(m)*
Drapé drapé *(m)*
drapieren draper
Drehbeanspruchung sollicitation *(f)* à la torsion, effort *(m)* de torsion
Drehbewegung rotation *(f)*, mouvement *(m)* rotatif
drehen, zusammendrehen tordre
Dreher, Dreherbindung armure *(f)* de gaze
Dreherfaden, Polfaden der Gaze fil *(m)* de tour
Drehergewebe tissu *(m)* de gaze
Dreherkanne (Spinn.) pot *(m)* tournant
Dreherkette chaîne *(f)* à croisement
Dreherwerk harnais *(m)* de gaze
Drehkraft, Verdrehungskraft force *(f)* de torsion
Drehung, Zusammendrehen (allgem.) tordage *(m)*
Drehung des Fadens torsion *(f)* du fil
Drehung im Uhrzeigersinn rotation *(f)* en sens des aiguilles du montre
Drehungsfehler (Web.) différence *(f)* de torsion
Drehungsfestigkeit résistance *(f)* à la torsion
drehungsfrei (z. B. Seil) équilibré
Drehungsrichtung sens *(m)* de tordage
Drehzahl nombre *(m)* de tours, tours *(m, pl)*par minute
dreibahnig (Gewebe) à trois lés
dreieckig triangulaire, trigone
Dreieckshöschen pointe *(f)*
Dreietagenzwirnmaschine retordeuse *(f)* à trois étages
dreifach triple
Dreifachbindung (Chem.) liaison *(f)* triple
Dreifachgarn fil *(m)* triple
Dreifadenstrumpf bas *(m)* à trois fils
dreifädig à trois fils
dreifarben, dreifarbig (trichromatisch) trichrome, à trois couleurs
Dreifarbendruck impression trichrome, impression *(f)* à trois couleurs
Dreifarbigkeit trichroïsme *(m)*
Dreihalsflasche flacon *(m)* à trois tubulures
Dreikrempelsatz assortiment *(m)* de trois cardes
Dreiphasen... triphasé
dreischäftiger Köper sergé *(m)* de trois

Dreischichtbetrieb travail *(m)* à trois postes
dreischichtig, dreilagig à trois couches
dreiviertellang trois-quarts
dreiviertellange Socke mi-bas *(m)*
Dreiwalzenbäummaschine dispositif *(m)* d'ensouplage à trois rouleaux
Dreiwalzenkalander calandre *(f)* à trois cylindres
dreiwertig trivalent
Dreizylindergarn filé *(m)* à trois cylindres
Drell, Drillich treillis *(m)*
Dreß (Fußball) tenue *(f)* de sport, vêtement *(m)* de sport
Dressman mannequin *(m)* masculin
Drillich, grober Drillich coutil *(m)* grossier
Drossel, Ringspinnmaschine métier *(m)* continu à filer à anneaux
Drosselgarn fil *(m)* de chaîne du continu
Drosselklappe vanne *(f)* papillon
drosseln (Dampf u.s.w.) étrangler, étouffer
Drosselspinnerei (Spinn. ohne Ende) filage *(m)* par continu, filage *(m)* à anneau
Drosselung (Masch.) étranglement *(m)*
Drosselung (der Produktion) freinage *(m)*
droussieren drousser
Druck (von Gasen u.s.w.) pression *(f)*
Druck, Bedrucken impression *(f)*
Druckabfall chute *(f)* de pression
Druckausgleich compensation *(f)* de pression
Druckbleiche blanchiment *(m)* sous pression
Druckbreite (Gew.) largeur *(f)* d'impression
Druckelastizität, Bauschelast. élasticité à la compression
drücken, Druck ausüben presser
Drucker (Beruf) imprimeur *(m)*
Druckerei imprimerie *(f)*
Druckereihilfsmittel auxiliaire *(m)* d'impression
Druckfarbe couleur *(f)* d'imprimerie
Druckfärbeapparat appareil *(m)* de teinture en cuve autoclave, autoclave *(m)*
Druckfarbstoff colorant *(m)* d'impression
Druck(erei)fehler faute *(f)* d'impression
druckfertig prêt à l'impression
druckfest (gegen Überdr.) résistant à la pression, à l'épreuve *(f)* de la pression
Druckform bloc *(m)* d'impression
Druckfühler capteur *(m)* de pression
Druckgefälle gradient *(m)* hydraulique
Druckgeschwindigkeit vitesse *(f)* d'impression
Druckknopf bouton-pression *(m)*
Druckküpenfarbstoff colorant *(m)* de cuve pour impression
Druckluft air *(m)* comprimé
Druckmaschine machine *(f)* à imprimer
Druckmitläufer, Zwischenläufer doublier *(m)* pour l'impression, blanchet *(m)*, fardage *(m)*
Druckmodel modèle *(m)*, bloc *(m)*
Druckmuster motif *(m)* d'impression
Druckpaste pâte *(f)* d'impression ou pour impression
Druckprobe épreuve d'impression
Druckqualität qualité *(f)* d'impression
Druckschablone pochoir *(m)*
Druckschrift, Prospekt prospectus *(m)*
Druckstoff, bedruckt. Stoff tissu *(m)* imprimé
Drucktuch (Mitläufer) doublier *(m)*, pour l'impression blanchet *(m)*, fardage *(m)*
Druckunterschied différence *(f)* de pression
Druckventil soupape *(f)* de compression
Druckverdickung, -verdicker épaississant pour les pâtes d'impression, épaississant *(m)* d'impression
Druckverfahren procédé *(m)* d'imprimer
Druckvorlage maquette *(f)*, typon *(m)*
Druckwalze (mustertragend) rouleau *(m)* imprimeur, cylindre *(m)* d'impression
Druckwalze (druckgebend) rouleau-presseur *(m)*, cylindre *(m)* de pression
druckwasserdicht (Geweb.) étanche à l'eau sous pression
Druckzunahme, Druckerhöhung accroissement *(m)* de pression
dublieren doubler
Dublierer, Doppler (Spinn.) assembleur *(m)*
Dublierung doublage
Dublierweife dévidoir *(m)* à doubler
Duchesse satin *(m)* duchesse
Duchessebindung armure *(f)* duchesse
Duffel(stoff) (tissu) sibérienne *(f)*

Dufflecoat dufflecoat *(m)*
dunkel (bei Farben) foncé
dunkelblau bleu *(m)* foncé
dunkel färben teindre en nuances foncées
dunkler färben, tiefer färben foncer
dunkler werden se foncer
dünn mince
dünne Stellen im Gewebe les clairs *(m, pl)*d'une étoffe
dünnfädig à fins fils
dünnflüssig fluide, très liquide
dünnflüssiges Öl huile *(f)* fluide, huile *(f)* peu visqueuse
Dünnflüssigkeit fluidité *(f)*
Dünnschichtchromatographie chromatographie *(f)* en couche mince
Dunst, Dampf vapeur *(f)*, brume *(f)*, émanation *(f)*
Dunstabzug cheminée *(f)* de ventilation
Duplexdruckmaschine machine *(f)* à imprimer à double face
Dupliermaschine cannetière *(f)* doubleuse
Duplikat duplicata *(m)*, double *(m)*
durchbrochen (Gewebe) ajouré (tissu)
Durchbruchmuster dessin *(m)* par report de mailles
durchdringen, diffundieren diffuser
durchdringen pénétrer
Durchdringung pénétration
durchfärben pénétrer (des colorants)
Durchfärbung pénétration *(f)* (des colorants)
durchfeuchten mouiller
Durchfluß circulation *(f)*, passage *(m)*
Durchflußanzeiger indicateur *(m)* de passage, indicateur *(m)* du débit
Durchflußgeschwindigkeit vitesse *(f)* de passage
Durchflußmenge débit *(m)* de passage
Durchflußmesser débitmètre *(m)*
Durchgang, Durchlauf (bei Masch.) passage *(m)*, parcours *(m)*
durchgefärbt bien pénétré par le colorant
durchgehend, -laufend continu
durchgeknöpft boutonné de bas en haut
durchlässig (z. B. Gewebe) perméable
Durchlässigkeit perméabilité *(f)*, perméance *(f)*
durchlaufendes Muster dessin *(m)* continu
Durchlaufmischer mélangeur *(m)* continu
Durchlauftrockner sécheur *(m)* continu, sécheur tunnel
Durchlaufzeit temps *(m)* de passage, durée *(f)* de passage
Durchlicht lumière *(f)* transmise
durchlüften aérer
Durchlüftung aération *(f)*
durchmengen, -mischen mélanger
Durchmesser diamètre *(m)*
Durchmusterung (Web.) échantillonnage *(m)* complet
durchprobieren essayer l'un après l'autre
durchreißen déchirer
durchreißen, intrans. se déchirer
durchrosten être rongé par la rouille
durchrühren (bien) agiter, remuer
durchsacken, durchhängen fléchir
Durchsatz (Menge) débit *(m)*
Durchsatzleistung débit *(m)*, capacité *(f)*
durchscheinen transparaître
Durchscheinen, Durchkommen d. Grundfarbe pénétration *(f)* du fond
durchscheinend transparent
durchscheuern écorcher
durchscheuern, sich s'écorcher
durchschießen, Schützen eintragen faire passer la navette, lancer la navette, chasser la navette
durchschlagen (v. Farben) pénétrer, remonter
Durchschlagen (v. Farben) transvision *(f)*, remontée *(f)*, perception *(f)* au verso
Durchschnitt, Mittelwert moyenne *(f)*
durchschnittlich moyen
durchschnittlich betragen se monter en moyenne à
Durchschuß, Schuß (Web.) trame *(f)*
durchseihen, durchsieben tamiser
durchsichtig transparent
durchsichtiges Gewebe tissu *(m)* clair, tissu transparent
durchsickern infiltrer
durchstechen percer, perforer
durchwalken fouler à fond
Düsenfärbemaschine, Jet machine *(f)* à teindre aux tuyères jet *(m)*
düsengefärbt (bei synth. Fasern) teint dans la masse
düsenspinnen filer à filière *(f)*

Düsentrockner sécheur *(m)* aux tuyères
Düsenwebmaschine machine *(f)* à tisser à tuyères, métier *(m)* à injection
Düsenzwirnmaschine retordeuse *(f)* à filière
Dynamik dynamique *(f)*

E

Easycareausrüstung apprêt easy-care *(m)*
ebenflächig à surface *(f)* plane
echt, dauerhaft (Farbe z. B.) solide
Echtbase base *(f)* solide
Echtbeizenfarbstoff colorant *(m)* à mordant solide
Echtdruckfarbe colorant *(m)* d'impression solide
echte Lösung, molek. Lösung solution *(f)* moléculaire
Echtfärbebase (Salz) base *(f)* de teinture solide (sel)
echtfärben teindre en colorants solides
Echtfarbstoff colorant *(m)* solide
Echtheit, Beständigkeit (Farbst.) solidité, résistance *(f)*
Echtheitsverbesserung amélioration *(f)* de solidité
Echtprägung gaufrage *(m)* solide
Echtzeit (EDV) temps *(m)* réel
Eckenband extra-fort *(m)*, cache-couture *(m)*
Eckenkragen col *(m)* rabattu
Eckfadenabsaugung (Kantenfäden-absg.) aspiration *(f)* des fils de lisière
Ecossais écossais *(m)*
Edelgas gaz *(m)* rare, gaz noble
Edelmetall métal *(m)* précieux
Edelstahl acier *(m)* fin, acier spécial
Edelstahl legiert acier *(m)* spécial allié (à alliage)
Effekt effet *(m)*
Effekt, Arbeitsleistung intensité *(f)* de travail
Effekt, Nutzeffekt rendement *(m)*
Effektfaden, Effektgarn fil *(m)* fantaisie
effektiv, wirksam efficace, effectif
effektive Haftreibung adhérence *(f)* réelle
Effektschuß fil *(m)* effet de trame
Effektzwirn fil *(m)* fantaisie retordu
Effektzwirnmaschine retordeuse *(f)* fil fantaisie
Effizienz efficacité *(f)*
egal, gleichmäßig égal, uniforme
egale, gleichmäßige Färbung teinture *(f)* uniforme
egalisieren égaliser
Egalisierfarbstoff colorant *(m)* égalisant, colorant *(m)* d'unisson
Egalisierhilfsmittel agent *(m)* d'unisson, agent *(m)* auxiliaire d'unisson, auxiliaire *(m)* égalisant
Egalisiermaschine (Web.) machine à égaliser
Egalisiermittel agent *(m)* d'unisson
Egalisierspannrahmen rame *(f)* à égaliser
Egalisiervorrichtung, Abstreifer racleur *(m)*
egrenieren (Spinn.) égrener, mouliner
eichen étalonner, vérifier
eichen v. Hohlmaßen jauger
Eichsubstanz (Chem.) produit-étalon
Eichtabelle table *(f)* d'étalonnage
Eichung étalonnage *(m)*
Eigenfarbe couleur *(f)* naturelle, couleur propre
Eigengewicht poids *(m)* mort, poids propre
Eigenschaft caractère *(m)*, caractéristique *(f)*, propriété *(f)*
Eigenspannung tension *(f)* interne
Eigentemperatur température *(f)* naturelle
Eigenverbrauch consommation *(f)* propre
Eigenviscosität viscosité *(f)* inhérente
Eigenwärme chaleur *(f)* propre
Eigenwasserversorgung alimentation d'eau autonome
Eigenwert valeur *(f)* propre
eignen, sich eignen convenir (à, pour), être apte à
Eignung aptitude *(f)*, qualification *(f)*
Eilgang, Schnellgang mouvement *(m)* rapide
Eimer seau *(m)*
Einabnehmerkrempel carde *(f)* à un peigneur
einander zugeordnet conjugé

einarbeiten (z. B. jemd. in eine Organisat.) entraîner, mettre au courant
einarbeiten, hineinmischen incorporer
Ein-Ausgabe (EDV) entrée-sortie *(f)*
Einbad... en bain *(m)* unique
Einbadverfahren procédé en bain unique (à bain unique), procédé *(m)* en un seul bain, procédé monobain
Einbandgewebe (z. B. für Bücher) étoffe *(f)* pour reliures, tissu *(m)* pour reliures
Einbau installation *(f)*, montage *(m)*
einbettige Flachstrickmaschine tricoteuse *(f)* rectiligne à une fonture
Einbettungsflüssigkeit liquide *(m)* d'inclusion
einbinden (Web.) lier
einblasen von Gasen od. Luft) insuffler
einbrennen, krabben lisser (fixer)
einbrennen von Farben od. Lacken cuire au four
Einbrennen cuisson *(f)* au four
einbringen, beschicken (Färbeapp.) charger
eindampfen réduire par ébullition
Eindampfen évaporation *(f)*
eindicken concentrer par évaporation
eindicken, verdicken épaissir
eindiffundieren diffuser à l'intérieur
eindringen pénétrer
Eindringen pénétration *(f)*, introduction *(f)*
einen Farbton treffen réussir un coloris
einfach, ungeteilt simple
einfachbaumwollumsponnen guipé à coton simple
einfache Bindung, Einfachbindung liaison *(f)* simple
einfacher Jersey jersey *(m)* simple
einfacher Zwirn retors *(m)* simple
einfach ungesättigt (chem.) monoéthènoïde
Einfachweife dévidoir *(m)* simple
einfahren, einlaufen lassen roder
einfädeln enfiler
einfädig, Einfaden ... monofil
einfädig (Spinn.) à un seul fil
Einfädler (bei Webschützen) enfileur *(m)*
Einfallwinkel (z. B. v. Licht) angle *(m)* d'incidence
einfärben, färben teindre
Einfarbendruck impression à une seule couleur
Einfarbendruckmaschine machine *(f)* à imprimer à une couleur
Einfarbenflächendruck soubassement *(m)* unicolore
einfarbig d'une seule couleur, unicolore
Einfaßband bordure *(f)*
einfetten (Masch.) graisser, lubrifier
einfetten, schmälzen (z. B. Wolle) ensimer
einfeuchten, durchweichen tremper
Einflechtfaden, Spannfaden fil *(m)* tendeur
einflorig (Webwaren) à simple poil *(m)*
Einfluß influence *(f)*
Einfluß, Angriff (chem.) attaque *(f)*
Einfluß, Einströmung admission *(f)*, introduction *(f)*
einfonturig (Strick.) à une fonture
einfonturige Rundstrickmaschine tricoteuse *(f)* circulaire à une fonture
Einführapparat, Warenführer guide-toile *(m)*, guide-tissu *(m)*
Einführwalze, Zuführwalze cylindre *(m)* alimenteur, cylindre *(m)* fournisseur
einfüllen remplir, verser
Einfüllgefäß vaisseau *(m)* de remplissage
Einfüllöffnung, Fülloch ouverture *(f)* d'entrée, ouverture d'alimentation, ouverture de chargement
Eingabe (EDV) entrée *(f)*, introduction *(f)*
Eingabe von Hand introduction *(f)* manuelle des données
Eingabedatei fichier *(m)* d'entrée
Eingabedaten données *(f, pl)* d'entrée
Eingänge von Waren entrées *(f, pl)* de marchandises
eingängig (Masch.) à pas simple
Eingangsluntenführer guide-mèche *(m)* alimentaire
Eingangsoberwalze (Spinn.) cylindre *(m)* supérieur alimentaire
Eingangsunterwalze cylindre *(m)* inférieur alimentaire
Eingangswalze cylindre *(m)* alimentaire
eingeben (EDV) introduire
eingedampft concentré par évaporation *(f)*

eingedampfte Ablauge lessive *(f)* résiduaire récupérée
eingefaßter Teppich tapis *(m)* bordé
eingehängt suspendu
eingerastet encliqueté
eingerissen, ausgefranst élimé
eingeschliffen fixé (ou ajusté) par rodage
eingeschliffener Stopfen bouchon *(m)* rodé, bouchon à l'émeri
eingeschlossenes Wasser eau *(f)* connée
eingeschnittene Tasche poche *(f)* en biais
eingesetzter Ärmel manche *(f)* montée
eingestellte Härte (Wasser) dureté *(f)* normalisée
eingetragene Schutzmarke (Warenzeichen) marque *(f)* déposée
eingewogen pesé
eingießen (Flüssigkeit) verser
einheitlich uniforme, homogène
einheitliche Größenbezeichnung für Wirk- und Strickwaren tailles *(f, pl)* normalisées pour articles de bonneterie
einheitlicher Spinnstoff matière *(f)* filable uniforme
Einkauf achat *(m)*
Einkäufer acheteur *(m)*
Einkaufsnetz filet *(m)* à provisions
Einkaufsring groupement *(m)* d'achat
Einkaufstasche sac *(m)* à provisions
Einkaufsverband groupement *(m)* d'achat(s)
Einkaufszentrale centrale *(f)* d'achat(s)
Einkaufszentrum centre *(m)* commercial
Einkettsystem système *(m)* à chaîne unique
einkleben coller dans
einknüpfen nouer
einkochen réduire par ébullition *(f)*
Einkopfstrecke (Spinn.) banc *(m)* d'étirage à une tête, banc *(m)* d'étirage à un passage
Einkräuselung crispation *(f)* en arrière, ondulation *(f)*, frisure *(f)*
Einlage, Zwischenlage pièce *(f)* intercalaire
Einlagefutterstoff toile-tailleur *(f)*, doublure *(f)*
einlagern emmagasiner, déposer, stocker
Einlagerung magasinage *(m)*, stockage *(m)*
Einlagevliesstoff doublure *(f)* en étoffes nappées
einlagig à une couche
Einlaßband (Spinn.) ruban-nourricier *(m)*
Einlaßventil soupape *(f)* d'admission
einlaufecht irrétrécissable
einlaufen, schrumpfen se rétrécir, se resserrer
Einlaufspannung, Vorspannung tension *(f)* d'entrée
Einlaufzeit einer Maschine temps *(m)* de rodage d'une machine
Einlegeplatine platine *(f)* d'insertion
Einlegestäbchen, Rute (Web.) verdillon *(m)*
einleiten, hineinleiten faire passer dans
einleiten, eine Reaktion einleiten amorcer une réaction
Einleitung, Zuführung introduction *(f)*
Einleitung von Abwässern déversement des eaux d'égout
Einlesemaschine (Web.) machine *(f)* de lisage
einmalig, Einmal... unique
Einmal-, Einwegverpackung emballage *(m)* pour usage unique, emballage *(m)* perdu
einölen huiler
einordnen, sortieren classifier
einordnen, zuordnen coordonner
einphasig monophasé
einpipettieren introduire au moyen *(m)* d'une pipette
einregulieren régler, ajuster
Einreiher costume *(m)* droit
Einreißfestigkeit résistance *(f)* à la déchirure (du bord)
Einrichter, Einsteller ajusteur *(m)*, régleur *(m)*
Einrichtung, Vorrichtung dispositif *(m)*, installation *(f)*
Einrichtung, Apparaturen appareillage *(m)*
Einriemchenflorteiler diviseur *(m)* à lanière simple
Einriemchenstreckwerk banc *(m)* d'étirage à lanière simple
einritzen fendiller
einrollen, kräuseln crépir

einrücken, ineinandergreifen lassen mettre en prise *(f)*, engrener
einrücken, die Kupplung einrücken embrayer ou engager l'embrayage *(m)*
einrühren délayer
Einsatz, Verwendung utilisation *(f)*, emploi *(m)*, application *(f)*
Einsatzbereich rayon *(m)* d'action, secteur *(m)* ou domaine *(m)* d'application
Einsatzmenge dose *(f)* d'emploi
Einsatzspitzen (Spitzengew.) dentelles *(f, pl)* pour application
einsaugen, aufnehmen absorber
einsaugen, ansaugen aspirer
einsäurig monoacide
einschalten (v. Masch.) mettre en marche *(f)*, démarrer
einschalten (elektr. Leitungen) brancher
einschalten, Licht einschalten allumer la lumière
Einschaltvorrichtung appareil *(m)* à démarrage, appareil *(m)* à embrayage
einschlagen, falten (Tuch) plier
Einschlagfaden, Schußfaden fil *(m)* de trame, duite *(f)*
Einschließkamm (Web.) barre *(f)* de décalotteuse
Einschließplatine platine *(f)* de cueillage
einschlitzen taillader, entailler
Einschluß (z. B. i. Kristallen) inclusion *(f)*
einschmälzen, einfetten ensimer
einschmelzen refondre, fondre
einschmieren, beschm., überstreichen enduire
einschmieren, fetten (Maschinen) lubrifier, graisser
einschnappen, einklinken enclencher
Einschnittkette, Grundkette chaîne *(f)* de fond
Einschnittschuß trame *(f)* de dessous
einschrauben serrer la vis, fixer ou fermer la vis, visser
einschrumpfen se gripper, se ralatiner, se contracter, se rétrécir
Einschrumpfen, Einschrumpfung contraction *(m)*, retrécissage *(m)*
einschurig (Wolle) d'une seule tonte
Einschurwolle laine *(f)* d'une seule tonte
Einschußgarn fil *(m)* de trame
einschüssig d'une seule trame
Einschußspule, Schützenspule canette *(f)*
einschütten, einfüllen verser, remplir
einseifen, seifen savonner
einseitig, unausgeglichen déséquilibré
einseitig (nur eine Seite bei Masch.) à une face
einseitig (allgemein) unilatéral
einseitige Flottenzirkulation circulation *(f)* du bain unidirectionelle, circulation du bain dans un seul sens
einseitige Führung guidage *(m)* unilatéral
einseitig kaschiert doublé une face
einseitiger Stoff étoffe *(f)* ou tissu à une face
einsetzen mettre dans, placer dans
einsickern s'infiltrer
einspannen, die Fäden einspannen pincer les fils *(m, pl)*
Einspannvorrichtung appareil *(m)* à fixer, app. de fixation, dispositif *(m)* à fixer ou de fixation
einspeichern (EDV) mettre en mémoire *(f)*, introduire en mémoire *(f)*
Einspeisung alimentation *(f)*
einspindlig monobroche
einspinnen, mit dazuspinnen mêler en filant
einspinnen, sich einspinnen coconner
einsprengen, besprengen, benetzen humecter, arroser
einspringen s. einschrumpfen
einspritzen injecter
Einspritzrohr tube *(f)* d'injection
Einspritzung injection *(f)*
Einspritzventil soupape *(f)* injectrice
Einsprung (Gewebe) contraction
einspulig à une bobine
einstauben, bestauben saupoudrer
Einsteckhülse cône *(m)* de remplacement
einstellbar, regulierbar ajustable, réglable
einstellen, regulieren ajuster, régler
einstellen, abstellen arrêter
einstellen, auf einen best. Titer einst. amener à un titre déterminé
einstellen (von Arbeitskräften) embaucher
Einstellgenauigkeit précision *(f)* de réglage

Einstellskala cadran *(m)* de réglage
Einstellvorrichtung dispositif *(m)* de réglage, dispositif *(m)* d'ajustage
einstreuen disséminer, saupoudrer
einstufen classer
einstufig, in einem Schritt à un seul pas
einstufiger Zwirn retors *(m)*
eintauchen plonger, tremper
einteilen, sichten, aussuchen trier
einteilen, in Grade einteilen graduer
Eintrag des Schusses (Web.) insertion de trame *(f)*
einträufeln, tropfenweise zugeben introduire goutte *(f)* à goutte
Eintrittstemperatur température *(f)* d'admission, température *(f)* d'entrée
eintrocknen (trans. Verb) sécher
eintrocknen, trocken werden se sécher, se dessécher
eintrüben, sich eintrüben, trübe werden se troubler
ein- und ausrückbar (bei Masch.) embrayable et désembrayable
Einwaage, eingewogene Menge quantité *(f)* pesée, pesée *(f)*
Einwaagefehler erreur *(f)* de pesée
einwachsen, mit Wachs behandeln encirer
Einwachsen encirage *(m)*, encirement *(m)*
einweben (Fäden z. B.) entrelacer
Einweggebinde emballage *(m)* perdu
einweichen, einwässern tremper
einweichen (von Wäsche) essanger
einwerfen, den Schützen einwerfen lancer la navette
einwertig (Chem.) monovalent, à valence
einwertiger Alkohol monoalcool *(m)*
einwertige Säure acide *(m)* à valence 1
Einwertigkeit monovalence *(f)*
einwiegen peser
einwirken auf influencer sur
einwirken (Chem.) affecter
einwirken lassen faire agir
Einwirkung, Wirkung effet *(m)*
Einwirkungsdauer durée *(f)* d'exposition
Einzelfaden fil *(m)* simple
Einzelfaden... à fil *(m)* simple
Einzelhandel commerce *(m)* de détail
Einzelhändler détaillant *(m)*
Einzelkläranlage installation *(f)* d'épuration domestique
einzeln séparé, isolé, individuel
Einzelteil pièce *(f)* détachée
Einzeltiter titre *(m)* unitaire
einziehen (von Fäden) rentrer, remettre, passer
Einziehen der Kettfäden passage *(m)* des fils *(m, pl)* de chaîne, remettage *(m)* des fils *(m, pl)* de chaîne
Einziehhaken passette *(f)*
Einziehwalze cylindre *(m)* d'alimentation
Einzugsfehler, Einziehfehler (Web.) défaut *(m)* de rentrage
Eis glace *(f)*
Eisen fer *(m)*
eisenhaltig ferrifère
Eisenblaudruck impression *(f)* au ferroprussiate
Eisen-II-Chlorid chlorure *(m)* ferreux
Eisen-III-Chlorid chlorure *(m)* ferrique
Eisenerz minérai *(m)* de fer
eisenfrei exempt de fer
Eisengehalt teneur *(m)* en fer
Eisenlegierung alliage *(m)* de fer
eisern de fer *(m)*, en fer
Eisessig acide *(m)* acétique glacial
Eiweiß, Eiweißstoff (chem.) albumen *(m)*
Eiweiß (wasserlöslich) albumine *(f)*
Eiweiß, pflanzliches Eiweiß albumine *(f)* végétale
Eiweißchemiefaser fibre *(f)* protéinique
Eiweißschlichte colle *(f)* à l'albumine
Elastomer elastomère *(m)*
Elastikrand bord *(m)* élastique
elastisch, nachgiebig élastique
elastische Dehnung allongement *(m)* élastique
elastische Erholung reprise *(f)* élastique
elastisches Gewebe tissu *(m)* élastique
Elastizität élasticité *(f)*, force *(f)* élastique
Elastizitätsgrenze limite *(f)* élastique, limite *(f)* d'élasticité
Elastofaser elastofibre *(f)*
elegant élégant, chic
Elektoralwolle laine *(f)* mérinos saxonne
elektrisch électrique
elektrische Aufladung charge *(f)* électrique
elektrische Entladung décharge *(f)* électrique

elektrische Leistung puissance *(f)* électrique
elektrisch leitend électroconducteur
elektrochemische Bearbeitung usinage électrochimique
Elektrolyse électrolyse *(f)*
Elektrolyt électrolyte *(m)*
Elektron électron *(m)*
Elektronenabgabe émission électronique
elektronenabstoßend repoussant les électrons
Elektronenanlagerung attachement *(m)* des électrons
Elektronenbahn orbite *(f)* des électrons
Elektronenhülle enveloppe *(f)* électronique
elektronische Datenverarbeitung traitement *(m)* électronique des données
Elektrostatik électrostatique *(f)*
elektrostatisch électrostatique
elektrostatische Aufladung charge *(f)* électrostatique
Element élément *(m)*
Elementarschwefel soufre *(m)* élémentaire
elfenbeinfarbig ivoirin
eliminieren, ausscheiden éliminer
Ellbogenflicken fonds *(m, pl)* de cuir
eloxieren oxyder électrolytiquement, anodiser
Emblem emblème *(m)*
Emission émission *(f)*
Emissionsbegrenzung limitation *(f)* des émissions
Emissionsgrenzwert teneur-limite *(f)* d'émission
empfindlich (gegen) sensible (à)
empfindlich gegen Licht photosensible
Empfindlichkeit sensibilité *(f)*
empfohlener Preis prix *(m)* recommandé
Empire-Linie style *(m)* Empire
empirisch empirique
Emulgator émulgateur *(m)*, émulsifiant *(m)*, agent *(m)* émulsionnant
Emulgierarbeit travail *(m)* d'émulsionnement
emulgierbar émulsionnable, émulsifiable
Emulgierbarkeit aptitude *(f)* à donner des émulsions
emulgieren émulsionner
Emulgiervermögen pouvoir *(m)* émulsionnant
Emulsion émulsion *(f)*
Emulsionsapparat, Emulgierapparat appareil *(m)* émulsifiant
emulsionsbeständig donnant une émulsion *(f)* stable
End... final
Endabnahme inspection *(f)* finale
enden se terminer
endenungleich irrégularité *(f)* de ton d'une extrémité, par rapport à l'autre, ton irrégulaire d'un bout à l'autre
Endfeuchtigkeit, Restfeuchtigkeit humidité résiduelle
endlos, ohne Ende sans fin *(f)*
endlos, kontinuierlich continu
Endlosfaden fil *(m)* continu
Endlosfaser, Filament filament *(m)*
Endlosgarn, einfach monofilament *(m)*
Endlosgarn, mehrfach multifilament
endotherm endothermique
endständig (Chem.) en fin *(f)* de chaîne
Endtemperatur température *(f)* finale
Endverbraucher consommateur *(m)*
Endwickel (Spinn.) nappe *(f)* du batteur finisseur
Endzustand état final
energetisch énergétique
Energie énergie *(f)*
Energieaufnahme absorption *(f)* d'énergie
Energieaufwand dépense *(f)* d'énergie
Energiebedarf demande *(f)* d'énergie
Energieersparnis économie *(f)* d'énergie
Energierückgewinnung récupération *(f)* de l'énergie
Energieverbrauch consommation *(f)* d'énergie
Energieverlust perte *(f)* d'énergie
Energieversorgung alimentation *(f)* en énergie
eng anliegend (Kleid) collant
englischer Tüll tulle *(m)* anglais
engmaschig à mailles serrées
entalkalinisieren désalcaliniser
Entavivierung désensimage
entbasten (Seide) dégommer
Entbastungsechtheit solidité au dégommage
Enteisenung déferrisation *(f)*

entfärben décolorer
entfärben, abziehen démonter, déteindre (les colorants)
Entfärben, Abziehen démontage *(m)* (des colorants)
Entfärbungsmittel, Abziehmittel agent *(m)* de démontage
Entfärbungsmittel, Bleichmittel décolorant *(m)*, agent *(m)* décolorant
Entfaserer défibreur *(m)*
entfasern, ausnehmen (Stoffe) effiler
entfasern (allgem.) défibrer
entfernen enlever, éliminer, ôter
entfetten dégraisser
Entfetten dégraissage *(m)*
Entfettungsbad bain *(m)* de dégraissage
Entfettungsmittel dégraissant *(m)*
entfilzen défeutrer
entflammbar inflammable
Entflammungspunkt, Flammpunkt point *(m)* d'inflammation
entflecken détacher qc.
entflocken défloculer
entgegenwirkend contre-actif
enthaaren dépiler
enthalten contenir, comprendre
enthärten, Wasser enthärten adoucir l'eau *(f)*
Enthärter adoucisseur *(m)*, séquestrant *(m)*
Enthärtungsanlage installation d'adoucissement
entharzen dérésinifier
entionisieren désioniser
entkalken décalcifier, décarboniser
entkarbonisieren décarboniser
Entcarbonisierung décarbonisation
entkletten (Wolle) échardonner, enlever les chardons *(m, pl)*
Entknitterung défripement *(m)*, défroncement *(m)*
entkörnen, egrenieren égrener
entkörnte Baumwolle coton *(m)* égrené
Entkörnungsmaschine égreneuse
entkräuseln défriser
entleeren évacuer, vidanger, vider
entleeren, auskippen déverser
Entleerung (Öl, Abwasser) vidange *(f)*
entleimen dégluer
entlüften (Färbegut) désaérer
Entlüfter, Entlüftungsmittel agent *(m)* désaérant, désaérant *(m)*
Entlüftung (allgem.) ventilation *(f)*, aération *(f)*
entmischen (Chem.) séparer, dissocier
Entmischung séparation *(f)* du mélange
Entnahme (Dampf, Wasser, u.s.w.) prise *(f)*, soutirage *(m)*
entölen déshuiler
entpechen (Wolle) dégoudronner
Entpechung dégoudronnage *(m)*
entrosten dérouiller
Entrostungsmittel, Beize décapant *(m)*
entsalzen, demineralisieren déminéraliser
Entsalzung (Meerwasser) dessalement *(m)* (de l'eau de mer)
Entsalzung, Mineralentzug déminéralisation *(f)*
entsäuern désacidifier
Entsäuerung désacidification *(f)*
entschäumen démousser
Entschäumer agent *(m)* antimoussant, antimousse *(m)*
entschlichten désencoller, décoller
Entschlichtungsmittel agent *(m)* de désencollage, désencollant *(m)*
entschwefeln (Chem.) désulfurer
Entschwefelung déssulfuration *(f)*
Entsorgung dépullition *(f)*, élimination des déchets
entspannen détendre, relâcher, atténuer les tensions *(f, pl)*
entspannt (Wasser u. ä.) à basse tension *(f)* superficielle
Entspannung relaxion *(f)*
entsteifen, Steife nehmen (Appretur) déraidir
entwässern (allg.), **trockenlegen** drainer, assécher
entwässern, abtropfen lassen faire dégoutter
entwässern, dehydratisieren déshydratiser
entwässern, schleudern centrifuger, essorer
entweichen (Dämpfe) se dégager, s'échapper
Entwerfer dessinateur *(m)* textile
entwickeln, entwerfen développer
Entwickler (für Farben) développeur *(m)*

Entwicklungsfarbstoff colorant *(m)* de développement
Entwicklungsingenieur ingénieur *(m)* d'études
Entwicklungslabor laboratoire *(m)* de recherche
Entwurf croquis *(m)*
entziehen, herausholen (Chem.) extraire
entzündbar inflammable
entzünden allumer, inflamer
Entzündung inflammation *(f)*
Entzündungstemperatur température *(f)* d'inflammation
Enzym enzyme *(m)*
enzymatisch enzymatique
Epoxydharz époxy-résine *(f)*, résine *(f)* époxy
Epsomsalz sel *(m)* d'Epsom, epsomite *(f)*
Erdfarbe terre *(f)* colorante
erdfarben terreux, couleur *(f)* de terre
Erdfaulversuch, Verrottungsvers. essai *(m)* de pourriture dans le compost
Erdleitung (elektr.) prise *(f)* de terre
Erdöl pétrole *(m)* brut, pétrole
Erdölchemie pétroléochimie *(f)*
Erdölchemikalien, Erdölprodukte produits *(m, pl)* pétroléochimiques
Erdölchemische Industrie industrie *(f)* de la pétroléochimie
Erdölderivat dérivé *(m)* de pétrole
Erdölfraktion fraction *(f)* pétrolière
Erdtöne couleurs *(f, pl)* terre
Erfassung von Daten enregistrement *(m)* des données
Ergänzungsfarben couleurs *(f, pl)* complémentaires
erhärten, hart werden se durcir, s'endurcir
erhärten, an der Luft hart werden prendre corps *(m)* à l'air, se durcir à l'air
erhitzen chauffer, échauffer
Erhitzung, Erwärmung réchauffage, réchauffement *(m)*
erhöhen, steigern augmenter
erhöhte Temperatur température *(f)* élevée
Erholungsvermögen capacité *(f)* à récupérer
erkalten se refroidir
erkalten lassen, abkühlen lassen faire refroidir
Erlenmeyerkolben erlenmeyer *(m)*, fiole *(f)* conique
ermüden fatiguer
Ermüdung (v. Masch.) fatigue
Ermüdungsbruch rupture *(f)* de fatigue, cassure *(f)* de fatigue
Ermüdungserscheinung symptôme *(m)* de fatigue
Ermüdungsversuch essai *(m)* à la fatigue
erniedrigen, ermäßigen diminuer, baisser
Erntegarn ficelle *(f)* de lieuse
erproben essayer, éprouver
erprobt, bewährt éprouvé
Ersatz remplacement *(m)*, produit *(m)* de remplacement
Ersatzkette (Web.) poil *(m)* traînant
Ersatzteil pièce *(f)* de rechange
erstarren se solidifier
erstarren, sich verdicken, gelieren se congeler
Erstarrungspunkt point de solidification *(f)*, point *(m)* de congélation
Ertrag rendement *(m)*
erwärmen chauffer, réchauffer
Erwärmung, Temperaturanstieg croissance *(f)* de la température
Erweichungspunkt point *(m)* de ramollissement
Essenz, äther. Öl essence *(f)*, huile *(f)* essentielle
Essig vinaigre *(m)*
essigsauer acétique
essigsaure Tonerde acétate *(m)* d'alumine
Essigsäure acide *(m)* acétique
Essigsäureanhydrid acide *(m)* acétique anhydre, anhydride *(m)* acétique
Ester ester *(m)*
Esterharz résine *(f)* à ester
esterifizieren estérifier
Esteröl huile-ester *(f)*
Esterzahl indice-ester *(m)*
Etagenrahmen rame *(f)* sécheuse à étages
Etagentrockner sécheur *(m)* à étages
Etagenzwirnmaschine retordeuse *(f)* à étages
Etamin étamine *(f)*
Etikett étiquette *(f)*

etikettieren étiqueter
Etuikleid robe *(f)* fourreau
Europalette europalette *(f)*
eutroph (Gewässer) eutrophe
Eutrophie eutrophie*(f)*
Eutrophierung eutrophisation *(f)*
exgeschützt, explosionsgeschützt protégé contre les explosions *(f, pl)*, antidéflagrant, antigrisouteux
exhaustieren épuiser
Exhaustor, Saugapparat exhausteur *(m)*
exotherm exotherme
Expansionsgefäß vase *(m)* d'expansion
Experiment, Versuch essai *(m)*, expérimentation *(f)*
experimentell expérimental
experimentieren, Versuche machen expérimenter
Explodierbarkeit explosibilité *(f)*
explodieren exploser, détoner
explosibel, explosiv explosible
explosibles Gemisch mélange détonant, mélange *(m)* explosible, à l'épreuve de l'explosion, inexplosible
explosiv explosif
Extender diluant *(m)*
Extradoppelfeinflyer banc *(m)* à broches superfin (extrafin)
extrahierbar extractif
extrahieren extraire
Extrakt extrait *(m)*
Extraktion extraction *(f)*
Extraktionsapparat appareil *(m)* d'extraction
Extraktionskolben ballon *(m)* à extraction
Extraktionsmittel produit *(m)* d'extraction, solvant *(m)* d'extraction
Extraktionsverfahren méthode *(f)* par extraction
Exzenter excentrique *(m)*
Exzenterbewegung commande *(f)* par excentrique
Exzenterhub, Exzenterbewegung course *(f)* de l'excentrique
Exzenterscheibe roue *(f)* excentrique

F

Fabrik, Fabrikanlage fabrique *(f)*, usine *(f)*
Fabrikabwasser eaux *(f, pl)* usées industrielles
Fabrikanschlußgleis voie *(f)* d'enbranchement d'usine
Fabrikant fabricant *(m)*
Fabrikarbeiter ouvrier *(m)* de fabrique, ouvrier d'usine
Fabrikat produit *(m)*
Fabrikation, Fertigung fabrication *(f)*, production *(f)*
Fabrikationsprogramm gamme *(f)* de fabrication
Fabrikationsstufe opération *(f)* de la fabrication
Fabrikationsverfahren, -prozeß méthode *(f)* de fabrication
Fabrikeinrichtung équipement de fabrique, équipement d'usine
fabrizieren, erzeugen fabriquer
Fach, Webfach foule *(f)*, pas *(m)*, ouverture *(f)* des fils
Facharbeiter ouvrier spécialisé, ouvrier qualifié *(m)*
Fachausdruck terme *(f)* de métier
Fachbildung (Web.) formation de foule, formation du pas
Facheinstellung (Web.) réglage *(m)* de la foule, réglage *(m)* du pas
fachen doubler, assembler
Fachhöhe (Web.) hauteur *(f)* du pas, hauteur de la foule
Fachkreuzspule bobine *(f)* croisée doublée
Fachkreuzspulmaschine bobinoir-assembleur *(m)*
Fachmaschine doubleuse *(f)*, assembleuse *(f)*
Fachschluß (Web.) fermeture *(m)* de la foule
Fachschule école *(f)* professionnelle
Fachsprache langage technique, langage du métier
Fachwechsel (Web.) changement *(m)* de la foule, changement *(m)* du pas
Fachweife dévidoir *(m)* à doubler
Fachzwirnen assemblage *(m)*, doublage *(m)*
Fachzwirnmaschine assembleuse-retordeuse *(f)*
Façon façon *(f)*
façonné façonné

Faden fil *(m)*
Fadenanfang bout *(m)* de fil
Fadenanleger aide-rentreur *(m)*, jette-bouts *(m)*, lance-bouts *(m)*
Fadenauge (Web.) œillet *(m)* de la lisse, œillet *(m)* de la navette
Fadenballon ballon *(m)* de fil
Fadenband ruban *(m)* de fils
Fadenbremse (Web.) tendeur *(m)*
Fadenbruch casse *(f)* de fil, rupture *(f)* de fil
Fadenbruch (Gewebefehler) fils *(m, pl)* courants, traces *(f, pl)* courantes
Fadenbruchabsauger aspirateur *(m)* des fils cassés
Fadenbruchzahl nombre *(m)* des fils cassés
Fadendehnung allongement *(m)* du fil
Fadendichte von Geweben compacité *(f)* des fils dans des tissus
Fadendiopter, -visiervorrichtung pinnule *(f)* à fils
Fadeneinkreuzung encroix *(m)* des fils
Fadeneinleger accrocheur *(m)*
Fadeneinzug passage *(m)* du fil (dans les lames)
Fadenelektrometer électromètre à corde
fadenförmig filiforme
Fadenfühler tâteur *(m)* de casse-fil
Fadenführer guide-fil *(m)*
Fadenführergleitschiene barre *(f)* glissière de guide-fils
Fadenführerklappe planchette *(f)* de guide-fil
Fadengeber, -hebel (Nähm.) releveur *(m)* de fil
Fadenkluppe pince *(f)* du fil
Fadenknüpfer, Knüpfmaschine machine à nouer, noueur *(m)*
Fadenkräuselung frisage *(m)* du fil
Fadenkreuz (Opt.) réticule *(m)*, réticule à croisée
Fadenkreuz (Web.) encroix *(m)*, croisure *(f)*, envergeure
Fadenkreuzeinlesemaschine machine *(f)* à faire l'envergeure
Fadenkreuzung (Web.) croisement *(m)* des fils
Fadenkreuzvorrichtung (Web.) dispositif *(m)* envergeur
Fadenlage rangée des fils *(f)*
Fadenleiter guide-fil *(m)*
Fadenmantel surface *(f)* du fil
Fadenmolekül molécule *(f)* filiforme
Fadennut (Webschützen) rainure *(f)* du fil
Fadenöffner (Spinn., Abfallaufarbeitg.) effilocheuse *(f)* pour déchets et fils
Fadenreiniger purgeur *(m)* de fil
Fadenreißer (Abfallbearb.) loup *(m)* pour fils
Fadenrichtung, in Fadenrichtung droit-fil (chaîne ou trame)
Fadenrolle fusette *(f)*
Fadenrückzugeinrichtung rabatteur *(m)* du fil
Fadenschar nappe *(f)* de fils
Fadenscharstreckmaschine (Chemiefaser) étireuse *(f)* en nappe
fadenscheinig élimé, râpé
fadenscheinig werden s'élimer, se râper
Fadenschliere strie *(f)* filiforme
Fadenschneider coupe-fil *(m)*
Fadenschoner dispositif *(m)* à préserver le fil
fadensichtig (Scherfehler) montrant la corde
Fadenspanner (Nähmasch.) disques *(m, pl)* de tension
Fadenteiler séparateur *(m)* des fils
Fadenteilstange baguette *(f)* de séparation d'envergure
Fadenverdickung fil *(m)* flammé
Fadenvorspannung tension *(f)* initiale des fils
Fadenwächter casse-fil *(m)*
Fadenwächter, -fangvorrichtung dispositif *(m)* de retenue des fils, dispositif *(m)* de racroc
Fadenwächter der Spulmaschine casse-fil *(m)* du bobinoir
Fadenwächter der Zwirnmasch. (Absteller) casse-fil *(m)* de la retordeuse, tâte-fil *(m)*
Fadenwerg étoupe *(f)* de cordes
Fadenwindung spire *(f)* de fil, hélice *(f)* de fil
Fadenzahl nombre *(m)* de fils
Fadenzähler compte-fils *(m)*
fadenziehend filant
Fadenzubringer fournisseur *(m)* de fil
fähig zu apte à, capable de
Fähigkeit aptitude *(f)*, capacité *(f)*

fahl terne, pâle
Fahne, Flagge drapeau *(m)*
Fahnenstoff molleton *(m)* à drapeaux
Faille faille *(f)*
fakturieren facturer
falb jaune pâle
Falbel nervure *(f)*
Fall (Stoff) tombé *(m)*
Fällbad, Fällungsbad (Chem.) précipitant *(m)*
Fällbad (bei Zellulosegewinnung) bain *(m)* de régénération
fällbar, ausfällbar précipitable
fällen, ausfällen précipiter
fallende Platine (Web.) platine *(f)* abaisseuse
Fallmasche maille *(f)* coulée
Fallout, radioakt. Fallout retombée radioactive
Fallrohr (Abwasser z. B.) tuyau *(m)* de descente
Fallschirm parachute *(m)*
Fallschirmseide soie *(f)* à parachute
Fällung, Niederschlag précipitation *(f)*
Fällung (bei Zellulose) régénération *(f)*
Fällungsanalyse analyse *(f)* par précipitation
Fällungsmittel précipitant *(m)*
falsch, unrichtig faux, incorrect
Falschanzeige (an Apparaturen z. B.) indication *(f)* fausse
Falschausrichtung désalignement *(m)*
Falschdraht (Zwirn) fausse torsion
Falschdrahtbauschgarn fil *(m)* mousse fausse torsion
Falschdrahtgarn, FD Setgarn fil *(m)* fausse torsion fixé
Falschdrahtverfahren procédé fausse torsion
Falschdrahtzwirnmaschine moulineuse *(f)* de fausse torsion
Falte pli *(m)*
Falte, Knitter faux pli
Falte, Färbefalte, Bruch cassure *(f)*
fälteln plisser
falten, zusammenfalten plier
Faltenbeständigkeit, Best. der Falten stabilité *(f)* des plis
Faltenbeständigkeit (gegen Faltenbildg.) infroissabilité *(f)*
faltenfrei exempt de plis, sans plis
Faltenrock jupe *(f)* plissée
Faltenverhütungsmittel (beim Färben) produit anticassure *(m)*, agent *(m)* anticassure
faltig, runzelig ridé, froissé
faltig (schlecht gewebt) douilleux
Fangdraht fil *(m)* de protection
Fangkettstuhl métier *(m)* à chaîne d'arrêt
Fangmasche maille *(f)* chargée, maille double, maille *(f)* retenue
Fangvorrichtung dispositif *(m)* d'arrêt
Fangwalze (für Fasern) débourreur *(m)* du volant, cylindre *(m)* de duvets
Färb(e), zum Färben dienend, färbend tinctorial, de teinture
Farbabgleich équilibrage *(m)* des couleurs
Farbabmusterung comparaison *(f)* des teintes, comparaison *(f)* des nuances
Farbabstufung gradation *(f)* des couleurs
Farbabweichung divergence *(f)* en couleur
Farbänderung changement *(m)* de teinte (de nuance)
Farbanteil, spektraler Farbanteil facteur *(m)* de pureté d'excitation
Farbaufhellung éclaircissement *(m)* de la teinte
Farbauflösungsvermögen puissance *(f)* de résolution des couleurs
Farbaufnahmefähigkeit affinité pour colorants
Farbaufteilung séparation *(f)* chromatique
Farbauftrag application *(m)* de couleur
Farbausbeute, Farbstoffausbeute rendement *(m)* du colorant
Farbauszug, Badauszug épuisement *(m)* du colorant
Farbbad bain *(m)* de teinture
Farbbalance, Farbausgleich équilibrage *(m)* des couleurs
Färbbarkeit, Anfärbbarkeit aptitude à être coloré *(f)*, facilité *(f)* de teinture, aptitude *(f)* à la coloration
Farbbase base *(f)* de teinture
Farbbeständigkeit solidité *(f)* de teinture
farbbildend chromogène
Farbbrillanz brillant *(m)* des couleurs
Farbdreieck diagramme *(m)* de chromaticité, triangle *(m)* des couleurs

Farbdruck impression *(m)* en couleurs
Farbe couleur *(f)*
Farbe annehmen prendre couleur, prendre un ton, se colorer
Farbe auftragen appliquer des couleurs
Farbe erzeugend colorifique
Farbe (gehen) lassen lâcher la couleur, se déteindre
Farbe, zusammengesetzte Farbe couleur *(f)* composée
Färbeapparat appareil *(m)* de teinture
Färbebad bain *(m)* de teinture
Färbebaum ensouple *(f)* de teinture
Färbebaumträger (Kette od. Stück) râtelier *(m)* porte-d'ensouple
Färbebeschleuniger, Carrier agent *(m)* véhiculeur, véhiculeur *(m)*, carrier *(m)*, activateur *(m)*
farbecht de couleur *(f)* résistante, solide en couleur
Farbechtheit solidité *(f)* des teintures (couleurs)
Färbeflotte bain *(m)* de teinture
Färbefoulard foulard *(m)* de teinture
Färbejigger jigger *(m)* de teinture
Färbehaspel tourniquet *(m)* de teinture
Färbe(rei)hilfsmittel auxiliaire *(m)* de teinture
Färbehülse (für Spulen) tube *(m)* perforé
Farbeindringprüfung (Durchfärbung) essai *(m)* de pénétration du colorant
Färbeklotzverfahren teinture *(f)* par foulardage
Färbekraft pouvoir *(m)* colorant
Färbekufe cuve *(f)* de teinture
Färbelösung liquide *(m)* colorant
Farbempfinden perception *(f)* des couleurs
Farbempfindlichkeit sensibilité *(f)* chromatique
färben teindre
färben im Einbadverfahren teindre en un seul bain
färben in der Flocke teindre en bourre
färben im Garn, Faden teindre en fil
färben auf der Haspelkufe teindre sur barque *(f)* à tourniquet
färben bei Hochtemperatur teindre à haute température
färben im Kammzug teindre en ruban de peigné
färben auf dem Kettbaum teindre sur ensouple
färben im Klotzverfahren teindre par foulardage
färben im Kontinueverfahren teindre en continu
färben in langer Flotte teindre en bain long
färben in kurzer Flotte teindre en bain court
färben in der Partie, partieweise teindre par lots
färben im Spinnkabel teindre en câble
färben im Spinnkuchen teindre en gâteau
färben in der Spinnmasse teindre dans la masse
färben im Strang teindre en écheveaux
färben im Stück teindre en pièce
färben im Vorgarn teindre en mèche
färben nach Muster teindre conforme à la nuance
farbabstufend graduant les couleurs
Farbenabstufung graduation *(f)* des couleurs, étalonnage *(m)* des couleurs
Farbenabweichung aberration *(f)* chromatique
Farbenbindemittel liant *(m)* pour couleurs
farbenblind daltonien
Farbenblindheit daltonisme *(m)*
Farbenbrechung réfraction *(f)* des couleurs
färbend colorant, teignant
färbend, rotfärbend teignant en rouge
Farbendruck impression *(f)* en couleurs
Farbenfabrik fabrique *(f)* de couleurs
Farbenfehlsichtigkeit anomalie *(f)* de la vision des couleurs
farbenfreudig aux couleurs vives, aux couleurs éclatantes
Farbenfreudigkeit charme *(m)* des couleurs
farbengetreue Wiedergabe fidélité *(f)* des couleurs
Farbenharmonie harmonie *(f)* des couleurs
Farbenindex indice *(m)* de couleur
Farbenindustrie industrie *(f)* des colorants
Farbenkarte table *(f)* de couleurs, carte *(m)* de couleurs

Farbenlehre théorie *(f)* des couleurs
Farbenmesser, Kolorimeter colorimètre *(m)*
Farbenmessung colorimétrie *(f)*
Farbenmischung, Gemisch v. Farben mélange *(m)* de couleurs
Farbenpyramide pyramide *(f)* des couleurs
Farbenreaktion réaction colorée
Farbenregister (Buch) repère des couleurs, repère *(m)* des nuances
farbenrein pur
Farbenringe (Opt.) anneaux *(m, pl)* colorés
Farbensinn sens *(m)* des couleurs
Farbenskala gamme *(f)* des couleurs
Farbensortierung, Trennung nach Farben triage *(m)* par couleur
Farbensortiment assortiment *(m)* de couleurs
Farbenspektrum spectre *(m)*
Farbenstreckmittel matière *(f)* de remplissage des couleurs
Farbenwahrnehmung, Erkennung perception *(f)* des couleurs
Farbenwandlung, Farbenumschlag virage *(m)* de teinte, virage de couleur
Farbenzerlegung décomposition *(f)* des couleurs
Farbenzusammenstellung assortiment *(m)* des couleurs
Färber teinturier *(m)*
Farberde terres *(f, pl)* colorées
Färberei (Betrieb) teinturerie *(f)*
Färberei (Tätigkeit) teinture *(f)*
Färbereiabwasser eaux *(f, pl)* usées de teinturerie
Färbereihilfsmittel auxiliaire *(m)* de teinture
Färbereimaschine machine *(f)* pour la teinturerie
Färbereitechnik technique *(f)* de teinture
Färbereitechniker technicien *(m)* de teinture
Färbeflotte bain *(m)* de teinture
färberisch tinctorial
färberisches Verhalten comportement *(m)* tinctorial
Färbestern étoile *(f)* lyonnaise de teinture, étoile *(f)* de teinture
Färbevermögen pouvoir *(m)* tinctorial
Farbfehler (Opt.) aberration *(f)* chromatique
Farbfehler (i. d. Färbung) faute *(f)* de teinture
farbgebend chromophore
Farbgebung coloration *(f)*
Farbhelligkeit brillance des couleurs, brillance *(f)* de la nuance
farbig de couleur
farbig, gefärbt teint, coloré
Farbindikator indicateur *(m)* coloré
Farbindikator-Titration titration *(f)* par indicateur coloré
Farbintensität, Farbtiefe intensité *(f)* de la coloration
Farbkarte s. Farbenkarte
Farbkontrast contraste *(m)* des couleurs
Farbkonturschärfe définition *(f)* des couleurs
Farbkonzentrat mélange *(m)* coloré maître
Farbkörper corps *(m)* colorant
Farbkuppler agent *(m)* de copulation
farblos incolore
Farblosigkeit incoloration *(f)*, non-coloration *(f)*
Farbmaßzahl mesure *(f)* colorimétrique
Farbmetrik métrique *(f)* de couleurs
farbmetrisch colorimétrique
Farbsättigung saturation *(f)* de couleur
Farbskala, Farbenreihe échelle *(f)* des couleurs, gamme *(f)* des couleurs
Farbstärke, Färbekraft pouvoir *(m)* colorant
Farbstoff colorant *(m)*, matière *(f)* colorante
Farbstoffindustrie industrie *(f)* des colorants
Farbstreifen, Färbestreifen (Fehler) barre *(f)* de teinte, barrure *(f)* de teinte
Farbstreifen in Kettrichtung barrures *(f, pl)*en chaîne
Farbstreifen in Schußrichtung barrures *(f, pl)* en trame
Farbtiefe intensité *(f)* de la coloration, intensité *(f)* de la nuance, profondeur *(f)* de teinte (de la nuance)
Farbton, Nuance nuance *(f)* de couleur, nuance *(f)*
farbtongenau exact dans la nuance, exact en nuance

Farbtongenauigkeit exactitude *(f)* de la nuance
farbtonrichtig, farbgetreu fidèle dans la nuance
Farbträger chromophore *(m)*
Farbumschlag virage *(m)* de la couleur
farbunecht pas grand teint, peu solide, pas solide
Färbung teinture *(f)*
Färbung, dunkel getönte Färbung teinture en nuances foncées
Farbunruhe teinture *(f)* irrégulière
Farbunterscheidungsvermögen aptitude *(f)* à distinguer les couleurs
Farbvergleich comparaison *(f)* des teintes
Farb(ton)vertiefung accentuation *(f)* des teintes
Farbwertkoordinate coordonnée *(f)* trichromatique
Farbwiedergabe rendu *(m)* des couleurs
Farbzerlegung séparation *(f)* des couleurs
Faser fibre *(f)*
Faser, in Faserrichtung, mit der F. dans le sens des fibres
Faser, quer zur Faserrichtung en travers de la fibre, en sens transversal aux fibres
Faserasbest amiante *(m)* fibreux
Faserband ruban *(m)* de fibres
Faserbandetagentrockner sécheur de fibres à ruban multiple
Faserbruch cassure *(f)* fibreuse, cassure *(f)* en fibres
Faserbündelung formation *(f)* de flocons
Faserbüschel, Faserbündel faisceau *(m)* fibreux, faisceau *(m)* de fibres
Fäserchen, Fibrille fibrille *(f)*
Faserdämmplatte (aus Glasfaser) matelas *(m)* isolant de veranne
Faserdämmstoff matière *(f)* isolante fibreuse
Faserdurchlauf marche *(f)* de fibres
Fasereinlage âme *(f)* fibreuse, âme en fibres
Faserfilter filtre *(m)* de fibres
Faserflor, Faservlies (a. d. Karde) voile *(m)* de carde
Faserfraktionierung classification *(f)* des fibres
Faserfüllstoff charge *(f)* fibreuse
Fasergewebe tissu *(m)* en fibres
Fasergut, Spinngut matière *(f)* filable, matière fibreuse
faserig, aus Fasern fibreux
Faserkabel câble *(m)* en fibres
faserknotig raboteux, racheux
Faserorientierung orientation *(f)* des fibres
Faserorientierung in Längsrichtung orientation *(f)* des fibres en long
Faserplatte panneau *(m)* de fibres
Faserprotein protéine *(f)* fibreuse
Faserrichtung sens *(m)* des fibres
Faserrohstoff matière *(f)* textile brute
Faserschicht couche *(f)* de fibres
faserschonend à traitement *(m)* soigneux des fibres, préservant les fibres
Faserschutzmittel produit *(m)* protegeant la fibre
Faserseil câble *(m)* en fibres
Faserstaub poussière *(f)* de fibres
Faserstoff, Fasergut matière *(f)* textile, matière filable
faserstoffartig fibreux
Faserstoffzusammensetzung composition *(f)* fibreuse
Faserverbundstoff non-tissé *(m)*, matière textile intissée
faserverstärkt renforcé par fibres
Faservlies tissu *(m)* non tissé, nappe *(f)* de fibres, tissu *(m)* spunbonded
Faserzahl nombre *(m)* des fibres
Faser-zu-Faser-Bindung liaison *(f)* entre les fibres
Faser/Faser-Reibung friction *(f)* fibre/fibre, friction *(f)* entre les fibres
Faß, Lagerfaß fût *(m)*, baril *(m)*
fassonieren façonner
fassonieren, im Lohn ausrüsten travailler en façon
Fassungsraum, Inhalt contenance *(f)*
Fassungsvermögen capacité *(f)*
faszinierend fascinant
faulen pourrir
Fäulnis pourriture *(f)*
Fäulnisschutz (Zeltausrüstg.) protection *(f)* imputrescible, protection *(f)* contre la pourriture
Fäulnistest (Zeltstoffe) essai *(m)* de pourriture, épreuve *(f)* de pourriture
fäulnisverhütend imputrescible
Fausthandschuh, Fäustling moufle *(f)*

Feder, Vogelfeder plume *(f)*
Feder (an Masch.) ressort *(m)*
Federbett duvet *(m)*
Federkamm (Web.) peigne *(m)* à ressorts
federn, abfedern suspendre sur ressorts
federnd, elastisch élastique
Federung suspension *(f)* (à ressort)
Federwaage balance *(f)* à ressort, bascule *(f)* à ressort
Feedback, Rückwirkung réaction *(f)*, rétroaction *(f)*
fehlend, unzureichend manquant, insuffisant
fehlender Faden (Web.) duite *(f)* sautée
Fehler, Defekt défaut *(m)*
Fehler (allg.) faute *(f)*
Fehleranzeige signalisation *(f)* des défauts
Fehlerbereich étendue *(f)* d'une erreur
Fehlerbeseitigung élimination d'un défaut
Fehlerbeseitigung bei Maschinen dépannage *(m)* (aux machines)
fehlerfrei correct, non entaché d'erreur
fehlerhaft, mangelhaft défectueux
Fehlerhaftigkeit défectuosité *(f)*
Fehlerquote taux *(m)* d'erreurs
Fehlerursache cause *(f)* d'erreur
Fehlfarbe couleur *(f)* fausse
Fehlfärbung teinture *(f)* défectueuse, teinture *(f)* réparande
Fehlingsche Lösung liqueur *(f)* de Fehling, réactif *(m)* cupro-alcalin
Fehlware, Fehlerware marchandise *(f)* défectueuse
Feierschicht journée *(f)* de chômage
fein fin
feine, hohe Garnnummer numéro *(m)* fin, numéro élevé
Feinablesung lecture *(f)* précise
Feinabstimmung accord *(m)* précis, accord pointu
Feinbank (Spinn.) banc *(m)* en fin
Feincord velours *(m)* à fines côtes
feinfädig à fils fins
Feinflyer banc *(m)* à broches en fin
Feingarn filé *(m)* fin
Feinheit v. Garnnummern finesse *(f)* du fil
Feinheit, Nennfeinheit finesse *(f)* nominale
Feinheit, Istfeinheit finesse *(f)* effective
Feinheitsnummer numéro *(m)* du fil, titre *(m)* du fil, numéro *(m)* de finesse
Feinköper twill *(m)*
Feinkrempel, Feinkarde carde *(f)* fileuse
feinmaschig à mailles *(f, pl)* fines
feinmodelliert bien modelé
Feinnitschler frotteur *(m)* en fin
feinporig aux pores minces, aux micro-pores
feinpulverig pulvérulant
Feinripp-Rundstrickmaschine tricoteuse *(f)* circulaire à côte fine
Feinrippware tricot *(m)* côtes fines
Feinsieb tamis *(m)* fin, crible *(m)* fin
feinspinnen filer en fin
Feinspinnmaschine métier *(m)* à filer en fin, fileuse *(f)* en fin
Feinstanteil (Chem.) fraction *(f)* fine
Feinstrecke banc *(m)* d'étirage de dernier passage, banc *(m)* d'étirage de passage en fin
Feinstrumpf bas *(m)* fin
feinstverteilt finement dispersé
feintitrig à titre *(m)* fin
Feinwaage balance *(f)* de précision
Feinwäsche lingerie *(f)* fine
Fellteppich tapis *(m)* de peau
(Schau-)**Fensterdekoration** décoration *(f)* de vitrine
Ferment, Enzym ferment *(m)*, enzyme *(f)*
fermentieren lassen faire fermenter
Fernantrieb commande *(f)* à distance
Fernthermometer téléthermomètre *(m)*
fernsehüberwacht (z. B. Masch.) télésurveillé
Fernsehüberwachung télécontrôle *(m)*
Ferse talon *(m)*
Ferse, glatte Ferse talon *(m)* uni
fertig, vollendet fini, achevé
fertigbearbeiten façonner
Fertigbreite largeur *(f)* finale
Fertigerzeugnis produit *(m)* final
Fertiggemisch mélange *(m)* fini
Fertigkleider robes *(f, pl)* confectionnées
Fertiglänge longueur *(f)* finale
fertigstellen finir, achever
Fertigstellung achèvement *(m)*
Fertigstellungstermin délai *(m)* d'achèvement

Fertigteile éléments *(m, pl)* de montage, éléments unifiés
Fertigung fabrication *(f)*, production *(f)*
Fertigungsablauf cycle *(m)* de fabrication
Fertigungsdauer durée *(f)* totale de fabrication, temps *(m)* effectif de production
Fertigungsgemeinkosten frais *(m, pl)* généraux de fabrication
Fertigungslohn frais *(m, pl)* de travail directs
Fertigungslöhne salaires *(m, pl)* directs
Fertigungsprogramm gamme *(f)* de fabrication
Fertigungsprogramm programme *(m)* de fabrication
Fertigungsstufe, -schritt étape *(f)* de la production
Fertigungstechnik technique *(f)* de production, technique *(f)* de fabrication
Fertigwaren produits *(m, pl)* manufacturés
fesch coquet
fest, dauerhaft, haltbar ferme, dur, fort, résistant, durable
fest, dicht (Webwaren) serré
fester Aggregatzustand état *(m)* solide
festgebunden (Chem.) combiné fermement
festgedreht (Garn) fortement tordu
fester Griff, voller Griff toucher *(m)* solide, toucher plein
festbinden, anbinden lier, attacher en liant
Festblattwebmaschine métier *(m)* à peigne fixe
Festfressen, Blockieren (Masch.) grippage *(m)*, grippement *(m)*
festgeworden (Substanzen) solidifié
festgezwirnt retordu fortement
festhaftend adhérant
festigen, verstärken renforcer
Festigkeit fermeté *(f)*, solidité *(f)*, stabilité *(f)*
Festigkeit, Zähigkeit ténacité *(f)*
Festigkeit, Dichte (bei Geweben) densité *(f)*, compte *(m)* de fils
Festigkeitsgrenze résistance *(f)* à la rupture, limite *(f)* de rupture
Festigungsnaht couture *(f)* d'arrêt
Festkörper solide *(m)*, corps *(m)* solide
festlich de fête
festmachen, befestigen fixer
festprogrammiert à programme *(m)* fixe
festsitzen, klemmen être bloqué, être calé, être coincé
feststehend, stationär à poste fixe, stationnaire
Feststellhebel levier *(m)* de blocage
Feststellvorrichtung dispositif *(m)* d'arrêt, de blocage, dispositif *(m)* de fixation
Feststoff matière *(f)* solide
Festgehalt, Feststoffgehalt teneur *(m)* en extrait sec
Festwerden, Hartwerden solidification *(f)*
Fett graisse *(f)*
Fette (allg.) matières *(f, pl)* grasses
Fett, gehärtet graisse *(f)* durcie
Fettabscheider séparateur *(m)* de graisse
Fettamin amine *(f)* grasse
Fettalkohol alcool *(m)* gras
Fettalkoholsulfat sulfate *(m)* d'alcool gras
fettartig, fettähnlich lipoïde, liparoïde
Fettavivage avivage *(m)* à graisse
fetten (Masch.) graisser
fetten, einfetten (Spinnerei) ensimer
Fettgehalt teneur *(m)* en graisse
fettglänzend luisant de graisse
fettig, ölig graisseux, onctueux
fettig, ungewaschen, im Fett (Wolle) en suint
fettiger Glanz lustre *(m)* onctueux
Fettlöser solvant *(m)* de graisse
fettlöslich, im Fett lösl. liposoluble
Fettlöslichkeit liposolubilité *(f)*
Fettsäure acide *(m)* gras
Fettsäureamid amide *(m)* de l'acide gras
Fettspaltung lipolyse *(f)*
Fettwolle laine *(f)* surge, laine *(f)* en suint
feucht humide
Feuchte humidité
feuchten, anfeuchten humecter
feucht halten tenir humide
Feuchthaltemittel hydratant *(m)*
Feuchtigkeit humidité *(f)*
feuchtigkeitsabweisend hydrofuge
feuchtigkeitsanziehend hygroscopique
Feuchtigkeit, zulässige od. vorh. F. reprise *(f)* d'humidité

Feuchtigkeit, relat. Luftfeuchtigkeit humidité *(f)* rélative de l'air
Feuchtigkeitsaufnahme absorption *(f)* d'humidité
Feuchtigkeitsausgleich égalisation *(f)* de l'humidité
feuchtigkeitsbeständig résistant à l'humidité
Feuchtigkeitsgehalt teneur *(m)* en humidité
Feuchtigkeitsgehalt der Luft humidité *(f)* atmosphérique
Feuchtigkeitsgehalt in % pourcentage *(m)* d'humidité
feuerbeständig réfractaire, incombustible
feuerbeständiges Glas verre *(m)* à feu
feuerempfindlich sensible au feu
feuerfest imprägniert ignifugé
feuerfester Tiegel creuset *(m)* réfractaire
feuergefährlich inflammable
Feuerprobe, Brennprobe épreuve *(f)* à feu
Feuerung, Heizung chauffage *(m)*
Fibe, Vierwalzenfoulard foulard *(m)* à quatre cylindres
Fibrille fibrille *(f)*
Figur figure *(f)*
figurbetont, -betonend collant
Figurendruck impression *(f)* figurée
figuriert, gemustert à dessins *(m, pl)*
Fil-a-Fil (Web.) fil-à-fil
Filament filament *(m)*
Filamentgarn fil *(m)* continu
Filet, Abnehmer (Spinn.) peigneur *(m)*
Filieren, Vordrehen (Seidenherst.) filage *(m)*
Filigran filigrane *(m)*
Film, dünne Schicht film *(m)*, couche *(f)* très mince
Filmbildung formation *(f)* de film
Filmdruck, Schablonendruck impression *(f)* au cadre
Filmdruckmaschine machine *(f)* d'impression au cadre, machine *(f)* d'impression à la lyonnaise
Filmdruckschablone cadre *(m)* d'impression, pochoir *(m)* pour l'impression au cadre
Filmdruckwagen charriot *(m)* au cadre plat pour impression
Filter filtre *(m)*
Filtergewebe tissu *(m)* filtrant
Filterkohle charbon *(m)* à filtrer
filtern, filtrieren filtrer
Filterpapier papier *(m)* filtre
Filtertuch tissu *(m)* filtrant, toile *(f)* à filtrer
Filtrat filtrat *(m)*, produit *(m)* de filtrage, produit *(m)* filtré
Filtration filtration *(f)*, filtrage *(m)*
Filz feutre *(m)*
Filz, Walkfilz feutre *(m)* foulé
Filz, Preßfilz feutre *(m)* pressé
Filz, Webpelz, Filzpelz feutre *(m)* gratté
filzartig, filzig feutré
filzen feutrer
Filzen, Verfilzung feutrage *(m)*
filzfähig feutrable
filzfreie Ausrüstung apprêt *(m)* infeutrable, traitement *(m)* infeutrable
Filzhut chapeau *(m)* en feutre
filzig (Wolle z. B.) feutré, touffu
Filzkalander calandre *(f)* au feutre
Filzkrumpfanlage installation *(f)* à feutre pour rétrécissement
Filzmaschine machine *(f)* à feutrer
Filzschuh chaussure *(f)* en feutre
Filztuch, gewebt feutre *(m)* tissé
Filzunterlage support *(m)* en feutre
Filzvermögen pouvoir *(m)* feutrant
Filzwalker fouleur *(m)* de feutre
Filzwalkmaschine machine *(f)* à fouler le feutre
Filzwolle, Krullwolle laine *(f)* à feutre
Fingerhut dé *(m)* à coudre
Fingerling doigtier *(m)*
Finish, Oberflächenglätte qualité *(f)* de surface
Finish-Dekatur, F.-Dekatieren décatissage *(m)* finish
Finishmaschine (Web.) machine *(f)* à finir, finisseuse *(f)*
Fischgeruch (bei Harzausrüstg.) odeur *(f)* de poisson, odeur *(f)* de triméthylamine
Fischgratbindung armure *(f)* chevron, croisure *(f)* chevron
Fischgratköper croisé *(m)* en chevron, sergé *(m)* en chevron
Fischgrätmuster dessin *(m)* en chevron
Fischnetz filet *(m)* de pêche
Fixierbad bain *(m)* fixateur, bain de fixage

fixierbar fixable
Fixierdämpfer vaporiseur *(m)* de fixation
fixieren fixer
Fixieren fixation *(f)*, fixage *(m)*
Fixierfeld (Spannrahmen) zone *(f)* de fixation
Fixiermaschine machine *(f)* à fixer
Fixiermittel (Farbst.) fixatif *(m)*, agent *(m)* fixateur
Fixierrahmen rame *(f)* de fixage, rame de fixation
Fixierschrumpf retrait *(m)* au fixage
Flachbettnähmaschine machine *(f)* à coudre à plateau
Flachdruck impression *(f)* à plat
flache Falte pli *(m)* religieux
Flachgarn fil *(m)* plat
Flachgarngewebe tissu *(m)* de bandelettes étirées
flachkantiges Knopfloch boutonnière *(f)* plate
Flachkettelmaschine remailleuse *(m)* rectiligne
Flachkettenwirkmaschine métier *(m)* chaîne rectiligne, métier *(m)* rectiligne à chaîne
flachkettig de basse lisse
Flachköper croisé *(m)* à angle obtus
Flachkulierrippwirkmaschine métier *(m)* pour tricotages avec chaînes à bord-côtes
Flachnadel aiguille *(f)* plate
Flachnähmaschine machine *(f)* à coudre à plateau
Flachnaht couture *(f)* plate
Flachs lin *(m)*
Flachs, roh lin *(m)* cru
Flachsaufbereitung préparation *(f)* du lin
Flachsbaumwolle coton-lin *(m)*
Flachsbrechmaschine teilleuse *(f)* mécanique, machine *(f)* à teiller le lin
Flachsgarn fil *(m)* de lin
Flachshechel peigneuse *(f)* à lin, teilleuse *(f)*
Flachsieb tamis *(m)* plat
Flachsleinwand toile *(f)* de lin, tissu *(m)* de lin
Flachsröste rouissage *(m)* de lin
Flachstrickmaschine, Flachwirkm. machine *(f)* à tricoter rectiligne, tricoteuse *(f)* rectiligne
Flachstrickware tricot *(m)* rectiligne
Flachsvorgarn mèche *(f)* de lin
Flachswerg étoupe *(f)* de lin
Flachtrockner sécheur *(m)* horizontal
Flammaschine, Senge (für Webwaren) machine *(f)* à flamber
Flammbarkeit, Entflammbarkeit inflammabilité *(f)*
flammen, sengen flamber
flammen (Muster) chiner
flammenhemmend ignifuge
Flammenprobe épreuve *(f)* à la flamme
Flammensengmaschine flambeuse *(f)*, machine *(f)* à gazer
flammfest ignifuge
Flammpunkt point *(m)* d'inflammation, point *(m)* d'éclair
Flammschutzmittel produit *(m)* ignifuge, ignifugeant *(m)*
Flammwidrigkeit, Flammfestigkeit ininflammabilité *(f)*, résistance *(f)* à la flamme
Flanell flanelle *(f)*
Flansch, Rohrflansch bride *(f)*, collerette *(f)*
flanschen, anflanschen mettre une bride, brider
Flasche bouteille *(f)*
flaschengrün vert-bouteille
Flaschenspule (Spinn.) bobine-bouteille *(f)*
Flash-aging-Verfahren vaporisage *(m)* flash
Flaum duvet *(m)*
Flauschgewebe tissu *(m)* à longs poils
flauschig cotonneux
flechten tresser
Flechtmaschine für Seile machine *(f)* à tresser les cordes
Flecht- und Klöppelmaschine métier *(m)* à tresses et à fuseaux
Fleck, Flecken tache *(f)*
fleckabstoßend anti-tache
Flecke entfernen détacher
Fleckentfernung détachage *(m)*
Fleckentfernung, vorherig (vor d. Färben) prédétachage *(m)*
Fleckenwasser détachant *(m)*
fleckig, beschmutzt taché
fleckig, gesprenkelt tacheté
Fledermausärmel manche *(f)* chauve-souris

flexibel flexible, souple
Flexibilität flexibilité *(f)*
flicken, ausbessern racommoder
Flicken pièce *(f)* de racommodage
Flieder (Farbe) lilas *(m)*
Fliege noeud papillon *(m)*
Fliegeranzug combinaison *(f)* de pilote
Fließband chaîne *(f)* de fabrication, tapis *(m)* roulant
Fließbandfertigung fabrication *(f)* à la chaîne
fließen (allg.) couler
fließend fluide
Fließfähigkeit, Fließvermögen fluidité *(f)*
Fließgrenze limite *(f)* élastique
Fließorientierung (v. Molekülen) orientation *(f)* moléculaire
Flitter paillettes *(f, pl)*, clinquant *(m)*
Flockdruck impression *(f)* de/par flocage
Flockdruckmaschine machine *(f)* d'impression de flocage
Flocke flocon *(m)*
Flocke (in der Färberei) bourre *(f)*
Flockefärbung teinture *(f)* en bourre
flocken floconner
Flocken, Beflockung flocage *(f)*
Flockenasbest amiante *(m)* floconneux
Flockenbast fibre libérienne floconnée
Flockenschuß, Noppenschuß (Web.) trame *(f)* de poil
Flockfaser floc *(m)*
flockig floconneux
Flockseide bourre *(f)* de soie
Flockung, Ausflockung floculation *(f)*
Flockungsmittel floculant *(m)*
Flockungsschutzmittel, Schutzkolloid agent *(m)* antifloculant
Flockwolle bourre *(f)* de laine
Flor, Polflor poil *(m)*
Floralmuster motif *(m)* floral
Florbürstmaschine machine *(f)* à brosser le poil, brosseuse *(f)* de poil
Florentiner(hut) (chapeau *(m)* de) paille florentin
Florettband ruban *(m)* de filoselle
Florettseide soie *(f)* chappe, déchets *(m, pl)* de soie
Florfaden fil *(m)* de poil
Florgarn, gasiertes Baumwollgarn fil *(m)* de coton gazé
Florgewebe tissu *(m)* à poil, tissu poils, tissu *(m)* velouté
Florhöhe hauteur *(f)* du poil
Florschuß, Floreinschuß trame *(m)* de poil
Florteiler diviseur *(m)* de voile
Florteppich tapis *(m)* à velours, tapis velouté
flott pimpant
Flotte bain *(m)*
Flottenaufnahme absorption *(m)* du bain
Flottenkreislauf, -umlauf circulation *(f)* du bain
Flottenrichtung sens *(m)* du bain
Flottenrichtung, wechselnde Fl. richtg. sens *(m)* alternant du bain
Flottenverhältnis rapport *(m)* du bain
Flottierung (Gewebe) flotté *(m)*
flüchtig, abdampfend volatil
flüchtiger Bestandteil composé *(m)* volatil
flüchtiges Lösungsmittel solvant *(m)* volatil
Flüchtigkeit (Chem.) volatilité *(f)*
Flug, Faserflug duvet *(m)*
Flugbildung formation des duvets
Flügelarm (Spinn.) bras *(m)* d'aillette
Flügelärmel (Mode) manche *(f)* à aillette
Flügelspindel broche *(f)* à aillette
Flügelstab aillette *(f)* battante
Flugfaser fibre *(f)* volante, fibre étrangère, duvet *(m)*
Fluor fluor *(m)*
Fluoreszenz fluorescence *(f)*
fluoreszieren être fluorescent
Fluoreszin fluorescénine *(f)*
Fluorfaser fluorofibre *(f)*
Fluorid fluorure *(m)*
Fluorkohlenstoff, F.-Kohlenwasserst. hydrocarbure *(m)* fluoré
Fluorwasserstoff fluorure *(m)* d'hydrogène
Fluorwasserstoffsäure acide *(m)* fluorhydrique
Fluse peluche *(f)*, duvet *(m)*
flusenfrei sans peluches, exempt de peluches
Flusenwächter garde-duvet *(m)*
Flusigkeit état *(m)* pelucheux
flüssig liquide

flüssig machen, zum Fließen bringen fluidifier, liquéfier, rendre liquide
flüssige Phase phase *(f)* liquide
flüssig werden fondre, se liquéfier, entrer en fusion
flüssig werden, kondensieren se condenser
Flüssiggas gaz *(m)* combustible liquéfié
Flüssigkeit liquide *(m)*
Flüssigkeit, flüss. Zustand liquidité *(f)*, fluidité *(f)*
Flüssigkeitsaufnahme absorption *(f)* de liquide
Flüssigkeitsdruck pression *(f)* hydrostatique
flüssigkeitsgekühlt refroidi par liquide
Flüssigkeitsgrad, Viscosität viscosité *(f)*
Flüssigkeitswaage, Spindel aréomètre *(m)*
Flüssigkristall cristal *(m)* liquide
Flüssigluft air *(m)* liquide
Flußsäure acide *(m)* fluorhydrique
Flußverschmutzung pollution *(f)* des fleuves
Flußwasser eau *(f)* de rivière
Flyer, Flügelspinnmaschine banc *(m)* à broches, flyer *(m)*
Flyerhülse bobinot *(m)* pour banc à broches
Flyerkette chaîne *(f)* flyer à mailles jointives
Flyern, Verspinnen filage *(m)* en gros
Folie, aus Metall feuille *(f)* métallique
Folie, aus Plastik feuille *(f)* plastique
Folienbändchen lame *(f)* refendue, bandelette
Folienbeschichtung pelliplacage *(m)*
Folklore folklore *(m)*
folkloristisch folklorique
Fond (bei Färbungen) fond *(m)*, couleur *(f)* de base
Fondfärbung teinture *(f)* de fond
Fontur, Nadelreihe fonture *(f)*
Förderband courroie *(f)* de transport, convoyeur *(m)* à bande
Förderband, Montageband tapis *(m)* roulant
Förderleistung, z. B. einer Pumpe capacité *(f)* de refoulement, débit *(m)*
Förderleistung pro Stunde débit *(m)* horaire
Fördermenge refoulement *(m)*
Förderpumpe pompe *(f)* d'alimentation
Formaldehyd formaldéhyde *(m)*, aldéhyde *(m)* formique
Formaldehydharz résine *(f)* formaldéhyde
Formalin formaline *(f)*
Formänderung, Verformung déformation *(f)*
Formänderung, bleibend déformation *(f)* permanente
Formarbeit (masch.) façonnage *(m)*
Format format *(m)*, taille *(f)*
formbar, plastisch plastique, déformable
Formbeständigkeit stabilité *(f)* dimensionnelle
Formbeständigkeit, Verform. Widerstand résistance *(f)* à la déformation
Formel formule *(f)*
Formel, chem. Formel, auch gebr. notation *(f)* chimique
Formelbild, Strukturformel formule *(f)* de structure, formule *(f)* de constitution
formelle Kleidung vêtements *(m, pl)* habillés
Formelzeichen symbole *(m)*, signe *(m)* convenu
formgerecht adapté à une forme
Formiat formiate *(m)*
Formmaschine machine *(f)* pour formage
formstabil indéformable
Form(en)trennmittel agent *(m)* de démoulage
Formulierung formulation *(f)*
forschen rechercher
Forschung recherche *(f)*, études *(f, pl)*
Forschungs... de recherche
fortlaufend suivi, continu
fortlaufende Farbe (Beibehaltung) couleur *(f)* suivie
fortlaufend numerieren numéroter en continu
Foulard foulard *(m)* d'apprêts
Foulard, leichter Webstoff (Schal) foulard *(m)*, étoffe *(f)* légère
Foulardchassis châssis *(m)* de foulard
foulardieren foularder
Fournisseur (Wirkmasch.) fournisseur *(m)* de fil
Frack habit *(m)*, frac *(m)*
Fraktion (Chem.) fraction *(f)*, coupe *(f)*

fraktionieren, stufenweise destill. fractionner
Fraktionierkolben ballon *(m)* à distiller
Fraktionierung fractionnement *(m)*
Franse crépine *(f)*, frange *(f)*
fransen enfranger
Fransenfarbensaum frage *(f)* des couleurs
Fransenknüpfmaschine machine *(f)* à nouer les franges
französische Naht couture *(f)* à la française
frei von exempt de
frei von Salz exempt de sel
freie Bindungen (Chem.) combinaisons *(f, pl)* libres
freies Radikal radical *(m)* libre
freigeben für die Fabrikation passer à la fabrication, relâcher pour la fabrication
freigeben der Tel.Leitung libérer une connexion
freigesetzt dégagé, mis en liberté
Freilicht ... en plein air, au grand air
freisetzen (Chem.) dégager, mettre en liberté
Freizeithemd chemise *(f)* de sport
Freizeithose pantalon *(m)* de sport
Freizeitkleidung vêtements *(m, pl)* de loisirs
fremd (allg. u. chem.) étranger
Fremdatom atôme *(m)* étranger
Fremdkörper corps *(m)* étranger
Fremdleistung fournitures *(f, pl)* sous-traitées, fournitures *(f, pl)* de sous-traitance
Fremdstoff matière *(f)* étrangère
Fremdstoff, Verunreinigung impureté *(f)*
Fremdstoffgehalt teneur *(m)* en corps étrangers
Frequenz (Elekr.) fréquence *(f)*
Frequenzspektrum spectre *(m)* de fréquences
Fresko (Gewebe) fresque *(m)*
fressen, korrodieren corroder, attaquer
Frieselmokett moquette *(f)* bouclée
Friktion, Reibung friction *(f)*, frottement *(m)*
Friktions ... à ou par friction
Friktionsverhalten, Reibungsverh. comportement *(m)* à la friction
Frischdampf vapeur *(f)* vive, vapeur fraîche
Frischluft air *(m)* frais
Fritte, Glasfritte fritte *(m)*
Frittenglasfilter filtre *(m)* de verre de frittage
frostfrei, frostgeschützt à l'abri de la gelée
Frostgefahr risque *(m)* de gelée, risque de gel
Frostingeffekt, Grauschleier givrage *(m)*, grisage *(m)*, voile *(m)* gris
Frotté, Frottiergewebe tissu *(m)* -éponge
Frottégarn fil *(m)* retors frisé
Frottétuch, Badetuch drap *(m)* de bain
Frotteurstrecke, Nitschelstrecke intersecting-frotteur *(m)*, frotteur *(m)* à manchon
Frottierbindung armure *(f)* pour tissu-éponge, armure *(f)* bouclée
frottieren, würgeln frotter
Frottierhandtuch serviette-éponge *(f)*
Frottierwebmaschine métier *(m)* à tisser les tissus-éponge
Frühling/Sommer-Kollektion collection printemps/été
führen (einen Artikel) avoir
führen (in Führungen) guider
Führung (von Masch.) guidage
Führungsgestänge tiges *(f, pl)* de guidage
Führungskamm peigne *(m)* de guidage
Führungslänge longueur *(f)* de guidage
Führungsleiste barre *(f)* conductrice
Führungsrille, Nut gorge *(f)* de guidage
Führungsrolle (Faserherst.) galet *(m)* de guidage
Führungsschlitz fente *(f)* de guidage
Führungswalze rouleau ou cylindre *(m)* de guidage
Füllappretur (Griff) apprêt *(m)* plein, apprêt *(m)* donnant du corps
Fülle (Griff des Gewebes) corps *(m)*, plein
füllen, griffgeben donner du corps
füllen, vollmachen remplir, emplir
Füllfaden fil *(m)* de fourrure
Füllgewicht poids *(m)* de remplissage
Füllharz résine *(f)* de remplissage
Füllkamm peigne *(m)* fixe
Füllkette chaîne *(f)* de remplissage, chaîne *(f)* de fourrure
Füllmaterial, Beschwerungsmat. charge *(f)*, matière *(f)* de charge, matière *(f)* de remplissage

Füllstandanzeiger indicateur *(m)* de niveau
Füllstation station *(f)* de chargement
füllstofffrei sans charges, exempt de charges
Füllstrich marque *(f)* de remplissage
Füllung remplissage *(m)*
Füllvliesstoff étoffe *(f)* de rembourrage
Füllvolumen volume *(m)* de remplissage
fünfbindiger Atlas satin *(m)* turc
fünfstellig à cinq chiffres *(m, pl)*
fünfwertig (Chem.) pentavalent
Fungizid fungicide *(m)*, agent *(m)* fungicide
Funke étincelle *(f)*
Funktion fonction *(f)*
funktionell fonctionnel
Funktionieren fonctionnement *(m)*
funktionelle Gruppe groupe *(m)* fonctionnel, radical *(m)*
funktionsfähig capable de fonctionner
Funktionsprüfung test *(m)* de performance, essai *(m)* de fonctionnement
Furan furane *(f)*
Fußballhose culotte *(f)*, short *(m)* de football
Fußbekleidung chaussant
Fußbodenbelag revêtement *(m)* de sol
fusselig, haarig pelucheux
fusseln pelucher
Fußlänge longueur *(f)* de pied
Fußmatte (Auto) moquette *(f)*
Fußsack sac *(m)* à pieds
Fußspule bobine *(f)* à embase conique
Futter(stoff) doublure *(f)*, fourrure *(f)*
Futteralkleid robe *(f)* fourreau
füttern doubler
Futterstoff (Gewebe) étoffe *(f)* à doublure, doublure

G

Gabardine gabardine *(f)*
Gabelfilter filtre *(m)* séparateur
Gabelschußwächter casse-trame *(f)* à fourchette
Gabelstapler empileuse *(f)* à fourche, gerbeuse *(f)*
Galanteriewaren articles *(m, pl)* fantaisie
Galette galette *(f)*
Galettenüberlaufrolle galet *(m)* de guidage de la galette
Galettgarn, Filosellegarn fil *(m)* de soie galette, filoselle *(f)*
Galett-Seide, Seidenabfall bourre *(f)* de soie
Gall... (Chem.) gallique
Gallert, Gelatine gélatine *(f)*
gallertartig gélatineux
gallieren, tannieren traiter au tannin
Gallierung, Schnürung (Web.) encordage *(m)*, armure *(f)*
Gallusgerbsäure, Tannin acide *(m)* gallotanique
Galoschen galoches *(f, pl)*
galvanotechnische Chemie chimie *(f)* galvanoplastique
Gamaschen guêtres *(f, pl)*
Gang, Betrieb marche *(f)*, action *(f)*, fonctionnement *(m)*
Gang, Lauf (Masch.) roulement *(m)*, allure *(f)*, marche *(f)*
Gang, außer Gang désengrené, hors d'action
Gang, in Gang setzen mettre en mouvement, actionner, mettre en train
Ganzes ensemble *(m)*
Ganzleinen tout lin
Ganzleinengewebe tissu *(m)* tout lin
ganztägig pendant toute la journée
Garantie garantie *(f)*
gärbar, gärfähig fermentable
Garderobe vêtements *(m, pl)*, garde-robe *(f)*
Gardine, Vorhang rideau *(m)*
Gardinenmaschine métier *(m)* à rideau
Gardinenspannerrahmen étire-rideau *(m)*
Gardinentüll tulle *(m)* pour rideaux
gären fermenter
Gärfaulverfahren procédé *(m)* de fermentation-digestion
Garn fil *(m)*
Garn für Webzwecke filé *(m)*
Garn für Wirkwaren fil *(m)* à tricoter
Garnappretur apprêt *(m)* de fils
Garnbestimmungswaage romaine *(f)* de numérotage
Garndrehung torsion *(f)* du fil
Garndrehungszähler torsiomètre *(m)*

Garndruck, Vigoreuxdruck impression *(f)* de fils vigoureux
Garnende, Anfang der Webkette penne *(f)*
Garnfärben, Garnfärbung teinture *(f)* du fil
garngefärbt teint en fil
Garngleichheitsprüfer vérificateur *(m)* d'égalité du fil
Garnhaspel, Weife dévidoir *(m)*
Garnitur parure *(f)*, ensemble *(m)*
Garnkonditionierung conditionnement *(m)* du fil
Garnkörper enroulement *(m)* bobine
Garnmerzerisiermaschine machine *(f)* de mercerisage pour fils
Garnmerzerisierung mercerisage *(m)* de fil
Garnmeterzähler compteur *(m)* métrique du fil
Garn mit verschieden schrumpfenden Filamenten fil *(m)* à filaments de retraits différents
Garnnettogewicht poids *(m)* net du fil
Garnnummer titre *(m)* de fil, numéro *(m)* de fil
Garnpresse presse *(f)* à empaqueter les fils
Garnrolle bobine *(f)* de fil, bobine *(f)*
Garnsengen gazage *(m)* du filé
Garnsengmaschine, Gasiermasch. machine *(f)* à gazer les fils
Garnspule, Spule bobine *(f)*
Garntafel, Garnumrechnungstafel table *(f)* de conversion des fils
Garntorsionsmesser torsiomètre *(m)* de fil
Garnträger (leer oder voll) bobine (support ou pleine)
Garnwaage, Garnbestimmungswaage romaine *(f)* de numérotage
Garnwaschmaschine machine *(f)* à laver les échevaux, laveuse *(f)* d'échevaux
Gartenschirm parasol *(m)* de jardin
Gartenteppich tapis *(m)* de jardin
Gärung fermentation *(f)*
gärungshemmend antizymotique, bactériostatique
Gärungsküpe cuve *(f)* de fermentation
Gas gaz *(m)*
Gasanschluß conduite *(f)* d'adduction de gaz
gasbeheizt chauffé au gaz
gasbeständig à l'épreuve du gaz
Gasbrenner brûleur *(m)* (à gaz)
Gasbrenner mit Gebläse brûleur *(m)* à air soufflé
Gaschromatographie chromatographie *(f)* gazeuse, chromatographie *(f)* en phase gazeuse
gaschromatographisch par chromatographie en phase gazeuse
gasdicht imperméable au gaz, étanche au gaz
Gasentwicklung dégagement *(m)* de gaz
Gasfernleitung gazoduc *(m)*
gasförmig gazeux, gazéiforme
gasförmiger Aggregatzustand état *(m)* gazeux
gasieren, sengen gazer, flamber
Gasieren, Sengen gazage *(m)*, flambage *(m)*
Gasiermaschine, Senge flambeuse *(f)* à gaz
gasiertes Baumwollgarn fil *(m)* de coton gazé
Gas-Luftgemisch mélange *(m)* air-gaz
Gasphase phase *(f)* gazeuse
Gästetuch serviette *(f)* pour les invités
Gatter, Spulengatter cantre *(m)*
Gatterrahmen cadre *(m)* du cantre
Gaufré gaufré *(m)*
Gaufrierkalander, Prägekalander calandre *(f)* à gaufrer
Gauge (Flachkuliermasch.Teilung) jauge *(f)*
Gaze gaze *(f)*
Gazesieb tamis *(m)* à gaze
geadert marbré
Gebetsteppich tapis *(m)* de prière
Gebinde, Faßgebinde emballage *(m)* en fût, fût *(m)*
geblähter Latex mousse *(f)* de latex soufflé
gebläut, optisch aufgehellt azuré
gebleicht, entfärbt décoloré, blanchi
geblümt à fleurs, diapré
gebondeter Stoff tissu *(m)* enduit, tissu *(m)* doublé
gebördelt bordé
Gebrauch usage *(m)*, emploi *(m)*

gebräuchlich usuel
Gebrauchsanweisung mode *(m)* d'emploi
Gebrauchsartikel articles *(m, pl)* utilitaires
gebrauchsfähig utilisable
gebrauchsfertig prêt à l'emploi
Gebrauchsmuster modèle *(m)* déposé
Gebrauchsmusterschutz protection *(f)* des modèles et dessins
gebrochen brisé, cassé
gebrochene Jute jute *(m)* teillis
gebrochener Köper sergé *(m)* brisé
Gebund (allg. und Spinn.) botte *(f)*
gebunden (Chem.) fixé, combiné à
gedämpfe, gedeckte Farbe couleur *(f)* sourde, adoucie
gedoppeltes Wickeln enroulage *(m)* en état plié en double
geeignet zu propre à, apte à, approprié à
gefacht assemblé
Gefahrenklasse catégorie *(f)* de danger
gefärbt teint
Gefäß vase *(m)*, récipient *(m)*
Geflecht tresse *(f)*
gefleckt, buntscheckig bigarré
geformt moulé
gefrieren se geler, se congeler
Gefrierkonzentration concentration *(f)* par congélation
Gefrierpunkt point *(m)* de congélation
Gefrierschutzmittel antigel *(m)*
gegen contre
gegen die Faser (bei Garn) à contre-fil
gegen den Pol, gegen das Haar à contre-poil
gegen das Licht à contre-jour
gegen den Strich à contre-poil
Gegenfarbe (liefert unbunt) couleur *(f)* de compensation
Gegenfarbe, Kontrastfarbe couleur *(f)* de contraste
Gegenprobe contre-épreuve *(f)*, contre-essai *(m)*
Gegenrakel contre-racle *(f)*, racle *(f)* arrière
Gegenrichtung sens *(m)* inverse, contre-sens *(m)*
gegenseitig mutuel, réciproque
gegenseitige Anziehung attraction *(f)* mutuelle
gegenseitiges Aus- oder Anbluten dégorgement *(m)* mutuel
gegenseitig beeinflussen, sich exercer une influence mutuelle
gegenseitige Beeinflussung interaction *(f)*
gegenseitig vertauschen échanger l'un contre l'autre
Gegenstrom contre-courant *(m)*
Gegenstromkessel chaudière *(f)* à contre-courant, chaudière *(f)* à courant inverse
Gegenstromverfahren procédé *(m)* à contre-courant
Gegenversuch contre-essai *(m)*
Gegenzug (Web.) à contremarche
gehaspeltes Garn fil *(m)* dévidé
gekämmt peigné
geknüpfter Teppich tapis *(m)* noué
geköpert croisé
geköperter Stoff sergé *(m)*, tissu *(m)* croisé
gekoppelt (z. B. Azoverbdg.) copulé
gekörnt granulé
gekrackt (Chem.) craqué, fractionné par distillation
gekräuselt frisé, bouclé
gekrempelt cardé
Gel gel *(m)*
Gelbildung gélification *(f)*
Gelatine gélatine *(f)*
gelatineartig, gelatinös gélatineux
gelatinieren gélatinifier
Gelatinierungsmittel gélifiant *(m)*
gelb jaune
gelbfärben teindre jaune, colorer jaune
gelbbraun, ockerfarben jaune ocre
gelbbraun, dunkelgelb brun jaune
gelblich jaunâtre
Gelbstich pointe *(f)* de jaune
geleitet, gelenkt guidé, dirigé
Gelenk articulation *(f)*, jointure *(f)*
Gelenkschärblatt peigne *(m)* articulé
Gelese, Fadenkreuz (Web.) croisement *(m)*, croisure *(f)*
Geleseblatt peigne *(m)* d'envergure
gelieren gélifier
Geliermittel gélifiant *(m)*, produit *(m)* de gélification
Gelierung gélification *(f)*
Gelzeit temps *(m)* de gélification

gelocht perforé, troué
gelockert relâché, desserré
gelockert (bei chem. Bindung) affaibli
gelöst dissous
gelten, passen zu s'appliquer à
Gemisch mélange *(m)*
Gemischzusammensetzung composition *(f)* du mélange
gemustert, figuriert (Stoffe) à motifs, façonné, à dessins
gemustert, rhombenförmig figuriert orné à losanges
genadelt épinglé, aiguilleté
genadeltes Filztuch feutre *(m)* tissé aiguilleté
genau exact, précis, de précision
genau bearbeiten usiner à des tolérances précises
genau gehend, zuverlässig indéréglable
Genauigkeit, Exaktheit exactitude *(f)*, précision *(f)*
Genauigkeitsanforderung exigence *(f)* de précision
Genauigkeitsgrad degré *(m)* de précision
generell (adj.) général
generell (adv.) généralement, en général
genitscheltes Vorgespinst mèche *(f)* de frottoir
genormt, standard... normalisé
Genuakord, Köpermanchester velours *(m)* de coton à fond croisé
Geochemie géochimie *(f)*
geometrisches Muster dessin *(m)* géometrique
Georgette georgette *(m)*
gepolstert rembourré
gepunktet marqué de points
gerade droit, rectiligne
gerade, eben plat, plain
gerade, unmittelbar direct
gerader Ausschnitt décolleté *(m)* bateau
gerader Einzug (Spinn./Web.) rentrage *(m)* droit
gerader Rock jupe *(f)* droite
gerader Schärrahmen ourdissoir *(m)* long
gerade Schnürung (Jacquardmasch.) empoutage *(m)* suivi
geradfaserig à fibres droites
geradkettig (Chem.) en chaîne *(f)* linéaire, en chaîne *(f)* rectiligne
geradlinig rectiligne, à ligne *(f)* droite
Geradestich (Nähmasch.) point *(m)* droit
Gerät, Handwerkszeug outilage *(m)*, outils *(m, pl)*
Gerätschaften, Ausstattung matériel *(m)*
gerauht gratté
gerauhter Futterstoff finette *(f)*
gerauhte Wirkware tricot *(m)* gratté
geräuschlos silencieux, insonore
gerben (Leder) tanner
Gerberwolle laine *(f)* de peau
Gerbstoff matière *(f)* tannante, matière *(f)* de tannage
gerechnetes, errechnetes Gewicht poids *(m)* calculé
gering faible
geringer Gehalt an faible teneur *(m)* de
geringelt en tire-bouchon
gerinnen, zusammenlaufen coaguler
gerinnen, klumpig werden s'engrumeler, se grumeler
Gerinnung coagulation *(f)*
gerinnungshemmend anticoagulant
Gerinnungsmittel coagulum *(m)*
gerippt ridé, nervuré, cannelé
geripptes Gewebe tissu *(m)* côtelé, tissu *(m)* à côtes
gerissen déchiré, cassé
gerissener Kettfaden fil *(m)* de chaîne cassé
gerissener Schußfaden fil *(m)* de trame cassé
Geruch odeur *(f)*
geruchlos inodore
Geruchsbelästigung incommodation *(f)* de l'odorat, nuisance *(f)* par les odeurs
Geruchsbeseitigung désodorisation *(f)*
Gerüststoff, Builder (Waschmittel) adjuvant *(m)* de lavage
gesamt total, tout
gesamte Fertigungsdauer temps *(m)* total de fabrication
Gesamtbedarf demande *(f)* totale, besoin *(m)* total
Gesamtbelegschaft ensemble *(m)* du personnel, effectif *(m)*
Gesamtheit ensemble *(m)*, totalité *(f)*
Gesamtverzug (Spinn.) étirage *(m)* total
Gesamtverzugsfeld zone *(f)* totale d'étirage

Gesäßpartie fond *(m)* de pantalon
Gesäßtasche poche *(f)* arrière
gesättigt (Chem.) saturé
gesättigter Dampf vapeur *(f)* saturée
gesättigte Farbe couleur *(f)* pure
Geschenkpackung emballage *(m)* cadeau
Geschirr, Schaftwerk harnais *(m)*
Geschirreinziehmaschine métier *(m)* à rentrer les chaînes
Geschirrfaden fil *(m)* d'arcade, fil *(m)* pour harnais
Geschirrleder cuir *(m)* pour harnais
Geschirrteilung graduation *(f)* du harnais, jauge *(f)* du harnais
Geschirrtuch torchon *(m)*
geschlagen (Jacquardkarte) percé
geschlichtet encollé
geschlitzter Rock jupe *(f)* à fente, jupe fendue
geschlossenes Fach (Web.) foule *(f)* fermée, pas *(m)* fermé
geschlossener Kreislauf cycle *(m)* fermé
geschmacklos (Chem.) insipide
geschmeidig souple, flexible
geschmeidig machen assouplir
Geschmeidigkeit souplesse *(f)*
geschmirgeltes Gewebe tissu *(m)* émerisé
geschneidert cousu main
geschnittene, aufgeschn. Waren (Wirkw.) articles *(m, pl)* découpés
geschrumpfte Faser fibre *(f)* rétrécie
geschwärzt noirci
Geschwindigkeit vitesse *(f)*, rapidité *(f)*
Geschwindigkeitsabstufung gradation *(f)* de vitesse
Geschwindigkeitsänderung changement *(m)* de vitesse
geschwungen arqué
Gesellschaftskleidung tenue *(f)* de cérémonic
Gesetzmäßigkeit (Masch.) régularité
Gespinst fils *(m, pl)*
Gespinstfaser fibre *(f)* textile
Gespinstumspinnung guipage *(m)*
gesponnen filé
gestalten, Gestalt geben former, donner forme *(f)*
gestalten, dessinieren dessiner
Gestalter, Entwerfer dessinateur *(m)* (textile)
Gestaltung, Schöpfung création *(f)*
Gestänge (Masch.) tiges *(f, pl)*
Gestank puanteur *(f)*
gestickt brodé
gestickter Teppich tapis *(m)* brodé
gestreift rayé, à raies *(f, pl)*, à bandes *(f, pl)*
gestrickt, gewirkt tricoté
Getriebe (Masch.) engrenage *(m)*, rouage *(m)*
Getriebeöl huile *(f)* à engrenages
getüpfelt à pois
getupft, Tupfen... pointillé, piqueté
gewalkt foulé
gewalktes Gewebe tissu *(m)* foulé
Gewässer eaux *(f, pl)*
Gewässerschutz protection *(f)* des eaux
Gewebe tissu *(m)*
Gewebe mit Grund in Leinwandbindung tissu *(m)* à fond lisse, tissu *(m)* à fond uni
Gewebe, durchscheinend tissu *(m)* clair
Gewebeart tissage *(m)*, sorte *(f)* de tissu
Gewebebespannung entoilage *(m)*
Gewebebild contexture *(f)*
Gewebeeinband (Buch) reliure *(f)* en tissu
Gewebeeinlage pli *(m)* de tissu, couche *(f)* de tissu
Gewebegurt sangle *(m)* tissé
Gewebekunstleder tissu *(m)* enduit
Gewebereifen (Kfz) pneu *(m)* à couches textiles
Gewebeschermaschine tondeuse *(f)* de tissus
gewebt tissé
Gewerbe, Handwerk métier *(m)*
Gewerbeaufsicht inspection de l'industrie et de la main d'œuvre *(f)*
Gewerbeaufsichtsamt service *(m)* de la sécurité et de l'hygiène du travail
gewerblich professionnel, artisanal, industriel
gewerbliche Abwässer eaux *(f, pl)* usées industrielles
Gewicht poids *(m)*
Gewichtsanalyse analyse *(f)* gravimétrique
Gewichtskonstanz poids *(m)* constant

Gewichtsprozent, Massenanteil pourcentage *(m)* en poids
Gewinde filetage *(m)*
Gewirke und Gestricke tissus *(m, pl)* à mailles
gewolft battu
gewürfelt, kariert (Muster) quadrillé, à carreaux *(m, pl)*
gezwirnt retordu, retors
gießen verser
Gift poison *(m)*
giftbildend vénénifique
giftfrei, ungiftig sans poison *(m)*, atoxique, non vénéneux
gifthaltig toxifère
giftig toxique, vénéneux
Gilet gilet *(m)*
Gimpelknopfloch boutonnière *(f)* à œillet renforcée
Gingham guingan *(m)*
Gitterstoff, Gitterleinen canevas *(m)*, étamine *(f)*
Glacé glacé *(m)*
Glanz (allg.) brillance *(f)*, brillant *(m)*, lustre *(m)*
Glanz, Schein lueur *(f)*
Glanzbürste brosse *(f)* à lustrer
glanzbürsten brosser à lustrer
Glanzdekatur décatissage *(m)* glacé
Glänze, Wasserglanz (Gew.) apprêt *(m)* à l'eau
Glanzeffekt (Gew.) effet *(m)* d'apprêt glacé
glänzen briller, lustrer
glänzend brillant, luisant, lustré
glänzend machen polir, lustrer, rendre brillant
Glanzflor poil *(m)* brillant
Glanzfutterstoff doublure *(f)* glacée
Glanzgarn, Eisengarn fil *(m)* glacé
Glanzkalander calandre *(f)* à glacer
Glanzkattun lustrine *(f)*, indienne *(f)* glacée
glanzlos terne
glanzpressen catir
Glanzpressen, Glanzpressung catissage *(m)*
Glanzstelle, glänzende Stelle paillettes *(f, pl)*
Glanztaft taffetas *(m)* glacé
Glanzviscose rayonne *(f)* viscose glacée
Glanzwirkung effet *(m)* lustrant
Glas verre *(m)*
glasartig vitreux
Glasbatist organdi *(m)*
gläsern de verre
Glasfaden fil *(m)* de verre
Glasfaser fibre *(f)* de verre
Glasfasererzeugnis silonne *(f)*
glasfaserverstärkt renforcé par fibres de verre, chargé verre
glasfaserverstärktes Polyester polyester *(m)* chargé verre
Glasfilament filament *(m)* de verre textile
Glasfilamentgarn fil *(m)* continu de verre textile
Glasfilamentgewebe tissu *(m)* silonne, tissu *(m)* de verre textile
Glasfilamentzwirn retors *(m)* de silonne
Glasgespinst verre *(m)* filé
Glasgestrick, -gewirk tricot *(m)* de verre textile
Glasgewebe tissu *(m)* de verre textile
Glaskolben (Labor) matras *(m)*
Glaskurzfaser fibre *(f)* de verre textile broyée
Glasleinwand toile-verre *(f)*
Glasperle (Analytik) perle *(f)* de verre
Glasspinnerei filage *(m)* du verre
Glasspinnfaden fil *(m)* de base de verre textile
Glasstapelfaser fibre *(f)* discontinue de verre textile, verranne *(m)*
Glasstapelfasergarn fil *(m)* de fibre discontinue de verre textile, fil *(m)* de verranne
Glasstapelfasergewebe tissu *(m)* de verranne
Glasstapelfaservorgarn ruban *(m)* de verre textile
Glasstapelfaserzwirn retors *(m)* de verranne
Glaswatte ouate *(f)* de verre
Glaswolle laine *(f)* de verre, coton *(m)* de verre
Glaszustand (Kunststoffe) état *(m)* vitreux
glatt, gleichmäßig lisse
glatt, schlüpfrig glissant
glatt, einfach (Gewebe) uni, plat

glatt abschließend affleuré, à surface *(f)* plane
glatt abschneiden couper carrément
glatter Grund (Gew.) fond uni
glatter Samt velours *(m)* uni
Glätte, Glattheit lissé *(m)*
glätten lisser
glätten, glattmachen planer
Glätten (Spinn. Fasern) lissage *(m)*
Glättfilz feutre *(m)* à lisser
glattgeschoren (Ware) tondu, ras
Glattgewebe tissu *(m)* lisse
Glättkalander, Glanzkalander calandre *(f)* à catir, calandre *(f)* à friction
Glättmaschine (b. Wolle) machine *(f)* à lisser
glattschneiden (Samt) raser
Glättung (allgem.) lissage
Glättwalze rouleau *(m)* de lissage
Glaubersalz sel *(m)* de Glauber, glaubérite *(f)*, sulfate *(m)* de sodium
gleichförmig homogène, uniforme
gleichgehend synchrone
gleichgerichtet (Mechanik) dirigé dans le même sens
Gleichgewicht équilibre *(f)*, balance *(f)*
Gleichgewicht herstellen équilibrer
im Gleichgewicht en équilibre, équilibrant
Gleichgewichtskonstante constante *(f)* d'équilibre
gleichgroß de même grandeur *(f)*
Gleichlauf synchronisme *(m)*
gleichmäßig homogène, uniforme
gleichmäßige Färbung teinture *(f)* uniforme
gleichmäßiges Garn fil *(m)* égal
gleichmäßig verteilt uniformément réparti
gleichzeitig simultané
gleiten glisser
gleitende Reibung frottement *(m)* par glissement
Gleitmittel lubrifiant *(m)*, agent *(m)* antifriction
Gleitmittel, Trennmittel agent *(m)* de démoulage
Gleitreibung frottage *(m)* de glissement
Gleitschiene glissière *(f)*
Glencheck prince de Galles *(m)*
Glied, Teil élément *(m)*
Glied einer Kette chaînon *(m)*, maillon *(m)*
Gliederkette chaîne à maillons
glimmen être en ignition *(f)*
glitschig glissant, graisseux
Glitzergarn fil *(m)* scintillant
Glocke (Hut) cloche *(f)*
Glockenkupplung (Spinn.) cloche *(f)* de rentrée
Glockenrock jupe *(f)* cloche
Glucose glucose *(f)*
glühen, zum Glühen bringen porter au rouge
glühen, glühend sein être rouge, être ardent
glühen, ausglühen (Analyse) calciner
glühendheiß brûlant
Glycin, Glycocoll glycine *(f)*, glycocolle *(m)*
Glycogen glycogène *(m)*
Glyoxal glyoxal *(m)*
Glyzerin glycérine *(f)*, glycérol *(m)*
Gobelin gobelin *(m)*
Godet(falte) godet *(m)*
Goldbrokat brocat *(m)* d'or
golddurchwirkt lamé d'or
goldgelb jaune d'or
goldgewirkt broché d'or
Goldstickerei broderie *(f)* en or
Golfhose culotte *(f)* de golf
Golfjacke veste *(f)* de golf
Golftasche sac *(m)* de golf
Grad degré *(m)*
Grad Celsius degré *(m)* Celsius
Gradleiter, Gradteilung échelle *(f)*, graduation *(f)*
Gradmesser échelle *(f)*
Grad(ein)teilung graduation *(f)*
graduell graduel
graduierte Pipette pipette *(f)* jaugée
gradweise par degrés, graduellement
Gramm gramme *(m)*
Gramm pro Liter gramme *(m)* par litre
Granite (Gewebe) granité *(m)*
Granitebindung armure *(f)* granitée
Grannenhaar jarre *(f)*
Granulat granulé *(m)*, granulat *(m)*
granulieren granuler

Granuliermühle broyeur-granulateur *(m)*, moulin *(m)* à granuler
Graphit graphite *(m)*
grau gris
Grauanteil (Farbmessung) fraction *(f)* neutre
Grauleiter, Graumaßstab échelle *(f)* de gris
Grausehen, Grauempfindung vision *(f)* achromatique de l'oeil
gravimetrisch gravimétrique
gravimetrische Bestimmung gravimétrie *(f)*
Gravur, Gravierung gravure *(f)*
Gravurdruckwalze cylindre *(m)* d'impression gravé
Greiferschützen navette *(f)* à pinces
Greifer(web)stuhl métier *(m)* à tisser à lances, métier *(m)* à tisser à pinces
Greige grège
Grenadineseide soie *(f)* grenadine
Grenzfarbe couleur *(f)* limite de tolérance
Grenzfläche surface *(f)* de séparation, surface *(f)* limite
grenzflächenaktiv tensio-actif
grenzflächenaktiver Stoff produit *(m)* tensio-actif
Grenzflächenaktivität activité *(f)* tensio-active, activité *(f)* de surface
Grenzflächenreibung friction *(f)* à l'interface
Grenzflächenspannung tension *(f)* interfaciale
Grenzschicht couche *(f)* limite
Grenzschicht zwischen 2 Flüssigkeiten interface *(f)* entre deux liquides
Grenzwert valeur *(f)* limite, limite *(f)*
Griesigkeit, Körnigkeit état *(m)* granuleux
Griff (Gewebebeurteilung) toucher *(m)*
Griff, weicher Griff toucher *(m)* doux
Griff, voller Griff toucher plein
Griff geben donner du corps, donner du toucher
grob gros, grossier
Grobabstimmung accord *(m)* gros
grobe Garnnummer gros numéro *(m)* (du fil), numéro *(m)* bas (du fil)
grobe Leinwand toile *(f)* grossière
grob sortieren trier préalablement
grob (vor)spinnen filer en gros
grobe Wolle laine *(f)* grossière
grobfädig à gros fil
Grobflyer banc *(m)* à broches en gros
Grobgarn filé *(m)* gros
Grobgarnkrempel carde *(f)* pour fil de futaine, carde *(f)* pour fils gros
grobkörnig en gros grains *(m, pl)*
Grobkrempel, -karde carde *(f)* briseuse, carde *(f)* en gros
grobmaschig à grandes mailles *(f, pl)*, à grosses mailles *(f, pl)*
Grobstrecke premier étirage, étirage *(m)* préparatoire, étirage *(m)* en gros
groß (Gegens. zu klein) grand, de grande taille
Großchemie chimie *(f)* industrielle
Größe, Weite grandeur, ampleur *(f)*
Größe (Abmessung) taille *(f)*
Größe (Ausdehnung) dimension *(f)*
größensortiert classé
großflächig à grande surface
großflächiger Druck impression *(f)* couvrante
großgemustert à gros dessins
Großhandel commerce *(m)* en gros
Großhändler grossiste *(m)*
Grossist grossiste *(m)*, négociant *(m)* en gros
Großkops grosse bobine *(f)*
großmaschig à grosses mailles *(f, pl)*
größt, höchst maximum, maximal
großtechnisch à l'échelle industrielle
großer Maßstab (z. B. Produktion) échelle *(f)* industrielle
Größtmaß maximum *(m)*
Großversuch essai *(m)* à grande échelle, essai *(m)* industriel
Großversuchsanlage installation-pilote *(f)*
grün vert
Grundbindung(Gew.) armure *(f)* de base
Grundfaden (Web.) fil *(m)* de fond, fil *(m)* de base
Grundfarbe (bei substrakt. Mischung) couleur *(f)* de base d'un mélange soustractif
Grundfarbe (auf Text.) couleur *(f)* de fond
Grundfarbe, eine der 3 Grundf. couleur *(f)* fondamentale
Grundfärbung (des Untergr.) teinture *(f)* du fond

Grundgarderobe garde-robe *(f)* de base, fond *(m)* de garderobe
Grundgewebe tissu *(m)* de fond, tissu *(m)* de base
Grundhelligkeit luminosité *(f)* du fond
grundieren (Färb.) piéter
Grundiermaschine (Druck) machine *(f)* à placage
Grundierung piétage *(m)*
Grundierungsbad bain *(m)* de piétage
Grundkette chaîne *(f)* de fond
Grundlagenforschung recherche *(f)* fondamentale
gründlich durchgearbeitet étudié à fond
Grundlohn salaire *(m)* de base
Grundmuster en fond
Grundstoff, Rohstoff matière *(f)* première
Grundstoff, Ausgangsstoff matière *(f)* de base, substance *(f)* de base
Grundstoff, Element élément *(m)*
Grundton (Farbe) nuance *(f)* de base, nuance *(f)* de fond
Grundüberholung (Masch.) réparation générale *(f)*
Grundumsatz métabolisme *(m)* basal
Grundwasser eaux *(f, pl)* souterraines
Grundwassergebiet bassin *(m)* hydrogéologique
Grundwasserstand niveau *(m)* de la nappe souterraine
grünfärben teindre vert
grün-gelb vert-jaune
Grünspan vert-de-gris *(m)*
grünspanüberzogen vert-de-grisé
Gruppe groupe *(m)*
Gruppe von Maschinen groupe *(m)* de machines
gruppieren grouper
Guanakowolle laine *(f)* de guanaco, poil *(m)* de guanaco
Guipure guipure *(f)*
gültig valable
Gummi, Kautschuk caoutchouc *(m)*
Gummi arabicum gomme *(f)* arabique
Gummiband ruban *(m)* en caoutchouc, élastique *(m)*
Gummibaum gommier *(m)*
Gummidichtung garniture *(f)* en caoutchouc, joint *(m)* en caoutchouc
Gummidichtungsring anneau *(m)* de joint en caoutchouc
Gummieinlage couche *(f)* intermédiaire de caoutchouc, entrepli *(m)* de gomme
gummieren, mit Leim bestreichen gommer, encoller, engommer
Gummiermaschine machine *(f)* à gommer, machine *(f)* à engommer
gummiert gommé, engommé
gummiertes Gewebe, wasserdicht tissu *(m)* imperméabilisé
Gummierung engommage *(m)*, gommage *(m)*
gummihaltig gommeux
Gummihaut enveloppe *(f)* de caoutchouc
Gummirakel racle *(f)* en caoutchouc
Gummistoff, Gummituch tissu *(m)* caoutchouté
Gummistopfen bouchon *(m)* caoutchouc
Gummistrumpf bas *(m)* élastique
gummiüberzogen garni de caoutchouc
Gummiüberzug revêtement *(m)* en caoutchouc
Gummiwalze rouleau *(m)* ou cylindre *(m)* en caoutchouc
Gummizug bande élastique
Gurt, Tragriemen bretelle *(f)*
Gurtband sangle *(f)*
Gürtel ceinture *(f)*
Gürtelreifen pneu *(m)* à carcasse radiale, pneu *(m)* à ceinture
Gürtelschlaufe passe-ceinture *(m)*
Gürtelschnalle boucle *(f)* de ceinture
gut deckend (Farbe) opaque
Güte, Qualität qualité *(f)*
Gütekontrolle contrôle *(m)* de qualité
Güter, Waren marchandises *(f, pl)*
Gütevorschrift spécification *(f)* de qualité
Gütezeichen marque *(f)* de qualité
Gütezeichen, amtlich marque *(f)* nationale de qualité

H

Haar cheveu *(m)*
Haar, Fell poil *(m)*
Haar, Borstenhaar crin *(m)* de brosserie
Haar, Füllhaar z. Ausstopfen, Flocke bourre *(f)*
Haar, grobes Haar crin *(m)*

Haarband bandeau *(m)*
haaren, Haare lassen perdre de poil
Haaren perte *(f)* de poil
Haarfilz feutre *(m)* de poil
haarförmig capillaire
Haargarn filé *(m)* de poil
Haargarngewebe tissu *(m)* de crin, tissu-crin *(m)*
Haargarnspinnerei filature de filés de poil, filature *(f)* de poils
Haargarnteppich tapis *(m)* en poil (animal)
haarig, fusselig poilu, velu
Haarigkeit (Tuch) abondance *(f)* de poils
Haarnetz filet *(m)* à cheveux
Haarriß fissure *(f)* capillaire, microtapue *(f)*, fendille *(f)* capillaire
Haarsieb tamis *(m)* en crin, tamis *(m)* à fil fin
Hacker peigne *(m)*
Hadern, Lumpen chiffons *(m, pl)*
haften, kleben adhérer, se coller
Haftetikett étiquette *(f)* auto-adhésive
Haftfähigkeit, Adhäsion adhésivité *(f)*, propriété *(f)* adhésive
Haftfestigkeit force *(f)* d'adhérence, solidité *(f)* d'attache
Haftfläche surface *(f)* d'adhérence
Haftreibung frottement *(m)* statique, frottement *(m)* par adhérence
Haftvermittler (z. B. bei Glasfasern) agent *(m)* de pontage, adhérisant *(m)*, agent *(m)* d'accrochage
Haftvermögen pouvoir *(m)* adhésif, adhésivité *(f)*, pouvoir d'adhérence, adhérence *(f)*
Haftzugfestigkeit contrainte *(f)* d'adhérence de traction
Hahn, Sperrhahn robinet *(m)*
Hahnentritt pied-de-poule *(m)*
HAKA (Herren- und Knabenoberbekleidung) vêtements *(m, pl)* masculins
häkeln crocheter
Häkelspitze dentelle *(f)* crochetée
haken, an-, ein-, zuhaken accrocher
Hakennadel aiguille *(f)* à bec
Hakennadelleiste plaquette *(f)* à picots à croche
Hakenwebmaschine métier *(m)* à tisser à crochets
halb, halbiert à moitié *(f)*, semi..., demi...
Halbärmel manche *(f)* courte
halbautomatisch semi-automatique
Halbdamast damassin *(m)*, damas *(m)* cafard, damassade *(f)*
halbdeckend (Färb.) semi-opaque
Halbdrehergewebe gaze *(f)* à demi-tour
halbdurchlässig semiperméable
halbfertig demi-ouvré, semi-ouvré
halbflüssig semi-fluide
halb gefüttert doublé en partie
halbierbar divisible par moitié
halbieren partager en deux
Halbkammgarn fil semi-peigné, fil cardé-peigné
Halbkettgarn fil *(m)* mi-chaîne
halbkontinue en semi-continu
halbleinen moitié lin
Halbleinen toile *(f)* métisse
halbleinen-halbwollen mi-toile mi-laine
Halbleiter semi-conducteur *(m)*
halbmatt semi-mat
Halboffenfach foule *(f)* mi-ouverte
halbpolar semi-polaire
halbpolare Bindung liaison *(f)* semi-polaire
Halbrock jupon *(m)*
halbrund demi-circulaire
Halbsamt velours *(m)* épinglé, velours *(m)* non coupé
Halbschalen balconnet *(m)*
halbseidener Damast damas *(m)* à demi-soie
Halbselbstspinnerei, Halbselfaktor demi-automat *(m)* à filer
Halbtagsarbeit travail *(m)* à mi-temps
Halbwert demi-valeur
Halbwertzeit période *(f)* de demi-vie
Halbwertzeit, radioaktive demi-vie *(f)* radioactive
Halbwollchromfarbstoff colorant *(m)* au chrome pour mi-laine
Halbwolle mi-laine *(f)*
Halbwollgarn fil *(m)* mi-laine
Halbwollstoff, -ware article *(m)* mi-laine
Halle, Fabrikhalle hall *(m)*, hall *(m)* d'usine
Halogen halogène *(m)*
halogenhaltig halogéné
Halsbinde cravate *(f)*
Halskrause fraise *(f)*, collerette *(f)*
Halstuch foulard *(m)*, fichu *(m)*

haltbar, fest solide, fort
Haltbarkeit stabilité, solidité, durabilité *(f)*
Haltbarkeit v. Farben, Echtheit solidité *(f)* de couleurs
haltbar machen conserver
haltbar machen einer Farbe assurer une couleur
halten, festhalten tenir, arrêter
halten (v. Farbe) tenir
Hammer marteau *(m)*
Hammerschlageffekt (Plüsch) effet *(m)* martelé
Hammerwalke foulon *(m)* à maillets
Hand main *(f)*
Handabstimmung accord *(m)* manuel
Handarbeitsgarn fil *(m)* mercerie
Handbetätigung manœuvre manuelle *(f)*
Handdruck impression *(f)* à la main, impression *(f)* par la planche
Handeinstellung (Masch.) réglage *(m)* à la main
Handelsbezeichnung dénomination *(f)* commerciale
Handelsgewicht (Garn z. B.) masse *(f)* commerciale
Handelsgewichtszuschlag taux *(m)* conventionnel de conditionnement
Handelsprodukt produit *(m)* commercial
Handelstoleranz tolérance *(f)* commerciale
handelsüblich du type *(m)* commercial
Handgarn, Spindelgarn fil *(m)* à fuseau, fil *(m)* de main
handgewebt tissé à main
handhaben manier, agiter, manœuvrer
Handhabung maniement *(m)*, manipulation *(f)*
Handhaspel dévidoir *(m)* à main
Handknüpfapparat (Spinn.) noueuse *(f)* à main
handwarm, lauwarm tiède
Handschuh gant *(m)*
Handstickerei, Handgesticktes broderie *(f)* à la main
Handstrickgarn filé *(m)* à tricoter à la main
Handstrickmaschine tricoteuse *(f)* mécanique rectiligne
Handtasche sac *(m)* à main
Handtuch serviette *(f)*, essuie-main *(m)*
Handweberei tissage à la main
Handwebstuhl métier *(m)* à bras, métier *(m)* (à tisser) à la main
Handwerker artisan *(m)*
handwerklich artisanal
Hanf chanvre *(m)*
Hanfbrechmaschine briseuse *(f)* de chanvre
Hanfeinlage, Hanfseele âme *(f)* de chanvre
Hanffasern brins *(m, pl)* de chanvre
Hanfgarn fil *(m)* de chanvre
Hanfhechelmaschine peigneuse *(f)* mécanique à chanvre
Hanfseele (z. B. bei Drahtseilen) âme *(f)* de chanvre
Hanfwerg étoupe *(f)* de chanvre
Hänge... à suspension *(f)*, suspendu
Hängedämpfer vaporiseur *(m)* à plis suspendus
Hängematte hamac *(m)*
hängen, haften tenir à, être attaché à
hängen, aufgehängt sein être suspendu
aufhängen (trans. Verb) pendre, suspendre, accrocher
hängenbleiben rester attaché, rester accroché
hängen, sich verklemmen se coincer, se bloquer
Hängen, Hänger (Stückfärb.) accrochement *(m)*, accrochage *(m)*, arrêt *(m)* par bloquage
Hänger émérillon *(m)*
Hängerkleid robe *(f)* à bretelles
Hängespulenvorrichtung dispositif *(m)* pour bobines suspendues
Hängestab (Färb.) barre *(f)* suspendue
Hängetrockner séchoir *(m)* à plis suspendus
Harlekinkostüm costume *(m)* d'arlequin
Harnisch harnais *(m)*
Harnischbrett planche *(f)* d'arcades
Harnischeinzug, -beschnürung encordage *(m)*, empoutage *(m)*
Harnischlitzen mailles *(f, pl)* de corps
Harnischschnur arcade *(f)*
Harnischstechen, -anschnürung encordage *(m)* du harnais
Harnischstuhl métier Jacquard *(m)*
Harnstoff urée *(f)*, carbamide *(f)*

Harnstoff-Formaldehydharz résine *(f)* urée-formaldéhyde
Harnstoffharz résine *(f)* d'urée
Harris Tweed tweed *(m)* Harris
hart dur, ferme, solide
Härte (Wasser) dureté (de l'eau)
Härte, vorübergehende Härte dureté *(f)* temporaire
härtebeständig résistant à la dureté de l'eau
Härtebestimmung hydrotimétrie *(f)*
Härtebildner (des Wassers) sels *(m, pl)* de dureté (de l'eau)
härteempfindlich sensible à la dureté (de l'eau)
Härtegrad degré *(m)* de dureté
Hartfasergarn fil *(m)* de fibres dures
Hartfasern fibres *(f, pl)* dures, fibres *(f, pl)*de sisal
hartgewebt serré
hartgewebte Ware marchandise *(f)* serrée
hartgewickelt enroulé, serré
hartnäckige Flecken taches *(f, pl)* difficiles à effacer
Hartparaffin, Festparaffin paraffine *(f)* dure, paraffine *(f)* solide
Hartpolyäthylen, Niederdruckpolyäth. polyéthylène *(m)* basse pression, polyéthylène *(m)* dur
Harz résine
harzähnlich résineux, résiniforme
harzbildend résinifère
Harzbildung, Verharzung résinification *(f)*
harzig, harzreich résineux
Haspel, Weife dévidoir *(m)*
Haspelkufe barque *(f)* à tourniquet
haspeln, abhaspeln dévider
hauchdünn mince comme un fil, transparent
häufig, zahlreich nombreux
häufig, oft eintretend fréquent
Häufigkeitsdiagramm tableau *(m)* de fréquences
Häufigkeitszahl fréquence *(f)*
Hauptabwasserrohr égout *(m)* principal
Hauptdampfleitung conduite *(f)* de vapeur principale
Hauptfarbe (eine der 3 Hauptf.) couleur *(f)* élémentaire
Haupthahn robinet *(m)* général
Hauptkette, Hauptreihe (Chem.) chaîne *(f)* fondamentale
Hauptplatinen (Web.) garde-platines *(f, pl)*
Hausanzug vêtement *(m)* d'intérieur
Haushaltswäsche linge *(m)* de maison
Hauskleid robe *(f)* d'intérieur
Hausmantel robe *(f)* de chambre
Hausschuhe pantoufles *(f, pl)*, chaussons *(m, pl)*
Haut (allgem.) peau *(f)*
Häutchen pellicule *(f)*, membrane *(f)*
Haute-Couture haute couture *(f)*
hautenger Rock jupe *(f)* fourreau
hautfeindlich dermophobe
hautfreundlich dermophile
Hautleim colle *(f)* de peau
hautnahes Kleid robe *(f)* moulante
hautreizend irritant la peau
Hautwolle laine *(f)* de peau, laine pelote
Hebel levier *(m)*
Hebemesser (Jacquardstuhl) lame *(f)*, lamette *(f)*
heben lever, soulever
Hebeplan der Kettfäden fiche *(m)* de tissage, dessin *(m)* de rentrage
Heber (Web.) arcade *(f)*
hebern siphonner
Hebeschäfte (Jacquard) lames *(f, pl)*
Hechel peigne-séran *(m)*, séran *(m)*, sérançoir *(m)*
Hechelapparat, Kammwalze peigne *(m)* circulaire
Hechelflachs, Reinflachs brin *(m)* de lin, cœur *(m)* de lin, filasse *(f)* de lin
hecheln sérancer, peigner
Hechelnadel, -zahn dent *(m)* de peigne
Hechelstab barette *(f)*
Hechelstrecke frotteur *(m)* de préparation à barettes
Hechelwerg étoupe *(f)* de peignage
hechtgrau gris bleu
heften épingler, faufiler, bâtir
heftige Reaktion (chem.) réaction *(f)* vive
Heftnadel épingle *(f)*
Heftstich point bâti *(m)*
Heim... à domicile
Heimindustrie industrie *(f)* à domicile, industrie *(f)* familiale
Heimtextilien tissus (ou étoffes) à domicile

heiß chaud
heiß werden, sich erhitzen s'échauffer
Heißbehandlung traitement *(m)* à chaud
Heißdampf, überhitzter Dampf vapeur *(m)* surchauffée
heißfest résistant à chaud, résistant à la chaleur
Heißfixiermaschine thermofixeuse *(f)*
Heißfixierung thermofixage *(m)*
Heißkleber colle *(f)* à chaud
Heißluftfixiermaschine machine *(f)* à fixer par l'air chaud
Heißmangel (Wäsch.) calandre *(f)* à chaud
heißsiegelfähig thermosoudable
Heißsiegeln thermoscellage *(m)*
heißsiegeln thermosceller
Heißwasserdekatur décatissage au bouillon *(m)*
Heißwasserfestigkeit résistance *(f)* à l'eau chaude
Heißwasserspinnen filature *(f)* à l'eau chaude
Heiz... de chauffage *(m)*, de chauffe *(f)*
Heizdampf vapeur *(f)* de chauffage
heizen chauffer
Heizkraft, Heizeffekt puissance *(f)* calorifique, effet *(m)* calorifique
Heizmaterial combustible *(m)*
Heizöl fuel *(m)*, mazout *(m)*
Heizschlange serpentin *(m)* de chauffage
Heizung chauffage *(m)*
Heizwert valeur *(f)* calorifique, pouvoir *(m)* calorifique
Helancaverfahren procédé *(m)* Helanca
Helioechtrot hélio-rouge *(m)* solide
Helium hélium *(m)*
Helix (Chem.) hélice *(f)*
hell, klar clair
hell, durchsichtig limpide
hell, leuchtend brillant
hellbraun brun clair
hell-dunkel Intervall intervalle *(m)* clair-obscur
hellgelb jaune clair
hellgetönte Färbung teinture *(f)* en nuances claires
Helligkeit (allg. + opt.) luminosité *(f)*, brillance *(f)*
Helligkeit, Lichtstärke luminance *(f)*
Helligkeit, Lichtstärke eines opt. Instr. luminosité *(f)* d'un instrument optique
Helligkeit, Leuchten eines Farbtons intensité *(f)* de la couleur (nuance)
Helligkeitsbereich gamme *(f)* de brillance
Helligkeitsgrad niveau *(m)* de lumière
Hemd chemise *(f)*
Hemdärmel manche *(f)* de chemise
Hemdbluse chemisier *(m)*
Hemdblusenkleid robe *(f)* chemisier
Hemdbrust plastron *(m)*
Hemdchen caraco *(m)*
Hemdenflanell flanelle *(f)* pour chemises
Hemdenknopf bouton *(m)* de chemise
Hemdenstoff tissu *(m)* pour chemises
Hemdhosen combinaison *(f)*
Hemdjacke vareuse *(f)*
Hemdrock, -röckchen combinaison *(f)*
Hemizellulose hémicellulose *(f)*
Henkelplüsch bouclette *(f)*
herablaufen (Farbe z. B.) couler
herabtropfen, abtropfen dégoutter
herauslösen (Chem.) éliminer
herausschleudern, abspritzen projeter
herb, scharf âcre
Herbstlaubfarben coloris *(m, pl)* d'automne
Herbst/Winter-Kollektion collection *(f)* automne/hiver
herkömmlich traditionnel
herkömmliche Art style *(m)* conventionnel
Herrenanzugsstoff tissu *(m)* pour complet
Herrenartikelgeschäft magasin *(m)* d'articles masculins
Herrengröße taille *(f)* d'homme
Herrenjacke jaquette *(f)* d'homme
Herrenmode mode *(f)* masculine
Herrenoberbekleidung vêtements *(m, pl)* de dessus masculins
Herren- und Damenbekleidungsgeschäft magasin *(m)* d'habillement masculin et féminin
Herrenunterhosen sous-vêtements *(m, pl)* masculins
Herrenunterwäsche linge de corps *(m)* masculin
Herrenweste gilet *(m)* d'homme
herrichten préparer
herstellen, erzeugen produire, fabriquer
Herstellung, Fabrikation fabrication *(f)*, production *(f)*

Herstellungskosten prix *(m)* coûtant, prix *(m)* de revient
Herunterfahren der Leistung réduction de la puissance
herunterklappen rabattre
herunterkühlen refroidir
heterozyklisch hétérocyclique
heterozyklische Kohlenstoffverbindung composé *(m)* carboné hétérocyclique
heterogen hétérogène
Hexan hexane *(m)*
Hexenstich point *(m)* russe
Hilfs... auxiliaire
Hilfsmittel (Färb.) produit *(m)* auxiliaire, agent *(m)* auxiliaire
Himmelbett lit *(m)* à baldaquin
himmelblau azuré, bleu de ciel
Hindurchperlen (Chem.) insufflation *(f)* de fines bulles
hineinmischen, hineinarbeiten incorporer
hinterlegte Fäden, flottliegende Fäd. fils flottés
hin-und herbewegen, rühren agiter
hinterlegtplattiertes Muster dessin *(m)* vanisé
hinzufließen lassen introduire, faire couler
hinzufügen ajouter
Hirschhornknopf bouton *(m)* en corne de cerf
Hitze, Wärme chaleur *(f)*, chaud *(m)*
hitzebeständig résistant à la chaleur
Hitze-, Wärmeempfindlichkeit sensibilité à la chaleur
hoch haut, élevé
hochausgeschnitten échanné
hoch radioaktiv fortement radioactif
hoher Flammpunkt point *(m)* d'inflammation élevé
Hochbauschgarn filé *(m)* haut gonflant
hochbelastbar à haute capacité de charge
Hochdruck haute pression
Hochdruckapparat, Druckbombe (Chem.) réservoir *(m)* à réactions sous haute température
Hochdruckverfahren procédé *(m)* sous haute température
hochelastisches Endlosgarn fil *(m)* stretch continuel, fil *(m)* frisé continuel
hochempfindlich trés sensible
hochempfindlich (Film) très rapide
Hochfach (Web.) foule *(f)* haute, foule *(f)* de levée
Hochfahren der Leistung accroissement *(m)* de puissance
hochfest, starr à haute rigidité *(f)*
hochfeuerfest superrefractaire
Hochflorgewebe tissu *(m)* à long poil
hochflorig à long poil
Hochflorteppich tapis *(m)* à poil long
hochflüchtig très volatil
Hochfrequenzheizung chauffage *(m)* à haute fréquence
Hochfrequenztrockner séchoir *(m)* micro-ondes, séchoir *(m)* à haute fréquence
hochgeschlossen (Kleid) montant (robe)
hochgespannt (Dampf) à haute pression, sous haute pression
Hochglanz grand brillant, éclat *(m)* brillant
Hochglanz (Galvanotechnik) poli *(m)* spéculaire
hochglänzend brillant
Hochglanzpapier papier *(m)* glacé
hochkonzentriert très concentré
Hochleistungs... à grand rendement *(m)*, de haute capacité *(f)*, à (ou de) haut rendement
Hochleistungskarde carde *(f)* de haute capacité
hochmodisch dernier cri *(m)*
Hochmodulfaser fibre *(f)* high-wet
hochmolekular de poids moléculaire élevé, de haute densité *(f)* moléculaire, macromoléculaire
Hochpolymer haut polymère *(m)*
hochprozentig d'un pourcentage élevé, de (ou à) haut teneur *(m)*
hochrein (Chem.) de grande pureté *(f)*
hochrot rouge vif
hochschaftig (Web.) haute-lisse
Hochschrumpffaser fibre *(f)* à grand retrait
hochsiedend à point *(m)* d'ébullition élevé
Hochspannung... à haute tension *(f)*
hochwiderstandsfähig à haute résistance

höchst, größt maximal, maximum, extrême
höchste, für höchste Beanspruchung en vue de sollicitation *(f)* maximale
höchster Reibwert friction *(f)* limite
Höchstbelastung charge *(f)* maximale
höchstzulässige Belastung limite *(f)* de charge
höchstprozentig au maximum de concentration
höchstsiedend de point d'ébullition maximal
Höchstzugkraft force *(f)* de rupture
Höchstzugkraftdehnung allongement *(m)* de rupture
höchstzulässig le plus haut toléré
Hochtemperaturfärbeapparat appareil *(m)* à teindre à température élevée
Hochtemperaturfärberei teinture *(f)* à haute température
Hochtemperaturverbrennung combustion *(f)* à haute température
hochüberhitzt fortement surchauffé
Hochveredlung apprêt *(m)* noble, apprêt *(m)* résines permanent
Hochverzugsflyer banc *(m)* à broches à grand étirage, banc *(m)* à broches à étirage élevé
Hochverzugsnitschelstrecke frotteur *(m)* de préparation à grand étirage
Hochverzugsstreckwerk banc *(m)* d'étirage élevé
hochwertig de grande valeur, de haute qualité
hochwirksam puissant
Höhe (allgem.) hauteur *(f)*
Höhe, Einsatzmenge quantité *(f)* d'application
höhermolekular de poids moléculaire plus élevé
hohl creux
Hohlfaser fibre *(f)* creuse
Hohlkörper corps *(m)* creux
Hohlnadel, Kanüle canule *(f)*
Hohlnaht couture *(f)* à jour
Hohlsaum ourlet *(m)* à jour
hohlraumisoliert isolé par cavité
Hohlwalze, Hohlzylinder cylindre *(m)* creux
Holzalkohol alcool *(m)* de bois
Holzfällerjacke veste *(f)* trappeur
Holzzellulose lignocellulose *(f)*
Homburg (Hut) Hombourg (chapeau)
homodispers (gleichmäßig dispers) homodispersé
homogen homogène
Homogenisierapparat homogénéisateur
homogenisieren homogénéiser
Homogenität homogénéité *(f)*
homologe Reihe (Chem.) série *(f)* homologue
Homopolymerisat homopolymère *(m)*
honiggelb jaune miel
Hordentrockner (Kreuzspulen) séchoir à claies
Hordentrocknung séchage *(m)* sur claies
horizontal horizontal
Horizontalöffner ouvreuse *(f)* horizontale
Höschen slip *(m)*
Hose pantalon *(m)*
Hosenanzug ensemble-pantalon *(m)*
Hosenbein jambe *(f)* de pantalon
Hosenbund ceinture *(f)* de pantalon
Hosenknopf bouton *(m)* de culotte
Hosenrock jupe-culotte *(f)*
Hosenschlitz, -latz braguette *(f)*
Hosenschoner talonnette *(f)*
Hosensteg sous-pied *(m)*
Hosentasche poche *(f)* de pantalon
Hosenträger bretelles *(f, pl)*
Hosenumschlag revers *(m)* de pantalon
HT-Haspelkufe barque *(f)* à tourniquet à haute température
Hub levée *(f)*
Hubstange (Spinn.) chandelle *(f)*, tige *(f)*
Hüfte hanches *(f, pl)*
Hüfthalter corset *(m)*
Hüftumfang, Hüftweite tour *(m)* de hanches
Hülle, Umhüllung enveloppe *(m)*
Hülle, Abdeckung couverture *(f)*
Hülse (Spinn.) tube *(f)*, busette *(f)*
Hülse, bewickelter Cops canette *(f)*
Hülsen-, Copsaufnehmer support *(m)* de canette
Hülse, kegelige Hülse cône *(m)*
Hülsenkasten (Spinn.) boîtier *(m)* des tubes vides
Huminsäure acide *(m)* hymique
Hut chapeau *(m)*
hydratisieren, Wasser anlagern hydrater
Hydratzellulose cellulose *(f)* hydratée

Hydraulik hydraulique *(f)*
hydraulische Einrichtung installation *(f)* hydraulique
hydrierbar hydrogénable
hydrieren, Wasserstoff anlagern hydrogéner
hydrochemisch hydrochimique
Hydrochlorid (salzsaures Salz) hydrochlorure *(m)*
Hydrogen, Wasserstoff hydrogène *(m)*
Hydrolyse hydrolyse *(f)*
Hydrolysefähigkeit hydrolysabilité *(f)*
hydrolysenfest résistant à l'hydrolyse
hydrolysieren hydrolyser
hydrolytisch hydrolytique
hydrophil hydrophile
Hydrophilie hydrophilie *(f)*
hydrophob hydrophobe
Hydrophobie hydrophobie *(f)*
Hydrophobiermittel imperméabilisant *(m)*
Hydrophobierung imperméabilisation *(f)*
Hydrosulfit hydrosulfite *(m)*
Hydroxid hydroxyde *(m)*
Hydroxyäthylzellulose hydroxyéthylcellulose *(f)*
Hydroxylgruppe groupe *(m)* hydroxyle, hydroxyle *(m)*, oxhydrile *(m)*
hydroxyliert hydroxylé
Hydrozellulose hydrocellulose *(f)*
Hygiene hygiène *(f)*
Hygiene-Slip slip *(m)* hygiénique
hygienisch hygiénique
hygroskopisch hygroscopique
Hypochlorit hypochlorite *(m)*

I

identisch identique
Identitätsvergleich comparaison *(f)* logique
Igel, Läufer (Spinn.) hérisson *(m)*
Igel (Kammgarnsp.) peigne *(m)* circulaire
illuminieren, beleuchten illuminer
Imid imide *(m)*
Imidazol, Glyoxalin glyoxaline *(f)*
Imidogruppe imidogène *(m)*
Imitatgarn fil *(m)* imitation
Imitation imitation *(f)*, simili *(m)* (bijoux)
imitieren imiter
Imitiernaht fausse couture *(f)*
Immission immission *(f)*
Immissionsbelastung charge *(f)* d'immission
Immissionsgrenze limite *(f)* d'immission
Immunbaumwolle coton *(m)* immunisé
impfen inoculer
Impfung inoculation *(f)*
Implosion implosion *(f)*
Imprägnierbehälter (Appr.) cuve *(f)* d'imprégnation
imprägnieren, tränken imprégner
imprägnieren, wasserdicht machen imperméabiliser
Imprägniereffekt effet *(m)* d'imperméabilisation
Imprägnierfoulard foulard d'imprégnation, foulard *(m)*
Imprägniermaschine mit Verweileinrichtg. machine *(f)* d'imprégnation et de maturation combinée
Imprägniermittel (wasserabstoßend) agent *(m)* hydrofuge
Imprägnierung, Tränken imprégnation
Imprägnierung, wasserfest imperméabilisation *(f)*
Imprimé imprimé *(m)*
Impuls, Antrieb impulsion *(f)*
Impulsfolge, Impulswiederholung récurrence *(f)* d'impulsions, répétition *(f)* d'impulsions
Impulsfolge, Impulsabstand intervalle *(m)* d'impulsions
in vitro in vitro
inaktiv inactif
inaktiv, reaktionslos (Chem.) inerte
inaktivieren rendre inactif
Inangriffnahme mise *(f)* en œuvre, commencement *(m)*
Inbetriebnahme mise *(f)* en service, mise *(f)* en marche
Indanthren Indanthrène *(f)*
Indanthrengelb G jaune Indanthrène G
Index (allg.) index *(m)*
Indexfehler erreur *(f)* d'indice
indifferent indifférent
Indifferenz gegenüber indifférence *(f)* vis-à-vis de
Indigo indigo *(m)*
Indigoblau bleu d'indigo, indigotine *(f)*
Indigodruck impression *(f)* d'indigo

Indigofarbstoff colorant *(m)* indigo, indigoïde
indigohaltig indigotique
Indigoküpe cuve *(f)* d'indigo (à la potasse)
Indigopflanze indigotier *(m)*
Indigosolfarbstoff colorant *(m)* indigosol
Indikator indicateur *(m)*
Indikator, radioakt. Tracer traceur *(m)*, radio-indicateur *(m)*
Indikator, befindlich i. d. Reakt. Lösung indicateur *(m)* interne
Indikatorflüssigkeit indicateur *(m)* liquide
Indikatorpapier papier *(m)* indicateur
Indikatorstreifen fiche *(f)* indicateur
Indikatorverbindung composé *(m)* indicateur
indirekt indirect
indirekt beheizt, indir. Beheizung à chauffage indirect
indischer Teppich tapis *(m)* indien
indizieren (EDV) indexer
Induktionsapparat inducteur *(m)*
Induktionsfeld champ *(m)* inducteur
Induktionswaage balance *(f)* d'induction
induktiv inductif
industrialisieren industrialiser
Industrie industrie *(f)*
Industrieabfälle déchets *(m, pl)* industriels
Industrieabwässer eaux *(f, pl)* résiduaires industrielles
Industriealkohol alcool *(m)* d'industrie
industriell industriel
industrieller Einsatz usages *(m, pl)* industriels
Industrienähmaschine machine *(f)* à coudre industrielle
Industrienorm norme *(f)* industrielle
Industrieroboter robot *(m)* industriel
Industriestaubsauger aspirateur *(m)* industriel
industrieüblich usuel à l'industrie
ineinanderflechten enlacer
ineinandergreifen (Sachen) s'enchaîner
ineinandergreifen (Getriebe, Räder) s'engrener
inert, träge inerte
Inertanz, Trägheit inertance *(f)*
Inertgas gaz *(m)* inerte
Informatik informatique *(f)*
Informatiker informaticien *(m)*
Information information *(f)*
Informationsaustausch échange *(m)* d'informations
Informationsspeicherung mémorisation *(f)* des informations
Informationsträger véhicule *(m)* d'informations
Informationsübertragung transmission *(f)* des informations
Informationsverarbeitung traitement *(m)* de l'information
informatorisch informatique
informieren informer
Infrarot infrarouge, infra-rouge
Infrarotbereich domaine *(m)* des rayons infrarouges
Infrarottrocknung séchage *(m)* par rayons infrarouges, séchage *(m)* infrarouge
Infusion, Aufguß infusion *(f)*
ingangsetzen mettre en marche, mettre en mouvement
Ingebrauchnahme mise *(f)* en service
Ingenieur ingénieur *(m)*
Ingenieurwesen ingéniéurie *(f)*
Inhalt contenu *(m)*
Inhalt, Umfang, Weite capacité *(f)*
Inhibitor inhibiteur *(m)*, agent inhibitif
inhomogen non-homogène
Inhomogenität non-uniformité *(f)*, hétérogénéité *(f)*
Initialeffekt effet *(m)* initial
Initialsubstanz substance *(f)* amorcant une réaction, substance *(f)* d'amorçage
injizieren injecter
Inlett, Bettendrell coutil *(m)* pour literie, tissu *(m)* pour édredon
Inlettköper calicot *(m)* pour literie
innen (au) dedans, dans l'intérieur
innen... intérieur, interne
innen und außen à l'intérieur et à l'extérieur
innen, von innen nach außen de l'intérieur à l'extérieur
Innenauskleidung revêtement *(m)* intérieur
Innenauspolsterung capitonnage *(m)* intérieur
Innenbeleuchtung éclairage *(m)* intérieur
Innenbelüftung ventilation *(f)* intérieure

Innenseite côté *(m)* intérieur, face *(f)* interne
Innenweite portée *(f)* interne
Inneres intérieur *(m)*
Insektenbefall infestation *(f)* par vermines
insektenfest résistant à la rognure d'insectes
Insektizid insecticide *(m)*
instabil instable
Instabilität instabilité *(f)*
Instabilwerden einer Emulsion (Brechen) rupture *(f)* d'une émulsion
Installation, Montage installation *(f)*, montage *(m)*
installieren, einbauen installer
instandhalten maintenir
Instandhaltung maintenance *(f)*
Instruktion (EDV) instruction *(f)*
Instrument instrument *(m)*
Instrument, Werkzeug outil *(m)*
instrumental instrumental
Instrumentenskala échelle *(f)* graduée
Intarsienmuster dessin *(m)* marqueterie
integrieren intégrer
integrierender Bestandteil partie *(f)* intégrante
Intensität intensité *(f)*
intensiv intensif
intensivieren intensifier
Intensivierung intensification *(f)*
interkristallin intercristallin, intersolide
Interlock-Rundstrickmaschine interlock *(m)* circulaire
Interlockware interlock *(m)*, marchandise *(f)* interlock
Internationales Wollsekretariat Secrétariat *(m)* international de la laine
interpolieren interpoler
Intervall intervalle *(m)*
intramolekular intramoléculaire
invariabel invariable
Inventur machen faire l'inventaire *(m)*
Inventurprüfung vérification *(m)* de l'inventaire
invers inverse
Inversion, Umkehrung inversion
Invertseife (kat. Seife) savon *(m)* inverti
investieren investir
Investition investissement *(m)*
Investitionsgüter biens *(m, pl)* d'investissement
Ion ion *(m)*
Ionenaustausch échange *(m)* d'ions
Ionenaustauscher échangeur *(m)* d'ions
Ionenaustauscherharz résine *(f)* échangeuse d'ions
Ionenbindung liaison *(f)* par électrovalence, liaison *(f)* hétéropolaire
Ionengitter réseau *(m)* ionique
Ionenwertigkeit valence *(f)* ionique
Ionisation ionisation *(f)*
ionisch ionique
ionisieren ioniser
Ionisierungsfeld champ *(m)* ionisant
ionogen ionogène
Ionogenität ionicité *(f)*
irisierend iridescent
irländisches Moos carragheen *(m)*
irregeleitet, Irrläufer... en souffrance
irreversibel irréversible
Isobutan isobutane *(m)*
Isocyanat isocyanate *(m)*
isoelektrischer Punkt point *(m)* isoélectrique
Isolation isolation *(f)*
Isolationsmaterial, -stoff matière *(f)* isolante, isolant *(m)*
Isolierband ruban *(m)* isolant, chatterton *(m)*
isolieren isoler
Isopropanol, Isopropylalkohol isopropanol *(m)*, alcool *(m)* isopropylique
Isotop isotope *(m)*
Istwert valeur *(f)* effective

J

Jabot jabot *(m)*
Jäckchen brassière *(f)*
Jacke veston *(m)*, veste *(f)*, jaquette *(f)*
Jackenhemd sur-chemise *(f)*
Jackett jaquette *(f)*
Jacquardeinrichtung dispositif *(m)* à Jacquard
Jacquard-Kartenschläger perceur *(m)* de cartons Jacquard
Jacquardmaschine, Jacquardstuhl métier *(m)* Jacquard
Jaquardmuster dessin *(m)* Jacquard

Jacquardpapier papier *(m)* Jacquard
Jacquardrundstrickmaschine machine *(f)* circulaire Jacquard
Jacquardweberei tissage *(m)* au Jacquard
Jagdmuster dessin *(m)* de chasse
jägergrün vert *(m)* chasseur
Jägerhut chapeau *(m)* de chasseur
Jahresgewinn bénéfice *(m)* annuel
Jahresproduktion production *(f)* par an, rendement *(m)* annuel
Jahresverbrauch consommation *(f)* annuelle
Jährlingswolle laine *(f)* d'antenais
Janker veste *(f)* bavaroise
Japanseide soie *(f)* du Japon
Jaspégarn fil *(m)* jaspé
Jeansstoff tissu *(m)* de jeans
Jenaer Glas verre *(m)* à feu
Jenaerglasfiltriertiegel creuset *(m)* filtrant à verre fritté
Jersey jersey *(m)*
Jet, HT-Stückfärbeapparat s. Druckfärbeapparat
Jigger jigger *(m)*
Jiggerfärbung teinture *(f)* au (ou sur) jigger
Jod iode *(m)*
Jodfarbzahl indice *(m)* de coloration à l'échelle d'iode
jodhaltig iodé
Jodid iodure *(m)*
Jod-Jodkaliumlösung solution *(f)* de potassium iodo-iodurée
Jodkalium iodure *(m)* de potassium
Jodkaliumstärkepapier papier *(m)* d'amidon à iodure de potassium, papier *(m)* iodoamidonné
Jodverbindung composé *(m)* d'iode
Jodzahl indice *(m)* d'iode
Johannisbrotkernmehl farine *(f)* de caroube
Joppe veston *(m)*, vareuse *(f)*
Jumperkleid robe *(f)* jumper
Justier... d'ajustage
Justiereinrichtung dispositif *(m)* d'ajustage
justieren, einstellen ajuster
Justierkalander calandre *(f)* d'ajustage, calandre *(f)* d'égalisation
Justiertemperatur température *(f)* de référence
Justierung ajustage *(m)*
Jute jute *(m)*
Jutebeilauf (Kabelherstellung) bourrage *(m)* jute
Jutefilz feutre *(m)* de jute
Jutekabel câble *(m)* sous enveloppe de jute
Juteleinen, Juteleinwand toile *(f)* de jute
Jutesackleinwand toile *(f)* de jute à emballer
Jutespinnerei filature *(f)* de jute
Juteumspinnung guipage *(m)* en jute

K

Kabel, Kabelseil, Spinnkabel câble *(m)*
Kabelaufbau construction *(f)* d'un câble
Kabelband ruban *(m)* de câble
Kabelgarn fil *(m)* de caret
Kabelkern, Kabelseele âme *(f)* d'un câble
Kabelmantel gaine *(f)* de câble
Kabelreißmaschine (Spinn.) convertisseur *(m)* craqueur
Kabelschneidemaschine (Spinn.) convertisseur *(m)* coupeur
Kabelspinnmaschine fileuse *(f)* pour câble
Kabylenschal châle *(m)* Kabyle
Kadmium cadmium *(m)*
Kaffeewärmer couvre-cafetière *(m)*
Kahlappretur apprêt *(m)* rasé, apprêt *(m)* tondu
kahlgeschnitten, kahlgeschoren (Tuch) rasé
kahle Stelle (Tuch) place *(f)* rasée
Kalander calandre *(f)*
kalandern calandrer
Kaliko(t) calicot *(m)*
Kalium potassium *(m)*
Kaliumkarbonat, Pottasche carbonate *(m)* de potassium, potasse *(f)*
Kaliumpermanganat permanganate *(m)* de potassium
Kalk chaux *(f)*
Kalkablagerung (Rohre usw.) dépôt *(m)* calcaire, incrustation *(f)* calcaire
Kalkablagerung (auf der Ware) précipitation *(f)* de chaux
kalkartig calcaire
kalkbildend calcifique

Kalkbindevermögen capacité *(f)* de combinaison avec la chaux
Kalkhärte (Wasser) dureté *(f)* calcique (ou calcaire)
Kalkseife savon calcaire, savon *(m)* de chaux
Kalkseifendispergiervermögen pouvoir *(m)* dispersant envers les savons de chaux (savons calcaires)
Kalk-Soda-Wasserenthärtung adoucissement *(m)* par soude-chaux
Kalorie calorie *(f)*
kalorisch calorique
kalt froid
kalt pressen (Appr.) catir à froid
kältebeständig, gefrierfest non congelable, résistant au gel
kälteempfindlich sensible au froid
Kältemaschine machine *(f)* frigorifique
Kaltfärben (Verf.) teinture *(f)* à froid
Kaltglätten (Gewebe) satinage *(m)* à froid
Kaltschlichte agent *(m)* d'encollage à froid
Kaltschweißen soudage *(m)* à froid
Kaltverstreckung (Faserherst.) étirage *(m)* à froid
Kaltverweilverfahren procédé *(m)* par foulardage-enroulement à froid, procédé *(m)* de maturation à froid, procédé *(m)* par enroulement à froid
kalzinieren calciner
Kalzium, Calcium calcium *(m)*
Kalziumhärte dureté *(f)* calcique, dureté *(f)* de calcium
Kamelhaar poil *(m)* de chameau
Kamelhaarmantel manteau *(m)* en poil de chameau
Kaminkleid robe *(f)* d'hôtesse
Kamm peigne *(m)*, ros *(m)*
Kammblatt lame *(f)* à peigne, peigne-rot *(m)*
Kammbreite largeur *(f)* de peigne
kämmen peigner
Kammerdämpfer mansarde *(f)* de vaporisage
Kämmerei, Kämmen peignage *(m)*
Kammertuch batiste *(f)*, mousseline *(f)* de coton
Kammflug duvet *(m)* de peignage
Kammgarn fil *(m)* peigné, peigné *(m)*
Kammgarn, gezwirnt fil *(m)* retors de laine peignée
Kammgarnflyer banc *(m)* à broches pour fil peigné
Kammgarnkette chaîne *(f)* de fils peignés, chaîne *(f)* de peigné
Kammgarnmelange mélange *(m)* peigné
Kammgarnschuß fil *(m)* peigné pour trame
Kammgarnspinnerei filature *(f)* du peigné
Kammgarnstoff, -gewebe étoffe *(f)* (ou tissu) de laine peignée
Kämmgut matière *(f)* à peigner
Kämmling, Kämmlingswolle blousse *(f)*, retirons *(m, pl)*
Kamm-Maschine (Jacquardstuhl) machine *(f)* d'armure
Kämmaschine peigneuse *(f)*
Kammreiniger épurateur *(m)* à peigne
Kammstab, Nadelleiste barre *(f)* à aiguilles
Kämmwalze, Nadelwalze peigne *(m)* circulaire
Kammzug ruban *(m)* (de laine) peigné
Kammzugdruck impression *(f)* vigoureux
Kammzugfärben teinture *(f)* en rubans peignés
Kammzugspule bobine *(f)* de mèche peignée
Kammzugwasch- u. Imprägniermasch. lisseuse *(f)* (pour rubans)
Kammzwirn, Litzenzwirn fil *(m)* d'arcade
Kampfer camphre *(m)*
Kanal canal *(m)*
Kanal (Rinne bei Masch.) conduit *(m)*, passage
Kanalreinigung nettoyage *(m)* des égouts
Kanin lapin *(m)*
Kaninchenhaar poil *(m)* de lapin
Kanne (Spinn.) pot *(m)*
Kannette canette *(f)*
Kanister bidon *(m)*
Kante, Webkante lisière
Kanten(ab)schneidevorrichtung dispositif *(m)* coupe-lisières
Kantenausroller dérouleur *(m)* de lisières
Kanteneinreißfestigkeit résistance *(f)* des lisières au déchirement
Kanteneinriß (Gewebe) déchirure *(f)* de lisière

Kantenführer guide-lisiére *(m)*
Kantenführung guidage *(m)* des lisières
Kantenkräuselverfahren texturation *(f)* à la lame
Kantenschlinge boucle *(m)* en lisière
Kantenschneidemaschine machine *(f)* coupe-lisières, machine *(f)* à couper les lisières
Kantenverleimung collage des lisières
Kantenwächter garde-lisières
Kantenziehtexturierung texturation *(f)* sur arête
kanzerogen, krebserregend carcinogène
Kaolin kaolin *(m)*, argile *(f)* blanche
Kapazität capacité *(f)*
kapillar capillaire, capillacé
kapillar-aktiv tensio-actif
Kapillaraktivität tensio-activité *(f)*
Kapillarzahl nombre *(m)* de capillaires
Kappe (Kopfbed.) bonnet *(m)*
Kapsel, Hülle capsule *(f)*
Kapsel d. Baumwollpflanze capsule *(f)* du cotonnier
Kapselfäule (Baumw.) pourriture *(f)* de capsule
kaputt cassé, brisé
Kapuze capuchon *(m)*, capuche *(f)*
Kapuzenkleid robe *(f)* à capuche
Karbamat carbamate *(m)*
Karbamid carbamide *(f)*, urée *(f)*
Karbamidharz aminoplaste *(m)*, résine U.F., résine *(f)* à base d' uré-formaldéhyde
Karbonat carbonate *(m)*
Karbonathärte, temporäre Härte dureté *(f)* de l'eau partielle, dureté *(f)* au carbonate
Karbonatpuffer tampon *(m)* de carbonate
Karbonisierechtheit solidité *(f)* au carbonisage
karbonisieren, mit CO_2 sättigen carbonater
karbonisieren (Wolle) carboniser
Karbonisiermaschine carboniseuse *(f)*
Karbonisurfehler défaut *(m)* de carbonisage
Karde carde *(f)*, machine *(f)* à carder
Kardeele (Seilerei) aussière *(f)*
Kardenabfall déchets *(m, pl)* de carde
Kardenband ruban *(m)* de carde
Kardenbandwickelmaschine enrouleuse *(f)* de ruban de carde
Kardenbeschläge garniture *(f)* de carde
Kardendeckel chapeau *(m)* de carde
Kardendistel chardon *(m)* de laineuse
Kardenflor, Kardenvlies voile *(m)* de carde
Kardenflug duvet *(m)* de cardage
Kardenkanne pot *(m)* à carde
Kardennadel aiguille *(f)* de carde
Kardenrauhmaschine (Distelrauhm.) laineuse *(f)* à chardons
Kardenstab bâton *(m)* ou baguette *(f)* de carde
Kardentrommel tambour *(m)* de carde
Kardenzylinder cylindre *(m)* de carde
Karderie carderie *(f)*
kardieren, krempeln carder
Kardieren cardage *(m)*
karieren garnir (ou munir) de carreaux
kariert à carreaux, quadrillé
kariertes Muster quadrillage *(m)*, dessin *(m)* à carreaux
Karkasse (Reifen) carcasse *(f)*
Karmesin (rot) cramoisi *(m)*
Karnaubawachs cire *(f)* de carnauba
Karo carreau *(m)*
Karrageenschlichte colle *(f)* de carragheen, produit *(m)* d'encollage de carragheen
Kartenbindemaschine (Web.) machine *(f)* à lacer les cartons Jacquard
Kartenbinden, -verbinden enlaçage *(m)* des cartons
Kartenrapport rapport *(m)* de cartons
Kartenschläger piqueur *(m)* de cartes
Kartenschnüre cordons *(m, pl)* de cartons
Kartoffelstärke fécule *(f)* de pommes de terre, amidon *(m)* de pommes de terre
Kasack casaque *(f)*
Kasack-Schürze tablier-casaque *(m)*
kaschieren doubler, contrecoller, pelliculer
Kaschieren doublage *(m)*, contre-collage *(m)*
Kaschmir cashemire *(m)*
Kasein caséine
Kaseinfaser fibre *(f)* de caséine
käsig caséeux
kastanienbraun châtain, marron
Kastendämpfer cuve *(f)* de vaporisage
Kastenöffner ouvreuse *(f)* fermée
Kastenspeiser chargeuse *(f)* à alimentation (automatique)

Katabolismus catabolisme *(m)*
Katalysator catalyseur *(m)*, initiateur *(m)*
Kathode cathode *(f)*, électrode *(f)* négative
Kattun calicot *(m)*, indienne *(f)*
Kattundruckerei (Fabrik) imprimerie *(f)* d'indiennes
Kattundruckerei (Tätigkeit) impression *(f)* d'indiennes
Kaufhaus grand magasin *(m)*
kaustisch caustique
kaustische Soda, Ätznatron soude *(f)* caustique
Kautschuk caoutchouc *(m)*
Kautschukmilch, Latex latex de caoutchouc *(m)*
Kavitation cavitation *(f)*
kegelförmig conique
Kegelkreuzspule bobine *(f)* croisée conique
Kegelspule bobine *(f)* conique
Keil gousset *(m)*
Keil, Unterlageklotz coin *(m)*, cale *(f)*
Keilhose (pantalon) fuseau *(m)*
Keilriemen courroie *(f)* trapézoïdale
Kelchkragen col *(m)* à corolle
Kelim tapis *(m)* kilim
Kellerfalte pli *(m)* creux
Kennfarbe (allgem.) teinte *(f)* d'identification
Kennfarbe, Codefarbe couleur *(f)* code
kenntlich machen, markieren marquer
kennzeichnen caractérsiser
Kennzeichnungsfarbe couleur *(f)* détectrice
Keramikfaser fibre *(f)* céramique
Kerbschlagzähigkeit (Mat. Prüf.) résistance *(f)* sur éprouvette entaillée
Kern (Atomkern) noyau *(m)*
Kernenergie, Kernkraft énergie *(f)* nucléaire
Kernfaden, Seelenfaden fil *(m)* de fond, fil *(m)* de support, âme *(f)*
Kernkraftwerk centrale *(f)* nucléaire
Kernreaktor réacteur *(m)* nucléaire
Kernseife savon *(m)* de Marseille
Kerosin kérosène *(m)*
Kessel, Behälter chaudron *(m)*, bassin *(m)*
Kesselhaus chaufferie *(f)*
(Dampf)**Kessel** chaudière *(f)*
(Dampf-)**Kesselanlage** chauderie *(f)*, installation de chaudières
(Dampf-)**Kesseldekatiermaschine** autoclave *(m)* pour le décatissage
(Dampf-)**Kesselspeisewasser** eau *(f)* alimentaire de chaudière
(Dampf-)**Kesselstein** chaux *(f)* carbonatée
Keton cétone *(f)*
Kettablaß déroulement *(m)* de chaîne
Kettablaßvorrichtung dérouleur *(m)* de chaîne
Kettatlas satin *(m)* effet de chaîne
Kettbaum ensouple *(m)* (de tissage)
Kettbaumbremse frein *(m)* de l'ensouple
Kettbaumfärbeapparat appareil *(m)* de teinture sur ensouple
Kettbaumträger plateau-support *(m)* d'ensouple
Kette chaîne *(f)*
Kette, Kohlenstoffkette (Chem.) chaîne *(f)* de carbones
Kette und Schuß chaîne *(f)* et trame *(f)*
Kette, mit dichter Kette à compte *(m)* serré de chaîne
Kettelmaschine remailleuse *(f)*
ketteln remailler
Kettelnaht couture *(f)* de remaillage
Kettelstich point *(m)* de remaillage
Kettenanknoten nouage *(m)* de chaînes
Kettenanknüpfmaschine noueuse *(f)* de chaîne
Kettenanschärer ourdisseur *(m)*
Kettenbildung (Chem.) enchaînement *(m)*
Kettenbindung (Web.) armure *(f)* chaîne
Kett(en)dichte compte *(m)* en chaîne
Kettdruck impression *(f)* sur chaînes
Ketteneinziehmaschine machine *(f)* à rentrer les fils de chaîne
Kettenende bout *(m)* de chaîne
Kettenteilstück tronçon *(m)* de chaîne
Kettfaden fil *(m)* de chaîne
Kettfäden, gerissene Kettfäden fils *(m, pl)*de chaîne cassés
Kettfadenbruch rupture *(f)* du fil de chaîne
Kettfadenheber corde *(f)* de levée de chaîne
Kettfadenlage nappe *(f)* d'ourdissage
Kettfadenwächter casse-chaîne *(m)*

Kettfärberei teinture *(f)* de chaînes
Kettflorgewebe tissu *(m)* velouté par chaîne
Kettgarn, Kettfaden fil *(m)* de chaîne
Kettgarnspule bobine *(f)* de fil de chaîne
Kettgewebe tissu *(m)* en fils de chaîne
Kettköper sergé *(m)* effet chaîne, croisé chaîne
Kettrips reps *(m)* travers
Kettsamt velours *(m)* chaîne
Kettschiniermaschine machine *(f)* à chiner les chaînes
Kettschlichtmaschine encolleuse *(f)* de chaîne
kettstreifige Ware tissu *(m)* strié en chaîne
Kettstuhl métier *(m)* à chaîne d'arrêt
Kettwirkware, Kettstuhlware articles *(m, pl)*de tricotage en chaîne, tissu *(m)* tricoté en chaîne
Kettspannung tension *(f)* de chaîne
Kettspannungsregler régulateur *(m)* de tension de chaîne
Kettwachs produit *(m)* d'encirage pour chaînes
Kettware articles *(m, pl)* chaîne
Kettwicklung enroulement *(m)* en chaîne
Kettwirken tricotage *(m)* sur métier chaîne
Kettwirktechnik technique *(f)* de tricotage sur métier chaîne
Kettzug tension *(f)* chaîne
Keulenärmel manche *(f)* gigot
Khakistoff tissu *(m)* kaki
Kieselgel gel *(m)* de silice
Kieselsäure acide *(m)* silicique
kieselsäurehaltig silicé, silicieux
Kimono kimono *(m)*
Kimonoärmel manche *(f)* kimono
Kimonokragen col *(m)* kimono
Kinderbekleidung vêtements *(m, pl)* d'enfant
Kindergröße taille *(f)* d'enfant
Kinderjäckchen cardigan *(m)* d'enfant
Kinderschlafanzug pyjama *(m)* d'enfant
Kissen coussin
Kitt ciment *(m)*
Kittel, Arbeitskittel blouse *(f)*
Kittelkleid robe *(f)* tablier
klamm froid et humide
Klappstuhl chaise *(f)* pliante
klar, scharf, deutlich net, distinct
klar, rein pur
klar, durchsichtig limpide, transparent, clair
Kläranlage installation de clarification *(f)*, station d'épuration *(f)*
Klärbecken bassin *(m)* de clarification, reservoir *(m)* de décantation
Kläreffekt effet *(m)* d'épuration
klären (Wasser usw.) clarifier
Klärfilter filtre *(m)* de clarification
Klärschlamm boues *(f, pl)* curage, boues *(f, pl)* des eaux d'égout
Klarsichtfolie feuille *(f)* transparente
Klärung, Reinigung clarification *(f)*
klassifizieren classifier
Klassifizierung classification *(f)*
klassisch classique
klassisches Muster dessin *(m)* classique
Klebeband ruban *(m)* adhésif
kleben, an-, aufkleben coller, attacher
Klebefähigkeit adhésivité *(f)*
Klebenaht couture *(f)* collée
kleben bleiben adhérer
klebend, haftend adhésif
klebend, klebrig gluant, glutineux
Klebepflaster emplâtre *(m)* collant (ou adhésif)
Kleber, Klebstoff colle *(f)*
Klebstoffpulver colle *(f)* en poudre
Kleesalz sel *(m)* d'oseille
Kleid robe *(f)*
Kleiderbügel cintre *(m)*
Kleiderbürste brosse *(f)* à vêtements
Kleidermotte mite *(f)*
Kleiderstoff étoffe *(m)* d'habillement
kleinmaschig à petites mailles
kleinst, geringst minimal, minime
kleinst, niedrigst minimum, le plus bas
Kleister empois *(m)*
Klette, Distel chardon *(m)*
Klettenwolf échardonneuse *(f)* mécanique
Klima climat *(m)*
Klimaanlage installation *(f)* de conditionnement d'air, climatiseur *(m)*, appareil *(m)* de conditionnement
Klimakammer, Klimaraum chambre *(f)* climatisée
Klimaschrank armoire *(f)* de conditionnement
klimatisieren conditionner, climatiser

klimatisierter Zustand état *(m)* conditionné
Klimatisierung conditionnement *(m)* d'air, climatisation *(f)*
klöppeln travailler au fuseau, faire la dentelle au fuseau
Klöppelspitze dentelle *(f)* réalisée au fuseau
Klotz-Aufdockverfahren procédé *(m)* de foulardage et d'enroulement
Klotz-Dämpfverfahren procédé *(m)* foulardage-vapeur
klotzen, aufklotzen foularder
Klotzfärben, Klotzfärbung teinture *(f)* par foulardage, teinture *(f)* sur foulard
Klotzmaschine foulard *(m)*, calandre *(f)* de foulardage
klumpenverhindernd antimottant
klumpig, in Klumpen motteux, grumeleux
Knäuel peloton *(m)*, pelote *(f)*
Knautschlack ciré *(m)*
Kneifzange tenailles *(f, pl)*
kneten pétrir
Knetmaschine, Knetwerk pétrisseuse
Knickbeanspruchung (Mat. Prüfg.) sollicitation *(f)* de flambage
Knick..., Knickpunkt brisure *(f)*, coude *(m)*
knicken couder
Knickerbocker knickerbockers *(m, pl)*
Kniebundhose knicker(s) *(m)*
Kniehose culotte *(f)* courte
Kniestrumpf mi-bas *(m)*, chaussette *(f)*
Kniff, Falte pli *(m)*
Knirschgriff (Appr.) toucher *(m)* craquant
Knirschgriffappretur apprêt *(m)* craquant
knistern (Stoff) groufrouter
knit-deknit-Garn fil *(m)* tricoté-détricoté
knit-deknit-Texturierung tricotage-détricotage *(m)*
Knitter froissure *(f)*
knitterarme Ausrüstung apprêt infroissable, apprêt *(m)* antifroisse
Knitterarmut, Knitterwiderstand infroissabilité *(f)*
Knittererholung défroissement *(m)*, auto-défroissement *(m)*
Knittererholungswinkel angle *(m)* de défroissement (après pliure)
knitterfest machen infroissabiliser, traiter infroissable
knittern, kräuseln (Verb trans.) froisser
knittern, knittrig werden se froisser, être froissé
Knittern froissement *(m)*, froissage *(m)*
Knitterwinkel angle *(m)* de froissement, angle *(m)* de défroissement
Knochenleim colle *(f)* des os, osséine *(f)*
Knopf bouton *(m)*
Knopfgarn retors *(m)* boutonné
Knopfleiste patte *(f)* de boutonnières
Knopfloch boutonnière *(f)*
Knopflochband bande *(f)* garnie d'œillets
Knopflochnähmaschine machine *(f)* à boutonnière
Knoten nœud *(m)*
Knotenbildung formation *(f)* de nœuds
Knotenfänger (Web.) nettoyeur *(m)* de nœuds, leveur *(m)* de nœuds
Knotenfestigkeit (des Knotens) stabilité *(f)* des nœuds
Knotenfestigkeit (keine Kn. bildend) résistance *(f)* au noyage
knotenfrei, knotenlos sans nœuds, énoué
Knotenrutschfestigkeit serrage *(m)* des nœuds
Knotenstreifer appareil *(m)* énoueur
knotig, flockig (Fasern) bourru, bouchonneux
Knot-, Anknotmaschine machine *(f)* à nouer
knüpfen nouer, lier
knüpfen von gerissenem Garn faire un nœud
Knüpfmaschine noueuse *(f)*
Koagulation coagulation *(f)*
koagulieren coaguler
Kobalt cobalt *(m)*
Kobaltfarbe couleur *(f)* au cobalt
kochbeständig stable à l'ébullition
Kochdauer dureté *(f)* d'ébullition
kochecht, kochfest stable au bouillon
kochen (Verb trans.) faire bouillir
kochen (Verb intrans.) bouillir
kochen, zum Kochen bringen porter à l'ébullition, faire bouillir
Kochen, Aufkochen ébullition *(f)*
kochend bouillant

kochend, sprudelnd kochend à ébullition
Kochmaschine (Einbrennen v. Ware) décatisseuse *(f)* à l'eau bouillante
Kochpunkt point *(m)* d'ébullition
Kochsalz sel *(m)* de table, sel marin, chlorure *(m)* de sodium
kochsalzhaltig salé
Kochwäsche, Wäsche zum Kochen linge *(m)* supportant l'ébullition
Kochwäsche, kochend waschen lavage *(m)* à ébullition
kohärent cohérent
Kohäsion cohésion
Kohäsionskraft force *(f)* de cohésion
Kohle charbon *(m)*
Kohle, Steinkohle houille *(f)*
kohlen, verkohlen carboniser
Kohlendioxid dioxyde *(m)* de carbone, gaz *(m)* carbonique
Kohlenmonoxid oxyde *(m)* de carbone, monoxyde *(m)* de carbone
kohlensauer carbonique
kohlensaures Wasser eau *(f)* gazeuse
Kohlensäure acide *(m)* carbonique
Kohlenstoff carbone *(m)*
Kohlenstoffdoppelbindung liaison *(f)* éthylénique
kohlenstoffaserverstärkter Kunststoff matière plastique renforcée par fibre de carbone
kohlenstofffrei exempt de carbone
kohlenstoffhaltig carboné
Kohlenstoffkette (Chem.) chaîne *(f)* des carbones
Kohleteerfarben, -farbstoffe colorants *(m, pl)* de goudron
Kohlenwasserstoff hydrocarbure *(m)*
Kohlenwasserstoffkette chaîne *(f)* hydrocarburée
Kokon cocon
Kokonfaden filament *(m)* de cocon
Kokonöffner nappeuse *(f)*
Kokosbast fibre *(f)* de coco
Kokosfett huile *(f)* de coco, graisse *(f)* de coco
Kokosmatte natte *(f)* de coco
Kokosteppich tapis *(m)* de coco
Kolben piston *(m)*
Kollagen, Knorpelleim collagène
Kollodium collodion *(m)*
Kolloid colloïde *(m)*
kolloidal colloïdal
kolloidale Lösung solution colloïdale
kolloiddispers en dispersion *(f)* colloïdale
Kolloidteilchen particule *(f)* colloïdale
Kolonne, Destillierkolonne colonne *(f)* de destillation
Kolophonium colophane *(f)*
kolorieren colorier
Kolorierung coloriage *(m)*
Kolorimeter colorimètre *(m)*
Kolorimetrie colorimétrie *(f)*
kolorimetrisch colorimétrique
koloristisch coloristique
Kombination coordonnés *(m, pl)*
Kommunionkleid robe *(f)* de communion
komplementär complémentaire
Komplementärfarbe couleur *(f)* complémentaire
komplementärfarbig en couleurs *(f, pl)* complémentaires
Komplet ensemble *(m)*
Komplexbildner (Wasserenth.) complexant *(m)*, séquestrant *(m)*
Komplexsalz sel *(m)* complexe
Komplexverbindung composé *(m)* complexe
Komponente, Bestandteil constituant, composant *(m)*, partie *(f)* constituante
kompoundieren compounder
Kompoundierung compoundage *(m)*
komprimierbar compressible
komprimieren comprimer
Kondensat, Kondenswasser eau *(f)* condensée
Kondensationsmaschine, K'ofen polymériseuse *(f)* d'apprêt
Kondensationsprodukt produit *(m)* de condensation
Kondensationsteil (Spannrahmen) compartiment *(m)* de polymérisation
kondensierbar condensable
kondensieren, sich verdichten se condenser
Kondenswasser eau *(f)* condensée, eau *(f)* de condensation
Kondenswasserabscheider séparateur *(m)* d'eau de condensation
Kondenswasserbildung condensation *(f)* d'eau
konditionieren conditionner

Konditionierung conditionnement *(m)*
Konditioniervorrichtung appareil *(m)* de conditionnement
Kone cône *(m)*
Konfektion confection *(f)*
Konfektionär confectionneur *(m)*
Konformität conformité *(f)*
Konglomerat, Gemisch conglomération *(f)*
königsblau bleu roi
Königswasser eau *(f)* régale
konisch conique
konsistent, nicht weich consistant
Konsistenz consistance *(f)*
konstant constant, invariable
Konstitutionsformel formule *(f)* de structure, formule *(f)* de constitution
Konsumgüter articles *(m, pl)* de consommation
Kontaktkleber colle *(f)* de contact
kontaktlos sans contact
Kontakttrockner sécheur *(m)* de (à, par) contact
Kontakttrocknung séchage *(m)* par contact
Kontaktverfahren procédé *(m)* de contact
Kontaktwirkung action *(f)* de contact
kontaminieren, verunreinigen contaminer
Kontinue... en continu
Kontinuebleichanlage installation *(f)* de blanchiment en continu
Kontinuebleiche procédé *(m)* de blanchiment en continu
Kontinuefärbeanlage installation *(f)* de teinture en continu
Kontinuefärberei teinture *(f)* en continu
Kontinueverfahren procédé *(m)* en continu
kontinuierlich, fortlaufend continu
kontinuierliche Destillation distillation *(f)* continue
kontinuierliche Farbe, fortlaufende Farb. couleur *(f)* suivie
kontinuierlich regelbar, stufenlos regelbar à réglage continu
kontinuierlicher Regelkreis système *(m)* asservi continu
Kontinuierlichkeit continuité *(f)*
Kontraktion, Zusammenziehung contraction *(f)*
Kontrast contraste *(m)*
Kontrast bilden être en contraste, faire contraste, contraster
kontrastarm peu contrasté, à faible contraste
Kontrastfärbemittel colorant *(m)* contrastant
Kontraststeigerung amélioration *(f)* de contraste
Kontrolle contrôle *(m)*
Kontrolleur contrôleur *(m)*
Kontrollfenster (Färbemasch. z. B.) voyant *(m)*
Kontrollfühler palpeur *(m)* de contrôle
Kontrollgerät appareil *(m)* de contrôle (ou instrument d. c.)
kontrollierbar contrôlable
kontrollieren contrôler
Kontrollprobe (vorh. entnommen) échantillon *(m)* prélevé
Kontrolluntersuchung vérification *(f)*
Kontrollversuch essai *(m)* témoin
Kontur contour *(m)*
Konus, Kegel cône *(m)*
Konvektion, Wärmeströmung convection *(f)*
Konvektionstrocknung séchage *(m)* par convection
Konventionalstrafe pénalités *(f, pl)* contractuelles de retard
konventioneller Reifen pneu *(m)* classique
Konversionseffekt effet *(m)* de conversion
Konversionsfarbe couleur *(f)* de conversion
Konverter (Spinn.) convertisseur *(m)*, converter *(m)*
Konverterkabel, Konverterband câble *(m)* de convertisseur (ou de converter)
Konverterzug ruban *(m)* de convertisseur
Konzentrat produit *(m)* concentré, concentré *(m)*
Konzentration, Anreicherung concentration *(f)*, enrichissement *(m)*
konzentrationsbedingt dépendant de la concentration
Konzentrationsgefälle gradient *(m)* de concentration, chute *(f)* de concentration
Konzentrationsgrad degré *(m)* de concentration

Konzentrationsverhältnis proportion *(f)* de la concentration, rapport *(m)* de concentration
konzentrieren concentrer
Koordinationszahl nombre *(m)* de coordination, indice *(m)* de coordination
koordinieren, gleichstellen coordonner
Köper croisé *(m)*, tissu croisé
Köper, beidrechter K. croisé *(m)* sans envers
Köper, ungleichseitiger K. sergé *(m)*
Köperbindung armure *(f)* croisée, armure *(f)* sergée
Köpermanchester velours *(m)* de coton à fond croisé
köpern croiser
Kopfbedeckung coiffure *(f)*, couvre-chef *(m)*
Kopfkissen oreiller *(m)*
Kopftuch foulard *(m)*
Kopolymer copolymère *(m)*
Kopolymerisation copolymérisation *(f)*
Kops, Kötzer (Spinn.) canette *(f)*, cops *(m)*
Kopshülse busette *(f)*, cops
Kopsspindel fuseau *(m)*, broche *(f)* de la canette
Kopsspulmaschine bobinoir *(m)* pour canettes
Koralle corail *(m)*
Korb panier *(m)*, corbeille *(f)*
Korbflasche bouteille *(f)* clissée, ballon *(m)* clissé
Kord velours *(m)* côtelé, tissu *(m)* côtelé, tissu *(m)* à côtes
Kordeinlage für Reifen, Reifenkord câblé pour pneus, nappe *(f)* câblé pour pneus
Kordel, Schnur cordelette *(f)*, cordon, ficelle *(f)*, ganse *(f)*
Kordelkissen coussin *(m)* passe-poilé
Kordonnetgarn fil *(m)* cordonnet
Kordonnetseide soie *(f)* cordonnet
Kordreifen pneu *(m)* à carcasse en tissu cord, pneu *(m)* à cord
Kordsamt cordelet *(m)*
Kordzwirn cordonnet *(m)*, retors *(m)* pour velours
Kork, Korkrinde liège *(m)*
Korken, Stopfen bouchon *(m)*
Korkenzieherererscheinung effet *(m)* de tire-bouchons
körnen, granulieren granuler
Körper (Chem.) corps *(m)*, substance *(f)*
körperbetonend près du corps
Körpermaße taille *(f)*
korrodieren (Verb trans.) corroder
korrodieren (Verb intr.) être corrodé, être attaqué par corrosion
korrodierend corrodant, corrosif
Korrosion corrosion *(f)*
korrosionsbeständig résistant à la corrosion, non-corrosif
Korrosionsbeständigkeit résistance *(f)* à la corrosion
Korrosionserscheinung indice *(m)* de corrosion
korrosionsfördernd favorisant la corrosion
korrosionshemmend inhibiteur à la corrosion
Korrosionshemmstoff inhibiteur *(m)* de corrosion
Korrosionsmittel corrodant *(m)*, agent *(m)* corrosif
Korrosionsneigung tendance *(f)* à la corrosion
Korrosionsschutzmittel anticorrosif *(m)*, agent *(m)* anticorrosif
Korrosionsverhalten tenue *(f)* à la corrosion
korrosionsverhütend anticorrosif
Korrosionsversuch essai *(m)* de corrosion
Korrosionsvorgang action *(f)* corrodante
korrosiv corrosif
kosmetischer Strumpf bas *(m)* orthopédique de maintien
Kosten, Kostenaufwand frais *(m, pl)*, dépenses *(f, pl)*
Kostüm tailleur *(m)*
Kostümfest bal *(m)* masqué
Kotze couverture *(f)* grossière en laine
Kötzer cannette *(f)*
Kötzergarn fil *(m)* en cannette
Kötzerhülse tube *(m)* de cannette
kovalent covalent *(m)*
kovalente Bindung liaison *(f)* atomique
Krabben (Einbrennen v. Gew. mit Wasser) fixage *(m)* à l'eau bouillante crabbing *(m)*
Kracken craquage *(m)*, cracking *(m)*

Kraft, Stärke (Masch.) force *(f)*
Kraftübertragung transmission *(f)* de force
Kragen col *(m)*, collet *(m)*
Kragenknopf bouton *(m)* de col
Kragenstäbchen baleines *(f, pl)*
Krapp, Krapprot garance *(f)*, alizarine *(f)*
krappen garancer
Kratze, Karde carde *(f)*
Kratzenbeschlag, Garnitur garniture *(f)* de carde
Kratzenblatt feuille *(f)* de cardes, plaque *(f)* de cardes
Kratzendeckel chapeau *(m)* de carde
Kratzenrauhmaschine laineuse *(f)* à cardes
Kratzentuch tissu *(m)* pour garnitures de cardes
Kratzenwalze, Vorreißer briseur *(m)*
kraus, wollig crépu
Krause fronce *(f)*
Kräusel bouillonné *(m)*
kräuselbeständig, nicht kräuselnd résistant à la frisure
Kräuselbeständigkeit (die der Kräus.) stabilité *(f)* de frisure
Kräuseleffekt effet *(m)* de frisure
Kräuselfrequenz fréquence *(f)* de frisure
Kräuselgarn filé *(m)* crêpe, filé *(m)* frisé (ou ondulé)
Kräuselkontraktion contraction *(f)* de frisure
Kräusellängung élongation *(f)* de frisure
Kräusellebendigkeit nervosité *(f)* de frisure
kräuseln crêper
kräuseln, fälteln friser, onduler
Kräuseln, Einrollen (Webfehler) vrillage *(m)*
Kräuselungselastizität élasticité *(f)* de texturation
Kräuselzwirn retors *(m)* crêpe, retors *(m)* mousse, retors *(m)* gonflé
Krawatte cravate *(f)*
Krawattennadel épingle *(f)* de cravate
Krawattenseide soie *(f)* à cravates
Kreation création *(f)*
Kreide craie *(f)*
kreideartig crayeux, crétacé
Kreidestreifen rayures *(f, pl)* au crayon
kreieren créer (mode)
Kreis cercle *(m)*, cycle *(m)*
Kreisbahn trajectoire *(m)* circulaire
Kreiselpumpe pompe *(f)* centrifuge
kreisförmig circulaire
Kreislauf cycle *(m)*, circulation *(f)*
Krempe rebord *(m)*, bord *(m)*
Krempel, Karde carde *(f)*
Krempelhose pantalon *(m)* retroussable
krempeln carder
krempeln, wolfen battre
Krempelsatz assortiment *(m)* de carde
Krempelwolf loup *(m)* cardeur
Krepon crépon *(m)*
Krepp crêpe *(m)*
kreppen, kraus machen crêper
Kreppen crêpage *(m)*
Kreppgarn fil *(m)* pour crêpe
Kreppgewebe tissu *(m)* crêpe
Kreppmaschine machine *(f)* pour crêponnage
krepponieren crêper
Kresol crésol *(m)*
Kretonne cretonne *(f)*
Kreuzfach, Oberfach (Web.) pas *(m)* d'en haut
Kreuzfachmaschine (Zwirn.) bobinoir *(m)* doubleur à renvidage croisé
Kreuzknoten, Weberknoten nœud *(m)* plat
Kreuzschärblatt peigne *(m)* envergeur
Kreuzschärvorrichtung dispositif *(m)* d'ensouplage croisé
Kreuzschlag, Diagonalschlag (Web.) croisement *(m)* des étoffes doubles
Kreuzspule bobine *(f)* croisée
Kreuzspulfärbung teinture *(f)* sur bobines croisées
Kreuzspulmaschine bobinoir *(m)* à fil croisé
Kreuzwickelung bobinage *(m)* croisé
krimpen, einlaufen lassen rétrécir
Kringeleffekt effet *(m)* torque
Krinoline crinoline *(f)*
Kristall cristal *(m)*
Kristallbildung cristallisation
kristallförmiger Zustand état *(m)* cristallin
Kristallgitter réseau *(m)* moléculaire, réseau *(m)* cristallin
Kristallflüssigkeit, Flüssigkristall cristal *(m)* liquide, liquide *(m)* cristalin

kristallin de cristal, cristallin
kristallischer Schwefel soufre *(m)* cristallisé
Kristallisation cristallisation *(f)*
Kristallisationspunkt (allg.) point *(m)* de cristallisation
Kristallisationspunkt (z. B. bei Paraffin) température *(f)* critique de dissolution
kristallisieren cristalliser
Kristallkern (Ursprung des Kr.) amorce *(f)* de cristallisation
Kristallwachstum croissance *(f)* cristalline
Kristallwasser, chem. gebunden eau *(f)* de constitution
kritisch critique
kritischer Grenzwert valeur-limite *(f)* critique
kritische Größe (Nukl.) taille *(f)* critique
kritisch werden diverger, entrer en divergence
krumpfecht irrétrécissable, non-rétrécissant
Krumpfechtheit irrétrécissabilité *(f)*, solidité *(f)* au retrait
krumpfen, schrumpfen se rétrécir
Krumpfung, Einsprung rétrécissement *(m)*
Krumpfwert, Restkrumpfwert valeur *(f)* du retrait résiduel
Krustenbildung, Verkrustung incrustation *(f)*
Krypton krypton *(m)*
Kubikinhalt, Rauminhalt capacité *(f)* cube, contenu *(m)* cubique
Kubikmaß cubage *(m)*
Kubikmeter mètre *(m)* cube
Kubikzentimeter centimètre *(m)* cube
Kuchen, Spinnkuchen gâteau *(m)* à filer
Küchenschürze tablier *(m)* de cuisine
Küchentischdecke nappe *(f)* de cuisine
Kufe bac *(m)* ouvert
Kufe, Haspelkufe barque *(f)* à tourniquet
Kufenfärbung teinture *(f)* en bac, teinture *(f)* en barque à tourniquet
Kugel boule *(f)*, globe *(m)*
Kugelfallviskosimeter viscosimètre *(m)* à chute de bille
Kugellager roulement *(m)* à billes
kühl frais
kühl aufbewahren, kühl lagern garder en lieu frais
Kühlaggregat groupe *(m)* frigorifique
Kühlanlage installation frigorifique, réfrigérant *(m)*
Kühlmantel enveloppe *(f)* réfrigérante
Kühlmittel (allg.) produit *(m)* réfrigérant
Kühlwasser eau *(f)* réfrigérante, eau *(f)* de refroidissement
kulieren (Web.) cueillir
Kulierware article *(m)* à mailles cueillies
Kulierwirkmaschine métier *(m)* à tricot cueilli
Kulisse, Schwinge (Masch.) coulisse *(f)*
Kummerbund ceinture-écharpe *(f)*
kumuliert cumulé, cumultatif
Kundendienst service *(m)* après-vente(s)
Kundschaft clientèle *(f)*
Kunstfaser (Allg.) fibre *(f)* textile artificielle
Kunstfaser, Chemiefaser fibre *(f)* chimique, fibre synthétique
Kunstfaserzellstoff pâte *(f)* textile
Kunstgewerbe artisanat *(m)* d'art
Kunsthaar cheveux *(m, pl)* artificiels
Kunstharz résine *(f)* synthétique
Kunstharz aushärten cuire la résine synthétique
Kunstharz, in Wärme aushärtend résine *(f)* synthétique thermodurcissante
Kunstharzausrüstung apprêt *(m)* aux résines synthétiques
Kunstharzimprägnierung imprégnation aux résines synthétiques
Kunstleder cuir *(m)* imité, simili-cuir *(m)*, pergamoïde *(m)*
Kunstleder auf Textilbasis texoïde *(m)*
künstlich, nachgemacht artificiel
künstliche Beleuchtung éclairage *(m)* artificiel
künstliches Tageslicht lumière *(f)* du jour artificielle
Kunstrasen gazon *(m)* artificiel
Kunstroßhaar crin *(m)* synthétique
Kunstseide, Reyon soie *(f)* artificielle, rayonne *(f)*
Kunstseidenspinnbad bain *(m)* de filage
Kunststoff matière *(f)* synthétique, matière *(f)* artificielle
kunststoffbeschichtet avec revêtement *(m)* aux résines synthétiques

Kunststoffdispersion matière *(f)* synthétique en dispersion, dispersion *(f)* de polymères
Kunststoffolie feuille *(f)* (en matière) plastique
kunststoffimprägniert imprégné de matière synthétique
Kunststofflatex, Syntheselatex latex *(m)* synthétique
Kunststoffschlichte encollage *(m)* plastique
kunststopfen stopper
Kunststopferei stoppage *(m)*
Kuoxam oxyde *(m)* de cuivre ammoniacal
Küpe cuve *(f)*
Küpe, blinde Küpe cuve *(f)* à blanc
Küpenfarbstoff colorant *(m)* de cuve
Küpenfärbung teinture *(f)* aux colorants de cuve
Küpenkontinueverfahren procédé *(m)* continu à colorants de cuve
Küpensäure acide *(m)* de cuve
Küpensäureklotzverfahren procédé *(m)* de foulardage à la cuve acide
Kupfer cuivre *(m)*
kupferartig cuivreux
kupferfarbig de couleur cuivreuse
Kupferglanz galène *(f)* de cuivre, chalcosine *(f)*
Kupferkunstseide fibre *(f)* cuproammoniacale, soie *(f)* au cuivre
Kupfernatronzellulose cellulose *(f)* à soude cuivrique
Kupfersulfat sulfate *(m)* de cuivre
Kupfer-II-Sulfat sulfate *(m)* cuivrique
kuppeln coupler, copuler
Kupplung (von Diazofarbstoffen) copulation *(f)*, couplage *(m)*
Kupplungsbad bain *(m)* de copulation
Kupplungsfarbstoff colorant *(m)* de copulation
Kupplungskomponente composant *(m)* de copulation
Kupraminbase composé *(m)* d'oxyde de cuivre ammoniacal
Kurbel manivelle *(f)*
Kurkumagelb curcumin *(m)*
Kürschner pelletier *(m)*, fourreur *(m)*
Kürschnerei pelleterie *(f)*, commerce de fourrures *(f)*
Kurvenscheibe came *(f)*
kurz court
Kurzärmel manche courte *(f)*
Kurzdämpfer vaporisateur *(m)* rapide
kürzen, verkürzen raccourcir, abréger
kürzer werden, sich verkürzen raccourcir
kurzfaserig à court brin, à brin court
Kurzfaserspinnen filature *(f)* de fibres courtes
kurzhaarig à poil ras
Kurzhalskolben ballon *(m)* à col court
Kurzhemdchen chemisette *(f)*
kurzkettig de chaîne *(f)* courte
Kurzschleifentrockner séchoir *(m)* à plis suspendus
Kurzschluß (elektr.) court-circuit *(m)*
Kurzsocken socquettes *(f, pl)*
kurzstaplig à fibres *(f, pl)* courtes, à courte soie
Kurzwaren articles *(m, pl)* de mercerie
Kurzwarengeschäft mercerie *(f)*
kurzzeitig à court temps
Kurz(zeit)versuch essai *(m)* abrégé, essai *(m)* de courte durée
Kutschertuch melton *(m)*, drap *(m)* de cocher
Kutte froc *(m)*
Kuttenkleid bure *(f)*
Kuttenkragen col *(m)* bénitier

L

labil instable, labile
labiles Gleichgewicht équilibre *(m)* instable
Labor laboratoire *(m)*, labo *(m)*
Laborant(in) laborantin(e) *(m, f)*
Laboreinrichtung équipement *(m)* de laboratoire
Laborgeräte appareillage *(m)* de laboratoire
Laborprüfung contrôle *(m)* au laboratoire
Labortisch table *(f)* de laboratoire
Lack (allgem.) laque *(f)*
Lackgewebe tissu *(m)* verni, toile *(f)* vernie
lackieren vernir, laquer
Lackleder cuir *(m)* laqué, verni *(m)*
Lackmantel (manteau) *(m)* ciré
Lackmus tournesol *(m)*

Lackmuspapier papier *(m)* de tournesol
Lackschicht couche *(f)* de vernis, couche *(f)* de laque
Lacktuch étoffe *(f)* cirée
Lactam lactame *(m)*
Lactamöl huile *(f)* lactame
Lactat lactate *(m)*
Lade, Kammlade (Web.) battant *(m)*, chasse *(f)*
Ladegerät dispositif *(m)* de chargement
laden (allg.) charger
Laden magasin *(m)*
Ladendieb voleur *(m)* de magasin
Ladeneinrichtung installation *(f)*, fourniture *(f)* d'un magasin
Ladenhüter rossignols *(m, pl)*
Laden(an)schlag (Web.) coup *(m)* de battant
Ladenstillstand arrêt *(m)* du battant
Ladenstock, -arm bielle *(f)* du battant
Ladung (elektr.) charge *(f)*
Ladungsaustausch échange *(m)* de charge
Ladungseinheit unité *(f)* de charge
Ladungszahl (Chem.) nombre *(m)* de covalences de charges
Lage, Zustand état *(m)*, condition *(f)*
Lage, Schicht couche *(f)*
Lager, Vorrat stock *(m)*
Lager, Lagerraum magasin *(m)*, entrepôt *(m)*
Lagerbestand, Inventar inventaire *(m)* du dépôt, stocks *(m, pl)*
Lagerbeständigkeit résistance *(f)* au stockage, stabilité *(f)* en stockage
lagern, einlagern emmagasiner, mettre en stock
Lagerung stockage *(m)*, emmagasinage *(m)*
Lake, Salzlake, Sole saumure *(f)*
Lamawolle laine *(f)* de lama
Lambswool laine *(f)* d'agneau
Lamé lamé *(m)*
Lamelle (elektr.) lame *(f)*
Lamelle für Kettfadenwächter lamelle *(f)* casse-chaînes
Lamellenaufstecken placement *(m)* des lamelles casse-chaînes
Lamelleneinziehen rentrage *(m)* dans les lamelles
lamellenförmig lamellaire
Laminat stratifié *(m)*
laminieren laminer
Lammfell peau *(f)* d'agneau
Lammfellfutter agneau retourné
Lampenschirm abat-jour *(m)*
Lanameter lanamètre *(m)*
Lancierschuß (Web.) trame *(f)* brochée
Lancierstuhl métier *(m)* pour brochage
lancierter Stoff tissu *(m)* broché
lang long, longue
Länge longueur *(f)*
Länge, in die Länge ziehen traîner en longueur
Längenabmessung, -ausdehnung étendue *(f)* en longueur, mesure *(f)* de longueur
Längenänderung, Verformung déformation *(f)* linéaire
längenbezogene Masse masse *(f)* linéique, titre *(m)*
Längeneingang, -einsprung retrait *(m)* en longueur
Längenfehler erreur *(f)* en longitude
Längengewicht, Metergewicht poids *(m)* par mètre
Längenmeßband bande *(f)* métreuse
langettiert festonné
langfaserig, langstapelig à fibres *(f, pl)* longues, à long brin
Langflorteppich tapis *(m)* velouté à longs poils
langfristig à long terme, à longue échéance
langgestreckt allongé, étendu de tout son long
langhaarig à poil(s) long(s)
Langhalskolben ballon *(m)* à long col
langkettig (Chem.) à chaîne longue
Langlebigkeit, lange Lebensdauer longévité *(f)*
länglich oblong
Langreihe rangée *(f)* lâche
Langreihenmuster dessin *(m)* par rangées lâches
langsam lent
langsam anlaufend (Masch.) à action *(f)* lente
langsamlaufend à petite vitesse
langsam wirkend à effet lent
Längsdehnung, lineare Ausdehnung allongement *(m)* longitudinal

längselastischer Stoff tissu *(m)* élastique en longueur
Längsfalte pli *(m)* sens machine
längsgerippt strié en long
längsgestreift (Muster) façonné rayé
längsgestreift, längsstreifig (Fehler) à rayures *(f, pl)* longitudinales
Längsnaht (Schweißnaht) soudure *(f)* longitudinale
Längsnaht (Gewebe) couture *(f)* en long
Längsrichtung sens *(m)* longitudinal
Längsstreifen rayures *(f, pl)* longitudinales, stries *(f, pl)* en chaîne
Längsteilung (v. Webketten) écartement *(m)* longitudinal, pas *(m)* longitudinal
lang und dünn long et mince
Längung unter festgelegter Kraft (Fasern) allongement *(m)* sous force déterminée
Langzeit... de longue durée, à long terme
Langzeitalterung (Gewebe) vieillissement *(m)* de longue durée
Langzeitversuch essai *(m)* de longue durée
Lanisieren, Kardieren contrecollage *(m)*
Lanolin lanoline *(f)*
Lanzenrevers revers *(m)* de visière
Lappen, Lumpen chiffon *(m)*, lambeau *(m)*
lappig, schlaff flasque
Lappingmaschine machine lapping
Lärmdämpfung amortissement *(m)* de bruit
Laser laser *(m)*
Last, Belastung charge *(f)*
lastabhängig dépendant de la charge
Lastexgewebe tissu *(m)* lastex
Lasur (Farbe) glacis *(m)*
latente Kräuselung frisure *(f)* latente
Latex, Kautschukmilch latex *(m)*
Latexgelierung gélification *(f)* du latex
latexieren (Latexauftr. bei Reifencordgarn) adhériser
Latexieren adhérisation *(f)*
Latexkleber latex-ciment *(m)*
Latexschaum mousse *(f)* de latex
Latexuntergrund support *(m)* en latex
Latte latte *(f)*, tringle *(f)*
Lattendessin dessin *(m)* treillis
Lattenrost, Lattenrostfußboden grille *(f)* en lattes, caillebotis *(m)*
Lätzchen bavoir *(m)*
Latzhöschen barboteuse *(f)*
Latzhose salopette *(f)*
lau, lauwarm tiède
Lauf, Gang (Masch.) course *(f)*, marche *(f)*
Lauf, Fließen circuit *(m)*
Lauf, Ablauf, Durchgang passage *(m)*
Laufbreite largeur effective *(f)*
Laufeigenschaften propriétés *(f, pl)* de façonnage, propriétés *(f, pl)* de roulement
laufen (Bewegung) courir
laufen (v. Wasser) couler, s'écouler
laufen (Masch.) marcher, aller
laufen (Räder, Motor) tourner
laufen lassen faire tourner
laufend, durchgehend continu
laufender Meter mètre *(m)* courant
laufende Nummer numéro *(m)* d'ordre, numéro *(m)* de série
laufende Überwachung inspection *(f)* permanente
Läufer, Flieger (Feinsp.) curseur *(m)*
Läufer (Web.) molette *(f)*, émerillon *(m)*
Läufer, schmaler Teppich tapis-chemin *(m)*
Läufer, Treppenläufer tapis *(m)* d'escalier
Laufkatze, Kranlaufkatze chariot *(m)* roulant, trenil *(m)* roulant
Laufmasche maille *(f)* filée (sautée, rompue, coulée)
laufmaschensicher indémaillable
laufmaschensichere Ausrüstung apprêt *(m)* indémaillable
Laufrichtung sens *(m)* de marche
Laufzeit durée *(f)* de marche, durée *(f)* de fonctionnement, temps *(m)* de fonctionnement
Laufzettel, Laufkarte fiche *(f)* suiveuse
Lauge lessive *(f)* alcaline
Lauge, Waschlauge lessive *(f)*
laugen, auslaugen lessiver
laugenbeständig résistant à la lessive, solide au lessivage (alcalin)
Laugeneindampfung évaporation *(f)* de lessives
Laugenform, in Laugenform überführen caustifier
Laugenrückgewinnung récupération *(f)* de lessive

laugieren lessiver, traiter à la soude caustique
Laugieren lessivage *(m)* à la soude caustique
Laurat laurate *(m)*
Laurin..., Lauryl... laurique
Laurylalkohol alcool *(m)* laurique
laut (Geräusch) fort, bruyant
Läuterflasche, Waschflasche flacon *(m)* laveur
läutern, klären clarifier, purifier, épurer
lauwarm tiède
Lavaldüse tuyère *(f)* de Laval, Laval-injecteur *(m)*
lavendelfarben couleur *(f)* lavande
Lebensbaum(-muster) arbre *(m)* de vie (dessin)
lebhaft, hell (Farbe) vif
lecken, leck sein fuir, couler
Leder cuir *(m)*
lederartig, zäh dur comme cuir
Lederbesatz garniture *(f)* en cuir
Lederbraunton brun de cuir
Lederimitation similicuir *(m)*
Lederjacke veste *(f)* en cuir
Lederknopf bouton *(m)* en cuir
Lederriemen courroi *(f)* en cuir
leer vide
leer anlaufen, leer starten (masch.) démarrer sans charge, démarrer à vide
leere Färbung teinture *(f)* mate, teinture terne
leeren vider, évacuer
leeren, ausschütten déverser, verser
Leerlauf marche *(f)* à vide, roulement *(m)* à vide
Leergewicht poids *(m)* à vide, tare *(f)*
Leergut emballages *(m, pl)* vides (ou en retour)
Leerlaufstellung (Getriebe) position *(f)* neutre
Legebarre barre *(f)* à passettes
Legemaschine machine *(f)* à plier, plieuse *(f)*
legen mettre, poser, placer
leger décontracté
Legerbekleidung vêtements *(m, pl)* de loisirs
legierbar alliable
legieren allier
Legung armure *(f)*
Lehrgang cours *(m)* d'enseignement, cours *(m)* d'instruction
Lehrling apprenti *(m)*
Leibbinde ceinture *(f)* abdominale
Leibgurt ceinture *(f)*
Leibwäsche linge *(m)* de corps
leicht léger
leicht entzündlich facilement inflammable
leicht gezwirnt à faible torsion
leichte Handhabung maniement *(m)* aisé (ou facile)
leicht löslich facilement soluble
leicht schmelzbar facilement fusible
leicht zersetzlich facilement décomposable
Leichtmetall métal *(m)* léger
Leichtöl huile *(f)* légère
Leim, Kleber colle *(f)*
Leimauftragmaschine encolleuse *(f)*
leimen, anleimen coller
leimen, tränken, steifen encoller
Leimpulver colle *(f)* en poudre
Leimung (Schlichtung) encollage *(m)*
Leimwalze rouleau *(m)* encolleur
Lein, Leinpflanze lin *(m)*
Leine corde *(f)*, cordeau *(m)*
leinen, von Leinwand de toile
Leinen mit Baumwollschuß basin *(m)*
Leinen, grobes Leinen grosse toile *(f)*
Leinenbast filasse *(f)* de lin, filasse de chanvre
Leinenbatist batiste *(f)* de lin
Leinendamast toile *(f)* damassée
Leineneinband reliure *(f)* en toile
Leineneinlage couche *(f)* intérieure de toile
Leinengarn fil *(m)* de lin
Leinengewebe tissu *(m)* lin
Leinenprägung caractère *(m)* lin
Leinenstrickerei tricotage *(m)* du lin
Leinentuch für Bettwäsche linge *(m)*
Leinenzwirn fil *(m)* retors de lin
Leinöl huile *(f)* de lin
Leinölfettsäure acide *(m)* gras de l'huile de lin
Leinwand (Film) écran *(m)*
Leinwand (Stoffart) toile *(f)* de lin, tissu lin
Leinwandbindung armure *(f)* uni, armure-toile *(f)*, armure *(f)* taffetas (soie)

Leiste, Führungsleiste (Masch.) barre *(f)* conductrice
Leiste, Webkante lisière *(f)*
Leistengarn fil *(m)* à lisière
leistengerade lisière sur lisière
Leistenrundstrickmaschine tricoteuse *(f)* circulaire à lisière
Leistentasche gousset *(m)*
Leistung (Phys., Masch.) puissance *(f)*
Leistung, Leistungsvermögen capacité *(f)*
Leistungsabgabe puissance *(f)* débitée, débit *(m)*
Leistungsabweichung écart *(m)* de puissance
Leistungsbedarf puissance *(f)* nécessaire
leistungsfähig, stark puissant
leistungsfähig, produktiv productif, à grand rendement *(m)*
Leistungssteigerung augmentation *(f)* du rendement
Leistungsverlust perte *(f)* de puissance
leiten, führen (Betrieb) gérer
leitend, elektr. leitend conducteur
Leiterpolymer polymère *(m)* en échelle
Leitfähigkeit pouvoir *(m)* conducteur, conductibilité *(f)*
Leitung, Zuleitung conduite *(f)*
Leitung (Telefon) circuit *(m)*, ligne *(f)*
Leitwalze rouleau-guide *(m)*
lenken, leiten diriger
Lenkung commande *(f)*, guidage *(m)*
Leopardenfell peau *(f)* de léopard
Leotards collant *(m)*
Leuchtanzeige voyant *(m)* lumineux
leuchten, scheinen luire, être lumineux
leuchtend vif, éclatant
Leuchtfarbe peinture *(f)* lumineuse, peinture *(f)* phosphorescente
Leuchtkraft intensité *(f)* lumineuse
Leukofarbstoff leuco-colorant *(m)*
Leukoküpenesterfarbstoff leucoester *(m)* de colorant de cuve
Leukoküpenfarbstoff leuco-colorant *(m)* à cuve
Leukoverbindung leucodérivé *(m)*
Levantine lévantine *(f)*
Leviathan (Wollwäsche) léviathan *(m)*
Leviathanabteil compartiment *(m)* de léviathan
Licht lumière *(f)*
Lichtart espèce *(f)* de lumière
lichtblau bleu clair
lichtbrechend réfringent, dioptrique
Lichtbrechung réfraction *(f)*
lichtdurchlässig transparent
Lichtdurchlässigkeit transparence *(f)*
lichtecht solide à la lumière
Lichtechtheit solidité *(f)* à la lumière
Lichtechtheitsprüfer fadéomètre *(m)*
Lichteinwirkung action *(f)* de la lumière
lichtempfindlich sensible à la lumière
Lichtquelle source *(f)* lumineuse
Lichtschranke barrage *(m)* photoélectrique
Lichtschutz protection *(f)* contre la lumière
Lichtschutzmittel agent *(m)* de protection contre la lumière
Lichtschwankung fluctuation *(f)* de lumière
Lidohemd chemise *(f)* de loisirs à manches courtes
Lieferposten lot *(m)*
Liegefalte pli *(m)* couché
liegen être placé, être situé
liegend horizontal
liegender Flor poil *(m)* couché
Lignin lignine *(f)*, lignose *(f)*
Lignozellulose lignocellulose *(f)*
lila lilas
Limit, oberste Grenze limite *(f)*
limitieren limiter
linear, gradlinig linéaire
Linie ligne *(f)*
Linienführung tracé *(m)*
linieren ligner
linke Seite (Stoff) envers *(m)*, côté *(m)* envers, face *(f)* d'envers
links à gauche
links stricken tricoter à gauche, tricoter à l'envers
linksdrehend (Chem.) lévogyre, dérivant à gauche
Linksgewinde filet *(m)* à gauche
Links-Links-Bindung (Wirk.) armure *(f)* à mailles retournées
Links-Links-Ware tricot *(m)* à mailles retournées
linksseitig à l'envers, à revers
Linoleum linoléum *(m)*
Linolsäure acide *(m)* linoléique

Linon linon *(m)* de coton
Lipoid lipoïde *(m)*
Lipoidlöslichkeit solubilité *(f)* dans les lipoïdes
lipophil lipophile
Lisseuse (Wollsp.) lisseuse *(f)*
Lissieren lissage *(m)*
Liter litre *(m)*
Literleistung puissance *(f)* volumétrique
Litze (Web.) lice *(f)*, lisse *(f)*
Litzenaufschlagen montage *(m)* du harnais
Litzengarn fil *(m)* cordonnet
Litzenhäuschen, Litzenauge coulisse *(f)*, œillet *(m)*
Litzenmaschine für Posamenten tresseuse *(f)* pour passementerie
Litzenmaschine für Weblitzen machine *(f)* à tresser les lisses
Litzenschiene tringle *(f)* de lisses
Litzenschnur fil *(m)* pour lisses, cordon *(m)* pour lisses
Lizenz licence *(f)*
Lizenzgeber concesseur *(m)* de licence
Loch trou
lochen trouer, percer, perforer
Lochkarte carte *(f)* perforée
Lochprobe essai *(m)* de poinçonnage, essai *(m)* de perçage
Lochstickerei broderie *(f)* anglaise
Lochstreifen bande *(f)* perforée
locker, lose lâche
lockern, nachlassen relâcher, desserrer
lockig (Pelz) bouclé
Loden loden *(m)*
Lodenmantel (manteau en) loden *(m)*
Loft loft *(m)*
Lohn salaire *(m)*, rémunération *(f)*
Lohnfärberei (Betrieb) teinturerie *(f)* à façon
long-line ligne *(f)* longue
Loopgarn fil *(m)* bouclé
lose, abnehmbar amovible
lose gezwirnt retordu lâche, retordu floche
loses Material matière *(f)* en bourre
lösen, auflösen (Chem.) dissoudre
löslich soluble
Löslichkeitskoeffizient coefficient *(m)* de solubilité
Lösliches, das Lösliche corps *(m)* soluble
Löslichkeit solubilité *(f)*
Lösung solution *(f)*
Lösung, Auflösung, Lösungsvorgang dissolution *(f)*
Lösungsfähigkeit pouvoir *(m)* dissolvant, pouvoir *(m)* solubilisateur
Lösungsmittel solvant *(m)*
Lösungsmitteldämpfe vapeurs *(f, pl)* des solvants
Lösungsmittelechtheit solidité *(f)* aux solvants organiques
Lösungsmittelextraktion extraction *(f)* par solvant
Lösungsmittelfarbstoff colorant *(m)* à solvant
lösungsmittelfrei exempt de solvants
Lösungsmittelquellung gonflement *(m)* par solvant
Lösungsmittelrückgewinnung récupération *(f)* du solvant
Lösungspolymerisation polymérisation *(f)* en solution
Lösungsvermittler solubiliseur *(m)*
Lösungsvermögen pouvoir *(m)* dissolvant, pouvoir *(m)* solubilisateur
Lösungswärme chaleur *(f)* de dissolution
Lösungswirkung effet *(m)* solvant
loswickeln, abwickeln dérouler
löten, zusammenlöten braser
Louisin armure *(f)* nattée toile
Louisor-Goldfaden fil *(m)* d'or louisor
Luft air *(m)*
Luft, der Luft aussetzen exposer à l'air, mettre à l'air
Luftabsauger aspirateur *(m)* d'air
Luftabzug évent *(m)*
Luftbefeuchtung humidification *(f)* d'air, humectation *(f)* d'air
Luftblase bulle *(f)* d'air
Luft(blas)**texturierung** texturation *(f)* à l'air
luftdicht étanche à l'air, imperméable à l'air
Luftdruck pression *(f)* d'air
Luftdruck (beim Reifen) pression *(f)* de gonflage
Luftdurchlässigkeit perméabilité *(f)* à l'air

Luftdüsenverfahren (Taslanverfahren) procédé *(m)* à buse d'air
Luftdüsenwebstuhl métier *(m)* à buse d'air, métier *(m)* à tisser à buse d'air
luftentzündlich pyrophorique
Lufterhitzer réchauffeur *(m)* d'air
Luftfeuchtigkeit humidité *(f)* atmosphérique
bei 65 % rel. Luftfeuchtigkeit sous une humidité relative de l'air de 65 %
Luftfeuchtigkeitsmesser hygromètre *(m)*
Luftgang (Färb., Appr.) passage *(m)* à l'air
luftgetrocknet séché à l'air
luftig aéré
Luftkammer chambre *(f)* d'aération
Luftkissenzelt tente *(f)* gonflable
Luftklappe volet *(m)* d'aération
Luftmasche point *(m)* de chaînette
Luftmatratze matelas *(m)* pneumatique
Luftrakel racle *(f)* à air comprimé
Luftreibung frottement *(m)* de l'air
Luftsauerstoff oxygène *(m)* atmosphérique
Luftschadstoffe produits *(m, pl)* de pollution atmosphérique
Luftstrom écoulement *(m)* d'air
Luft- und Raumfahrtindustrie industrie *(f)* aéronautique et spatiale
luftundurchlässig imperméable à l'air, ne laissant pas passer l'air
Lüftung ventilation *(f)*, aération *(f)*, aérage *(m)*
Luftverschmutzung pollution *(f)* atmosphérique, pollution *(f)* d'air
Luftzufuhr apport *(m)* d'air, adduction *(f)* d'air
Lumberjack blouson *(m)*
Lumpen, Hader chiffon *(m)*, haillon *(m)*, lambeau *(m)*
Lumpenwolle, Reißwolle laine *(f)* renaissance, laine *(f)* refaite
Lunaseide soie *(f)* viscose
Lunte (Spinn.) mèche *(f)*
Luntenführer guide-mèche *(m)*
Lupe loupe *(f)*
Lurex lurex *(m)*
Lüster, Glanz (Ausr.) lustre *(m)*, effet *(m)* lustre
Lüstergarn fil *(m)* lustre
Lüstern, Lüstrieren lustrage *(m)*
Lustriereffekt effet *(m)* de lustrage
lustrieren lustrer
Lüstrin, Lustrin lustrine *(f)*

M

Mäandermuster dessin *(m)* entrelacs
Machart, Ausführung mode *(m)* de fabrication, exécution *(f)*, façon *(f)*
Mackintosh (gumm. Gew.) mackintosh *(m)*
Mädchengröße taille *(f)* fillettes
Mädchenkleidung vêtements *(m, pl)* pour fillettes
Madras madras *(m)*
Madrashanf chanvre *(m)* de Bengale
Magazin, Warenlager magasin *(m)*, dépôt *(m)*
Magazinverwalter magasinier *(m)*
Magazinwebstuhl métier *(m)* à chargeur
mager maigre
Magerkoks coke *(m)* maigre
Magnesia (Mg-Oxid) magnésie *(f)*, oxyde *(m)* de magnésium
Magnesiumhärte dureté *(f)* due au magnésium
Magnesiumsulfat, Epsomsalz sulfate *(m)* de magnésium, sel *(m)* d'Epsom
Magnet aimant *(m)*, barreau *(m)* magnétique
Magnetausschalter interrupteur *(m)* de champ magnétique
Magnetausschnitt décolleté *(m)* en (fer à cheval)
magnetisch aimanté, magnétique
Magyarärmel manche *(f)* magyare
mahlen moudre
Mahlwerk broyeur *(m)*
Maisstärke amidon *(m)* de maïs, fécule *(f)* de maïs
Mako coton *(m)* jumel, coton d'Egypte
Makogarn fil *(m)* jumel
Makramée macramé *(m)*
Makromolekül macromolécule *(m)*
makromolekular macromoléculaire
MAK-Wert, maximaler Arbeitsplatz/Konzentrationswert concentration *(f)* d'activité maximale à l'emplacement de travail

Maleinharz résine *(f)* maléique
Malimo-Technik technologie *(f)* Malimo
Manchester, Kord velours *(m)* coton
Manchester, glatter Samt velours *(m)* uni, velours-toile *(m)*
Manchesterhose pantalon *(m)* en velours de coton
Manchon manchon *(m)*
Mangan manganèse *(m)*
mangangrün vert *(m)* de Cassel
manganhaltig manganésien, manganésifère
Mangel, Quetsche calandre *(f)*
mangelhaft, ungenügend insuffisant
Mängelhaftung responsabilité *(f)* de la défectuosité
mangeln calandrer
Manilafaser, Abaca abaca *(m)*, chanvre *(m)* de Manille
Maniokastärke fécule *(f)* de manioc
Mannequin mannequin *(m)*
Manometer manomètre *(m)*
manometrisch manométrique
Mansardentrockner mansarde *(f)* de séchage
Manschette manchette *(f)*
Manschettenknopf bouton *(m)* de manchette
Mantel (Kleidungsst.) manteau *(m)*
Mantelfutter doublure *(f)* de manteau
Mantelkleid robe-manteau *(f)*
Mantelstoff tissu *(m)* pour manteau
Mantel, Umhüllung (Masch.) enveloppe *(f)*, chemise *(f)*
manuell manuel
manuelle Dateneingabe introduction *(f)* manuelle des données
Marabu marabout *(m)*
Marderpelz fourrure *(f)* de martre
Marengogarn fil *(m)* marengo
marineblau bleu marin
Marinière marinière *(f)*
Marke, Sorte sorte *(f)*, qualité *(f)*
Marke, Fabrikmarke marque *(f)* de fabrique, insigne *(m)*
Markenartikel article (ou produit) de marque
Markenmode confection *(f)* de marques
Markenname nom *(m)* de marques
Markenschutz protection *(f)* des marques déposées
Markenzeichen marque *(f)* de fabrique
markieren, anzeichnen marquer
Markierungsfarbe couleur *(f)* de repérage
Markierungsvorrichtung dispositif *(m)* de marquage
Markise marquise *(f)*
Markisenstoff tissu *(m)* pour marquises
Markt marché *(m)*
Marktanteil part *(f)* de marché
Marktforschung études *(f, pl)* de marché
Marktlücke crénau *(m)* sur le marché
marmorieren marbrer
Marquisette marquisette *(f)*
Masche maille *(f)*
Maschen abnehmen od. fallen lassen diminuer les mailles
Maschen aufheben od. aufnehmen reprendre les mailles
Maschen aufziehen démailler
Maschenbild aspect *(m)* de mailles
Maschenbildung formation *(f)* de mailles
Maschendichte taux *(m)* de mailles
Maschenfang rangée *(f)* d'arrêt
Maschenfeinheit finesse *(f)* de mailles
maschenfest, laufmaschenfest indémaillable
Maschenflorteppich tapis *(m)* velouté à mailles
Maschengröße largeur *(f)* des mailles, grandeur *(f)* des mailles
Maschenindustrie industrie *(f)* de la maille
Maschenkulieren cueillage de la maille
Maschenraffer support *(m)* de mailles
Maschenreihe rangée *(f)* de mailles
Maschenreihenwächter garde *(m)* des rangées de maille
Maschensieb crible *(m)* en fil métallique
Maschenstäbchen colonne *(f)*
Maschenstich point *(m)* de maille
Maschenware tissus *(m, pl)* mailles au mètre, maille *(f)*
Maschenzahl numéro *(m)* de maille
Maschenzähler compteur *(m)* de maille
maschig maillé
Maschine machine *(f)*
Maschine für die Bearbeitung machine *(f)* à usiner
Maschine für Umdruckverfahren mach. *(f)* d'impression par transfert, mach. à thermo-impression

maschinell, mechanisiert mécanique
maschinell betätigen commander mécaniquement
maschinell betrieben actionné mécaniquement
Maschinenausfallzeit temps *(m)* de panne de machine
Maschinenbau construction *(f)* mécanique
Maschinenbedienung opération *(f)* de machines
Maschinenführer conducteur *(m)* de machine
Maschinenknopfloch boutonnière *(f)* faite à la machine
Maschinenprogramm programme *(m)* machine
maschinenwaschbar lavable machine
Maschinenzeichnung dessin *(m)* technique, dessin *(m)* industriel
Maschinerie machinerie *(f)*
Maschinerie, Mechanismus mécanisme *(m)*
Maskenball bal *(m)* masqué
maskieren (Chem.) masquer
Maskierungsmittel (Wasserenth.) séquestrant *(m)*
Maß, Abmessung mesure *(f)*, dimension *(f)*
Maß, Größenverhältnis proportion *(f)*
Maß, Konfektionsmaß taille *(f)*
Maß, nach Maß sur mesure *(f)*
Maß, auf genaues Maß bringen calibrer
Maß nachprüfen vérifier une dimension
Maßabweichung variation *(f)* dimensionnelle
Maßabweichung, zulässige Maßabweichung écart *(m)* nominal
Maßanalyse analyse *(f)* volumétrique
maßanalytisch volumétrique
Maßbeständigkeit stabilité *(f)* des dimensions, stabilité *(f)* dimensionnelle
Masse (Phys.) masse *(f)*
Masse, i. d. Masse gefärbt teint en masse
Maßeinheit unité *(f)* de mesure
Maßeinteilung échelle *(f)*, graduation *(f)*
Massenproduktion fabrication (ou production) en masse
maßgenau conforme au mesure
Maßgenauigkeit précision *(f)* dimensionnelle
Maßkontrolle vérification *(f)* des dimensions, contrôle *(m)* dimensionnel
Maßnahme mesure *(f)*
Maßnahmen ergreifen prendre des mesures
Maßschneider couturier *(m)* sur mesure
Maßstabilität stabilité *(f)* dimensionnelle
Material matériel *(m)*, matière *(f)*
Material (i.d. Baubranche) matériau *(m)*
Materialabnahme réception *(f)* des matières
Materialaufzug monte-charge *(m)*
Materialfehler défaut *(m)* du matériel
Materialführung guidage *(m)* du matériel
Materialprüfung essai *(m)* des matériaux (ou des matières)
Materialprüfanstalt laboratoire *(m)* d'essai des matériaux
Materialschaden dégâts *(m, pl)* matériels
Materie, Stoff matière *(f)*
materiell, stofflich matériel
Matratze matelas *(m)*
Matratzendrell coutil *(m)* à matelas
Matratzenschoner housse *(f)* de matelas
Matrosenanzug costume *(m)* marin
Matrosenjacke veste *(f)* marinière
Matrosenkragen col *(m)* marin
matt, kraftlos faible
matt, glanzlos terne, mat
Mattdekatur décatissage *(m)* mat
Matte natte *(f)*
Matte, Strohmatte paillasson *(m)*
Mattgarn fil *(m)* mat
Mattglanz semi-lustre, semi-brillant *(m)*
mattieren matter
Mattierungskalander calandre *(m)* à mater
Mattierungsmittel agent *(m)* à mater, agent *(m)* de matage
Maulbeerseide soie *(f)* naturelle
Mäusezähne bord *(m)* cranté
Mauvein mauvéine *(m)*
maximal maximal
maximale Bewicklungsbreite largeur *(f)* de bobinage maximale
Maximaler Arbeitsplatz = Konzentrationswert s. MAK-Wert
maximal zulässige Konzentration concentration *(f)* d'activité maximale admissible
Maximum, Höchstwert maximum *(m)*

Mechanik mécanique *(f)*
Mechaniker mécanicien *(m)*
mechanisch mécanique
mechanischer Webstuhl métier *(m)* mécanique
mechanisch gesponnenes Garn fil *(m)* filé automatiquement
mechanisieren mécaniser
Medaillon médaillon *(m)*
Medaillonteppich tapis *(m)* à médaillon
Medium (z. B. alk. od. sauer) milieu *(m)*
Meersalz sel *(m)* marin
Meersalz, ungereinigt sel *(m)* gris
Meerwasserechtheit solidité *(m)* à l'eau de mer
Meerwasserentsalzung dessalement *(m)* d'eau de mer
Mehl, Kernmehl farine *(f)*
Mehltau, Honigtau (z. B. auf Baumw.) miellat *(m)*, miélat *(m)*, miellée *(f)*
mehlig, mehlartig farinacé
Mehr..., mehrfach... multi... multiple...
mehr, zusätzlich additionnel
Mehrbadfärbung teinture *(f)* en plusieurs bains
Mehrbahntrockner séchoir *(m)* à plusieurs parcours
mehrbasisch polybasique
mehrchorig (Web.) à plusieurs cors
Mehretagenspannrahmen rame *(f)* à plusieurs étages
mehrfach benutztes Färbebad (steh. Bad) bain *(m)* de teinture suivi
Mehrfachbindung (Chem.) liaison *(f)* multiple
Mehrfachgewebe tissu *(m)* multiple
Mehrfachspule bobine *(f)* à plusieurs sections
Mehrfachteilung (Web.) encroix *(m)* multiple
Mehrfachzwirn fil *(m)* câblé, retors *(m)* câblé
mehrfädig à plusieurs fils
mehrfarben, mehrfarbig multicolore, polychrome, en plusieurs couleurs
Mehrfarbendruck impression *(f)* en plusieurs couleurs
Mehrfarbenverfahren système polychrome, procédé *(m)* polychrome
mehrfarbiges Licht lumière *(f)* multicolore
Mehrfarbigkeit (Färb.) polychromie *(f)*
Mehrfarbigkeit (Phys.) polychroïsme *(m)*
Mehrkomponenten... à plusieurs constituants *(m, pl)*
Mehrkopfstrecke (Spinn.) banc *(m)* d'étirage à plusieurs passages
Mehrlagengewebe tissu *(m)* multicouche
Mehrphasen... polyphasé
mehrstellig (Math.) à plusieurs chiffres *(m, pl)*
mehrstufig à plusieurs étapes *(f, pl)*, à plusieurs pas *(m, pl)*
mehrstufiger Textilbetrieb entreprise *(f)* textile de plusieurs étapes de fabrication
Mehrstufenverfahren procédé *(m)* à plusieurs étapes (ou pas)
mehrstufiger Zwirn câblé *(m)*
mehrstündig de plusieurs heures *(f, pl)*
mehrteilig multiple, à plusieurs parties *(f, pl)*
Mehrverbrauch excédent *(m)* de consommation, consommation *(f)* excédentaire
Mehrwegverpackung emballage *(m)* retournable, emballage *(m)* consigné
mehrwertig (Chem.) à plusieurs valences *(f, pl)*, polyvalent
mehrwertiger Alkohol alcool *(m)* polyvalent, polyalcool *(m)*
Mehrzweck... à plusieurs fonctions *(f, pl)*, à plusieurs usages *(m, pl)*, à fonctions *(f, pl)*multiples
Melamin mélamine *(f)*, cyanuramide *(m)*
Melaminformaldehydharz résine *(f)* mélamine-formaldéhyde
Melaminharz résine *(f)* mélamine
Melange, Mischgewebe tissu *(m)* mélange, tissu *(m)* mixte
Melange (Färb.) mélange *(m)* de couleurs
Melangegarn fil *(m)* mélangé
melangieren, melieren mélanger par couleurs
melden, anzeigen signaler, annoncer
meliert, gesprenkelt truité, chiné
Melone melon
Melton melton *(m)*
Menge quantité *(f)*
mengen, mischen mêler, mélanger
Mengenbestimmung détermination *(f)* quantitative
mengenmäßig quantitatif

Mengenverhältnis rapport *(m)* volumétrique
Mengenverhältnis, mengenmäßige Zusammens. constitution *(f)* quantitative
Merinowolle laine *(f)* mérinos
Mersolat mersolate *(m)*
Merzerisierechtheit solidité *(f)* au mercerisage
merzerisieren merceriser
Merzerisierhilfsmittel auxiliaire *(m)* de mercerisage
Merzerisierlauge lessive *(f)* à merceriser (ou de mercerisage)
Merzerisiermaschine machine *(f)* de mercerisage
Merzerisierung mercerisage *(m)*
Meßabweichung (Instr., Thermom.) dérivé *(f)*
Meßapparatur appareillage *(m)* de mesure
Meßband mètre *(m)*
Meßbecher gobelet *(m)* gradué
Meßbereich zone *(f)* de mesure
Meßbereich, Skalenbereich étendue *(f)* d'échelle
Messe foire *(f)*, exposition *(f)*, salon *(m)*
Messeaussteller étalagiste *(m)*, exposant *(m)*
Messegelände enceinte *(f)* du salon
Meßeinheit unité *(f)* de mesure
Meßempfindlichkeit sensibilité *(f)* de mesurage
Messestand stand *(m)* de foire
Meßgefäß vase *(m)* jaugé, verre *(m)* jaugé
Meßgenauigkeit exactitude *(f)* de mesurage
Meßgerät appareil (ou instrument) de mesurage
Messing laiton *(m)*
Meßkolben ballon *(m)* gradué, fiole *(f)* jaugée
Meßlänge longueur *(f)* de mesurage
Meß-Legemaschine métreuse-plieuse *(f)*
Meßmaschine métreuse *(f)*
Meßmethode méthode *(f)* de mesure
Meßpipette pipette *(f)* graduée, pipette *(f)* jaugée
Meßsonde instrument *(m)* de mesure, sonde *(f)*
Meßstrich trait *(m)* de mesure
Messung mesurage *(m)*, mensuration *(f)*
Meßwert, gemessener Wert valeur *(f)* mesurée, valeur *(f)* obtenue
Meßwert, zu messender Wert valeur *(f)* indiquée
Meßzylinder éprouvette *(f)* graduée
Metabolismus, Stoffwechsel métabolisme *(m)*
Metachromfärben, -färberei teinture *(f)* au métachrome
Metall métal *(m)*
metallähnlich, metallartig métallique
Metallbedampfung (bei Gew. z.B.) métallisation *(f)* au vide
Metallbeize mordant *(m)* métallique
Metallbindung (Chem.) liaison *(f)* métallique
Metallchemie métallochimie
Metalleffektfaden fil *(m)* d'effet métallisé
Metallempfindlichkeit sensibilité *(f)* aux métaux
Metallfaden fil *(m)* métallique
Metallfarbe couleur *(f)* de métal
Metallfolie feuille *(f)* métallique (ou de métal)
Metallgarn fil *(m)* métallique
Metallgewebe tissu *(m)* métallique
Metallgewebeeinlage sous-couche *(f)* de tissu métallique
metallhaltig métallifère
metallisieren métalliser
Metallkomplexfarbstoff colorant *(m)* à complexe métallifère
Metallsalz sel *(m)* métallique
Metallüberzug recouvrement *(m)* métallique
Metallurgie métallurgie *(f)*
Metallverschluß fermeture *(f)* métallique
Metamerie (Farbsehen) métamerie *(f)*
Metaphosphorsäure acide *(m)* métaphosphorique
Metasilikat métasilicate *(m)*
Meteorseide soie *(f)* météore
Meter mètre *(m)*
Metergewicht poids *(m)* par mètre
Meterlänge, Länge i. Metern métrage *(m)*
Meterware marchandise *(f)* au mètre
Meterzähler compteur *(m)* de métrage
Methacrylat méthacrylate *(m)*
Methacrylharz résine *(f)* méthacrylique

Methacrylsäureester ester *(m)* méthacrylique
Methacrylsäuremethylester méthacrylate *(m)* de méthyle
Methan méthane *(m)*
Methoden des Legens méthodes *(f, pl)* de pose
Methyl méthyle *(m)*
Methylalkohol alcool *(m)* méthylique, méthanole *(m)*
Methylamin méthylamine *(f)*
Methylblau bleu *(m)* méthyle
Methylenblau bleu *(m)* méthylene
Methylester ester *(m)* méthylique
Methylgruppe radical *(m)* méthyle, groupe *(m)* méthyle
Methylhydroxyäthylzellulose méthylhydroxyéthylcellulose *(f)*
metrisch métrique
metrisch (bei Gewinden) au pas *(m)* métrique
metrische Nummer (Garn) numéro *(m)* métrique
Micro-Mesh micro-mesh
Micro-Mesh-Strumpf bas *(m)* micro-mesh
Mieder corseterie *(f)*
Miederhöschen panty *(m)*
Miederindustrie industrie *(f)* de la corseterie
Miederwaren articles *(m, pl)* de corseterie
Miederwäsche articles *(m, pl)* de corseterie
Migration migration *(f)*
Migrationsinhibitor inhibiteur *(m)* de migration
migrierend migratoire
Mikrochemie microchimie *(f)*
mikromorphologisch micromorphologique
Mikroskop microscope *(m)*
Mikroskop mit 50facher Vergrößerung microscope *(m)* à grossissement de 50
mikroskopieren examiner au microscope
mikroskopischer Schnitt coupe *(f)* microscopique
Mikrowelle micro-onde *(f)*
Milanese milanaise *(f)*
Milch lait *(m)*
milchig laiteux
Milchsäure acide *(m)* lactique
mild modéré, doux, léger
milde Kochung, leichtes Kochen cuite *(f)* douce
milde Wäsche, leichte Wäsche lavage *(m)* doux
Militärtuch drap *(m)* militaire
Millefleurs millefleurs *(m)*
Millepoints millepoints *(m)*
Milliliter millilitre *(m)*
Millimeter millimètre
Mindest... minimal
Mindestbreite largeur *(f)* minimale
Mindestgehalt (eines Ganzen) teneur *(f)* minimale
Mineral minéral *(m)*
Mineralfarbe, Erdfarbe couleur *(f)* minérale
Mineralfaser fibre *(f)* minérale
mineralisch minéral
Mineralöl huile *(f)* minérale
Mineralölerzeugnis produit *(m)* pétrolier
Mineralölkohlenwasserstoff huile *(f)* minérale hydrocarbonée
Mineralölschmälze ensimage *(m)* d'huile minérale
Mineralölverarbeitung traitement *(m)* des pétroles
Minglegarn fil *(m)* mélangé
Minikleid mini-robe *(f)*
Minirock mini-jupe *(f)*
Mischapparat mélangeur *(m)*, appareil *(m)* à mélanger
Mischballen (Spinn.) balle *(f)* de cotons mélangés
mischbar miscible
Mischbarkeit miscibilité *(f)*
Mischbehälter cuve *(f)* de mélange
mischen mélanger, mêler
mischen durch Kneten (Trockensubst.) malaxer
mischen, durch Um- oder Einpumpen (Tank) mélanger par charge
mischen, wolfen (Fasern) louveter
Mischen, Wolfen louvetage *(m)*
Mischer mélangeur *(m)*, malaxeur *(m)*
Mischfarbe couleur *(f)* mélangée
Mischgarn fil *(m)* mixte
Mischgespinste filés *(m, pl)* mixtes
Mischgewebe tissu *(m)* mixte
Mischkatalysator catalyseur *(m)* mixte
Mischkessel cuve = mélangeur *(f)*

Mischkomponente constituante *(m)* de mélange
Mischkondensation co-condensation *(f)*
Mischkrempel carde *(f)* mélangeuse
Mischnuance nuance *(f)* mixte
Mischpolymerisat copolymère *(m)*
mischpolymerisieren copolymériser
Mischpumpe pompe *(f)* mélangeuse
Mischung, Mengung (allgem.) mélange *(m)*
Mischungsbestandteil ingrédient *(m)* de mélange
Mischungsverhältnis proportion *(f)* de mélange, rapport *(m)* de mélange, dosage *(m)* du mélange
Mischwolf, Melierwolf loup *(m)* mélangeur
Mischwolf, Krempelwolf loup *(m)* cardeur
Mischwolle laine *(f)* métis, laine *(f)* mixte, laine mélangée
Mißbildung, Mißgestaltung déformation *(f)*
mit oder ohne additionné ou non (de)
Mitarbeiterstab équipe *(m)* de collaborateurs
miterhitzen chauffer simultanément
mitgerissene Flüssigkeit (Destill.) liquide *(m)* entraîné
Mitläufer, Vorspann doublier *(m)*, intercalaire *(m)*
Mitläuferwalze rouleau *(m)* de doubleur
Mitlauftrommel (Spinn.) second tambour *(m)*
Mitnehmer (an Masch.) toc *(m)* d'entraînement, entraîneur *(m)*
mitreißen, mitnehmen entraîner
Mitte milieu *(m)*
Mitte, Mittelpunkt centre *(m)*
Mitte, in d. Mitte befindlich au milieu
Mitte, in d. Mitte falten plier au centre
mittel, mittlerer moyen
Mittel, Produkt agent *(m)*, produit *(m)*, moyen *(m)*
Mittel, das Mittel (Durchschnitt) nehmen faire la moyenne
Mittel, im Mittel, im Durchschnitt en moyenne
mittelbar, indirekt indirect
Mittelfalte pli *(m)* central
Mittelfarbe couleur *(f)* composée, couleur *(f)* secondaire
mittelfein demi-fin
Mittelflyer banc *(m)* à broches intermédiaire
mittelmäßig médiocre
Mittelnitschler, -frotteur frotteur *(m)* intermédiaire
Mittelpunkt, Zentrum centre *(m)*
Mittelrapport (Druckerei) répétition *(f)* médiale du rapport
mittels, mit Hilfe von à l'aide de, par l'intermédiaire de
Mittelwert valeur *(f)* moyenne
mitten, inmitten au milieu de
mitternachtsblau bleu nuit
mittlerer, mittlere, mittleres du milieu, central, médian
mittlere Länge (Fasern) longueur *(f)* moyenne
mitverwenden employer simultanément
Mitverwendung co-utilisation *(f)*, emploi *(m)* commun
Mixer, Mischtrommel malaxeur *(m)*
Mixtur mixture *(f)*
Mizelle micelle *(f)*
Möbeldecke couvre-meubles *(m)*
Möbelpinsel plumeau *(m)*
Möbelstoff, Möbelbezugsstoff tissu *(m)* d'ameublement
mobil mobile
Modacrylfaser fibre *(f)* modacrylique
Modalfaser (modif. Zellulose) fibre *(f)* polynosic
Mode mode *(f)*
Modefarbe couleur *(f)* à la mode
Mode, aus der Mode sein être démodé
Modefavorit favori *(m)* de la mode
Modeinstitut institut *(m)* de la mode
Modemesse salon *(m)* de la mode
Model (Form) moule *(m)*
Model (Druck) gaufrure *(f)*, planche *(f)*
Modeldruck impression *(f)* à planche
Modell, Muster modèle *(m)*, type *(m)*, façon *(f)*
modellierend galbant
Modellversuch essai-type *(m)*
Modeneuheit nouveauté *(f)* mode
Mode(n)schau défilé *(m)* de mode
Modeschöpfer créateur *(m)* de mode, couturier *(m)*

Modetorheit folie *(f)* mode
Modetrend tendance *(f)* mode
Modevorführung présentation *(f)* de mode
Modevorschau aperçu *(m)* de la mode
Modewaren articles *(m, pl)* de mode, nouveautés *(f, pl)*
Modezeichner(in) modéliste *(m)*
Modezeichnung croquis *(m)* de mode
Modifikation, Abänderung modification *(f)*
modifizieren, abändern modifier
modisch à la mode
modisches Sortiment assortiment *(m)* mode
Modus, Art, Weise mode *(m)*, manière *(f)*, façon *(f)*
möglich, durchführbar exécutable, possible
Mohair mohair *(m)*
Mohairgarn fil *(m)* mohair
Mohairplüsch peluche *(f)* mohair
Mohairwolle, Angoraziegenwolle laine *(f)* mohair, mohair *(m)*
Mohn (Farbe) rouge *(m)* coquelicot
Moiré, Moiréeffekt, Moiréwirkung moirure *(f)*
Moirékalander calandre *(f)* à moirer
moirieren moirer
Mokett, Moquette moquette *(f)*
Mol, Grammolekül mole *(f)*
molar, Molar... molaire, moléculaire
molare Leitfähigkeit conductibilité *(f)* molaire
molare Masse masse *(f)* molaire (ou moléculaire)
Mol(ar)gewicht, Molekulargewicht poids *(m)* molaire
molekular moléculaire
molekulare Lösung, echte Lösg. solution molaire
Molekularbewegung déplacement *(m)* moléculaire, mouvement *(m)* moléculaire
Molekularfilm, Oberflächenfilm film *(m)* moléculaire
Molekulargewicht poids *(m)* mol(écu-l)aire
Molekülbau structure *(f)* des molécules
Molekularverband, -gerüst édifice *(m)* moléculaire
Moll moleton *(m)*
Mondrian-Stil style *(m)* Mondrian
Monocarbonsäure acide *(m)* monocarboxylique
Monochlorbenzol monochlorobenzène *(m)*
Monochloressigsäure acide *(m)* monochloracétique
monochrom, einfarbig monochrome
monofil monofilaire
Monofilament monofilament *(m)*
Monogramm monogramme *(m)*
monomer monomère
Montage, Aufbau montage *(m)*, construction *(f)*, érection *(f)*
Montage von Maschinen construction *(f)* de machines
Montagefehler défaut *(m)* de montage
Montagehalle atelier *(m)* de montage, halle *(f)* de montage
Montageleiter chef-monteur *(m)*
montieren, zusammenbauen monter, assembler
moosgrün vert mousse
Mooskrepp crêpe *(m)* mousse
Moosleinen lin *(m)* moire
Moosstich point *(m)* de mousse
Morgenmantel robe *(f)* de chambre
Morgenrock robe *(f)* de chambre
Morphologie morphologie *(f)*
morsch, brüchig croulant, cassant
Moskitonetz moustiquaire *(f)*
Motiv motif *(m)*
Motor (allgem.) moteur *(m)*
motorisch (adj.) moteur
Motorleistung puissance *(f)* du moteur
Motorradjacke veste *(f)* de moto (cyclette)
Motorverkleidung capotage *(m)* du moteur
Motte, Kleidermotte mite *(f)*
mottenecht résistant aux mites
Mottenfraß mangeure *(f)* de mites
Mottenkugel boule *(f)* antimite
Mottenschutzmittel antimite *(m)*
Mouliné, Moulinégarn fil *(m)* mouliné
moulinieren mouliner
Mousseline mousseline *(f)*
Moutonnestoff étoffe *(f)* moutonnée
Muff (Garnaufm.) manchon *(m)*
Muk-Dekatur décatissage *(m)* muk
Muldenpresse presse *(f)* à cuvette

Muldenpresse mit Mitläuferfilz presse *(f)* à cuvette avec feutre sans fin, presse *(f)* cylindrique avec feutre sans fin
Mulden-Warenspeicher, J-Box machine *(f)* de maturation en boyau, cuve *(f)* en J
Mull mousseline *(f)*, mousseline fine
Müllergaze gaze *(f)* à blutoir
Multiaxialstoff tissu *(m)* multi-axial
multifil multifilaire
Multifilament multifilament *(m)*
Multifilgarn multifilament *(m)*, fil *(m)* multifilament
Multipolymerisat polymère *(m)* complexe
Multipolymerisationsfaser fibre *(f)* multipolymère
Multitextilien (Laminate) textile *(m)* multicouche, textiles *(m, pl)* multicouches
Mungogarn fil *(m)* mungo
Muster, Modell modèle *(m)*
Muster, Musterung dessin *(m)*
Muster, Beispiel exemple *(m)*
Muster, Schaumuster maquette *(f)*
Muster, Probemuster (für Versuche) échantillon *(m)*
Musterabschnitte (z.B. von Stoffen) coupon *(m)* d'échantillon
Musterapparat (für Mustermachung) dispositif *(m)* à dessin
Musterart type de dessin *(m)*
Musterbetrieb atelier *(m)* d'échantillonage
Musterbetrieb (Firma) entreprise *(f)* modèle
musterbildender Schuß trame *(f)* de dessin
Musterfärber teinturier *(m)* d'échantillon
Musterkarte montre-carte *(f)* d'échantillon, carte *(f)* à échantillon
Musterkollektion collection *(f)* d'échantillons
Musterlesen, Mustereinlesen lecture *(f)* du dessin
Mustermaschine (Web.) métier *(m)* à l'armure
mustern, mit Muster versehen appliquer des dessins
mustern, abmustern vérifier la nuance
Musternehmen, -entnahme, Bemusterung échantillonnage *(m)*
Musterrad roue *(f)* à dessin
Musterrapport (Druckerei) répétition *(f)* du dessin
Musterschläger, Kartenschläger piqueur *(m)* du dessin
Musterschutz protection *(f)* accordée des modèles
Musterstück, Original pièce *(f)* originale
Musterstück, Vorbild pièce *(f)* de modèle
Musterung aus (durch) **der Kette** création *(f)* des dessins par la chaîne
Musterwebstuhl métier *(m)* à tisser les échantillons
Musterwechsel changement *(m)* de dessin
Musterzeichenmaschine + Kartenlochmasch. liseur *(m)* et perceur *(m)* mécanique
Musterzeichner, Entwerfer dessinateur *(m)* textile
Mutter, Schraubenmutter écron *(m)*
Mutterlauge lessive *(f)* mère
Mutterlösung, Stammlösung solution *(f)* mère
Mutterwolle laine *(f)* de brébis
Mütze, Kappe casquette *(f)*
Mützenschirm visière *(f)* de casquette

N

nachappretieren apprêter postérieurement
Nachappretur (Vorgang) apprêtage *(m)* ultérieur, apprêtage *(m)* subséquent
Nachappretur (Produkt) apprêt *(m)* ultérieur
Nacharbeit (Verbesserung) repassage *(m)*, retouche *(f)*
nacharbeiten repasser, retoucher, réparer
Nachavivage avivage *(m)* subséquent
nachbehandeln traiter postérieurement
Nachbehandlung traitement ultérieur, traitement *(m)* subséquent
nachbestellen commander en supplément
Nachbestellung commande *(f)* supplémentaire
nachbilden, imitieren imiter
Nachchromieren post-chromatage *(m)*
nachdecken (Färbungen) couvrir subséquemment

Nachdrehung tirage *(m)* supplémentaire
nachdunkeln (Färbungen) foncer
nacheilen être en retard
nacheilend en retard
Nacheilung (Spannr.) retard *(m)* à l'engagement
nacheinander successivement, de suite
Nacherhitzer systéme *(m)* de caléfaction postérieure
Nachfaulbecken (Kläranl.) bassin *(m)* secondaire de putréfaction
nachfixieren post-fixer
Nachfixierung post-fixage
nachfolgen suivre
nachfolgend suivant
Nachfrage demande *(f)*
Nachfrageboom explosion *(f)* de la demande
Nachführautomatik poursuite *(f)* automatique
Nachführung, Nachlauf (Mechanik) poursuite *(f)*
nachfüllen remplir, refaire le plein
nachgebend, dehnbar prêtant
nachgehen (Uhr) retarder
nachgiebig, elastisch souple, flexible, élastique
Nachgiebigkeit élasticité *(f)*, flexibilité *(f)*
nachgilben, vergilben jaunir
nachhärten durcir ultérieurement
Nachkämmen (Vorgang) repeignage *(m)*
Nachklärbecken bassin *(m)* de décantation finale
Nachlauf (bei Destill.) après-coulant *(m)*
Nachlaufflotte, Nachsatzflotte bain *(m)* d'alimentation, bain *(m)* de nourissage
nach Maß gearbeitet fait sur mesure
nachmessen remesurer, vérifier
Nachmittagskleid robe *(f)* d'aprés-midi
Nachmusterung réassortiment *(m)*
Nachoxidation oxydation *(f)* subséquente
nachprüfen vérifier, contrôler
nachregeln, regulieren rajuster, régler de nouveau
Nachregulierung rajustage *(m)*
Nachreinigung (Wäsche) nettoyage *(m)* ultérieur
Nachreinigung mit Lösungsmittel nettoyage *(m)* à sec ultérieur
Nachrüstsatz lot *(m)* de rattrapage
Nachrüstung (von Maschinen) rattrapage *(m)*
Nachsatz (bei Färbg. z. B.) addition *(f)* ultérieure, ajoutage *(m)* ultérieur
Nachsatzflotte bain *(m)* d'alimentation, bain *(m)* de nourrissage
Nachsatzlösung solution *(f)* de nourrissage
nachschärfen (Färbebad) régénérer
Nachschrumpfung retrait *(m)* de fabrication
nachsetzen (Färbebad) ajouter ultérieurement, renforcer, regarnir
nachspannen resserrer, retendre
nachspülen rincer ultérieurement
Nachspülen (Vorgang) rinçage *(m)* final
nachstellen, einstellen rajuster
nachstellen, imitieren imiter, mettre au point, reproduire
nächstniedrig, nächsttiefer immédiatement plus bas
nachstrecken allonger, postétirer
Nachstreckung (Faserherst.) postétirage *(m)*
Nachtblindheit héméralopie *(f)*
Nachteil désavantage *(m)*
Nachthemd chemise *(f)* de nuit
Nachtmütze bonnet *(m)* de nuit
nachtonen (Färbungen) nuancer
nachträglich, zusätzlich additionnel, supplémentaire
nachträglich, später ultérieur, postérieur
nachtrocknen sécher ensuite
Nachtrocknung séchage *(m)* final
Nachtwäsche lingerie *(f)* de nuit
Nachverdampfung évaporation *(f)* ultérieure
Nachverstreckung postétirage *(m)*, étirage ultérieur
nachwaschen, nachseifen laver subséquemment, postsavonner
Nachwäsche lavage *(m)* ultérieur, lavage subséquent, postsavonnage *(m)*
Nachweis preuve *(f)*
Nachweis (i. der analyt. Chemie) décèlement *(m)*, identification *(f)*
nachweisbar décelable
nachweisen déceler, identifier, démontrer
Nachweisflüssigkeit, -lösung indicateur *(m)* liquide

Nachweisgrenze limite *(f)* de décèlement, limite *(f)* de détection, limite *(f)* d'indication
nachwiegen repeser, vérifier le poids
Nachwirkung effet *(m)* ultérieur
Nachwirkung, bleibende Nachwirkung effet *(m)* résiduel
nachziehen (Farbstoffe) monter ultérieurement
Nachzug (Ausfärbung) équisement *(m)* subséquent
Nachzug (Spinn.) retirage *(m)*
nachzwirnen, organsinieren organsiner
Nadel aiguille *(f)*
Nadelbesatz garniture *(f)* d'aiguilles
Nadelbett fonture *(f)*
Nadeleinfädler enfile-aiguille *(m)*
Nadelfach pas *(m)* pour le fer
Nadelfeld (Nadelfilzherst.) champ *(m)* à aiguilles, champ *(m)* d'aiguilletage
Nadelfeld (Strecke) champ *(m)* de barettes
nadelfest serre *(f)* optimale
Nadelfilz feutre *(m)* aiguilleté
Nadelfilzen (Vorgang) feutrage *(m)* à aiguilles
Nadelfilzmaschine feutreuse *(f)* à aiguilles
Nadelflormaschine, Tuftingmaschine machine *(f)* au tufting
Nadelflortextilien textiles *(m, pl)* tuftés
Nadelflorteppich, Tuftingteppich tapis *(m)* tufté, tapis *(m)* velouté aux aiguilles
Nadelgliederkette chaînon *(m)* d'éléments d'aiguilles
Nadelhalter (Nähmasch.) pince-aiguille *(m)*
Nadelheber (Web.) monte-aiguilles
Nadelkette (Web.) chaîne *(f)* à picots
Nadelkette (am Spannrahmen) chaîne *(f)* à aiguilles
Nadelkissen pelote *(f)* d'épingles
Nadelleiste (Spinn.) barette *(f)* à aiguilles
Nadelleiste, Kammstab barre *(f)* à aiguilles
Nadelleiste (in der Webmasch.) plaquette *(f)* à picots
nadeln épingler, aiguilleter
Nadeln (Vorgang i.d. Nadelfilzherst.) aiguilletage *(m)*
Nadelreihe rangée *(f)* d'aiguilles
Nadelspannrahmen rameuse *(f)* à aiguilles
Nadelstabstrecke étirage-frotteur *(m)* à barettes, intersecting *(m)*
Nadelstärke numéro *(m)* d'aiguille
Nadelstich (Stelle) point *(m)* de couture
Nadelstich (Fehler durch Lochbildung) piqûre *(f)*
Nadelstreifen à très fines rayures
Nadelstuhlteppich tapis *(m)* au métier à aiguilles
Nadelteilung division *(f)* des aiguilles, espacement *(m)* des aiguilles
Nadeltuch tablier *(m)* à pointes
Nadelverbundstoff nontissé *(m)* aiguilleté
Nadelwalze cylindre-hérisson *(m)*
Nadelwalzenstrecke frotteur *(m)* de préparation à hérisson, finisseur *(m)* hérisson
Nadelzugmuster dessin *(m)* obtenu par suppression d'aiguilles
nähen coudre
Nähen (Näharbeit) couture *(f)*
Näherin couturière *(f)*, petite main *(f)*
Nähgarn fil *(m)* à coudre
Nähkasten boîte *(f)* à coudre
Nähkorb corbeille *(f)* à ouvrage
Nähkränzchen cercle *(m)* de couture
Nähmaschine machine *(f)* à coudre
Nähnadel aiguille *(f)* à coudre
Nähseide soie *(f)* à coudre
Naht couture *(f)*
nahtlos sans couture
nahtlose Damenfeinstrümpfe bas *(m)* sans coutures
Nahtverbindung assemblage *(m)* par fil
Nahtverstärkung (Strümpfe) couture *(f)* renforcée
Nähwirkbodenbelag revêtement *(m)* du sol piqué
Nähwirkstoffe articles *(m, pl)* Mali (Malimo)
Nähwirkware tissu *(m)* maille cousue
Nähzwirn, Nähfaden fil *(m)* à coudre
Naphtha naphthe *(m)*
Naphthalin naphthalène *(m)*, naphthaline *(f)*
Naphthalinsulfosäure acide *(m)* napthaline-sulfonique

Naphthen, Cyclohexan cyclane *(m)* cycloalcane *(m)*
Naphthol naphthol *(m)*
Naphthol-AS-Kombination colorant azoïque insoluble
Naphthol-AS-Kupplungskörper copulant *(m)* naphtol AS
Naphtholatdruck impression *(f)* naphtolate
Naphtholfärberei teinture *(f)* aux naphtoles
Naphtholgrundierung piétage *(m)* en naphtol
naphtholieren naphtoliser
Naphtholklotzbad bain *(m)* de foulardage au naphtolate
naß mouillé, humide
naß in naß mouillé sur mouillé
Naß-in-naß-Verfahren procédé *(m)* mouillé sur mouillé
Naßappretur apprêt *(m)* au mouillé
Naßbeständigkeit résistance *(f)* au mouillé
Naßbürstmaschine machine *(f)* à brosser humide, brosseuse *(f)* à humide, br. à l'état humide
Naßdampf vapeur *(f)* humide
Naßdehnung allongement *(m)* à l'état humide
Naßdekaturmaschine décatisseuse *(f)* au mouillé
Naßdekatur décatissage *(m)* au mouillé
Naßdetachiermittel détachant *(m)* au mouillé
Nässe humidité *(f)*
naßecht résistant à l'humidité
Naßechtheit résistance *(f)* à l'humidité
nässen, netzen mouiller, humecter
nässen, bespritzen arroser
Naßfestigkeit résistance *(f)* au mouillé
Naßfixieren fixage *(m)* au mouillé
Naßknitterfestausrüstung apprêt *(m)* d'infroissabilité à l'état mouillé
Naßmodul module *(m)* mouillé
naßrauhen lainer au mouillé, gratter au mouillé
Naßrauhmaschine laineuse *(f)* au mouillé, gratteuse *(f)* au mouillé
Naßreinigung nettoyage *(m)* par voie humide
Naßreißfestigkeit ténacité *(f)* à la rupture au mouillé
Naßreißmaschine (Faseraufbereitung) machine *(f)* à effilocher au mouillé
Naßschrumpf retrait *(m)* au mouillé
naßspinnen filer au mouillé
Naßspinnen, Naßspinnverfahren filage *(m)* au mouillé
Naßteilfeld section *(f)* de séparation des fils à l'état humide
naszierend, freiwerdend (Chem.) naissant
Naßzustand état *(m)* mouillé
Naßzwirnverfahren procédé *(m)* de retordage au mouillé
Natrium sodium *(m)*
Na-acetat acetate *(m)* de sodium
Na-bicarbonat bicarbonate *(m)* de sodium
Na-bichromat dichromate *(m)* de sodium
Na-fluorid fluorure *(m)* de sodium
natriumgekühlt refroidi au sodium
Na-hydrosulfit, Na-dithionit hyposulfite *(m)* de sodium, dithionite *(m)* sodique
Na-hydroxid, Ätznatron hydroxyde *(m)* de sodium, soude *(f)* caustique
Na-hypochlorit, unterchlorigsaur. Na hypochlorite *(m)* de sodium
Na-hypochlorit in Lösg., Natronbleichlauge eau *(f)* de Javel, hypochlorure *(m)* de sodium
Na-Karbonat, Soda carbonate *(m)* de sodium, soude *(f)*
Na-nitrat nitrate *(m)* de sodium
Na-nitrit nitrite *(m)* de sodium
Na-perborat peroxyhydrate *(m)* de métaborate de sodium
Na-permanganat permanganate *(m)* de sodium
Na-sulfat (neutral) Glaubersalz sulfate *(m)* de sodium, sel *(m)* de Glauber
Natron bicarbonate *(m)* de sodium
Natronlauge soude *(f)* caustique, lessive *(f)* de soude caustique
Natronwasserglas silicate *(m)* de sodium
Natronzellulose, Natronzellstoff pâte *(f)* à la soude
natté natté, étaminé
Naturfarbstoff colorant *(m)* naturel
Naturfaser fibre *(f)* naturelle
Naturseide soie *(f)* naturelle

Ne (Nummer englisch) Ne (numéro anglais)
Neben..., getrennt séparé
Nebenanlage installation *(f)* annexe
Nebeneffekt effet *(m)* secondaire, sous-effet
nebeneinander l'un à côté de l'autre
nebeneinanderlegen juxtaposer
Nebenerzeugnis, Nebenprodukt produit *(m)* secondaire, sous-produit
Nebenfaden (Verstärkerfaden) fil *(m)* de renfort
Nebenfarbe couleur *(f)* secondaire
Nebenreaktion réaction *(f)* secondaire
nebensächlich insignifiant
Nebenvalenz, Nebenwertigkeit valence *(f)* secondaire
Nebenwirkung effet secondaire, action *(f)* secondaire
negativ négatif
negatives Vorzeichen, Minuszeichen signe *(m)* moins
Negerpuppe négrillon *(m)* (poupée)
negieren nier
Negligé négligé *(m)*, déshabillé *(m)*
neigen zu tendre à
Nenn... nominal
Nennlänge (Faserherst.) longueur *(f)* nominale
Nenntiter titre *(m)* nominal
Neon néon
Neonröhre, Neonlampe tube *(f)* néon, lampe *(f)* au néon
Neopren néoprène *(m)*
Neriseide soie *(f)* de néri
Nerz vison *(m)*
Nerzbesatz garniture *(f)* en vison
Nerzmantel manteau *(m)* de vison
Nessel, Nesselstoff tissu *(m)* de coton écru
Nesselfaser fibre *(f)* d'ortie
netto, rein net
Nettomasse (Faserherst.) masse *(f)* nette, poids *(m)* net
Netz (Verteilernetz, Bahnnetz, etc.) réseau
Netz, Fischernetz filet *(m)*
Netzanschluß branchement *(m)* au réseau
netzen mouiller, humecter
Netzfähigkeit mouillabilité *(f)*
Netzflotte, Netzbad bain *(m)* de mouillage
netzförmig réticulaire
Netzgardine rideau *(m)* en mailles filet
Netzmittel agent *(m)* de mouillage, mouillant *(m)*
Netzstoff (netzartiges Gewebe) tissu *(m)* fileté
Netzstrumpf bas(-filet) *(m)* en maille
Netztrikot tricot filet *(m)* en maille
Netzwebstuhl métier *(m)* à filet
Netzwerk entrelacs *(m)*
neu neuf
neu belegen (Walzen) regarnir
Neuerung innovation *(f)*
Neuheit nouveauté *(f)*
neutral neutre
neutral, träge (Phys./Chem.) inerte
neutral färben teindre en bain neutre
neutralfärbend, -aufziehend montant en bain neutre
Neutralisation neutralisation *(f)*
Neutralisationsmittel neutralisant *(m)*
Neutralisationszahl, Säurezahl indice *(m)* de neutralisation
neutralisieren neutraliser
neutralisieren, entsäuern désacidifier
Neutralisations-Spülmaschine machine *(f)* à neutraliser et rincer
Neutralität neutralité *(f)*
Neutralöl huile *(f)* neutre
Neutralpunkt point *(m)* neutre
neutralziehend montant en bain neutre
Nf (Nummer französisch) Nf (numéro français)
nicht non
nicht aus-, nicht durchführbar non exécutable
nicht automatischer Webstuhl métier *(m)* non-automatique
Nichtbeachtung inobservation *(f)*, négligence *(f)*
nicht brennbar non inflammable, ininflammable
nicht endständig (Chem.) non-terminal
nicht fleckend non tachant
nicht flüchtig non volatil, non-volatil
nicht gewebter Teppich tapis *(m)* non tissé
nichtionogen non-ionogène
nicht rapporthaltig non au rapport
nicht rauchende Schwefelsäure acide *(m)* sulfurique non fumant

nicht rostend antirouille
nicht verfilzend non feutrant
nicht verseifbar insaponifiable
nicht walkend non foulant
nicht zersetzbar, nicht abbaubar indécomposable, indégradable
Nickel nickel *(m)*
Nicki nicki *(m)*
nieder, niedrig bas
niederorientiertes Garn fil *(m)* orienté bas
niedrige Garnnummer gros numéro *(m)*, numéro bas
Niederdruck basse pression *(f)*
Niederdruckpolyäthylen, Hartpol. polyéthylène *(m)* basse pression
Niederschlag, Ausfällung précipitation *(f)*, précipité *(m)*
Niederschlag, abgesetzter Niederschl. sédiment *(m)*
sich niederschlagen précipiter, se déposer
niederschlagsfrei, ohne Ausfällung exempt de précipitation (s)
niedrigsiedend à bas point d'ébullition, de point *(m)* d'ébullition inférieur
niedrigst, kleinst le plus bas, le plus petit
niedrigviskos de basse viscosité *(f)*, peu visqueux
Nierengurt ceinture *(f)* pour protéger les reins
Niete rivet *(m)*
Niet(en)hose jean *(m)* à rivets
Nisse (Insekt) puce *(f)*
Nisse, Noppe nœud *(m)*, bouton *(m)*, nope *(f)*, bouloche *(f)*
Nitrat nitrate *(m)*, azotate *(m)*
Nitratseide soie *(f)* à la nitrocellulose
Nitratweißätze enlevage *(m)* blanc à l'acide nitrique
nitrierbar nitrable
nitrieren (mit N_2 behandeln) azoter
nitrieren (NO_2-Gruppe einfügen) nitrer
Nitrierung (NO_2) nitration *(f)*
Nitril nitrile *(m)*
Nitrillatex latex *(m)* nitrile
Nitrit azotite *(m)*, nitrite *(m)*
Nitroanilin nitro-aniline
Nitrosofarbstoff colorant *(m)* nitroso
Nitrotoluol nitrotoluène *(m)*
Nitroverbindung dérivé *(m)* nitré
Nitrozellulose nitrocellulose
Nitschelhose frottoir *(m)*, manchon *(m)* frotteur
Nitschelhub course *(f)* de frottoirs
nitscheln, reiben frotter
Nitschelstrecke étirage *(m)* à frottoirs
Nitschelwalze cylindre *(m)* de frottoir
Nitschelwerk, Nitschler frotteur *(m)*, rotafrotteur *(m)*, frottoirs *(m, pl)*
Niveau niveau *(m)*
Niveauregler dispositif *(m)* de nivelage
Nomenklatur nomenclature *(f)*
Nonnenschleiertuch tissu voile *(m)* de nonne
Non-Torque-Verfahren procédé *(m)* non-Torque
Nonwovens non-tissé
Noppe nope *(f)*, boucle *(f)*
Noppe im Schnittpolteppich touffe *(f)*
Noppeisen épincette *(f)*
noppen, putzen, stopfen noper
Noppenbildung formation *(f)* de nopes
Noppenfestigkeit liage *(m)* du poil
noppenfrei exempt de nopes, exempt de boutons
Noppengarn fil *(m)* à boutons, fil *(m)* boutonné
Noppenlängsreihe colonne *(f)* de touffes
Noppenquerreihe rangée *(f)* de touffes
Noppenstoff tissu *(m)* à nopes
Noppenzahl (Teppich) nombre *(m)* de noppes (tapis)
Nopp(en)zange pince *(f)* à noper
Norm, Regel norme *(f)*, règle *(f)*
normal, üblich normal
Normalklima atmosphère *(f)* normale, climat *(m)* standardisé
Normklima, Prüfklima atmosphère *(f)* à l'examen, atmosphère *(f)* normal de référence
Norm(al)klimaraum chambre *(f)* conditionnée aux atmosphères normale
Normalkonzentration concentration *(f)* normale
normallange Socke chaussette *(f)* à longueur normale
Normallösung, n-Lösung solution *(f)* étalon, solution *(f)* type
normen standardiser
Normenausschuß Commission *(f)* de Normes

Normfarbtafel nach CIE diagramme *(m)* de chromaticité
Normfarbwert composante *(f)* trichromatique (dans le système colorimétrique CIEI)
normgerecht conformément aux normes, en conformité *(f)* avec les normes
Normlichtwert (DIN 5031) illuminant *(m)* normalisé
Normung volume *(m)* aux conditions normales
Normvorschrift exigence *(f)* des normes
Normvorspannkraft (Faserprüfung) prétension *(f)* normale
Normzahl (NZ) nombre *(m)* normal
Not... d'urgence, de sécurité *(f)*
Nouveauté nouveauté *(f)*
Nuancierung nuancage *(m)*
nuklear nucléaire
Null, Nullwert zéro *(m)*
Null, Nichts nul *(m)*
Null, auf Null einstellen amener au zéro
Null, auf Null stehen être à zéro
Nulldraht torsion *(f)* zéro
nullwertig non-valent
Nullwertigkeit valence *(f)* zéro
numdah numdah
numerieren numéroter
Numerierung numérotage
numerisch numérique
Nummer, Zahl numéro *(m)*
Nummer (grobe N., feine N.) titrage *(m)* (gros, fin)
Nummer metrisch (Nm) numéro *(m)* métrique, numéro *(m)* de finesse
Nutenteilwalze rouleau *(m)* rainure
Nutsche (Vakuumfilter) filtre *(m)* de succion
nutschen filtrer par succion, filtrer sous vide
nutzbar utile, productif
Nutzbereich domaine *(m)* utile
Nutzeffekt effet *(m)* utile, travail *(m)* utile
Nutzeffekt, Wirkungsgrad, Ausbeute rendement *(m)*
Nutzen, Vorteil profit *(m)*, bénéfice *(m)*, avantage *(m)*
Nutzen-Kosten-Analyse analyse *(f)* sur le rapport des frais et du profit
nützlich utile
Nutzung, Benutzung utilisation *(f)*, usage *(m)*
Nutzwärme chaleur *(f)* utile, chaleur *(f)* effective
Nutzwasser, Brauchwasser eau *(f)* industrielle
Nylon nylon *(m)*
Nylonstrümpfe bas *(m, pl)* en nylon
nylonverstärkt renforcé nylon

O

„Oben-ohne" monokini
Oberbegriff terme *(m)* générique
Oberbekleidung vêtement *(m)*, vêtements *(m, pl)*
Oberfaden fil *(m)* de dessus
Oberfläche surface *(f)*, superficie *(f)*
Oberfläche, die Oberfl. bearbeiten usiner la surface
oberflächenaktiv tensio-actif
Oberflächenaktivität tensio-activité *(f)*, activité *(f)* de surface, activité *(f)* superficielle
Oberflächenglanz reflet *(m)* superficiel, éclat *(m)* superficiel
Oberflächenreibung der Fasern frottement *(m)* superficiel des fibres
Oberflächenschicht couche *(f)* superficielle
Oberflächenspannung tension *(f)* superficielle
Oberflächenwasser eau *(f)* de surface
Obergrundkette chaîne *(f)* de fond supérieure
Oberhaar poil *(m)* supérieur, poil superficiel
Oberhemd chemise *(f)* à manches longues
Oberkette (Velours) chaîne *(f)* de poil
Oberlage couche *(f)* supérieure
Obermaterial matériel *(m)* de voie
Oberrand revers *(m)*
Oberrandverstärkung renforcement *(m)* du revers
Oberschicht couche *(f)* supérieure
Oberschlag (Web.) chasse *(f)* par le haut
Oberschlagwebmaschine métier *(m)* à chasse par le haut
Oberschlinge boucle *(m)* du fil d'aiguille

Oberschuß trame *(f)* d'endroit, trame de dessus
Oberseite face *(f)* supérieure, partie *(f)* supérieure
Oberteil partie *(f)* supérieure, le haut
Obertrikotagen vêtements *(m, pl)* de dessus tricotés
Oberwalze cylindre *(m)* ou rouleau supérieur
Oberweite tour *(m)* de poitrine
Oberwolle laine *(f)* mère
Ocker (Farbe) ocre *(f)*
ockergelb jaune ocre
Octylalkohol alcool *(m)* octylique
ofentrockener Zustand (Faserbest.) état *(m)* anhydre
offen ouvert
offen, unverpackt non emballé
offen, lose gesponnen à torsion *(f)* floche
offen, lose gewebter Stoff tissu *(m)* lâche
offener Abkochapparat cuve *(f)* ouverte à débouillir
offen-End-Spinnen filature *(f)* open-end, filature *(f)* à fibre libérée
offener Harnisch arcades *(f, pl)* ouvertes
offene od. engl. Schnürung (Web.) empoutage *(m)* à tours anglais
Offenfach, bei Offenfach à pas ouvert
Offenfachexzenter excentrique *(m)* pour pas ouvert
Offenfachjacquardmaschine mécanique *(f)* Jacquard à pas ouvert
Offizierskragen col *(m)* officier
öffnen ouvrir
Öffnen des Fachs ouverture *(f)* du pas
Öffner (Spinn. Vorb.) ouvreuse *(f)* mécanique, loup *(m)* batteur
Öffnertrommel tambour *(m)* ouvreur
Öffnung, Öffnen ouverture *(f)*
Öffnung, Mündung, Ein-/Ausgang orifice *(m)*, embouchure *(f)*
Offsetdruck impression *(f)* offset
OH-Gruppe groupe *(m)* OH
Ohrenklappe oreillette *(f)*
Ohrenschützer oreillon *(m)*
Ohrring boucle *(f)* d'oreille
Ökologie écologie *(f)*
ökologisch écologique
Ökosystem écosystème *(m)*
Oktanzahl indice *(m)* d'octane
Öl huile *(f)*
Öl, Heizöl fuel *(m)*, mazout *(m)*
Ölabscheider séparateur *(m)* d'huile, déshuileur *(m)*
ölabweisend oléophobe
ölabweisende Ausrüstung apprêt *(m)* oléophobe
ölartig oléagineux, oléiforme
Ölavivage avivage *(m)* à huile
ölbeständig (z. B. Lack) résistant à huile
ölbildend oléfiant
Ölbrenner brûleur *(m)* à mazout (à fuel)
öldicht étanche à l'huile
Öldruck (Verfahren) impression *(f)* à l'huile
Oleat oléate *(m)*
Olefin oléfine *(f)*
olefinische Doppelbindung liaison *(f)* éthylénique
Olein oléine *(f)*
Oleinsäure acide *(m)* oléique
Oleinschmälze ensimage *(m)* d'oléine, ensimage à oléine
Ölemulsion émulsion *(f)* à l'huile
ölen huiler, lubrifier
Ölen (Vorgang) huilage *(m)*
Oleum, rauchende Schwefelsäure acide *(m)* sulfurique fumant, oléum *(m)*
Ölfangmatte bâche *(f)* de retenue d'huile
Ölfarbe couleur *(f)* à l'huile
Ölfilm film *(m)* d'huile
Ölfleck tache *(f)* d'huile
Ölfleck auf dem Meer nappe *(f)* de mazout, marée *(f)* noire
Ölgehalt teneur *(m)* en huile
ölgekühlt refroidi par l'huile
ölhaltig (geologisch) pétrolifère
ölhaltig (allg.) huilifère, contenant de l'huile
Ölheizung chauffage *(m)* à fuel (à mazout)
ölig huileux
ölig, fettig onctueux
Oligomere oligomères *(m, pl)*
Oligomerenabrieb (bei Gebrauch) abraison *(f)* de la fraction oligomère, abraison des oligomères
Oligomerenausfall précipitation *(f)* d'oligomères
Öl-in-Wasser-Emulsion émulsion *(f)* aqueuse
Olivenblattmuster motif *(m)* à feuilles d'olivier
olivgelb olive jaune

olivgrün vert olive, vert d'olive
Ölkohlenwasserstoffe hydrocarbures *(m, pl)* de pétrole
Ölraffinerie raffinerie *(f)* de pétrole
Ölrückgewinnungsanlage installation *(f)* de récupération d'huile
Ölrückstand résidu *(m)* d'huile
Ölspritzer jaillissement *(m)* d'huile
ölundurchlässig étanche (ou imperméable) à l'huile
Ölung, Schmierung graissage *(m)*, huilage
Ombrays, Ombré ombré *(m)*
Oniumfarbstoff colorant *(m)* à radical onium
opak opaque
opalisierend opalescent
Op-Art op-art
Op-Art-Musterung dessin *(m)* op-art
open-end-Spinnerei filature *(f)* open-end, filature *(f)* à fibre libérée
Operation (EDV) opération *(f)*
Operationsbefehl (EDV) code *(m)* d'opération
Optik optique *(f)*
optimal optimal
optimale Alkalität alcalinité *(f)* optimale
Optimalisierung, Optimierung optimisation *(f)*
optimieren optimiser
Optimierungssystem système *(m)* optimalisant
Optimum, Bestwert optimum *(m)*
optisch optique
optisch aufgehellt azuré optique
optischer Aufheller azurant *(m)* optique
optische Aufhellung azurage *(m)* optique
Orange, Orangenfarbe orange *(m)*, couleur *(f)* orange
orangerot orangé
Orchidee orchidée *(f)*
Order commande *(f)*
Orderbuch carnet *(m)* de commandes
ordnen, organisieren organiser
ordnen, in ein System bringen mettre en règle, ordonner
ordnen, einordnen classer
Ordnung ordre *(m)*
Ordnung, Stufenreihe séquence *(f)*, ordre *(m)*, suite *(f)*
Ordnungszahl, Atomzahl nombre *(m)* atomique, atomicité *(f)*
Ordnungszahl, Ordinalzahl nombre *(m)* ordinal
Organdy organdi *(m)*
Organiker (Chemiker) organicien *(m)*, chimiste *(m)* organicien
organisch organique
organische Chemie chimie *(f)* organique
organische Verbindung composé *(m)* organique
Organismus organisme *(m)*
organsinieren, nachzwirnen organsiner
Organza organza *(f)*
orientalisch oriental
orientieren, strecken (Moleküle) orienter
orientieren durch Verstreckung orienter par étirage
Orientteppich tapis *(m)* d'Orient
Original original *(m)*
Original, Urmuster prototype *(m)*
Orlon Orlon, Crylon *(m)*
ornamental ornemental
Ornamentmuster motif *(m)* ornemental
Ortophosphorsäure acide *(m)* orthophosphorique
örtlich local
örtliche Anfärbung teinture *(f)* partielle, coloration *(f)* partielle
Öse œillet *(m)*
Öse, Schlinge boucle *(f)*
Ösenleiste porte *(m)* guide-fil
Osmose osmose*(f)*
osmotisch osmotique
Ostergeschenke cadeaux *(m, pl)* de Pâques
Oszillation, Schwingung oscillation *(f)*
oszillieren osciller
Ottomane otoman *(m)*
„Outdoor"-Teppich tapis *(m)* d'extérieur
ovaler Ausschnitt décolleté *(m)* oval
Ovalhaspel tourniquet *(m)* oval
Overall overall
Overlocknaht couture *(f)* overlock
Oxal... oxalique
Oxalat oxalate *(m)*
oxalsauer d'oxalate
Oxalsäure acide *(m)* oxalique
Oxamid oxamide *(m)*
Oxäthylierung éthoxylation *(f)*

Oxäthylierungsgrad niveau *(f)* d'éthoxylation
Oxazin oxazine *(f)*
Oxazinfarbstoff colorant *(m)* oxazinique
Oxfordkaro carreau *(m)* Oxford
Oxid oxyde *(m)*
Ox-Redox-Verfahren procédé *(m)* d'oxydoréduction
Oxyazofarbstoff colorant oxyazoïque, colorant *(m)* oxyazoté
Oxycellulose oxycellulose *(f)*
Oxydase oxydase *(f)*
Oxydation oxydation *(f)*
Oxydationsbeständigkeit stabilité *(f)* à l'oxydation
Oxydationsbleiche blanchiment *(m)* oxydant
Oxydationsfarbstoff colorant *(m)* d'oxydation
oxydationsfrei, nicht oxydierend inoxydable
Oxydationsinhibitor antioxydant *(m)*
Oxydation-Reduktion oxydoréduction *(f)*
Oxydationsschwarz noir *(m)* d'oxydation
Oxydationsvorgang procédé d'oxydation, action *(f)* oxydative
Oxydator, Oxydans oxydant *(m)*
oxydierbar oxydable
Oxydierbarkeit oxydabilité *(f)*
oxydieren oxyder
oxydieren, mit O_2 anreichern oxygéner
oxydimetrisch oxydimétrique
oxydisch par voie d'oxydation
Oxygen oxygène *(m)*
Ozelot ocelot *(m)*
Ozelotbesatz garniture *(f)* en ocelot
Ozon ozone *(m)*
Ozonbleiche blanchiment *(m)* à l'ozone
ozonfest résistant à l'ozone

P

p. a. (pro analysi) analysenrein analytiquement pur
Paar paire *(f)*
paarweise einlesen (Web.) enverger par paires (des fils)
Pack, Packen, Ballen paquet *(m)*
Packapparat appareil *(m)* d'empaquetage
Packen, aus Garn ballot *(m)*
packen, ein-, verpacken emballer
packgefärbt teint en empaquetage
Packpapier papier *(m)* pour emballage
Packpresse presse *(f)* à empaqueter (à emballer)
Packzettel bordereau *(m)* d'envoi
Paddel, Paddelfärbemaschine machine *(f)* à teindre à palettes
Paddingmaschine, Klotzmaschine foulard *(m)*, machine *(f)* à padding
Pad-Jig-Verfahren procédé *(m)* au foulard-jigger, procédé *(m)* pad-jig
Pad-Roll-Verfahren procédé *(m)* au foulardage-enroulage, procédé *(m)* Pad-Roll
Pagenform-Schlüpfer panty *(m)* forme page
Pailletten paillettes *(f, pl)*
Paket paquet *(m)*, colis *(m)*
Pakohaar poil *(m)* d'alpaca
Paletot pardessus *(m)*
Palette, Stapelpalette palette *(f)*
Palette (z. B. von Farbst.) gamme *(f)*
Palmblattmuster dessin *(m)* en forme de palmes
Palmerausbreiter palmer *(m)*
Palmöl huile *(f)* de palmier
Panamabindung armure *(f)* nattée, armure Panama
Panamahut (chapeau *(m)*) panama
panchromatisch panchromatique
Panne panne *(f)*
Panne, eine Panne haben être en panne
Panneau panneau *(m)*
Pannesamt panne *(f)* de velours
Pantoffel pantoufle *(f)*
Pantoletten mules *(f, pl)*
Pants collants *(m, pl)*
Papier papier *(m)*
Papiergarn fil *(m)* en papier
Pappe carton *(m)*
Papphülse (für Spulen) tube *(m)* en carton
Paradiesvogel oiseau *(m)* du paradis
Paraffin paraffine *(f)*
paraffinieren paraffiner
Paraffinieren, Paraffinierung paraffinage *(m)*
paraffinisch, paraffinhaltig paraffinique

Paraffin-Kohlenwasserstoffe hydrocarbures *(m, pl)* saturés paraffines, alcanes *(m, pl)*
Paraffinöl huile *(f)* de paraffine
Paraffinscheibe (Zwirnerei) parraffineur *(m)*
Paraffinwachs cire *(f)* de paraffine
Paraformaldehyd paraformaldéhyde *(m)*, paraforme *(f)*
parallel parallèle
Parallelbetrieb opération *(f)* en parallèle
parallele Ein- u. Ausgabe (EDV) accès *(m)* en parallèle
Parallelgarn fil *(m)* parallélisé
parallelgeschaltet mis en parallèle
Parallelisieren der Fasern parallélisation *(f)* des fibres
Parallelo parallélo *(m)*
Parallelwicklung enroulement *(m)* parallèle
Parallelwindung bobinage *(m)* parallèle
Parameter paramètre *(m)*
Paramolekül paramolécule *(f)*
Paraphenylenblau bleu *(m)* à paraphénylène
para-ständig (Chem.) en position para
parfumieren parfumer
Parität, Gleichheit parité *(f)*
Parka canadienne *(f)*
Partie, abgeteilte Menge (z. B. Färb.) lot *(m)*
partiell partiel
Partiennummer numéro *(m)* de lot
partieweises Einziehen rentrage *(m)* par groupes
Partikel, Korpuskel particule *(f)*, corpuscule *(f)*
parts per million, p. p. m. parts *(f, pl)* par million, p. p. m.
Partykleid robe *(f)* de surprise-partie
Paspel passepoil *(m)*
Paspellierung passepoil *(m)*
Paspeln passepoils *(m, pl)*
Paspelmaschine machine *(f)* à passepoiler
Passage (Färb.) passage *(m)*
Passage (Spinn.) passage *(m)*, section *(f)*
Passe patte *(f)*
passen (auf, zu, in) être à la mesure, cadrer avec
passen, gelten s'appliquer à
passen, gut passen être juste, aller bien
Passenärmel manche *(f)* montée
passend convenable, juste
passende Farben couleurs *(f, pl)* assorties
Paßfehler défaut *(m)* de cadrage
Paßgenauigkeit précision *(f)* de cadrage
passieren der Kettfäden rentrer les fils de chaîne, renfiler les fils de chaîne
Passiermaschine (Ketteinzug) rentreuse *(f)* de chaînes, renfileuse *(f)* de chaînes
passiv passif
passive Kettbaumablaßvorrichtung (Kettbaumbremsen) dispositif *(m)* de déroulement de la chaîne par freinage de l'ensouple
Paßmuster patron *(m)* sur mesure
Paßstück dropper *(m)*
Paste pâte *(f)*
pastell pastel
Pastellfarbe coloris *(m)* pastel
pastig, pastös pâteux
Pastille pastille *(f)*
Pastillenpresse pastilleuse *(f)*
Patent, Patentschrift brevet *(m)*
Patent anmelden demander un brevet
Patent erteilen accorder un brevet
Patentstrickerei côte *(f)* anglaise
Patentverschluß fermeture *(f)* brevetée
Patrone (Web.) mise *(f)* en carte, dessin *(m)*, patron *(m)*
Patronenpapier papier *(m)* quadrillé, papier à patrons
Patte patte *(f)*, rabat *(m)*
Pattentasche poche *(f)* à rabat
Pause, Unterbrechung pause *(f)*
Pause, Zeitraum intervalle *(m)*
Pause, Kopie tirage *(m)*
Pech (Teersubst.) poix *(f)*, brai *(m)*
pechartig poisseux
Pechspitzen (Wolle) pointes *(f, pl)* de poix, pointes de goudron
peignieren peigner
Pektin pectine *(f)*
Pelerine pélerine *(f)*
Pelz (mehrschichtiger Flor) nappe *(f)* de voile
Pelzbesatz garniture *(f)* de fourrure
pelzig velu, revêtu de fourrure
Pelzimitation imitation *(f)* de fourrure
Pelzkragen col *(m)* de fourrure

Pelzmantel manteau *(m)* de fourrure
Pelzmesse salon *(m)* de la fourrure
Pelzmütze toque *(f)* de fourrure
Pelzsamt, Tuchsamt drap-velvet *(m)*
Pelzstoff étoffe *(f)* à fourrure
Pendelfadenführer guide-fil *(m)* oscillant
Pendelferse talon *(m)* circulaire
Pendelspitze pointe *(f)* pendulaire
Pendelwalze rouleau *(m)* compensateur
Pendelzentrifuge essoreuse *(f)* oscillante
Penetration pénétration *(f)*
Penetrationsverbesserer améliorant *(m)* de pénétration
Penetrationsvermögen force *(f)* de pénétration
Pentachloräthan pentachloréthane
Pentachlorphenol pentachlorphénol *(m)*
Pentan pentane *(m)*
Pepita pied *(m)* de poule
Pepitagewebe tissu *(m)* à (l'effet) de pied de poule
Peptid peptide *(m)*
Perbad bain *(m)* au perchloréthylène
Perborat perborate *(m)*
Perchloräthylen tetrachloréthylène *(m)*
perforieren, lochstanzen poinçonner, perforer
perforierter Färbebaum ensouple *(m)* perforé pour teinture
Pergament parchemin *(m)*
pergamentartig parcheminé
pergamentieren parcheminer
perhydrieren perhydrogéner
Perhydrol (30 % es H_2O_2) perhydrol *(m)*
periodisch, wiederkehrend périodique
periodischer Speicher mémoire *(f)* circulante
Periodizität périodicité *(f)*
Perkal (stark appretierter P.) percale *(f)* (très appretée)
Perle perle *(f)*
Perlengewebe tissu *(m)* perlé
Perlenstickerei broderie *(f)* de perles
Perlglanz lustre *(m)* perlaire, lustre nacré
Perlfangware (Wirk) article *(m)* en côte perlée
perliné perliné
Perlleinwand écran *(m)* perlé
Perlmutter nacre *(m)*
Perlmutterknopf bouton *(m)* en nacre
perlmuttschillernd nacré
Perlon perlon *(m)*
Perlstich point *(m)* perlé
permanent, dauernd permanent
Permanentappretur apprêt *(m)* permanent
Permanent-Crease-Veredlung apprêt *(m)* infroissable permanent
Permanentplissee plissé *(m)* permanent
Permanent-Press-Verfahren procédé *(m)* pressé permanent
Permanentschlichte encollage *(m)* permanent
Permanenz, Beständigkeit permanence *(f)*
Permanganat permanganate *(m)*
permeabel, durchlässig perméable
permutieren permuter
Permutit (Kat.-austauscher) permutite *(f)*
Permutitverfahren procédé *(m)* à permutite
Peroxid peroxyde *(m)*
Peroxidzahl indice *(m)* de peroxyde
Peroxoverbindung composé *(m)* peroxo
Per-salz (Chem.) persel *(m)*
Perschwefelsäure acide *(m)* persulfurique
Persenning tarpaulin *(m)*
Perserteppich tapis *(m)* persan
Persianer astrakan (de perse) *(m)*
Persischlamm agneau *(m)* perse, astrakan *(m)*
Personal personnel *(m)*
Personalbestand effectif *(m)*
Perubalsam baume *(m)* de Pérou
Perubaumwolle coton *(m)* du Pérou
Perücke perruque *(f)*
Perverbindung composé *(m)* peroxydé
Pestizid pesticide *(m)*
Petinet pétinet *(m)*
Petrochemie pétroléochimie *(f)*, chimie *(f)* des pétroles
Petrochemikalien produits *(m, pl)* pétroléochimiques
Petroläther éther *(m)* de pétrole, ligroïne *(f)*
Petroleum pétrole *(m)*
Petroleumfraktion destillat *(m)* léger
Petrolpech poix *(f)* de pétrole
Petticoat jupon *(m)*
Pettidress pettidress *(m)*
Pfeffer-und-Salz sel et poivre *(m)*

Pferdedecke couverture *(f)* de cheval
Pferdehaar, Roßhaar crin *(m)* (de cheval)
Pflanzenfarbstoff colorant *(m)* végétal
Pflanzenfaser fibre *(f)* végétale
Pflanzenfett graisse *(m)* végétale
Pflanzengerbung tannage *(m)* végétal
Pflanzenreste (i. d. Wolle) débris *(m, pl)* végétaux
pflanzlich végétal
Pflaster sparadrap *(m)*
pflatschen plaquer
Pflatschen plaquage *(m)*, placage *(m)*
Pflatschwalze cylindre *(m)* de plaquage (placage), cylindre *(m)* lécheur
pflaumenrot rouge prune
Pflege, Instandhaltung, Wartung maintenance *(f)*
Pflegeeigenschaften propriétés *(f, pl)* d'entretien, caractéristiques *(f, pl)* d'entretien
Pflegekennzeichen signe *(m)* d'entretien
pflegeleicht d'entretien *(m)* facile, facile à entretenir
pflegen soigner, entretenir
Pflegesymbole symboles *(m, pl)* d'entretien
Pfriem poinçon *(m)*, alène *(f)*
Pfropfpolymerisat polymère *(m)* implanté (pol. greffé)
Pfropfpolymerisation polymérisation *(f)* implantée
Pfusch, Pfuscharbeit bousilage *(m)*, travail *(m)* bâclé
pH (Wasserstoffexponent) pH (potentiel *(m)* hydrogène)
Phantasieboden fond *(m)* fantaisie
Phantasiegarn fil *(m)* fantaisie
phasenabhängig sensible à la phase
Phasengrenzfläche interphase *(f)*
Phasenübergang point *(m)* de transition de phase
pH-Begriff notion *(f)* pH
Phenol phénol *(m)*, acide *(m)* phénique
Phenolphthalein phénolphtaléine *(f)*
Phenyl phényle *(m)*
Phenylacrylsäure acide *(m)* cinnamique
Phenylmethylketon acétophénone *(f)*
pH-Indikator indicateur *(m)* de pH
pH-Meßgerät pH-mètre *(m)*
pH-Messung mesurage *(m)* de pH
Phosphat phosphate *(m)*
Phosphatpuffer tampon *(m)* de phosphate
Phosphonierung phosphonation *(f)*
Phosphoniumsalz sel *(m)* phosphonium
Phosphonsäure acide *(m)* phosphonique
Phosphor phosphore *(m)*
phosphoreszieren être phosphorescent
phosphorige Säure acide *(m)* phosphoreux
Phosphorsäure acide *(m)* phosphorique
Phosphorsäureester ester *(m)* phosphorique, ester *(m)* d'acide phosphorique
photoelektrisch photoélectrique
Photon photon *(m)*
Photooxydation photo-oxydation *(f)*
Photozelle cellule *(f)* photo-électrique
pH-Regelgerät pH-mètre *(m)* de réglage
Phthaleinfarbstoff colorant *(m)* phtaléine
Phthalocyaninblau bleu *(m)* phtalocyanine
Phthalsäure acide *(m)* phtalique
pH-Wert valeur *(f)* pH, valeur du pH
pH-Wertänderung changement *(m)* en pH
Physik physique *(f)*
physikalisch physique
physikalische Chemie physico-chimie *(f)*
Physiker physicien *(m)*
physiko-chemisch physico-chimique
physiologisch physiologique
Picker, Baumwollpflückmasch. cueilleuse *(f)* mécanique de coton
Pied-de-poule pied-de-poule
piekfein tip-top
Piezo-Chemie (Hochdruckchem.) piézochimie *(f)*
piezoelektrisch piézoélectrique
Pigment, Farbpigment pigment *(m)*, matière *(f)* colorante
Pigmentdruck impression *(f)* pigmentaire
Pigmentfarbstoff colorant *(m)* à pigment
pigmentieren pigmenter
Pigment(ier)färbeverfahren teinture *(f)* aux pigments, teinture *(f)* pigmentaire
Pigmentklotzverfahren foulardage pigmentaire, foulardage *(m)* aux pigments
Pigmentpaste pâte *(f)* pigmentaire
Pike (Web.) piqué
Pikotrandeinrichtung dispositif *(m)* pour revers à picot
Pilger... de pèlerin

Pilgerschrittwalke (Filzherst.) foulon *(m)* à pas de pèlerin
pilieren (Seife) broyer (le savon)
Pillingeffekt boulochage *(m)*, effet pilling
pillingfest résistant au boulochage (au pilling)
Pillingtest essai *(m)* de boulochage (de pilling)
Pilotanlage installation *(f)* pilote
Pilzschutzmittel fongicide *(m)*
Pineapple-Cone Pineapple-cone
Pin-point indémaillable *(m)* réalisé au moyen de la barre à revers dentelé
Pinselhaar crin *(m)* pour pinceau
Pinzette pince *(f)*, pincette *(f)*, pincettes *(f, pl)*
Pipette pipette *(f)*
pipettieren pipetter
Piqué, Steppgewebe piqué *(m)*
Plaid plaid *(m)*
Plane (allgem.) prélart *(m)*
Plane, Wagendecke (LKW) bâche *(f)*
Planrahmen rame *(f)* plane
Plast, Plaste matière *(f)* plastique
plastifizieren plastifier
Plastifizierung ramollissement *(m)*
Plastik plastique *(f)*
Plastik... (en matière) plastique
Plastikfolie feuille *(f)* plastique
plastische Musterung dessin *(m)* plastique
Platine platine *(f)*, tige *(f)* de déclenchement
Platine (Hebel mit Nase, Web.) crochet *(m)*
Platine (Platte i. d. Strumpfind.) platine *(f)*
Platine, fallende Platine platine *(f)* abaisseuse
Platine, stehende Platine platine *(f)* fixe
Platine hebt den Schaft platine *(f)* soulève la lame
Platine bleibt liegen platines *(f, pl)* restent stationnaires
Platinenbarre barre *(f)* à platines
Platinenboden planche *(f)* de support des platines, planche *(f)* à crochets
Platinenbodenexzenter excentrique *(m)* de la planche à crochets
Platinenboden wird gesenkt planche *(f)* à crochets s'abaisse
Platinenfuß pied *(m)* de platine
Platinenhebung levée *(f)* des crochets
Platinenkopf tête *(f)* de platine
Platinenkranz couronne *(f)* à platines
Platinenmasche maille *(f)* formée par la platine
Platinennadel aiguille *(f)* (horizontale)
Platinennase bec *(m)* de la platine, bec de corbin
Platinenring anneau *(m)* à platines
Platinenschnur collette *(f)* de platines
Platinen stehen in Längsreihen crochets *(m, pl)* sont placés en longueur
Platinen stehen in Querreihen crochets *(m, pl)* sont placés en largeur
Platinenzahl nombre *(m)* de crochets
platt, flach aplati, plat
Platte (allg.) plaque *(f)*
Plätteisen fer *(m)* à repasser
plätten, bügeln repasser
Plattensengmaschine flambeuse *(f)* à plaques
plattieren (Web.) vaniser
Plattierfaden fil *(m)* de vanisage
Plattiervorrichtung dispositif *(m)* à vaniser
Plattseide, Flachseide soie *(f)* floche, soie plate
Plätzchen (z. B. NaOH) pastille *(f)*
Platzgedeck couvert *(m)*
platzsparend peu encombrant
Plissee plissé *(m)*
Plisseedämpfschrank armoire *(f)* de vaporisage pour tissu plissé
Plisseemuster dessin *(m)* plissé
Plisseerock jupe *(f)* plissée
Plisseestoff tissu *(m)* plissé
Plissierbarkeit aptitude *(f)* à être plissé
plissierecht solide au plissage
Plissierechtheit solidité *(f)* au plissage
plissieren plisser
Plissieren plissage *(m)*
Pluderhose culotte *(f)* bouffante
Plüsch peluche *(f)*
plüschartig pelucheux
Plüschgewebe tissu *(m)* peluche
Plüschmuster dessin *(m)* peluche
Plüschteppich tapis *(m)* de peluche
Plüschvelours velours *(m)* peluché
Plüschweberei tissage *(m)* de peluche

Plüschwebmaschine métier *(m)* à tisser la peluche
Pluspol pôle *(m)* positif
pneumatischer Regler régulateur *(m)* pneumatique
Poileseide soie *(f)* poilue
Pol (Web.) poil *(m)*, velours *(m)*
polar polaire
polare Bindung liaison *(f)* polaire
Polarisation polarisation *(f)*
polarisierbar polarisable
polarisiert polarisé
Poldicke épaisseur *(f)* du velours
Poldruckstelle écrasement *(m)* du velours
Polfaden, Polgarn fil *(m)* de poil
Polfaden, Dreherfaden fil *(m)* de tour
Polfaser fibre *(f)* pour velours
Polgewicht poids *(m)* de velours
Polhenkel boucle *(f)* du poil
Polhöhe hauteur *(f)* de poil
polieren polir
polieren, putzen fourbir
Poliertuch chiffon *(m)* à polir
Politur, Glanz poli *(m)*
Polkette chaîne *(f)* de poil
Polnutzschicht velours *(m)* utile
Polohemd chemise polo *(f)*
Polplatine platine *(f)* peluche
Polrohdichte compacité *(f)* du velours
Polrotor rotor *(m)* poil
Polschicht couche *(f)* du velours
Polschicht mit Musterung d. Scheren velours *(m)* ciselé
Polschicht mit Musterung d. tip-shearing velours *(m)* bouclé rasé
Polschicht mit Reliefstruktur velours *(m)* en relief
Polschuß duite *(f)* de poil, duite de chenille
Polsterärmel manche *(m)* rembourrée
Polsterbelag revêtement *(m)* de capitonnage
Polsterei tapissier *(m)*
Polsterhaar crin *(m)* de rembourrage
Polsterlehne accoudoir *(m)* rembourré
Polstermaterial matière *(f)* de rembourrage
Polstermöbel meubles *(m, pl)* rembourrés ou capitonnés
Polsterung rembourrage *(m)*, capitonnage
Polteppich tapis-moquette *(m)*
Polvliesbodenbelag moquette *(f)* aiguilletée
Polvliesstoff nappe *(f)* tricotée poil
Polyacryl acrylique *(m)*
Polyacrylnitril polyacrylonitrile *(m)*
Polyacrylsäure acide *(m)* polyacrylique
Polyacrylsäureester polyester *(m)* acrylique
Polyaddition polyaddition *(f)*
Polyadditionsfaser fibre *(f)* de polyaddition
Polyalkohol polyalcool *(m)*
Polyamid polyamide *(m)*
Polyäther polyéther
Polyäthylen polyéthylène
Polyäthylenterephthalat polyethylène
Polychromie polychromie *(f)*
polydispers polydispersé
Polydispersität polydispersité *(f)*
Polyester polyester *(m)*
Polyesterfaser fibre *(f)* polyester
Polyesterglasfasermasse masse *(f)* à fibres de verre au polyester
Polyesterharz résine *(f)* polyester
Polyharnstoff polycarbamide *(m)*
Polykondensat polycondensat *(m)*
Polykondensat(ions)faser fibre *(f)* de polycondensation
Polymer polymère *(m)*
polymer polymère
Polymerisatfaser fibre *(f)* polymère
Polymerisation polymérisation *(f)*
Polymerisationsgrad degré *(m)* de polymérisation
polymerisieren polymériser
Polymerisierschaum mousse *(f)* à polymériser
Polymethacrylsäureester ester *(m)* de l'acide méthacrylique
Polynosicfaser fibre *(f)* polynosic
Polyolefin polyoléfine *(f)*
Polyphosphorsäure acide *(m)* polyphosphorique
Polypropylen polypropylène *(m)*
Polysiloxan polysiloxane *(m)*
Polystyrol polystyrène *(m)*
Polyurethan polyuréthane *(m)*
Polyurethan-Rückenbeschichtung enduction *(f)* de l'envers en polyuréthane
Polyverbindung combinaison *(f)* poly

Polyvinylacetat polyvinylacétate *(m)*
Polyvinylalkohol alcool *(m)* polyvinylique
Polyvinylchlorid (PVC) chlorure *(m)* de polyvinyle
polyzyklisch polycyclique
Pompon pompon *(m)*
Poncho poncho *(m)*
Pongé pongé *(m)*
Popeline popeline *(f)*
Pore pore *(m)*
porenfrei (Schaumstoff z. B.) sans porosités
porig, porös poreux
poromerisch poromérique
porös-, porenatmend respiratoire
Porosität porosité *(f)*
Porzellan porcelaine *(f)*
Porzellanschale (Labor) écuelle *(f)* en porcelaine
Porzellantiegel creuset *(m)* en porcelaine
Posamente passementerie *(f)*
positiv positif
Posten (Ware) lot *(m)*
Postsack sac *(m)* postal
Potential potentiel *(m)*
potentiell potentiel
Pottasche potasse *(f)*
Pottasche-Rongalitverfahren procédé *(m)* à la Rongalite et au carbonate de potassium
Pottingechtheit solidité *(f)* au décatissage à l'eau bouillante, solidité *(f)* au potting
Pottingverfahren (Naßdekatur) décatissage *(m)* fort (à l'eau bouillante), procédé *(m)* potting
Prägeausrüstung apprêt *(m)* gaufré, gaufrage *(m)*
Prägedruck (Text.) impression-gaufrage *(m)*
Prägekalander calandre *(f)* à gaufrer
Prägekrepp crêpe *(m)* gaufré
prägen (Text.) gaufrer
Prägesamt velours *(m)* gaufré
Prägeschaum (Unterschicht) sous-couche *(f)* alvéolée
Prägewalze cylindre *(m)* gaufreur
praktisch, geeignet approprié, convenable
praktisch, zweckmäßig pratique
praktische Erfahrung expérience *(f)*, pratique *(f)*
praktische Fehlergrenze (Fasern) limite *(f)* pratique d'erreur
praktizieren pratiquer, exercer
Prallblech (Waschwalkmasch.) tôle *(f)* de chicane, tôle de rebondissement
prallfrei, prellfrei sans rebondissement
Präparat préparation *(f)*
Präparation, Faserpräparation ensimage *(m)* primaire (pour fibres)
Präparationsbad dernier bain *(m)* de préparation
präparativ (adj.) opératoire, de préparation
präparativ (adv.) expérimentalement
präparieren, vorbereiten préparer
Präpariervorrichtung zum Wachsen (Web.) dispositif *(m)* d'encirement
Präservierungsmittel agent *(m)* préservatif
Praxis pratique *(f)*
Praxis, in der Praxis en pratique
praxiserprobt éprouvé en pratique
praxisorientiert orienté à la pratique
präzis, genau précis
Präzision précision *(f)*
Präzisions... de précision
Präzisionsgarnwaage romaine *(f)* de précision (à fil)
Präzisionswicklung bobinage *(m)* de précision
Preisbegünstigung réduction *(f)*, rabais *(m)*
preisgünstig avantageux, bon marché
Preis-Leistungsverhältnis relation *(f)* prix-services
Preisschild étiquette *(f)* de prix
preiswert bon marché
prellfrei sans rebondissement
Preßdruck pression *(f)* de la presse
Presse presse *(f)*, serre *(f)*
pressen presser
pressen, glanzpressen catir
pressen, zusammenpressen comprimer
Preßfilz feutre *(m)* comprimé
Preßmuster dessin *(m)* de presse
Preßwalze rouleau *(m)* compresseur
primär primaire

Primärfarbe couleur *(f)* de base d'un mélange soustractif, couleur *(f)* primordiale (c. primaire)
Prinzeßlinie ligne *(f)* princesse
Prinzeßschnitt coupe *(f)* princesse
Prinzip principe *(m)*
prinzipiell par principe
pro (Minute) par (minute)
Probe, Muster échantillon *(m)*
Probe, die Probe machen faire la preuve
Probe, eine Probe entnehmen prélever un échantillon
Probenahme prise *(f)* d'échantillon
Probe, zur Probe à titre d'essai
Probelauf (Masch.) course *(f)* d'essai
Probeversuch essai *(m)*, épreuve *(f)*
probieren éprouver, essayer
Produkt, Erzeugnis produit *(m)*
Produktion production *(f)*
Produktions... de production
Produktionsablauf marche *(f)* de production
Produktionssteigerung augmentation *(f)* de la production
Produktionsumstellung réadaption *(f)* de la production
produktiv productif
Produktivität productivité *(f)*
produzieren produire
Profil profil *(m)*
Profilfaden fil *(m)* profilé
profilieren profiler
profilierter Querschnitt section *(f)* profilée
Profilrute, Wellenrute verge *(f)* ondulée, verge en encoches
Programm programme *(m)*
Programmabruf (EDV) prélèvement *(m)* du programme
programmieren programmer
progressive Schrumpfung rétrecissement *(m)* progressif
Projektilwebstuhl métier à tisser à projectile
Propionsäure acide *(m)* propionique
proportional proportionnel
Propylen propylène *(m)*, propène *(m)*
Prospekt prospectus *(m)*
Protein protéine *(f)*
Proteinfaser fibre *(f)* protéique, fibre *(f)* à base de protéine
Proteinschlichte apprêt *(m)* protéinique
Prozent pourcentage *(m)*
Prozentsatz taux *(m)*, pourcentage
Prozeß, Verfahren procédé *(m)*
prozeßgesteuertes Regelsystem système *(m)* de réglage à circuit fermé
prozessorientiert orienté vers le traitement
prüfen, untersuchen tester, examiner contrôler
prüfen, probieren essayer, éprouver
Prüfgerät appareil *(m)* d'essai
Prüfklima atmosphère *(f)* pour l'examen
Prüfling, -stück échantillon *(m)*, éprouvette *(f)*
Prüfmethode méthode *(f)* d'essai
Prüfmethode, Untersuchungsmethode méthode *(f)* d'étude
Prüfnorm norme *(f)* d'essai
Prüfstelle service *(m)* de contrôle
Prüfung test *(m)*, essai *(m)*
Prüfung, Versuchsdurchführung épreuve *(f)*
Prüfung, Untersuchung examen *(m)*
Prüfverfahren m‹thode *(f)* d'essai
Prüf(ungs)wert valeur *(f)* expérimentale
Pseudosäure pseudo-acide *(m)*
Pudelmütze bonnet *(m)* fourré
Puder, Pulver poudre *(f)*
Puffärmel manche *(f)* bouffante
Puffer tampon *(m)*
Pufferlösung solution *(f)* tampon
puffern tamponner
Pufferung, Puffern tamponnage *(m)*
Pufferwirkung effet *(m)* de tampon
pullern froncer
Pulli pull *(m)*
Pullover pullover *(m)*
Pulswärmer chauffe-poignets *(m)*
Pulver poudre *(f)*
Pulverbeschichtung (Kaschierung) revêtement par poudre
pulverisieren pulvériser
Pumpe pompe *(f)*
pumpen pomper
pumpfähig pompable
Pumpfähigkeit pompabilité *(m)*
punktförmig ponctuel
punktieren moucheter
Puppe poupée *(f)*

Puppenbekleidung vêtements *(m, pl)* de poupée
Puppenkleid robe *(f)* de poupée
Purpur pourpre *(f)*
purpurfarbig, purpurn pourpré
putzen, reinigen nettoyer
putzen (Gewebeschau) éplucher
Putzen der Kratzenbeschläge débourrage *(m)* des garnitures de carde
Putzerei (Gewebeschau) salle *(f)* d'épluchage et nettoyage
Putzfehler défaut *(m)* d'épluchage
Putzmaschine, Schlagmasch. (Spinn.) batteur *(m)* éplucheur
Putzwalze cylindre *(m)* nettoyeur
Putzwolle bourre *(f)* de laine à polir, laine *(f)* à polir
PVAC-Leim, Kaltleim colle *(f)* au polyvinylacétate
Pyjama pyjama *(m)*
Pyramidennaht couture *(f)* pyramidale
Pyridin pyridine *(f)*
pyrochemisch pyrochimique
Pyrogenfarbstoffe colorants *(m, pl)* pyrogénés

Q

Quadrat carré *(m)*
quadratisch carré
Quadratmeter mètre *(m)* carré
Quadratmetergewicht grammage *(m)*
Qualifikation, Eignung qualification *(f)*
qualifizieren qualifier
Qualität qualité *(f)*
qualitativ qualitatif
Qualitäts... de choix, de qualité élevée
Qualitätsabweichung écart *(m)* qualitatif
Qualitätsarbeit travail *(m)* de qualité
Qualitätskontrolle vérification *(f)* de la qualité
Qualitätsminderung baisse *(f)* de la qualité
Qualitätsniveau niveau *(m)* qualitatif
Qualitätsprobe essai *(m)* de qualité
Qualitätssicherung assurance *(f)* de la qualité
Qualitätssiegel marque *(m)* de qualité
Qualitätsstandard norme *(f)* de qualité
Qualitätsverbesserung amélioration *(f)* de qualité
Qualitätsverlust perte *(f)* de qualité
Qualitätsverschlechterung déperdition *(f)* de qualité
Qualitätsware marchandise *(f)* de choix
Qualm épaisse fumée *(f)*
Qualmentwicklung dégagement *(m)* d'épaisse fumée
Quantität, Menge quantité *(f)*
quantitativ quantitatif
quantitativ bestimmbar quantifiable
quantitativ bestimmen quantifier
quantitative Bestimmung dosage *(m)*
quartair, quarternair quarternaire
quarternaire Ammoniumbase composé *(m)* ammonium quarternaire
Quartz quartz *(m)*
Quartzfaser fibre *(f)* de quartz
Quartzglas verre *(m)* quartzeux
quasielastisch quasiélastique
Quaste gland *(m)*, pompon *(m)*
Quecksilber mercure *(m)*
Quecksilberbatterie pile *(f)* au mercure
quecksilberhaltig mercuriel
Quecksilberlegierung amalgame *(m)*
Quellbarkeit aptitude *(f)* au gonflement
Quellbeständigkeit résistance *(f)* au gonflement
Quellbindemittel liant *(m)* gonflant
quellen, einweichen (Verb trans.) tremper
quellen, dick werden se gonfler
quellen, einseitig quellen, sich verwerfen gondoler
Quellfähigkeit capacité *(f)* de gonflement
quellfest résistant au gonflement
Quellfestappretur apprêt *(m)* antigonflant
Quellgebiet (Grundwasser) bassin *(m)* de source
Quellmittel agent *(m)* gonflant
Quellstärke amidon *(m)* soluble à froid
Quellung gonflement *(m)*
Quellvermögen capacité *(f)* de gonflement, pouvoir *(m)* de gonflement
Quellwasser eau *(f)* de source
Quellzeit durée *(f)* de gonflement
quer (adj.) transversal
quer, überkreuz croisé, en croix
quer (adv.) en travers

Querbewegung mouvement *(m)* transversal
Querdehnung allongement *(m)* transversal, dilatation *(f)* transversale
quer durch (adv.) à travers, en travers
querelastischer Stoff tissu *(m)* élastique en largeur
Querfalte pli *(m)* transversal
Querfaser fibre *(f)* transversale
Querfaserpelz (Karde) nappe *(f)* à fibres croisées
Querfaser(ein)speisung alimentation *(f)* de fibres transversales, alimentation *(f)* de fibres en travers
quergestreift, -gemustert dessiné en travers, façonné travers
quergestreift (meist fehlerh.) rayé en travers (transversalement)
Querreihe rangée *(f)* en largeur
Querrichtung sens *(m)* travers
Querrips nervure *(f)* horizontale
Querschermaschine tondeuse *(f)* diagonale
Querschnitt coupe *(f)* en travers, section *(f)* transversale
Querschnitts... de (ou en) coupe transversale
Querschrumpfung retrait *(m)* transversal
Querstreifen raie *(f)* transversale
Quervernetzung réticulation *(f)* transversale
quetschen, klemmen serrer
quetschen, ausquetschen exprimer
Quetschfalte pli *(m)* creux
Quetschfoulard foulard *(m)* exprimeur
Quetschmaschine (Flachsaufber.) machine *(f)* à écanguer, assouplisseuse *(f)*
Quetschmaschine (zum Ausquetschen) exprimeuse *(f)*
Quetschung, Druck écrasement *(m)*
Quetschwalze rouleau *(m)* exprimeur
Quotient quotient *(m)*

R

Rabatt rabais *(m)*
Rackzähler compteur *(m)* rack
Rad roue *(f)*
Radiator radiateur *(m)*
Radikal (Chem.) radical *(m)*
radikalartig radicalaire
radioaktiv radioactif
Radioaktivität radioactivité *(f)*
Radius (Math.) rayon *(m)*
Radon radon *(m)*
Raffinat produit *(m)* raffiné
Raffinerie (Öl) raffinerie *(f)*
Raglanärmel manche *(f)* raglan
Raglanmantel manteau *(m)* raglan
Rahmen, Spannrahmen rame *(f)*
Rahmengarn fil *(m)* de broderie au tambour
Rakel racle *(m)*, racloir *(m)*
Rakelappretur apprêt *(m)* à racle (à la racle)
Rakelappreturmaschine machine *(f)* d'apprêtage à racle
Rakelbeschichtung enduction *(f)* par racle
Rakelfoulard foulard *(m)* à racle
rakeln, aufrakeln racler
Rakeln, Aufrakeln raclage *(m)*
Rakelstrich trait *(m)* de racle
Rakelvorrichtung dispositif *(m)* de raclage
Ramie-Faser fibre *(f)* Ramie, fibre de Ramie
Rand (allg.) bord *(m)*
Rand beim Gewebe, Webkante lisière *(f)*
rändeln moleter
Rändelung moletage *(m)*
rändern, einfassen border
Randfaden fil *(m)* de lisière
Randfangstellung serrure *(f)* en position pour côte anglaise et avec cames secondaires
Randkettfäden doppelfädig einziehen rentrer les fils *(m, pl)* de la lisière en doubles
Randmasche maille *(f)* de lisière
Randwolle laine *(f)* de mépisserie
Rankenmuster dessin *(m)* à vrilles
ranzig rance
Ranzigwerden rancissement *(m)*
Rapport, Musterrapport rapport du dessin *(m)*
Rapport einhalten être au rapport
rapportieren rapporter
Rapportrad (Druckerei) roue *(f)* de registre

Rapportstift pointe *(f)* de registre
Rapportstreifen rangée *(f)* de rapport
Rapportverschnitt perte *(f)* au rapport
raschbindend (z. B. Kleber) à prise rapide
Raschelmaschine métier *(m)* Raschel
Raschelspitze dentelle *(f)* Rachel
Rascheltеppich tapis *(m)* Rachel
Rascheltüll tulle *(m)* Rachel
Raschelware tissus *(m, pl)* mailles Raschel, articles *(m, pl)* Raschel
Rasterdruck impression *(f)* tracée
Ratiné ratiné *(f)*
ratinieren ratiner, friser
Ratiniermaschine ratineuse *(f)*
rational rationnel
Rationalisierung rationalisation *(f)*
rationell rationnel
Rattenzähne picots *(m, pl)*
rauchen, qualmen fumer
rauchgrau gris fumée
Rauchwaren fourrure *(f)*, pelleterie *(f)* non ouvrée
rauh (Griff) rêche, rude
rauh, rauhhaarig poilu
rauhen lainer, gratter
Rauhen grattage *(m)*
rauhen mit dem Strich gratter suivant le poil
rauhen gegen den Strich gratter à rebrousse-poil
rauher, flusiger Faden fil *(m)* duveteux
Rauherei (Abt., Firma) atelier *(m)* de grattage
Rauhflocken, Rauhabfall déchets *(m, pl)* de grattage
Rauhigkeit rugosité *(f)*, rudesse *(f)*
Rauhmaschine machine *(f)* de grattage, laineuse *(f)*
Rauhwalze, Rauhzylinder cylindre *(m)* à lainer
Raumausstattung décoration *(f)* d'intérieur
Rauminhalt volume *(m)*
Raumluftbefeuchtungsanlage installation *(f)* d'humidification d'air
Raumtemperatur température *(f)* ambiente
Räumungsverkauf liquidation *(f)*
Raupengarn fil *(m)* de chenille
Raupenteppich tapis *(m)* chenille
Rautenmuster dessin *(m)* à losanges
Reagens réactif *(m)*
Reagenzglas tube *(m)* à essai, tube à réaction
Reagenzglasgestell râtelier *(m)* à tubes à réaction
Reagenzpapier papier *(m)* réactif
reagieren réagir
reagierend réactif
Reaktantharz résine *(f)* réactive
Reaktion réaction *(f)*
Reaktion, die Reakt. verläuft... la réaction se produit
Reaktionsablauf cours ou déroulement *(m)* de la réaction
Reaktionsbeschleuniger accélérateur *(m)* de la réaction
Reaktionsenergie énergie *(f)* de réaction
reaktionsfähig qui entre facilement en réaction
Reaktionsfähigkeit, Reaktionsvermögen réactivité *(f)*
Reaktionsgefäß réacteur *(m)*
Reaktionsgemisch mélange réactionnel *(m)*
Reaktionsgeschwindigkeit vitesse *(f)* de réaction
reaktionshemmend qui entrave la réaction
Reaktionsmittel réactant *(m)*
Reaktionspartner co-réactant *(m)*
Reaktionsprodukt produit *(m)* réactionnel
Reaktionsvermögen réactivité *(f)*
Reaktionswärme chaleur *(f)* de réaction
Reaktionszeit temps *(m)* de réaction
reaktiv réactif
Reaktivfarbstoff colorant *(m)* réactif
Reaktivität réactivité *(f)*
real réel
rechnen, berechnen calculer
rechnen, zählen compter
rechnen mit etwas compter sur
Rechner, Computer ordinateur *(m)*
Rechnungsgewicht (Faserherst.) poids *(m)* facturé
Rechnungsmasse masse *(f)* facturée
recht droit
recht, richtig juste
Rechteckdüse tuyère *(f)* rectangulaire

rechteckiger Ausschnitt décolleté *(m)* rectangulaire
rechte Seite, Oberseite côté *(m)* droit, endroit *(m)*
rechts à droite
rechts stricken tricoter à droite
Rechtsdraht (Zwirn) torsion *(f)* droite, torsion à droite
rechtsdrehend (Chem.) dextrogyre
Rechtsdrehung tors *(m)* ou torsion à droite
Rechtseinzug, frz. Einzug rentrage à droite, empoutage *(m)* à tour français
rechtsgedrehtes Garn fil *(m)* tordu à torsion droite
Rechtsgradköper croisé *(m)* de gauche à droite
Rechts-Links-Ware articles *(m, pl)* à maille Jersey
Rechtsmasche maille *(f)* à la droite
Rechts-Rechts-Bindung (Wirk.) côte *(f)* un par un, côte 1+1
Rechts-Rechts-Flachstrickmaschine métier *(m)* rectiligne à côte 1+1 (un par un)
Redingote redingote *(f)*
Redoxpotential potentiel *(m)* redox
Reduktion réduction *(f)*
Reduktionsätze rongeant *(m)* réducteur
Reduktionsbleiche blanchiment *(m)* réducteur
reduktionsfähig réductible
Reduktionsfaktor facteur *(m)* réducteur
Reduktionsvermögen pouvoir *(m)* réducteur
reduktiv réductif
reduktive Reinigung nettoyage *(m)* en milieu réducteur, nettoyage *(m)* réducteur
reduzierbar réductible
reduzieren réduire
reduzierend réducteur
reflektieren refléter
Regel règle *(f)*
regelbar réglable
regelmäßig régulier
regelmäßiges Muster dessin *(m)* régulier (ou géométrique)
regelmäßig wiederkehrend périodique, cyclique
Regelmäßigkeit, Gleichmäßigkeit régularité *(f)*
Regelung, Lenkung réglage *(m)*, commande *(f)*
Regelventil soupape *(f)* de réglage
Regenbekleidung vêtements *(m, pl)* de pluie
Regenbildung formation *(f)* de pluie
Regenbogenwirkung effet *(m)* iridescent
Regencape pélerine *(f)* imperméable
Regencestil style *(m)* Régence
regendicht imperméable à la pluie
Regenerat, Regeneratprodukt produit *(m)* récupéré
Regeneratzellulose cellulose *(f)* régénérée
regenerieren, auffrischen régénérer
regenerierend régénératif
Regenerierung régénération *(f)*
Regenerierungsmittel régénérant *(m)*
Regenmantel imperméable *(m)*
Regenschirm parapluie *(m)*
Regenschirmgestell carcasse *(f)* de parapluie
Regler, Regeleinrichtung mécanisme *(m)* régulateur, mécanisme *(m)* de réglage
regulär-gearbeitet tricot FF
Regulierstrecke intersecting *(m)* régulateur
Reibechtheit solidité *(f)* au frottement
reiben frotter
reiben, abreiben, abnutzen abraser
Reibfestigkeit résistance *(f)* au frottement
Reibfestigkeitsprüfung essai *(m)* au frottement
Reibfestigkeitsprüfung (Abrieb) essai *(m)* d'abraison
Reibschale, Mörser mortier *(m)*, écuelle *(f)* à broyer
Reibstelle frottis *(m)*
Reibung frottement, friction *(f)*
Reibung, Haftreibung friction *(f)* statique d'adhérence
Reibung, Gleitreibung friction *(f)* de glissement
Reibungskoeffizient coefficient *(m)* de friction
reiche Auswahl grand choix *(m)*
Reifengewebe tissu *(m)* pour pneus
Reifenkord cord pour pneus
Reifenkordzwirn retors *(m)* pour cord de pneus (à pneus)
Reifrock crinoline *(f)*

Reihe rangée *(f)*, rang *(m)*
Reihe, Anzahl série *(f)*
Reihenfolge suite *(f)*
Reihenschaltung (Elektr., Masch.) couplage *(m)* en série
Reihenversuche essais *(m, pl)* en série, essais *(m, pl)* systématiques
Reihenzähler compteur *(m)* de rangées
reihenweise par séries, par rangs
rein, unvermischt pur
rein, sauber propre
rein, klar (Ton) clair
Reindarstellung (Chem.) préparation *(f)* à l'état de pureté
reine Arbeitszeit temps *(m)* utile du travail
reine Farbwirkung effet *(m)* de couleur pur
reiner Kammzug peigné *(m)* pur
reine Schurwolle pure laine *(f)* vierge
reine Seide soie *(f)* naturelle, pure soie
reine Wolle pure laine *(f)*
Reinertrag produit *(m)* net
Reingewicht poids *(m)* net
Reinheit, Sauberkeit pureté *(f)*
reinigen, von Unreinheiten befreien purifier
reinigen, säubern nettoyer
Reinigung nettoyage *(m)*
reinigungsbeständig (Per) solide au nettoyage à sec
Reinigungsfehler faute *(f)* de nettoyage
Reinigungsmittel, Waschmittel détergent *(m)*, produit *(m)* de lavage
Reinigungstuch chiffon *(m)* de nettoyage
reinst le plus pur
Reinweiß blanc *(m)* pur
reinwollen pure laine
Reisedecke couverture *(f)* de voyage, plaid *(m)*
Reisetasche sac *(m)* de voyage
Reißbaumwolle coton *(m)* effiloché
Reißdehnung allongement *(m)* à la rupture
reißen, aufreißen crevasser
reißen (v. Fäden) casser
reißen, zerreißen déchirer
reißen von Lumpen effilocher
Reißen, Reißerei effilochage *(m)*
Reißfestigkeit solidité *(f)* à la rupture
Reißfestigkeit, bezog. auf Querschnitt résistance *(f)* spécifique à la rupture
Reißfestigkeitsprüfer dynamomètre *(m)*
Reißkilometer longueur *(f)* kilométrique de rupture
Reißkrempel carde *(f)* briseuse
Reißlänge longueur *(f)* de rupture, résistance *(f)* kilométrique
Reißmaschine (Lumpen) effilocheuse *(f)*
Reißspinnband ruban *(m)* de fibres discontinues
Reißspinnkabel câble *(m)* de fibres continues
Reisstärke amidon *(m)* de riz
Reißtrommel tambour *(m)* à crocs (à pointes)
Reißverschluß fermeture *(f)* éclair
Reißwolf loup *(m)*, loup d'effilochage
Reißwolle laine *(f)* récupérée, laine refaite
Reiter (Spinn.) curseur *(m)*
Reithose culotte *(f)* de cheval
Reitjacke veste *(f)* d'équitation
Reitkostüm costume *(m)* d'équitation pour dame, costume *(m)* d'amazone
Reizung (Haut u.s.w.) irritation *(f)*
Reklamation réclamation *(f)*
Reklamation, Forderung revendication *(f)*
Relais relais *(m)*
relativ relatif
relative Luftfeuchtigkeit humidité *(f)* relative de l'air, état *(m)* hygrométrique de l'air
Relaxion, Relaxation relaxion *(f)*, relaxation *(f)*
Relax(at)ionsschrumpfung retrait *(m)* de relax(at)ion
Relief relief *(m)*
Reliefdruck impression *(f)* en relief, gaufré
Reliefdruckmaschine machine *(f)* à imprimer en relief
Remission (opt.) luminance *(f)* de reflexion
Remission (spektral) réflexion *(f)* spectrale
Remissionsgrad (opt.) facteur *(m)* de luminance
Remissionsgrad (spektral) indice *(m)* ou degré de reflexion spectrale
Rendement rendement *(m)*

reparieren réparer
repassieren (Web.) repasser
Repassiernadel (Nähm.) aiguille *(f)* à racoutrer
Repetiermaschine (Jacqu.) répétiteuse *(f)*
Reprise, zul. Feuchtigkeit v. Garn reprise *(f)* d'humidité
Reproduktion reproduction *(f)*
reproduzierbar reproductible
Reproduzierbarkeit reproductibilité *(f)*
reproduzieren reproduire
reproduzierend reproducteur
Requisiten accessoires *(m, pl)*
Reserve, Überschuß réserve *(f)*
Reservedruck impression *(f)* avec réserve (de réserve)
Reserveeffekt effet *(m)* de réserve
Reserveweiß blanc *(m)* réserve
resistent résistant
resorbieren résorber
Rest reste *(m)*, restant *(m)*
Restaffinität affinité *(f)* restante
Restchlor chlore *(m)* résiduel
Restdehnung, bleibende Dehnung allongement *(m)* permanent
Restfettgehalt teneur *(f)* résiduelle en graisse
Restfeuchtigkeit humidité *(f)* résiduelle
Restflotte résidu *(m)* de la flotte
Resthärte dureté *(f)* résiduelle
Restkrumpfung retrait *(m)* résiduel
restlich, verbleibend résiduel, résiduaire
restlos total, complet
Restschrumpfung rétrécissement *(m)* résiduel, retrait *(m)* résiduel
Resultat, Ergebnis résultat *(m)*
Retarder agent *(m)* retardateur, retardateur *(m)*
retardieren retarder
Retardierung retardement *(m)*
Retention rétention *(f)*
Retorte cornue *(f)*, alambic *(m)*
Retraktion rétraction *(f)*
Rettungsnetz filet *(m)* de sauvetage
Retusche retouche *(f)*
retuschieren retoucher
Retuschiermittel, -farbe gouache *(f)* de retouche, encre *(m)* pour retouche
Revers revers *(m)*
reversibel réversible
Reverskragen col *(m)* à revers
Reyon (Zellulosekunstseide) rayonne *(f)*
Reyontüll tulle *(m)* de rayonne
Rezept (Färb.) formule *(f)*
Rezeptberechnung (Färb.) formulation *(f)* de colorant, calculation *(f)* de formule
Rezeptiersystem système *(m)* de formulation
Rezeptur formulation *(f)*, recette *(f)*
Rezipient récipient *(m)*
reziprokes Muster dessin *(m)* réciproque
Rf-Wert (Chem. Rückhaltewert) valeur *(f)* du facteur de rétention
Rhiaknotverfahren procédé *(m)* de nouage Rhia
Rhodamin rhodamine *(f)*
Rhombenmuster dessin *(m)* à losanges
richtig, fehlerfrei correct
richtig, genau juste
richtig, zutreffend, wirklich véritable
Richtlinie directive *(f)*
Richtung direction, sens *(m)*
Richtung der Flotte sens *(m)* du bain
Richtung des Kettfadens allure *(f)* du fil de chaîne
Richtung, in Richtung quer zur Faser en sens traversal aux fibres
Richtung, in einer Richtung unidirectionnel
Richtung, in umgekehrter Richtung en sens inverse
Richtungswechsel der Flotte changement *(m)* du sens de bain
Richtwert (empfohlen) valeur *(f)* indicative, valeur-guide *(f)*
Richtwert (vorgegeben) donnée *(f)*, grandeur *(f)* de référence
Richtwert (Näherungswert) valeur *(f)* approximative
Riemchenflorteiler condenseur *(m)* à lanières
Riemchenstreckwerk banc *(m)* d'étirage à lanières
Riemen lanière *(f)*
Riemenantrieb commande *(f)* à courroie
Rieselanlage installation *(f)* d'arrosage
rieselfähig (z. B. Pulver) coulant
Rieselfähigkeit faculté *(f)* d'écoulement
Riet rot *(m)*, ros *(m)*, peigne *(m)*
Rietbreite largeur *(f)* de rot (de ros, de peigne)

Rieteinzieher empeigneur *(m)*
Rieteinzug passage *(m)* du fil dans le ros, piquage *(m)* au peigne
Rietköper sergé *(m)* à dents
Rietmachen, Blattbinden empeignage *(m)*
Rietmesser passette *(f)* pour peigne
Rietstab lame *(f)* du peigne, dent *(f)* du peigne
Rietwalze cylindre *(m)* pour laminer le ros
riffeln canneler
Riffelung cannelage *(m)*
Riffelzylinder (Spinn.) cylindre *(m)* cannelé
Rille rainure *(f)*
Ring, Reifen (Masch.) anneau *(m)*
Ring (Chem. Struktur) composé *(m)* cyclique
Ringbank (Spinn.) banc *(m)* porte-anneaux
ringbildend (Chem.) cyclisant
Ringdüse tuyère *(f)* annulaire
Ringel cercle *(m)*
Ringelmuster dessin *(m)* à rayures bayadères
ringeln, sich einringeln s'enrouler
Ringelsocken chaussettes *(f, pl)* à rayures
Ringe und Dübel anneaux *(m, pl)* et goujons *(m, pl)*
Ringgarn, ringgesponnenes Garn fil *(m)* de continu à anneau
Ringläufer (Spinn.) curseur *(m)*
Ringläuferfett graisse *(f)* pour curseurs
Ringspindel broche *(f)* du continu à anneau
Ringspinnerei filage *(m)* sur métier continu à anneau, filage *(m)* à anneau
Ringspinngarn fil *(m)* de continu à anneau
Ringspinnkops cannette *(f)* à filer à anneau
Ringspinnmaschine métier *(m)* continu à anneau
rinnen, fließen couler
Rippe (Geweb.) côte *(f)*, rebord *(m)*
rippenbildende Noppen boucles *(f, pl)* formant des côtes
Rippenkette chaîne *(f)* qui forme les côtes
Rippenmuster dessin *(m)* à côtes
Rippenpulli pullover *(m)* à côtes
Rippensamt velours *(m)* à côtes
Ripprundstrickmaschine métier *(m)* circulaire à côtes
Rippsocke chaussette *(f)* Derby
Rippware articles *(m, pl)* à côtes
Rips reps *(m)*, cannelé *(m)*
Ripsband ruban *(m)* en reps
Ripsbindung armure *(f)* reps
Ripsköper sergé *(m)* cannelé
Ripssamt, Manchester velours *(m)* côtelé
Riß fissure *(f)*
Riß, Zerreißen déchirure *(f)*, déchirement *(m)*
Rißbildung formation *(f)* de fissures
Roboter robot *(m)*
Rock jupe *(f)*
Rockkostüm tailleur *(m)*
Rocklänge longueur *(f)* de jupe
Rockstoff tissu *(m)* de jupe
roh cru, brut, non ouvré
roh (bei Text.) écru
Rohbaumwolle coton *(m)* écru
Rohbreite, Rohwarenbreite largeur *(f)* du tissu écru
Rohgewebe tissu *(m)* écru
Rohgewicht poids *(m)* brut
Rohgranulat matière *(f)* granulée crue
Rohling bas *(m)* écru
Rohmerzerisation mercerisage *(m)* du coton écru
Rohöl pétrole *(m)* brut
Rohparaffin paraffine *(f)* brute
Rohr, Röhre tuyau *(m)*, tube *(m)*
Röhrenhose pantalon *(m)* tube
Röhrenrock jupe *(f)* fourreau
Rohrgestell châssis *(m)* à tubes
Rohrleitungssystem tuyauterie *(f)*
Rohseide soie *(f)* grège, grège *(f)*
Rohstoff matière *(f)* première
Rohstoffindustrie industrie *(f)* des matières premières
Rohstoffverknappung manque *(m)* de ressources
Rohware marchandise *(f)* écrue, tissu *(m)* écru
rohweiß blanc-écru
Rohwolle laine *(f)* en suint, laine brute
Rolle rouleau *(m)*
rollen rouler
rollen, mangeln calandrer
Rollenkarte carton *(m)* à rouleaux
Rollenkufe cuve *(f)* à rouleaux

Roller, Aufroller (Web.) enrouler *(m)*
Rollfalte pli *(m)* non repassé
Rolli pull *(m)* à col roulé
Rollkardenrauhmaschine laineuse *(f)* à chardons roulants
Rollkragen col *(m)* roulé
Rollkragenpullover pullover *(m)* à col roulé
Rollnaht couture *(f)* roulottée
Rollsaum ourlet *(m)* roulotté
Rongalitätze rongeage *(m)* à rongalite
rosa rose
Roßhaar crin *(m)*, crin de cheval
Roßhaargewebe tissu *(m)* crin
Rost, Gitter grille *(f)*
Rost (Eisen) rouille *(f)*
rostbeständig antirouille, antioxydant
Rostbeständigkeit résistance à la rouille
Rostbildung formation *(f)* de rouille
rösten (Flachs, Kaffee) torréfier
rostfreier Stahl acier *(m)* inoxydable
rostig rouillé
Rostschutz protection *(f)* antirouille
Rostschutzmittel anticorrosif *(m)*, antirouille *(m)*, produit *(m)* anticorrosif
rot rouge
Rotanteil contribution *(f)* relative rouge
Rotation (um die eig. Achse) rotation *(f)*
Rotationsfilmdruck impression *(f)* au cadre sur rotative, impression *(f)* rotative
Rotationsströmung écoulement *(m)* rotationnel
Rotätze enlevage *(m)* rouge
Rotblindheit daltonisme *(m)*
rotbraun rouge brun
rotgelb, fuchsrot roux
rotieren, umlaufen, sich drehen tourner
rotierende Fadenführung guide-fil *(m)* tournant
rotierender Spinnkopf pot *(m)* de filature tournant
rötlich rougeâtre
Rotorausführung type *(m)* de rotor
Rotorgarn fil *(m)* rotor
Rotorspinnen filature *(m)* à rotor, filature à open-end
Rotorspinnmaschine métier *(m)* à filer à rotor, métier à rotor, métier *(m)* open-end
Rotten (Flachs) rouissage *(m)*
rotüberempfindlich, rotsichtig d'une sensibilité *(f)* excessive au rouge
Rouleaudruckmaschine machine *(f)* à imprimer au rouleau
Roving (Glasseidenstrang) stratifil *(m)*
Rubin rubis *(m)*
rubinrot rouge rubis, rubis
Rubrik rubrique *(f)*
ruckartig, stoßweise par saccades
Rückbewegung des Warenbaums mouvement *(m)* en arrière de l'ensouple du tissu
rückbilden (Chem.) reformer
Rückbildung réversion *(f)*, formation *(f)* inverse
Rücken, Rückseite (bei Gew.) envers *(m)*
Rückenappretur apprêt *(m)* de l'envers
Rückenappretur (Vorgang) apprêt *(m)* de l'envers par plaquage
Rückenbeschichtung enduction *(f)* de l'envers
rückendekolltiertes Kleid robe *(f)* décolletée au dos/dans le dos
Rückenfalte pli *(m)* dos
rückenfrei dos nu
rückengummiert envers *(m)* caoutchouté
Rückengurt martingale *(f)*
Rückenkonstruktion (Teppich) construction *(f)* du fond
Rückenpartie dos *(m)* d'un vêtement
Rückenschlitz fente *(f)* dans le dos
Rückenteil dos *(m)*, partie *(f)* dorsale
Rückenverstärkung renforcement *(m)* au dos
Rückfluß reflux *(m)*
Rückflußkühler condenseur *(m)* à refluement
ruckfrei sans à-coups, exempt de chocs
Rückführung des Fadens rétroaction *(f)* du fil
rückgekoppelt à réaction
rückgewinnen récupérer
Rückgewinnung récupération *(f)*
Rückgewinnungs... de récupération
Rückgewinnungsanlage installation *(f)* de récupération
Rückhaltebecken bassin *(m)* de retenu
Rückhaltevermögen (Egal.Mittel) pouvoir *(m)* de rétention, pouvoir *(m)* rétardateur
Rücklauf reflux *(m)*
Rucksack sac *(m)* à dos
Rucksackrücken dos *(m)* du sac à dos

Rückseite (v. Gew.) envers *(m)*
Rückseitenbeschichtung apprêt *(m)* envers
rückseitig verstärkt (Gew.) doublé
rückspulen rebobiner
Rückstand (Arbeit u.s.w.) arrière *(m)*
Rückstand (Chem.) résidu *(m)*
Rückstandsanalyse analyse *(f)* des résidus
Rückstanduntersuchung détermination *(f)* des résidus
Rückstich (Nähmaschine) point *(m)* arrière
Rückverwandlung transformation *(f)* inverse
rückwirkend rétroactif
Rückwirkung (Chem./Phys.) réaction *(f)*, rétroaction *(f)*
Rückzwirnprozeß processus *(m)* de retordage
Rührapparat agitateur *(m)*, remueur *(m)*
Rührapparat, Mischapparat mélangeur *(m)*, malaxeur *(m)*
rühren remuer, agiter, agiter en remuant
Rühren, unter Rühren sous agitation *(f)*
Rührgefäß bac *(m)* à agitation
Rührholz spatule *(f)* en bois
Rührmischer mélangeur *(m)* brasseur
Rührschnecke vis *(f)* agitatrice
Rührwerk agitateur *(m)*, remueur *(m)*
rund rond, arrondi
Rundbügel armature *(f)*
Rundbürstmaschine brosseuse *(f)* circulaire
Runddämpfer vaporiseur *(m)* circulaire
Runddüse tuyère *(f)* circulaire
rundgearbeitet galbé
rundgestrickt tricoté en tubulaire
Rundkämmer (Spinn.) peigneuse *(f)* circulaire
Rundkettelmaschine remmailleuse *(f)* circulaire
Rundkettenstuhl métier *(m)* chaîne circulaire
Rundkettenwirkmaschine machine *(f)* à tricoter circulaire en chaîne
rundlaufen (sauber laufen) tourner rond
Rundnaht couture *(f)* circulaire
Rundrute verge *(f)* ronde
Rundschablone pochoir *(m)* rotatif
Rundsieb crible *(m)* cylindrique
Rundspule, Flaschenspule bobine *(f)* bouteille
Rundstrickmaschine tricoteuse *(f)* circulaire
Rundstricknadel aiguille *(f)* pour métier circulaire
Rundstrickware articles *(m, pl)* du métier circulaire
Rundstuhl métier *(m)* circulaire (à mailleuses)
Rundstuhlware tissu tubulaire *(m)*, articles *(m, pl)* tubulaires
Rundumfalte pli *(m)* tout autour
rundum schwenkbar à rotation *(f)* complète
Rundwirkmaschine métier *(m)* circulaire à tricot
Rupfen canevas *(m)*
Rüsche ruche *(f)*
Ruß suie *(f)*
rußend (Flamme) fulgineux
rustikal rustique
rustikales Muster motif *(m)* rustique
Rüstzeit (bei Arb.Beginn) temps *(m)* de mise en route
Rute (Web.) verge *(f)*
Rutengreifermaschine, -stuhl métier *(m)* à pince à verges, métier *(m)* à lances à verges
Rutenschnittfehler coupe *(f)* de verge
Rutenteppich moquette *(f)* tissée à verges
Rutenwebmaschine métier *(m)* à verges
rutschfest antiglissant, antidérapant
Rutschfestappretur apprêt antiglissant, apprêt antigliss
rutschhemmend de glissement freinant
Rutschhose barboteuse *(f)*, grenouillère *(f)*
Rya-Teppich tapis *(m)* Rya

S

Saccharid saccharide *(m)*
Sachgebiet domaine *(m)* professionnel
sachgemäß en spécialiste, professionnel
Sachkenntnis connaissance *(f)* des faits, connaissance *(f)* de la matière, compétence *(f)*
sachverständig expert
Sachverständigengutachten expertise *(f)*

Sachverständiger expert *(m)*
Sack sac *(m)*
Sackfilter filtre *(m)* à sac
Sackfüllwaage bascule *(f)* d'ensachage
Sackgewebe tissu *(m)* sac
Sackkleid robe-sac *(f)*
Sackleinwand toile *(f)* d'emballage
Safaristil style *(m)* safari
Säge-Egreniermaschine égreneuse *(f)* à scie
Saison saison *(f)*
Sakko veste *(f)* de sport
Sakkoanzug complet *(m)* sport
salbenartig pâteux
Salicyl... salicylique
Salicylsäure acide *(m)* salicylique
Salmiak, Salmiaksalz sel *(m)* ammoniaque
Salmiakgeist ammoniaque *(f)* liquide, solution *(f)* ammoniacale
Salpeter salpêtre *(m)*
Salpetersäure acide *(m)* azotique, acide *(m)* nitrique
salpetrig nitreux
salpetrige Säure acide *(m)* nitreux
Salz sel *(m)*
Salz, Kochsalz (für Färbg.) sel *(m)* commun
Salz, Steinsalz sel *(m)* de gemme
Salzablagerung dépôt *(m)* salin, sédiment *(m)* salin
salzartig salin
salzbildend salifiable
Salzbildner, Halogen halogène *(m)*
Salzbildung formation *(f)* de sel, salification *(f)*
Salzbindung liaison *(f)* saline
Salzbrücke pont *(m)* salin
salzen, einsalzen saler
Salzentziehung, Entsalzung dessalement *(m)*
Salzgehalt teneur *(m)* en sel, salinité *(f)*
salzhaltig salifière, salin
salzig salin
Salzlösung solution *(f)* saline
Salzsäure acide *(m)* chlorhydrique, acide *(m)* myriatique
Salzsäure, mit Salzs. gesättigt muriaté
Salzsäuregas gaz *(m)* chlorhydrique
Salzsole eau *(f)* salée, saumure *(f)*
Sämischleder chamois *(m)*
Sammelbehälter cuve *(f)* collectrice
Sammler collecteur *(m)*
Sammler vor dem Vorfluter collecteur *(m)* d'assainissement
Samt velours *(m)*
Samt, ungeschnitten velours bouclé ou épinglé
Samtappretur apprêt *(m)* du velours
samtartig, samtig velouté
samtartiges Gewebe tissu *(m)* à poil
Samtbrokat brocart *(m)* velours
Samtglanz velouté *(m)*
Samtkette chaîne *(f)* de poil
Samtmesser rabot *(m)*, couteau *(m)* à velours
Samtnadel fer *(m)* à velours
Samt scheren raser le velours
Samtschneidemaschine coupeuse *(f)* à velours
Samtschwarz noir-noir *(m)*
Samtstoffe articles *(m, pl)* en velours
Samtteppich tapis *(m)* en velours
Samtteppich, Schlingenware tapis *(m)* bouclé
Samtteppich, geschnittene Schlingenw. tapis bouclé-coupé
Samtweberei tissage *(m)* du velours
sandfarbig couleur *(f)* de sable
Sandsack sac *(m)* de sable
Sandwalze (Raschel/Wirkm.) rouleau *(m)* d'appel
Sandwichbauweise construction *(f)* sandwich
Sandwichkaschierung contre-collage *(m)* sandwich
sanforisieren sanforiser
Sanforisieren sanforisage *(m)*
Sanforisiermaschine machine *(f)* à sanforiser
Sanforöl huile *(f)* à sanforiser, huile *(f)* de sanforisage
sanft, weich doux
sanitär, gesundheitlich sanitaire, de santé
Sarape sarape *(f)*
Sari sari *(m)*
Sarong sarong *(m)*
Sarsenet sarcenet *(m)*
Satin satin *(m)*
Satinbindung armure *(f)* satin
Satin-Franse frange-satin *(f)*

satinieren satiner
Satin-Trikot tricot-satin *(m)*
satinweiß blanc *(m)* satiné
satt, gesättigt saturé
satt, gesättigt (bei Farbton) foncé
Sattdampf vapeur *(f)* saturée
Satteldecke housse *(f)* de selle
Sattelgurt sangle *(f)* de selle
Sattelrock jupe *(f)* à empiècement de hanches
Sattelschultern empiècement *(m)* des épaules
sattgetränkt imprégné jusqu'à saturation
sättigen saturer
Sättigung saturation *(f)*
Sättigungsfaktor facteur *(m)* de saturation
Sättigungsgrenze limite *(f)* de saturation
Satz, Gruppe groupe *(m)*
Satz, abgeteilte Menge lot *(m)*
Satz, Tarif, Betrag tarif *(m)*, taux *(m)*
Satz, Rückstand dépôt *(m)*, sédiment *(m)*
satzweiser Einzug (Web.) rentrage *(m)* discontinu
satzweise par blocs
sauber (allg.) propre, net
sauber, nicht verschmutzt od. verseucht non pollué
Sauberkeitsgrad degré *(m)* de propreté
säubern nettoyer
sauer acide
sauer reagierend à réaction *(f)* acide
sauer stellen acidifier, aciduler
Sauerstoff oxygène *(m)*
Sauerstoff entziehen déoxyder
Sauerstoff, mit Sauerst. anreichern oxygéner
Sauerstoffbedarf, biologischer (BSB) demande *(f)* biologique d'oxygène
Sauerstoffbleiche blanchiment *(m)* à l'oxygène
Sauerstoffentwicklung, -abgabe dégagement *(m)* d'oxygène
sauerstofffrei exempt d'oxygène
sauerstoffhaltig oxygénifère, oxygéné
Sauerstoffkaltbleiche blanchiment *(m)* à l'oxygène à froid
Sauerstoffkonzentration concentration *(f)* en oxygène
Sauerstoffverbindung, Oxid combinaison *(f)* d'oxygène
Säuerung, Ansäuerung acidification *(f)*
Saugapparat aspirateur, extracteur *(m)*
Saugdüsentrockner séchoir *(m)* à tuyères d'aspiration
saugen aspirer
saugen, aufsaugen absorber
saugfähig absorbant, hydrophile
Saugfähigkeit pouvoir *(m)* absorbant, capillarité *(f)*
Saugfiltration filtration *(f)* par aspiration
Saugflasche bouteille *(f)* à filtrer
Sauggeschwindigkeit capacité *(f)* d'absorption
Saugheber pipette *(f)*
Saughöhe (bei Test) ascension *(f)* capillaire de l'eau
Saugleitung conduite *(f)* d'aspiration
Saugpistole pistolet *(m)* d'aspiration
Saugpumpe pompe *(f)* aspirante
Saugwirkung effet *(m)* d'absorption
Säule colonne *(f)*
Saum (Tuch) bord *(m)*
säumen, einfassen border, ourler
Säumerfuß (Nähmasch.) pied *(m)* ourleur
Säure acide *(m)*
Säureabspaltung dissociation *(f)* acide
Säureamid amide *(m)* d'acide
Säureaustausch échangement *(m)* d'acides
Säureavivage avivage *(m)* acide
Säure binden neutraliser
Säurebinder neutralisant *(m)*
Säurebad bain *(m)* acide
Säurebehandlung traitement *(m)* à l'acide
säurebeständig résistant aux acides
Säurebestimmung dosage *(m)* de l'acidité
säurebildend acidifiant
Säurebildner acidificateur *(m)*
Säurebildung acidification *(f)*
säureecht solide aux acides
Säureechtheit solidité *(f)* aux acides
säureempfindlich sensible aux acides
Säurefarbstoff colorant *(m)* acide
säurefest résistant aux acides
säurefeste Auskleidung revêtement *(m)* résistant aux acides
säurefester Lack vernis *(m)* résistant aux acides
säurefrei exempt d'acide

Säuregelb jaune *(m)* acide
Säuregrad degré *(m)* d'acidité
säurehaltig acidifère
Säureimpfung acidification *(f)*
säurekochecht solide au débouillissage (débouillage) acide
säurelöslich soluble dans l'acide
Säuremantel der Haut enveloppe *(f)* acide de la peau
Säuren-Basen-Gleichgewicht équilibre *(m)* acide-basique
Säureschockfärbung teinture *(f)* avec fixation par choc en milieu acide
Säureschutz protection *(f)* contre les acides
Säurespaltung hydrolyse *(f)* acide
Säurespinnverfahren filature *(f)* à l'acide
Säureüberschuß excédent *(m)* d'acide
Säurezahl indice *(m)* d'acide ou d'acidité
Sauschwanz queue *(f)* de cochon
Saxony(stoff) saxony *(m)* (tissu)
Schablone (Druck) pochoir *(m)* (impression)
Schablonendruck impression *(f)* au cadre
Schablonengaze gaze *(f)* pour cadres d'impression
Schablonenheft tableau *(m)* de pochoirs
Schabrake chabraque *(f)*
Schachbrettmuster dessin *(m)* échiquier
Schaden dégât *(m)*, dommage *(m)*
Schadenersatz dédommagement *(m)*
schadhaft défectueux, endommagé
Schadhaftigkeit défectuosité, état *(m)* endommagé, état *(m)* défectueux
schädigen, schaden nuir
Schädigung endommagement *(m)*, détérioration *(f)*
schädlich nuisible
Schädling insecte *(m)* nuisible
Schädlingsbefall infestation *(f)*
Schadstoff substance *(f)* nuisible, matière *(f)* nuisible, produit *(m)* nocif
Schadstoffbelastung charge *(f)* polluante
Schadstoffemission, -ausstoß pollutions *(f, pl)*
Schadstoffkonzentration concentration *(f)* des produits polluants
Schaffarmer éleveur *(m)* de moutons
Schafpelz peau *(f)* de mouton
Schafpelzmantel manteau *(m)* en peau de mouton
Schafschur tonte *(f)* des moutons
Schafwolle (allg.) laine *(f)* de mouton
Schafwolle (v. Mutterschaf) laine *(f)* de brébis
Schaft (Web.) lame *(f)*, tige *(f)*
Schaftbewegung changement *(m)* des lames
Schäfte anschirren encorder les lames
Schäfte gleichstellen niveler les lames
Schäfte hochheben faire remonter les lames
Schäfte senken faire descendre les lames
Schäfte zurückbringen remonter les lames
Schafteinsteller dispositif *(m)* de nivelage de lame
Schafteinzug rentrage des fils (dans les lames)
Schaft geht in das Oberfach la lame forme la foule supérieure
Schaftgewebe tissu *(m)* à lames
Schafthebel levier *(m)* de commande des lames
Schafthebung relevage *(m)* des lames
Schafthöhe hauteur *(f)* des lames
Schaft in das Oberfach ziehen amener la lame dans la foule supérieure
Schaft in das Unterfach ziehen amener la lame dans la foule inférieure
Schaft in der Mittellage erhalten maintenir la lame dans la position intermédiaire
Schaftlitze lisse *(f)*, lice *(f)*
Schaftmaschine ratière *(f)*, ratière *(f)* d'armures
Schaftmaschine für Hochfach ratière *(f)* à la lève
Schaftmasch. für Hoch- und Tieffach ratière *(f)* à la lève et baisse
Schaftmaschine für Tieffach ratière *(f)* à la baisse, ratière *(f)* de rabat
Schaftmaschinenantrieb commande *(f)* des ratières
Schaft(maschinen)karte carton *(m)* de ratière
Schaftmaschinenteilung écartement *(m)* des aiguilles de la ratière
Schaftplatine platine *(f)* de la lame
Schaftrahmen cadre *(m)* à lisses

Schaftrolle, Schaftzylinder cylindre *(m)* de lisses
Schaftspanner tendeur *(m)* du fil de lisse
Schaftteilung pas *(m)* de lames
Schaftwebstuhl métier *(m)* à ratière
Schaftwerk harnais *(m)*
Schaftzugvorrichtung dispositif *(m)* de relevage des lames
Schal châle *(m)*, foulard *(m)*
Schale bonnet *(m)* (soutien-gorge)
Schale (Labor) écuelle *(f)*
schälen, abschälen écorcer
schälen, entrinden décortiquer
Schalkragen col *(m)* châle
Schalldämpfer amortisseur *(m)* de son
Schallisolierung isolation *(f)* phonique
schallschluckend absorbant le son
Schälmesser épluchoir *(m)*, éplucheur *(m)*
Schaltanlage (elektr.) poste *(m)* de distribution
Schaltung (elektr.) couplage *(m)*
Schappegarn fil *(m)* de schappe, schappe *(f)*
Schappeseide soie *(f)* de fleuret
Schärband section *(f)* d'ourdissage, nappe *(f)* d'ourdissage
Schärbaum ensouple *(m)* d'ourdissoir (ou d'ourdissage)
Schärbaumgestell support *(m)* d'ensouple
Schärblatt peigne *(m)* d'avant, peigne *(m)* miseur
Schärblatthalter support *(m)* du peigne
Schärbreite, Schärbandbreite largeur *(f)* de la nappe d'ourdissage, largeur *(f)* d'ourdissage
schären ourdir
Schären ourdissage *(m)*
schären in Abschnitten ourdir à sections
schären in Bändern ourdir par nappe
Schärdichte compte *(m)* en chaîne
scharf, schneidend tranchant, coupant, aiguisé
scharf (Chem.) mordant, caustique, agressif
scharf abgegrenzt nettement fixé, nettement déterminé
schärfen (Messer) aiguiser
Schärgarn fil *(m)* de la chaîne, fil à ourdir
Schärgatter cantre *(m)* d'ourdissage
Schärkamm peigne *(m)*
Schärkonus cône *(m)* du tambour
Scharlach (Farbe) écarlate *(f)*
scharlachrot rouge écarlate
Schärlänge longueur *(f)* à ourdir
Schärmaschine ourdissoir *(m)*
Schärmaschine mit Schärbaum ourdissoir *(m)* à rouleau
Schärmuster rapport *(m)* d'ourdissoir
Scharnier charnière *(f)*
Schärpe écharpe *(f)*
Schärrapport, Schärverhältnis rapport *(m)* d'ourdissage
Schärriet peigne *(m)* d'ourdissoir
Schärtrommel tambour *(m)* d'ourdissoir
Schärzettel bulletin *(m)* d'ourdissage
Schatten ombre *(f)*
Schattenatlas (Web.) ombré *(m)*
Schattenfärbung teinture *(f)* à l'ombrage
schattieren, abstufen ombrer, nuancer
schattierende Bindung armure *(f)* ombrée
Schattierung, leichter Farbton ombrage, nuançage *(m)*
Schattierung, Changieren miroitement *(m)*
schätzen, veranschlagen juger, évaluer, taxer
schätzungsweise par approximation
Schaufenster vitrine *(f)*
Schaufensterdekoration décoration *(f)* de vitrine, étalage *(m)*
Schaufensterpuppe mannequin *(m)*
Schauglas (an Masch.) voyant *(m)*, verre-regard *(m)*
Schaum mousse *(f)*
Schaum, Gischt écume *(f)*
Schaumabstreifer écumeur *(m)*
Schaumaschine machine *(f)* à visiter
Schaumbildner, Schäumer agent *(m)* moussant
Schaumbildung formation *(f)* de mousse
Schaumbildungsvermögen pouvoir *(m)* moussant
Schaumdämpfungsmittel produit *(m)* antimousse, agent *(m)* antimousse
schäumen, aufschäumen (V. trans.) faire mousse
schäumen (V. intrans.) mousser
Schäumer agent *(m)* moussant

Schaumflotation flotation *(f)* par écumage
Schaumgummi caoutchouc *(m)* mousse, élastomère *(m)* alvéolaire
schaumig mousseux, écumeux
Schaumkaschierung apprêt *(m)* mousse
Schaumneigung tendance *(f)* à mousser
Schaumrücken (Teppich) sous-couche *(f)* mousse
Schaumstabilisator stabilisateur *(m)* de mousse
Schaumstabilität stabilité *(f)* de mousse
Schaumstoff (allg.) produit *(m)* alvéolaire
Schaumstoff auf Kautschukbasis caoutchouc *(m)* alvéolaire
Schaumstoff auf Kunststoffbasis polymère *(m)* ou plastique alvéolaire
Schaumstofflaminieren laminage avec mousse, doublage *(m)* avec mousse
Schaumunterlage (Teppich) sous-tapis *(m)* en mousse
Schaumverbesserer renforçateur *(m)* de mousse
Schaumverhalten tenue *(f)* de mousse
Schaumverhütungsmittel agent *(m)* antimousse
Schäumvermögen pouvoir *(m)* moussant
Schaumzahl indice *(m)* de mousse
Schaumzerstörer destructeur *(m)* de mousse
Schautisch table *(f)* à visiter, table visiteuse, table *(f)* de contrôle
Schauwerbung publicité *(f)* en vitrine
scheckig (Färbg.) tacheté
scheckiges Garn (Effektgarn) fil *(m)* moucheté
Scheibenspule bobine *(f)* à plateaux, bobine à disques
scheidbar, trennbar séparable
Scheidekamm peigne *(m)* répartiteur
Scheidetrichter étonnoir *(m)* à décantation
Scheindrehergewebe fausse gaze *(f)*
Scheinköper faux sergé *(m)*
Scheitelhose pantalon *(m)* à rayures verticales
Schellack laque *(m)* en feuilles ou en écailles
schematisch schématique
Schemazeichnung dessin *(m)* schématique
Schenkel (Kragen) pointe *(f)* (col)
Scherbeanspruchung (Emulsion) sollicitation *(f)* au cisaillement
Scherblatt, Scherklinge lame *(f)* tondeuse
Scherblatt (Webmasch.) peigne *(m)*
Schere ciseaux *(m, pl)*
scheren tondre, raser, couper
Scherenrock jupe *(f)* ciseaux
Scherfestigkeit résistance *(f)* au cisaillement
Scherkamm (Zettelmasch.) peigne *(m)* zig-zag
Scherlimuster mousseline *(f)* madras
Schermaschine tondeuse *(f)*, machine *(f)* à cisailler
Schermesser lame *(f)* de tondeuse, lame de cisaille
Schermuster rapport *(m)* en chaîne
Scherkraft (Beanspruchung) effort *(m)* de cisaillement
Scherteppich tapis *(m)* tondu
Scherzylinder cylindre *(m)* de la tondeuse
scheuerfest résistant à l'abrasion
Scheuerfestigkeit résistance *(f)* à l'abrasion
scheuern frotter
Scheuerprüfer appareil *(m)* d'essai d'abrasion
Scheuerprüfung essai *(m)* d'abrasion
Scheuertuch, Scheuerlappen torchon *(m)*
Scheuerstelle (Fehler) défaut *(m)* par frottement
Schicht, Lage couche *(f)*
Schicht, Überzug, Aufstrich enduit *(m)*
Schicht, Arbeitsschicht journée *(f)*
Schicht, Belegschaft équipe *(f)*
schichtenweise en (ou par) couches
Schichtwechsel changement *(m)* d'équipe
schick chic, élégant
schiebefest antiglissant, anti-éraillant
Schiebefestappretur apprêt *(m)* antiglissant (ou anti-éraillant)
Schiebefestigkeit résistance *(f)* à l'éraillage

schieben, drücken pousser
Schieber (Öffner am Färbeapp.) robinet-vanne *(m)*
Schieberbarre barre *(f)* de glissière
Schiebernadelbarre barre *(f)* à aiguilles glissante
Schienenbund (Webblatt) ligature *(f)* éclissée
Schiffahrtsseil cordage *(m)* maritime, corde *(f)* de bateau
Schiffchen (Schütze) navette *(f)*
Schiffchenspannung tension *(f)* de navette
Schiffchen-Stickmaschine machine *(f)* à broder automatique
Schildkappe casquette *(f)* à visière
schilfgrün vert jonc
Schillerkragen col *(m)* pointu
schillernd iridescent, irisé
Schillersamt velours *(m)* changeant
Schillertaft taffetas *(m)* changeant
Schimmel moisissure *(f)*
Schimmelfestausrüstung apprêt *(m)* antimoisissure
schimmelig moisi
Schimmelpilz moisissure *(f)*
Schimmer lueur *(f)*, éclat *(m)*
Schimmereffekt effet *(m)* luisant
Schirm, Bildschirm écran *(m)*
Schirmfalte pli *(m)* permanent
Schirmmütze casquette *(f)*
Schirmseide soie *(f)* à parapluie
Schirmständer porte-parapluies *(m)*
Schlafanzug pyjama *(m)*
Schlafdecke couverture *(f)* de lit
schlaff lâche, relâché, mou
schlaff, lappig (Textil) flasque
schlaffer Faden (Web.) fil *(m)* couru
Schlafsack sac *(m)* de couchage
Schlag (Webstuhl) chasse *(f)*
Schlag der Lade (Webstuhl) battant *(m)* de métier
Schlagarm (Webstuhl) bras *(m)* de chasse, frappeur
schlagen battre, frapper
Schlagmaschine batteur *(m)*
Schlagpatrone armure *(f)* du perçage de cartons
Schlagriemen courroie *(f)* de chasse
Schlagstock fouet *(m)* de chasse-navette
Schlagvorrichtung mécanisme *(m)* de chasse
Schlammbelebungsverfahren procédé *(m)* à boue activée
schlämmen, abschlämmen (sediment.) débouber
Schlammfaulung putréfaction *(f)* des boues
schlank mince
schlanke Linie ligne *(f)* mince
Schlauch (Wasser) tuyau *(m)* flexible
Schlauch (Textil) tube *(m)* tissé
Schlauch, Schlauchware maille *(f)* tubulaire
Schlauchboot canot *(m)* ou radeau *(m)* pneumatique
Schlauchkleid fourreau *(m)*
Schlauchkops canette *(f)*, canette *(f)* tubulaire, cops *(m)* tubulaire
Schlauchöffner mécanisme *(m)* à ouvrir le tricot tubulaire
Schlauchschal foulard *(m)* tubulaire
Schlauchware article *(m)* tubulaire
Schlaufe, Schlinge boucle *(f)*
Schlaufengarn fil *(m)* bouclé
Schlaufenteppich tapis *(m)* bouclé
schlecht laufen (Ware z. B.) mal tourner
Schleier (Spinn.) voile *(m)*
Schleier (in Lösungen) trouble *(m)*, turbidité *(f)*
Schleierbildung, Ballonbildung (Spinn.) ballonnement *(m)*
Schleife, Schlinge boucle *(f)*
schleifen, schärfen affiler, aiguiser
schleifen, glätten polir
schleifen, abschmirgeln polir à l'émeri
Schleifenbinder cravate papillon *(f)*
Schleifentrockner séchoir *(m)* à plis
Schleifmaschine machine *(f)* à rectifier, rectifieuse *(f)*
Schleifspule bobine *(f)* à défiler
Schleifwalze (abschleifen) cylindre *(m)* à émeri
Schleifwalze (zum Schärfen) cylindre *(m)* d'aiguisage
Schleim, Pflanzenschleim mucilage *(m)*
Schleim, schleimige Lösung liquide *(m)* visqueux (ou mucilagineux)
Schleppe traîne *(f)*
Schleppnetz chalut *(m)*
Schleppseil corde *(f)* à traîner

Schleuder, Zentrifuge centrifuge *(f)*, essoreuse *(f)*
Schleuse (Schiff) écluse *(f)*
Schleuse für Materialzufuhr canal *(m)* de transfert
Schleuse, Luftschleuse sas *(m)*
Schlichte (Web.) produit *(m)* d'encollage
Schlichteaufnahme absorption *(f)* d'encollage
schlichtecht (Farbe) solide à l'encollage
Schlichteflotte bain *(m)* d'encollage
Schlichtemaschine encolleuse *(f)*
Schlichtemischer mélangeur *(m)* d'encollage
schlichten encoller
Schlichterei (Betrieb) atelier *(m)* d'encollage
Schlichtewalze cylindre *(m)* encolleur
Schlichtstelle fils *(m, pl)* collés
Schliere, Streifen (Gewebe) strie *(f)*
Schliertuch toile *(f)*
Schlinge boucle *(f)*
Schlinge, Schleife (Web. Fehler) vrille *(f)*
Schlingenbildung formation *(f)* de boucles
Schlingenfestigkeit résistance *(f)* de la boucle
Schlingenflor poil *(m)* de boucle
Schlingengarn fil *(m)* bouclé
Schlingengewebe, Frottiergewebe tissu *(m)* bouclé, tissu éponge
Schlingengürtel ceinture *(f)* à noeud coulant
Schlingenhalter-Exzenter excentrique *(m)*
Schlingenhalter-Träger support *(m)*
Schlingenkette, Frottier- od. Polkette chaîne *(f)* de boucle
Schlingennoppe noppe *(f)* bouclée
Schlingenplüsch péluche *(f)* bouclée
Schlingenteppich tapis *(m)* bouclé, tapis à point noué
Schlingenverschluß fermeture *(f)* à noeud
Schlingfaden, Dreherfaden fil *(m)* de tour
Schlips cravate *(f)*
Schlitten (Masch.) glissière *(f)*, glissoir *(m)*
Schlittenführung rail *(m)* de la glissière
Schlitten zurückschicken renverser la glissière
Schlitz, Einschnitt rainure *(f)*, coupure *(f)*
Schlitz, Spalte fente *(f)*
schlitzen, aufschlitzen refendre, fendre
Schlitzrock jupe *(f)* fendue
Schlitztasche poche *(f)* fendue
Schlitztrommel tambour *(m)* à fente
Schloß (allg.) serrure *(f)*
Schloß (Webmasch.) élément *(m)* séparateur
Schlupf (Masch.) glissement *(m)*
Schlüpfer slip *(m)*
Schlüpfergürtel panty *(m)*
schlüpfrig, glatt glissant
Schluß, Ende fin *(m)*, terminaison *(f)*
Schlußbehandlung traitement *(m)* de finition
Schlüssel clef *(f)*, clé *(f)*
Schlüsselbefehl (EDV) indication *(f)* de code
Schlüsselbord porte-clés *(m)* mural
Schlußergebnis résultat *(m)* final
schmal étroit
Schmalgewebe tissu *(m)* étroit
Schmälze, Schmälzmittel ensimage *(m)*, produit *(m)* d'ensimage
schmälzen ensimer
schmälzen, einfetten lubrifier, graisser
Schmälzöl huile *(f)* d'ensimage
Schmälzwolf ensimeuse *(f)*
Schmelzapparat appareil *(m)* de fusion
Schmelzbereich zone *(f)* de fusion
schmelzen, aufschmelzen fondre, porter à fusion
schmelzend de fusion
schmelzflüssig en fusion
Schmelzkleber colle *(f)* fusible
Schmelzpunkt point *(m)* de fusion
Schmelzspinnen filature *(f)* ou filage *(m)* par extrusion
Schmelzwachs (Webketten) cire *(f)* fusible
Schmetterlingsärmel manche *(f)* papillon
schmiegsam souple, flexible
Schmiegsamkeit souplesse *(m, pl)*
Schmiere, Schmierfett graisse *(f)*, lubrifiant *(m)*
Schmiere, Schmutz crasse *(f)*, salissure *(f)* de graisse

Schmierfähigkeit pouvoir *(m)* lubrifiant
schmierig, fettig graisseux
schmierig, ölig oléagineux, huileux
Schmierseife savon *(m)* noir
Schmierstoffe lubrifiants *(m, pl)*
Schmierung graissage *(m)*, lubrification *(f)*
Schmirgel émeri *(m)*, émeril *(m)*
Schmirgelleinen lin *(m)* émeri
Schmirgelmaschine machine *(f)* à émeriser
schmirgeln émeriser
Schmirgelpapier papier *(m)* d'émeri
Schmitze (Gewebefehler) écriteau *(m)*, inégalité *(f)*
Schmuck bijou *(m)*, décoration *(f)*
schmücken parer, décorer
Schmutz, Dreck crasse *(f)*
Schmutz, Verschmutzung salissure *(f)*
Schmutzablagerung dépôt *(m)* d'impuretés
Schmutzabscheidung séparation *(f)* de crasse ou d'impuretés
schmutzabstoßend antisalissant
schmutzabweisend antisalissant, protecteur contre les salissures
schmutzabweisende Ausrüstung apprêt *(m)* antisalissant
schmutzempfindlich tache facilement sensible à la saleté
schmutzen, verschmutzen encrasser, salir
Schmutzentfernung décrassement *(m)*
Schmutzfaden fil *(m)* souillé
Schmutzfleck tache *(f)*, souillure *(f)*
Schmutzflotte, Schmutzlauge bain détergent usé
schmutzig encrassé, sale, crasseux
schmutzig werden se salir
Schmutzstelle tache *(f)*
Schmutzträger agent *(m)* d'anti-redéposition
Schmutztragevermögen pouvoir *(m)* d'anti-redéposition
schmutzunempfindliche Faser fil *(m)* non-salissant
Schmutzwalke foulage *(m)* en gras, foulage en suint
Schmutzwalze (spinn.) chapeau *(m)* tournant, chasseur *(m)*
Schmutzwasser eau *(f)* usée, eau d'égout
Schmutzwolle laine *(f)* surge, laine en suint
Schmutzwolle, besonders fettig laine *(f)* en suint riche en graisse
Schnalle boucle *(f)*
schnallen boucler
Schnappspule cône *(m)* à ressort
Schneckenpumpe pompe *(f)* à vis
Schneeketten chaînes *(f, pl)* antidérapantes
Schneeschutzzaun pare-neige *(m)*
schneeweiß blanc *(m)* de neige
Schneide, Messer lame *(f)*
Schneidemaschine machine *(f)* à couper, coupeuse *(f)*
Schneidemaschine, -vorrichtung (Faser) massicot *(m)*
schneiden couper
schneiden, durchschneiden trancher, couper
Schneider tailleur *(m)*
Schneiderabfall déchets *(m, pl)* de couture
Schneiderei atelier *(m)* de couture
Schneiderin couturière *(f)*
Schneiderkostüm costume *(m)* sur mesure
Schneiderkreide craie *(f)* tailleur
Schneiderleinen, Steifleinen bougran *(m)*, toile *(f)* gommée
schneidern couper
Schneiderpuppe mannequin *(m)*
Schneidware coupé-cousu *(m)*
schnell (adj.) rapide
schnell (adv.) vite
schnellaufend à grande vitesse
Schnellalterung (Test) vieillissement *(m)* rapide
Schnelläufer (Spinn.) intersecting *(m)* rapide
Schnellbestimmung (Analyse) dosage *(m)* rapide
Schnellbewitterungsversuch essai *(m)* accéléré de résistance aux intempéries
Schnellbleiche blanchiment *(m)* rapide
Schnellkraft élasticité *(f)*
Schnelläuferkettenstuhl métier *(m)* chaîne à grande vitesse
schnell reagierend réagissant rapidement
Schnellrührer agitateur *(m)* rapide
Schnellspinnen filature *(f)* rapide

Schnellstrecke (Spinn.) étirage *(m)* rapide
Schnellstrickgarn (-wolle) fil *(m)* à tricotage rapide
schnelltrocknend à séchage *(m)* rapide, séchant rapidement
Schnelltrockner séchoir *(m)* rapide
Schnellverband sparadrap *(m)*
Schnellverfahren méthode *(f)* rapide
schnellziehender Farbstoff colorant *(m)* montant rapidement, colorant *(m)* rapide
Schnitt coupe *(f)*
Schnitt, Einschnitt coupure *(f)*, rainure *(f)*
Schnittbindung armure *(f)* double-lisse
Schnittfläche surface *(f)* de section, surface de coupe
Schnittflor velours *(m)* bouclé coupé
schnittiges Garn fil *(m)* irrégulier
Schnittkante arête *(f)* de coupe
Schnittkleid robe *(f)* sur mesure
Schnittlage position *(f)* de coupe
Schnittlänge (allg.) longueur *(f)* de coupe
Schnittlänge, regelmäßig (Faserherst.) coupe *(f)* droite
Schnittlänge, unregelm. (Faserherst.) coupe *(f)* variable, coupe oblique
Schnittleiste (Web.) fausse lisière *(f)*
Schnittmusterbogen planche-patron *(f)*
Schnittpol coupe poil *(m)*
Schnittrute verge *(f)* à couteau
Schnittvelour velours *(m)* coupé
Schnitzel morceau *(m)*
schnitzelschneiden tailler et rogner des petits morceaux
Schnitzeltrockner séchage *(m)* des morceaux
Schnörkel enjolivure *(f)*, entrelacs *(m)*
Schnur cordon *(m)*, ficelle *(f)*
Schnurband lacet *(m)*
Schnureinnäher pince *(f)* à corde
Schnurfuß pied *(m)* de corde
Schnurhalter (Nähmaschine) guide *(m)* (machine à coudre)
Schnürung (Mieder) cordonnet *(m)* (de corset)
Schnürung (Web.) empoutage *(m)*, encordage *(m)*
Schock choc *(m)*
Schocking-rosa rose choquant
Schockkondensation condensation *(f)* par choc
Schonbezug housse *(f)* de protection
schönen, klären (Chem.) clarifier, raffiner
schönen (Färbung) embellir
schonend (Behandlg.) soigneux
Schonwäsche lavage *(m)* délicat
schöpfen puiser
Schöpflöffel, Schöpfkelle puisette *(f)*
Schoß pan *(m)*, basque *(f)*
Schößchen pan *(m)*, basquette *(f)*
Schoßkleid robe *(f)* à pans, basque
Schottenkaro carreau *(m)* écossais
Schottenrock jupe *(f)* écossaise
Schottenweste veste *(f)* écossaise
Schraffierung, Zeichnung hachures *(f, pl)*
schräg diagonal, en biais
Schrägband ruban *(m)* oblique
Schrägfach, reines Fach (Web.) pas *(m)* égal
schräg geschnitten coupé en biais
Schrägrippen (Gewebe) côtes *(f, pl)* diagonales
Schrägrips reps *(m)* diagonal
Schrägschuß défaut *(m)* de montage d'ensouple
Schrägverzug (Gewebe) redressement *(m)* par action sur la lisière
Schrägverzugsrichter (Gewebe) redresseur *(m)* de trame oblique
Schrank (allg.) armoire *(f)*
Schranktrockner armoire *(f)* sécheuse
Schraube (ohne Mutter) vis *(f)*
Schraubenstrecke (Spinn.) banc *(m)* d'étirage à barettes commandées par vis
Schrei (Seide) craquement *(m)*, cri *(m)*
schreiben (Appretur) marquer (à l'ongle)
Schreiben, Schreibeffekt (Appr.) marquage *(m)*, effet *(m)* de marquage
Schreibmaschinenband ruban *(m)* pour machines à écrire
schreiend, grell (Farbe) criard, trop vif
Schreinerappretur apprêt *(m)* Schreiner
Schreinerkalander calandre *(f)* Schreiner
schrinken, schrumpfen (intr.) se rétrécir, se contracter
Schritt (allg.) pas *(m)*
Schritt, Stufe étape *(f)*, pas *(m)*
Schritteinsatz entrejambe *(m)*

Schrittlänge longueur *(f)* d'entrejambe
Schrittnaht (Hose) couture *(f)* d'entre-jambe (pantalon)
schrittweise pas à pas, progressivement
schrumpeln, schrumpelig werden se gripper
Schrumpf rétrécissement *(m)*, retrait *(m)*, contraction *(f)*
Schrumpfeigenschaften propriétés *(f, pl)*de rétrécissement, caractéristiques de rétrécissement
schrumpfen rétrécir, se rétrécir, se contracter
Schrumpffaser fibre *(f)* rétractable
schrumpffest, schrumpfecht irrétrécis-sable
Schrumpffestausrüstung apprêt *(m)* irrétrécissable
Schrumpffestigkeit irrétrécissabilité *(f)*
Schubtasche poche *(f)* sans patte
Schuh chaussure *(f)*, soulier *(m)*
Schuhfutterstoff (pelzartig) fourrure *(f)* de chaussure
Schuhfutterstoff, Steifleinen bougran *(m)* pour chaussures
Schuhsenkel lacets *(m, pl)*
Schuhstoff textile *(m)* pour chaussures
Schuhwerk chaussures *(f, pl)*
Schulanfang rentrée *(f)* des classes
Schulmütze casquette *(f)* d'écolier
schulterfrei épaules *(f, pl)* nues
Schulterklappe patte *(f)* d'épaule
Schulterkragen col *(m)* cape
Schulterpolster rembourrage *(m)* pour les épaules, padding
Schulterriegel épaulettes *(f, pl)*
Schuluniform uniforme *(m)* d'écolier
Schuppe écaille *(f)*
Schuppeneffekt effet *(m)* écaille
schuppenförmig, in Schuppenform en écailles
Schupp(en)maschine machine *(f)* d'écaillage
Schuppenmuster(-dessin) dessin *(m)* écaille
Schur, Scheren tonte *(f)*
Schurwolle laine *(f)* vierge
Schurwolle ungewaschen laine *(f)* en suint
Schürze tablier *(m)*
Schürzenkleid robe-tablier *(f)*
Schürzenstoff tissu *(m)* de tablier
Schuß (Web.) trame *(f)*
Schußatlas satin *(m)* effet trame
Schußband (Web.Fehler) barre *(f)* en trame
Schußbandigkeit barres *(f, pl)* en trame
Schußbruch casse *(f)* de trame, rupture *(f)* de trame
Schußdichte duitage *(m)*, compte en trame
Schußdrehung torsion *(f)* gauche
Schußeffekt effet *(m)* trame
Schußeintrag insertion *(f)* de trame
Schußeintragsautomat automate *(m)* d'insertion de trame
Schußfaden fil *(m)* de trame
Schußfaden (eingeschossen) duite *(f)*
Schußfadenbindungseinheit rapport *(m)* des duites
Schußfadenbruch rupture *(f)* de la trame
Schußfaden durch das Leitauge ziehen enfiler la trame dans l'œillet
Schußfadenfolge ordre *(m)* des duites
Schußfadenreihe unterweben ajouter une trame supplémentaire sur l'envers
Schußfadenrichter redresseur *(m)* de trame
Schußfadenrichtung sens *(m)* de la trame
Schußfadenwächter casse-trame *(m)*
Schußfadenzahl duitage *(m)*, compte en trame
Schußfehler fausse duite *(f)*
Schußflorgewebe poil *(m)* de trame
Schußflottung flotté *(m)* de trame
Schußfolge ordre *(m)* de duites
Schußfühler tâteur *(m)* de trame
Schußgarn fil *(m)* de trame
Schußgarnspule canette-trame *(f)*
schußgemustert à effet de trame, dessin *(m)* effet-trame
Schußhülse canette *(f)*
Schußhülse mit Kegelansatz canette *(f)* avec embase conique
Schußköper sergé *(m)* effet trame
Schußkötzer canette *(f)* pour trame
schußloses Cordgewebe (Reifen) tissu *(m)* cord sans trame
Schußmusterung tramage *(m)*, mise *(f)* en carte du tramage
Schußrapport rapport *(m)* des duites
Schußrippe côte *(f)* par trame

Schußrips reps *(m)* de trame
Schußsamt velours *(m)* de trame
Schußschlag chasse *(f)* du fil de trame
Schußseide soie *(f)* de trame
schußsichere Weste gilet *(m)* pare-balles
Schußspulautomat bobinoir *(m)* automatique de trame, canettière *(f)* automatique
Schußspule canette *(f)*, cannette *(f)*
Schußspulenbehälter boîte *(f)* à canettes
Schußspulenmagazin magasin *(m)* de canettes
Schußspulmaschine canettière *(f)*, bobinoir *(m)* pour trame
Schußstreifen barrures *(f, pl)* en trame
Schuß um Schuß abwechselnd von verschiedenen Seiten eintragen insérer duite à duite alternativement sur deux côtés
Schußwächter casse-trame *(m)*, garde-duite *(m)*
Schußwächtergabel fourchette *(f)* de casse trame
Schußwechsel changement *(m)* de la trame
Schußwechsel für die Buntweberei changement de trame pour tissage en couleurs
Schußwechselautomat magasin *(m)* chargeur avec changement de canettes automatique
Schußzahl nombre *(m)* de duite, duitage *(m)*
Schußzahl einstellen régler le duitage
Schußzähler compte-duite *(m)*
schütten, gießen verser
Schüttdichte masse *(f)* volumique
Schutz protection (contre)
Schutz, Erhaltung préservation *(f)*
Schutzanzug vêtement *(m)* de protection
Schutzbrille lunettes *(f, pl)* protectrices, lunettes *(f, pl)* de sûreté
Schutzdecke f. Verletzte couverture *(f)* de protection pour les blessés
Schützen (Web.) navette *(f)*
Schützen abschießen lancer la navette
Schützenauge œillet *(m)* de navette
Schützen auswerfen éjecter la navette
Schützen beim Ladenvorgang einführen changer la navette pendant le mouvement en avant du battant
Schützenbewegung mouvement *(m)* de la navette
Schützen durch das Fach schlagen lancer la navette par la foule
Schützendurchgang passage *(m)* de la navette
Schützen durch Luftdruck bewegen actionner la navette par l'air comprimé
Schützenfach foule *(f)* ou pas *(m)* de la navette
Schützen fällt heraus navette tombe hors de la boîte
Schützenfänger garde-navette *(m)*
Schützen fliegt nach hinten aus d. Kasten navette saute hors de sa boîte à l'arrière
Schützengeschwindigkeit vitesse *(f)* de la navette
Schützenhalter serre-navette *(m)*
Schützenkasten boîte *(f)* à navettes
Schützenkastenhebung lève *(f)* de la boîte à navettes
Schützenkasten schwingt mit der Lade boîte à navette oscille avec le battant
Schützen kehrt in den Kasten zurück navette revient dans la boîte
Schützen kommt in seine Anfangsstellung zurück navette revient à sa position initiale
Schützen läuft durch das Fach navette court dans la foule
Schützen läuft auf der Ladenbahn navette court sur la planchette du battant
Schützenlauf course *(f)* de la navette
schützenlos sans navette
schützenlose Webmaschine métier *(m)* à tisser sans navettes
Schützen prallt zurück navette rebondit
Schützenschlag chasse *(f)* de la navette
Schützenschlag, pneumatisch betrieben mouvement *(m)* pneumatique de la navette
Schützenschlagsteuerung régulateur *(m)* du mouvement de chasse
Schützenumkehr entspr. d. Musterrapports navettes *(f, pl)* reviennent suivant le rapport d'armures
Schützen vom Schußgarn leergelaufen navette *(f)* épuisée

Schützen nach unten auswerfen éjecter la navette en bas
Schützen nach oben auswerfen éjecter la navette en haut
Schützen mit Einfädelvorrichtung navette *(f)* à enfilage automatique
Schützenwebmaschine elektronisch gesteuert machine *(f)* à tisser avec navette à commande électronique
Schützenwechsel changement de navettes
Schutzhandschuh gant *(m)* protecteur
Schutzhelm casque *(m)* de protection
Schutzkleidung vêtement *(m)* de protection
Schutzlack vernis *(m)* protecteur
Schutznetz filet *(m)* protecteur ou de garde
Schutzpolsterung rembourrage *(m)* de protection
schwach faible, léger
schwach, dünn mince
schwach, stark verdünnt (Lösg.) étendu
schwach gedreht (Garn) faiblement tordu, à faible torsion, à torsion *(f)* floche
schwach sauer faiblement acide
Schwaden buée *(f)*, vapeur *(f)*
Schwalbenschwanz frac *(m)*
Schwall Wasser jet *(m)* d'eau
Schwamm éponge *(f)*
Schwanendaunen duvet *(m)* de cygne
schwanken osciller, fluctuer
Schwanzwolle (Schaf) coaille *(f)*
schwarz noir
schwarzbraun brun noir
Schwärze noir *(m)*
schwärzlich noirâtre
Schwärzung noircissement *(m)*
schwebend, hängend suspendu
Schwebestoff (in Flüssigk.) matière *(f)* en suspension
Schwebetrockner séchoir *(m)* à suspension
Schwefel soufre *(m)*
schwefelartig sulfureux, sulfuré
Schwefel in Pulverform fleur *(f)* de soufre
Schwefelbleiche blanchiment *(m)* au soufre
Schwefelblüte fleur *(f)* de soufre
Schwefeldioxid anhydre *(m)* sulfureux
Schwefelechtheit solidité *(f)* au soufre
Schwefelfarbstoff colorant *(m)* au soufre
Schwefelsäure acide *(m)* sulfurique
schwefelsaure Tonerde sulfate *(m)* d'aluminium
Schwefelschwarz noir à soufre
schweflig sulfureux
schweflige Säure acide *(m)* sulfureux
Schweif queue *(f)*
Schweifhaar crin *(m)* de la queue
Schweißblatt dessous *(m)* de bras
schweißecht solide à la sueur
Schweißechtheit solidité *(f)* à la sueur
Schweißfilz (Wolle) feutre *(m)* gras
Schweißleder bande *(f)* en cuir du chapeau
Schweißwolle laine *(f)* en suint
Schweizer Stickerei broderie *(f)* suisse
Schwenker hydro-extracteur *(m)*
schwer (allg.) lourd
schwer brennbar peu combustible
schwer entflammbar difficilement inflammable
schwer löslich peu ou difficilement soluble
Schwerbenzin essence *(f)* lourde
Schwerchemikalien produits *(m, pl)* chimiques minéraux
schwerflüchtig peu volatil
Schwermetall métal *(m)* lourd
Schweröl huile *(f)* lourde
schwierig difficile
schwimmen (von Ware auf Flotte) flotter
Schwimmweste gilet *(m)* de sauvetage
schwinden, geringer werden décroître
schwingende Bewegung der Lade (Web.) oscillation *(f)* du battant
schwingender Fadenführer guide-fil *(m)* mobile
Schwing- und Brechmaschine (Flachs) broyeuse-tailleuse *(f)*
Schwitzwasser eau *(f)* de condensation
Schwöde délainage *(m)*
schwöden délainer
Schwödewolle laine *(f)* de Mazamet, laine *(f)* de peau
Schwund diminution *(f)*
Schwund, Verlust perte *(f)*
S-Draht torsion-S *(f)*
Sea-Island-Baumwolle coton *(m)* des Indes Occidentales

seamless sans couture
sechswertig hexavalent
Sediment sédiment *(m)*
Sedimentation sédimentation *(f)*
sedimentieren déposer des sédiments
sedimentiert déposé par sédimentation
Seehundfell peau *(f)* de phoque
Seele (Core-spun-Garn) âme *(f)*
Seelenfaden fil *(m)* d'âme
Seelengarn filé *(m)* à fil d'âme
Seersucker seersucker *(m)*
Seesack sac *(m)* de marin
seewasserecht solide à l'eau de mer
Seewasserechtheit solidité *(f)* à l'eau de mer
Segel voile *(f)*
Segelleinwand, -tuch toile *(f)* à voile
Seide soie *(f)*
Seide, Naturseide soie *(f)* naturelle ou soie pure
Seide, rohe Seide soie *(f)* écrue
seiden, von Seide de soie
Seidenabfall déchet *(m)* de soie, bourre *(f)* de soie
seidenartig soyeux
Seidenatlas, Satin satin *(m)*
Seidenband ruban *(m)* en soie
Seidenbast gomme *(f)* de soie, séricine *(f)*
Seidenbatist batist *(m)* de soie
Seidenbeschwerung charge *(f)* de soie
Seidendamast damas *(m)* de soie
Seidendruck impression *(f)* sur soie
seidenes Beuteltuch tissu *(m)* de sachet soyeux
Seidenfaden fil *(m)* de soie
Seidenfaser fibre *(f)* de soie
Seidenfinish, Seidenknirschgriff apprêt *(m)* craquant
Seidenfinishkalander calandre *(f)* Schreiner à similiser
Seidenglanz lustre *(m)* de soie, lustre soyeux
seidenglänzend à reflets *(m, pl)* soyeux
Seidenglanzkalander calandre *(f)* à glacer la soie
Seidengriff toucher *(m)* soyeux
Seidenjersey jersey *(m)* de soie
Seidenknirschgriff tocher *(m)* craquant de soie
Seidenkokon cocon *(m)*
Seidenkrepp crêpe *(f)* de soie
Seidenmoiré moiré *(m)* de soie
Seidennoppen boutons *(m, pl)* de soie
Seidenplüsch peluche *(f)* de soie
Seidenraupe ver *(m)* à soie
Seidenripp, samtartiger Seidenripp velours *(m)* simulé
Seidensamt velours *(m)* de soie
Seidenschrei cri *(m)* ou craquement *(m)* de soie
Seidenspinnerei filature *(f)* de soie
Seidenspinnerei (Fabrik) soierie *(f)*
Seidentaft taffetas *(m)* de soie
Seidenumspinnung guipage *(m)* de soie
seidenumsponnen guipé de soie
Seidenweberei tissage *(m)* de soie
Seidenwerg, Bourette bourette *(f)*
Seidenzucht séricículture *(f)*
Seidenzwirn fil *(m)* de soie retors
seidig soyeux
Seife savon *(m)*
seifen, einseifen savonner
Seifenflocken savon *(m)* en paillettes
Seifenlappen gant *(m)* de toilette
Seifenlauge lessive *(f)* de savon
Seifenpulver savon *(m)* en poudre
seihen, filtern filtrer
Seil, Tau câble *(m)*
Seil, Strick corde *(f)*
Seilerei corderie *(f)*
Seilerwaren cordages *(m, pl)*
Seilflechten tressage *(m)* de cordes
Seilschuhe chaussures *(f, pl)* en corde, espadrilles *(f, pl)*
seitengleicher Stoff (Gewebe) tissu *(m)* réversible
Seitenkette (Chem.) chaîne *(f)* latérale
Seitentasche poche *(f)* de côté
seitenverkehrt à côtés *(m, pl)* renversés
seitenverkehrt, spiegelbildlich inversé latéralement
seitlich-parallel collatéral
sekundär..., Neben..., Zweit... secondaire
Sektional-Schärmaschine ourdissoir *(m)* mécanique à sections
Selbst..., automatisch automatique
Selbstabstellung, -ausschaltung arrêt *(m)* automatique, déclenchement *(m)* automatique
Selbstaufleger (Spinn.) chargeuse *(f)* automatique

Selbstbedienung self-service *(m)*, libre-service *(m)*
selbsteinfädelnd à enfilement *(m)* automatique
Selbsteinfädelung enfilage *(m)* automatique
selbsteinstellend auto-ajustable, autoréglable
selbstemulgierend auto-émulsifiant
selbstentzündlich spontanément inflammable
Selbstentzündung auto-inflammation *(f)*, inflammation *(f)* spontanée
Selbstentzündungstemperatur température *(f)* d'inflammation spontanée
Selbstglanzappretur apprêt *(m)* autobrillant
selbsthärtend autodurcissant
selbstklebend autoadhésif
selbstlöschende Faser fibre *(f)* autoextinctrice
selbstschmierend auto-lubrifiant
Selbstspinner, Selfaktor renvideur *(m)* automatique
selbsttätige Schaltbewegung des Fadenführers déplacement automatique de la course du guide-fil
selbständige Schützenauswechslung changement automatique de navettes
selbstvernetzend à réticulation automatique, autoréticulant
selektiv sélectif
selektiver Farbstoffauszug épuisement *(m)* de colorant sélectif
selektives Aufziehen von Farbstoffen montée *(f)* sélective de colorants
Selektivität sélectivité *(f)*
Selen sélénium *(m)*
Selfaktor renvideur *(m)* automatique
Selfaktorgarn fil *(m)* de renvideur
selten, rar rare
seltene Erden terres *(f, pl)* rares
semipermeabel sémi-perméable
semipolar sémi-polaire
semipolare Bindung (Chem.) liaison *(f)* dative
semipolare Doppelbindung (Chem.) liaison dative double
semizyklisch sémi-cyclique
Senf moutarde *(f)*
Senge, Sengmaschine flambeuse *(f)*, gazeuse *(f)*
sengen flamber, gazer
senken, absenken abaisser
senkrecht perpendiculaire, vertical
Sensor palpeur *(m)*, détecteur *(m)*
sensorisch sensoriel
separabel séparable
Separates séparé
Sequenz, Folge séquence *(f)*
Sequestriermittel séquestrant *(m)*, complexant *(m)*
Sequestrierung, Wasserenthärtung séquestration *(f)*
Sequestriervermögen pouvoir *(m)* séquestrant
Serge serge *(f)*
Serie, Reihenfolge série *(f)*
Serie im Musterrad (Dessin) rapport *(m)* du tambour à dessin
Serienschaltung (Elektr., Masch.) couplage *(m)* en série, montage *(m)* en série
Serienspeicher (EDV) mémoire *(f)* en série
Serviette serviette *(f)*
Serviettenring rond *(m)* de serviette
Sessel fauteuil *(m)*
Set ensemble *(m)*, set *(m)*
setzen, stellen mettre, placer, poser
setzen, sich absetzen se déposer, se précipiter
Setzstufe contre-marche *(f)*
S-Faser fibre *(f)* rétractable
Shantungseide chantoung *(m)*
Shetlandwolle laine *(f)* shetland
Shoddy-Wolle laine *(f)* de renaissance
shortie- shortie
Shorts shorts *(m, pl)*
Shrinkmaschine machine *(f)* à rétrécir
Sibirienne sibérienne *(f)*
sicher sûr
Sicherheitsfaktor facteur *(m)* ou coefficient *(m)* de sécurité
Sicherheitsgürtel ceinture *(f)* de sécurité
Sicherheitsnadel épingle *(f)* de sûreté
Sicherheitsvorrichtung dispositif *(m)* de sécurité
Sicherheitsvorschriften préscriptions *(f, pl)*de sécurité
sichtbar visible
sichten, sortieren assortir, classer

Sichtfenster (Masch.) voyant *(m)*
Sieb (allg.) crible *(m)*, passoire *(f)*
Sieb, Feinsieb tamis *(m)*
Siebdruck sérigraphie *(f)*
sieben, durchsieben tamiser
Siebtrommel tambour *(m)* cribleur
Siebtrommeltrockner sécheur *(m)* à tambour perforé
Siebtuch toile *(f)* à tamiser
Siedebeginn début *(m)* d'ébullition
Siedebereich zone *(f)* d'ébullition
Siedehitze, Siedetemperatur température *(f)* d'ébullition
Siedehitze, bei schwacher Siedehitze à douce ébullition
sieden être en ébullition
sieden, kochen bouillir
sieden, zum Sieden bringen porter à ébullition
siedend, kochend bouillant
Siedepunkt point *(m)* d'ébullition
Siedeverzug retard *(m)* à l'ébullition
Signal signal *(m)*
Signalweste gilet *(m)* de signalisation
Signierfarbstoff colorant *(m)* de marquage, colorant fugace
Silber argent *(m)*
silberfarben de couleur *(f)* argentine
silbergrau gris argent, gris argenté
silbern argentin
Silikat silicate *(m)*
Silikon silicone
Silikonausrüstung apprêt *(m)* de silicone
Silikonelastomer élastomère *(m)* à silicone
Silikonharz résine *(f)* silicone
Silikonkautschuk caoutchouc *(m)* au silicone
Silikonöl huile *(f)* de silicone
Silizium silicium *(m)*
Siloxan siloxane *(m)*
Similikalander calandre *(f)* à similiser
Simplexware marchandise *(f)* simplex
Simulierung simulation *(f)*
simultan simultané
Sinken des Wasserspiegels baisse *(f)* de niveau d'eau
sintern se fritter
Sintern frittage *(m)*
Sinterpulver poudre *(f)* frittée
Sinterwerkstoff matériel *(m)* fritté
Siriusseide soie *(f)* Sirius
Sirup sirop *(m)*
Sisal sisal *(m)*
Sisalgarn fil *(m)* de sisal
Sisalteppich tapis *(m)* de sisal
Sitz siège *(m)*
Sitz (eines Anzugs usw.) tenue *(f)* (d'un costume)
Sitzbezug housse *(f)* de siège
sitzen (Kleidung) aller (vêtement)
Sitzkissen pouf *(m)*
Skala (an Instrum.) échelle *(f)*, graduation *(f)*
Skalenablesung lecture *(f)* de l'échelle
Ski-Bekleidung vêtements *(m, pl)* de ski
Skihose pantalon *(m)* de ski
Skiunterwäsche sous-vêtements *(m, pl)* de ski
Slacks pantalon *(m)* corsaire
Slat-Mustervorrichtung dispositifs *(m, pl)*à lamelles
Slip combinaison *(f)*
Slipover chandail *(m)*
Smoken smocks *(m, pl)*
smoken faire des smocks
Smoking smoking *(m)*
Smokingjacke veste *(f)* de smoking
Smyrnateppich tapis *(m)* de Smyrne
Snag tendeur *(m)* de fil
Söckchen socquette *(f)*
Socken chaussettes *(f, pl)*
Sockenhalter support *(m)* chaussettes
Soda carbonate *(m)* de soude ou de sodium
sodahaltig sodé
sodakochecht solide à l'ébullition au carbonate de soude
Sodalauge lessive *(f)* de carbonate de soude
Sodalösung solution *(f)* de carbonate de soude
Sofa canapé *(m)* divan *(m)*
Sofadecke couverture *(f)* de divan
Sofakissen coussin *(m)* (de divan)
Software (EDV) logiciel *(m)*
Sohle semelle *(f)*
Sohlenverstärkung anglaisage *(m)* de la semelle
Soil-Release-Ausrüstung apprêt *(m)* antisalissant
Sojaöl huile *(f)* de soja

Solar... solaire
Sole, Salzlösung saumure *(f)*, eau *(f)* salée
Soleilbindung armure *(f)* soleil
Sollgewicht poids *(m)* calculé
Sollänge longueur *(f)* calculée
Sommerkollektion collection *(f)* d'été
Sommermode mode *(f)* d été
Sommerschlußverkauf soldes *(m, pl)* d'été
Sonde, Fühler sonde *(f)*
Sonder... particulier
Sonderanfertigung fabrication *(f)* spéciale
Sonderangebot offre *(f)* spéciale
Sonderposten lot *(m)* spécial
Sonder..., Spezial... spécial
Sonneneinstrahlung ensoleillement *(m)*, insolation *(f)*
Sonnenplissee plissé *(m)*, soleil
Sonnenschirm ombrelle *(f)*, parasol *(m)*
Sonnenspule bobine *(f)* soleil
Sonnenstrecke (Spinn.) banc *(m)* d'étirage à plateaux
Sorte, Klasse sorte *(f)*, catégorie *(f)*, espèce *(f)*
Sortierabfall déchets *(m, pl)* d'assortissement
sortieren assortir, trier
sortieren, der Größe nach sortieren classer par grandeur
Sortierwaage (Garnwaage) romaine *(f)*
Sortierweife dévidoir *(m)* de numérotage
Sortiment assortiment *(m)*
Spacedyeing spacedying
Spaghettiträger bretelle *(f)* spagetti
spalten (Chem.) craquer
spalten, eine Bindung spalten décomposer une liaison, séparer une liaison
Spaltung (Chem.) dissociation *(f)*
Spange agrafe *(f)*, boucle *(f)*
Spannbreite largeur *(f)* de tension
spannen (allg.) tendre
spannen (von Textilien) ramer
Spannfaden fil *(m)* tendeur
Spannfaden (Fehler) fil *(m)* tendu
Spannleiste tringle-tendeur *(f)*
Spannrahmen rame *(f)*
Spannrahmentrockner rame sécheuse *(f)*
Spannstelle défaut *(m)* de tension
Spannteppich mit angenähter Borde tapis *(m)* à bord cousu
Spannung tension *(f)*
spannungsarm trocknen sécher à faible tension
Spannungsausgleich compensation *(f)* de la tension
spannungsfrei sans tension
Spannungszug der Aufwickelvorrichtung effort *(m)* de traction par l'appareil enrouleur
Spannvorrichtung dispositif *(m)* de tension
Sparmaßnahme mesure *(f)* d'économie
Spatel spatule *(f)*
Speicher (EDV) mémoire *(f)*
Speicher (Warenspeicher) entreposage *(m)*
Speicherkapazität (EDV) capacité *(f)* de mémoire
speichern (EDV) mémoriser, mettre en mémoire
speichern, ansammeln (allg.) accumuler, emmagasiner
Speisekasten boîte *(f)* alimentaire
Speisewasser (Industrie) eau *(f)* d'alimentation
Speisewasseraufbereitung préparation *(f)* de l'eau d'alimentation
spektral spectral
spektrale Farbdichte facteur *(m)* de pureté colorimétrique
Spektralfarbe couleur *(f)* de spectre
Spektralverfahren (Farbmessung) méthode *(f)* spectrophotométrique
Spektralverschiebung décalage *(m)* spectral
Spektrometer spectromètre *(m)*
spektrometrisch spectrométrique
Spencer spencer *(m)*
sperren barrer, fermer, bloquer
Spezial..., Sonder... spécial, particulier
Spezialangebot offre *(f)* spéciale
spezifisch spécifique
spezifisches Gewicht, volumenbezogen poids *(m)* spécifique, poids volumique
spezifische Reaktion (Chem.) réaction *(f)* type
spezifizieren spécifier
Spiegel miroir *(m)*

spiegeln, widerspiegeln refléter
Spielanzug barboteuse *(f)*
Spielhose barboteuse *(f)*
Spindel (Spinn.) broche *(f)*
Spindel i. Weberschiffchen fuserolle *(f)*
Spindelantrieb commande *(f)* des broches
Spindelbank (Spinn.) rail *(m)* porte-broches
Spindeldrehzahl vitesse *(f)* de broches
Spindelflügel ailette *(f)* de la broche
Spindelhalslager collet *(m)* de broche
spindeln (Messen v. Flüssigk.) éprouver à l'aéromètre
Spindelöl huile *(f)* fine
Spindelschiene plate-bande *(f)* de broches
Spindelteilung écartement *(m)* de broches
Spindelteller assiette *(f)* à broches
Spindelumdrehung tour *(m)* de broche
Spindelvorschub avance *(f)* de la broche
Spinnbad bain *(m)* de filage
Spinnbalken poutre *(f)* de filature
Spinnband mèche *(f)* de filature
Spinnbandreißmaschine, Konverter convertisseuse *(f)*
Spinnbandverfahren procédé *(m)* de filature par conversion
Spinndose pot *(m)* de filature
Spinndüse filière *(f)*
spinnen filer
Spinnen filage *(m)*, filature *(f)*
Spinner fileur *(m)*
Spinnerei filature *(f)*
Spinnereiabfall déchets *(m, pl)* de filature
Spinnereiflug duvet *(m)* de filature
Spinnfaden fil *(m)*
spinnfähig filable, apte à être filé
Spinnfärbung teinture *(f)* dans la masse
Spinnfaser fibre *(f)* discontinue
Spinnfasergarn filé *(m)*, filé de fibres
Spinnflügel ailette *(m)* de filage
Spinnflüssigkeit solution *(f)* à filer
Spinnflüssigkeit durch Haarröhrchen pressen forcer la solution à filer à travers des tubes capillaires
spinngefärbt teint dans la masse
Spinngranulat granulés *(m, pl)* pour la filature
Spinngut matière *(f)* fibreuse ou filable
Spinnkabel câble *(m)* de filature
Spinnkanne pot *(m)* de filature
Spinnkappe (Kammzug) pot *(m)* de ruban
Spinnkopf tête *(f)* à filer
Spinnkrempel carde *(f)* fileuse
Spinnkuchen gâteau *(m)* (à filage)
spinnkuchengefärbt teint en bloc de filature
Spinnlösung solution *(f)* à filer
Spinnmaschine métier *(m)* à filer
spinnmassegefärbt teint dans la masse
Spinnmattieren matage *(m)* dans la masse, matage au filage
spinnmattiert maté dans la masse
Spinnöl huile *(f)* de filature
Spinn-Partienummer code *(m)* de filature
Spinnplan plan *(m)* de filage
Spinnplatte planche *(f)* de filature
Spinnpräparation finition *(f)* de filage
Spinnpumpe pompe *(f)* doseuse de filature (de filage)
Spinnrad roue *(f)* de filature
Spinnring anneau *(m)* de filage
Spinnschmälze ensimage *(m)* de ou à filature
Spinnspule bobine *(f)* de filage
Spinnstelle position *(f)* du filage
Spinnstoff, Spinngut matière *(f)* filable
Spinnstoffmischung mélange de matières filables
spinnstrecken étirer en filage
spinntexturiert texturé par filage
Spinntexturierung texturation *(f)* par filage
Spinntopf pot *(m)* de filature
Spinnverfahren procédé *(m)* de filature
Spinn- und Zwirnhülse tube *(f)* pour filage et retordage
Spinnvlies nappe *(f)* de fibres
Spinnzentrifuge centrifugeuse *(f)* de filature
Spinnzwirn retors *(m)* pour filature
Spiralkufe cuve *(f)* en spirale
spiralförmig, schraubenförmig hélicoïdal, en spiral
Spiritus, Weingeist esprit *(m)* de vin, alcool *(m)*
Spiritus, vergällt alcool *(m)* dénaturé
spitz pointu, aigu
Spitze pointe *(f)*

Spitze, Spitzengewebe dentelle *(f)*
Spitze der Nadel bout *(m)* d'aiguille
Spitzen dentelles *(f, pl)*
Spitzenband bande *(f)* de dentelle
Spitzenbelastung charge *(f)* maximale
Spitzenbesatz garniture *(f)* de dentelles
Spitzenfraktion (Chem.) fraction *(f)* de tête
Spitzen(herstellungs)maschine métier *(m)* à dentelles
Spitzenleistung rendement *(m)* maximal
Spitzennadel aiguille *(f)* à bec
Spitzenqualität qualité *(f)* supérieure
Spitzensaum ourlet *(m)* de dentelle
Spitzen und Strickereien dentelles *(f, pl)* et broderies *(f, pl)*
Spitzenseide soie *(f)* à dentelles
Spitzentechnik technique *(f)* de pointe
Spitzenverstärkung pointe *(f)* renforcée
Spitzenweiß blanc *(m)* parfait
Spitzenwert valeur *(f)* maximale
spitzer Ausschnitt décolleté *(m)* en V
spitzkonisch en forme de cône effilé
Spleiß écharde *(f)*
Split- oder Spaltfaser filament *(m)* fibrillé
Splitsohle semelle *(f)* split
Sportartikel articles *(m, pl)* de sport
Sportbekleidung vêtements *(m, pl)* de sport
Sporthemd chemise *(f)* sport
Sporthose pantalon *(m)* sport
Sportjacke veste *(f)* de sport
Sportmütze béret *(m)*, casquette *(f)*
Sportsakko veste *(f)* sport large
Sportwagengarnitur parure *(f)* pour landau
Sportwarengeschäft magasin *(m)* de sport
Spray spray *(m)*
sprengen, benetzen arroser
sprenkeln (Muster) moucheter
Springseil corde *(f)* à sauter
Sprit esprit *(m)* de vin, alcool *(m)*
Spritzanlage installation *(f)* de pulvérisation
Spritzdruck impression *(f)* par pulvérisation
Spritzdüse pulvérisateur, tuyère *(f)* à pulvérisation
spritzen, bespritzen arroser
spritzen, abspritzen projeter, jaillir
Spritzer (Flüssigk.) projection *(f)*
Spritzfleck éclaboussure *(f)*
Spritzpistole pistolet-pulvérisateur *(m)*
Spritzwasser eau *(f)* projetée
spröde, brüchig pailleux
Sprödigkeitspunkt point *(m)* de fragilité
sprudeln, aufwallen bouillonner
sprudelnd kochend bouillonnant
Sprühapparat pulvérisateur *(m)*
Sprühappretur apprêt *(m)* par ou à pulvérisation
Sprühdüse tuyère *(f)* de vaporisateur
sprühen, aufsprühen pulvériser
Sprühtrocknung séchage par pulvérisation
Sprung (allg.) saut *(m)*, bond *(m)*
Sprung von Elektronen von einer Bahn in die andere passage *(m)* d'électrons d'une orbite à l'autre
Sprungelastizität élasticité *(f)* vraie, nervosité *(f)*
Spülapparat appareil *(m)* de rinçage
Spülbad bain *(m)* de rinçage
Spulautomat für Kreuzspulen bobinoir *(m)* automatique pour bobines croisées
Spulautomat für Schußspulen canetière *(f)* automatique
Spul-Axminster bobine *(f)* Axminster
Spule bobine *(f)*
Spule, Schußspule canette *(f)*
Spule, in der Spule gefärbt teint en bobine
Spule für Vorgarn bobine *(f)* de mèche
spulen, aufspulen bobiner
spülen rincer
spülen im Überlauf rincer à trop-plein
Spulenaufbau formation *(f)* de bobines
Spulenaufstecken garnissage de bobines, bobinage *(m)*
Spulendichte masse *(f)* volumique de la bobine
Spulendurchmesser diamètre *(m)* d'enroulement, diamètre *(m)* de la bobine
Spulenfärbung teinture *(f)* sur bobines
Spulengatter cantre *(m)* (à ou de bobines), râtelier *(m)* de bobines
Spulenhülse douille *(f)*
Spulenkern noyau *(m)* de bobine
Spulenkopf tête *(f)* de la bobine ou de la canette

Spulenrahmen, Spulenhalter râtelier *(m)* porte-bobines
Spulenreiniger nettoyeur *(m)* de bobines
Spulenspindel brochette *(f)* de la bobine
Spulentisch table *(f)* de râtelier
Spulenträger chassis *(m)* de bobines
Spulentriebrad pignon *(m)* de la commande de bobines
Spulenumfang circonférence *(f)* de la bobine
Spulenwagen chariot *(m)* de ou à bobines
Spulenwechsel changement *(m)* de canettes ou de bobines
Spulenwechselautomat métier *(m)* à changement automatique de canettes
Spulerei (Vorgang) bobinage *(m)*
Spulerei (Raum) salle *(f)* de bobinage
Spülflotte bain *(m)* de rinçage
Spulmaschine (Kettgarn) bobinoir *(m)*
Spulmaschine (Schußgarn) canetière *(f)*
Spülmittel produit *(m)* de lavage
Spulöl huile *(f)* de bobinage
Spülteller rinceuse *(f)* à plateau
Spültuch torchon *(m)*
Spülung rinçage *(m)*
Spulvorgang procédé *(m)* de bobinage
Spülwasser eau *(f)* de rinçage
spunbonded non tissé
Spurenanalyse analyse *(f)* de traces
Spurenelement élément *(m)* de trace, oligo-élément *(m)*
spurenweise en traces
Stäbchen (Korsett) baleine *(f)*
stabil stable
Stabilisator stabilisateur *(m)*, stabilisant *(m)*
stabilisieren stabiliser, stabilisation *(f)*
Stabilisierungsmittel stabilisant *(m)*, agent *(m)* de stabilisation
Stabilität stabilité *(f)*
Stabilitätsgrenze limite *(f)* de stabilité
Stachelwalze, Reißwalze cylindre *(m)* briseur
Stadionüberdachung toit *(m)* de stade
Stadium, Stand état *(m)*, phase *(f)*
Stadtkleidung tenue *(f)* de ville
Stadtmantel manteau *(m)* de ville
staffeln, abstufen étager, échelonner, graduer
Staffelung, Abstufung échelonnage *(m)*, graduation *(f)*
Stahl acier *(m)*
Stahldraht fil *(m)* d'acier
Stahlfaden fil *(m)* d'acier
Stahlfaser fibre *(f)* d'acier
Stammküpe cuve-mère
Stammlösung solution-mère
Stammlösung, Grundlösung (Chem.) solution *(f)* de base, solution fondamentale
Stand, Zustand état *(m)*, situation *(f)*
Stand (Ausstellung) stand *(m)*
Standard... standard
Standardausführung type *(m)* standard
Standardfarbtiefe étalon *(m)* d'intensité de la couleur
Standardferse talon *(m)* standard
Standardgewebe (Testgewebe) tissu *(m)* témoin
standardisieren standardiser
Standardspindel broche *(m)* standard
Standardstrumpf bas *(m)* standard
Standglas (Labor) éprouvette *(f)* à pied
ständig permanent
Standzeit, Topfzeit temps *(m)* d'utilisation, vie *(f)* en pot
Stange (von der Stange) prêt-à-porter *(m)*
Stanze (presse à) estampe *(f)*, matrice *(f)*
stanzen estamper
Stapel, Haufen tas *(m)*, pile *(f)*
Stapel einer Faser, Stapellänge longueur *(f)* de fibre, longueur de coupe
Stapelfaser fibre discontinue, fibre *(f)* coupée
Stapelfaserband mèche *(f)* de fibres
Stapelglasseide silonne *(f)* coupée
Stapellänge longueur *(f)* de fibre, longueur de coupe
stapeln, aufstapeln empiler
stark, kräftig fort
stark, dick gros, épais
stark beanspruchen charger fortement
stark gezwirnt à forte torsion
starke Säure acide *(m)* fort
Stärke, Dicke épaisseur *(f)*, grosseur *(f)*
Stärke eines Garn grosseur *(m)* de fil
Stärke (Reis u.s.w.) amidon *(m)*
Stärke, Kartoffelstärke fécule *(f)*
Stärke einer Säure force *(f)* d'un acide, acidité *(f)*
Stärkeabbau dégradation *(f)* de l'amidon (de la fécule)

Stärkeblau bleu *(f)* à fécule
Stärkegrad, Intensität intensité *(f)*
Stärkegummi, Dextrin dextrine *(f)*
stärkehaltig féculent, amylacé
Stärkemehl amidon *(m)*, fécule *(f)*
stärkemehlartig, von Stärke amylacé
stärken, mit Stärke behandeln amidonner
Stärkeschlichte colle *(f)* d'amidon, colle à l'amidon
Stärkeverdicker épaississant *(m)* à l'amidon
Stärkezellulose amylose *(f)*
Stärkezucker glucose, dextrose *(f)*
starr, steif raide, rigide
Starrheit, Steifigkeit raideur *(m)*, rigidité *(f)*
Starrleinen bougran *(m)*
Start, Ingangsetzung mise *(f)* en marche
stationär stationnaire, fixe
statisch statique
statische Aufladung charge *(f)* statique
statische Reibung friction *(f)* statique
Statistik statistique *(f)*
statistisch statistique
statistische Verteilung distribution *(f)* statistique
Status, Zustand état *(m)*
Status, in statu nascendi naissant
Staub poussière *(f)*
Staubbeutel sac *(m)* à poussière
Staub binden tenir la poussière
Staubbindemittel agent *(m)* antipoussière
stauben (V. intr.) dégager de la poussière
staubfrei sans poussière
Staubsauger aspirateur *(m)*
stauchen refouler
Stauchkammer boîte *(f)* friseuse
Stauchkammertexturierung texturation *(f)* par compression, texturation *(f)* en boîte friseuse
Stauchkrumpfung traitement irrétrécissible compressif
Stearat stéarate *(m)*
Stearin stéarine *(f)*
Stearinsäure acide *(m)* stéarique
stechen piquer
stechen, durchstechen percer
stechend piquant
Stecknadel épingle *(f)*
Steg sous-pied
Steghose pantalon *(m)* fuseau
Stehbündchenkragen col *(m)* droit
stehen (das steht Ihnen) bien aller (ça vous va bien)
stehend debout
stehendes Bad (Färb.) bain *(m)* (de teinture) permanent
stehend, senkrecht vertical
Stehfalte pli *(m)* droit
steif, starr raide, rigide
Steife, Steifheit raideur *(f)*
Steifleinen bougran *(m)*
steigen monter
steigern augmenter, intensifier
steigernd, sich steigernd cumulatif
Steigerung augmentation *(f)*
Steigerung (von Reaktionen, Chem.) activation *(f)*
Steighöhe (Hygroscop.) hauteur *(f)* d'aspiration
Steigungsgrad der Körperlinie inclinaison *(f)* de la ligne du corps
Steigzeit vitesse *(f)* d'aspiration
steil escarpé
Steinsalz sel-gemme *(m)*
Steinzeug grès *(m)* cérame
stellen mettre, poser, placer
stellen, verstellen, regulieren régler
stellenweise par places, par endroits
stellenweise Abnutzung usure *(f)* localisée
Stellfarbstoff colorant *(m)* nuanceur
Stellklappe clapet *(m)* de réglage
Stellöl für Viscositätsänderung huile *(f)* de fluxage
Stellvorrichtung appareil *(m)* ou dispositif *(m)* de réglage
Steppdecke édredon *(m)*
steppen piquer
Steppfutter doublure *(f)* matelassée
Steppjacke blouson *(m)* matelassé
Steppnaht couture *(f)* piquée
Steppsaum ourlet *(m)* piqué
Steppstich point *(m)* noué
Stereomikroskop stéréomicroscope *(m)*
Stern, Färbestern étoile *(f)* de teinture
Stern, auf dem Stern färben teindre sur étoile
Sterndämpfer vaporisateur *(m)* en étoile
Sternfärberei teinture sur étoile (de lyonnaise)

Sternreifen cadre *(m)* en étoile
stetig, andauernd continu
Steueranlage installation *(f)* de commande
steuerbar dirigible
Steuerbereich, Regelbereich domaine *(m)* de réglage
steuern commander, diriger
steuern, die Produktion steuern orienter la production
Steuerpult pupitre *(m)* de commande
Steuerung commande *(f)*, réglage *(m)*
Stich, Einstich piqûre *(f)*
Stich, Nadelstich coup *(m)* d'épingle
Stich, Farbstich teinte *(f)*, nuance *(f)*
Stichbildung élaboration *(f)* d'un point
Stich ins Blaue, Blaustich pointe *(f)* de bleu
Stichdichte densité *(f)* de points
Stichelhaar jarre *(m)*
stichelhaarig jarré, jarreux
stichig (Farbe) (couleur) criarde
Stichlänge longueur *(f)* du point
Stichplatte (Nähmaschine) plaque *(f)* d'aiguille (machine à coudre)
Stichprobe, Musterprobe échantillon *(m)* pris au hasard
Stichprobe (Vorgang) épreuve *(f)* au hasard
Stichsteller (Nähmaschine) règle-point *(m)* (machine à coudre)
sticken broder
Stickerei broderie *(f)*
Stickereispitze broderie *(f)* suisse
Stickfuß (Nähmasch.) pied *(m)* à broder
Stickgarn fil *(m)* à broder, fil de broderie
stickig (Luft) confiné
Stickmaschine brodeuse *(f)*
Sticknadel aiguille *(f)* à broder
Stickoxid oxyde *(m)* azotique, oxyde nitrique
Stickrahmen métier *(m)* ou tambour *(m)* à broder
Stickstoff azote *(m)*
Stickstoffbestimmung dosage *(m)* d'azote
Stiefel (Bleicherei) J-box
Stift curseur *(m)*
Stifte und Muffen curseurs *(m, pl)* et manchons *(m)*
Stiftgatter grille *(f)* à goupille
Stil style *(m)*
Stilben stilbène *(m)*, diphényl-éthylène
Stilbenabkömmling dérivé *(m)* stilbénique
Stilbenfarbstoff colorant *(m)* stilbénique
Stillegung fermeture *(f)*, arrêt *(m)*
Stillstand (Masch.) arrêt *(m)*
Stillstandszeit période *(f)* d'arrêt
stillstehen être hors service
stillstehend, außer Betrieb hors service
stimmen, in Ordnung sein être juste, être exact
stippen (Färb.) marqueter, pointiller
Stippen (Fehler) picots *(m, pl)*, pointillés *(m, pl)*
Stippen, Körnchen in Flüssigk. picots *(m, pl)*
stippig sein être moucheté ou picoté
Stippigkeit aspect *(m)* moucheté, mouchetures *(f, pl)*
Stirn, Vorderfläche front *(m)*, parement *(m)*
Stirnband bandeau *(m)*
Stirnfläche face *(f)* frontale
Stirnfläche der Spule tête *(f)* de la bobine
stirnseitig de front, frontal
Stöchiometrie stœchiométrie *(f)*
stöchiometrisch stœchiométrique
stocken, aufhören cesser, s'arrêter
stocken, langsamer werden se ralentir
stocken, modern, schimmeln moisir
Stockflecken tache *(f)* d'humidité, tache *(f)* de moisissure
stockfleckig taché par l'humidité (par moisissure)
Stockpunkt (Mineralöl) point *(m)* d'écoulement, point *(m)* de congélation
Stockpunkterniedriger additif *(f)* abaissant le point d'écoulement
Stoff, Materie matière *(f)*, substance *(f)*
Stoff, Gewebe tissu *(m)*, étoffe *(f)*
Stoff-auf-Stoff-Kaschierung apprêt *(m)* tissu sur tissu, encollage *(m)* tissu sur tissu
Stoffbahn bande *(f)* d'étoffe
Stoffbespannung entoilage *(m)*
Stoffbild aspect *(m)* d'un tissu
Stoffbreite largeur *(f)* du tissu, laize *(f)*
Stoffdruck impression *(f)* textile
Stoffaserverfließung encollage *(m)* tissu sur tissu
Stoffhandschuh gants *(m, pl)* en tissu

Stoffhersteller tisseurs *(m, pl)*
Stoff in Strangform tissu *(m)* en boyau
stofflich, materiell matériel
Stoffmuster dessin *(m)* du tissu
Stoffoptik optiqu *(f)* d'un tissu
Stoffplatte (Nähmaschine) table *(f)* de travail (machine à coudre)
Stoffpuppe poupée *(f)* en tissu
Stoffreste restes *(m, pl)* de tissu
Stoffschieber, -transportierer (Konfekt.) griffe *(f)* d'entraînement
Stoffschnitzel recoupe *(f)*, retaille *(f)* d'étoffe
Stofftier animal *(m)* en peluche
Stoffwechsel métabolisme *(m)*
Stola étole *(f)*
stopfen, ausbessern racommoder, repriser
Stopfen, Stöpsel bouchon *(m)*
Stopffuß (Nähm.) pied *(m)* à repriser
Stopfgarn fil *(m)* à repriser
Stopfnadel aiguille *(f)* à repriser
Stopftwist fil *(m)* à repriser
Stopfwolle laine *(f)* maternité
Stopp, Stillstand arrêt *(m)*
Storchmode mode *(f)* maternité, mode *(f)* pré-maman
Store store *(m)*
stören déranger, gêner
Störung dérangement *(m)*, malfonctionnement *(m)*
Störung, Unterbrechung interruption *(f)*
Störung, Fehler défaut *(m)*
störungsfrei sans trouble
Stoß, Schlag choc *(m)*, coup *(m)*
stoßartig (adj.) saccadé
stoßartig (adv.) par à-coups, par saccades
Stoßblech, Prellblech chicane *(f)*
Stößel pilon *(m)*
stoßen pousser
stoßen, zerreiben broyer
Stoßkante (Kleidung) lisière *(f)*
Stoßnaht couture *(f)* bord-à-bord
Strahl, Lichtstrahl rayon *(m)* lumineux
Strahl, Wasserstrahl jet *(m)* d'eau
strahlen, ausstrahlen rayonner, radier
strahlen, glänzen briller
Strahlungstemperatur température *(f)* de radiation
Strahlungswärme chaleur *(f)* rayonnante
Strähne, Strängchen échevette *(f)*
Stramin canevas *(m)*
Strampelhose grenouillère *(f)*
Strampler grenouillère *(f)*
Strandanzug costume *(m)* de plage
Strandbekleidung vêtements *(m, pl)* de plage
Strandschuh sandale *(f)* de plage
Strandsweater sweater *(m)* de plage
Strang (Garn) écheveau *(m)*
Strang (Gewebe) boyaux *(m)*
Strang, im Strang färben teindre en écheveaux ou boyaux
Strangaufwickler, -ausbreiter détorsionneuse *(f)*
Strangbleiche blanchiment *(m)* en boyaux
Strangfärbemaschine (Garn) machine *(f)* à teindre en écheveaux
Strangfärberei teinture *(f)* en écheveaux ou en boyaux
Stranggarn fil *(m)* en écheveaux
Stranggarnmerzerisierung mercerisage *(m)* en écheveaux
Stranggarnwaschmaschine laveuse *(f)* pour écheveaux
stranggefärbt, im Strang gefärbt teint en écheveaux ou en boyaux
Stranghaspel, -weife dévidoir *(m)* à écheveaux
Strangöffner détorsionneuse *(f)* ou ouvreuse de boyaux
Strangspulmaschine bobinoir *(m)* pour écheveaux
Strangverweileinrichtung installation *(f)* d'entreposage en boyaux
Strangwäsche (Stück) lavage *(m)* en boyaux
Strangwaschmaschine laveuse *(f)* de boyaux
Strangwaschmaschine mit mehreren Abteilen batterie *(f)* à laver en boyaux
strapazierfähig résistant à l'usure
Straße, Fertigungsstraße chaîne *(f)*
Straußfedern plumes *(f, pl)* d'autruche
Streckband ruban *(m)* d'étirage
streckbar étirable, extensible
Streckbereich zone *(f)* élastique d'allongement
Streckcops canette *(f)*
Strecke (Spinn.) banc *(m)* d'étirage
strecken étirer, étendre

Streckenband ruban *(m)* d'étirage
Streckenwickel rouleau *(m)* de nappe d'étirage
Streckkopf tête *(f)* d'étirage
Streckscheren tonte *(f)* par étirage
Streckspinnen filage *(m)* avec étirage
Strecktexturierung étirage-texturation *(m)*
Streckungsmittel, Verdünner diluant *(m)*, extendeur *(m)*, produit *(m)* de coupe
Streckverhältnis rapport *(m)* d'étirage
Streckwalze cylindre étireur ou d'étirage
Streckwerk banc *(m)* d'étirage, laminoir *(m)*
Streckzwirnen retordage *(m)* par étirage
Streckzwirnmaschine machine *(f)* de retordage par étirage
Streckzylinder cylindre *(m)* d'étirage
Streichappretur enduction *(f)* à la racle
streichen (Spinn.) carder
Streichen (Spinn.) cardage *(m)*
Streichgarn fil *(m)* cardé
Streichgarn aus kurzer Baumwolle fil *(m)* cardé en coton à fibre courte
Streichgarnkrempelsatz assortiment *(m)* de cardes pour fils cardés
Streichgarnspinnerei filature *(f)* (de laine) cardée
Streichgarnwolle (Rohw.) laine *(f)* à carde
Streichmaschine (Appretur) machine d'enduction, machine *(f)* pour apprêt envers
Streichmasse masse *(f)* d'enduction
streifen, abstreifen racler
Streifen, schmales Band bande *(f)*
Streifen, Farbstreifen i. d. Ware rayure *(f)*, raie *(f)*
Streifen, Schußstreifen barrure *(f)*, barrure *(f)* en trame
streifenfrei exempt de rayures ou de barrures
Streifenmuster dessin *(m)* rayé
Streifenrichtung orientation *(f)* des rayes
streifig rayé, strié, vergé
Streifigkeit aspect *(m)* rayé, rayures *(f, pl)*
Stretch stretch *(m)*
Stretchborte bord *(m)* stretch
Stretchgarn filé *(m)* stretch
Stretchhose pantalon *(m)* stretch
Stretchstoff tissu *(m)* stretch
Stretchstrumpf bas *(m)* stretch
Stretchware articles *(m, pl)* stretch
Streublumenmuster motif *(m)* semis de fleurs
streuen, einstreuen saupoudrer
streufähig saupoudrable
Streuung der Ergebnisse dispersion *(f)* des résultats
Strich trait *(m)*
Strich, Linie ligne *(f)*
Strich, Streifen raie *(f)*
Strich, Querstrich barre *(f)*
Strich, Florrichtung des Gewebes sens *(m)* de tissu
Strich, gegen den Strich à contre-poil
Strich, mit dem Strich dans le sens du fil, en couchant le poil
Strichappretur (Samt) finissage *(m)* avec poil brossé
Strick corde *(f)*
Strickart genre *(m)* de maille
Strickautomat tricoteuse *(f)* automatique
Strickbund bord côtes tricotés
stricken tricoter
Strickerei tricotage *(m)*
Strick-Fixier-Texturierung texture *(f)* tricot fixation
Strickgarn fil *(m)* à tricoter
Strickhandschuh gant *(m)* tricoté
Strickhemd chemise *(f)* tricotée
Strickjacke veste *(f)* tricotée
Strickkleid robe *(f)* en maille
Strickleiter échelle *(f)* de corde
Strickmasche maille *(f)* d'un tricot
Strickmaschine tricoteuse *(f)*
Stricknadel aiguille *(f)* à tricoter
Strickplissee plissé *(m)* tricoté
Strickstoff tissu *(m)* maille
Strickstrumpf bas *(m)* tricoté
Strickwaren tricotages *(m, pl)*
Strickwarenindustrie industrie *(f)* de la maille
Strickwolle laine *(f)* à tricoter
Strips, Baumwollabfall débourrures *(f, pl)*de carde
Stroh paille *(f)*
strohgelb jaune paille
Strohhut chapeau *(m)* de paille
Strohmatratze matelas *(m)* de paille
Strohmatte paillasson *(m)*
Strohsack paillasse *(f)*

Strohschuh chaussure *(f)* en paille
Strom (Elektr.) courant *(m)*
Stromverbrauch consommation *(f)* du courant
strömen (Flüssigk.) couler
stromsparend à faible consommation de courant
Stromstärke ampérage *(m)*, intensité *(f)* du courant
Strömungsgeschwindigkeit vitesse *(f)* d'écoulement
Strömungsverlauf, -richtung sens *(m)* de circulation
Struktur structure *(f)*, texture *(f)*
Strukturgewebe tissu *(m)* structuré
Strukturmuster dessin *(m)* structuré
Strukturteppich tapis *(m)* à dessin structuré
Strumpf bas *(m)*
Strumpfband jarretière *(f)*
Strumpfform forme *(f)* bas
Strumpfformmaschine machine *(f)* à former les bas
Strumpfgarn retors *(m)* ou fil pour bonneterie
Strumpfhaltergürtel porte-jarretelles *(m)*
Strumpfhose collant *(m)*
Strumpfindustrie bonneterie *(f)*
Strumpfrohling bas *(m)* écru
Strumpfwaren bas *(m, pl)* et collants
Strumpfwarenausrüstung finition *(f)* des bas
Strumpfwirkmaschine métier *(m)* à bas
struppig jarreux
Stück, Stückware pièce *(f)*
Stück, im Stück en pièce
stückgefärbt teint en pièce
Stück in voller Warenbreite pièce *(f)* en laize
Stückausrüstung finissage *(m)* en pièce
Stückbleiche blanchiment *(m)* en pièce
Stückfärberei teinturerie *(f)* pour pièces
Stückfärbung teinture *(f)* en pièce
Stückmerzerisierung mercerisage *(m)* en pièce
Stückware articles *(m, pl)* en pièce
stückweise pièce par pièce
Stufe, Grad degré *(m)*, échelon *(m)*
Stufe, Etappe étape *(f)*, phase *(f)*
Stufe der Bearbeitung passe *(f)* d'usinage
stufenlos non échelonné
Stufenrock jupe *(f)* à volants
stufenweise par paliers, par étapes
stufenweise (adj.) graduel, gradué
stufenweise durchführen mettre en pratique par stades successifs, exécuter par stades successifs
Stuhl, Webstuhl métier *(m)* à tisser
Stuhlbeintest (Teppich) test *(m)* au pied de chaise
stuhlfertig prêt pour le métier
Stuhlflug duvet *(m)* de métier
Stuhlware, Rohware tissu *(m)* écru
Stulpenärmel manche *(f)* à revers
Stulpenhandschuh gant *(m)* à revers
Stumpen, Hutstumpen cloche *(f)*, forme *(f)* à chapeau
stumpf, matt (Farbe) mat, terne
stumpf werden devenir mat, se ternir
Stunde heure *(f)*
Stundenleistung rendement *(m)* horaire
Stundenlohn salaire *(m)* horaire
Stutzen guêtre *(f)*
Stützgewebe tissu *(m)* support
Stützstrumpf bas *(m)* orthopédique de maintien
Sublimat sublimé *(m)*
Sublimation sublimation *(f)*
sublimierbar sublimable
sublimierecht solide à la sublimation, non sublimant
sublimieren sublimer
sublimierend sublimant
substantiv substantif
substantiver Farbstoff colorant *(m)* substantif
Substanz substance *(f)*, matière *(f)*
substituieren substituer
Substitutionsprodukt produit *(m)* de substitution
Substrat substrat *(m)*
substraktive Farbe couleur *(f)* soustractive
subtrahieren soustraire
Subtraktion soustraction *(f)*
Succinamat succinamate *(m)*
Sud, Abkochung (Chem.) décoction *(f)*
Sudanrot rouge *(m)* de Soudan
Sulfat sulfate *(m)*
Sulfatausscheidung tombée *(f)* de sulfate
sulfatieren sulfater

Sulfatierung sulfatation *(f)*, sulfatage *(m)*
sulfatisieren sulfatiser
Sulfid sulfure *(m)*
sulfidisch sulfuré
Sulfit sulfite *(m)*
Sulfitablauge lessive *(f)* de sulfite usée, lessive *(f)* de sulfite résiduelle
Sulfitierung sulfitation *(f)*
Sulfochlorid sulfochlorure *(m)*
Sulfochlorierung sulfochloration *(f)*
Sulfoharnstoff thiocarbamide *(f)*, thiourée *(f)*
sulfonieren sulfoner
Sulfonierung sulfonation *(f)*
Sulfonsäure acide *(m)* sulfonique
Sulfoxid oxyde *(m)* sulfonique
sulfurisieren sulfuriser
Summenformel (Chem.) formule *(f)* brute
summieren additionner, faire la somme
Sumpf, Absatzbecken bassin *(m)* de décantation
Supermarkt super-marché *(m)*
super-soft super-soft
Surah surah *(m)*
suspendieren (Chem.) suspendre, tenir en suspension
Suspendiervermögen pouvoir *(m)* suspensif
Suspension suspension *(f)*
Suspensionsfarbstoff colorant *(m)* dispersé
Sweater sweater *(m)*
Sweater-Kleid robe-sweater *(f)*
symmetrisch symmétrique
synchron synchrone
synchronisieren synchroniser
Syndets détergents *(m, pl)* synthétiques
synergistischer Effekt effet *(m)* synergique
Synthese synthèse *(f)*
Synthesefaser fibre *(f)* synthétique
Syntheselatex latex *(m)* synthétique, latex de synthèse
Synthetics (Textilien) synthétiques *(m, pl)*
synthetisch synthétique
synthetisches Waschmittel détergent *(m)* synthétique
synthetisch herstellen produire par synthèse ou synthétiquement
System système *(m)*
systematisch systématique
systemorientiert orienté système

T

tabellarisch tabellaire
Tabelle, Aufstellung tableau *(m)*, relevé *(m)*
Tabelle des periodischen Systems der Elemente tableau *(m)* périodique des éléments
Tablett plateau *(m)*
Tablettdecke napperon *(m)* à plateau
Tafel, Platte plaque *(f)*, table *(f)*
Tafeldecke nappe *(f)*
Tafeldruck (Model) impression *(f)* au bloc
tafeln, ab- oder auftafeln empiler
Taft taffetas *(m)*
Taftband ruban *(m)* en taffetas
Taftbindung, Leinwandbindung armure *(f)* unie, armure toile
Taftquadrillé taffetas *(m)* quadrillé
Taftrayé taffetas *(m)* rayé
Tagesanzug costume *(m)* de jour
Tagesdecke couverture de lit *(f)*
Tageskleidung vêtements *(m, pl)* de jour
Tageskostüm tailleur *(m)* de jour
Tagesleistung débit *(m)* journalier, rendement *(m)* journalier
Tageslicht lumière naturelle, lumière du jour
Tageslicht, künstlich lumière *(f)* du jour artificielle
Tageslichtbeleuchtung éclairage *(m)* naturel
Tageslichtlampe lampe *(f)* à lumière solaire
Tageslichtleuchtstoffröhre tube *(m)* fluorescent du type lumière du jour
Tagesproduktion production *(f)* journalière
täglich quotidien, de chaque jour
Tagschicht équipe *(f)* de jour
Tag-und-Nacht-Betrieb marche *(f)* de jour et de nuit
Taille taille *(f)*
Taillengürtel serre-taille *(m)*
Taillenlinie ligne *(f)* de la taille
Taillenmieder guépière *(f)*

Taillenweite tour *(m)* de taille
Tailleur tailleur *(m)*
tailliert cintré
Takt, Arbeitstakt cycle *(m)*
Taktperiode (EDV) période *(f)* élémentaire
Talar robe *(f)*
Talcum talc *(m)*
Talg suif *(m)*
talgartig suifeux
talgig de suif
Tallharz résine *(f)* d'huile du pin
Tallöl huile *(f)* de pin
Tambour (Spinn.) tambour *(m)*
Tambourmulde (Karde) carter *(m)* inférieur
Tambourputzwalze cylindre *(m)* de nettoyage du tambour
Tambourwalze cylindre *(m)* à tambour
Tampikohanf chanvre *(m)* de Tampiko
Tampon tampon *(m)*
Tandem tandem
Tandem, in Tandem anordnen monter en tandem
tangentialer Fadenzug tension *(f)* tangentielle du fil
tangiert coupé en biais
Tank réservoir *(m)*, citerne *(f)*
Tankanlage installation *(f)* de réservoir
tannieren traiter au tannin
Tänzerwalze rouleau *(m)* de compensation, rouleau *(m)* compensateur
Tanzgürtel porte-jarretelles *(m)*
Tapestry-Velours velours *(m)* tapisserie
Tapete papier *(m)* de tapisserie, papier-peint *(m)*
Tapetengewebe tapisserie *(f)* en tissu
Tapisserie tapisserie *(f)*
Tara tare *(f)*
Tarif tarif *(m)*
Tariflohn salaire *(f)* tarifaire
Tarnfarbe couleur *(f)* de camouflage
Tarnnetz filet *(m)* de camouflage
Tartrat tartrate *(m)*
Tasche poche *(f)*
Tascheneinschnitt fente *(f)* de la poche
Taschenfutter(stoff) doublure *(f)* pour poches
Taschenklappe rabat *(m)* de poche
Taschentuch mouchoir *(m)*
Taschentuchleinen lin *(m)* pour mouchoir
Taschentuchleinen-Batist batiste *(f)* de lin pour mouchoirs
Taslan-Verfahren procédé *(m)* Taslan
tasten, abtasten tâter
Tastorgan, Tastwerkzeug organe *(m)* du toucher
Tastrolle rouleau *(m)* danseur
tätig, aktiv actif, agissant
tatsächlich, effektiv effectif, réel
tatsächliche Betriebsdauer durée *(f)* effective de service
Tau, Seil câble *(m)*, grosse corde *(f)*
taubenblau bleu pigeon
Tauchapparat appareil *(m)* de trempage
Tauchappretur apprêt *(m)* par immersion
Tauchbad, Einweichbad bain *(m)* de trempage (d'immersion)
Tauchbad, im Tauch- od. Tauchbadverfahren au trempé, par immersion
tauchen, ein- od. untertauchen tremper, immerger
Tauchverfahren procédé *(m)* par immersion
Tauchwalze rouleau *(m)* plongeur
tauen, auftauen dégeler
Taufkleid robe *(f)* de baptême
tauglich apte, convenant (à)
Tauglichkeit aptitude *(f)*
Taumeltrockner sécheur *(m)* par oscillation
Taupunkt point *(m)* de rosée, point de condensation
Tausendstel millième *(m)*
Technik technique *(f)*, science *(f)* technique
Techniker technicien *(m)*
technisch technique
technische Abteilung service *(m)* technique
technische Angaben spécifications *(f, pl)*techniques
technischer Begriff terme *(m)* technique
technische Chemie chimie *(f)* industrielle
technische Daten caractéristiques *(m, pl)* techniques générales
technische Einrichtungen aménagements *(m, pl)* industriels
technische Errungenschaften réalisations *(f, pl)* techniques

technische Faser fibre *(f)* technique
technisches Gewebe tissu industriel, tissu *(m)* technique
technische Länge longueur *(f)* technique
technische Vorschriften règlement *(m)* technique
Technologie technologie *(f)*
technologisch technologique
Teddybär nounours *(m)*
Teddy-Bär-Gewebe peluche *(f)*
Teer goudron *(m)*
teerartig, teerig goudronneux
Teerderivat dérivé *(m)* de goudron
Teerfarbstoff colorant du goudron, colorant *(m)* d'aniline
Teerleinwand toile *(f)* goudronnée
Teerspitze pointe *(f)* goudronnée ou de goudron
Teflon téflon *(m)*
Teflonbeschichtung couche *(f)* teflon
teflonisieren (überziehen) téfaliser
Teig pâte *(f)*
teigartig pâteux
Teil partie *(f)*
Teil, Anteil part *(f)*
Teil, Bestandteil élément *(m)*
Teil, Werkstück pièce *(f)*
Teilanlage section *(f)* de l'installation
teilbar divisible
Teilbaum cylindre *(m)* secteur, cylindre de fonture
Teilchen particule *(f)*
Teilchengröße dimension *(f)* granulométrique, grandeur *(f)* de la particule élémentaire
teilen, trennen séparer
teilen, zerteilen diviser, partager
Teilenthärtung (Wasser) adoucissement *(m)* partiel
Teil(er)kamm (Web.) peigne *(m)* diviseur, peigne ramasseur
Teilkettbaum ensouple *(m)* sectionnelle
Teilkettbaumschermaschine ourdissoir *(m)* pour ensouples en sections
Teil(er)riemen lanière *(f)* diviseuse
Teil(er)scheibe disque *(m)* diviseur
teilorientiertes Garn fil *(m)* partiellement orienté
Teilschiene (Web.) tringle *(f)* diviseuse
Teilstab (Web.) baguette *(f)* de séparation
Teilsträhne, Unterband échevette *(f)*
Teilstrich, Strichmarke trait *(m)* de graduation
Teilung, Abtrennung séparation *(f)*, partage *(m)*
Teilung, Spaltung fendage *(m)*, clivage *(m)*
Teilung, Abstand (Wirkmasch.) écartement *(m)*, écart *(m)*
Teilung in Schußrichtung serrage *(m)* en longueur
Teilvakuum vide *(m)* partiel
teilverstrecktes Filamentgarn fil *(m)* continu partiellement orienté
Teilverzug étirage *(m)* partiel
Teil(er)vorrichtung mécanisme *(m)* diviseur
Teil(er)walze rouleau *(m)* diviseur
Tellerkragen grand col *(m)* rabattu
Tellertuch torchon *(m)*
Tellur tellure *(m)*
Temperatur température *(f)*
Temperaturabfall chute *(f)* de température
temperaturabhängig variable avec la temp., sous l'influence *(f)* de la temp.
Temperaturabhängigkeit variabilité *(f)* avec la temp.
Temperaturangabe indication *(f)* de la temp.
Temperaturanstieg croissance *(f)* de la temp.
Temperaturbereich écart *(m)* de temp., zone *(f)* de temp.
Temperaturbeständigkeit, -beibehaltung constance *(f)* thermique
Temperaturbeständigkeit, -festigkeit résistance *(f)* à la temp.
Temperaturerhöhung augmentation *(f)* de temp., élévation de temp.
Temperaturgefälle chute *(f)* de la temp.
temperaturgeregelt à température contrôlée
Temperaturgleichgewicht équilibre *(m)* thermique
Temperaturgrad degré *(m)* de temp.
Temperaturgrenze limite *(f)* de temp.
Temperaturkonstanz constance *(f)* thermique
Temperaturkurve courbe *(f)* de temp.
Temperaturleitfähigkeit conductibilité *(f)* thermique

Temperaturmeßfarbstift crayon *(m)* thermocolor
Temperaturmessung thermométrie *(f)*
Temperaturreglung réglage *(m)* de temp.
Temperaturregler thermorégulateur *(m)*, thermostat *(m)*
Temperaturrückgang diminution *(f)* de temp.
Temperaturschreiber thermographe *(m)*
Temperaturschwankung variation *(f)* de temp.
Temperaturskala échelle *(f)* de temp.
Temperaturstufe degré *(m)* de temp.
Temperatur unter Null température *(f)* inférieure à zéro
Temperaturzunahme croissance *(f)* de temp.
Temperatur, auf Temp. bringen mettre en température
temperieren, auf gleiche Temperatur bringen mettre en équilibre de temp.
temperieren, mäßigen tempérer
temporär, vorübergehend temporaire
temporäre Härte (Wasser) dureté *(f)* temporaire
tendieren (nach, zu) avoir tendance *(f)* à
Tenniskleid robe *(f)* de tennis
Tennisschuhe chaussures *(f, pl)* de tennis
Tennisstoff tissu *(m)* tennis
Tensid produit *(m)* tensio-actif, agent *(m)* de surface
Teppich tapis *(m)*
Teppich für den Objektbereich tapis *(m)* à local professionnel
Teppich für den Wohnbereich tapis à local d'habitation
Teppich in Streifenmusterung tapis *(m)* rayé
Teppich mit Oberflächenstruktur tapis texturé
Teppichappreturmaschine machine *(f)* d'apprêt pour tapis
Teppich aus farbigem Effektgarn tapis flammé, moquette flammée
Teppichboden revêtement *(m)* tapis du sol, moquette *(f)*
Teppichdruck impression *(f)* de tapis (de moquette)
Teppichfaser fibre *(f)* pour tapis
Teppichfliese dalle *(f)*
Teppichflor voile *(m)* de tapis
Teppichgarn fil *(m)* tapis
Teppichgrund, Teppichträger tissu *(m)* de fond, soubassement *(m)*
Teppichhersteller fabricant *(m)* de tapis
Teppichkantenschutz protection *(f)* des bords de tapis
Teppichkehrer balai *(m)* mécanique
Teppichklopfer tapette *(f)* à tapis
Teppichmuster dessin *(m)* d'un tapis
Teppichnadel aiguille *(f)* pour tapisserie
Teppichnagel broquette *(f)*
Teppichnoppeneinstellungsdichte nombre *(m)* de nœuds par unité de surface
Teppichnutzfläche surface *(f)* utile d'un tapis
Teppichrücken envers *(m)* de tapis
Teppichrückenappretur apprêt *(m)* de l'envers de tapis
Teppichrückenbeschichtung enduction *(f)* de l'envers du tapis
Teppichverlegung pose *(f)* de tapis
Teppich(web)stuhl métier *(m)* à tapis
Teppichweberei manufacture *(f)* de tapis
Teppichweberei (Tätigkeit) tapisserie *(f)*
Terephthalsäure acide *(m)* thérephtalique
Terephthalsäureester ester *(m)* thérephtalique
Terminal, Datenendeinrichtung poste *(m)* terminal
ternär ternaire
Terpen terpène *(m)*
Terpentin térébentine *(f)*
Terpentinharz résine *(f)* de térébentine
Terpentinöl huile *(f)* de térébentine
Terpolymer terpolymère *(m)*
tertiär tertiaire
Test test *(m)*
Testbenzin white-spirit *(m)*
testen tester
Testprogramm programme *(m)* test, programme d'essai
Tetrachlorkohlenstoff tetrachlorure *(m)* de carbone
tex (Garnfeinheit) tex
Textil... textile
Textilbetrieb entreprise *(f)* textile
textile Abfälle rebuts *(m, pl)* textiles
textile Anwendungsgebiete domaines *(m, pl)* d'application du textile
textile Ausrüstung apprêt *(m)* des textiles
textiles Flächengebilde tissu *(m)*

textiler Fußbodenbelag revêtement *(m)* de sol textile
Textilcordreifen pneu *(m)* à carcasse textile
Textildruck impression *(f)* textile, impression du tissu
Textildruck, Handdruck impression *(f)* à la planche
Textildruckmaschine machine d'impression textile
Textileinlage pli *(m)* textile
Textileinzelhandel commerce *(m)* de détail textile
textiles Endlos-Teppichgarn filament *(m)* textile pour tapis
Textilexporte exportations *(f, pl)* textiles
Textilfachgeschäft magasin *(m)* textile spécialisé
Textilfachzeitschrift revue *(f)* professionnelle textile
Textilfaser fibre *(f)* textile
Textilglas verre *(m)* textile
Textilglasfasern fibres *(f, pl)* de verre textile
Textilglasfilamentgewebe tissu *(m)* de silonne
Textilglasflechtschlauch gaine *(f)* de verre textile tressé
Textilglasgarn fil *(m)* de verre textile
Textilglasgewebe tissu *(m)* de verre textile
Textilglaskurzfaser (Stapel) fibre *(f)* de verre textile broyé
Textil-Glasroving stratifil *(m)* de verre textile
Textilglasrovinggewebe tissu *(m)* stratifil
Textilgroßhandel commerce *(m)* en gros de textile
Textilhilfsmittel produit *(m)* auxiliaire textile
Textilien matières *(f, pl)* ou articles textiles
Textilimporte importations *(f, pl)* textiles
Textilin fil *(m)* textiline
Textilindustrie industrie *(f)* textile
Textillabor laboratoire *(m)* textile
Textiltapete papier-peint *(m)* textile
Textilverbundstoff non-tissé *(m)*
Textilverbundteppich tapis *(m)* d'assemblage textile
Textilveredlung ennoblissement des textiles, finissage *(m)* des textiles
texturieren texturer
Texturiermaschine machine *(f)* à texturer
texturiertes Filamentgarn fil *(m)* continu texturé
Texturierung texturation *(f)*
Texturierung nach dem Drallverfahren texturation *(f)* au procédé de torsion
Texturierung nach dem Düsenverfahren texturation *(f)* par air comprimé
Texturierung nach dem Stauchverfahren texturation *(f)* à boîte frisante
Texturierverfahren procédé *(m)* de texture
Texturseide fils *(m, pl)* texturés
Theke comptoir *(m)*
thermisch thermique
thermisch abgebaut dégradé ou décomposé thermiquement
thermisch beständig résistant aux effets de chaleur
thermische Dissoziation dissociation *(f)* thermique
thermische Stabilität stabilité *(f)* thermique
thermische Zersetzung, Pyrolyse désintégration thermique, pyrolyse *(f)*
Thermobimetall bilame *(f)* thermique
Thermochemie thermochimie *(f)*
Thermodynamik thermodynamique
Thermoelastizität thermoélasticité *(f)*
Thermofarbe, auf Wärme reagierende Farbe thermocouleur *(f)*
thermofixieren thermofixer
Thermofixieren (Vorgang) thermofixage *(m)*
Thermofixiermaschine thermofixeuse *(f)*
Thermometer thermomètre *(m)*
Thermometerskala échelle *(f)* thermométrique
thermoplastische Kunstharze thermoplastiques *(m, pl)*
Thermoplastizität thermoplasticité *(f)*
Thermoschrumpf retrait *(m)* ou rétrécissage *(m)* thermique
Thermosolierung thermalisation *(f)*
Thermosol-Verfahren procédé *(m)* Thermosol, thermosolage *(m)*
Thermostabilität thermostabilité *(f)*
Thermostat thermostat *(m)*
Thiazin thiazine *(f)*
Thiazolfarbstoff colorant *(m)* au thiazol

Thioharnstoff thiourée *(f)*, thio-urée *(f)*
Thioharnstofformaldehydharz résine *(f)* thio-urée-formaldéhyde
thixotrop thixotrope
Thixotropie thixotropie *(f)*
Threshold-treatment traitement *(m)* contre le tartre
tief (allg.) profond
tief (Tonlage) bas
tief (Farbton) foncé
tiefblau bleu foncé
Tiefdruck (Gravurwalze) impression *(f)* en creux
tiefer Farbton nuance *(f)* foncée
Tiefe (allg.) profondeur *(f)*
Tiefenwirkung action *(f)* en profondeur
Tieffach (Web.) foule *(f)* d'en bas
tiefschäftig à basse lisse (ou lice)
Tiefschaftstuhl métier *(m)* à basse lisse
tiefsiedend, leichtsiedend à bas point d'ébullition
Tiegel (Labor) creuset *(m)*
tierisch animal
Tigerplüsch peluche *(f)* tigre
Timing, Zeiteinteilung chronométrage *(m)*, minutage *(m)*
Tinte encre *(f)*
Tip-Shearing (Anschneiden der längeren Polfasern) tip-shearing
Tisch table *(f)*
Tischdecke nappe *(f)*
Tischläufer chemin*(m)* de table
Tischtuch nappe *(f)*, napperon *(m)*
Tischwäsche linge *(m)* de table
Titan titane
Titandioxid oxyde titanique, blanc *(m)* de titane
Titer (längenbezogene Masse) titre *(m)*
Titerabweichung déviation *(f)* du titre
Titerbestimmung détermination *(f)* du titre
Titerschwankungsgarn fil *(m)* à grosseur différente
Titerungleichmäßigkeit variation *(f)* du titre
Titration titrage *(m)*
Titrierapparat appareil *(m)* de titrage
titrieren titrer
Titrierlösung solution *(f)* de titrage
Toile toile *(f)*
Toleranz tolérance *(f)*
Toleranzbereich marge *(f)* ou zone *(f)* de tolérance
Toleranzgrenze limite *(f)* de tolérance
Toluol toluène *(m)*
Ton (Farbton) nuance *(f)*, ton *(m)*
tönen (Färbg.) nuancer, nuancer la couleur
Tonerde oxyde *(m)* d'aluminium
Tonerde, schwefelsaure Tonerde sulfate *(m)* d'aluminium
Ton-in-Ton-Färbung teinture *(f)* ton sur ton
Tonne, Faß tonneau *(m)*
Tonne (Gewichtsmaß) tonne *(f)*
Tönung (Farbton) teinte *(f)*
Tonverschiebung translation *(f)* de nuance
Top haut *(m)*
Topfhandschuh gant *(m)* à casserole, manique
Topflappen chiffon *(m)* à plats
Topfspinnverfahren procédé *(m)* à filer à pots
Torquegarn fil *(m)* torque
Torsion, Drehung torsion *(f)*
Torsionsmesser, Drehungsmesser torsiomètre *(m)*
Torsionsmodul module *(f)* de torsion
Torsionstexturierung (einschl. Falschdr.) texturation *(f)* par torsion
total total
tote Baumwolle coton *(m)* mort
totes Haar jarre *(m)*
toter Pol pôle *(m)* mort
totkochen (Wolle b. Färben) bouillir à l'excès
Touch toucher *(m)*
Tourenspitze dentelle *(f)*
Tourenzahl nombre *(m)* de tours
Tournaiteppich tapis *(m)* de Tournai
Towgarn fil *(m)* d'étoupe
toxisch toxique, vénéneux
Toxizität toxicité *(f)*
Tracer tracer *(m)*, indicateur *(m)*
Tracht costume *(m)* folklorique
Trachtenlook style *(m)* folklorique
Trachtenstil style *(m)* folklorique
Trag... de support
Tragant adragante *(f)*
träge (Chem.) lent, inerte
tragecht solide au porter

Trageeigenschaft comportement *(m)* au porter
Tragekomfort confort *(m)* au porter
tragen porter
tragen, halten tenir
Träger bretelle *(f)*, lanière *(f)*
Trägerband ruban *(m)*, lanière *(f)*
Trägergewebe tissu *(m)* de support
Trägermaterial matériel *(m)* de support
Trägerrock jupe *(f)* à bretelles
Trägerschürze tablier *(m)* à bretelles
Trägerslip combinaison *(f)* à bretelles
Trägervlies dossier *(m)* no-tissé
Trägerwalze cylindre *(m)* porteur
Tragfähigkeit capacité *(f)* à porter
Traglufthalle structure *(f)* pneumatique
Traglufttrommeltrockner séchoir *(m)* à tambour pneumatique
Tragversuch essai *(m)* au porter
Trainingsanzug survêtement *(m)*
Tramseide soie *(f)* de trame
Tran, Fischtran huile *(f)* de poisson
Tran, Walfischtran huile *(f)* de balaine
tranig, ranzig rance
tränken, imprägnieren imbiber, imprégner
Transferbefehl (EDV) instruction *(f)* de branchement
Transferdruck impression *(f)* par transfer
Transfermuster dessin *(m)* par report de mailles, transfert
Transformator, Trafo transformateur *(m)*
transparent transparent
Transparent transparent *(m)*
Transparenz transparence *(f)*
Transport transport *(m)*, transportation *(f)*
Transportierklaue (Nähmaschine) griffe *(f)* du transporteur (machine à coudre)
Transportwalze, Zuführwalze cylindre *(m)* alimenteur
Transuran... transuranien
Transurane éléments *(m, pl)* transuraniens
Trapezausschnitt décolleté *(m)* en trapèze
Traubenzucker dextrose *(f)*, glucose *(m)* naturel
Trauer deuil *(m)*
Trauerkleidung vêtements *(m, pl)* de deuil
träufeln verser goutte à goutte, instiller
Treibgas gaz *(m)* propulseur
Treibmittel, Schäumer agent *(m)* gonflant, agent moussant
Treibriemen courroie *(f)* de commande
Treibstoff (allg.) carburant *(m)*
Trench trench-coat *(m)*
Trench-Stil style *(m)* trench
Trend, Richtung tendance *(f)*
trennbar (Chem.) séparable
trennen séparer, détacher
trennen, unterbrechen (elektr.) couper, déconnecter
trennen (Fasern eines Ballens) désagréger
trennen (Chem. fraktionieren) fractionner
Trennflüssigkeit liquide *(m)* de séparation
Trenngardine rideau *(m)* de séparation
Trennmittel antiadhérent *(m)*, agent *(m)* séparateur, agent *(m)* de séparation
Trennmittel (plast. Formerei) agent *(m)* de démoulage
Trennstelle mauvais grattage *(m)*
Trennung séparation *(f)*
Trennverfahren processus *(m)* de séparation
Trennwand mur *(m)* de séparation, paravent *(m)*
Trennzwirn fil *(m)* à retorsion de séparation
Treppenbelag tapis *(m)* d'escalier, revêtement *(m)* d'escalier
Treppenkante bord *(m)* d'escalier
Treppenläufer tapis *(m)* d'escalier
Treppenstange barre *(f)* d'escalier
Tresse tresse *(f)*, natte *(f)*
Triacetat triacétate *(m)*
Triäthanolamin triéthanolamine *(f)*
Triazin triazine *(f)*
Triazofarbstoff colorant *(m)* triazoïque
Triazon triazone *(f)*
Tricel tricel
Trichloräthan trichloréthane *(m)*
Trichloräthylen trichloréthylène *(m)*
trichromatisch trichrome
Trichromie trichromie *(f)*
Trichter entonnoir *(m)*
trichterförmig en entonnoir
Trichterspinnverfahren filature *(f)* à entonnoir
triefen ruisseler, dégoutter
Trifluorchloräthylen trifluorochloréthylène *(m)*

Trikot tricot *(m)*
Trikotagen tricotage *(m)*
Trikotagenfabrik tricoterie *(f)*
Trikotagenfabrikation fabrication *(f)* de tricots
Trikotbindung armure *(f)* double-lisse
Trikotgarn fil *(m)* de bonneterie
Trikotgewebe tissu *(m)* tricoté, tissu à mailles
Trikotimitat imitation *(f)* tricot
Trikotkalander für Schlauchware calandre *(f)* pour tricots tubulaires
Trikot-Satinette tricot-satinette *(m)*
trilobal (Faserquerschnitt) trilobé
Trimethylamin triméthylamine *(f)*
trimolekular trimoléculaire
Trinatriumphosphat phosphate *(m)* trisodique
Trinkwasser eau *(f)* potable
Trioxid trioxyde *(m)*
Trisauerstoff ozone *(m)*
trittelastisch (Teppich) élastique au piétinement *(m)* (tapis)
Trittkante bord *(m)* de piétinement
Trittfestigkeit résistance *(f)* au piétinement
trocken sec
trocken aufbewahren à préserver de l'humidité
Trockenanlage installation *(f)* de séchage
Trockenapparat, Trockner sécheur *(m)*
Trockenappretiermittel agent *(m)* d'apprêt à sec
Trockenappretur apprêt *(m)* à sec
Trockenauszug (Analyse) extrait *(m)* sec
Trockenchlorierung chlorage *(m)* à sec
Trockendampf vapeur *(f)* sèche
Trockeneinfärben (Granulate) teinture *(f)* à sec, teinture au solvant
trockener Griff toucher *(m)* sec
Trockenextrakt extrait *(m)* sec
Trockengehalt teneur *(m)* en matière sèche
Trockengewicht poids *(m)* anhydre, poids à l'état sec
Trockengeschwindigkeit vitesse *(f)* de séchage
Trockenheit sécheresse *(f)*
Trockenhitzeechtheit solidité à la chaleur sèche
Trockenhitzefixierechtheit solidité *(f)* au thermofixage
Trockenkammer chambre *(f)* de séchage
Trockenknitterwinkel angle *(m)* de froissement à sec
Trockenofen four *(m)* de séchage
Trockenmasse masse *(f)* anhydre
Trockenmittel, Trocknungsmittel agent *(m)* de déshydration, déshydratant *(m)*
Trockenrahmen rame *(f)* sécheuse
Trockenreinigung, chem. Reinig. nettoyage *(m)* à sec
Trockenrückstand résidu *(m)* sec
Trockenschrank, Trockenofen étuve *(f)*
Trockenspinnmaschine métier *(m)* à filer à sec
Trockenspinnverfahren filage *(m)* à sec
Trockensubstanz matière *(f)* sèche, extrait *(m)* sec
Trockensubstanz, die Tr. Substanz bestimmen faire l'extrait sec
Trockensubstanzanteil teneur *(m)* en matière sèche
Trocken- und Spannmaschine sécheuse-rameuse *(f)*
Trockentemperatur température *(f)* de séchage
Trockentrommel tambour *(m)* sécheur
Trockentrommel-Schlichtung apprêt *(m)*, encollage *(m)* en tambour sécheur
Trockenwalke foulage à sec
Trockenwalze cylindre *(m)* sécheur
trocknen sécher
trocknen, austrocknen dessécher
Trocknen (Chem.) dessication *(f)*
trocknend, schnelltrocknend siccatif
Trockner sécheur *(m)*
Trockner für Waren in Schlauchform séchoir *(m)* pour articles tubulaires
Trocknung séchage *(m)*
Trocknungsanlage installation *(f)* de séchage
Trocknungsbereich zone *(f)* de séchage
Trocknungsfeld (im Spannrahmen) chambre *(f)* de séchage
Trocknungsgeschwindigkeit vitesse *(f)* de séchage
Trocknungsleistung débit *(m)* de séchage
Trocknungsverlust perte *(f)* de ou par séchage
Troddel houppe *(f)*

Trog, Bottich auge *(f)*
Trois-Pièces trois pièces *(f, pl)*
Trommel tambour *(m)*
Trommel der Zentrifuge panier *(m)* d'essoreuse
Trommelfärbemaschine machine *(f)* à teindre à tambour
Trommeltrockner séchoir *(m)* à tambour
Trompetenstil style *(m)* trompette
tropenfest tropicalisé
tropenfest machen tropicaliser
tropfdicht étanche aux gouttes
tröpfeln couler goutte à goutte
tropfen, herabtropfen dégoutter
Tropfen goutte *(f)*
Tropfflasche, Tropfenzähler bouteille *(f)* à compte-gouttes, stilligoutte *(m)*
Tropfhahn robinet *(m)* compte-gouttes
Tropfpunkt (Fett) point de goutte, point *(m)* de suintement
Tropfwasser gouttes *(f, pl)* d'eau
Tropfzeit durée *(f)* d'égouttage
tropical tropical
trübe trouble
trüben, trübe machen troubler
trubenisieren trubéniser
Trübung trouble *(m)*, turbidité *(f)*
Trübungsanalyse analyse *(f)* néphélométrique
Trübungsmesser néphélomètre *(m)*
Trübungsmessung néphélométrie *(f)*, mesure *(f)* de turbidité
Trübungspunkt point *(m)* de trouble
Trübwerden, Eintrübung opacification *(f)*
Trumm brin *(m)*
T-Shirt t-shirt *(m)*
Tuch, Stoff drap *(m)*, étoffe *(f)*, toile *(f)*
Tuch, schwer u. dicht drap *(m)* serré
Tuchausrüstung finissage *(m)* de tissu
Tuchbindung armure *(f)* toile
Tuchfabrik draperie *(f)*
Tuchfabrikant drapier *(m)*
Tuchgeschäft magasin *(m)* de tissus
Tuchrauherei lainage *(m)*, grattage *(m)*
Tuchschermaschine tondeuse *(f)*
Tuchwebstuhl métier *(m)* à drap
Tufted-Textilien tissu *(m)* tufté
tuften tufter, opérer le tufting
Tuftingmaschine machine *(f)* pour ou à tufting
Tuftingnadel aiguille *(f)* à tufting
Tuftingrohr tube *(f)* de tufting
Tuftingteppich tapis *(m)* tufté, moquette *(f)* tuftée
Tuftingverfahren tufting *(m)*, procédé *(m)* de tufting
Tuftverankerung ancrage *(m)* tufting
Tüll tulle *(m)*
Tüllgardine rideau *(m)* en tulle
Tüllindustrie industrie *(f)* tullière
Tüllmaschine métier *(m)* à tulle
Tüllspitze dentelle *(f)* en tulle
Tüllweber tulliste *(m)*
Tüllweberei tullerie *(f)*
Tulpe tulipe *(f)*
Tulpendessin(-muster) dessin *(m)* à tulipes
Tumbler tumbler *(m)*
Tunika tunique *(f)*
Tüpfelanalyse analyse *(f)* par goutte
Tupfen mouchetages *(m, pl)*
Tupfenmull plumetis *(m)*
Turban turban *(m)*
Turbine turbine *(f)*
Turbinenleistung rendement *(m)* de la turbine
Turborührer agitateur *(m)* turbinaire
Turbostapler turbostapler
turbulent turbulent
Turbulenz, Wirbelströmung turbulence *(f)*
türkis turquoise
türkischer Teppich tapis *(m)* turc
Türkischrot, Alizarinrot rouge *(m)* turc
türkischrot färben teindre au rouge turc
Türkischrotöl huile *(f)* pour rouge turc
Turnhemd maillot *(m)* de gymnastique
Turnhose culotte *(f)* de gymnastique
Turnschuhe chaussures *(f, pl)* de gymnastique
Turntrikot tricot *(m)* de gymnastique
Türvorlage paillasson *(m)*
Tusche encre *(f)*
Tussah soie *(f)* tussah
Tweed tweed *(m)*
Twill (Feinköper) twill *(m)*
Twill, aus Wolle sergé *(m)* d'étaim
Twill, aus Baumwolle milanaise *(f)*
Twinset twin-set *(m)*
Tylose, Methylzellulose tylose *(f)*, cellulose *(f)* méthylique

Typ, Bauart type *(m)*, modèle *(m)*
Typ(aus)färbung teinture *(f)* au type
Typenspektrum gamme *(f)* de types
typisch typique
typisieren typiser

U

überbeanspruchen surcharger, fatiguer
Überbeanspruchung effort *(m)* excessif, surcharge *(f)*
überbelasten surcharger
Überbett édredon *(m)*
Überbreite surlargeur *(f)*
Überchlorsäure acide *(m)* hyperchlorique
überdeckte Naht (Konfektion) couture *(f)* rabattue
Überdeckungseffekt effet *(m)* de recouvrement
überdehnen allonger excessivement
überdestillieren distiller
Überdosierung, Überdosis surdosage *(m)*, dose *(f)* excessive
überdrehen (Garn) surtordre
Überdruck (Phys.) surpression *(f)*
Überdruck (Muster) surimpression *(f)*
überdrucken surimprimer
übereinander angeordnet superposé
übereinandergerollt en spires
übereinstimmen concorder, être concordant
Überempfindlichkeit hypersensibilité *(f)*
Überfall (Druckmuster) recouvrement *(m)*
überfärbeecht solide à la surteinture
Überfärbeechtheit solidité *(f)* à la surteinture
überfärben surteindre
Überfärbung surteinture *(f)*
überfließen, überlaufen déborder
überfluten, überschwemmen inonder
überführen in (Chem.) transformer en
Übergangsbereich (Chem.) zone *(f)* de transition
Übergangsfarbe couleur *(f)* intermédiaire
Übergangsmantel manteau *(m)* de demi-saison
Übergangsstadium état *(m)* transitoire
übergießen mit arroser de
Übergröße très grande taille *(f)*, taille *(f)* forte
überhitzen surchauffer
überhitzter Dampf vapeur *(f)* surchauffée
Überhitzung surchauffe *(f)*
überholt, veraltet démodé
Überkaro très grand carreau *(m)*
überklotzen foularder sur
überkochen déborder en bouillant
Überkopfabzug dévidage *(m)* à la défilée
überkreuz gearbeitet (Web.) croisé
überladen (Masch.) surcharger
Überlänge surlongueur *(f)*
Überlastbarkeit capacité *(f)* de surcharge
überlastet surchargé, en surcharge
Überlauf (Flotte, Flüssigk.) trop-plein *(m)*
Überlauf, im Überlauf spülen rincer à (ou en) trop-plein
Überlaufbecken bassin *(m)* de débordement
überlaufen (Flüssigk.) déborder
Überlaufrohr, -stutzen tuyau *(m)* de trop-plein, trop-plein *(m)*
Überlaufventil soupape *(f)* de trop-plein
Übermangansäure acide *(m)* permanganique
Übermäßiges Tufting tufting *(m)* exagéré
Überoxidation hyperoxydation *(m, pl)*
überproportional proportionnellement supérieur
überprüfen, überwachen contrôler, vérifier
überprüfen, untersuchen examiner, réviser
Überrock sur-jupe *(f)*
übersättigt (Chem.) sursaturé
Übersättigung sursaturation *(f)*
Übersäuerung hyperacidification *(f)*
überschreiten dépasser, excéder
Überschuß excédent *(m)*, surplus *(m)*
überschüssig excédentaire, en excès
überschütten mit arroser de
überschwemmen inonder
Übersichtstest épreuve *(f)* informante
überspringen, auslassen sauter
Überspringen (Faden i. d. Web.) être hors du pas
Überspringer (Webfehler) fil *(m)* sauté
Übersteppereí surpiqûre *(f)*
Überstich sur-piqûre *(f)*

Überstunden heures *(f, pl)* supplémentaires
übertragen transmettre
Übertragungsreaktion réaction *(f)* de transfert, télomérisation *(f)*
Übertritt chevauchement *(m)*
überwachen surveiller, contrôler
Überwachung contrôle *(m)*
Überwendlichnaht couture *(f)* en surjet
überwiegen être prépondérant, prédominer
überzählig en surplus, en excédent
überziehen, bedecken recouvrir, couvrir
Überzieher pardessus *(m)*
Überziehkleidung survêtement *(m)* de protection
Überzug, Schicht couche *(f)*
überzwirnen surtordre
üblich, gewöhnlich usuel
übliche Größe taille *(f)* standard
U-Boot-Ausschnitt décolleté *(m)* bateau
übrig, restlich restant
übrige Eigenschaften le restant de propriétés
Ulster ulster *(m)*
ultraviolett ultraviolet
Ultraviolettlampe lampe *(f)* ultraviolette
ultraviolettes Licht lumière *(f)* ultraviolette
umändern, abändern modifier, corriger
umarbeiten refaire
umbäumen (Kettbaum) réensoupler, réenrouler
umbördeln brider, bordeler
Umbördelung bord *(m)* rabattu
umdocken réenrouler
Umdrehung rotation *(f)*, tour *(m)*
Umdrehung pro Minute nombre *(m)* de tours par minute (tr/min)
Umesterung transestérification *(f)*
Umfang, Ausmaß envergure *(f)*
Umfang (v. Gegenständen) circonférence *(f)*
Umfang, Körpermaß tour *(m)* de taille
umfärben biser, reteindre
Umfärben, Umfärbung bisage *(m)*
Umfärber matériel *(m)* de bisage (ou à biser)
umfassen, beinhalten comprendre
umflechten tresser
umfüllen, umgießen transvaser
umgekehrt renversé, inversé
umgekehrt, reziprok inverse, réciproque
umgekehrte Seite envers *(m)*
umgekehrt, sich umgekehrt verhalten être en raison inverse
Umhang pèlerine *(f)*, cape *(f)*
Umhängebeutel sac *(m)* à bandoulière
Umhängemuster report *(m)* de mailles
umhaspeln redévider
Umkehrreaktion réaction *(f)* inverse
Umkehrstelle point *(m)* de retour
umklöppeln tresser
Umlagerung transposition *(f)*, regroupement *(m)* atomique
Umlauf, Kreislauf circulation *(f)*
Umlauf, Zyklus cycle *(m)*
umlaufend, zirkulierend circulant
Umlaufmenge quantité *(f)* en circulation
Umlaufspülung rinçage *(m)* à circulation
Umlegekragen col *(m)* rabattu
umleiten dériver
Umluft air *(m)* circulant, air de circulation
Ummantelung revêtement *(m)*
umpumpen transvaser par pompe
Umrandung bord *(m)*, bordure *(f)*
umrechnen convertir
Umrechnen der Garnnummer conversion *(f)* du numéro (du titre)
Umrechnungsfaktor facteur *(m)* de conversion
Umrechnungstabelle table *(f)* de conversion
umrühren remuer, agiter
umrüsten rééquiper, transformer
Umsatz chiffre *(m)* d'affaires
umschaltbar commutable
umschalten commuter
umschlagen (Farbe) changer
umschlingen (Fäden) boucler, enlacer
Umschlingungswinkel angle *(m)* de contact, angle d'enlacement
umsetzen in (Chem.) transformer en
Umsetzung (Chem.) transformation *(f)*
umspinnen guiper
Umspinnung guipage *(m)*
umspulen rebobiner
Umstandskleid robe *(f)* de maternité
Umstandskleidung vêtements *(m, pl)* de maternité
umstellen auf reconvertir dans

umwälzen (Flotte) faire circuler
Umwälzpumpe pompe *(f)* de circulation
Umwandlung transformation *(f)*
Umwelt environnement *(m)*
umweltbedingt, ökologisch écologique
Umweltbelastung charge *(f)* sur l'environnement
umweltfreundlich écophile, non-polluant
Umweltschutz protection *(f)* de l'environnement
umwickeln guiper, envelopper
Umwindefaden fil *(m)* à entourer
Umwindegarn fil *(m)* à entourer
unausgeglichen déséquilibré
Unausgeglichenheit déséquilibre *(m)*
unbehandelt non-traité, non traité
unbeschichtet non enduit, non couché
unbeschwert (Textil) non chargé
unbeständig instable
Unbeständigkeit gegen instabilité *(f)* à
unbrennbar incombustible
unbunt (Farb. Lehre) non coloré, achromatique
undissoziiert non dissocié
undurchlässig imperméable
undurchsichtig opaque
unecht (Farben) peu solide
unegal (Färbung) mal uni
unentflammbar ininflammable
unentflammbar machen rendre ininflammable
ungebleicht, roh écru
ungebügelte Falten plis *(m, pl)* non repassés
ungebügelter Faltenrock jupe *(f)* à plis non repassés
ungebunden (Chem.) non combiné, libre
ungedreht (Garn) non tordu
ungedrehtes Garn fil *(m)* non-tordu
ungefärbt incoloré, non teint
ungefärbt, farblos incolore
ungefüttert non-doublé
ungekämmt (Garn) non cardé
ungekräuselt non frisé
ungelöst non dissout
ungenoppt, glatt sans poil, ras
ungesättigt non saturé
ungesäuert non acidifié
ungewaschen non lavé
ungewaschen (Wolle) en suint
ungezwirnt non retordu
ungiftig atoxique
ungleich différent
ungleiche Breite laize *(f)* irrégulière
ungleiche Schußdichte duitage *(m)* irrégulier
ungleichmäßige Auflage (Avivage) dépôt *(m)* irrégulier
ungleichmäßiger Zwirn retors *(m)* inégal
uni, einfarbig uni, unicolore
Unifarbe teinte *(f)* unie
Uniform uniforme *(m)*
uniform uniforme
uniformiert en uniforme
Uniformtuch drap *(m)* militaire
unigefärbt teint uni
unimprägniertes Gewebe tissu *(m)* non-imprégné
Unistoff tissu *(m)* uni
Uniteppich tapis *(m)* uni
Unlösliches insoluble *(m)*
unregelmäßig irrégulier
unregelmäßiger Wickel nappe *(f)* irrégulière
unregelmäßiges Garn fil *(m)* irrégulier
unrein, schmutzig impur, sale
Unreinheit impureté *(f)*
unsachgemäß impropre, incorrect
unstabil instable
Unsulfatiertes insulfaté *(m)*
unsulfonierbar insulfonable
Unsulfoniertes insulfoné *(m)*
Unterbekleidung sous-vêtements *(m, pl)*
unterbrochenes Spinnverfahren procédé *(m)* de filature interrompu
Unterbrustweite largeur *(f)* du buste sous la poitrine (mesure)
unterchlorige Säure acide *(m)* hypochloreux
untere Abzugswalze cylindre *(m)* arracheur inférieur
Unterfach (Web.) pas d'en bas, foule *(f)* inférieure
Unterfaden fil *(m)* inférieur
Unterflotten... sous bain
Untergrenze, unterer Grenzwert limite *(f)* inférieure
Untergrund (Färbg.) fond *(m)*
unterhalb von au-dessous de
Unterhemd maillot *(m)* de corps

Unterhose culotte *(f)*, caleçon *(m)*
Unterkante bord *(m)* inférieur
Unterkette, Grundkette chaîne *(f)* de fond
Unterkleid combinaison *(f)*, fond *(m)* de robe
Unterkleider combinaisons *(f, pl)*
Unterlage support *(m)*, base *(f)*
unterlegen, füttern doubler
Unterlieferung (Nacheilung) sous-livraison *(f)*
Untermaß mesure *(f)* en moins
Unterrock jupon *(m)*
untersalpetrige Säure acide *(m)* hyponitreux
Untersättigung déficit *(m)* de saturation
unterschiedliche Schrumpfung rétrécissement *(m)* irrégulier
Unterschlag (Web.) chasse *(f)* par le bas
Unterschuß trame *(f)* d'envers, duite *(f)* de dessous
Unterschuß liegt auf der Rückseite des Gewebes trame *(f)* d'envers apparaît à l'envers du tissu
Untersetzer dessous *(m)* de plat
Unterstellung einer Kettfadenreihe adjonction *(f)* d'une chaîne supplémentaire
untersuchen (Chem.) analyser, déterminer
untersuchen (allg.) rechercher
Untersuchung (allg.) recherche *(f)*
Untersuchungen durchführen faire des recherches
Untersuchungsanstalt, -labor laboratoire *(m)* d'analyse
Untertafler plieuse *(f)* de dessous
Untertaille camisole *(f)*
unterteilt subdivisé
Unterteilung, Aufgliederung subdivision *(f)*, sectionnement *(m)*
Unterteilung, Klassifizierung classification *(f)*
Unterwalze rouleau *(m)* ou cylindre *(m)* inférieur
Unterwäsche sous-vêtement *(m)*
unumkehrbar irréversible
ununterbrochen, ständig continu, continuel
ununterbrochener Flottenumlauf circulation continuelle du bain
unverdünnt, absolut (Chem.) absolu
unverdünnt, nicht verdünnt non dilué, non délayé
unverfilzt non-feutré
unvermischt pur
unverseifbar insaponifiable
Unverseiftes insaponifié *(m)*
unverstreckt non étiré
unverträglich incompatible
Unverträglichkeit incompatibilité *(f)*
unverzweigte Molekülkette chaîne moléculaire linéaire
unvollständig incomplet
unvollständige Reaktion réaction *(f)* partielle
unwirksam inefficace, ineffectif
unzerreißbar indéchirable
Uran uranium *(m)*
uranhaltig uranifère
Urfarbe couleur *(f)* primaire
Ursprung origine *(f)*
Urtiter titre *(m)* étalon
Usterwert chiffre *(f)* ou indice Uster
UV-beständig résistant aux rayons ultra-violets

V

vagabundierend (Elektron) vagabond
Vakuum vide *(m)*, vacuum *(m)*
Vakuum, im Vakuum sous vide, dans le vide
Vakuumapparat appareil *(m)* à vide
Vakuumdestillation distillation *(m)* dans le vide
vakuumdicht étanche au vide
Vakuumexsikkator dessicateur *(m)* à vide
Vakuumfiltration filtration *(f)* à vide
Vakuumkammer chambre *(f)* à vide
Vakuumtrockner sécheur *(m)* à vide
Vakuumverdampfer évaporeur *(m)* à vide
Valamer-Stretch stretch *(m)* valamer
Valenz (Wertigkeit) valence *(f)*
Valenzzahl nombre *(m)* de valence
van der Waalsche Bindung liaison *(f)* de van der Waals
van der Waalsche Kräfte forces *(f, pl)* de van der Waals
Vareusestil style *(m)* vareuse
Variationsbreite domaine *(m)* de variation

Variationskoeffizient coefficient *(m)* de variation
variieren varier
Vasendessin(-muster) dessin *(m)* à vases
V4A Stahl acier *(m)* V4A
Vatermörder col *(m)* cassé
V-Ausschnitt décolleté *(m)* en V
vegetabilisch végétal
Velcorex-Cordsamt velours *(m)* côtelé velcorex
Vellin vilène *(m)*
Velours velours *(m)*
Velourshebeapparat dispositif *(m)* relève-poil
Veloursteppich tapis *(m)* velours
Velvet velours *(m)*
Velveton velvetine *(f)*
Ventil soupape *(f)*
Ventilation, Belüftung ventilation *(f)*, aérage *(m)*, aération *(f)*
veraltet démodé, vieilli
veränderlich variable
verändern changer, varier
verändern, sich verändern changer
Verankerungsschicht couche *(f)* d'ancrage
Verankerungstau câble *(m)* d'amarrage
Verarbeitbarkeit possibilité d'usinage, aptitude *(f)* à l'usinage
verarbeiten usiner, façonner, travailler, ouvrer
verarbeiten, behandeln traiter
verarbeiten, verbrauchen consommer
Verarbeitungskosten coûts *(m, pl)* de fabrication
Verarbeitungsstufe phase *(f)* de traitement
verarmen (Flotte) appauvrir
Verarmung appauvrissement *(m)*
veraschen incinérer
Veraschungsschale écuelle *(f)* d'incinération
Verbandsmull gaze *(f)* à pansement
Verbandsstoff gaze *(f)* à pansements
Verbandswatte ouate *(f)* à pansement
verbessern améliorer
Verbesserung amélioration *(f)*
verbinden (Chem.) combiner
Verbindung combinaison *(f)*, composé *(m)*
Verbindungsverhältnis proportion *(f)* de combinaison
verblassen (Farben) pâlir, faner
Verbrauch consommation *(f)*
verbrauchen consommer
Verbraucher consommateur *(m)*
Verbrauchermarkt super-marché *(m)*
Verbrauchsgüter biens *(m, pl)* de consommation
verbraucht, abgenutzt usé
verbraucht, erschöpft épuisé
verbreitern élargir
verbrennen brûler
Verbrennung, Verbrennen combustion *(f)*
Verbrennungsluft air *(m)* de combustion
Verbrennungsrückstand résidu *(m)* de combustion
Verbrennungsrückstand, Asche cendres *(f, pl)*
Verbrennungsvorgang processus *(m)* de combustion
verbunden, zusammenhängend connecté, cohérant
verbunden, verknüpft lié
verbunden, gekoppelt (Masch.) conjugué, combiné
Verbundstoff tissu *(m)* encollé
verdampfen (Verb intr.) évaporer
verdampfen lassen (Verb trans.) vaporiser
Verdampfung, Abdampfen évaporation *(f)*
Verdampfungsleistung débit *(m)* d'évaporation, débit *(m)* évaporatif
Verdampfungspunkt point *(m)* d'évaporation
Verdampfungsrückstand résidu *(m)* d'évaporation
verdeckte Knopfleiste double patte *(f)* de boutonnage
verdichten (Dampf) condenser
verdichten (allg.) comprimer
Verdichtung compression *(f)*
verdicken, eindicken épaissir, solidifier
verdicken, sich verdicken s'épaissir
Verdicker, Verdickungsmittel épaississant *(m)*
Verdickung, Verdicken (Vorgang) épaississement *(m)*
Verdolmaschine appareil *(m)* Verdol

verdrängen, ersetzen (Chem.) substituer
Verdrängung substitution *(m)*
verdrehen, verwinden tordre
Verdrehung torsion *(f)*
Verdrehungsbeanspruchung sollicitation *(f)* de torsion
verdreifachen tripler
verdünnen diluer, délayer
Verdünner, Verdünnungsmittel diluant *(m)*
verdünnte Lösung solution *(f)* étendue
Verdünnung dilution *(f)*
Verdünnungsgrad degré *(m)* de dilution
Verdünnungsmittel diluant *(m)*
Verdünnungswärme chaleur *(f)* de dissociation, chaleur *(f)* de dilution
verdunsten, sich verflüchtigen se volatiliser, s'évaporer
verdunsten lassen (Verb trans.) volatiliser, vaporiser
Verdunstung évaporation *(f)*
Verdunstungs... évaporatoire
veredeln ennoblir, finir, apprêter
Veredlung finissage *(m)*, ennoblissement *(m)*, façonnage *(m)*
Veredlungsindustrie industrie *(f)* de façonnage
Vereinbarkeit compatibilité *(f)*
vereinfachen simplifier
vereinheitlichen standardiser
vereinigen (z. B. Lunten) réunir
Vereinigungsstrecke (Spinn.) banc *(m)* d'étirage réunisseur
verengen, zusammenziehen rétrécir, contracter
Veresterung estérification *(f)*
verfahren, vorgehen procéder
Verfahren procédé *(m)*, opération *(f)*, méthode *(f)*, processus *(m)* de travail
Verfahren, Behandlung traitement *(m)*
Verfahrensabschnitt section *(f)* de procédé
Verfahrensfolge cycle *(m)* opératoire, cycle de traitement, séquence *(f)* ou suite *(f)* des opérations
Verfahrensgrundsätze règles *(f, pl)* de procédé (de procédure)
verfahrensorientiert (EDV) orienté vers le traitement
Verfahrensschema méthode *(f)*, mode *(m)* opératoire
Verfahrenstechnik technique *(f)* des procédés industriels
verfallen, ungültig werden expirer
verfälschen (Chem.) falsifier, adultérer
Verfälschungsmittel adultérant *(m)*
verfangen, verwickeln embrouiller
verfärben, sich verfärben changer de couleur ou de teinte
Verfärbung changement *(m)* de couleur, changement *(m)* de teinte
Verfärbung durch Abgase décoloration *(f)* par les fumées industrielles
verfehlen manquer
verfeinern affiner
Verfeinern des Faserbandes durch Verziehen raffinement *(m)* du ruban par l'étirage
Verfestigen einer chem. Bindung stabilisation *(f)* d'une combinaison chimique
Verfestigung mittels Nähtechnik liage *(m)* par piqûre
Verfestigungsstrich, Vorstrich (Teppich) couche *(f)* d'ancrage
Verfilzbarkeit feutrabilité *(f)*
verfilzen feutrer
Verfilzen, Verfilzung feutrage *(m)*
verflechten entrelacer, enlacer
Verflechtung entrelacement *(m)*
verflochten tressé, entrelacé
verflüchtigen, sich verflüchtigen se volatiliser
verflüssigen, schmelzen fluidifier, liquéfier
Verflüssigung fluidification *(f)*
Verflüssigung, Verdichtung condensation *(f)*
verformbar déformable
Verformbarkeit déformabilité *(f)*
verformen, deformieren déformer
Verformung déformation *(f)*
vergällen dénaturer
vergären fermenter
vergasen (Chem.) gazéifier
vergiften empoisonner, intoxiquer
Vergiftung intoxication *(f)*, empoisonnement *(m)*
Vergiftungserscheinung symptôme *(m)* d'intoxication
vergilben jaunir
vergilbt jauni
Vergilbung jaunissement *(m)*

Vergleich comparaison *(f)*
Vergleich, im Vergleich zu en comparaison de, devant
vergleichbar comparable
vergleichmäßigen égaliser
Vergleichs... de comparaison
Vergleichs(aus)färbung teinture *(f)* de comparaison, teinture *(f)* comparative
Vergleichsmessung mesure *(f)* comparative
Vergleichsmuster, Vorlage échantillon *(m)* témoin
Vergleichsprüfung essai *(m)* comparatif
Vergleichssubstanz (Chem.) substance *(f)* de référence
vergleichsweise comparativement
vergrößern (allg.) agrandir
vergrößern, verbreitern élargir
Vergrößerung agrandissement *(m)*, élargissement *(m)*
Vergrößerung, 100fache Vergrößerung agrandissement *(m)* cent ou 100x
Vergrößerungsfaktor coefficient *(m)* d'agrandissement
Vergrößerungsglas, Lupe loupe *(f)*
Vergrößerungsmaßstab échelle *(f)* d'agrandissement
Verhaken, Festhaken accrochage *(m)*
Verhalten comportement *(m)*, attitude *(f)*
Verhältnis rapport *(m)*, relation *(f)*
Verhältnis, Proportion proportion *(f)*
Verhältnis, im Verhältnis zu en comparaison de, en proportion de
Verhältnis, im richtigen Verhältnis proportionné
Verhältnis, unter sonst gleichen Verh. toutes proportions gardées
verhältnisgleich, verhältnismäßig proportionnel, proportionné
verhältnismäßig schwach proportionnellement faible
verhärten, sich verhärten se durcir, se rendurcir
Verhärtung durcissement *(m)*
verharzen, zu Harz werden résinifier, se résinifier
Verharzung résinification *(f)*
verheddern, sich verheddern s'embrouiller, s'emmêler
verhindern empêcher, prévenir
verhindern, unterdrücken supprimer
verhindernd, verhütend préventif
Verhinderung empêchement *(m)*
Verhinderung, zur Verhinderung pour éviter
Verhornung cornification *(f)*
verifizieren vérifier
verkabeln câbler
Verkauf vente *(f)*
Verkäufer vendeur *(m)*
Verkäuferin vendeuse *(f)*
Verkaufsargument argument *(m)* de vente
Verkaufsetage étage *(m)* de vente
Verkaufsförderung promotion *(f)* de ventes
Verkaufsmethoden méthodes *(f, pl)* de vente
Verkaufsraum salle *(f)*, local *(m)* de vente
Verkaufsschlager best-seller *(m)*
Verkaufsstelle point *(m)* de vente
Verkaufstip conseil *(m)* de vente
Verkaufstisch table *(f)* de vente, comptoir *(m)*
verkehrt à l'envers
verketten, aneinanderhängen enchaîner, relier
Verkettung, Ineinandergreifen enchaînement *(m)*
Verkettung, Kettenbildung (Chem.) formation *(f)* de chaînes
verkleben coller
verkleiden, beschlagen revêtir, couvrir
Verkleidung revêtement *(m)*
verkleinern réduire, diminuer
verkleinern, sich verkleinern se réduire
Verkleinerungsmaßstab échelle *(f)* réduite
verklettet enchevêtré
verknoten, verknüpfen nouer
verknüpft (EDV) enchaîné
verkochen, einkochen (Chem.) concentrer
verkochen (bei Farbstoffen) décomposer par ébullition
verkohlen (Verb intr.) se carboniser
verkreuzter Harnisch arcades *(f, pl)* croisées
verkrusten incruster, s'incruster
Verkrustung durch Wasserhärte dépôt *(m)* calcaire
verküpen réduire

Verküpung réduction *(f)*
verkürzen (zeitlich) abréger
verkürzen, kürzer machen raccourcir
verkürzen, die Zeit verkürzen réduire le temps
verlängern, strecken allonger, étendre
verlängern (zeitlich) prolonger, proroger
verlangsamen ralentir, retarder
Verlauf der Bindungspunkte (Web.) décochement *(m)*
Verlauf (eines Vorganges) cours *(m)*, déroulement *(m)*
verlaufen, ausbluten (Farbe) dégorger
Verlegen von Teppichboden pose *(f)* de tapis
verleihen, eine Eigenschaft verleihen communiquer une propriété, donner une propriété
verleimen coller
Verlust perte *(f)*
Verlust durch Ausschuß perte *(f)* par rejets
verlustfrei sans pertes
vermengen, vermischen mêler, mélanger
vermindern réduire, diminuer
Vermittler, Beschleuniger (Chem.) médiateur *(m)*
vernachlässigen négliger
vernachlässigen, zu vernachlässigen négligeable
Vernadelfaden fil *(m)* à aiguilleter
vernadeln aiguilleter
vernetzen (Chem.) réticuler
Vernetzer réticulant *(m)*
Vernetzung réticulation *(f)*
verölt, verschmutzt durch Öl sali par de l'huile
Verpackung emballage *(m)*
Verpackungsstoff tissu *(m)* ou toile *(f)* d'emballage
verpuffen (Chem.) décrépiter
Verpuffung déflagration *(f)*
verriegeln verrouiller, bloquer
Verrieselung (Abwasser) irrigation *(f)*
verrotten pourrir
verrottungsbeständig résistant à la pourriture
versagen (Reaktion) échouer
Versand expédition *(f)*, envoi *(m)*
versandfertig prêt à être expédié, prêt à l'envoi
Versandhaus maison *(f)* de vente par correspondance
Versatz (Wirkwarenherst.) altération *(f)*
Versatzbewegung mouvement *(m)* alternatif
Versatzbewegung der Legeschienen mouvement *(m)* latéral de la barre de trame
verschieben, versetzen déplacer, décaler
Verschiebung déplacement *(m)*, décalage *(m)*
Verschiebung, in Kristallgittern dislocation *(f)*
Verschiebung bei Kett- und Schußfäden éraillement *(m)*
verschieden différent
verschießen (Farbe) se faner, se décolorer
verschlechtern détériorer
Verschlechterung détérioration *(f)*, dégradation *(f)*
verschleiert, eingetrübt brouillé, troublé
Verschleiß, Abnützung usure *(f)*
verschleißen, sich verschleißen s'user
Verschleißfestigkeit résistance *(f)* à l'usure
Verschlingen entrelacement *(m)*
Verschluß (Bekl.) fermeture *(f)* (vêt.)
verschmutzen salir, souiller, encrasser
Verschmutzung souillure, salissure *(f)*, encrassement *(m)*
Verschmutzung (Wasser u. Luft) pollution *(f)*
verschneiden, verdünnen couper
Verschnitt coupage *(m)*
Verschnittmittel diluant *(m)*
Verschönerung embellissement *(m)*
verschwommen brouillé, flou
versehen mit, ausstatten mit munir de, garnir de
verseifen saponifier
Verseifung saponification *(f)*
Verseifungszahl indice *(m)* de saponification, coefficient *(m)* de saponification
versetzter Atlas satin *(m)* irrégulier ou brisé
versetztes Muster dessin *(m)* transposé
versickern s'infiltrer
verspinnen filer
verspinnbar filable

Verspinnbarkeit filabilité *(f)*, aptitude *(f)* au filage
Versprödung durcissement *(m)*
versprühen, aufsprühen pulvériser
verstärken (allg.) renforcer
verstärken (Chem.) concentrer
verstärkter Atlas satin *(m)* lié ou renforcé
Verstärkung, Verfestigung renforcement *(m)*
Verstärkungsfaden fil *(m)* de renfort
verstauben empoussiérer
verstäuben (Flüssigkeit) pulvériser
versteckter Mangel vice *(m)* caché
versteifen raidir, rigidifier
Versteifungsstoff, Steifleinen bougran *(m)*
verstellbar réglable
verstellen, einstellen régler, ajuster
verstopfen, zusetzen boucher
Verstreckbarkeit (Garn) extensibilité *(f)*, extirabilité *(f)*
verstrecken étirer
Verstrecken, Verstreckung étirage *(m)*
verstreichen (streichend verteilen) étendre
Versuch, Probe, Test essai *(m)*, épreuve *(f)*, test *(m)*
versuchen essayer, faire des essais
Versuchsanlage, Pilotanlage installation *(f)* pilote
Versuchsanordnung, Vorgehen mode *(m)* de procédé
Versuchsauswertung interprétation *(f)* des essais
Versuchsbetrieb usine *(f)* pilote
Versuchsdurchführung procédé *(m)* d'essai, exécution *(f)* d'essai
Versuchsergebnis résultat *(m)* expérimental, résultat *(m)* des essais
Versuchsgarn fil *(m)* expérimental
Versuchsreihe série *(f)* d'essais
Versuchsstadium stade *(m)* expérimental, phase *(f)* d'essai
versuchsweise, für Versuche à titre d'essai
Versuchszweck but *(m)* d'essai
verteilen distribuer, répartir
Verteilung (Farbstoff i. d. Flotte) répartition *(f)*
Verteilung (Feststoff in Wasser) dispersion *(f)*
vertikal vertical
vertikales Muster dessin *(m)* vertical
Vertikalöffner (Spinn.) ouvreuse *(f)* verticale
vertragen, aushalten être résistant à, supporter
verträglich compatible
Verträglichkeit compatibilité *(f)*
Vertrauensbereich (Faserherst.) intervalle *(m)* de confiance
Vertrauensgrenze (Faserherst.) limite *(f)* de confiance
verunreinigen salir, souiller
verunreinigen (Wasser und Luft) polluer
verunreinigen (Chem. Stoffe) rendre impur
Verunreinigung, Fremdkörper impureté *(f)*
verursachen causer, provoquer
vervliesen encoller
vervollständigen compléter
verwaschen (Farbe) délaver
verweben, ineinanderweben entrelacer, enlacer
verweben, abweben tisser
Verwebbarkeit aptitude *(f)* au tissage
Verweildauer (Färb., Bleiche) durée *(f)* de maturation
Verweilzeit temps *(m)* de maturation
Verweilzeit, Kontaktzeit temps de contact
verwenden, einsetzen employer, utiliser, appliquer
Verwendung, Anwendung, Einsatz emploi *(m)*, application *(f)*, utilisation *(f)*
verwickeln, sich verwickeln s'embrouiller, s'emmêler
Verwickeln, Verfitzen (Spinn) enchevêtrement *(m)*
verwirbeln (Fäden) tourbillonner
verziehen, sich verziehen (Muster) se dévoiler, se fausser
verziert rebrodé
Verzierung décoration *(f)*, garnissage *(m)*
verzögern retarder
Verzögerung retard *(m)*, retardement *(m)*
Verzögerungsmittel agent *(m)* retardeur
verzuckern (z. B. Stärke) saccharifier
Verzuckerung saccharification *(f)*
Verzug (Spinn.) étirage *(m)*
verzugsfrei exempt d'étirage
Verzugsgröße degré *(m)* d'étirage

Verzugssystem système *(m)* d'étirage
Verzugswalze cylindre *(m)* étireur
verzweigt (Chem.) ramifié
verzweigt, mit verzweigter Kette à chaîne ramifiée
Verzweigung (Chem.) ramification *(f)*
verzwirnen retordre
Vibroskop vibroscope *(m)*
Vichy-Karo vichy
Vicuniawolle laine *(f)* de vigogne
Viel..., Mehrzweck... universel
Vielfachzugriff (EDV) calcul *(m)* à accès multiple
Vielfarbendruck impression *(f)* multicolore, impression *(f)* polychrome
vielfarbig multicolore, polychrome
Vielriemchenflorteiler diviseur *(m)* à lanières multiples
vielseitig complexe, multilatéral, à plusieurs faces
Vielseitigkeit talents *(m, pl)* multiples
vielseitig verwendbar à usages multiples
vielstufig à plusieurs étages
vielwertig (Chem.) polyvalent
Vielwertigkeit (Chem.) polyvalence *(f)*
vierbasisch tetrabasique
vierbindiger Köper croisé *(m)* à quatre lames, sergé *(m)* de quatre lames
viereckiger Ausschnitt décolleté *(m)* carré
Vierfachbindung (Chem.) à quatre liaisons
vierfädig à quatre fils
Vierfarbendruck impression *(f)* en quatre couleurs
Vierkrempelsatz assortiment *(m)* de deux cardes doubles
Viernadelflachnaht couture *(f)* plate à quatre aiguilles
vierringig (Chem.) tetracyclique
Vierwalzenfoulard foulard *(m)* à quatre rouleaux
vierwertig tetravalent
Vigogne, Vigognegarn fil *(m)* de vigogne
Vigoreuxdruck impression *(f)* vigoreux, impression *(f)* pour rubans de fibres
Vigoureuxgarn fil *(m)* vigoreux
Vinyl vinyle *(m)*
Vinylacetat acétate *(m)* de vinyle, acétate vinylique
Vinyl-Fußbodenbelag revêtement *(m)* de sol vinylique
Vinylgruppe groupe *(m)* vinyle
violett violet
viskos visqueux
Viskose viscose *(f)*
Viskosefaser fibre *(f)* viscose
Viskosereyon rayonne *(f)*
Viskoseseide soie *(f)* viscose
Viskosimeter viscosimètre *(m)*
Viskosität viscosité *(f)*
Viskositäts-Temperatur-Verhalten tenue *(f)* viscosité-température
Viskositätszahl, -beiwert nombre *(m)* de viscosité
visuell visuel
Vitrine vitrine *(f)*
Vk-polymerisation polymérisation *(f)* continue
Vlies, Fell toison *(f)*
Vlies, Faserflor nappe *(f)* de carde, voile *(m)* de carde
Vlies, Vliesstoff, Non-woven non-tissé
Vlieskunstleder cuir *(m)* synthétique
Vliestrockner (für Vliese) sécheur *(m)* pour tissus non-tissés
Vliestrommel tambour *(m)* enrouleur de nappe
Vlieswirkstoff ouate *(f)* tricotée
Vogelaugendessin(-muster) dessin *(m)* à œil d'oiseau
Voile, Schleierstoff voile *(m)*
Volant volant *(m)*
Volumen % pourcent *(m)* de volume
voll plein
voll, ganz complet
voll, gefüllt rempli
voll ausgenutzt utilisé à plein rendement
voll, voller Farbton nuance *(f)* foncée, nuance corsée
volle Leistung pleine puissance *(f)*
Vollachsel remonture *(f)* pleine
Vollanalyse analyse *(f)* complète
Vollappretur apprêt *(m)* complet
Vollautomat machine *(f)* entièrement automatique
vollautomatisch complètement automatique
vollenden, fertigstellen achever
Vollentsalzung (Wasser) déminéralisation *(f)* totale

voller Griff toucher *(m)* plein
Vollflächenauftragung application *(f)* sur la totalité d'une surface
vollkommen parfait
vollkontinuierlich continu ininterrompu
vollorientiertes Garn fil *(m)* pleinement orienté
vollschlank fort
vollschlanke Figur taille *(f)* forte
vollschwarz noir comme du charbon
vollständig complet, entier, total
vollständige Reaktion (Chem.) réaction *(f)* totale
vollstretch absolument élastique
vollsynthetisch entièrement synthétique
vollverstrecktes Garn fil *(m)* entièrement étiré
Volumen (allg.) volume *(m)*
Volumen, Bausch (Faser, Gewebe) voluminosité *(f)*, gonflant *(m)*
Volumengehalt teneur *(m)* volumétrique
volumetrisch volumétrique
voluminös volumineux
vom ursprünglichen Farbton abweichen s'écarter de la nuance *(f)* originale
Vorabscheider (Chem.) préfractionnateur *(m)*
vorabstimmen préaccorder
Vorappretur apprêt *(m)* préparatoire
Vorbehandlung prétraitement *(m)*, traitement *(m)* préalable
Vorbeize prémordant *(m)*
vorbeizen prémordancer
Vorbereitung préparation *(f)*, travaux préparatoires
Vordertasche poche *(f)* de devant
Vorderteil partie *(f)* avant
Vordippen (Faserbeh.) préadhérisage *(m)*
Vordrall (Garn) prétorsion *(f)*
vordringen avancer
Vordruckreserve réserve *(f)* préimprimée
Voreilaufnadelung picotage *(m)* à suralimentation
voreilen avancer
voreilende Spule bobine *(f)* ayant de l'avance
voreilende Wicklung bobinage *(m)* progressif
Voreilung avance *(f)*
vorfachen (Zwirn.) prédoubler, assembler préalablement
Vorfachen prédoublage *(m)*, assemblage *(m)* préalable
Vorfärbung préteinture *(f)*
vorfixieren préfixer
Vorfixierung préfixation *(f)*, préfixage *(m)*
Vorflyer banc *(m)* à broches en gros, banc *(m)* en gros
vorführen, zeigen présenter
Vorgabezeit temps *(m)* alloué
Vorgang, Ablauf fonctionnement *(m)*, allure *(f)*, marche *(f)*
Vorgang, Hergang procédé *(m)*, processus *(m)*
Vorgarn mèche *(f)*
Vorgarnkrempel carde *(f)* en fin
Vorgarnöffner ouvreuse *(f)* pour mèches de préparation
Vorgarnspule bobine *(f)* de préparation, bobine *(f)* de condensateur
Vorgarnwaage balance *(f)* pour mèches
Vorgarnzuführung alimentation *(f)* de la mèche
vorgefacht prédoublé
vorgefachte Spule bobine *(f)* (croisée) prédoublée
vorgefertigt (EDV) préétabli
vorgehen, verfahren procéder
vorgehen, voreilen avancer
vorgerauht prélainé
vorgereinigt (Abwasser) préclarifié
vorgeschrumpft rétrécissage *(m)* préalable
Vorgespinst mèche *(f)*, fil *(m)* mèche
vorgewaschen pré-lavé
Vorhang rideau *(m)*
Vorhangschiene barre *(f)* de rideau
Vorhangstoffe étoffes *(f, pl)* de rideaux
vorhecheln (Flachs) émoucheter
Vorhemd plastron *(m)*
vorhergehend, vorausgehend précédent, antérieur
Vorkrempel, Grobkrempel carde *(f)* briseuse
Vorlage, Vorlagemuster dessin-modèle *(m)*
Vorlage, Zulauf alimentation *(f)*
Vorlauf (Chem. Destill.) avant-coulant *(m)*, première distillation, fractions *(f, pl)* légères
Vorläufer (Appr.) toile *(f)* de tête
vorläufig préliminaire, préalable

Vorleger paillasson *(m)*
vorlösen prédiluer
vornetzen prémouiller
Voröffner (Spinn.) ouvreuse *(f)* préparatoire
vororientiertes Garn fil *(m)* pré-orienté
Vorortanwendung application *(f)* sur place
Vorpolymerisat prépolymère *(m)*
Vorprodukt, Rohstoff matière *(f)* première
Vorprüfung (allg.) essai *(m)* ou test *(m)* préliminaire
Vorratsbehälter bac *(m)* à provisions
vorreinigen prénettoyer
Vorreinigung prénettoyage *(m)*, avant-nettoyage *(m)*, pré-lavage *(m)*
Vorrichtung dispositif *(m)*
vorscheren faire une première tonte
Vorschlichte premier encollage *(m)*
Vorschrift préscription *(f)*, règle *(f)*
vorschrumpfen réctrécir préalablement
vorsortieren trier préalablement
vorspannen prétendre
Vorspannung, Vorspannkraft prétension *(f)*, tension *(f)* d'entrée
vorspinnen filer en gros
Vorspinnmaschine banc *(m)* à broches
Vorspule bobine *(f)* d'alimentation
Vorstrecke (Spinn.) banc *(m)* d'étirage préparatoire, étireuse *(f)* préliminaire
vorstrecken préétirer
vorstreichen (Beschichtung) préenduire
Vorstrich premier enduit *(m)*, préenduit *(m)*
Vorstufe (Chem.) premier degré *(m)*
Vorstufe (Verfahren) phase *(f)* préparatoire
Vorteil avantage *(m)*
vortrocknen présécher
Vortrocknung préséchage *(m)*
vorübergehend (zeitl.) temporaire, transitoire
vorübergehende Härte (Wasser) dureté *(f)* temporaire
vorvernadeln pré-aiguilleter
Vorwäsche prélavage *(m)*
vorwaschen prélaver
vorzeitig (adj.) prématuré, anticipé
vorzeitig (adv.) avant le temps, avant l'heure
vorzugsweise de préférence
Vorzwirnen retordage *(m)* préliminaire
Vulkanisation vulcanisation *(f)*
Vulkanisationsbeschleuniger accélérateur *(m)* de vulcanisation
vulkanisierte Faser fibre *(f)* vulcanisée

W

Waage balance *(f)*
wabenartig nid *(m)* d'abeille
Wachs cire *(f)*
wachsartig cireux
wachsen encirer
Wachstuch, Wachsleinwand toile *(f)* cirée
Wachstum croissance *(f)*
Wadenstrumpf chaussette *(f)* longueur mollet
Waffelbindung (Web.) armure *(f)* nid d'abeille
Waffelgewebe tissu *(m)* gaufré
Waffelmuster dessin *(m)* gaufré, dessin à gaufres
waffel-piqué alvéolé
Waffelrücken (Teppich) sous-couche *(f)* gaufrée
Wägeglas flacon *(m)* ou écuelle *(f)* à pesée
Wagen (Spinn.) chariot *(m)*
Wagendecke couverture *(f)* de landau
Wageneinzug rentrée *(f)* du chariot
Wagenführung guidage *(m)* du chariot
Wagengarnitur parure *(f)* de landau
Wagenspinner renvideur *(m)*
Waldwollgarn fil *(m)* de laine de bois
Walke (Masch.) foulon *(m)*
Walke (Vorgang) foulonnage *(m)*, foulage *(m)*
Walkechtheit solidité *(f)* au foulage
walken fouler
Walkerei foulerie *(f)*
walkfähig bon ou apte au foulage
Walkfilz feutre-foulé *(m)*
Walkloden loden *(m)*
Walkmaschine foulon *(m)*
Walkprozeß procédé *(m)* de foulage
Walkseife savon *(m)* à foulon
Walkstreifen, Walkstriemen cassure *(f)* de foulon
Walkstrumpf chaussette *(f)* foulée

Walratöl, Spermöl huile *(f)* de spermacéti, huile *(f)* de blanc de baleine
Walze rouleau *(m)*, cylindre *(m)*
Walzenbelag incrustation *(f)* de rouleau (cylindre)
Walzenbezug revêtement *(m)* de cylindre, revêtement *(m)* pour rouleaux, enveloppe *(f)* de cylindre
Walzenbreithalter templet *(m)* à cylindre
Walzendruck (Druckerei) impression *(f)* à rouleau
Walzendruckmaschine machine *(f)* à imprimer aux rouleaux, imprimeuse *(f)* aux rouleaux
Walzeneinstellung réglage *(m)* de cylindre
Walzenfilmdruckmaschine imprimeuse *(f)* au pochoir aux rouleaux
walzenförmig cylindrique
Walzenkarde carde *(f)* à cylindre
Walzenkrempel carde *(f)* à hérissons
Walzenprägung gaufrage *(m)*
Walzenstreckwerk cylindres *(m, pl)* étireurs
Walzentrocknung séchage *(m)* aux rouleaux (cylindres)
Wams pourpoint *(m)*
Wand (v. Gefäßen z. B.) paroi *(f)*
Wand, Mauer mur *(m)*
Wand zu Wand mur-à-mur
Wandbehang tenture *(f)*, tapisserie *(f)*
Wandbespannung tenture *(f)* murale
Wanderdeckel (Karde) chapeau *(m)* marchant
Wanderdeckelkarde carde *(f)* à chapeaux marchants
wandernd, migrierend migratoire
Wanderung migration *(f)*
Wanderungsgeschwindigkeit vitesse *(f)* de migration
Wandteppich tapis *(m)* mural
Wandverkleidung revêtement *(m)* mural
Wappen armoiries *(f, pl)*, blason *(m)*
Wappenmuster dessin *(m)* armorial
Ware marchandise *(f)*, article *(m)*
Warenabzug enroulement du tissu
Warenabzugsbaum ensouple *(f)* enrouleuse du tissu
Warenaufwickelvorrichtung appareil *(m)* enrouleur
Warenausfall résultat *(m)* de marchandise
Warenbahn nappe *(f)* de tissu
Warenbaum ensouple *(f)*
Warenbaumregulator régulateur *(m)* d'ensouple
Warenbild dessin *(m)* du tissu
Warenbreite largeur *(f)* de tissu
Warendichte densité *(f)* de tissu
Wareneingang entrée *(f)* de marchandise
Wareneingangskontrolle contrôle *(m)* à la réception du matériel
Wareneinlauf entrée *(f)* du tissu
Warenführer guide-tissu *(m)*
Warenführung guidage *(m)* de tissu
Warengewicht poids *(m)* de la marchandise
Warengriff toucher *(m)* de la marchandise
Warenhaus grand magasin
Warenmindestmaße dimension *(f)* minimum de la marchandise
Warenprüfung contrôle *(m)* de marchandise
Warenschaumaschine machine *(f)* à visiter
Warenschlauch tricot *(m)* tubulaire
Warenspeicher entreposage *(m)* de marchandise
Warenstrang boyau *(m)* de marchandise
Warenzeichen, eingetragen marque *(f)* déposée
warm chaud
Wärme chaleur *(f)*
Wärmeaustauscher échangeur *(m)* thermique
wärmeempfindlich thermosensible
Wärmeempfindlichkeit thermosensibilité *(f)*
Wärmeentwicklung développement *(m)* de chaleur
Wärmegrad degré *(m)* de chaleur
Wärmeisolierung isolation *(f)* thermique
Wärmeleitfähigkeit conductibilité *(f)* calorifique
wärmen chauffer, réchauffer
Wärmeregler thermorégulateur *(m)*, thermostat *(m)*
warmer Farbton ton *(m)* chaud
Wärmerückgewinnung récupération *(f)* de la chaleur
Wärmeschrank, Trockenschrank étuve *(f)*
Wärmfutter doublure *(f)* chaude

Warp (reed.) aussière *(f)* (naut.)
Warpleine corde *(f)* d'aussière
Wartung entretien *(m)*, maintien *(m)*
Waschanleitung instruction *(f)* de lavage
waschaktiv détergent, détersif
waschbar lavable
Waschbenzin éther *(m)* de pétrole
Waschbottich bac *(m)* de lavage
Wäsche, Waschen lavage *(m)*
Wäsche (Bekleidung) linge *(m)*
Wäscheband ruban *(m)* de linge
waschecht solide au lavage
Waschechtheit solidité *(f)* au lavage
Wascheinrichtung laverie *(f)*
Wäscheknopfloch boutonnière *(f)* de linge
Wäscheleine corde *(f)* de linge
waschen laver
Wäscherei (Waschanstalt) blanchisserie *(f)*
waschfest solide au lavage, résistant au lavage
Waschflotte bain *(m)* de lavage, bain détergent
Waschhandschuh gant *(m)* de toilette
Waschlappen lavette *(f)*
Waschmaschine laveuse *(f)*, machine *(f)* à laver
waschmaschinenfest résistant au lavage à la machine
Waschmittel agent *(m)* de lavage, détergent *(m)*
Waschpulver savon *(m)* en poudre
Waschrohstoff matière première *(f)* pour détergents
Wasch- und Reinigungsmittel agent *(m)* de lavage et nettoyage
Waschverfahren procédé *(m)* de lavage
Waschvergrauung rédéposition *(f)* des salissures
Waschvermögen pouvoir *(m)* détergent
Waschwasser eau *(f)* de lavage
Waschwirkung effet *(m)* de lavage
wash-and-wear laver et porter
Wasser eau *(f)*
Wasserabspaltung déshydratation *(f)*
wasserabstoßend hydrophobe, hydrofuge
wasserabstoßend machen hydrophober, hydrofuger
wasserabweisend imperméable
wasserabweisende Ausrüstung traitement *(m)* imperméable
wasseranlagernd (Chem.) hydratant
wasseranziehend hygroscope
Wasseraufnahme absorption *(f)* d'eau
Wasseraufnahmefähigkeit propriété *(f)* hygroscopique
Wasserbad bain *(m)* de l'eau, bain-marie *(m)*
Wasserbedarf besoin *(m)* d'eau
wasserbeständig résistant à l'eau
Wasserbestimmung dosage *(m)* d'eau, détermination *(f)* de la teneur en eau
Wasser binden fixer l'eau
Wasserdampfdurchlässigkeit perméabilité *(f)* à la vapeur d'eau
wasserdampfflüchtig entraînable à la vapeur d'eau
Wasserdampfflüchtigkeit volatilité *(f)* à la vapeur d'eau
wasserdicht, wasserundurchlässig imperméable à l'eau, étanche à l'eau
wasserdichte Beschichtung enduction *(f)* imperméable
wasserdicht machen imperméabiliser
Wasserdruckprobe (Wassersäule) essai *(m)* à l'étachéité
wasserdurchlässig perméable à l'eau
Wasserdüsenwebstuhl métier *(m)* (à tisser) à buses d'eau
wasserecht solide à l'eau
Wasserechtheit solidité *(f)* à l'eau
Wasserenthärtung adoucissage de l'eau
Wasserenthärtungsmittel séquestrant *(m)*, adoucisseur d'eau
wasserentziehend déshydratant
Wasserfarbe couleur *(f)* à l'eau
Wasserfleck tache *(m)* d'eau
wasserfrei exempt de l'eau, sans eau
wasserfrei (Chem.) anhydre
Wassergehalt teneur *(f)* en eau
wassergekühlt refroidi par l'eau
Wasserglanz (Appr.) brillance *(f)* ou lueur *(m)* à l'eau
Wasserglas (Silikat) silicate de sodium
wasserhaltig (Chem.) hydraté
Wasserhärte dureté *(f)* de l'eau
Wasserhärtegrad degré *(m)* de dureté de l'eau, degré *(m)* hydrométrique de l'eau
Wasserhärteprüfung hydrométrie *(f)*
wässerig aqueux

wässeriger Auszug extrait *(m)* aqueux
wässerige Lösung solution *(f)* aqueuse
Wässerigkeit aquosité *(f)*
Wasserinhalt, Wassermenge cubage *(m)* d'eau
Wasser in Öl Emulsion émulsion *(f)* huileuse
Wasserkalander calandre *(f)* à l'eau
wasserlöslich soluble dans l'eau
Wasserrückhaltevermögen rétention *(f)* d'eau, pouvoir *(m)* hygroscopique, taux *(m)* de rétention de l'eau
Wassersack (auf d. Kaule) poche *(f)* d'eau
Wassersäule (Test) colonne *(f)* d'eau
Wasserschicht couche *(f)* d'eau
Wasserstand niveau *(m)* de l'eau
Wasserstoff hydrogène *(m)*
Wasserstoffbrücke pont *(m)* hydrogène
Wasserstoffentwicklung dégagement *(m)* d'hydrogène
Wasserstoffion ion *(m)* hydrogène
Wasserstoffsuperoxid eau *(f)* oxygénée
Wasserstrahl jet *(m)* d'eau
Wassertropfenechtheit solidité *(f)* aux gouttes de l'eau
Wasserumlauf circulation *(f)* de l'eau
wasserundurchlässig imperméable à l'eau, étanche à l'eau
wasserunlöslich insoluble dans l'eau
Watte ouate *(f)* (de cellulose)
Watte, Polsterwatte rembourrage *(m)*
Wattebausch tampon *(m)* d'ouate
Wattefärberei teinture *(f)* du coton cardé
Wattewickelmaschine pelotonneuse *(m)*
wattieren ouater
wattiert ouaté
Wattierung, Füllung rembourrage *(m)*
Webart mode *(m)* de tissage, genre *(m)* de tissage
Webautomat métier *(m)* à tisser automatique
Webband ruban *(m)* tissé
Webbaum arbre *(m)* de tissage
Webeblatt, Webblatt ros *(m)*, peigne *(m)*
Webborde bord *(m)* tissé
Webbordüre bordure *(f)* tissée
Webbreite largeur *(f)* tissée
Webdichte, Kettdichte compte *(m)* de fils en chaîne
weben tisser
Weben (Vorgang) tissage *(m)*
Webenden fins *(f, pl)* de la chaîne
Weber tisserand *(m)*, tisseur
Weberei (Fabrik) atelier *(m)* de tissage
Webereiabgang déchets *(m, pl)* de tissage
Webereivorbereitung travaux *(m, pl)* préparatifs de tissage
Weberei-Vorwerk atelier *(m)* des travaux préparatifs de tissage
Weberhandwerk tisseranderie *(f)*
Weberknoten nœud *(m)* plat
Weberschiffchen navette *(f)*
Webfach pas *(m)* de chaîne, foule *(f)* de chaîne
Webfachbildung formation *(f)* de la foule
Webfehler défaut *(m)* de tissage
Webfilz feutre *(m)* tissé
Webgeschirr cadre *(m)* de lisses, harnais *(m)*
Webkante lisière *(f)*
Webkette chaîne *(f)* à tisser
Webkettbaum ensouple *(f)* de tissage ou à tisser
Webketten gezettelt chaînes *(f, pl)* unies
Webkettenanknüpfmaschine machine *(f)* à nouer la chaîne
Webkunst art *(m)* de tisser
Weblade battant *(m)*
Weblastéx lastex *(m)* tissé
Webleiste lisière *(f)*
Webmaschine, automatischer Webstuhl métier *(m)* automatique
Webmaschine mit glatter Lade métier *(m)* simple
Webmaschine mit Greifer métier *(m)* à lance
Webmaschine mit selbsttätigem Schützenwechsel métier *(m)* à changement automatique de navette
Webmeister maître-tisserand *(m)*
Webnest clairière *(f)*
Webrahmen cadre *(m)*, métier *(m)*
Websaal salle *(f)* de métiers
Webschaft lame *(f)*
Webschützen navette *(f)*
Webspitze dentelles *(f, pl)* par tissage mécanique
Webstretch stretch *(m)* tissé
Webstrick jersey *(m)* double
Webstuhl métier *(m)* à tisser

webtechnisch relatif à la technique du tissage
Webteppich tapis *(m)* tissé
Webwaren tissus *(m, pl)*, articles *(m, pl)* tissés
Webwareneinstellung, Webeinstellung contexture *(f)*
Wechsel, Veränderung changement *(m)*
Wechsel, Übergang transition *(f)*
Wechselautomat (Web.) mécanisme *(m)* de changement automatique de la navette
Wechselfaden fil *(m)* de changement
Wechselfädenabschneider tondeuse *(f)* de fils flottants
wechselfarbig à couleurs *(f, pl)* changeantes
Wechselfolge alternance *(f)*
Wechsellade (Web.) battant *(m)* à plusieurs navettes
wechseln changer
wechseln, austauschen échanger
Wechselrapport rapport *(m)* de changement
wechselseitig mutuel, réciproque
Wechselstrom courant *(m)* alternatif
Wechselwirkung action *(f)* réciproque
weich doux, mou
weicher Griff toucher *(m)* doux
weiches Wasser eau *(f)* douce
weichgemacht adouci
Weichheit douceur *(f)*, souplesse *(f)*
weichmachen adoucir
Weichmacher adoucissant *(m)*
weichmacherfrei (Plast.) sans plastifiant
Weichparaffin paraffine *(f)* molle
Weichspinnerei filature *(f)* molle ou douce
Weichspüler adoucissant *(m)* au rinçage
Weife dévidoir *(m)*
weifen dévider
Weihnachtsgeschenke cadeaux *(m)* de Noël
Weinsäure acide *(m)* tartrique
weiß blanc
Weiß, Weiße blanc *(m)*
weißfärben, optisch aufhellen azurer
Weißgrad degré *(m)* de blanc
Weißgradmesser réflectomètre *(m)*
Weißgrau gris *(m)* pâle
weißlich blanchâtre
Weißlicht lumière *(f)* blanche
Weißöl huile *(f)* minérale claire, huile blanche
Weißpigment pigment *(m)* blanc
Weißstandard (Farbmessung) étalon *(m)* blanc
Weißtöner, optischer Aufheller azurant *(m)* optique, produit *(m)* d'azurage optique
Weißwaren lingerie *(f)*, toilerie *(f)*
weit, geräumig ample, vaste, spacieux
weit, ausgedehnt étendu, large
weit, entfernt loin, éloigné
Weite ampleur *(f)*
weiten, ausweiten élargir
Weiterbehandlung, Weiterverarbeitung traitement *(m)* ultérieur, usinage *(m)* ultérieur
Weiterentwicklung perfectionnement *(m)* (technique)
Weiterreißfestigkeit résistance *(f)* à la déchirure amorcée
weitmaschig à larges mailles
Welle (Masch.) arbre *(m)*
Welle, Spindel broche *(f)*
wellen onduler
Wellenfach (Web.) foule *(f)* ondulante, pas *(m)* ondulant
wellenförmig ondulé
Wellenköper sergé *(m)* ondulé
Wellenmuster dessin *(m)* ondulé
wellige Leiste lisière *(f)* ondulée
Welligkeit ondulation *(f)*
wellinierter Stoff ratine *(f)* ondulée
wenden, drehen, umdrehen tourner
wendeplattiert vanisage *(m)* inversé
Wendeteppich tapis *(m)* double face
Wendewalze (Karde) cylindre *(m)* déchargeur, débourreur
werben faire de la publicité
Werbung publicité *(f)*
Werbung auf der Verkaufsstelle publicité *(f)* sur le lieu de vente (P.L.V.)
Werbungskosten frais *(m, pl)* de publicité
Werg étoupe *(f)*, filasse *(f)*
Werggarn fil *(m)* d'étoupe
Wergwolf ouvreuse *(f)* pour étoupes
Werk, Mechanismus mécanisme *(m)*
Werk, Fabrik usine *(f)*, fabrique *(f)*
Werk, ab Werk à partir de l'usine
Werkstoffprüfung essai *(m)* des matériaux
Werkzeug outil *(m)*

Wert valeur *(f)*
Wertminderung dépréciation *(f)*, perte *(f)* de valeur
Wertung, Bewertung évaluation *(f)*, estimation *(f)*
Westchen veste-layette *(f)*
Weste cardigan *(m)*, gilet *(m)*
Westernkleidung vêtements *(m, pl)* style western
Westover gilet *(m)*
wetterbeständig résistant aux intempéries
Wetterechtheit solidité *(f)* aux intempéries
wetterfest résistant aux intempéries
wetterfeste Kleidung vêtements *(m, pl)* résistant aux intempéries
Wettermantel imperméable *(m)*
Whipcord whipcord
white spirit (Testbenzin) white spirit *(m)*
Wickel (Spinn.) rouleau *(m)* de nappe, nappe *(f)*
Wickelbluse cache-coeur *(m)*
Wickelfärbung teinture *(f)* en pelote
Wickelgamasche (bande) molletière *(f)*
Wickelgröße taille *(f)* d'une pelote
Wickel in Kreuzwicklung, Muff manchon *(m)*
Wickelkittel tablier-porte-feuille *(m)*
Wickelkörper bobine *(f)*
Wickelmaschine, Aufbreitmaschine nappeuse *(f)*
Wickelmaschine, Aufwickler bobineuse *(f)*
Wickelmaschine, Banddoppler réunisseuse *(f)*
Wickelmaschine, Knäuelwickelmasch. pelotonneuse *(f)*
wickeln, aufrollen enrouler
wickeln auf Knäuel pelotonner
wickeln auf Spulen bobiner
Wickelrock jupe *(f)* portefeuille, pareo *(m)*
Wickelschürze tablier-porte-feuille *(m)*
Wickelschutz garde *(f)* de bobinage
Wickeltrommel tambour *(m)*, cylindre *(m)* enrouleur
Wickelumschlagbrett (Spinn.) planche *(f)* mobile guide-nappe
Wickelwalze rouleau *(m)* enrouleur, rouleau d'appel, rouloir *(m)*
Wickler rouleau *(m)* d'enroulage
Wicklung, Aufwicklung (Stückware) enroulement *(m)*
Wicklung (Garn) bobinage *(m)*
Widerstand résistance *(f)*
widerstandsfähig résistant
Widerstandsfähigkeit résistance *(f)*
widerstehen résister
wiederaufarbeiten retraiter
Wiederaufziehvermögen pouvoir *(m)* de redéposition (ou de remontée)
wiederbenetzen remouiller
wiedergewinnen récupérer
Wiedergewinnung récupération *(f)*
wiederholen répéter
wiederholen, sich wiederholen se reproduire
Wiederinbetriebnahme remise *(f)* en service
Wiederverarbeitung réutilisation *(f)*
wiederverwendbar réutilisable
Wiederverwendung von Brauchwasser recyclage des eaux résiduaires
wiegen, abwiegen peser
wilde Seide soie *(f)* sauvage
wilde Wicklung bobinage *(m)* accidentel, bobinage sauvage, bobinage *(m)* à fils jetés
Wildledergewebe imitation *(f)* daïm
Wildmanmaschine machine *(f)* Wildman
Wilton (-teppich) moquette *(f)* veloutée
Wimpel drapelet *(m)*
Windbluse blouson *(m)*
Windel couche *(f)*
Windelhöschen pointe *(f)*, couche-culotte *(f)*
winden, aufwinden renvider
Windung, Drehung torsion *(f)*, tors *(m)*
Windung (Spulerei) spire *(f)*
Winterbekleidung vêtements *(m, pl)* d'hiver
Winterkollektion collection *(f)* d'hiver
Winterschlußverkauf soldes *(m, pl)* d'hiver
Wintersport sports *(m, pl)* d'hiver
Wintersport-Bekleidung vêtements *(m, pl)* de sports d'hiver
Winterwolle laine *(f)* de printemps
Wirbel, Turbulenz turbulence *(f)*
wirbeln, verwirbeln tourbillonner
Wirbelschichtverfahren (Plastikpulver) procédé *(m)* en lit fluidisé

Wirbelung, Verwirbelung tourbillonnement *(m)*
wirken, wirksam sein agir, produire de l'effet, être efficace
wirken tricoter
Wirkerei tricotage *(m)*
Wirkmaschine métier *(m)* à tricoter
Wirkplissee plissé *(m)* tricoté
wirksam efficace, effectif
Wirksamkeit efficacité *(f)*
Wirksamt velours *(m)* tricoté
Wirkteppich moquette *(f)* tricotée
Wirkung effet *(m)*
Wirkungsgrad rendement *(m)*
Wirkungsspektrum spectre *(m)* d'activité
Wirkungsweise fonctionnement, façon *(f)* de fonctionnement
Wirkware tissu *(m)* maille, maille *(f)*, tricot *(m)*
Wirkwarenherstellung fabrication *(f)* de maille
wirtschaftlich économique, productif, rentable
Wirtschaftlichkeit rentabilité *(f)*, efficience *(f)*, productivité *(f)*
wischen essuyer, frotter
wischfest résistant au frottage
Wischtuch, Wischlappen torchon *(m)*
wissenschaftlich scientifique
witterungsbeständig résistant aux intempéries
Wolf, Reißwolf loup *(m)*
wolfen louveter
wolkig (Färbung) nuageux, mal uni
Wollabfälle déchets *(m, pl)* de laine
Wollbezeichnungsgrundsätze code *(m)* de dénomination et étiquetage des textiles de laine
Wollchlorierung chlorination *(f)* de laine
Wollcrepe crêpe *(m)* de laine
Wolldecke couverture *(f)* de laine
Wolle, Schafwolle laine *(f)*
Wolle, Schweißwolle laine *(f)* en suint
Wolle mit Stichelhaaren laine *(f)* jarreuse
Wolle, in der Wolle gefärbt teint en laine
wollen, aus Wolle en laine
Wollentschweißung dessuintage *(m)* de laine
Wollfaser fibre *(f)* ou crin *(m)* de laine
Wollfett graisse *(f)* de laine
Wollfilz feutre *(m)* de laine
Wollgarn fil *(m)* de laine, laine *(f)* filée
Wollgeorgette georgette *(m)* de laine
Wollgewebe tissu *(m)* de laine
Wollgüteklassen classification *(f)* de la laine
wollig laineux
wollig, flockig cotonneux
Wollindustrie industrie *(f)* lainière
Wolljersey jersey *(m)* de laine
Wollkämmerei peignage *(m)* de laine
Wollkämmling blousse *(f)* de laine
Wollkammzug laine *(f)* peignée, rubans *(m, pl)* de laine peignée
Wollklassierung classification *(f)* de laine
Wollkotze couverture *(f)* grossière en laine
Wollkratze, Wollkarde carde *(f)* à laine
Wollkrempelband ruban *(m)* de laine cardée
Wollmusselin mousseline *(f)* de laine
Wollnoppe bouton *(m)* de laine
Wollqualität qualité *(f)* de la laine
Wollsamt velours *(m)* de laine
Wollschädlinge insectes *(m, pl)* nuisibles à la laine
Wollschur tonte *(f)* (de laine)
Wollsiegel woolmark
Wollsortierung triage *(m)* de laine
Wollspinnerei filature *(f)* de laine
Wollstoff étoffe *(f)* de laine, bure *(f)*
Wollwaren lainages *(m, pl)*
Wrasen, Dampf buées *(f, pl)*
wringen tordre
Wulst, Verdickung renflement *(m)*, bourrelet *(m)*
wulstig en forme de bourrelet, renflé
Würfelmuster dessin *(m)* à carreaux
würgeln, frottieren frotter

X

xantieren (Viscose) transformer en xanthate
Xantogenat xantogénate *(m)*
xantogenieren xantogéner
Xenon xénon *(m)*
x-förmig en x
X-Spule, Kreuzspule bobine *(f)* croisée
Xylol xylène *(m)*, xylol *(m)*

Z

Zackenmusterschneidemaschine machine *(f)* à déchiqueter (les échantillons), machine *(f)* à couper zig-zag
Zackenschere ciseaux *(m, pl)* à couper zig-zag, ciseaux *(m, pl)* zig-zag
zäh, fest tenace
zäh, zähflüssig visqueux, semi-liquide
zäh, zähelastisch viscoplastique
Zähflüssigkeit viscosité *(f)*
Zähigkeit, Klebrigkeit glutinosité *(f)*
Zahl nombre
Zahl, Ziffer chiffre *(m)*
Zahleneingabe (EDV) entrée *(f)* numérique
Zahlenreihe série *(f)* de nombres
Zähler, Zählapparat compteur *(m)*
zahlreich nombreux
Zählweife dévidoir-compteur *(m)*
Zahnrad roue *(f)* dentée, roue d'engrenage
Zahnrad, Ritzel pignon *(m)*
Zahnradtexturierung texturation *(f)* par engrenage, processus *(m)* de crêpage à roue dentée
Zahnung denture *(f)*
Zapfhahn robinet *(m)* puisard ou de puisage, robinet *(m)* de prise
Zapfhahn (am Faß) canelle *(f)*
zart rosa rose délicat
Zebrastreifen zébré
Zehntel dixième partie *(f)*
zehntelnormal décinormal
Zehntel-Normallösung solution *(f)* décinormale
Zeichen, Marke signe *(m)*
Zeichen, Anzeichen indice *(m)*
Zeichen, Signal signal *(m)*
Zeichen, Symbol (Chem.) symbole *(m)*
Zeichenanzeige (EDV) affichage *(m)* de caractères
zeichnen dessiner
zeichnen, markieren marquer
Zeichner, Entwerfer (Textil) dessinateur *(m)* textile
zeigen montrer
Zeit temps *(m)*
Zeit, Zeitpunkt date *(f)*, terme *(m)*
Zeit, Dauer durée *(f)*
zeitabhängig variable en temps, variable en fonction de temps
Zeitabschnitt période *(f)*
Zeitabstand intervalle *(m)* de temps, laps *(m)* de temps
Zeitdauer durée *(f)*
Zeitdiagramm diagramme *(m)* en fonction du temps
Zeitfaktor facteur *(m)* de temps
Zeitfolge ordre *(m)* chronologique
zeitgenössisch contemporain
Zeitgewinn gain *(m)* de temps
zeitgleich, gleich lang dauernd isochrone
zeitgleich, gleichzeitig simultané, synchrone
zeitlich, temporär temporaire
zeitlich, chronologisch chronologique
Zeitpunkt moment *(m)*
Zeitspanne espace *(f)* de temps
zeitsparend qui épargne du temps
Zeitunterschied différence *(f)* de temps
Zeitverlauf cours *(m)* de temps
Zeitverlust perte *(f)* de temps
Zelle cellule *(f)*
Zellglas cellophane *(f)*
Zellstoff pâte *(f)* chimique, pâte
Zellstoffwatte ouate *(f)* de cellulose
zellular cellulaire
Zellulose cellulose *(f)*
Zellulose, aus Zellulose cellulosique
Zelluloseacetat acétocellulose *(f)*, acétate *(m)* de cellulose
Zelluloseacetatseide soie *(f)* à l'acétocellulose
Zelluloseäther éther *(m)* cellulosique
Zellulosechemie chimie *(f)* de la cellulose
Zellulosegarn fil *(m)* de cellulose
Zellulosekunstseide rayonne *(f)*
Zellwolle fibranne *(f)*
Zellwollmischgewebe tissu *(m)* à mélange de fibranne
Zellwolltrikot tricot *(m)* de fibranne
Zelt tente *(f)*
Zeltbett lit *(m)* de camp
Zeltdach toit/pavillon *(m)* de tente, vélum *(m)*
Zeltkleid robe *(f)* coupe triangulaire
Zeltleinwand toile *(m)* de tente
Zentimeter centimètre *(m)*
zentral central

Zentrale centrale *(f)*
Zentraleinkauf achat *(m)* central
Zentralfach (Web.) foule *(f)* ou pas *(m)* central(e)
Zentralheizung chauffage *(m)* central
zentralisieren centraliser
Zentralspulengreifer (Nähmasch.) crochet *(m)* à navette centrale
zentrieren centrer
zentrifugal centrifuge
Zentrifuge centrifugeuse *(f)*
Zentrifuge, Trockenschleuder essoreuse *(f)*
Zentrifugentrommel panier *(m)* de la centrifugeuse, panier *(m)* de l'essoreuse
Zentrifugieren, Trockenschleudern essorage *(m)*
zentrisch, zentriert centré
Zentrum, Mittelpunkt centre *(m)*
Zephir zéphyr *(m)*, zéphir *(m)*
Zephirkrepp crêpe *(m)* zéphir
Zerfall (Chem.) décomposition *(f)*, dégradation *(f)*
zerfasern, trennen effilocher
zerfressen corroder
zerknittert froissé
zerlassen, schmelzen faire fondre
zerlegen, spalten (Chem.) décomposer, dégrader
Zerlegung (Chem.) décomposition *(f)*, dégradation *(f)*
zermahlen broyer
zerplatzen crever, éclater
Zerreißdehnung allongement *(m)* de rupture
zerreißen, entzweireißen déchirer
zerreißen von Lumpen effilocher
Zerreißprüfung essai *(m)* de déchirage
zerschneiden trancher, découper
zersetzbar décomposable
zersetzen, sich zersetzen se décomposer
Zersetzung décomposition *(f)*
Zersetzungsprodukt produit *(m)* de décomposition
zerstäuben (Flüssigk.) pulvériser, atomiser
Zerstäuber pulvérisateur *(m)*, atomiseur *(m)*
Zerstäubungsdüse buse *(f)* de pulvérisation *(f)*
zerstören détruire
Zerstörung déstruction *(f)*
zerstreuen, verstreuen disperser
Zettelbaum ensouple d'ourdissage
Zettelei salle *(f)* d'ourdissage
Zettelgarn fil *(m)* de chaîne
Zettelgatter cantre *(m)* d'ourdissage
Zettellänge longueur *(f)* de la chaîne
Zettelmaschine ourdissoir *(m)*
zetteln ourdir
Zetteln (Vorgang) ourdissage *(m)* direct
Zeug, Stoff étoffe *(f)*, tissu *(m)*
Z-Gratköper croisé *(m)* Z
Zibelinegarn fil *(m)* zibeline
zickzack zigzag
Zickzackdessin(-muster) dessin *(m)* zig-zag
Zickzack-Köper chevron *(m)*
Zickzacknaht couture *(f)* zig-zag
Zickzackrüsche ruche *(f)* zig-zag
Zickzackschere ciseaux *(m, pl)* zig-zag, crantés
Ziegenhaar poil *(m)* de chèvre
Zieh..., Zug... de traction, tractif
ziehen (allg.) tirer
ziehen, dehnen détirer
ziehen, sich ziehen s'étendre
Ziehen der Spinnmasse zu Fäden fibrage *(m)*
ziehen (von Farbstoffen) monter
Zieher (Fehler in Wirkware) défectuosité *(f)*
Ziehschnur (Web.) corde *(f)* de semple, estrivière *(f)*
Ziehvermögen von Farbstoffen pouvoir *(m)* de montée de colorants
Ziel, Zweck objectif *(m)*, but *(m)*
ziemlich, beträchtlich assez
Zier (Zierde) ornement *(m)*, décor *(m)*, parure *(f)*
Zierfaden fil *(m)* fantaisie, fil á décoration
Zierferse talon-parure *(m)*
Zierknopf bouton *(m)* de décoration
zierlich délicat, fragile
Ziernaht couture *(m)* ou piqûre *(f)* d'ornementation
Zierstich point *(m)* d'ornementation
Ziffer chiffre *(m)*
Zigeunerkleid robe *(f)* gitane
Zigeunerlook mode *(f)* gitane
Zimmer pièce *(f)*, chambre *(f)*

Zimmertemperatur température *(f)* ambiante
Zink zinc *(m)*
Zinksalz sel *(m)* zincique
Zinn étain *(m)*
Zinnober cinabre *(m)*
Zinnoberrot vermillon *(m)*
Zinnseife savon *(m)* d'étain
Zipfelmütze bonnet *(m)* (de nuit) à pointe
Zipfelrock jupe *(f)* à pans
Zirkon zircon *(m)*
zirkonhaltig zirconien
Zirkularkrempel carde *(f)* circulaire
Zirkulation, Umlauf circulation *(f)*
Zirkulationspumpe pompe *(f)* à circulation
Zisterne citerne *(f)*, réservoir *(m)*
Zitrat citrate *(m)*
Zitronellöl essence *(f)* de citronelle
zitronengelb jaune citron
Zitronensäure acide *(m)* citrique
Zitz calencas *(m)*
Zobel zibeline *(f)*
Zone zone *(f)*
Zopf, Flechte tresse *(f)*, natte *(f)*
Zopfmuster dessin *(m)* à nattes
Zubehör accessoires *(m, pl)*
zubereiten, vorbereiten préparer, apprêter
zubringen, zuführen amener, alimenter
Zuführschlauch tuyau *(m)* alimentaire
Zuführtisch (Konf.) table *(f)* d'alimentation
Zucker cucre *(m)*
Zuckersäure acide *(m)* saccharique
zueinander passend allant bien ensemble
zufällig accidentel, par hasard
zufügen, zugeben ajouter
zufügen (Chem. präp.) additionner
Zufuhr, Materialzufuhr alimentation *(f)*, apport *(m)*, adduction *(f)*
zuführen alimenter
Zuführtrichter entonnoir *(m)* d'alimentation
Zuführwalze cylindre *(m)* alimenteur
Zug, Ziehen traction *(f)*
Zugkraft force *(f)* de traction
Zug, Spannung tension *(f)*
Zugabe addition *(f)*
Zugbeanspruchung effort *(m)* de traction
zugeben, hinzugeben ajouter
zugesetzt, verschmiert encrassé
Zugfestigkeit résistance *(f)* à la traction
Zugkette (Web.) chaîne *(f)* tendeuse
Zugkraft force *(f)* de traction
Zugriff (EDV) accès *(m)*
Zugrute verge *(f)* plate
Zugscherversuch (Leim usw.) essai *(m)* de traction au cisaillement
Zugspannung tension *(f)* de traction
Zugwirkung effet *(m)* de traction
zukleben, verkleben coller
zukorken, verkorken boucher
zulassen admettre
zulassen, amtlich zulassen homologuer
zulässig admissible, de sécurité *(f)*
zulässig, noch annehmbar acceptable
zulässig, gestattet autorisé
zulässige Abweichung écart *(m)* admissible
zulässige Bügeltemperatur température *(f)* de repassage admissible
Zulauf adduction *(f)*, introduction *(f)*
Zulaufspannung (Garn) tension *(f)* d'entrée
Zuleitung (Rohr) conduit *(m)* d'alimentation
Zuleitungsrohr tuyau *(m)* d'alimentation
Zulieferant sous-traitant *(m)*
Zuluft air *(m)* amené
zumessen mesurer, doser
zumischen mélanger avec
Zunahme augmentation *(f)*, croissance *(f)*, accroissement *(m)*
Zunahme, Intensivierung intensification *(f)*
zünden, sich entzünden s'enflammer
Zündgrenze limite *(f)* d'inflammabilité
Zündpunkt point *(m)* d'inflammation
Zündquelle cause *(f)* d'amorçage
Zündtemperatur température *(f)* d'inflammation
Zündverzug délai *(m)* d'inflammation
zunehmen s'accroître, s'agrandir
zunehmen (Maschen) augmenter les mailles
Zungennadel aiguille *(f)* à crochet
zuordnen adjoindre, attribuer
Zuordnung adjonction *(f)*, attribution *(f)*

Zuordnung, Einordnung coordination *(f)*
zupfen, verlesen éplucher
Zupfleinwand charpie *(f)*
zurichten (Pelz) ajuster (fourrure)
Zurückbleiben retard *(m)*
zurückgewinnen récupérer
zurückspulen, umspulen rebobiner
zurückstrahlen refléter
zurückwägen (Analyse) peser en retour
Zusammenarbeit coopération *(f)*
zusammenkleben, zusammenbacken s'agglomérer, se coller, s'agglutiner
zusammenbäumen ensoupler par réunissage
Zusammenbäumen réunissage, assemblage *(m)* d'ensouples
zusammendrehen, zwirnen retordre
zusammendrücken comprimer, presser
zusammenfassen, vereinigen réunir
zusammenfassen, kurz darstellen résumer
zusammengesetzt composé
zusammenlegen (Stoffe) plier (tissus)
zusammennähen coudre ensemble
zusammenpassen (Verb intr.) cadrer, s'adapter
zusammenschütten, mischen mêler
zusammensetzen assembler
zusammenstellen, ordnen grouper
zusammenstoßen (Nähen) confiner à, aboutir (couture)
zusammenzählen additionner
zusammenziehen (Verb trans.) contracter, serrer, rétrécir
Zusatz (Chem.) addition *(f)*, ajoutage *(m)*
Zusatz, Zusatzprodukt additif *(m)*, produit *(m)* d'addition
Zusatz, Ergänzung supplément *(m)*
Zusatz, Erweiterung amplification *(f)*
Zusatzaggregat agrégat *(m)* additionnel
zusätzlich, hinzukommend (adj.) additionnel
zusätzliches Grundgewebe fond *(m)* supplémentaire
Zusatzmittel additif *(m)*, produit *(m)* d'addition
zuschneiden couper, découper
Zuschneider coupeur *(m)*
Zuschneidetisch table *(f)* de coupe
Zuschnitt coupe *(f)*
zusetzen, hinzugeben ajouter, additionner
zusetzen, verschmieren encrasser
zusetzen, sich zusetzen s'encrasser, être bouché ou barré
Zustand état *(m)*, situation *(f)*
Zutat ingrédient *(m)*
zuverlässig sûr, fiable, éprouvé
zuverlässig, betriebssicher fiable
Zuverlässigkeit fiabilité *(f)*, sécurité *(f)* de fonctionnement
Zuwachs accroissement *(m)*
Zuwachsrate taux *(m)* d'accroissement
Zwangs..., obligatorisch obligatoire
Zwangsdurchlauf circulation *(f)* obligatoire
zwangsläufig inévitable
Zweck but *(m)*
Zweck, Ziel objectif *(f)*
zweckmäßig utile
zweckmäßig, funktionell fonctionnel
Zweckmäßigkeit utilité *(f)*
Zweibadverfahren procédé *(m)* (en) deux bains
zweibahnig (Tuch) à deux lés
zweibasig bibasique
zweibasische Säure diacide *(m)*
Zweietagenzwirnmaschine retordeuse *(f)* à deux étages
zweifach (adj. + adv.) double
Zweifachbindung (Chem.) liaison *(f)* double
Zweifachbindung (Web.) armure *(f)* double
Zweifachzwirn retors *(m)* à deux bouts ou à deux fils
zweifädig à deux fils
zweifädige Rundwirkwaren tricot *(m)* tubulaire à deux bouts
zweifädiger Brokat brocart *(m)* double fil
zweifädiger Zwirn retors *(m)* à deux fils
Zweifarbendruck impression *(f)* bicolore, impression *(f)* en deux couleurs
zweifarbig bicolore, en deux couleurs
zweifonturig, zweibettig à deux fontures *(f, pl)*
Zweihalsflasche (Chem. Labor) flacon à deux cols
Zweikomponentensystem système *(m)* à deux composants

Zweikrempelsatz assortiment *(m)* de deux cardes (à deux c.)
Zweinadelsaumnaht couture *(f)* à deux aiguilles
Zweiphasen... biphasé
Zweiphasendruck impression *(f)* en deux phases
zweiphasig diphasé
Zweireiher (Anzug) complet *(m)* croisé
zweireihig croisé
zweisäurig diacide
Zweischußbindung armure *(f)* à double trame
zweischütziger Plüsch peluche *(f)* à trame double
zweiseitig bilatéral, de deux côtés, sur les deux côtés
zweiseitiges Gewebe tissu *(m)* à double face, tissu *(m)* réversible
zweistufig à deux étages, à deux étapes
zweisystemig à double chute
zweiteiliges Ensemble ensemble *(m)* deux pièces
Zweitrücken (Teppich) envers *(m)* secondaire (tapis)
Zweiwalzenfoulard foulard *(m)* à deux rouleaux
Zweiwegehahn robinet *(m)* à deux voies
Zweiwegreißverschluß fermeture *(f)* à glissière à deux voies
zweiwertig bivalent
zweiwertiger Alkohol bialcool *(m)*
Zweiwertigkeit bivalence *(f)*
Zweizugware, Doppelstretch marchandise *(f)* ou article *(m)* double stretch
Zweizylindergarn fil *(m)* double mèche
Zweizylinderspinnerei filature *(f)* de coton cardé
Zwickel (Hose) chanteau *(m)*
Zwickel (Strumpf) petit coin
Zwickel (Handschuh) fourchette *(f)*
Zwickel (Mehrwalzenfoulard) flasque *(m)* de retenu de bain
zwickeln nervurer
Zwillich treillis *(m)*, coutil *(m)*
Zwillings..., Doppel... jumelé
Zwirn retors *(m)*, fil *(m)* retordu
Zwirn, einfacher Zwirn retors *(m)* simple
Zwirn, mehrfacher Zwirn fil *(m)* câblé
zwirnen retordre
Zwirnen retordage *(m)*
Zwirnerei (Fabrik) retorderie *(f)*
Zwirnfixieren fixation *(f)* de retordage
Zwirnkette chaîne au fil retordu
Zwirnkoeffizient coefficient *(m)* de torsion
Zwirnkops cops *(m)* ou fuseau *(m)* de fil retors
Zwirnmaschine métier *(m)* à retordre, retordeuse *(f)*
Zwirnring anneau *(m)* de retordage
Zwirnselfaktor renvideur *(m)* à retordre
Zwirnsfaden fil *(m)* retordu, retors *(m)*
Zwirnspinnmaschine retordeuse-fileuse *(f)*
Zwirnumspinnung (am Zwirn) guipage *(m)* de retors
Zwirnumspinnung (mit Zwirn) guipage *(m)* en retors
Zwirnung, Zwirndrehung retordement *(m)*
Zwischenbildung formation *(f)* intermédiaire
Zwischenfutter entre-doublure *(f)*
Zwischengewebe toile *(f)* ou tissu *(m)* intercalaire
Zwischenkollektion collection *(f)* de demie-saison, collection *(f)* intermédiaire
Zwischenläufer doublier *(m)* intercalaire
zwischenmolekular intermoléculaire
zwischenmolekulare Kraft force *(f)* intermoléculaire
Zwischennitschler frotteur *(m)* intermédiaire
Zwischenprodukt produit *(m)* intermédiaire
Zwischenstufe (Chem.) intermède *(m)*
Zwistbindung armure *(f)* double duite
Zwitterion (amphoter) ion *(m)* hermaphrodite
Zyan, zyan cyanogène *(m)*, cyanogène
zyklam cyclamen
zyklisch cyclique
Zyklus, Kreislauf cycle *(m)*
Zylinder cylindre *(m)*, tambour *(m)*
Zylinderdämpfer vaporiseur *(m)* à cylindre
Zylinderdurchmesser diamètre *(m)* du cylindre

Zylindereinstellung réglage *(m)* du cylindre
zylinderförmig cylindrique
Zylinder(hut) chapeau *(m)* du cylindre
Zylinderpresse presse *(f)* à cylindre
Zylinderspule bobine *(f)* cylindrique
Zylindertrockner sécheur *(m)* à cylindres
Zylinderwalke foulon *(m)* à cylindres
zylindrische Kreuzspule bobine croisée cylindrique
zylindrische Scheibenspule bobine *(f)* à deux plateaux
zylindrische Spule bobine *(f)* ou tube *(f)* cylindrique

Teil II

Französisch – Deutsch

Part II

Français – Allemand

Teil II: Französisch-Deutsch
Part II: Français-Allemand

Genre des Noms: m :masculin (der)
f :féminin (die)
n :neutre (das)
pl :pluriel (die)

à contremarche (tissage) Gegenzug *(m)* (Web.)
abaisser senken, absenken
abat-jour Lampenschirm *(m)*
abattage du bain Badabschwächung *(f)*
abattre abschlagen
abattre le bain das Bad abschwächen
aberration chromatique Farbabweichung *(f)*
aberration chromatique (opt.) Farbfehler (opt.)
aboutir (couture) zusammenstoßen (Nähen)
abraser abreiben, reiben
abrasimètre Abriebprüfgerät *(n)*
abrasion des oligomères Oligomerenabrieb *(m)*
abrasion, appareil d´essai d´abraison Scheuerprüfgeraät *(n)*, Scheuerprüfer *(m)*
abréger abkürzen
abréger (temps) verkürzen
abricot (couleur) aprikotfarben
absolu absolut
absolu (chim.) unverdünnt, absolut
absolu (prod. chim.) chemisch rein (Produkt)
absolument élastique vollstretch
absorbant (adj.) aufsaugend, saugfähig, absorbierend
absorbant le son schallschluckend
absorber aufsaugen, absorbieren, aufnehmen
absorber (chim.) aufnehmen, absorbieren
absorbeur aufnahmefähig
absorption Absorbierung *(f)*
absorption (eau, liquide) Aufnahme *(f)* (von Wasser od. Flotte)
absorption de liquide Flüssigkeitsaufnahme *(f)*
absorption du bain Flottenaufnahme *(f)*
absorption d´eau Wasseraufnahme *(f)*
absorption d´encollage Schlichteaufnahme *(f)*
absorption d´énergie Energieaufnahme *(f)*
absorption d´humidité Feuchtigkeitsaufnahme *(f)*
absorption, facteur d´absorption Absorptionsgrad *(m)*
absorption, pouvoir d´absorption Absorptionsvermögen
accélérateur Beschleuniger *(m)*
accélérateur de la réaction Reaktionsbeschleuniger *(m)*
accélérateur de vulcanisation Vulkanisationsbeschleuniger *(m)*
accélérateur, -trice beschleunigend
accélérer (chim./phys.) beschleunigen
accentuation des teintes Farb(ton)vertiefung *(f)*
acceptable annehmbar, auch: zulässig
accès Zugang *(m)*, Zugriff (EDV)
accès en parallèle parallele Ein- und Ausgabe (EDV)

accessoires Zubehör *(n)*, Accessoires *(f, pl)*, Requisiten *(f, pl)*
accident de travail Betriebsunfall *(m)*
accidentiel (adj) zufällig
accord gros Grobabstimmung *(f)*
accord manuel Handabstimmung *(f)*
accord pointu Feinabstimmung *(f)*
accord précis Feinabstimmung *(f)*
accoudoir rembourré Polsterlehne *(f)*
accoupler ankoppeln
accrochage Verhaken *(n)*, Festhaken *(n)*
accrochage (teint. à pièce) Hänger *(m)*
accrochement (teint. en pièce) Hängenbleiben *(n)*, Hänger *(m)*
accrocher ein-, an-, zuhaken
accrocheur (du fil) Fadeneinleger *(m)*
accroissement Wachsen *(n)*, Zunahme *(f)*
accroissement de pression Druckzunahme *(f)*, Druckerhöhung *(f)*
accroissement de puissance Hochfahren *(n)* der Leistung
accroître, s' wachsen, größer werden
accumuler ansammeln, aufhäufen
acétate de cellulose Zelluloseacetat *(n)*
acétate de sodium Natriumacetat *(n)*
acétate de vinyle Vinylacetat *(n)*
acétate d´alumine essigsaure Tonerde *(f)*
acétate vinylique Vinylacetat *(n)*
acétique essigsauer
acétocellulose Acetylzellulose *(f)*, Zelluloseacetat *(n)*
acétophénone Phenylmethylketon *(n)*
achat Einkauf *(m)*
achat central Zentraleinkauf *(m)*
achat, centrale d'achat Einkaufszentrale *(f)*
achat, groupement d'achat Einkaufsring *(m)*, Einkaufsverband *(m)*
acheteur Einkäufer *(m)*
achevé vollendet (Arbeit)
achèvement Fertigstellung *(f)*
achever fertigstellen, vollenden
achromatique unbunt
acide (subst.) Säure *(f)*
acide à valence 1 einwertige Säure
acide acétique Essigsäure *(f)*
acide acétique glacial Eisessig *(m)*
acide azotique Salpertersäure *(f)*
acide borique Borsäure *(f)*
acide butyrique Buttersäure *(f)*
acide caproïque Capronsäure *(f)*
acide carbamine Carbaminsäure
acide carbonique Kohlensäure *(f)*
acide Caro Carosche Säure *(f)*
acide chloracétique Chloracetsäure *(f)*, Chloressigsäure *(f)*
acide chloreux chlorige Säure *(f)*
acide chlorhydrique Salzsäure *(f)*
acide chromosulfurique Chrom(o)-schwefelsäure *(f)*
acide citrique Zitronensäure *(f)*
acide cyanhydrique Cyanwasserstoff *(m)*, Blausäure *(f)*
acide de cuve Küpensäure *(f)*
acide disulfurique Dischwefelsäure *(f)*
acide fluorhydrique Fluorwasserstoffsäure *(f)*, Flußsäure *(f)*
acide formique Ameisensäure *(f)*
acide fort starke Säure *(f)*
acide gallotanique Galusgerbsäure *(f)*
acide gras Fettsäure *(f)*
acide gras de l´huile de lin Leinölfettsäure *(f)*
acide gras d´huile de coton Cottonfettsäure *(f)*, Baumwollfettsäure *(f)*
acide hymique Huminsäure *(f)*
acide hyperchlorique Überchlorsäure
acide hypochloreux unterchlorige Säure *(f)*
acide hyponitreux untersalpetrige Säure *(f)*
acide lactique Milchsäure *(f)*
acide linoléique Linolsäure *(f)*
acide métaphosphorique Metaphosphorsäure *(f)*
acide monocarboxylique Monocarbonsäure *(f)*
acide monochloracétique Monochloressigsäure *(f)*
acide myriatique Salzsäure *(f)*
acide naphthaline-sulfonique Naphthalinsulfosäure *(f)*
acide nitreux salpetrige Säure *(f)*
acide nitrique Salpetersäure *(f)*
acide oléique Oleinsäure *(f)*
acide orthophosphorique Ortophosphorsäure *(f)*
acide oxalique Oxalsäure *(f)*
acide permanganique Übermangansäure *(f)*
acide persulfurique Perschwefelsäure *(f)*

acide phénique Phenol *(n)*
acide phennamique Phenylacrylsäure *(f)*
acide phosphonique Phosphonsäure *(f)*
acide phosphoreux phosphorige Säure *(f)*
acide phosphorique Phosphorsäure *(f)*
acide phtalique Phthalsäure *(f)*
acide polyacrylique Polyacrylsäure *(f)*
acide polyphosphorique Polyphosphorsäure *(f)*
acide propionique Propionsäure *(f)*
acide pyrosulfurique Dischwefelsäure *(f)*
acide résiduaire Abfallsäure *(f)*
acide saccharique Zuckersäure *(f)*
acide salicylique Salicylsäure *(f)*
acide silicique Kieselsäure *(f)*
acide stéarique Stearinsäure *(f)*
acide sulfonique Sulfonsäure *(f)*
acide sulfureux schweflige Säure *(f)*
acide sulfurique Schwefelsäure *(f)*
acide sulfurique fumant Oleum *(n)*, rauchende Schwefelsäure *(f)*
acide sulfurique non fumant nicht rauchende Schwefelsäure *(f)*
acide tartrique Weinsäure *(f)*
acide thérephtalique Terephthalsäure *(f)*
acide (adj.) sauer
acide, à réaction acide sauer reagierend
acidifère säurehaltig
acidifiant säurebildend
acidificateur Säurebildner *(m)*
acidification Ansäuerung *(f)*, Säuerung, Säurebildung, Säureimpfung *(f)*
acidifié, non acidifié ungesäuert
acidifier absäuern, ansäuern, sauer stellen
acidité Säurehaltigkeit *(f)*, Stärke *(f)* einer Säure, Azidität *(f)*
aciduler sauer stellen, ansäuern
acier Stahl *(m)*
acier fin Edelstahl *(m)*
acier inoxydable rostfreier Stahl *(m)*
acier spécial Edelstahl *(m)*
acier spécial allié legierter Edelstahl *(m)*
acier V4A V4A Stahl *(m)*
âcre herb, scharf
acrylate Acrylat *(n)*
acrylique (subst.) Polyacryl *(n)*
acrylnitrile Acrylnitril *(n)*
action Aktion *(f)*, auch: Gang *(m)*, Lauf *(m)* (Masch.)
action corrodante Korrosionsvorgang *(m)*
action de contact Kontaktwirkung *(f)*
action de la lumière Lichteinwirkung *(f)*
action en profondeur Tiefenwirkung *(f)*
action oxydative oxydativer Vorgang, Oxydationsvorgang *(m)*
action réciproque Wechselwirkung *(f)*
action, à action lente *(mach.)* langsam anlaufend
action, être en action in Betrieb sein
actionné mécaniquement maschinell betrieben
actionnement Antrieb *(m)*
actionner (mach.) in Gang setzen, laufen lassen (Masch.)
actionner la navette par l´air comprimé Schützen durch Luftdruck bewegen
activation (chim.) Steigerung *(f)*, Aktivierung *(f)*
activer beschleunigen, aktivieren
activité de surface Oberflächenaktivität *(f)*
activité superficielle Oberflächenaktivität *(f)*
activité tensio-active Grenzflächen-aktivität
actuel aktuell
adapté à une forme formgerecht
adapter anpassen, passend machen
additif Zusatzmittel *(n)*, Zusatzstoff *(m)*, Additiv *(n)*
additif abaissant le point d´écoulement (huile) Stockpunkterniedriger *(m)*
additif dispersant Dispergierzusatz *(m)*
addition Zugabe *(f)*, Zuführung *(f)*, Beimischung *(f)*
addition (chim) Zusatz *(m)*, Zugabe *(f)*
addition ultérieure (teint.) Nachsatz (Färb.)
addition, produit d´addition Additionsverbindung *(f)*, Addukt *(n)*
additionné ou non mit oder ohne
additionnel zusätzlich, mehr, hinzu-kommend
additionner (chim.) zugeben, zufügen, beigeben
additionner (math.) addieren, zusammen-zählen, summieren
adduction Zufuhr *(f)*
adduction des eaux d´égout Abwasserzufuhr *(f)*, Abwasserzufluß *(m)*

adduction d´air Luftzufuhr *(f)*
adhérant anhaftend, festhaftend
adhérence réelle effektive Haftreibung
adhérer ankleben, aufkleben, anhaften, haften, kleben
adhérisage (prod. de fibres) Dippen *(n)*, Haftungserhöhung *(f)* (Faserherst.)
adhérisant (subst.) Haftvermittler *(m)*
adhérisation (fil pour pneu) Latexierung *(f)*, Dippen *(n)*, Hafterhöhung *(f)*
adhériser (fil pour pneu) latexieren, dippen
adhésif Bindemittel *(n)*
adhésif klebend, haftend
adhésivité Haftfähigkeit *(f)*, Adhäsion *(f)*, Klebefähigkeit *(f)*
adjoindre zuordnen
adjonction Zuordnung *(f)*
adjonction d´une chaîne supplémentaire Unterstellung *(f)* einer Kettfadenreihe
adjuvant (tensioact.) Builder *(m)* (Waschmittelzusatz)
adjuvant de lavage Builder *(m)*, Gerüststoff *(m)* für Waschmittel
admettre zulassen
admissible zulässig
admission Einfluß *(m)*, Einströmung *(f)* (Wasser z.B.)
adouci weichgemacht
adoucir weichmachen
adoucir l´eau Wasser enthärten, Wasser *(n)* weichmachen
adoucissage de l´eau Wasserenthärtung *(f)*
adoucissant Weichmacher *(m)*
adoucissant au rinçage Weichspüler *(m)*
adoucissement par soude-chaux (eau) Kalk-Soda-Wasserenthärtung *(f)*
adoucissement partiel (eau) Teilenthärtung *(f)*
adoucisseur d´eau Wasserenthärter *(m)*, Wasserenthärtungsmittel *(n)*
adragante Tragant *(n)*
adsorbant adsorbierend
adultérant Verfälschungsmittel *(n)*
adultérer verfälschen
aérage Lüftung *(f)*, Belüftung *(f)*
aération Lüftung *(f)*, Belüftung *(f)*, Entlüftung, Durchlüftung
aeré luftig
aérer durchlüften, lüften, belüften
aéromètre Aerometer *(n)*
affaiblir dämpfen, abschwächen (Farben z.B.)
affichage de caractères (CETIS) Zeichenanzeige *(f)*
affiler schleifen, schärfen
affiner verfeinern
affinité Affinität *(f)*
affinité pour colorants Farbaufnahmefähigkeit *(f)*
affinité restante Restaffinität *(f)*
afghan (tapis) Afghan (Teppich) *(m)*
agave, fibre d´agave Aloefaser *(f)*
agent Mittel *(n)*, Produkt *(n)*
agent à mater Mattierungsmittel *(n)*
agent anticassure Faltenverhütungsmittel *(n)*, Faltenverhüter *(m)*
agent anticorrosif Korrosionsschutzmittel *(n)*
agent antifriction Gleitmittel *(n)*
agent antimoussant (ou antimousse) Entschäumer *(m)*
agent antipoussière Staubbindemittel *(n)*
agent auxiliaire de teinture Färbe(rei)hilfsmittel
agent auxiliaire d´unisson Egalisierhilfsmittel *(n)*
agent chargeant Beschwerungsmittel *(n)*
agent corrosif Korrosionsmittel *(n)*
agent de copulation Kuppler *(m)*, Kupplungsmittel *(n)*
agent de démontage Abziehmittel *(n)*
agent de démoulage Form(en)-trennmittel *(n)*, Trennmittel *(n)*
agent de désencollage Entschlichtungsmittel *(n)*
agent de déshydration Trocknungsmittel *(n)*, Trockenmittel *(n)*
agent de dissolution Aufschlußmittel *(n)*
agent de finissage Ausrüstungsmittel *(n)*, Appreturmittel
agent de lavage Waschmittel *(n)*
agent de lavage et nettoyage Wasch- und Reinigungsmittel *(n)*
agent de matage Mattierungsmittel *(n)*
agent de mouillage Netzmittel *(n)*
agent de protection contre la lumière Lichtschutzmittel *(n)*
agent de stabilisation Stabilisiermittel *(n)*

agent de suspension Absetzverhinderer *(m)*
agent désaérant (teint.) Entlüfter *(m)*, Entlüftungsmittel
agent dispersant Dispergiermittel *(n)*
agent d´antiredéposition Schmutzträger *(m)*
agent d´apprêt à sec Trockenappretiermittel *(n)*
agent d´apprêtage Appreturmittel *(n)*
agent d´encollage à froid Kaltschlichte *(f)*
agent d´ennoblissement Hochveredlungsmittel *(n)*
agent d´unisson Egalisiermittel *(n)*
agent émulsionnant Emulgiermittel *(n)*, Emulgator *(m)*
agent fixateur Fixiermittel *(n)*
agent fungicide Fungizid
agent gonflant Quellmittel *(n)*, Treibmittel *(m)*
agent hydrofuge wasserabstoßendes Mittel *(n)*, Imprägniermittel
agent inhibitif Inhibitionsmittel *(n)*, Inhibitor *(m)*
agent mouillant Netzmittel *(n)*
agent moussant Schäumer *(m)*, Schaumbildner *(m)*, auch: Treibmittel *(n)*
agent préservatif Präservierungs-mittel *(n)*
agent retardateur Retarder *(m)*, Verzögerungsmittel *(n)*
agent séparateur Trennmittel *(n)*
agent véhiculeur Färbebeschleuniger *(m)*, Carrier *(m)*
agglomérant Bindemittel *(n)* (für Ausfällungen)
agglomérer, s' zusammenkleben, zusammenbacken
agglutiner, s' zusammenkleben, zusammenbacken
aggrégat additionnel Zusatzaggregat *(n)*
agitateur Rührer *(m)*, Rührwerk *(n)*
agitateur rapide Schnellrührer *(m)*
agitateur turbinaire Turborührer *(m)*
agitation du (ou de) **bain** Badbewegung *(f)*
agitation, sous agitation unter Rühren *(n)*
agiter hin-und herbewegen, umrühren
agiter, bien agiter durchrühren
agneau perse Persischlamm *(n)*
agneau retourné Lammfellfutter *(n)*
agrafe Spange *(f)*
agrandir vergrößern
agrandir, s' zunehmen, größer werden
agrandissement Vergrößerung *(f)*
agrandissement cent (ou 100x) 100fache Vergrößerung
aide, à l'aide de mittels, mit Hilfe von
aigu spitz
aiguille Nadel *(f)*
aiguille à bec Hakennadel *(f)*
aiguille à broder Sticknadel *(f)*
aiguille à coudre Nähnadel *(f)*
aiguille à crochet Zungennadel *(f)*
aiguille à racrouter (coudre) Repassier-nadel *(f)*
aiguille à repriser Stopfnadel *(f)*
aiguille à tricoter Stricknadel *(f)*
aiguille à tufting Tuftingnadel *(f)*
aiguille de carde Kardennadel *(f)*
aiguille de transfèrement Aufstoßnadel *(f)*
aiguille plate Flachnadel *(f)*
aiguille pour métier Rundstricknadel *(f)*
aiguille pour tapisserie Teppichnadel *(f)*
aiguilletage (feutrage) Nadeln *(n)*
aiguilleté genadelt
aiguilleter nadeln
aiguiser schärfen (Messer u.s.w.)
ailette de filage Spinnflügel *(m)*
ailette battante Flügelstab *(m)*
ailette de la broche Spindelflügel *(m)*
aimant Magnet *(m)*
aimanté magnetisch
air Luft *(f)*
air amené Zuluft *(f)*
air circulant Umluft *(f)*
air comprimé Druckluft *(f)*
air de circulation Umluft *(f)*
air de combustion Verbrennungsluft *(f)*
air d´échappement Abluft *(f)*
air extérieur Außenluft *(f)*
air frais Frischluft *(f)*
air liquide Flüssigluft *(f)*
ajouré (tissu) durchbrochen (Gewebe)
ajoutage ultérieure (teint.) Nachsatz *(m)*
ajouter zusetzen, zugeben, hinzufügen, zufügen
ajouter ultérieurement (teint.) nachsetzen

ajouter une trame supplémentaire sur l´envers Schußfadenreihe *(f)* unterweben
ajustable einstellbar
ajustage Justierung *(f)*, Einstellung *(f)*
ajustage, d´ajustage Justier....
ajusté antailliert
ajuster einstellen, einregulieren, justieren
ajuster (fourrure) zurichten (Pelz)
ajuster (mach.) ausrichten, einstellen
ajuster le pH den pH-Wert *(m)* einstellen
alambic Destillierkolben *(m)*, Glaskolben *(m)* (Labor)
alambic Retorte *(f)*
à la mode modisch
albumine Eiweiß *(n)*
albumine végétale pflanzliches Eiweiß *(n)*
alcali Alkali *(n)*
alcali, résistant aux alcalis alkalibeständig
alcalifère alkalihaltig, Alkali enthaltend
alcalifiant Alkali bildend
alcaligène Alkali bildend
alcaligène (subst.) Alkalibildner *(m)*
alcalin alkalisch, alkalihaltig
alcalin caustique ätzalkalisch
alcalin, métaux alcalins Alkalimetalle *(n, pl)*
alcalin, réagir alcalin alkalisch reagieren
alcaliniser Alkali zusetzen, alkalisch stellen, alkalisch machen
alcalinité optimale optimale Alkalität *(f)*
alcalité Alkalität
alcanes Alkane *(n, pl)*
alcool Alkohol *(m)*
alcool absolu absolut reiner Alkohol, chemisch reiner Alk.
alcool bytilique Butanol *(n)*, Butylalkohol *(m)*
alcool de bois Holzalkohol *(m)*
alcool décylique Decylalkohol *(m)*
alcool dénaturé denaturierter Alkohol *(m)*, vergällter Alkohol, Spiritus *(m)*
alcool dodécylique Dodecylalkohol *(m)*
alcool d´industrie Industriealkohol *(m)*
alcool gras Fettalkohol *(m)*
alcool isopropylique Isopropylalkohol *(m)*
alcool laurique Laurylalkohol *(m)*
alcool méthylique Methylalkohol *(m)*
alcool octylique Oktylalkohol *(m)*
alcool polyvalent mehrwertiger Alkohol *(m)*
alcool polyvinylique Polyvinylalkohol *(m)*
alcool, soluble dans l´alcool alkohollöslich
alcool, teneur en alcool Alkoholgehalt *(m)*
alcoolification Alkoholbildung (durch Gärung)
alcoolique alkoholisch
alcoyle Alkyl *(n)*, auch: Alkylrest
alcyle Alkyl *(n)*, auch: Alkylrest *(m)*
aldéhyde Aldehyd *(n)*
aldéhyde formique Formaldehyd *(n)*
alène Pfriem *(m)*
alginate Alginat *(n)*
alginate, fibre alginate Alginatfaser *(f)*
alginique, acide alginique Alginatsäure *(f)*
alimentation Einspeisung *(f)*, Zuführung *(f)*, Zufuhr *(f)*, Versorgung *(f)*
alimentation de fibres en travers Querfasereinspeisung *(f)*
alimentation de fibres transversale Querfasereinspeisung *(f)*
alimentation de la mèche Vorgarnzuführung *(f)*, Vorgarneinspeisung *(f)*
alimentation d´eau autonome Eigenwasserversorgung *(f)*
alimentation en énergie Energieversorgung *(f)*
alimenter zuführen, versorgen
alimenteur de coton Baumwollspeiser *(m)*
aliphatique aliphatisch
alizarine Alizarin *(n)*
alizarine, bleu alizarine Alizarinblau *(n)*
alizatique, colorant alizatique Alizarinfarbstoff *(m)*
allant bien ensemble zueinander passend
aller bien (ça vous va bien) gut gehen, gut passen, sitzen (Kleidung) (das steht Ihnen)
alliable legierbar
allier legieren
allongé langgestreckt
allongement à la rupture Bruchdehnung *(f)*, Reißdehnung *(f)*
allongement à l´état humide Naßdehnung *(f)*

allongement de rupture Zerreißdehnung *(f)*, Höchstzugkraftdehnung *(f)*
allongement du fil Fadendehnung *(f)*
allongement élastique elastische Dehnung *(f)*
allongement longitudinal Längsdehnung *(f)*, lineare Ausdehnung *(f)*
allongement permanent bleibende Dehnung *(f)*, auch: Restdehnung *(f)*
allongement sous charge déterminé Bruchkraft *(f)*
allongement sous force déterminée Längung unterfestgelegter Kraft *(f)* (Fasern)
allongement transversal Querdehnung *(f)*
allonger verlängern, strecken, länger machen, längen, ausdehnen
allonger excessivement überdehnen
allumer entzünden
allumer la lumière das Licht einschalten
allure du fil de chaîne Richtung *(f)* des Kettfadens
alpaga, laine alpaga Alpakawolle *(f)*
altération (tricotages) Versatz *(m)*
alternance Wechselfolge *(f)*
alvéolaire, produit alvéolaire (génér.) Schaumstoff *(m)*
alvéolé Waffelpiqué (m)
amalgame Quecksilberlegierung *(f)*
âme (fil) Seele *(f)* des Fadens (Core spun yarn)
âme de chanvre (cable) Hanfseele *(f)*, Hanfeinlage *(f)*
âme d´un câble Kabelseele *(f)*, Kabelkern *(m)*
âme en fibres Fasereinlage *(f)*
âme fibreuse Fasereinlage *(f)*
améliorant de pénétration Penetrationsverbesserer *(m)*
amélioration Verbesserung *(f)*
amélioration de solidité Echtheitsverbesserung *(f)*
amélioration de contraste Kontrastverbesserung *(f)*, Kontrasterhöhung *(f)*
amélioration de qualité Qualitätsverbesserung *(f)*
améliorer verbessern
aménagements industriels technische Einrichtungen *(f, pl)*
amener zubringen, herbeibringen
amener la lame dans la foule inférieure Schaft *(m)* in das Unterfach ziehen
amener la lame dans la foule supérieure Schaft *(m)* in das Oberfach ziehen
amiante Asbest *(m)*
amiante fibreux Faserasbest *(m)*
amiante floconneux Flockenasbest *(m)*
amiante, carde à amiante Asbestkrempel *(f)*
amiante, fibre d´amiante Asbestfaser *(f)*
amiante, floches d´amiante Asbestflocken *(f, pl)*
amiante, tissu d´amiante Asbestgewebe *(n)*
amide Amid *(n)*
amide de l´acide gras Fettsäureamid *(n)*
amide d´acide Säureamid *(n)*
amidon Stärke *(f)* (aus Reis u.s.w.)
amidon de maïs Maisstärke *(f)*
amidon de pomme de terre Kartoffelstärke *(f)*
amidon de riz Reisstärke *(f)*
amidon soluble à froid Quellstärke *(f)*, kaltwasserlösliche Stärke
amidonner stärken, mit Stärke behandeln
amine grasse Fettamin *(n)*
aminoplaste Karbamisharz *(n)*
ammoniaque Ammoniak (in wässriger Lösung)
ammoniaque liquide Salmiakgeist *(m)*, Ammoniakflüssigkeit *(f)*
ammoniaque, lavage à l´ammoniaque Ammoniakwäsche *(f)* (Wolle)
amorce de cristallisation Kristallkernursprung *(m)*
amorcer une réaction eine Reaktion einleiten
amorphe amorph
amortir abschwächen, abdrosseln, dämpfen
amortir (mach.) abdrosseln, drosseln (masch.)
amortir (teint.) abschwächen
amortissement de bruit Lärmdämpfung *(f)*
amortisseur de son Schalldämpfer *(m)*
amovible ablösbar, abnehmbar, lose
ampérage Stromstärke *(f)*
ampholyte, agent de surface ampholyte Amphotensid
amphotère amphoter
amphotère, composé amphotère amphotere Verbindung *(f)*

ample weit
ampleur Weite *(f)*
amplification Erweiterung *(f)*, Zusatz *(m)*
amylacé stärkehaltig
amylopectine Amylopektin *(n)*
amylose Stärkezucker *(m)*
anaérobe anaerob
analyse Analyse *(f)*
analyse à blanc Blindprobe *(f)*
analyse complète Vollanalyse *(f)*
analyse de traces Spurenanalyse *(f)*
analyse des résidus Rückstandsanalyse *(f)*
analyse gravimétrique Gewichtsanalyse *(f)*
analyse néphélométrique Trübungsanalyse *(f)*
analyse par goutte Tüpfelanalyse *(f)*
analyse par précipitation Fällungsanalyse *(f)*
analyse sur carbon 14 C 14 Analyse
analyse volumétrique Maßanalyse *(f)*
analyse, valeur trouvée par analyse Analysenergebnis
analyser analysieren
analytique analytisch
analytique, processus analytique Analysengang *(m)*
analytiquement pur analysenrein, pro analysi, p.a.
ancrage tufting Tuftverankerung *(f)*
anglaisage de la semelle Sohlenverstärkung *(f)*
angle de défroissement (après pliure) Knittererholungswinkel *(m)*
angle de froissement Knitterwinkel *(m)*
angle de froissement à sec Trockenknitterwinkel *(m)*
angle de renvidage (bobines) Auflagewinkel *(m)*
angle d´incidence Einfallwinkel *(m)*
anhydre acétique Essigsäureanhydrid *(n)*
anhydre sulfureux Schwefeldioxid *(n)*
aniline Anilin *(n)*, Aminobenzol *(n)*
animal tierisch
animal en peluche Stofftier *(n)*
anion Anion *(n)*
anneau Ring *(m)* (Masch.)
anneau à platines Platinenring *(m)*
anneau de filage Spinnring *(m)*
anneau de garniture Dichtungsring *(m)*
anneau de joint Dichtungsring *(m)*
anneau de joint en caoutchouc Gummidichtungsring *(m)*
anneau de retordage Zwirnring *(m)*
anneaux colorés Farbenringe *(m, pl)*
anneaux et goujons Ringe und Dübel *(m, pl)*
annonce Anzeige *(f)*
annoncer ankündigen, anmelden
anodiser eloxyieren
anomalie de la vision des couleurs Farbenfehlsichtigkeit *(f)*
anorak Anorak *(m)*
antérieur vorhergehend
anthracite anthrazit
anti-éraillant schiebefest
anti-tache fleckabweisend, fleckabstoßend
antiadhérant Trennmittel *(n)*
anti-boulochage Antipilling *(n)*
anticipé vorzeitig, vorweggenommen
anticoagulant (adj.) gerinnungshemmend
anticoagulant (subst.) Antigerinnungsmittel *(n)*
anticorrosif (subst.) Korrosionsschutzmittel *(n)*
antidéflagrant explosionsgeschützt, ex-geschützt
antidérapant rutschfest
antifloculant (ou agent antifloculant) Flockungsschutzmittel *(n)*
antigel Gefrierschutzmittel *(n)*, Frostschutzmittel *(n)*
antiglissant rutschfest
antimite mottenecht, mottenfest
antimite (subst.) Mottenschutzmittel *(n)*
antimottant klumpenverhindernd
antimousse (subst.), **produit antimousse** Schaumdämpfungsmittel *(n)*, Antischaummittel *(n)*
antioxydant rostbeständig
antioxydant (subst.) Oxydationsinhibitor *(m)*, Antioxidationsmittel *(n)*
antioxygène Alterungsschutzmittel (gegen O_2)
antipolluant umweltfreundlich
antirouille nicht rostend, rostbeständig
antisalissant schmutzabweisend, schmutzabstoßend
antistatique antistatisch
antizymotique gärungshemmend
aperçu de la mode Modevorschau *(f)*

aplati abgeplattet, flach
à poil ras kurzhaarig
à pois getüpfelt
appareil Apparat *(m)*
appareil à blanchir Bleichapparat
appareil à démarrage Einschaltvorrichtung *(f)*
appareil à distiller Destillierapparat *(m)*
appareil à enfiler les busettes Aufsteckapparat für Hülsen
appareil à réactions sous haute température Hochdruckreaktionsapparat *(m)*
appareil à teindre à température élevée Hochtemperaturfärbeapparat *(m)*
appareil à vaporiser Dämpfapparat *(m)*
appareil à vide Vakuumapparat *(m)*
appareil autoclave pour débouillisage Beuchapparat *(m)*
appareil de contrôle Kontrollgerät *(n)*
appareil de débouillisage Abkochapparat *(m)*
appareil de débouillisage sous pression Beuchapparat *(m)*, Abkochdruckapparat *(m)*
appareil de débourrage des chapeaux Deckelputzvorrichtung *(f)*
appareil de fusion Schmelzapparat
appareil de mesurage Meßgerät *(n)*
appareil de rinçage Spülapparat *(m)*
appareil de teinture Färbeapparat *(m)*
appareil de teinture sur ensouple Kettbaumfärbeapparat *(m)*
appareil de titrage Titrierapparat *(m)*
appareil de trempage Tauchapparat *(m)* (Textil)
appareil distillatoire Destillierapparat *(m)*
appareil d´empaquetage Packapparat *(m)*
appareil d´essai Prüfgerät *(n)*
appareil d´extraction Extraktionsapparat *(m)*
appareil émulsifiant Emulgierapparat *(m)*
appareil énoueur Knotenstreifer *(m)*, Knotenentferner *(m)*
appareil enrouleur Warenaufwickelvorrichtung (f)
appareil tordeur (filat.) Drallapparat *(m)*, Drallgeber *(m)*
appareil Verdol Verdolmaschine *(f)*
appareil, teinture sur appareil Apparatefärberei *(f)*
appareillage Apparatur *(f)*, Apparaturen *(f, pl)*, apparative Einrichtungen
appareillage de laboratoire Laborgeräte *(n, pl)*
appareillage de mesure Meßapparatur *(f)*
appareillages apparative Anlagen *(f, pl)*
apparence Aussehen *(n)*
appauvrir (bain de teint.) verarmen
appauvrissement (bain de teint.) Verarmung *(f)*
application Anwendung *(f)*, Verwendung *(f)*, Einsatz *(m)*
application de couleur Farbauftrag *(m)*
application sur la totalité d'une surface Vollflächenauftragung *(f)*
application sur place Vorortanwendung *(f)*
application technique Anwendungstechnik *(f)*
applications Applikationen *(f, pl)*
appliquer anwenden, zur Anwendung bringen, applizieren, einsetzen
appliquer au pistolet aufspritzen
appliquer des couleurs Farbe auftragen
appliquer des dessins mit Mustern versehen, Muster *(n)* anbringen
apport d´air Luftzufuhr *(f)*
apprenti Lehrling *(m)*
apprêt Appretur *(f)*, Ausrüstung *(f)*
apprêt acrylique Acrylschlichte *(f)*
apprêt à l´eau Wasserglanzappretur *(f)*
apprêt à racle Rakelappretur *(f)*
apprêt à sec Trockenappretur *(f)*
apprêt anti-éraillant Schiebefestappretur *(f)*
apprêt antifroisse knitterarme Ausrüstung *(f)*
apprêt antiglissant, appr. antigliss Rutschfestappretur *(f)*
apprêt antigonflant Quellfestappretur *(f)*
apprêt antimoissure Schimmelfestausrüstung
apprêt antisalissant schmutzabweisende Ausrüstung *(f)* , Soil-release-Ausrüstung *(f)*
apprêt au mouillé Naßappretur *(f)*
apprêt au sulfate de magnésium Bittersalzappretur *(f)*

apprêt auto-brillant Selbstglanzappretur *(f)*
apprêt aux résines synthétiques Kunstharzausrüstung *(f)*
apprêt chargeant Beschwerungsappretur *(f)*
apprêt complet Vollappretur *(f)*
apprêt craquant Knirschgriffappretur *(f)*
apprêt de brillant permanent Dauerglanzappretur *(f)*
apprêt de fils Garnappretur *(f)*
apprêt de l´envers Rückenappretur *(f)*
apprêt de l´envers de tapis Teppichrückenappretur *(f)*
apprêt de l´envers par plaquage Rückenappretieren *(n)* durch Pflatschen
apprêt de pontage Crosslinking Ausrüstung *(f)*
apprêt de silicone Silikonausrüstung *(f)*
apprêt de textiles textile Ausrüstung *(f)*
apprêt donnant du corps Füllappretur *(f)*
apprêt du velours Samtappretur *(f)*
apprêt d´infroissabilité à l´état mouillé Naßknitterfestausrüstung *(f)*
apprêt easy-care Easycareausrüstung *(f)*
apprêt en tambour sécheur Trockentrommel-Schlichtung *(f)*
apprêt envers Rückseitenbeschichtung *(f)*
apprêt gaufré Prägeausrüstung *(f)*
apprêt indémaillable laufmaschensichere Ausrüstung *(f)*
apprêt infroissable knitterarme oder knitterecht Ausrüstung *(f)*
apprêt infroissable permanent Permanentknitterfestappretur *(f)*
apprêt irrétrécissable Schrumpffestausrüstung *(f)*
apprêt mousse Schaumkaschierung *(f)*
apprêt noble (de haute qualité) Hochveredlung *(f)*
apprêt oléophobe ölabweisende Ausrüstung *(f)*
apprêt par (ou à) **pulvérisation** Sprühappretur *(f)*
apprêt par enduction à la racle Streich-appretur
apprêt par immersion Tauchappretur *(f)*
apprêt permanent Permanentappretur *(f)*
apprêt plein Füllappretur *(f)*
apprêt préparatoire Vorappretur *(f)*
apprêt protéinique Proteinschlichte *(f)*
apprêt rasé Kahlappretur *(f)*
apprêt résines permanent Hochveredlung *(f)*
apprêt Schreiner Schreinerappretur *(f)*
apprêt tissu sur tissu Stoff-auf-Stoff-Kaschierung *(f)*
apprêt tondu Kahlappretur *(f)*
apprêt ultérieur (produit) Nachappretur *(f)*, Nachappreturmittel *(n)*
apprêt, huile d´apprêt Appreturöl *(n)*
apprêtage subséquent Nachappretur *(f)*, nachfolgende Appretur *(f)*
apprêtage ultérieur Appreturnachbehandlung *(f)*, Nachappretur *(f)*
apprêtage, machine d´apprêtage Appreturmaschine *(f)*
apprêtant Appreturhilfsmittel
apprêter appretieren, ausrüsten
apprêter postérieurement nach-appretieren
apprêter, machine à apprêter Appreturmaschine *(f)*
approprié geeignet
approprié à geeignet zu (oder für)
approximation, par appr. schätzungs-weise
après coulant (distill.) Nachlauf *(m)* (Dest.)
apte tauglich, geeignet
apte à fähig zu, geeignet zu (für)
apte à être plissé plissierbar
aptitide à distinguer les couleurs Farbunterscheidungsvermögen *(n)*
aptitude Eignung *(f)*, Tauglichkeit *(f)*
aptitude à Fähigkeit *(f)* zu, Eignung *(f)* für
aptitude à donner des émulsions Emulgierbarkeit *(f)*
aptitude à être coloré Anfärbbarkeit *(f)*
aptitude à la coloration Anfärbbarkeit *(f)*
aptitude à l´usinage Verarbeitbarkeit *(f)*
aptitude au filage Verspinnbarkeit *(f)*
aptitude au gonflement Quellbarkeit *(f)*
aptitude au tissage Verwebbarkeit *(f)*
aqueux wässrig
aquosité Wässrigkeit *(f)*
arabesque Arabeske *(f)*
arbre (mach.) Welle *(f)*, Maschinenwelle *(f)*
arbre de tissage Webbaum *(m)*
arbre de vie (dessin) Lebensbaummuster *(n)*

arcade (Jacquard) Heber *(m)*
arcade (tiss.) Harnischschnur *(f)*
arcades croisées verkreuzter Harnisch
arcades ouvertes (jacquard) offener Harnisch *(m)*
aréomètre Spindel *(f)*, Flüssigkeitswaage *(f)*
à repasser bügelfest
arête de coupe Schnittkante *(f)*
argent Silber *(n)*
argentin, -e silbern, silbrig, silberfarben
argentine, de couleur argentine silberfarben
argile blanche Kaolin *(n)*
argument de vente Verkaufsargument *(n)*
armature Rundbügel *(f)*
armoire de conditionnement Klimaschrank *(m)*
armoire de vaporisage pour tissu plissé Plisseedämpfschrank *(m)*
armoire sécheuse Schranktrockner *(m)*
armoiries Wappen *(n)*
armure (tissage) Bindung *(f)*, Webbindung *(f)*, (Ab-)Schnürung *(f)*, Legung *(f)*
armure à double trame Zweischußbindung *(f)*
armure à mailles retournées Links-links-Bindung *(f)*
armure bouclée Frottierbindung *(f)*
armure chaîne Kettbindung *(f)*
armure chevron Fischgratbindung *(f)*
armure croisée Köperbindung *(f)*
armure de base Grundbindung *(f)*
armure de gaze Dreherbindung *(f)*, Dreher *(m)*
armure diagonale Diagonalbindung *(f)*
armure double (tissage) Zweifachbindung *(f)*
armure double duite Zwistbindung *(f)*
armure double-lisse Schnittbindung *(f)*, Trikotbindung *(f)*
armure du perçage de cartons Schlagpatrone *(f)*
armure duchesse Duchessebindung *(f)*
armure granitée Granitebindung *(f)*
armure nattée Panamabindung *(f)*
armure nattée toile Louisinbindung *(f)*
armure nid d´abeille Waffelbindung *(f)*
armure ombrée schattierende Bindung *(f)*
armure Panama Panamabindung *(f)*
armure pour tissu éponge Frottierbindung *(f)*
armure reps Ripsbindung *(f)*
armure satin Satinbindung *(f)*, Atlaslegung *(f)*
armure sergée Köperbindung *(f)* (für ungleichseitigen Köper)
armure soleil Soleilbindung *(f)*
armure toile Leinwandbindung *(f)*, Taftbindung *(f)*, Tuchbindung *(f)*
armure unie Taftbindung *(f)*, Leinwandbindung *(f)*
arôme Aroma *(n)*, Duft *(m)*
arqué geschwungen
arracheur, cylindre arracheur Abreißzylinder
arrêt Stopp *(m)*, Stillstand *(m)*, Stillegung *(f)*
arrêt (mach.) Stillstand *(m)*
arrêt (tissage) Anschlag *(m)*
arrêt automatique Selbstabstellung *(f)*, Selbstausschaltung *(f)*
arrêt du battant (tissage) Ladenstillstand *(m)* (Web.)
arrêt par bloquage Hängenbleiben *(n)*, Hänger *(m)*
arrêter anhalten, festhalten, feststellen, arretieren
arrêter (mach.) anhalten, schließen
arrêter, s' aufhören, anhalten (intr.)
arrière (subst.) (au travail) Rückstand *(m)* (Arbeit)
arrondi abgerundet, rund
arroser bespritzen, beregnen (Test.), nässen, nass machen, abbrausen, sprengen, besprengen, benetzen,
arroser de übergießen mit
art de tisser Webkunst *(f)*
article Artikel *(m)*, Ware *(f)*
article à mailles cueillies Kulierware *(f)*
article de marque Markenartikel *(m)*
article en côte perlée (tricot.) Perlfangware *(f)*
article mi-laine Halbwollartikel *(m)*, Halbwollstoff *(m)*
article tubulaire Schlauchware *(f)*
articles à côtes Rippware *(f)*
articles à maille Jersey Rechts-links-Ware
articles chaîne Kettware *(f)*
articles circulaires Rundstrickware *(f)*

articles de corseterie Miederwaren *(f, pl)*
articles de mercerie Kurzwaren *(f, pl)*
articles de mode Modewaren *(f, pl)*, Modeartikel *(m, pl)*
articles de sport Sportartikel *(m, pl)*
articles de tricotage en chaîne Kettstuhlware *(f)*, Kettwirkware *(f)*
articles découpés (tricot) geschnittene oder aufgeschnittene Ware (Trikot)
articles en pièce Stückware *(f)*
articles en velours Samtstoffe *(m, pl)*, Samtartikel *(m, pl)*
articles fantaisie Galanteriewaren *(f, pl)*
articles Mali (ou Malimo) Malimoware *(f)*, Nähwirkstoffe *(m, pl)*
articles pour bébés Babyartikel *(m, pl)*
articles Raschel Raschelware *(f)*
articles stretch Stretchware *(f)*
articles textiles Textilien *(f, pl)*
articles textiles employés dans la construction bautechnische Textilien *(f, pl)*
articles tissés Webwaren *(f, pl)*
articles tricotés Maschenware *(f)*
articles tubulaires Rundstuhlware *(f)*
articles utilitaires Gebrauchsartikel *(m, pl)*
articulation (techn.) Gelenk
artificiel künstlich
artisan Handwerker
artisanal handwerklich
artisanat d'art Kunstgewerbe *(n)*
aryle Aryl *(n)*
ascension capillaire de l´eau (test) Saughöhe *(f)*, Steighöhe *(f)* (Test)
aspect de mailles Maschenbild *(n)*
aspect d'un tissu Stoffbild *(n)*
aspect moucheté (teint.) Stippigkeit *(f)*
asperger anspritzen, bespritzen, abspritzen
aspirateur Saugapparat *(m)*, Staubsauger *(m)*
aspirateur de fils cassés Fadenbruchabsauger *(m)*
aspirateur d´air Luftabsauger *(m)*
aspirateur industriel Industriestaubsauger *(m)*
aspiration Absaugung *(f)*, Ansaugung *(f)*
aspiration des fils de lisière Kantenfädenabsaugung *(f)*
aspirer absaugen, ansaugen, saugen
assécher austrocknen
assemblage d´ensouples Zusammenbäumen *(n)*
assemblage par fil Nahtverbindung *(f)*
assemblage préalable Vorfachen *(n)*
assemblage-retordage Fachzwirnen *(n)*
assemblé (retord.) gefacht
assembler (filat.) doublieren, doppeln, assemblieren (Spinn.), zs. setzen
assembler (retord.) fachen
assembler préalablement (retordre) vorfachen
assembleur (filat.) Dublierer, Doppler (Spinn.)
assembleuse (retord.) Fachmaschine *(f)*
assiette à broches Spindelteller *(m)*
assortiment Sortiment *(m)*
assortiment de carde Krempelsatz *(m)*
assortiment de cardes pour fils cardés Streichgarnkrempelsatz *(m)*
assortiment de couleurs Farb(en)-sortiment *(n)*
assortiment de (ou à) **deux cardes** Zweikrempelsatz *(m)*
assortiment de deux cardes doubles Vierkrempelsatz *(m)*
assortiment de trois cardes Drei-krempelsatz
assortiment des couleurs (nuances) Farb(en)zusammenstellung *(f)*
assortiment mode modisches Sortiment *(n)*
assortir (couleurs) abstimmen (Farben)
assortir sortieren, sichten, klassieren
assouplir (soie) assuplieren
assurance de la qualité Qualitätssicherung *(f)*
assurer une couleur eine Farbe haltbar machen
astrakan (de perse) Persianer *(m)*
asymétrique asymmetrisch
atelier de grattage Rauherei *(f)*
atelier d'échantillonnage Musterbetrieb *(m)*
atelier de couture Schneiderei *(f)*
atelier de montage Montagehalle *(f)*
atelier de tissage Weberei *(f)*
atelier des travaux préparatifs de tissage Weberei-Vorwerk *(n)*
atelier d'encollage Schlichterei *(f)*

atmosphère à l´examen Prüfklima *(n)*
atmosphère normale Normalklima *(n)*
atmosphère normale de référence Normklima *(n)*
atmosphère pour l´examen Prüfklima *(n)*
atome étranger Fremdatom *(n)*
atomicité Atomzahl *(f)*, Ordnungszahl *(f)*
atomique atomar
atomiser zerstäuben
atomiseur Zersteuber *(m)*
atoxique ungiftig, giftfrei
attache Aufhänger *(m)*
attachement des électrons Elektronenanlagerung *(f)*
attitude Verhalten *(n)*
attraction mutuelle gegenseitige Anziehung *(f)*
attribuer zuordnen, zuschreiben
au grand air Freilicht....
au milieu 1. in der Mitte *(f)*, 2. im Milieu *(n)*
au pas métrique (filet) metrisch (bei Gewinden)
au-dessous de unterhalb von
auge Trog *(m)*, Bottich *(m)*
augmentation Steigerung *(f)*, Erhöhung *(f)*
augmentation de la production Produktionssteigerung *(f)*
augmentation de température Temperaturerhöhung *(f)*
augmentation du rendement Leistungssteigerung *(f)*
augmenter erhöhen, steigern
augmenter les mailles zunehmen (Maschen)
aussière Kardeele (Seilerei), Warp (reed-)
auto-ajustable selbsteinstellend
auto-inflammation Selbstentzündung *(f)*
auto-réglable selbteinstellend, selbstregulierend
autoadhésif selbstklebend
autoclave Autoklav *(m)*, Druck(färbe)apparat *(m)*
autoclave de blanchiment Bleichdruckapparat *(m)*
autoclave de débouillisage Beuchkessel *(m)*
autoclave de teinture Druckfärbeapparat *(m)*
autoclave pour le décatissage Dampfkesseldekatiermaschine *(f)*
autodurcissant selbsthärtend
auto-lubrifiant selbstschmierend
automacité Automatik *(f)* (im Vorgang, Ereignis)
automate d´insertion de trame Schußeintragsautomat *(m)*
automation Automatisierung
automatique Selbst...., automatisch
automatisation Automatisierung *(f)*
autoréticulant selbstvernetzend
autorisé autorisiert, bevollmächtigt
auxiliaire Hilfs....
auxiliaire de mercerisage Merzerisierhilfsmittel *(n)*
auxiliaire de teinture Färbe(rei)-hilfsmittel
auxiliaire d´impression Druckereihilfsmittel
avance (mach.) Voreilung *(f)*
avance automatique (filat.) automatischer Vorlauf *(m)*, autom. Voreilung *(f)*
avance de la broche Spindelvorschub *(m)*
avancer (mach.) voreilen, vordringen
avant l´heure (adv.) vorzeitig
avantageux preisgünstig
avant-bras (mach.) Ausleger *(m)*
avant-coulant (chim.) Vorlauf *(m)*
avantage Vorteil *(m)*
avec revêtement aux résines synthétiques kunstharzbeschichtet
avivage Avivage *(f)*, Avivieren *(n)*
avivage à graisse Fettavivage *(f)*
avivage à huile Ölavivage *(f)*
avivage acide Säureavivage *(f)*
avivage subséquent Nachavivage *(f)*
aviver avivieren
avoir un article einen Artikel *(m)* führen
avoir un toucher (tissus) sich anfühlen, einen Griff haben
azalée (couleur) Azalee (Farbe)
azote Stickstoff *(m)*
azoté azotiert
azoter azotieren, mit N2 behandeln
azotite Nitrit *(n)*
azoture de chlore Chlorstickstoff *(m)*
azur, bleu d´azur Azurblau *(n)*

azurage optique optische Aufhellung *(f)*, optischer Aufheller *(m)*
azuré gebläut, optisch aufgehellt
azuré optique optisch aufgehellt
azurer optisch aufhellen, weißfärben

B

bac à agitation Rührgefäß *(n)*
bac à provisions Vorratsbehälter *(m)*
bac de lavage Waschbottich *(m)*
bac d´étirage à une tête Einkopfstrecke *(f)*
bac ouvert Kufe *(f)* (Färb.)
bâche Plane *(f)* für Lastwagen, Wagenplane *(f)*
bâche de retenue d'huile Ölfangmatte *(f)*
bactéricide Bakterizid *(n)*
bactériostasie Bakteriostase *(f)*
bactériostatique Bakterien hemmend
bactériostatique (subst.) Bakterienhemmstoff *(m)*
badge Abzeichen *(n)*
baguette de carde Kardenstab *(m)*
baguette de séparation (tissage) Teilstab *(m)*
baguette de séparation d´envergure Fadenteilstange *(f)*
bain (text.) Bad *(n)*, Flotte *(f)*
bain acide Säurebad *(n)*
bain au perchloréthylène Perbad *(n)*
bain caustique Ätzalkalibad *(n)*
bain complet vollständiges Bad *(n)*, auch: volle Flotte *(f)*
bain de blanchiment Bleichbad *(n)*, Bleichflotte *(f)*
bain de copulation (de couplage) Kupplungsbad *(n)*
bain de dégraissage Entfettungsbad *(n)*
bain de filage Spinnbad *(n)*, Kunstseidenspinnbad *(n)*
bain de fixage Fixierbad *(n)*
bain de foulardage au naphtolate Naphtholklotzbad *(n)*
bain de lavage Waschflotte *(f)*
bain de l´eau Wasserbad *(n)*
bain de mouillage Nezflotte *(f)*
bain de nourissage Nachsatzflotte *(f)*, Nachlaufflotte *(f)*
bain de piétage Grundierungsbad *(n)*
bain de précipitation Fällungsbad *(n)*
bain de régénération *(fabr. de cellulose)* Fällbad *(n)*
bain de rinçage Spülbad *(n)*
bain de savon de grès Bastseifenbad *(n)*
bain de teinture Färbebad *(n)*, Farbbad *(n)*, Färbeflotte *(f)*
bain de teinture permanent stehendes Färbebad *(n)*
bain de teinture suivie stehendes Färbebad *(f)*, mehrfach benutztes Bad
bain de trempage Tauchbad *(n)*, Einweichbad *(n)*
bain de vapeur (chim.) Dampfbad *(n)* (Chemie)
bain détergent Waschflotte *(f)*, Waschbad *(n)*
bain détergent usé Schmutzflotte *(f)*, Schmutzlauge *(f)*
bain d´alimentation Nachsatzflotte *(f)*, Nachlaufflotte *(f)*
bain d´encollage Schlichteflotte *(f)*
bain d´immersion Tauchbad *(n)*, Einweichbad *(n)*
bain fixateur Fixierbad *(n)*
bain permanent stehendes Bad *(n)*
bain, passer au bain durch das Bad gehen lassen
bain, sous bain Unterflotten....,
bain-marie Wasserbad *(n)*
baisse de la qualité Qualitätsminderung *(f)*
baisse du niveau d´eau Sinken *(n)* des Wasserspiegels
bakélite fibreuse Bakelitfaserstoff *(m)*
bal masqué Kostümfest *(n)*, Maskenball *(m)*
balai mécanique Teppichkehrer *(m)*
balance Gleichgewicht *(n)*
balance Waage *(f)*
balance à ressort Federwaage *(f)*
balance de précision Analysenwaage *(n)*, Feinwaage *(f)*
balance d´induction Induktionswaage *(f)*
balance pour mèches Vorgarnwaage *(f)*
balconnet Halbschalen *(f, pl,*
baldaquin Baldachin *(m)*
baleines Kragenstäbchen *(n, pl)*, Korsettstäbchen *(n, pl)*
balle Ballen *(m)*, Packballen *(m)*, Ball *(m)*
balle de coton Baumwollballen *(m)*

balle de cotons mélangés Baumwollmischballen *(m)*
ballon à col court Kurzhalskolben *(m)*
ballon à distiller Destillierkolben *(m)*, Fraktionierkolben *(m)*
ballon a extraction Extraktionskolben *(m)*
ballon à long col Langhalskolben *(m)*
ballon clissé Korbflasche *(f)*
ballon de fil Fadenballon *(m)*
ballon gradué Meßkolben *(m)*
ballonnement Bauchbildung *(f)*, Ballonbildung *(f)*, Sackbildung *(f)* (Kaule), Schleierbildung *(f)*
ballot Garnpacken *(m)*
banc à broches Flyer *(m)*, Flügelspinnmaschine *(f)*, Vorspinnmaschine *(f)*
banc à broches à grand étirage Hochverzugsflyer *(m)*
banc à broches en fin Feinflyer *(m)*
banc à broches en gros Grobflyer *(m)*, Vorflyer *(m)*
banc à broches intermédiaire Mittelflyer *(m)*
banc à broches pour fil peigné Kammgarnflyer *(m)*
banc à broches superfin Extrafeinflyer *(m)*
banc de grand étirage Hochverzugsstreckwerk *(n)*
banc d´étirage Strecke *(f)*
banc d´étirage à barettes commandées par vis Schraubenstrecke *(f)*
banc d´étirage à lanière simple Einriemchenstreckwerk *(n)*
banc d´étirage à plateaux (filat.) Sonnenstrecke *(f)*
banc d´étirage à rubans Bandstrecke *(f)*
banc d´étirage en fin Feinstrecke *(f)*
banc d´étirage préparatoire (filat.) Vorstrecke *(f)*
banc d´étirage rapide Schnellstrecke *(f)*
banc d´étirage réunisseur (filat.) Vereinigungsstrecke *(f)*
banc en fin (filat.) Feinbank *(f)*
banc porte-anneau (filat.) Ringbank *(f)*
bandage Binde *(f)*, Verbandszeug *(n)*, Bandage *(f)*
bandages, appliquer des bandages bandagieren
bande schmales Band *(n)*, Streifen *(m)*
bande de boutonnières festonnée ausgebogte obere Knopfleiste *(f)*
bande de dentelles Spitzenband *(n)*
bande d'étoffe Stoffbahn *(f)*
bande élastique Gummizug *(m)*
bande en cuir du chapeau Schweißleder *(n)*
bande garnie d´oeillets Knopflochband *(n)*
bande métreuse Längenmeßband *(n)*
bande perforée Lochstreifen *(m)*
bande plombée (rideaux) Bleiband *(n)*
bandeau Bandeau (m), Haarband (n), Stirnband (n)
bandelette Bändchen, auch: Folienbändchen *(n)*
banderole Banderole *(f)*
banque de données Datenbank *(f)*
banc d´étirage à plusieurs passages Mehrkopfstrecke *(f)*
barboteuse Latzhöschen *(n)*, Rutschhose *(f)*, Spielanzug *(m)*
bares en trame (faute de tissage) Schußbandigkeit *(f)*
barette à aiguilles (filat.) Nadelleiste *(f)*
baril Faß *(n)*
barque à tourniquet Haspelkufe *(f)*
barque à tourniquet à haute température HT-Haspelkufe *(f)*, Hochtemperaturhaspelkufe *(f)*
barrage Absperrung *(f)*, Abdämmung *(f)*
barrage photoélectrique Lichtschranke *(f)*
barre Strich *(m)*, Querstrich *(m)*
barre à aiguilles Kammstab *(m)*, Nadelleiste *(f)*
barre à aiguilles glissante Schiebernadelbarre *(f)*
barre à passettes Legebarre *(f)*
barre à platines Platinenbarre *(f)*
barre conductrice Führungsleiste *(f)*
barre d´abattage Abschlagbarre
barre de décalotteuse (tissage) Einschließkamm (Web.)
barre de glissière Schieberbarre *(f)*
barre de rideau Vorhangschiene *(f)*
barre d'escalier Treppenstange *(f)*
barre élargisseuse (teint.) Breithaltestab *(m)*
barre en trame (tissage) Schußband *(n)*

barre glissière de guide-fils Fadenführergleitschiene *(f)*
barre suspendue (teint.) Hängestab *(m)*
barrer sperren, versperren, abdämmen
barrette Barett *(n)*
barrure de teinte Farbstreifen *(m)*, Färbestreifen *(m)* (Fehler)
barrure en trame Schußstreifen *(m)*
barrures en chaîne Farbstreifen *(m, pl)* in Kettrichtung, Kettstreifen
barrures en trame Farbstreifen *(m, pl)* in Schußrichtung, Schußstreifen *(m, pl)*
barrures, exempt de barrures bandenfrei (Färb.), streifenfrei
baryum Barium *(n)*
bas niedrig, nieder
bas (subst.) Strumpf *(m)*
bas (ton) tief
bas à talon carré fabriqué en combiné Combi-Strumpf *(m)*
bas à trois fils Dreifadenstrumpf *(m)*
bas diminué Cottonstrumpf *(m)*
bas écru (Strumpf) Rohling *(m)*
bas élastique Gummistrumpf *(m)*
bas en maille Netzstrumpf *(m)*
bas en nylon Nylonstrümpfe *(m, pl)*
bas et collants Strumpfwaren *(f, pl)*
bas fin Feinstrumpf *(m)*
bas, mi-bas dreiviertellange Socke *(f)*
bas micro-mesh Micro-Mesh-Strumpf *(m)*
bas orthopédique (de maintien) kosmetischer Strumpf *(m)*, Stützstrumpf *(m)*
bas pour le soir Abendstrumpf *(m)*
bas sans coutures nahtlose Damenfeinstrümpfe *(m, pl)*
bas standard Standardstrumpf *(m)*
bas stretch Stretchstrumpf *(m)*
bas tricoté Strickstrumpf *(m)*
bascule d´ensachage Sackfüllwaage *(f)*
base Unterlage *(f)*
base de données Datenbank *(f)*
base de teinture Färbebase *(f)*
base de teinture solide Echtfärbebase *(f)*
base solide Echtbase *(f)*
basicité Basizität *(f)*
basin Leinen *(n)* mit Baumwollschuß
basique basisch
basique, rendre basique basisch machen, basisch stellen
basque Schoßkleid *(n)*, Schoß *(m)*
basquette Schößchen *(n)*
basse lisse, à basse lisse tiefschäftig
basse pression Niederdruck *(m)*, niedriges Druck *(m)*
bassin Bassin *(n)*, Becken *(n)*
bassin de clarification Klärbecken *(n)*
bassin de débordement Überlaufbecken *(n)*
bassin de décantation Absatzbecken *(n)*, Sumpf *(m)*
bassin de décantation finale Nachklärbecken *(n)*
bassin de retenu Rückhaltebecken *(n)*
bassin de source Quellgebiet *(n)*
bassin d´aérage Belüftungsbecken *(n)*
bassin d´aération Belüftungsbecken *(n)*
bassin d´évier, évier Abflußbecken *(n)* für Schmutzwasser
bassin hydrogéologique Grundwassergebiet *(n)*
bassin secondaire de putréfaction Nachfaulbecken *(n)* (Kläranl.)
bassin sédimentaire Absetzbecken
batik Batik *(m)*, gebatikter Stoff *(m)*
batiste Batist *(m)*, Kammertuch (n)
batiste de lin Leinenbatist *(m)*
batiste de lin pour mouchoirs Taschentuchleinen-Batist *(m)*
batiste de soie Seidenbatist *(m)*
bâton de carde Kardenstab *(m)*
battant (tissage) Lade *(f)*, Kammlade *(f)*, Weblade *(f)*
battant à plusieurs navettes Wechsellade *(f)*
battant de métier Schlag *(m)* der Lade (Web.)
batterie à laver en boyaux Strangwaschmaschine mit mehreren Abteilen
batteur (filat. de coton) Baumwollschläger *(m)*, Batteur *(m)*, Schlagmaschine *(f)*
batteur éplucheur *(fialt.)* Schlagmaschine *(f)*, Putzmaschine *(f)*
batteur finisseur *(filat.)* Ausschläger *(m)*, Feinschläger
battre wolfen, krempeln, schlagen
battu (filat.) gewolft
baume Balsam *(m)*, Balsamharz *(n)*
baume de Pérou Perubalsam *(m)*
baume du Canada Kanadabalsam *(m)*
bavoir Lätzchen *(n)*
bec de Bunsen Bunsenbrenner *(m)*

bec de platine Platinennase *(f)*
bécher Becherglas *(n)*
beige beige
bénéfice Nutzen *(m)*, Vorteil *(m)*
bénéfice annuel Jahresgewinn *(m)*
benzène Benzol *(n)*, Benzen *(n)*
béret Sportmütze *(f)*
béret basque Baskenmütze *(f)*
besoin d´eau Wasserbedarf *(m)*
besoin en vapeur Dampfbedarf *(m)*
besoin total Gesamtbedarf *(m)*
best-seller Verkaufsschlager *(m)*
bialcool zweiwertiger Alkohol *(m)*
bibasique zweibasig
bicarbonate Bikarbonat *(n)*
bicarbonate de sodium Natron *(n)*, Natriumbikarbonat *(n)*
bichromate Dichromat *(n)*, Bichromat *(n)*
bichromate de potassium Kaliumbichromat *(n)*
bicolore zweifarbig
biconique doppelkonisch, bikonisch
bidon Kanister *(m)*
bielle du battant (tissage) Ladenstock *(m)*, Ladenarm *(m)*
biens de consommations Konsumgüter, Verbrauchsgüter *(n, pl)*
biens d´investissement Investitionsgüter *(n,pl)*
bigarré buntscheckig, gefleckt
bigarrure Scheckigkeit *(f)*, Buntheit *(f)* (Färbg.)
bijou Schmuck *(m)*
bilame Bimetallstreifen *(m)*
bilame thermique Thermobimetall *(n)*
bilatéral zweiseitig, beidseitig
bimétal Bimetall *(n)*
biocatalyseur Biokatalysator *(m)*
biochimie Biochemie *(f)*
biochimique biochemisch
biodégradabilité biologische Abbaubarkeit *(f)*
biodégradable biologisch abbaubar
biodégradation biologischer Abbau *(m)*
biologique biologisch
biphasé Zweiphasen....,
bisage Umfärben *(n)*. Umfärbung *(f)*
biser umfärben
bisulfate Bisulfat *(n)*
bisulfure Disulfid *(n)*
bivalence Zweiwertigkeit *(f)*
bivalent (chim.) zweiwertig, doppelwertig
blanc weiß
blanc (subst.) Weiß *(n)*, Weiße *(f)*
blanc couvrant Deckweiß *(n)*
blanc crême cremeweiß
blanc de neige schneeweiß
blanc de titane Titandioxid *(n)*
blanc-écru rohweiß
blanc enlevage Ätzweiß *(n)*
blanc parfait Spitzenweiß *(n)*, Hochweiß *(n)*
blanc pur Reinweiß *(n)*
blanc réserve Reserveweiß *(n)*
blanc satiné Satinweiß *(n)*
blanchâtre weißlich
blanchet Drucktuch
blancheur, d´une blancheur aveuglante blendendweiß
blanchi gebleicht
blanchiment Bleichen *(n)*
blanchiment à chaux chlorurée Chlorkalkbleiche *(f)*
blanchiment à l´oxygène Sauerstoffbleiche *(f)*
blanchiment à l´oxygène à froid Sauerstoffkaltbleiche *(f)*
blanchiment à l´ozone Ozonbleiche *(f)*
blanchiment au chlore Chlorbleiche *(f)*
blanchiment au large Breitbleiche *(f)*
blanchiment au soufre Schwefelbleiche *(f)*
blanchiment de coton Baumwollbleiche *(f)*
blanchiment des articles teints Buntbleiche
blanchiment discontinu Diskontinubleiche *(f)*
blanchiment discontinu au large Diskontinubreitbleiche *(f)*
blanchiment discontinu en boyaux diskontinuierliche Strangbleiche *(f)*
blanchiment en boyaux (tissu) Strangbleiche
blanchiment en pièce Stückbleiche *(f)*
blanchiment oxydant Oxydationsbleiche *(f)*
blanchiment rapide Schnellbleiche *(f)*
blanchiment réducteur Reduktionsbleiche *(f)*
blanchiment sous pression Druckbleiche *(f)*

blanchir bleichen
blanchisserie Waschanstalt *(f)*, Wäscherei *(f)*, Bleichanstalt *(f)*
blason Wappen *(n)*
blazer Blazer *(m)*, Clubjacke *(f)*
bleu blau
bleu à fécule Stärkeblau *(n)*
bleu à paraphénylène Paraphenylenblau *(n)*
bleu brillant brillantblau
bleu clair lichtblau
bleu de bromothymol Bromthymolblau *(n)*
bleu de ciel himmelblau
bleu d´indigo Indigoblau *(m)*
bleu foncé tiefblau, dunkelblau
bleu marin marineblau
bleu méthyle Methylblau *(n)*
bleu méthylène Methylenblau *(n)*
bleu nuit mitternachtsblau
bleu phtalocyanine Phthalocyaninblau *(n)*
bleu pigeon taubenblau
bleu roi königsblau
bleuâtre bläulich
bleuir bläuen
bloc, par blocs satzweise
bloc d´impression Druckform (Stoffdruck) *(f)*
bloqué, être bloqué festsitzen, klemmen
bloquer versperren, blockieren
bloquer, se sich verklemmen
blouse Bluse *(f)*, Kittel *(m)*, Arbeitskittel *(m)*
blouse de travail Berufskittel *(m)*
blouse paysanne Bäuerinbluse *(f)*
blouson Blouson *(m)*, Lumberjack *(m)*, Windbluse *(f)*
blouson matelassé Steppjacke *(f)*
blousse Kämmling (e) *(m)*, kurzhaarige Wolle *(f)*
blousse de laine Wollkämmling *(m)*
bobinage Spulen *(n)*, Spulvorgang *(m)*
bobinage (fil) Wicklung *(f)*, Aufwicklung (F9) (Garn)
bobinage croisé Kreuzwickelung *(f)*
bobinage de précision Präzisionswicklung *(f)*
bobinage parallèle Parallelwindung *(f)*, Par.-Aufwicklung *(f)* (Garn)
bobinage progressif voreilende Wicklung
bobinage sauvage (filat.) wilde Wicklung *(f)*
bobine Spule *(f)*, Garnspule *(f)*, Wickelkörper *(m)*
bobine à défiler Schleifspule *(f)*
bobine à dérouler (tiss.) Abrollspule *(f)*, Ablaufspule *(f)*
bobine à deux plateaux zylindrische Scheibenspule *(f)*
bobine à disques Scheibenspule *(f)*
bobine à embase conique Fußspule *(f)*
bobine à mèche Spule *(f)* für Vorgarn, Vorgarnspule *(f)*
bobine à plateaux Scheibenspule *(f)*
bobine à plusieurs sections Mehrfachspule *(f)*
bobine Axminster Spul-Axminster *(n)*
bobine ayant de l'avance voreilende Spule *(f)*
bobine bouteille Flaschenspule *(f)*
bobine compound Doppelspule *(f)*
bobine croisée X-Spule *(f)*, Kreuzspule *(f)*
bobine croisée conique konische Kreuzspule *(f)*, Kegelkreuzspule *(f)*
bobine croisée cylindrique zylindrische Kreuzspule *(f)*
bobine croisée doublée Fachkreuzspule *(f)*
bobine cylindrique Zylinderspule *(f)*
bobine de condensateur Vorgarnspule *(f)*
bobine de fil Garnrolle *(f)*
bobine de fil de chaîne Kettgarnspule *(f)*
bobine de filage Spinnspule *(f)*
bobine de mèche peignée Kammzugspule *(f)*
bobine de préparation Vorgarnspule *(f)*
bobine de ruban *(fila.t)* Aufnahmespule *(f)*
bobine d´alimentation Vorspule *(f)*
bobine d´équilibrage Ausgleich- oder Abgleichspule *(f)*
bobine (croisée) **prédoublée** vorgefachte Spule *(f)*
bobine soleil Sonnenspule *(f)*
bobine support Garnträger *(m)*, Trägerspule *(f)*
bobine supportée Aufsteckspule
bobine, à une bobine einspulig
bobiner auf Spulen aufwickeln, aufspulen

bobineuse Wickelmaschine *(f)*, Aufwickler *(m)*
bobineuse double Doppelaufrollmaschine *(f)*
bobinoir Spulmaschine *(f)* für Kettgarn
bobinoir à fil croisé Kreuzspulmaschine *(f)*
bobinoir à godets Becherspulmaschine *(f)*
bobinoir automatique pour bobines croisées Kreuzspulenautomat *(m)*, Automat für Kreuzspule
bobinoir automatique de trame Schußspulautomat *(m)*
bobinoir doubleur à renvidage croisé Kreuzfachmaschine *(f)* (Zwirn.)
bobinoir pour canettes Kopsspulmaschine *(f)*
bobinoir pour écheveaux Strangspulmaschine *(f)*
bobinoir-assembleur Fachkreuzspulmaschine *(f)*
bobinot pour banc à broches Flyerhülse *(f)*
boie Boistoff *(m)*
boîte à canettes Schußspulenbehälter *(m)*
boîte à coudre Nähkasten *(m)*
boîte alimentaire Speisekasten *(m)*
boîte à navettes Schützenkasten *(m)*
boîte à navettes oscille avec le battant Schützenkasten *(m)* schwingt mit der Lade
boîte friseuse (fabr. de fibres) Stauchkammer
boîtier des busettes (tubes) **vides** Hülsenkasten *(m)*
boléro Bolero *(m)*, Bolerojäckchen *(n)*
bon marché preisgünstig, preiswert
bonnet Kappe *(f)*, Käppchen *(n)*
bonnet à pointe Zipfelmütze *(f)*
bonnet de bain Badekappe *(f)*
bonnet de nuit Nachtmütze *(f)*
bonnet de soutien-gorge Büstenhalterkörbchen *(n)*, BH-Cup *(m)*
bonnet fourré Pudelmütze *(f)*
bonneterie Strumpfindustrie *(f)*
borate Borat *(n)*
borax Borax *(n)*
bord Saum *(m)*, Rand *(m)*, Bord *(m)*, Krempe *(f)*
bord côtes tricoté Strickbund *(m)*
bord cranté Mäusezähne *(m, pl)*
bord de piétinement Trittkante *(f)*
bord d'escalier Treppenkante *(f)*
bord élastique Elastikrand *(m)*
bord inférieur Unterkante *(f)*
bord rabattu Umbördelung *(f)*
bord stretch Stretchborte *(f)*
bord tissé Webborde *(f)*
bordé gebördelt
bordeler umbördeln
border säumen, einsäumen, einfassen, rändern
bordereau d´envoi Packzettel *(m)*
bordeur Bandeinfasser *(m)* (Nähmasch.)
bordure Bordüre *(f)*, Einfaßband *(n)*, Umrandung *(f)*
bordure tissée Webbordüre *(f)*
botte (fil) Bund *(m)*, Bündel *(n)*, Gebund
boucher zukorken, verkorken, verstopfen
bouchon Korken *(m)*, Stopfen *(m)*, Stöpsel *(m)*
bouchon caoutchouc Gummistopfen *(m)*
bouchon rodé eingeschliffener Stopfen *(m)*
boucle Schlinge *(f)*, Schlaufe *(f)*, Schleife *(f)*, Öse *(f)*, Schnalle *(f)*, Spange *(f)*
boucle de ceinture Gürtelschnalle *(f)*
boucle de poil Polschlinge *(f)*, Polhenkel *(m)*
boucle d'oreille Ohring *(m)*
boucle du fil d´aiguille Oberschlinge *(f)*
boucle en lisière Kantenschlinge *(f)*
bouclé (fourrure) lockig (Pelz)
bouclé, fil bouclé Bouclegarn
bouclé, tapis bouclé Boucleteppich *(m)*
boucler (fil) umschlingen
boucler schnallen
boucles formant des côtes rippenbildende Noppen *(f, pl)*
bouclette Henkelplüsch *(m)*
boudineuse de coton Baumwollvorgarnmaschine *(f)*
boue activée Belebtschlamm *(m)*
boues curage Klärschlamm *(m)*
boues des eaux d´égout Klärschlamm *(m)*
bougran Schneiderleinen *(n)*, Steifleinen *(n)*, Starrleinen *(n)*
bouillant kochend
bouillir (intrans.) kochen
bouillir à l´excès (teint. de laine) totkochen (von Wolle)

bouillissage Kochen *(n)*, Aufkochen *(n)*
bouillon (teint.) Brühe *(f)*
bouillonné gekräuselt
bouillonner sprudelnd kochen, aufwallen
bouillonner (liquides) aufbrausen (durch Kochen)
boule Kugel *(f)*
boule antimite Mottenkugel
boulochage (tissu) Pillingeffekt *(m)*
bourette Bourettseide *(f)*, Abfallseide *(f)*, Seidenwerg *(n)*, Bourette *(f)*
bourrage jute (prod. de câble) Jutebeilauf *(m)* (Kabelherstellung)
bourre (teint.) Flocke *(f)*
bourre à polir Putzwolle *(f)*
bourre de laine Flockwolle *(f)*
bourre de soie Bourettseide *(f)*, Flockseide *(f)*, Seidenabfall *(m)*
bourre, teinture en bourre Flockefärbung *(f)*, Färbung in der Flocke
bourru *(fibres)* knotig, flockig (Fasern)
bousilage Pfusch *(m)*, Pfuscharbeit *(f)*
bout de chaîne Kettende *(n)*
bout de fil Fadenanfang *(m)*
bout d´aiguille Spitze *(f)* der Nadel
bouteille Flasche *(f)*
bouteille à compte-gouttes Tropfflasche *(f)*, Tropfenzähler *(m)*
bouteille à filtrer Saugflasche *(f)*
bouteille clissée Korbflasche *(f)*
boutique Boutique *(f)*
bouton Knopf *(m)*
bouton de chemise Hemdenknopf *(m)*
bouton de col Kragenknopf *(m)*
bouton de coton Baumwollnoppe *(f)*
bouton de culotte Hosenknopf *(m)*
bouton de décoration Zierknopf *(m)*
bouton de laine Wollnoppe *(f)*
bouton de manchette Manschettenknopf *(m)*
bouton en corne de cerf Hirschhornknopf *(m)*
bouton en cuir Lederknopf *(m)*
bouton en nacre Perlmuttknopf *(m)*
bouton-pression Druckknopf *(m)*
boutonné de bas en haut durchgeknöpft
boutonnière Knopfloch *(n)*
boutonnière à œillet Augenknopfloch *(m)*
boutonnière à œillet renforcée Gimpelknopfloch *(n)*
boutonnière de linge Wäscheknopfloch *(n)*
boutonnière faite à la machine Maschinenknopfloch *(n)*
boutonnière plate flachkantiges Knopfloch *(n)*
boutons de soie Seidennoppen *(f, pl)*
box-calf Boxkalf *(n)*
boyau de marchandise Warenstrang *(m)*
boyaux (tissu) Strang *(m)*
braguette Hosenschlitz, Hosenlatz *(m)*
brai Pech *(n)*
brai de goudron d'huile Steinkohlenteerpech *(n)*
branchement au réseau Netzanschluß *(m)*
brancher (électr.) einschalten (elektr. Geräte), anschalten
bras de chasse (tissage) Schlagarm *(m)*
bras d´ailette (filat.) Flügelarm *(m)*
braser löten, zusammenlöten
brassière (Baby) Jäckchen *(n)*
breitschwanz Breitschwanz *(m)*
bretelle Trageriemen *(m)*, Hosenträger *(m)*, Träger *(m)*
bretelle spagetti Spaghettiträger *(m, pl)*
brevet Patent *(n)*
brevet, accorder un brevet ein Patent erteilen
brevet, demander un brevet ein Patent *(n)* anmelden
bride Flansche *(f)*
brider flanschen, anflanschen
brillance Glanz *(m)*, Brillanz *(f)*
brillance à l´eau (apprêt) Wasserglanz *(m)*
brillance des couleurs Farbbrillanz *(f)*, Farbhelligkeit *(f)*
brillant (adj.) glänzend, leuchtend
brillant (subst.) Glanz
brillant de couleurs Farbbrillanz *(f)*
brillant, grand brillant (subst.) Hochglanz *(m)*
briller glänzen, strahlen
brin Trumm
brins de chanvre Hanffasern *(f, pl)*
brisé gebrochen, zerbrochen
brise-balles Ballenbrecher *(m)*
briseuse de chanvre Hanfbrechmaschine
brocart Brokat *(m)*
brocart d´or Goldbrokat *(m)*
brocart double fil zweifädiger Brokat *(m)*
brocart velours Samtvelours *(m)*
broche Brosche *(f)*

broche (filat.) Spindel *(f)*
broche à ailette Flügelspindel
broche du continu à anneau Ringspindel *(f)*
broché d´or goldgewirkt
broche standard Standardspindel *(f)*
broché, tissu broché broschiertes Gewebe
brochette (filat.) Aufsteckspindel *(f)*
brochette de la bobine Spulenspindel *(f)*
brodé gestickt
broder sticken
broderie Stickerei *(f)*
broderie à la main Handstickerei *(f)*, Handgesticktes *(n)*
broderie anglaise Lochstickerei *(f)*
broderie de perles Perlenstickerei *(f)*
broderie en or Goldstickerei *(f)*
broderie sur ruban Bandstickerei *(f)*
broderie suisse Schweizer Stickerei *(f)*, Stickereispitze *(f)*
brodeuse Stickmaschine *(f)*
broie mécanique (lin) Abbbastmaschine *(f)*
brome Brom *(n)*
bromure Bromid *(n)*
bronzage (teint.) Bronzieren *(n)* (von Färbg.)
broquette Teppichnagel *(m)*
brossage à la vapeur Dampfbürsten *(n)*
brosse Bürste *(f)*
brosse à lustrer Glanzbürste *(f)*
brosse à vêtements Kleiderbürste *(f)*
brossé angerauht, aufgerauht
brosser bürsten
brosser à lustrer glanzbürsten
brosseuse Bürstmaschine *(f)*
brosseuse à humide Naßbürstmaschine *(f)*
brosseuse circulaire Rundbürstmaschine *(f)*
brosseuse de poil Florbürstmaschine *(f)*, Polbürstmaschine *(f)*
brouillé verschleiert, eingetrübt, verschwommen
broyer mahlen, zermahlen, brechen, zerstoßen, zerreiben
broyer (savon) pilieren (Seife)
broyer le lin den Flachs *(m)* brechen
broyeur Mahlwerk *(n)*
broyeur-granulateur Granuliermühle *(f)*
broyeuse Brechmaschine *(f)* für Flachs
broyeuse-tailleuse (lin) Schwing- und Brechmaschine *(f)*
brûlant glühend heiß, brennend
brûler brennen, verbrennen
brûleur à air soufflé (Gas)Brenner *(m)* mit Gebläse
brûleur à gaz Gasbrenner *(m)*
brûleur à mazout Ölbrenner *(m)*
brume Dunst *(m)*
brun braun
brun clair hellbraun
brun de cuir Lederbraun *(n)*, Lederbraunton *(m)*
brun noir schwarzbraun
brunâtre bräunlich
buée Schwaden *(m)*
buées Wrasen *(m)*, Wasserdampf *(m)*
bulle d'air Luftblase *(f)*
bulle de vapeur Dampfblase *(f)*
bulletin d´ourdissage Schärzettel *(m)*
bure Wollstoff *(m)*, Kuttenkleid *(f)*
burette Bürette *(f)*
burnous Burnus *(m)*
buse de décharge Ausflußdüse *(f)*
buse de pulvérisation Zerstäubungsdüse *(f)*
busette (filat.) Hülse (Spinn.), Kopshülse *(f)*
buste appuyé betonte Büste *(f)*
but Zweck *(m)*
but d´essai Versuchszweck *(m)*
butane Butan *(n)*
butène Buten *(n)*
butyl Butylkautschuk *(m)*

C

caban Caban *(m)*
cabine d'essayage Anprobekabine *(f)*
câble Kabel *(n)*, Spinnkabel *(n)*, Kabelseil *(n)*, Tau *(n)*
câble d'amarrage Verankerungstau *(n)*
câble de convertisseur Konverterkabel *(n)*
câble de fibres continues Reißspinnkabel *(n)*
câble de filature Spinnkabel *(n)*
câble en fibres Faserkabel *(n)*

cablé cablé
câblé pour pneus Reifenkord *(m)*, Kordeinlage *(f)* für Reifen
câbler verkabeln
cache-cœur Wickelbluse *(f)*
cache-couture Eckenband *(f)*
cadeaux de Noël Weihnachtsgeschenke *(n, pl)*
cadeaux de Pâques Ostergeschenke *(n, pl)*
cadmium Kadmium *(n)*
cadran de réglage Einstellskala *(f)*
cadre Webrahmen *(m)*
cadre à lisses Schaftrahmen *(m)*
cadre de lisses Webgeschirr *(n)*
cadre du cantre Gatterrahmen *(m)*
cadre d´impression Filmdruckschablone *(f)*
cadre en étoile Sternreifen *(m)*
cadrer zusammenpassen
cadrer avec passen zu (auf, in)
caillebotis Lattenrost *(m)*, Lattenrostfußboden *(m)*
calandre Kalander *(m)*, Mangel *(f)*
calandre à chaud Heißmangel *(f)*
calandre à friction Glattkalander *(m)*, Glättkalander *(m)*
calandre à gaufrer Prägekalander *(m)*, Gaufrierkalander *(m)*
calandre à glacer Glanzkalander *(m)*
calandre à glacer la soie Seidenglanzkalander *(m)*
calandre à l´eau Wasserkalander *(m)*
calandre à matter Mattierungskalander *(m)*
calandre à moirer Moirékalander *(m)*
calandre à similiser Similikalander *(m)*
calandre à trois cylindres Dreiwalzenkalander
calandre au feutre Filzkalander *(m)*
calandre d´ajustage Justierkalander *(m)*, Egalisierkalander *(m)*
calandre pour tricots tubulaires Trikotkalander für Schlauchware *(f)*
calandre Schreiner Schreinerkalander *(m)*
calandre Schreiner à similiser Seidenfinishkalander *(m)*
calandre tandem Doppelkalander *(m)*
calandre type Chaising Chaisingkalander *(m)*
calandrer kalandern, mangeln
calcaire kalkartig
calcifique kalkbildend
calciner ausglühen, kalzinieren
calcium Kalzium *(n)*, Calcium *(n)*
calcul à accès multiple (CETIS) Vielfachzugriff *(m)*
calculateur numérique Digitalrechner *(m)*
calculation de formule Rezeptberechnung *(f)*
calculer ausrechnen, berechnen, kalkulieren
calé, être calé festsitzen, klemmen
caleçon Unterhose *(f)*
caleçon de bain Badehose *(f)*
calencas Zitz
calibrer auf genaues Maß bringen, einteilen nach Größe
calicot Kaliko(t)gewebe *(n)*
calicot pour literie Inlettköper *(m)*
calorie Kalorie *(f)*
calorique kalorisch
came Kurvenscheibe *(f)*
camisole Camisol *(f)*, Untertaille *(f)*
campêche Campecheholz *(n)*
camphre Kampfer *(m)*
canadienne Parka *(m)*
canal Kanal *(m)*
canal de transfert (mach.) Schleuse *(f)* für Materialzufuhr
canal des eaux usées Abwasserkanal *(m)*
canal d´écoulement Abflußkanal *(m)*
canapé Couch *(f)*, Sofa *(n)*
canetière Spulmaschine *(f)* für Schußgarn
canetière automatique Schußspulautomat *(m)*
canette Schützenspule *(f)*, Schußspule *(f)*, (Streck)Kops, Spule *(f)* der Nähmaschine, Kanette *(f)*
canette (filat.) bewickelter Kops *(m)*
canette avec embase conique Schußhülse *(f)* mit Kegelansatz
canette de schappe Canettseide *(f)*
canette tubulaire Schlauchkops *(m)*
canette-trame Schußgarnspule *(f)*
canettière Schußspulmaschine *(f)*
canevas Baumwollstramin *(m)*, Gitterleinen *(n)*, Stramin *(m)*
cannelage Riffelung *(f)*

cannelé Cannelebindung *(f)*
cannelé gerillt, gerändelt
cannelé diagonal Adriabindung *(f)*
cannelé (tissu) Ripsgewebe *(n)*, Rips *(m)*
canneler riffeln
cannette Kötzer *(m)*
cannette à filer à anneau Ringspinnkops *(m)*
canot pneumatique Schlauchboot *(n)*
cantre Gatter *(n)*, Gatter für Spulen
cantre d´ourdissage Schärgatter *(n)*, Zettelgatter *(n)*
cantre, garnir le cantre das Gatter mit Spulen bestücken, versehen
cantrece Cantrece
canule Hohlnadel *(f)*, Kanüle *(f)*
caoutchouc Kautschuk *(m)*
caoutchouc alvéolaire Schaumstoff *(m)* auf Kautschukbasis
caoutchouc au silicone Silikonkautschuk *(m)*
caoutchouc cyclique Cyclokautschuk *(m)*
caoutchouc mousse Schaumgummi *(n)*
caoutchouc pour garnitures Dichtungsgummi *(m)*
capable à fähig zu
capable de fonctionner funktionsfähig
capacité Leistungsvermögen *(n)*, Kapazität *(f)*, Fassungsvermögen *(n)*, Inhalt *(m)*, Umfang *(m)*
capacité à porter Tragfähigkeit *(f)*
capacité à récuperer Erholungsvermögen *(n)*
capacité cube Kubikinhalt *(m)*, Rauminhalt *(m)*
capacité de combinaison avec la chaux Kalkbindevermögen *(n)*
capacité de décharge pour charges électr. Ableitfähigkeit *(f)* für elektrost. Ladungen
capacité de gonflement Quellfähigkeit *(f)*
capacité de mémoire Speicherkapazität *(f)* (EDV)
capacité de refoulement (pompe) Förderleistung *(f)*
capacité de surcharge Überlastbarkeit *(f)*
capacité d´absorption Sauggeschwindigkeit *(f)*, Saugfähigkeit *(f)*
capacité d'un tissu à respirer Atmungsfähigkeit (ei. Stoffes) *(f)*
capacité en service Betriebskapazität *(f)*
capacité, à haute capacité de charge hochbelastbar
capacité, de haute capacité Hochleistungs....
cape Umhang *(m)*, Cape *(n)*, Kappe *(f)*
capillacé kapillar
capillaire haarförmig, kapillar
capitonnage Polsterung *(f)*
capitonnage d'automobile Autopolster *(n)*
capitonnage intérieur Innenauspolsterung *(f)*
capotage du moteur Motorverkleidung *(f)*
capro-lactame Caprolactam *(n)*
capsule Kapsel *(f)*
capsule du cotonnier Baumwollkapsel *(f)*
capsule d´évaporation (lab.) Abdampfschale (Labor)
capteur de pression Druckfühler *(m)*
capuche Kapuze *(f)*
capuchon Kapuze *(f)*
caraco Hemdchen *(n)*
caractère lin Leinenprägung *(f)*
caractériser kennzeichnen, charakterisieren
caractéristique Eigenschaft *(f)*, Charakteristik *(f)*
caractéristiques d'entretien Pflegeeigenschaften *(f, pl)*
caractéristiques de rétrécissement Schrumpfeigenschaften *(f, pl)*
caractéristiques techniques générales allgemeine technische Daten (pl)
carbamate Karbamat *(n)*, Carbaminat *(n)*
carbamide Karbamid *(n)*, Harnstoff *(m)*
carbonate Karbonat *(n)*
carbonate de potassium Kaliumkarbonat *(n)*, Pottasche *(f)*
carbonate de sodium Natriumkarbonat *(n)*, Soda
carbonate de soude (ou de sodium) Soda *(f)*
carbonater karbonisieren (Chem.), mit CO_2 sättigen
carbone Kohlenstoff *(m)*

carboné kohlenstoffhaltig
carbonique kohlensauer
carboniser karbonisieren (Wolle), verkohlen, kohlen
carboniseuse Karbonisiermaschine *(f)*
carboxyle Carboxyl *(n)*
carburant Treibstoff *(m)*
carburant Diesel Dieselkraftstoff *(m)*
carbure Carbid *(n)*
carbures aromatiques aromatische Kohlenwasserstoffe *(m,pl)*
carbylamine Carbylamin *(n)*
carcasse (pneu) Karkasse *(f)*
carcasse de parapluie Regenschirmgestell *(n)*
carcinogène krebserregend, kanzerogen
cardage Kardieren *(n)*
cardage (filat.) Streichen *(n)*, Kardieren *(n)*
cardé gekrempelt, cardé
carde Krempel *(f)*, Karde *(f)*, Kratze *(f)*
carde à chapeau Deckelkarde *(f)*
carde à chapeaux marchants Wanderdeckelkarde *(f)*
carde à cylindre Walzenkarde *(f)*
carde à deux peigneurs Doppelabnehmerkrempel *(f)*
carde à hérisson Walzenkrempel *(f)*
carde à laine Wollkarde *(f)*, Wollkratze *(f)*
carde à un peigneur Einabnehmerkrempel *(f)*
carde briseuse Grobkarde *(f)*, Grobkrempel *(f)*, Reißkrempel *(f)*, Vorkrempel *(f)*
carde circulaire Zirkularkrempel *(f)*
carde de haute capacité Hochleistungskarde *(f)*
carde de rubans Bandkratze *(f)* (Spinn.)
carde double Doppelkrempel *(f)*
carde double à deux peigneurs Doppelflorzweikrempelsatz *(m)*
carde en fin Vorgarnkrempel *(f)*
carde en gros Grobkrempel *(f)*, Grobkarde *(f)*
carde fileuse Spinnkrempel *(f)*, Feinkarde *(f)*
carde mélangeuse Mischkrempel *(f)*, Mischkarde *(f)*
carde pour fils gros Grobgarnkrempel *(f)*
cardé, non cardé ungekämmt
carder kardieren, krempeln, aufkratzen
carder (filat.) streichen, kardieren
carderie Karderie *(f)*
cardigan Weste *(f)*, Cardigan *(f)*
cardigan d'enfant Kinderjäckchen *(n)*
carnet de commandes Orderbuch *(n)*
carpette Brücke *(f)*
carragaheen Carrageen *(n)*, Irisch Moos *(n)*
carré (adj.) quadratisch
carré (subst.) Quadrat *(n)*
carreau Karo *(n)*
carreau écossais Schottenkaro *(n)*
carreau Oxford Oxfordkaro *(n)*
carreau, très grand carreau Überkaro *(n)*
carreaux, à carreaux gewürfelt, kariert
carrier (teint.) Carrier *(m)*, Färbebeschleuniger *(m)*
carte à échantillon Musterkarte *(f)*
carte de couleurs Farb(en)karte
carte perforée Lochkarte *(f)*
carter inférieur (carde) Tambourmulde *(f)*
carton Pappe *(f)*, Karton *(m)*
carton à rouleaux Rollenkarte *(f)*
carton bitumé Dachpappe *(f)*
carton de ratière Schaft(maschinen)karte *(f)*
carton isolant Dämmpappe *(f)*
casaque Kasack *(m)*
caséeux kaseinartig, käsig
caséine Kasein *(n)*
cashemire Kaschmir *(m)*
casque de protection Schutzhelm *(m)*
casquette (Schirm)Mütze *(f)*, Kappe *(f)*
casquette à visière Schildkappe *(f)*
casquette d'écolier Schulmütze *(f)*
cassé zerbrochen, kaputt
casse chaîne Kettfadenwächter *(m)*
casse de fil Fadenbruch *(m)*
casse de trame Schußbruch *(m)*
casse-fil Fadenwächter
casse-fil du bobinoir Fadenwächter der Spulmaschine
casse-ruban Bandabsteller *(m)*
casse-trame Schußfadenwächter *(m)*
casse-trame à fourchette Gabelschußwächter *(m)*
casser brechen, reißen (von Fäden)
cassure (teint.) Lauffalte *(f)*, Bruch *(m)*, Färbefalte *(f)* (Färb.)
cassure de fatigue Ermüdungsbruch *(m)*
cassure de fibre Faserbruch *(m)*
cassure de foulon Walkstreifen *(m, pl)*, Walkstriemen *(f, pl)*

catabolisme Katabolismus *(m)*
catalyseur Katalysator *(m)*
catalyseur mixte Mischkatalysateur *(m)*
catéchine Catechin *(n)*
catégorie de danger Gefahrenklasse *(f)*
cathode Kathode *(f)*
catir glanzpressen
catir à froid (appr.) kalt pressen (Appr.)
catissage Glanzpressen *(m)*
cause d´amorçage Zündquelle *(f)*
cause d´erreur Fehlerursache *(f)*
causer verursachen
caustifier in Laugenform überführen
caustique scharf (chem.), ätzend, kaustisch
cavitation Kavitation *(f)*
ceinture Gürtel *(m)*, Gurt *(m)* (Auto)
ceinture abdominale Leibbinde *(f)*
ceinture à nœud coulant Schlingengürtel *(m)*
ceinture de pantalon Hosenbund *(m)*
ceinture de sécurité Sicherheitsgürtel *(m)*
ceinture-écharpe Kummerbund *(m)*
ceinture protégeant les reins Nierengurt *(m)*
cellophane Cellophan *(n)*, Zellglas *(n)*
cellulaire zellular
cellule Zelle *(f)*
cellule photo-électrique Photozelle *(f)*
celluloid Celluloid *(n)*
cellulose Zellulose *(f)*
cellulose à soude cuivrique Kupfernatronzellulose *(f)*
cellulose carboxyméthylique Carboxymethylzellulose *(f)*
cellulose disodique Dinatriumzellulose *(f)*
cellulose éthylique Äthylzellulose *(f)*
cellulose hydratée Hydratzellulose *(f)*
cellulose régénérée Regeneratzellulose *(f)*
cellulosique zellulosisch, aus Zellulose
cendre Asche *(f)*
centimètre Zentimeter *(m)*
centimètre cube Kubikzentimeter *(m)*
central zentral
centrale Zentrale *(f)*
centrale nucléaire Kernkraftwerk *(n)*, Atomkraftwerk *(n)*
centraliser zentralisieren
centre Mittelpunkt *(m)*, Mitte *(f)*, Zentrum *(n)*
centre commercial Einkaufszentrum *(n)*
centré zentriert, zentrisch
centrer zentrieren
centrifuge Schleuder *(f)*, Zentrifuge *(f)*
centrifuge zentrifugal
centrifuger zentrifugieren, schleudern
centrifugeuse Zentrifuge *(f)*
centrifugeuse de filature Spinnzentrifuge *(f)*
cercle Kreis *(m)*, Ringel *(m)*
cercle de couture Nähkränzchen *(n)*
cerf-volant Drache *(m)*
cérine Cerin *(n)* (Wachsharz)
cesser aufhören
cétone Keton *(n)*
chabraque Schabracke *(f)*
chaîne Kette *(f)*, Webkette *(f)*
chaîne *(fabric.)* Fertigungsstraße *(f)*
chaîne à aiguilles (rame) Nadelkette *(f)*
chaîne à croisement Dreherkette *(f)*
chaîne à diminuer (mach. Cotton) Deckkette *(f)* (Cottonmasch.)
chaîne à maillons Gliederkette *(f)*
chaîne à picots (tissage) Nadelkette *(f)*
chaîne à tisser Webkette *(f)*
chaîne au fil retordu Zwirnkette *(f)*
chaîne de boucle Schlingenkette *(f)*, Frottier-oder Polkette *(f)*
chaîne de carbones Kohlenstoffkette *(f)*
chaîne de fabrication Fließband *(n)*
chaîne de fils peignés Kammgarnkette *(f)*
chaîne de fond Unterkette *(f)*, Grundkette *(f)*
chaîne de fond supérieure Obergrundkette *(f)*
chaîne de fourrure Füllkette *(f)*
chaîne de liage (tissage) Bindekette *(f)* (Web.)
chaîne de peigné Kammgarnkette *(f)*
chaîne de poil Polkette *(f)*
chaîne de poil (velours) Oberkette *(f)* (Velours)
chaîne de recouvrement (tissage) Deckkette *(f)*, (Web.)
chaîne de remplissage Füllkette *(f)*
chaîne des chapeaux (carde) Deckelkette *(f)*
chaîne et trame Kette *(f)* und Schuß *(m)*
chaîne fondamentale (chim.) Hauptkette *(f)* (Chem.)

chaîne hydrocarburée Kohlenwasserstoffkette *(f)*
chaîne latérale (chim.) Seitenkette *(f)*
chaîne moléculaire linéaire unverzweigte Molekülkette *(f)*
chaîne qui forme les côtes Rippenkette *(f)*
chaîne ramifiée, à mit verzweigter Kette *(f)*
chaîne tendeuse (tissage) Zugkette *(f)*
chaîne, à chaîne linéaire (chim.) geradkettig
chaîne, à chaîne longue langkettig
chaîne, de (ou à) **chaîne courte** (chim.) kurzkettig
chaîne, en (ou à) **chaîne rectiligne** (chim.) geradkettig
chaînes antidérapantes Schneeketten *(f, pl)*
chaînes unies gezettelte Webketten *(f, pl)*
chaînon Glied *(n)* einer Kette, Kettenglied *(n)*, Schablone (bunt-gewebt)
chaînon d´éléments d´aiguilles Nadelgliederkette *(f)*
chaise pliante Klappstuhl *(m)*
chalcosine Kupferglanz *(m)*, Chalkosin *(n)*
châle Schal *(m)*
châle kabyle Kabylenschal *(m)*
chaleur Wärme *(f)*, Hitze *(f)*
chaleur de réaction Reaktionswärme *(f)*
chaleur de dilution Verdünnungswärme
chaleur de dissociation Dissoziationswärme *(f)*
chaleur de dissolution Lösungswärme *(f)*
chaleur de réaction Reaktionsprodukt *(n)*
chaleur des gaz brûlés Abgaswärme
chaleur effective Effektivwärme *(f)*, Nutzwärme *(f)*
chaleur propre Eigenwärme *(f)*
chaleur rayonnante Strahlungswärme *(f)*
chaleur utile Nutzwärme *(f)*
chalut Schleppnetz *(n)*
chambre à vide Vakuumkammer *(f)*
chambre climatisée Klimakammer *(f)*, Klimaraum *(m)*
chambre conditionnée aux atmosph. norm. Norm(al)klimaraum *(m)*
chambre d'aération Luftkammer *(f)*
chambre de séchage Trockenkammer *(f)*
chambre de séchage (rame) Trocknungsfeld *(n)* (Rahmen)
chambre de vaporisation Dämpfkammer *(f)*
chamois (couleur) chamois (Farbe)
chamois Sämischleder *(m)*
champ à aiguilles (feutrage) Nadelfeld *(n)*
champ de barettes (filat.) Nadelfeld *(n)* (Strecke)
champ d´activité Arbeitsbereich *(m)*, Arbeitsfeld *(n)*
champ d´aiguilletage (feutrage) Nadelfeld
champ d´application Anwendungsbereich
champ d´utilisation Anwendungsbereich *(m)*, Einsatzbereich *(m)*
champ inducteur Induktionsfeld *(n)*
champ ionisant Ionisierungsfeld *(n)*
chandail Pullover *(m)*
changeant changierend
changement Wechsel *(m)*, Veränderung *(f)*
changement automatique de navettes selbsttätige Schützenauswechslung *(f)*
changement (automatique) **de bobines** automatischer Spulenwechsel *(m)*
changement de canettes Schußspulenwechsel *(m)*
changement de dessin Musterwechsel *(m)*
changement de la foule (tissage) Fachwechsel *(m)*
changement de la trame Schußwechsel *(m)*, Wechseln *(n)* des Schusses
changement de largeur Breitenverstellung *(f)*
changement de liage (tissage) Bindungswechsel *(m)*
changement de navettes Schützenwechsel *(m)*
changement de nuance (de teinte) Farbänderung *(f)*
changement de trame pour tissage en couleurs Schußwechsel für die Buntweberei
changement de vitesse Geschwindigkeitsänderung *(f)*
changement des lames Schaftbewegung *(f)*

changement du pas (tissage) Fachwechsel *(m)*
changement du sens de bain Richtungswechsel *(m)* der Flotte
changement d´équipe Schichtwechsel *(m)*
changement en pH pH-Wertänderung *(f)*
changer wechseln
changer (couleur) umschlagen (Farbe)
changer de couleur sich verfärben
chanteau Zwickel *(m)*
chantoung Shantungseide *(f)*
chanvre Hanf *(m)*
chanvre cru Basthanf *(m)*
chanvre de Bengale Madrashanf *(m)*
chanvre de Manille Manilahanf *(m)*
chanvre de Tampiko Tampikohanf *(m)*
chapeau Hut *(m)*
chapeau de carde Kratzendeckel *(m)*, Kardendeckel *(m)*
chapeau de chasseur Jägerhut *(m)*
chapeau de cow-boy Cowboyhut *(m)*
chapeau de paille Strohhut *(m)*
chapeau du cylindre Zylinderhut *(m)*
chapeau en feutre Filzhut *(m)*
chapeau marchant (carde) Wanderdeckel *(m)* (Karde)
charançon de la capsule Baumwollkapselkäfer *(m)*
charbon Kohle *(f)*
charbon à filtrer Filterkohle *(f)*
charbon actif Aktivkohle *(f)*
chardon Klette *(f)*, Distel *(f)*
chardon de laineuse Kardendistel *(f)*
charge Last *(f)*, Belastung *(f)*
chargé (apprêt) beschwert
charge (électr.) Ladung *(f)*
charge de soie Seidenbeschwerung *(f)*
charge d´immission Immissionsbelastung *(f)*
charge électrique elektrische Aufladung *(f)*
charge électrostatique elektrostatische Aufladung *(f)*
charge en eau d´égout Abwasserlast *(f)*
charge en plomb Bleibelastung *(f)*
charge fibreuse Faserfüllstoff *(m)*
charge maximale Höchstbelastung *(f)*, höchste Belastung, Spitzenbelastung *(f)*
charge polluante Schadstoffbelastung *(f)*
charge statique statische Aufladung *(f)*
charge sur l´environnement Umweltbelastung *(f)*
chargé verre glasfaserverstärkt, glasfaserbeschwert
chargé, non chargé (textile) unbeschwert
charger belasten
charger belasten, einbringen, beschicken (Färbeapp.)
charger belasten, auch: laden
charger fortement stark belasten
chargeuse à alimentation automat. (filat.) Kastenspeiser *(m)*, autom. Kastenspeiser *(m)*
chargeuse automatique (filat.) Selbstaufleger *(m)*
chariot *(filat.)* Wagen *(m)*, Karren *(m)*
chariot de (ou à) **bobines** Spulenwagen *(m)*
chariot roulant Laufkatze *(f)*
charmeuse Charmeuse *(n)*
charnière Scharnier *(n)*
charpie Zupfleinwand *(f)*
charriot au cadre plat pour impression Filmdruckwagen *(m)*
charriot pour mettre en plis Ablegewagen *(m)*
chasse (tissage) Lade *(f)*, Kammlade *(f)*, Schlag *(m)* (Web.)
chasse du fil de trame (tissage) Schußschlag *(m)*
chasse de la navette Schützenschlag *(m)*
chasse par le bas (tissage) Unterschlag *(m)*
chasse par le haut (tissage) Oberschlag *(m)*
châssis Chassis *(n)* (Foulardbehälter)
châssis à tubes Rohrgestell *(m)*
châssis de bobines Spulenträger *(m)*
châssis de foulard Foulardchassis *(n)*
châtain kastanienbraun
chaud warm, heiß
chaudière Dampfkessel *(m)*
chaudière à blanchiment Bleichkessel *(m)*
chaudière à contre-courant Gegenstromkessel *(m)*
chaudière à courant inverse Gegenstromkessel *(m)*
chaudière à vapeur d´échappement Abdampfkessel *(m)*

chaudière de vapeur Dampfkessel
chaudron Kessel *(m)*, kesselartiger Behälter *(m)*
chauffage Feuerung *(f)*, Heizung *(f)*
chauffage à haute fréquence Hochfrequenzheizung *(f)*
chauffage à mazout (ou à fuel) Ölheizung *(f)*
chauffage central Zentralheizung *(f)*
chauffage indirect indirekte Beheizung *(f)*
chauffage à (la) **vapeur** Dampfheizung *(f)*
chauffage, de chauffage Heiz....
chauffé au gaz gasgeheizt
chauffe, de chauffe Heiz....
chauffe-poignets Pulswärmer *(m, pl)*
chauffer erhitzen, aufheizen, heizen, wärmen, erwärmen
chauffer légèrement anwärmen
chauffer simultanément miterhitzen
chaufferie Kesselhaus *(n)*
chaussant Fußbekleidung *(f)*
chaussette à longueur normale normallange Socke *(f)*
chaussette de sport Bundhosenstrumpf *(m)*
chaussette foulée Walkstrumpf *(m)*
chaussette longueur mollet Wadenstrumpf *(m)*
chaussettes Socken *(m, pl)*, Kniestrümpfe *(m, pl)*
chaussettes à rayures Ringelsocken *(f, pl)*
chaussettes Derby Derbysocken *(f, pl)*, Rippsocken *(f, pl)*
chaussons Hausschuhe *(m, pl)*
chaussure Schuh *(m)*
chaussure en feutre Filzschuh *(m)*
chaussure en paille Strohschuh *(m)*
chaussures Schuhwerk *(n)*
chaussures de gymnastique Turnschuhe *(m, pl)*
chaussures de tennis Tennisschuhe *(m, pl)*
chaussures en corde Seilschuhe *(m, pl)*
chaux Kalk *(m)*
chaux carbonatée Dampfkesselstein
chef de service Betriebsleiter *(m)*
chef-monteur Montageleiter *(m)*
chélate Chelat *(n)*
chélation Chelatbildung *(f)*
chemin de table Tischläufer *(m)*
cheminée de ventilation Dunstabzug *(m)*
chemise Hemd *(n)*
chemise à manches longues Oberhemd *(n)*
chemise de loisirs à manches courtes Lidohemd *(n)*
chemise de nuit Nachthemd *(n)*
chemise de travail Arbeitshemd *(n)*
chemise de ville City-Hemd *(n)*
chemise polo Polohemd *(n)*
chemise (de) **sport** Freizeithemd *(n)*, Sporthemd *(n)*
chemise tricotée Strickhemd *(n)*
chemisette Camisette, Kurzhemdchen *(n)*
chemisier Hemdbluse *(f)*
chenille (fil) Chenille *(f)*, Chenillegarn *(n)*
chenille de coton Baumwollraupe *(f)*
chesterfield Chesterfield
chevauchement Übertritt *(m)*
cheveu Haar *(n)*
cheveux artificiels Kunsthaar *(n)*
chevillage Chevillieren *(n)* (bei Seidengarn)
cheviote Cheviot *(m)*
chevron Zickzack-Köper *(m)*, Chevron
chic schick
chicane (mach.) Stoßblech *(n)*, Prellblech *(n)*
chiffon Chiffon *(m)*
chiffon Lumpen *(m)*, Lappen *(m)*, Stoffetzen *(m)*
chiffon à polir Poliertuch *(n)*
chiffon de nettoyage Reinigungstuch *(n)*
chiffons Lumpen *(m, pl)*, text. Altmaterial *(n)*, Hadern, *(m, pl)*
chiffre Ziffer *(f)*, Zahl *(f)*
chiffre, à plusieurs chiffres mehrstellig (Math.)
chiffre d'affaires Umsatz *(m)*
chiffres, à cinq chiffres fünfstellig
chimie Chemie *(f)*
chimie aromatique Aromatenchemie *(f)*
chimie de la cellulose Zellulosechemie *(f)*
chimie de pétroles Petrolchemie *(f)*
chimie galvanoplastique galvanotechnische Chemie *(f)*
chimie industrielle technische Chemie *(f)*, Großchemie *(f)*

chimie inorganique anorganische Chemie
chimie minérale anorganische Chemie *(f)*
chimie organique organische Chemie *(f)*
chimie, de chimie chemisch
chimiosynthèse Chemosynthese *(f)*
chimique chemisch
chimiquement pur chemisch rein
chimiquement stable chemisch beständig
chimisme Chemismus *(m)*
chimiste Chemiker *(m)*
chimiste organicien organischer Chemiker *(m)*, Organiker *(m)*
china-clay Chinaclay *(n)*
chiné gesprenkelt
chiner (dessin) flammen, mit Flammenmuster versehen (Muster)
chintz Chintz *(m)*
chitine Chitin *(n)*
chlorage Chlorierung *(f)* (Chem.)
chlorage à sec Trockenchlorierung *(f)*
chloramine Chloramin *(n)*
chlorate Chlorat *(m)*
chloration Chlorung *(f)*. Chloren *(n)*
chloration, faire la chloration chlorieren (z.B. Trinkwasser)
chlorbenzène Chlorbenzol *(n)*
chlore Chlor *(n)* (Chlorgas, Cl)
chloré chlorhaltig, chloriert
chlore résiduel Restchlor *(n)*
chlorer chloren
chlorinage à la vapeur Dampfchloren *(n)*
chlorination de laine Wollchlorierung *(f)*
chlorite Chlorit *(n)*
chloriteux chlorithaltig
chloroforme Chloroform *(n)*
chlorométrie Chlorbestimmung *(f)*
chlorométrie Chlorometrie *(f)*
chloroprène Chlorbutadien *(n)*
chloroprène Chloropren *(n)*
chlorosulfoné chlorsulfoniert
chlorphénol Chlorphenol *(n)*
chloruration du benzol Benzolchlorierung *(f)*
chlorure Chlorid *(n)*
chlorure de carbone Chlorkohlenstoff *(m)*
chlorure de polyvinyle Polyvinylchlorid *(n)* (PVC)
chlorure de sodium Natriumchlorid *(n)*, Kochsalz *(n)*
chlorure décolorant Chlorbleichmittel *(n)*
chlorure ferreux Eisen-II-Chlorid
chlorure ferrique Eisen-III-Chlorid
chlorurer mit Chlor sättigen
choc Schock *(m)*, Stoß *(m)*, Schlag *(m)*
choix Auswahl *(f)*
choix, grand choix reiche Auswahl (f)
chromate Chromat *(n)*
chromatographie en phase gazeuse Gaschromatographie *(f)*
chromatographie en couche mince Dünnschichtchromatographie *(f)*
chromatographie gazeuse Gaschromatographie *(f)*
chromatographie, par chr. en phase gazeus. gaschromatographisch
chromatométrie Chromatometrie *(f)* (Farbmessung)
chrome Chrom *(n)*
chromé chromiert, auch: chromhaltig
chromifère chromhaltig
chromogène chromogen, farbbildend
chromophore chromophor, farbgebend
chronologique chronologisch, zeitlich
chronométrage Zeiteinteilung *(f)*, Timing *(n)*
chute de concentration Konzentrationsgefälle *(n)*
chute de pression Druckabfall *(m)*
chute de température Temperaturabfall *(m)*
chute, à double chute (mach.) zweisystemig
ciment Zement *(n)*, Kitt *(m)*
cinabre Zinnober *(m)*
cintre Kleiderbügel *(m)*, Bügel *(m)*
cintré tailliert
circonférence Umfang *(m)* (Abmessung)
circonférence de la bobine Spulenumfang *(m)*
circuit Lauf *(m)*, Umlauf *(m)*, Fließen *(n)*
circuit (téléph.) Leitung *(f)*
circuit de production Arbeitsfluß *(m)*
circulaire kreisförmig
circulant umlaufend, zirkulierend
circulation Umlauf *(m)*, Kreislauf *(m)*, Zirkulation *(f)*
circulation (bain de teint.) Durchfluß *(m)*
circulation continuelle du bain ununterbrochener Flottenumlauf *(m)*

circulation de l´eau Wasserumlauf *(m)*
circulation du bain Flottenkreislauf *(m)*, Flottenumlauf *(m)*
circulation du bain dans un seul sens einseitige Flottenzirkulation (in eine Richtung)
circulation du bain unidirectionnelle einseitige Flottenzirkulation (in eine Richtung)
circulation obligatoire Zwangsdurchlauf *(m)*
circulation, quantité en circulation Umlaufmenge *(f)*
circuler, faire circuler umwälzen (Flotte, Bad)
cire Wachs *(n)*
ciré Ciré, Knautschlack *(n)*
cire de carnauba Carnaubawachs *(n)*
cire de paraffine Paraffinwachs
cire fusible Schmelzwachs *(n)* (Web.)
cireux wachsartig
ciseaux Schere *(f)*
ciseaux crantés Zickzackschere *(f)*
ciseaux zig-zag Zackenschere *(f)*
citerne Tank *(m)*, auch: Tankwagen *(m)*, Zisterne *(f)*
citrate Zitrat *(n)*
citrine Citrin *(n)*
clair klar, hell
clair (nuance) klar, rein
clairière Webnest *(n)*
clairs, les clairs d´une étoffe die dünnen Stellen *(f,pl)* im Gewebe
clapet de décharge Ausflußventil *(n)*
clapet de réglage Stellklappe *(f)*
clarification Klärung *(f)*, Reinigung *(f)*
clarifier klären, abklären, läutern (z.B. Zucker)
clarifier (chim.) klären, schönen
classé klassiert, auch: größensortiert
classer einstufen, einordnen, ordnen, klassieren
classer par grandeur der Größe nach sortieren
classification Klassifizierung *(f)*, Unterteilung *(f)*
classification de laine Wollklassierung *(f)*
classification de la laine Wollgüteklassen *(f, pl)*
classification des fibres Faserfraktionierung, -klassifizierung *(f)*
classifier einordnen, klassifizieren
classique klassisch
clé, clef Schlüssel *(m)*
clientèle Kundschaft *(f)*
climat Klima *(n)*
climat standardisé Normalklima *(n)*
climatisation Klimatisierung *(f)*
climatiser klimatisieren
climatiseur Klimatisierapparat *(m)*
clinquant Flitter *(m)*
clip Clip *(m)*
clivage Spaltung *(f)*, Teilung *(f)*
cloche Glocke *(f)*, auch: Hutstumpen *(m)*
cloche de rentrée *(filat.)* Glockenkupplung *(f)*
cloqué Cloqué
clos pour duvets daunendicht
co-condensation Mischkondensation *(f)*
co-réactant Reaktionspartner *(m)*
co-utilisation Mitverwendung *(f)*
coagulant Ausflockungsmittel *(n)*, Flockungsmittel *(n)*
coagulation Gerinnung *(f)*, Koagulation *(f)*, Ausflockung *(f)*
coaguler gerinnen, koagulieren, ausflocken, zusammenlaufen
coagulum Coagulanz *(n)*, Coaguliermittel *(n)*, Gerinnungsmittel *(n)*
coaille Schwanzwolle *(f)* (vom Schaf)
cobalt Kobalt *(n)*
cocon Kokon *(m)*, Seidenkokon *(m)*
code de dénomination et étiquetage des textiles de laine Wollbezeichnungsgrundsätze *(m, pl)*
code de filature Spinn-Partienummer *(f)*
code d´opération Operationsbefehl *(m)* (EDV)
coefficient de friction Reibungskoeffizient *(m)*
coefficient de solubilité Löslichkeitskoeffizient *(m)*
coefficient de supertorsion Bruchdrehzahl *(f)*
coefficient de torsion *(fil)* Zwirnkoeffizient *(m)*, Drehungskoeffizient *(m)*
coefficient de variation Variationskoeffizient *(m)*
coefficient d´agrandissement Vergrößerungsfaktor *(m)*

coefficient d´allongement Dehnungskoeffizient *(m)*
coeur de lin Reinflachs
cohérant verbunden, kohärent, zusammenhängend
cohésion Kohäsion *(f)*
coincé, être coincé eingeklemmt sein, festsitzen
coincer einklemmen
coincer, se sich verklemmen
coke maigre Magerkoks *(m)*
col (vêtem.) Kragen *(m)*
col à corolle Kelchkragen *(m)*
col à revers Reverskragen *(m)*
col bénitier Kuttenkragen *(m)*
col button-down Button-down-Kragen *(m)*
col cape Schulterkragen *(m)*
col cassé Vatermörder *(m)*
col châle Schalkragen *(m)*
col de cape Capekragen *(m)*
col de fourrure Pelzkragen *(m)*
col droit Stehbündchenkragen *(m)*
col kimono Kimonokragen *(m)*
col marin Matrosenkragen *(m)*
col officier Offizierskragen *(m)*
col pointu Schillerkragen *(m)*
col rabattu Umlegekragen *(m)*, Blendenkragen *(m)*
col roulé Rollkragen *(m)*
colback Bärenfellmütze *(m)*
colette de platines Platinenschnur *(f)*
colis Paket *(n)*
collage Collage *(f)*
collage des lisières Kantenverleimung *(f)*
collagène Knorpelleim *(m)*, Kollagen *(n)*
collant (robe) eng anliegend, figurbetont, figurbetonend
collant (subst.) Strumpfhose *(f)*, Leotards *(f, pl)*
collants Pants
collatéral seitlich-parallel
colle Klebstoff *(m)*, Kleber *(m)*, Leim *(m)*
colle à chaud Heißkleber *(m)*
colle à l´albumine Eiweißschlichte
colle au polyvinylacétate PVAC-Leim *(m)*, Kaltleim *(m)*
colle Claudine Bubikragen *(m)*
colle de carragaheen Carragenschlichte *(f)*
colle de contact Kontaktkleber *(m)*
colle de peau Hautleim
colle des os Knochenleim *(m)*
colle d´amidon, colle à l´amidon Stärkeschlichte *(f)*
colle en poudre Klebstoffpulver *(n)*, Leimpulver *(n)*
colle fusible Schmelzkleber *(m)*
coller, se kleben, haften, sich festkleben
collecter des données Daten *(pl)* erfassen
collecteur Sammler *(m)*, Auffanggefäß *(m)*, Abscheider *(m)*
collecteur d´assainissement Sammler *(m)* vor dem Vorfluter
collection automne/hiver Herbst/Winter-Kollektion *(f)*
collection d'échantillons Musterkollektion *(f)*
collection de données Datenerfassung *(f)*
collection d'été Sommerkollektion *(f)*
collecton d'hiver Winterkollektion *(f)*
collection intermédiaire Zwischenkollektion *(f)*
collection printemps/été Frühling/Sommer-Kollektion *(f)*
coller an-, aufkleben, kleben, festkleben, leimen
coller dans einkleben
collerette Rohrflansch *(m)*, Muffe *(f)*, Halskrause (Bekl.)
collet Kragen *(m)*
collet de broche Spindelhalslager *(n)*
collodion Kollodium *(n)*
colloidal kolloidal
colloidale, en dispersion colloidale kolloiddispers
colloide Kolloid *(n)*
colonne Säule *(f)*, Maschenstäbchen *(f)*
colonne de distillation Destillierkolonne *(f)*, auch: Kolonne
colonne de touffes Noppenlängsreihe *(f)* (Schnittpolteppich)
colonne d´eau (test) Wassersäule *(f)*
colophane Kolophonium *(n)*
colorant Farbstoff *(m)*
colorant à complexe métallifère Metallkomplexfarbstoff *(m)*
colorant à développement par vapeur Dampfentwicklungsfarbstoff *(m)*
colorant à mordant Beiz- oder Ätzfarbstoff *(m)*

colorant à mordant solide Echtbeizenfarbstoff *(m)*
colorant à pigment Pigmentfarbstoff *(m)*
colorant à radical onium Oniumfarbstoff *(m)*
colorant à solvant Lösungsmittelfarbstoff *(m)*
colorant acide Säurefarbstoff *(m)*
colorant au chrome Chromfarbstoff *(m)*
colorant au chrome pour mi-laine Halbwollchromfarbstoff *(m)*
colorant au soufre Schwefelfarbstoff *(m)*
colorant au thiazol Thiazolfarbstoff *(m)*
colorant azidole au chrome Chromazidolfarbstoff *(m)*
colorant azoïque Azofarbstoff *(m)*
colorant azoïque insoluble Naphthol-AS-Kombination (gekuppelt)
colorant chinoléine Chinolinfarbstoff *(m)*
colorant contrastant Kontrastfärbemittel *(n)*
colorant de chromatage Chromierfarbstoff *(m)*
colorant de copulation (de couplage) Kupplungsfarbstoff *(m)*
colorant de cuve Küpenfarbstoff *(m)*
colorant de cuve pour impression Druckküpenfarbstoff *(m)*
colorant de développement Entwicklungsfarbstoff *(m)*
colorant de dispersion Dispersionsfarbstoff *(m)*
colorant de marquage Signierfarbstoff *(m)*
colorant diazo Diazofarbstoff *(m)*
colorant direct Direktfarbstoff *(m)*, substantiver Farbstoff *(m)*
colorant dispersé Suspensionsfarbstoff *(m)*, Dispersionsfarbstoff
colorant dispersol Dispersolfarbe *(f)*, Dispersolfarbstoff *(m)*
colorant du goudron Teerfarbstoff *(m)*
colorant d´aniline Anilinfarbstoff *(m)*, auch: Teerfarbstoff *(m)*
colorant d´impression (à impression) Druckfarbstoff *(m)*
colorant d´impression solide Echtdruckfarbstoff *(m)*
colorant d´oxydation Oxydationsfarbstoff *(m)*
colorant d´unisson Egalisierfarbstoff *(m)*
colorant égalisant Egalisierfarbstoff *(m)*
colorant indigo Indigofarbstoff *(m)*
colorant indigosol Indigosolfarbstoff *(m)*
colorant montant rapidement schnellziehender Farbstoff *(m)*
colorant naturel Naturfarbstoff *(m)*
colorant nitrose Nitrosofarbstoff *(m)*
colorant nuanceur Stellfarbstoff *(m)*, Nuancierfarbstoff *(m)*
colorant oxazinique Oxazinfarbstoff *(m)*
colorant oxyazoté Oxyazofarbstoff *(m)*
colorant phtaléine Phthaleinfarbstoff *(m)*
colorant rapide schnellziehender Farbstoff *(m)*
colorant réactif Reaktivfarbstoff *(m)*
colorant solide Echtfarbstoff *(m)*
colorant stilbénique Stilbenfarbstoff *(m)*
colorant substantif substantiver Farbstoff *(m)*
colorant triazoïque Triazofarbstoff *(m)*
colorant végétal Pflanzenfarbstoff *(m)*
colorants basiques basische Farbstoffe *(m, pl)*
colorants benzo Benzofarbstoffe *(m, pl)*
colorants de goudron Teer- oder Kohleteerfarbstoffe *(m, pl)*
colorants pyrogénés Pyrogenfarbstoffe *(m, pl)*
coloration Farbgebung *(f)*
coloration brune Braunfärbung *(f)*, braune Tönung *(f)*
coloration partielle örtliche Anfärbung *(f)*, teilweise Anfärbung
coloré gefärbt
coloré, non coloré unbunt, farblos
colorer, se sich anfärben, Farbe annehmen
coloriage Kolorierung *(f)*
colorier kolorieren
colorifique farberzeugend, Farbe erzeugend
colorimètre Farbmeßgerät *(n)*, Kolorimeter *(n)*
colorimétrie Farbmessung *(f)*, Kolorimetrie *(f)*
colorimétrique durch Farbmessung *(f)*, kolorimetrisch
coloris d'automne Herbstlaubfarben *(f, pl)*
coloris pastel Pastellfarbe *(f)*
coloristique coloristisch
combinaison (chim.) Verbindung *(f)*

combinaison (vêt.) Hemdhosen *(f, pl)*, Hemdrock *(m)*, Unterkleid *(n)*
combinaison à bretelles Trägerslip *(m)*
combinaison ammoniacale Ammoniakverbindung *(f)*
combinaison de pilote Fliegeranzug *(m)*
combinaison diazoïque Diazoverbindung *(f)*
combinaison d´oxygène Sauerstoffverbindung *(f)* (oxid)
combinaison poly Polyverbindung *(f)*
combinaisons libres (chim.) freie Bindungen (Chem.)
combination chimique chemische Verbindung *(f)*
combiné à (chim.) gebunden (Chem.)
combiné chimiquement chemisch gebunden
combiné fermement (chim.) fest gebunden
combiné, non combiné (chim.) ungebunden
combiner (chim.) verbinden
combiner chimiquement chemisch binden
combustibilité Brennbarkeit *(f)*
combustible brennbar
combustible (subst.) Heizmaterial *(n)*, Brennstoff *(m)*
combustion Verbrennung *(f)*
Commission de Normes Normenausschuß *(m)*
commande (mach.) Order *(f)*
commande (mécan.) Steuerung *(f)*, Lenkung *(f)*
commande à courroie Riemenantrieb *(m)*
commande à distance Fernsteuerung *(f)*
commande à vapeur Dampfantrieb *(m)*
commande des broches Spindelantrieb *(m)*
commande des ratières Schaftmaschinenantrieb *(m)*
commande supplémentaire Nachbestellung *(f)*
commander (mach.) steuern
commander mécaniquement maschinell betätigen
commencement Beginnen *(n)*, Inangriffnahme *(f)*
commencer à filer anspinnen
commerce de détail Einzelhandel *(m)*
commerce de détail textile Textileinzelhandel *(m)*
commerce de fourrures Pelzhandel*(m)*
commerce en gros Großhandel *(m)*
commerce en gros de textile Textilgroßhandel *(m)*
communication de données Datenübermittlung *(f)*
communiquer une propriété eine Eigenschaft verleihen
commutable umschaltbar
commuter umschalten
compacité des fils Fadendichte *(f)*
compacité des fils dans des tissus Fadendichte *(f)* von Geweben
compacité du velours Polrohdichte *(f)*
compact kompakt, dicht
comparable vergleichbar
comparaison Vergleich *(m)*
comparaison des nuances Farbabmusterung *(f)*
comparaison des teintes Farbvergleich *(m)*
comparaison logique Identitätsvergleich *(m)*, logischer Vergleich *(m)*
comparaison, de comparaison Vergleichs...., im Vergleich zu
comparativement vergleichsweise
compartiment de léviathan Leviathanabteil *(n)*
compartiment de polymérisation (rame) Kondensationsteil *(n)* (Spannrahmen)
compatibilité Verträglichkeit *(f)*, Vereinbarkeit *(f)*
compatible verträglich, kompatibel
compensation Ausgleich *(m)*
compensation de la tension Spannungsausgleich *(m)*
compensation de pression Druckausgleich *(m)*
compensation (équilibrage) **de couleurs** Farbausgleich *(m)*
compenser ausgleichen
compétence Kompetenz *(f)*, auch: Sachkenntnis *(f)*
complémentaire komplementär
complémentaire, en couleurs complément. komplementärfarbig
complet komplett, ganz, voll
complet croisé Zweireiher *(m)*

complet sport Sakkoanzug *(m)*
complètement automatique vollautomatisch
compléter vervollständigen
complexant Komplexbildner *(m)*, Wasserenthärter *(m)*
comportement Verhalten *(n)*
comportement à la corrosion Korrosionsverhalten *(n)*
comportement à la friction Friktionsverhalten *(n)*, Reibungsverhalten *(n)*
comportement au porter Trageeigenschaft *(f)*
comportement tinctorial färberisches Verhalten *(n)*
composant Bestandteil *(m)*, Komponente *(f)*
composant de copulation (de couplage) Kupplungskomponente *(f)*
composante trichromatique (systh.col.CIE) Normfarbwert *(m)*
composé (adj.) zusammengesetzt
composé (chim.) Verbindung *(f)*, Zusammensetzung *(f)*
composé (subst.) Verbindung *(f)*, Composé(s) (Text.)
composé ammonium quarternaire quarternaire Ammoniumbase *(f)*
composé azoïque (chim.) Azokörper
composé carboné hétérocyclique heterozyklische Kohlenstoffverbindung *(f)*
composé complexe Komplexverbindung *(f)*
composé cyclique zyklische Verbindung *(f)*
composé cyclique (chim.) Ring *(m)* (Chem.)
composé du chlore Chlorverbindung *(f)*
composé d´addition Anlagerungsverbindung
composé indicateur Indikatorverbindung *(f)*
composé organique organische Verbindung *(f)*
composé peroxo Peroxoverbindung *(f)*
composé peroxydé Perverbindung *(f)*
composé d'iode Jodverbindung *(f)*
composé volatil flüchtiger Bestandteil *(m)*
composition chimique chemische Zusammensetzung *(f)*
composition fibreuse Faser(stoff)zusammensetzung *(f)*
compoundage Kompoundierung *(f)*
compounder kompoundieren
comprendre verstehen, auch: umfassen, beinhalten
compressible komprimierbar
compression Verdichtung *(f)*
compression de la vapeur Dampfkompression *(f)*
comprimer zusammendrücken, komprimieren, verdichten
compte de fils (tissu) Fadendichte *(f)*, Dichte *(f)* (Gewebe)
compte de fils en chaîne Webdichte *(f)*, Kettdichte *(f)*
compte de peigne (tissage) Blattdichte *(f)*
compte en chaîne Kettdichte *(f)*, auch: Schärdichte *(f)*
compte en trame Schußdichte *(f)*, Schußfadenzahl
compte, à compte de fils important dicht gewebt, mit hoher Fadenzahl
compte, à compte serré de chaîne dichte Kette *(f)*, mit dichter Kette *(f)*
compte-duite Schußzähler *(m)*
compte-fils Fadenzähler *(m)*
compter zählen, rechnen
compter sur rechnen auf (oder mit)
compteur Zähler *(m)*, Zählapparat *(m)*
compteur de maille Maschenzähler *(m)*
compteur de métrage Meterzähler *(m)*
compteur de rangées Reihenzähler *(m)*
compteur métrique du fil Garnmeterzähler *(m)*
compteur rack Rackzähler *(m)*
comptoir Theke *(f)*, Verkaufstisch *(m)*
concentration Konzentration *(f)*
concentr. d´activité maximale admissible maximal zulässige Konzentration (s. MAK-Wert)
concentration des produits polluants Schadstoffkonzentration *(f)*
concentration en oxygène Sauerstoffkonzentration *(f)*
concentration normale Normalkonzentration *(f)*
concentration par congélation Gefrierkonzentration *(f)*
concentration, à maximum de concentration höchstprozentig

concentré konzentriert
concentré (subst.) Konzentrat *(n)*
concentré par évaporation eingedampft
concentré, très concentré hochkonzentriert
concentrer (chim.) verstärken, konzentrieren, auch: einkochen
concentrer par évaporation eindicken
concesseur de licence Lizenzgeber *(m)*
concordant, être concordant übereinstimmen
concorder übereinstimmen
condensable kondensierbar
condensateur (filat.) Abscheider (Spinn.)
condensation Verdichtung *(f)*, Verflüssigung *(f)* (Dampf)
condensation d´eau Kondenswasserbildung *(f)*
condensation par choc Schockkondenssation *(f)*
condenser (vapeur) verdichten
condenser, se kondensieren, sich verdichten, flüssig werden
condenseur à lanières Riemchenflorteiler *(m)*
condenseur à refluement Rückflußkühler *(m)*
conditionnement Konditionierung *(f)*
conditionnement du fil Garnkonditionierung *(f)*
conditionnement d´air Klimatisierung *(f)*
conditionner konditionieren
conditionner (climat) klimatisieren
conditions de fonctionnement Betriebsbedingungen *(f, pl)*
conducteur (adj.) leitend, elektrisch leitend
conducteur de machines Maschinenführer *(m)*
conductibilité Leitfähigkeit *(f)*
conductibilité calorifique Wärmeleitfähigkeit *(f)*
conductibilité molaire molare Leitfähigkeit *(f)*
conductibilité thermique Temperaturleitfähigkeit *(f)*
conduit de vapeur Dampfrohr *(n)*
conduit d´admission de la vapeur Dampfeintritt *(m)*, Dampfeinlaß *(m)*
conduite Leitung *(f)*, Zuleitung *(f)*, Führung *(f)*
conduite de vapeur d´échappement Abdampfleitung *(f)*
conduite de vapeur principale Hauptdampfleitung *(f)*
conduite d´adduction de gaz Gasanschlußrohr *(n)*,Gaszuleitung *(f)*
conduite d´aspiration Saugleitung *(f)*
cône Kone *(f)*, Konus *(m)*, kegelige Hülse *(f)*
cône à ressort Schnappspule *(f)*
cône de remplacement Einsteckhülse *(f)*
cône du tambour Schärkonus *(m)*
cône, en forme de cône effilé spitzkonisch
confection Konfektion *(f)*
confection de données Datenerstellung *(f)*
confection de marques Markenmode *(f)*
confectionner anfertigen
confectionnneur Konfektionär *(m)*
confiné (air) stickig
confiner à (couture) zs.stoßen (Nähte)
conforme au mesure maßgenau, dem Maß entsprechend
conformément aux normes normgerecht
conformité Übereinstimmung *(f)*, Gleichartigkeit *(f)*
conformité, en conformité avec les normes in Übereinstimmung *(f)* mit den Normen
confortable bequem
confort au porter Tragekomfort *(m)*
congeler gelieren, sich verdicken
congeler, se gefrieren, einfrieren
conglomérat Konglomerat *(n)*
conglomération Zusammenballung (Chem.), Konglomerierung *(f)*
conique kegelförmig, konisch
conjugué einander zugeordnet
conjugué (mach.) verbunden, gekoppelt
connaissance de la matière Sachkenntnis *(f)*
connaissance des faits Sachkenntnis *(f)*
connecté verbunden, zusammenhängend
conseil de vente Verkaufstip *(m)*
conserver konservieren, haltbar machen
consistant konsistent, nicht weich
consommateur (End)Verbraucher *(m)*
consommation Verbrauch *(m)*

consommation annuelle Jahresverbrauch *(m)*
consommation de vapeur Dampfverbrauch *(m)*
consommation du courant Stromverbrauch *(m)*
consommation d´énergie Energieverbrauch *(m)*
consommation excédentaire Mehrverbrauch *(m)*
consommation propre Eigenverbrauch *(m)*
consommer verbrauchen, konsumieren
constance thermique Temperaturkonstanz *(f)*, Temperaturbeibehaltung
constant konstant
constante d´équilibre Gleichgewichtskonstante *(f)*
constituant Bestandteil *(m)* (auch chem.)
constituant de copulation azoïque Azo-Kupplungskomponente *(f)*
constituant de mélange Mischkomponente
constituant pertubateur störende Beimengung *(f)*
constituant, à plusieurs constituants Mehrkomponenten...
constitution chimique chemische Struktur *(f)*
constitution quantitative mengenmäßige Zusammensetzung *(f)*
construction Konstruktion *(f)*, Aufbau *(m)*
construction du fond (tapis) Rückenkonstruktion (Teppich)
construction d´un câble Kabelaufbau *(m)*
construction mécanique Maschinenbau *(m)*
construction sandwich Sandwichbauweise *(f)*
contaminer verunreinigen, kontaminieren
contemporain zeitgenössisch
conteneur Container *(m)*, Transportbehälter *(m)*
contenir enthalten
contenu (subst.) Inhalt *(m)*
contenu cubique Kubikinhalt *(m)*, Rauminhalt *(m)*
contexture Webeinstellung *(f)*, Webwareneinstellung *(f)*, Gewebebild *(n)*
continu kontinuierlich, fortlaufend, durchgehend, endlos, stetig, andauernd, ununterbrochen, ständig
continu ininterrompu vollkontinuierlich
continu, en continu Kontinue....
continuité Kontinuität *(f)*
contour Kontur *(f)*
contracter zusammenziehen
contracter, se sich zusammenziehen, (ein)schrumpfen
contraction Kontraktion *(f)*, Zusammenziehen *(n)*
contraction (tissu) Einsprung *(m)*
contraction de frisure Kräuselkontraktion *(f)*
contrainte d´adhérence de traction Haftzugfestigkeit *(f)*
contraste Kontrast *(m)*
contraste des couleurs Farbkontrast *(m)*
contraste, à faible contraste kontrastarm
contraste, être en contraste Kontrast bilden
contraster kontrastieren, Kontrast bilden
contraster (coloris) abstechen (Farben)
contre gegen
contre-actif entgegenwirkend
contre-collage Kaschieren *(n)*, Kaschierung *(f)*
contre-collage sandwich Sandwichkaschierung *(f)*
contre-courant Gegenstrom *(m)*
contre-épreuve Gegenprobe *(f)*
contre-essai Gegenversuch *(m)*
contre-marche Setzstufe *(f)*
contre-poil, à contre-poil gegen den Strich *(m)*
contre-racle Gegenrakel *(f)*
contre-sens Gegenrichtung *(f)*
contrecollage Bondings, kaschiertes Gewebe *(f)*, Kaschieren *(n)*, Laminieren *(n)*
contrecoller kaschieren, gegenkleben
contribution relative rouge Rotanteil *(m)*
contrôlable kontrollierbar
contrôle Kontrolle *(f)*, Überwachung *(f)*
contrôle à la réception du matériel Wareneingangskontrolle *(f)*
contrôle au laboratoire Laborprüfung *(f)*, Laborkontrolle *(f)*

contrôle de marchandise Warenprüfung *(f)*
contrôle de qualité Gütekontrolle *(f)*, Qualitätskontrolle *(f)*
contrôle dimensionnel Maßkontrolle *(f)*
contrôler kontrollieren, (nach)prüfen
contrôler la nuance abmustern
contrôleur Kontrolleur *(m)*
convection Konvektion *(f)*, Wärmeströmung *(f)*
convenable passend, angenehm
convenir à sich eignen zu (für)
conversion du numéro (fil) Umrechnen *(n)* der Garnnummer
convertir konvertieren, umrechnen
convertisseur (filat.) Konverter *(m)*
convertisseur coupeur Schneidkonverter *(m)*, Kabelschneidmaschine *(f)*
convertisseur craqueur Reißkonverter *(m)*, Kabelreißmaschine *(f)*
convertisseuse Spinnbandreißmaschine *(f)*, Konverter *(m)*
convoyeur à bande Förderband *(n)*
coopération Zusammenarbeit *(f)*
coordination Einordnung *(f)*, Zuordnung *(f)*, Koordination *(f)*
coordonnée trichromatique Farbwert-koordinate (i.d. Trichromie)
coordonner koordonnieren, gleichstellen, zuordnen, einordnen
coordonnés Kombination *(f)*
copolymère Mischpolymerisat *(n)*, Kopolymer *(n)*
copolymérisat en masse Block-Copolymerisat *(n)*
copolymérisation Kopolymerisation *(f)*
copolymériser mischpolymerisieren
cops de fil retors Zwirnkops *(m)*
cops tubulaire Schlauchkops *(m)*
copulant naphtol AS Naphthol-AS-Kupplungskörper *(m)*
copulation de colorants diazo Kupplung *(f)* von Diazofarbstoffen
copulation diazo Diazokupplung *(f)*
copulé (chim.) gekoppelt
coquet, te fesch
corail Koralle *(f)*
corbeille Korb *(m)*
corbeille à ouvrage Nähkorb *(m)*
cord Cord *(m)*, Cordgewebe *(n)*
cord pour pneus Reifenkord *(m)*
cordages Seilerwaren *(f, pl)*
corde Leine *(f)*, Strick *(m)*
corde à linge Wäscheleine *(f)*
corde à sauter Springseil *(n)*
corde à traîner Schleppseil *(n)*
corde d'aussière Warpleine *(f)*
corde de bateau Schiffahrtsseil *(n)*
corde de garniture Dichtungsschnur *(f)*
corde de levée de chaîne Kettfadenheber *(m)*
corde de semple (tissage) Ziehschnur *(f)*
cordelet Kordsamt *(m)*
cordelette Kordel *(f)*
corderie Seilerei *(f)*
cordes pour armatures de pneus Cordeinlage *(f)* für Reifen
cordon pour lisses Litzenschnur *(f)*
cordonnet Kordzwirn *(m)*, Schnürung *(f)* (Mieder)
cordons de cartons Kartenschnüre *(f, pl)*
cornification Verhornung *(f)*
corps Körper *(m)*
corps (apprêt) Fülle (Appret.)
corps (chim.) Körper *(m)*
corps à noyau benzénique (chim.) Aromaten *(m, pl)*
corps colorant Farbkörper *(m)*
corps creux Hohlkörper *(m)*
corps étranger Fremdkörper *(m)*
corps solide Festkörper *(m)*
corps soluble Lösliches *(n)*, das Lösliche *(n)*
corpuscule Korpuskel *(n)*
correct richtig, korrekt, fehlerfrei
corrodant korrodierend, ätzend
corrodant (subst.) Korrosionsmittel *(n)*
corroder (zer)fressen, korrodieren, angreifen
corroder (mach.) korrodieren, ätzen
corrosif korrosiv, ätzend, korrodierend
corrosion Korrosion *(f)*
corrosion par chlorure Chloridkorrosion *(f)*
cors, à plusieur cors (tissage) mehrchorig
corsage Corsage *(f)*
corselet Korselett *(n)*
corset Hüfthalter *(m)*
corseterie Mieder *(n)*
costume Anzug *(m)*

costume bavarois Dirndl(kleid) *(n)*
costume croisé Doppelreiher *(m)*
costume d'amazone Reitkostüm *(n)*
costume d'arlequin Harlekinkostüm *(m)*
costume de cocktail Cocktailanzug *(m)*
costume de jour Tagesanzug *(m)*
costume de plage Strandanzug *(m)*
costume droit Einreiher *(m)*
costume folklorique Tracht *(f)*
costume marin Matrosenanzug *(m)*
costume sur mesure Schneiderkostüm *(n)*
côte (tissage) Rippe *(f)* (Web.)
côte 1+1 Rechts-Rechts-Bindung *(f)* (Wirkware)
côte 2/2 sur jauge fine Doppelfeinripp *(m)*
côte anglaise Patentstrickerei *(f)*
côté droit (tissu) rechte Seite
côté envers linke Seite *(f)*, Rückseite *(f)* (Stoff)
côté interieur Innenseite *(f)*
côte par trame Schußrippe *(f)*
côte un par un (tricot.) Rechts-Rechts-Bindung *(f)* (Wirkware)
côtelé (tissu) Rippensamt *(m)*
coteline Coteline
côtés , à côtés renversés seitenverkehrt
côtes diagonales (tissu) Schrägrippen *(f, pl)*
coton Baumwolle *(f)*
coton brut Rohbaumwolle *(f)*
coton cru Rohbaumwolle *(f)*
coton d´Egypte Makobaumwolle *(f)*
coton des Indes Occidentales Sea-Island-Baumwolle *(f)*
coton du Pérou Perubaumwolle *(f)*
coton écru Rohbaumwolle *(f)*
coton effiloché Reißbaumwolle *(f)*
coton égrené entkörnte Baumwolle
coton épluché gepflückte Baumwolle *(f)*
coton immunisé Immunbaumwolle *(f)*, immunisierte Baumw.
coton jumel Mako *(m)*, Makobaumwolle *(f)*
coton mort tote Baumwolle *(f)*
coton, de coton baumwollen
cotonnade Baumwollgewebe *(n)* aus gefärbtem Garn
cotonner cottonisieren
cotonnerie Baumwollanbau *(m)*
cotonneux flockig, wollig, flauschig
cotonnier baumwollartig
cotonnier Baumwollpflanze *(f)*
couche Belag *(m)*, Auflageschicht *(f)*, Schicht *(f)*, Lage *(f)*, Überzug *(m)*, Windel *(f)*
couche-culotte Windelhöschen *(n)*
couche de fibres Faserschicht *(f)*
couche de tissu Gewebeeinlage *(f)*
couche de vernis Lackschicht *(f)*
couche du velours Polschicht *(f)*
couche d´ancrage (tapis) Vorstrich *(m)*, Verfestigungsstrich *(m)*, Verankerungsschicht *(f)*
couche d´eau Wasserschicht *(f)*
couche intérieure de toile Leineneinlage *(f)*
couche intermédiare en caoutchouc Gummieinlage *(f)*
couche limite Grenzschicht *(f)*
couche superficielle Oberflächenschicht *(f)*
couche supérieure Oberschicht *(f)*
couche teflon Teflonbeschichtung *(f)*
couche, à trois couches dreilagig, dreischichtig
couche, à une couche einlagig
couches, en ou par couches schicht(en)weise
coude Knick *(m)*
couder knicken
coudre nähen
coudre ensemble zusammennähen
coudre sur aufnähen
coudre, à annähen
coulant laufend, auch: rieselfähig (Pulver)
couler fließen, rinnen, laufen (Flüssigk.)
couler goutte à goutte tröpfeln, tropfenweise auslaufen
couler, s´écouler laufen (Wasser)
couleur Farbe *(f)*
couleur à impression Druckfarbe *(f)*
couleur à la lumière artificielle Abendfarbe *(f)*
couleur à la mode Modefarbe *(f)*
couleur à l'eau Wasserfarbe *(f)*
couleur à l´huile Ölfarbe *(f)*
couleur au cobalt Kobaltfarbe *(f)*
couleur code Kodefarbe *(f)*, Kennfarbe *(f)*
couleur complémentaire Komplementärfarbe *(f)*

couleur composée zusammengesetzte Farbe
couleur de base Grundfarbe *(f)*, auch: Fondfarbe *(f)*
couleur de base d´un mélange additif additive Grundfarbe *(f)*
couleur de base d´un mélange soustractif subtraktive Grundfarbe *(f)*, Primärfarbe *(f)*
couleur de camouflage Tarnfarbe *(f)*
couleur de compensation Gegenfarbe *(f)*
couleur de contraste Kontrastfarbe
couleur de conversion Konversionsfarbe *(f)*
couleur de fond Fondfarbe *(f)*, Grundfarbe (d. Gewebes z.B.)
couleur de métal Metallfarbe *(f)*
couleur de repérage Markierungsfarbe *(f)*
couleur de spectre Spektralfarbe *(f)*
couleur détectrice Kennzeichnungsfarbe *(f)*
couleur élémentaire Hauptfarbe (eine der 3 Hauptf.)
couleur fausse Fehlfarbe *(f)*
couleur fondamentale (une des trois coul.) Grundfarbe *(f)* (eine der drei Grundf.)
couleur intermédiaire Übergangsfarbe *(f)*
couleur limite de tolérance Grenzfarbe *(f)*
couleur mélangée Mischfarbe *(f)*
couleur minérale Erdfarbe *(f)*, Mineralfarbe *(f)*
couleur naturelle natürliche Farbe *(f)*, Eigenfarbe *(f)*
couleur non transparente Deckfarbe *(f)*
couleur opaque Deckfarbe *(f)*
couleur orange Orangenfarbe *(f)*
couleur primaire Urfarbe *(f)*
couleur primaire, c. primordiale Primärfarbe *(f)*
couleur propre Eigenfarbe *(f)*
couleur pure gesättigte Farbe, reine Farbe *(f)*
couleur secondaire Mittelfarbe *(f)*, Zweitfarbe *(f)*, Nebenfarbe *(f)*
couleur solide beständige Farbe
couleur sourde gedeckte Farbe *(f)*, stumpfe Farbe
couleur soustractive substraktive Farbe *(f)*
couleur suivie fortlaufende Farbe, beibehaltene Farbe *(f)*, kontinuierliche Farbe *(f)*
couleur terre erdfarben
couleur, à couleurs changeantes wechselfarbig
couleur, à trois couleurs dreifarben, dreifarbig
couleur, de couleur farbig
couleur, de couleur résistante farbecht
couleur, de ou en couleurs bunt
couleur, d´une seule couleur einfarbig
couleurs adoucies gedämpfte Farben *(f, pl)*
couleurs assorties passende Farben *(f, pl)*
couleurs complémentaires Ergänzungsfarben *(f, pl)*, Komplementärfarben
couleurs, aux couleurs vives farbenfreudig
couleurs, en diverses couleurs in verschiedenen Farben, bunt
couleurs, en plusieurs couleurs mehrfarbig, mehrfarben
couleurs terrre Erdtöne *(m, pl)*
coulisse (mach.) Kulisse *(f)*, Schwinge *(f)* (Masch.)
coulisse (tissage) Litzenhäuschen *(n)*, Litzenauge *(n)*
coup de battant (tissage) Laden(an)schlag *(m)*
coup d´épingle Nadelstich *(m)*
coupage Verschnitt *(m)*
coupant scharf, schneidend
coupé (text.) brüchig (Text.)
coupe Schnitt *(m)*, auch: Verschnitt *(m)* (z.B.Lösungen)
coupe (chim.) Fraktion *(f)* (Chem.)
coupe (confect.) Zuschnitt *(m)*
coupe bactérienne Bakterienfilter *(m)*
coupé-cousu Schneidware *(f)*
coupe de verge Rutenschnittfehler *(m)*
coupe droite (fabr. de fibres) regelmäßige Schnittlänge *(f)*
coupé en biais schräggeschnitten
coupe en travers Querschnitt *(m)*
coupe microscopique mikroscopischer Schnitt *(m)*

coupe oblique (fabr. de fibres) unregelmäßige Schnittlänge *(f)*
coupe poil Schnittpol *(m)*
coupe princesse Prinzeßschnitt *(m)*
coupe variable (fabr. de fibres) unregelmäßige Schnittlänge *(f)*
coupe-fil Faden(ab)schneider *(m)*
couper (auf)schneiden, abschneiden, auch: verschneiden (Produkte), schneidern
couper (chim.) verschneiden, verdünnen
couper carrément glatt abschneiden
coupeur Zuschneider *(m)*
coupeuse Schneidemaschine *(f)*
coupeuse à velours Samtschneidemaschine *(f)*
couplage (chim.) Kupplung *(f)*
couplage (électr.) Schaltung *(f)*
couplage de colorants diazo Kupplung *(f)* von Diazofarbstoffen
couplage en série Reihenschaltung *(f)*, Serienschaltung *(f)*
coupler kuppeln
coupon d´échantillon Musterabschnitt *(m)*, Coupon *(m)*
coups, par à-coups (adv.) stoßartig
coupure Schnitt *(m)*, Einschnitt *(m)*
courant (électr./ subst.) Strom *(m)*
courant alternatif Wechselstrom *(m)*
courbe de température Temperaturkurve *(f)*
courbe d´échauffement Aufheizkurve
courir laufen
couronne de platines Platinenkranz *(m)*
courroie de chasse (tissage) Schlagriemen *(m)*
courroie de commande Treibriemen *(m)*
courroie de transport Förderband *(n)*
courroie en cuir Lederriemen *(m)*
courroie trapézoïdale Keilriemen *(m)*
cours de temps Zeitverlauf *(m)*
cours d´enseignement Lehrgang *(m)*
cours d´instruction Lehrgang *(m)*
course (mach.) Lauf *(m)*, Gang *(m)* (Masch.)
course de frottoirs Nitschelhub *(m)*
course de la navette Schützenlauf *(m)*
course de l´excentrique Exzenterhub *(m)*, Exzenterbewegung *(f)*
course d´essai (mach.) Probelauf *(m)*
court kurz
court, à brin court kurzfädig
court, à fibre courte kurzfaserig
court, à fibres courtes kurzstaplig (Fasern)
court, à temps court kurzzeitig
court-circuit (électr.) Kurzschluß *(m)*
coussin Kissen *(n)*
coussin passepoilé Kordelkissen *(n)*
cousu main geschneidert
couteau à velours Samtmesser *(n)*
coutil Zwillich
coutil à matelas Matratzendrell *(m)*
coutil grossier grober Drillich
coutil pour literie Inlett *(n)*, Bettendrell *(m)*, Matratzendrell *(m)*
coûts de fabrication Verarbeitungskosten *(pl)*
couture Nähen *(n)*, Näharbeit *(f)*
couture (au tissu) Naht *(f)*
couture à deux aiguilles Zweinadelsaumnaht *(f)*
couture à jour Hohlnaht *(f)*
couture à la française französische Naht *(f)*
couture à point invisible Blindstichnaht *(f)*
couture bord-à-bord Stoßnaht *(f)*
couture circulaire Rundnaht *(f)*
couture collée Klebenaht *(f)*
couture de remaillage Kettelnaht *(f)*
couture d´arrêt Festigungsnaht *(f)*
couture d'entrejambe (pantalon) Schrittnaht (Hose)
couture d´ornementation Ziernaht *(f)*
couture en long (tissu) Längsnaht *(f)*
couture en surjet Überwendlichnaht *(f)*
couture overlock Overlocknaht *(f)*
couture piquée Steppnaht *(f)*
couture piquée double Doppelsteppstichnaht *(f)*
couture plate Flachnaht *(f)*
couture plate à quatre aiguilles Viernadelflachnaht *(f)*
couture pyramidale Pyramidennaht *(f)*
couture rabattue überdeckte Naht *(f)*
couture remaillée Anrändernaht *(f)*
couture renforcée Nahtverstärkung *(f)*, verstärkte Naht *(f)*
couture roulottée Rollnaht *(f)*
couture, sans couture nahtlos
couture zig-zag Zickzacknaht *(f)*

couturier Modeschöpfer *(m)*
couturier sur mesure Maßschneider *(m)*
couturière Schneiderin *(f)*
couvercle Deckel *(m)*
couvert Platzgedeck *(n)*
couverture Decke *(f)*, Abdeckung *(f)*
couverture (text.) Decke *(f)*, Schlafdecke *(f)*
couverture de cheval Pferdedecke *(f)*
couverture de coton Baumwolldecke *(f)*
couverture de divan Sofadecke *(f)*
couverture de laine Wolldecke *(f)*
couverture de landau Wagendecke *(f)*
couverture de lit Bettdecke *(f)*, Schlafdecke *(f)*
couverture de protection pour les blessés Schutzdecke *(f)* für Verletzte
couverture de voyage Reisedecke *(f)*
couverture grossière en laine (Woll)Kotzen *(m)*
couvre-cafetière Kaffeewärmer *(m)*
couvre-chef Kopfbedeckung *(f)*
couvre-lit Tagesdecke *(f)*
couvre-meubles Möbeldecke *(f)*
couvrir d´une couche mit einer Schicht versehen
couvrir subséquemment (teint.) nachdecken (Färb.)
covalent kovalent
cracking Kracken *(n)*
craie Kreide *(f)*
craie tailleur Schneiderkreide *(f)*
cramoisi karmesinrot, knallrot, hochrot
craquage Kracken *(n)*
craqué (chim.) gekrackt (Chem.)
craquelé Craquelé
craquement de soie Seidenschrei *(m)*
craquer (chim.) spalten, kracken
crasse Schmutz *(m)*, Dreck *(m)*
crasseux schmutzig, dreckig
cravate Binder *(m)*, Halsbinde *(f)*, Krawatte *(f)*, Schlips *(m)*
cravate papillon Schleifenbinder *(m)*
crayeux kreideartig
crayon thermocolor Temperaturmeßfarbstift *(m)*
création Gestaltung *(f)*, Formgestaltung *(f)*, Kreation *(f)*
création des dessins par la chaîne Musterung *(f)* aus der Kette, durch die Kette
créer (mode) kreieren (Mode)
crème Creme *(f)*
créneau sur le marché Marktlücke *(f)*
crêpage Kreppen *(n)*
crêpe Krepp *(m)*
crêpe-de-chine Crêpe de Chine *(m)*
crêpe de coton Baumwollkrepp *(m)*
crêpe de laine Wollkrepp *(m)*
crêpe de soie Seidenkrepp *(m)*
crêpe gaufré Prägekrepp *(m)*
crêpe georgette Crêpe Georgette *(m)*, Doppelkrepp *(m)*
crêpe marocain Crêpe marocain *(m)*
crêpe mousse Mooskrepp *(m)*
crêpe profilé Borkenkrepp *(m)*, Borkengewebe *(n)*
crêpe zéphir Zephirkrepp *(m)*
crêper kreppen, kräuseln, kraus machen
crépon Krepon *(m)*
crépu kraus, wollig
crésol Kresol *(n)*
crétacé kreideartig, kreidig
cretonne Kretonne
creuset (labo) Tiegel *(m)*, Labortiegel *(m)*
creuset en porcelaine Porzellantiegel *(m)*
creuset filtrant à verre fritté Glasfrittenfiltriertiegel *(m)*
creuset réfractaire feuerfester Tiegel *(m)*
creux hohl
crevasser aufreißen, reißen
crever platzen, bersten, zerplatzen
cri de soie Seidenschrei *(m)*
criard (couleur) schreiend, stichig
crible Sieb *(n)*
crible fin Feinsieb *(n)*
crible cylindrique Rundsieb *(n)*
cribler sieben, absieben
crin Borste *(f)*, grobes Haar *(n)*
crin de brosserie Borstenhaar *(m)*
crin de cheval Roßhaar *(n)*, Pferdehaar *(n)*
crin de la queue Schweifhaar *(n)*
crin de rembourrage Polsterhaar *(n)*
crin pour pinceau Pinselhaar *(n)*
crin synthétique künstliches Roßhaar *(n)*, Kunstroßhaar *(n)*
crinoline Krinoline *(f)*, Reifrock *(m)*
crispation en arrière Einkräuselung *(f)*
cristal Kristall *(m)*
cristal liquide Flüssigkristall *(m)*
cristallin kristallin
cristallisation Kristallisation *(f)*

cristalliser kristallisieren
critique kritisch
crochet Aufhänger *(m)*
crochet (tissage) Platine *(f)*, Hebel *(m)* mit Nase
crochet à navette centrale (mach. à coudre) Zentralspulengreifer *(m)*
crocheter häkeln
crochets sont placés en largeur Platinen stehen in Querreihen
crochets sont placés en longueur Platinen stehen in Längsreihen
croisé gekreuzt, überkreuz, überkreuz gearbeitet, quer
croisé (subst.) Köper *(m)*
croisé (tissu) geköpert
croisé à angle obtus Flachköper *(m)*
croisé à double face Doppelköper *(m)*, zweiseitiger Köper
croisé à quatre lames vierbindiger Köper *(m)*
croisé chaîne Kettköper *(m)*
croisé de gauche à droite Rechtsgradköper *(m)*
croisé en chevron Fischgratköper *(m)*
croisé sans envers beidrechter Köper *(m)*
croisé Z Z-Gratköper *(m)*
croisement (tissage) Fadenkreuz *(n)* (Web.)
croisement des étoffes doubles (tissage) Kreuzschlag *(m)*, Diagonalschlag *(m)*
croisement perdu (tissage) blinde Kreuzung *(f)*
croisement satin Satinbindung *(f)*
croiser (tissage) köpern
croissance Wachstum *(n)*, Zunahme *(f)*
croissance cristalline Kristallwachstum *(n)*
croissance de la température Temperaturanstieg *(m)*
croisure (tissage) Fadenkreuz *(n)*, Gelese *(n)* (Web.)
croisure chevron Fischgratbindung *(f)*
croquis Entwurf *(m)*
croquis de mode Modezeichnung *(f)*
croulant morsch, brüchig
cru (fibre) roh, unbearbeitet
crylor Crylor
cubage Kubikmaß *(n)*
cubage d´eau Wasserinhalt *(m)*, Wassermenge *(f)* (Maschine)
cueillage de la maille Maschenkulieren *(n)*
cueilleur (bas) Aufnehmer *(m)* (Strümpfe)
cueilleuse mécanique de coton Baumwollpflückmaschine *(f)*
cueillir (tissage) kulieren (Web.)
cuir Leder *(n)*
cuir imité Kunstleder *(n)*, Imitatleder *(n)*
cuir laqué Lackleder *(n)*
cuir pour harnais Geschirr- oder Harnischleder
cuir synthétique Kunstleder *(n)*. Vlieskunstleder *(n)*
cuire au four einbrennen (Farben od. Lacke)
cuire la résine synthétique Kunstharz aushärten
cuite douce leichtes Kochen *(n)*, mildes Kochen *(n)*
cuivre Kupfer *(n)*
cuivreuse, de couleur cuivreuse kupferfarben, kupferfarbig
cuivreux kupferartig
culotte Unterhose *(f)*, Breeches *(f)*
culotte bouffante Pluderhose *(f)*
culotte courte Kniehose *(f)*
culotte de cheval Reithose *(f)*
culotte de golf Golfhose *(f)*
culotte de gymnastique Turnhose *(f)*
culotte gainante Miederhöschen *(n)*
culture, faire un bouillon de culture eine Bakterienkultur *(f)* ansetzen
cumulé kumuliert
cumultatif kumuliert
curcumin Kurkumagelb *(n)*
curseur (filat.) Reiter *(m)*, Stift *(m)*, (Ring)Läufer *(m)*
curseurs et manchons Stifte *(m, pl)* und Muffen *(f, pl)*
cuve Küpe *(f)*
cuve à blanc blinde Küpe *(f)*
cuve à rouleaux Rollenkufe *(f)*
cuve au bleu Blauküpe *(f)*
cuve collectrice Sammelbehälter *(m)*
cuve de fermentation Gärungsküpe *(f)*
cuve de mélange Mischbehälter *(m)*
cuve de teinture Färbekufe
cuve de vaporisage Kastendämpfer *(m)*

cuve d´imprégnation (appr.) Imprägnierbehälter *(m)*
cuve d´indigo Indigoküpe *(f)*
cuve en spirale Spiralkufe *(f)*
cuve ouverte à débouillir offener Abkochapparat *(m)*
cuve-mélangeur Mischkessel *(m)*
cuve-mère Stammküpe *(f)*
cyanine Zyanin *(n)*
cyanogène (subst. et adj.) Zyan *(n)*, zyan
cyanuramide Melamin *(n)*
cyclamen zyklam
cyclane Cyclohexan *(n)*, Naphthen *(n)*
cycle Kreislauf *(m)*, Zyklus *(m)*, Umlauf, Takt, Arbeitstakt
cycle benzénique Benzolring *(m)*
cycle de fabrication Fertigungsablauf *(m)*
cycle de traitement Verfahrensfolge *(f)*
cycle fermé geschlossener Kreislauf *(m)*
cycle opératoire Verfahrensfolge *(f)*
cyclique zyklisch, auch: aliphatisch
cyclisant (chim.) ringbildend
cycloalcane Cyclohexan *(n)*, Naphthen *(n)*
cyclohexane Cyclohexan *(n)*
cyclohexanol Cyclohexanol *(n)*
cylindre Walze *(f)*, Zylinder *(m)*
cylindre à lainer (à gratter) Rauhwalze *(f)*
cylindre à l´émeri Schleifwalze *(f)*
cylindre à tambour Tambourwalze *(f)*
cylindre alimenteur Transportwalze *(f)*, Zuführwalze *(f)*, Speisewalze *(f)*
cylindre arracheur inférieur untere Abzugswalze *(f)*
cylindre briseur Reißwalze *(f)*, Stachelwalze *(f)*
cylindre broyeur Brechwalze *(f)*
cylindre cannelé Riffelwalze *(f)*, Riffelzylinder *(m)*
cylindre creux Hohlwalze *(f)*, Hohlzylinder *(m)*
cylindre de carde Kardenzylinder *(m)*
cylindre d'étirage Streckzylinder *(m)*
cylindre de frottoir Nitschelwalze *(f)*
cylindre de guidage Führungszylinder *(m)*, Führungsrolle *(f)*
cylindre de la tondeuse Scherzylinder *(m)*
cylindre de lisses Schaftzylinder *(m)*, Schaftrolle *(f)*
cylindre de nettoyage du tambour Tambourputzwalze *(f)*
cylindre de plaquage (rouleau de pl.) Pflatschwalze *(f)*
cylindre de pression (calandre) Druckwalze
cylindre de relevage Auflaufzylinder *(m)* (für Gewebebahnen)
cylindre débourreur Ausputzwalze *(f)*
cylindre décatisseur Dekatierwalze *(f)*
cylindre déchargeur (carde) Wendewalze *(f)*
cylindre délivreur Abzugswalze in der Kämmerei
cylindre détacheur Abzugswalze *(f)*
cylindre détacheur de l´étaleuse (filat.) Abzugswalze *(f)* der Anlegemaschine
cylindre d‘impression (avec motif) Druckwalze *(f)*
cylindre d'impression gravé Gravurdruckwalze *(f)*, gravierte Druckwalze *(f)*
cylindre d´aiguisage Schleifwalze *(f)*, Walze zum Schärfen
cylindre d´étirage Streckwalze *(f)*
cylindre encolleur Auftragswalze *(f)*, Schlichtewalze *(f)*
cylindre enrouleur Wickeltrommel *(f)*
cylindre étireur Ausziehwalze *(f)*, Streckwalze *(f)*, Verzugswalze *(f)*
cylindre fournisseur Lieferwalze, Zuführwalze, Einführwalze *(f)*
cylindre gaufreur Prägewalze *(f)*
cylindre inférieur Unterwalze *(f)*
cylindre inférieur alimentaire Eingangsunterwalze *(f)*
cylindre lécheur Pflatschwalze *(f)*
cylindre nettoyeur Putzwalze *(f)*
cylindre porteur Trägerwalze *(f)*
cylindre pour laminer le ros Rietwalze *(f)*
cylindre sécheur Trockenwalze *(f)*
cylindre secteur Teilbaum *(m)*
cylindre supérieur Oberwalze *(f)*
cylindre supérieur alimentaire Eingangsoberwalze *(f)* (Spinn.)
cylindre travailleur Arbeitswalze *(f)* (in der Spinnerei)
cylindre-hérisson Nadelwalze *(f)*, Igelwalze *(f)*
cylindres étireurs Walzenstreckwerk *(n)*
cylindrique walzenförmig, zylinderförmig
cylindre de fonture Teilbaum *(m)*

D

dalle Teppichfliese *(f)*
daltonien farbenblind
daltonisme Farbenblindheit *(f)*, Rotblindheit *(f)*
damas Damast *(m)*
damas à demi-soie halbseidener Damast *(m)*
damas de soie Seidendamast *(m)*
damas double face Doppeldamast *(m)*
damas fleuri Blumendamst *(m)*
damas, armure de damas Damastbindung *(f)*
damasser damastartig weben
damassin Halbdamast *(m)*
damassure Bildweberei *(f)*, Damastarbeit *(f)*
dans l´intérieur im Inneren *(n)*, innen, innen drin
date Datum *(n)*, Zeitpunkt *(m)*
dénomination commerciale Handelsbezeichnung *(f)*
diphényl Diphenyl *(n)*
dé à coudre Fingerhut *(m)*
de basse lisse flachkettig
déballeur Ballenöffner *(m)*
débit Ausstoß *(m)*, Produktionsmenge *(f)*
débit Durchsatzmenge *(f)*, Leistung (f), Leistungsabgabe (f)
débit de passage (bain de teint.) Durchflußmenge *(f)*
débit de séchage Trocknungsleistung *(f)*
débit de vapeur Dampfleistung *(f)*
débit d´eau usée Abwasseranfall *(m)*
débit d´évaporation Verdampfungsleistung *(f)*
débit horaire Produktions- resp. Förderleistung pro Stunde
débit journalier Tagesleistung *(f)*
débobiner abspulen
débobineuse Abspulmaschine *(f)*
déborder, se auslaufen, sich ergießen
déborder überfließen, überlaufen
déborder en bouillant überkochen (Flüssigkeiten)
débouché, déchargeoir Abfluß *(m)*, Ausfluß *(m)*
débouillir abkochen
débouillir (teint.) abbrühen, überbrühen
débouillisage (tissus) Abkochen *(n)*
débourber abschlämmen, schlämmen
débourrage des garnitures de carde Putzen *(n)* der Kratzenbeschläge
débourreur du volant Fangwalze für Faserflug
débourreur (carde) Wendewalze *(f)*
débourrures (carde) Ausputz *(m)*
débourrures de carde Strips *(m)*, Baumwollabfall *(m)*
debout stehend
déboutonnable aufknöpfbar
débrancher (app. électr.) abschalten, ausschalten
débrayer auskuppeln *(masch.)*
débris végétaux Pflanzenreste *(m,pl)*
début d´ébullition Siedebeginn *(m)*
décalage Verschiebung *(f)*, Verlegung *(f)*
décalage spectral Spektralverschiebung *(f)*
décalcifier entkalken
décaler versetzen
décamètre à ruban Bandmaß *(n)*
décantage Dekantieren *(n)*, Abgießen *(n)*
décanter dekantieren, abgießen
décanteur (lab./chim.) Abklärgefäß *(n)*
décapant Beizmittel (Metall), Abbeizmittel *(n)*
décaper (acier) abbeizen
décarbonisation Entkarbonisierung
décarboniser entkalken, entkarbonisieren (Wasser)
décatir dekatieren
décatissage Dekatur *(f)*
décatissage à la vapeur Dampfdekatur *(f)*
décatissage au bouillon Heißwasserdekatur *(f)*
décatissage au mouillé Naßdekatur *(f)*
décatissage finish Finishdekatur *(f)*, Finishdekatieren *(n)*
décatissage fort (à l'eau bouillante) Pottingverfahren *(n)*
décatissage glacé Glanzdekatur *(f)*
décatissage mat Mattdekatur *(f)*
décatissage muk Muk-Dekatur *(f)*
décatisseuse à l'eau bouillante Einbrennmaschine *(f)*, Kochmaschine *(f)* (Appr.)
décatisseuse au mouillé Naßdekaturmaschine *(f)*
décatissoir Dekatiermaschine

décelable (analyse) nachweisbar (analyt.)
décèlement (analyse) Nachweis *(m)* (analyt.)
déceler (analyse) nachweisen
décent dezent
décharge de déchets Deponie *(f)*, Mülldeponie *(f)*
décharge électrique elektrische Entladung *(f)*
décharger (mach.) ausfahren, entleeren
déchet de coton Baumwollabfall *(m)*
déchet de coton Baumwollabfall *(m)*
déchet de soie Seidenabfall *(m)*
déchets chimiques Chemiemüll *(m)*, Chemieabfall *(m)*
déchets de filature Spinnereiabfall *(m)*
déchets de carde Kardenabfall *(m)*
déchets de couture Schneiderabfall *(m)*
déchets de grattage Rauhabfall *(m)*
déchets de laine Wollabfälle *(m, pl)*, Wollabgänge *(m, pl)*
déchets de tissage Webereiabgang *(m)*
déchets d´assortissement Sortierabfall *(m)*
déchets industriels Industrieabfälle *(m,pl)*
déchets sous forme de boue Abfallschlamm *(m)*
déchiré gerissen, zerrissen
déchirement Reißen *(n)*, Zerreißen *(n)*, Riß *(m)*
déchirer zerreißen, entzweireißen, durchreißen
déchirure Reißen *(n)*, Zerreißen *(n)*, Riß *(m)*
déchirure de lisière Kanteneinriß *(m)* (des Gewebes)
décinormal zehntelnormal
déclenchement automatique Selbstabstellung *(f)*, Selbstausschaltung *(f)*
décochement (tissage) Verlauf *(m)* der Bindungspunkte (Web.)
décoction Sud *(m)*, Abkochung *(f)*
décoller ableimen, entschlichten
décolleté Dekolleté *(n)*, Ausschnitt *(m)*
décolleté à bordure Blendenausschnitt *(m)*
décolleté bateau gerader Ausschnitt *(m)*, U-Boot-Ausschnitt *(m)*
décolleté carré viereckiger Ausschnitt *(m)*
décolleté en cœur Coeurausschnitt *(m)*
décolleté en fer à cheval Magnetausschnitt *(m)*
décolleté en trapèze Trapezausschnitt *(m)*
décolleté en V spitzer Ausschnitt *(m)*, V-Ausschnitt *(m)*
décolleté festonné Bogenausschnitt *(m)*
décolleté oval ovaler Ausschnitt *(m)*
décolleté rectangulaire rechteckiger Ausschnitt *(m)*
décolorant ausbleichend, bleichend
décolorant Entfärber *(m)*
décoloration par les fumées industrielles Verfärbung *(f)* durch industrielle Abgase
décoloré entfärbt
décolorer entfärben, ausbleichen, abfärben
décolorer, se verschießen, ausbleichen, farblos werden
décomposable zersetzbar, abbaubar
décomposer (chim.) abbauen, auflösen
décomposer par ébullition (colorants) verkochen (von Farbstoffen)
décomposer, se sich zersetzen, sich abbauen
décomposition Zersetzung *(f)*, Abbau *(m)*
décomposition (chim.) Aufschluß *(m)*, Abbau *(m)* , Zerfall *(m)*
décomposition , produit de décomposition Abbauprodukt *(n)*
décomposition des couleurs Farbenzerlegung *(f)*
décomposition, réaction de décomposition Abbaureaktion *(f)*
déconnecter (électr.) trennen
décontracté leger
décor Zier(de) *(f)*
décorateur Dekorateur *(m)*
décoration Dekoration *(f)*, Schmuck *(m)*
décoration de vitrine Schaufensterdekoration *(f)*
décoration d'intérieur Raumausstattung *(f)*
décorer bemustern, mit Mustern *(n, pl)* versehen, schmücken
décortiquer abschälen, entrinden
découdre (tissus) auftrennen (Nähte)
découdre, se aufgehen von Nähten
découper en franges ausfransen
décrassement Schmutzentfernung *(f)*
décrépiter (chim.) verpuffen

décreuser (lin, soie) degummieren
décroître schwinden, geringer werden
décuire (chim.) abkochen
dedans, au dedans innen
dédommagement Schadenersatz *(m)*
défaire (tissus) auftrennen
défaut Fehler *(m)*, Defekt *(m)*, Störung *(f)*
défaut de cadrage Paßfehler *(m)*
défaut de carbonisage Karbonisierfehler *(m)*
défaut de montage Montagefehler *(m)*
défaut de montage d'ensouple Schrägschuß *(m)*
défaut de peigne Blattfehler *(m)*
défaut de rentrage Einziehfehler *(m)*, Einzugsfehler *(m)* (Web.)
défaut de tension Spannstelle *(f)*
défaut de tissage Webfehler *(m)*
défaut du matériel Materialfehler *(m)*
défaut d´épluchage Putzfehler *(m)*
défaut par frottement Scheuerstelle *(f)*
défectueux schadhaft, fehlerhaft
défectuosité Fehlerhaftigkeit *(f)*, Schadhaftigkeit *(f)*
défectuosité (tricotage) Zieher *(m)*, Fehlerhaftigkeit *(f)*
déferrisation Enteisung *(f)*
défeutrer entfilzen
défibrer entfasern
défibreur Entfaserer *(m)*
déficit de saturation Untersättigung *(f)*
défilé de mode Mode(n)schau *(f)*
déflagration (chim.) Verpuffung *(f)*
défloculer entflocken
déformabilité Verformbarkeit *(f)*
déformable verformbar, formbar
déformation Verformung *(f)*, Formänderung *(f)*, Mißbildung *(f)*
déformation linéaire Längsverformung *(f)*
déformation permanente bleibende Verformung *(f)* (Formänderung)
déformer verformen, deformieren, ausbeulen (Kleidg.)
défripement Entknittern *(n)*
défriser entkräuseln
défroissement Knittererholung *(f)*
défroncement Entknitterung *(f)*, Entknittern *(n)*
dégagé (chim.) freigesetzt
dégagement de gaz Gasentweichung *(f)*, Gasentwicklung *(f)*
dégagement des picots Ausnadeln *(n)*
dégagement d´épaisse fumée Qualmentwicklung *(f)*
dégagement d´hydrogène Wasserstoffentwicklung *(f)*
dégagement d´oxygène Sauerstoffentwicklung *(f)*, Sauerst.Abgabe
dégager (chim.) freisetzen
dégager de vapeur dampfen
dégager, se entweichen (z.B. Gas)
dégât Schaden *(m)*
dégâts matériels Materialschaden *(m)*
dégeler tauen, auftauen, entfrosten
dégluer entleimen
dégommer (lin, soie) degummieren, entbasten
dégonfler abblasen, ablassen
dégorgement Ausbluten *(n)*, Anbluten *(n)*
dégorgement mutuel (teint.) gegenseitiges Anbluten *(n)*
dégorger (teint.) ausbluten (Farbst.), auch: anbluten
dégoudronnage Entpechung *(f)*
dégoudronner (laine) entpechen
dégoutter abtropfen, herabtropfen
dégoutter, faire dégoutter abtropfen lassen
dégradable abbaubar
dégradation (chim.) Abbau *(m)*
dégradation de l'amidon (fécule) Stärkeabbau *(m)*
dégradation, produit de dégradation Abbauprodukt *(n)*
dégradé (ou décomposé) **thermiquement** thermisch abgebaut
dégrader (chim) abbauen, auflösen
dégrader la teinte eine Färbung abschwächen, abmildern
dégraissage Entfettung *(f)*, Entfetten *(n)*
dégraissant Entfettungsmittel *(n)*
dégraisser entfetten
dégraver (impression) anreißen (der Druckwalzen)
degré Grad *(m)*
degré Celsius Celsiusgrad *(m)*, Grad *(m)* Celsius
degré de blanc Weißgrad *(m)*
degré de chaleur Wärmegrad *(m)*
degré de concentration Konzentrationsgrad *(m)*

degré de dilution Verdünnungsgrad *(m)*
degré de dissociation Dissoziationsgrad *(m)*
degré de dureté Härtegrad *(m)*
degré de dureté de l´eau Wasserhärtegrad *(m)*
degré de polymérisation Polymerisationsgrad *(m)*
degré de précision Genauigkeitsgrad *(m)*
degré de propreté Sauberkeitsgrad *(m)*
degré de reflexion spectrale Remissionsgrad *(m)* (spektral)
degré de température Temperaturstufe *(f)*, Temperaturgrad *(m)*
degré d´acidité Säuregrad *(m)*
degré d´étirage Verzugsgröße *(f)*
degré d´usinage Bearbeitungsstufe *(f)*, Verarbeitungsstufe *(f)*
degré hydrométrique de l'eau Wasserhärtegrad *(m)*
degré, par degrés gradweise
dégrogement du colorant Ausbluten *(n)* von Farbstoff (en)
délai d´achèvement Fertigstellungstermin *(m)*
délai d´inflammation Zündverzug *(m)*
délainage Schwöde *(f)*
délainer schwöden
délaver verwaschen (Farbe)
délayer verdünnen, auflösen
délicat dezent, zierlich
démailler Maschen aufziehen, auftrennen
demande Nachfrage *(f)*
demande biochimique d´oxygène biochemischer Sauerstoffbedarf *(m)* (BSB)
demande biologique d´oxygène biologischer Sauerstoffbedarf *(m)* (BSB)
demande chimique d´oxygène chemischer Sauerstoffbedarf *(m)* (CSB)
demande d´énergie Energiebedarf *(m)*
demande totale Gesamtbedarf *(m)*
démarrage Anlauf *(m)*, Inbetriebnahme *(f)*, Anfahren *(f)*
démarrage, durée de démarrage Anlaufzeit
démarrage, friction au démarrage Anlaufreibung *(f)*
démarrer (mach.) anfahren, einschalten, starten (Msch./Motor)
démarrer à vide (mach.) leer anlaufen, leer starten
démarrer sans charge (mach.) leer anlaufen, leer starten
démarreur-régulateur Anlaßregler *(m)*
démêler (fibres) auflockern, entwirren
demi-automat à filer Halbselfaktor *(m)*, Halbselbstspinner *(m)*
demi-circulaire halbrund
demi-fin mittelfein
demi-ouvré halbfertig
demi-valeur Halbwert *(m)*
demi-vie radioactive radioaktive Halbwertzeit *(f)*
déminéralisation totale (eau) Vollentsalzung *(f)*
déminéraliser entmineralisieren, demineralisieren, entsalzen
déminéraliser l´eau Wasser *(n)* aufbereiten, W. entmineralisieren
démodé überholt, veraltet, aus der Mode, altmodisch
démontage (colorants) Abziehen *(n)*
démonter (couleur, colorant) abziehen (Farbe, Farbstoff)
démonter la chaîne (tiss.) abbäumen, die Kette abbäumen
démousser entschäumen
dénaturer (alcool) vergällen, denaturieren
denier Denier *(n)*
denim Denim *(m)*
dénitrifier denitrieren
dense dicht, fest
densité (génér.) Dichte *(f)*
densité (tissage) Dichte *(f)*
densité de points (couture) Stichdichte *(f)*
densité de tissu Warendichte *(f)*
dent du peigne Rietstab *(m)*
dentelle Spitze *(f)*, Spitzengewebe *(n)*, Tourenspitze *(f)*
dentelle crochetée Häkelspitze *(f)*
dentelle d'Alençon Alençonspitze *(f)*
dentelle en tulle Tüllspitze *(f)*
dentelle Rachel Raschelspitze *(f)*
dentelle réalisée au fuseau Klöppelspitze *(f)*
dentelles et broderies Spitzen und Strickereien *(f, pl)*
dentelles par tissage mécanique Webspitze *(f)*
dentelles pour application Einsatzspitzen

denture Zahnung *(f)*
désoxyder Sauerstoff entziehen
dépannage (mach.) Fehlerbeseitigung *(f)*
dépasser überschreiten
dépendant de la charge lastabhängig
dépendant de la concentration konzentrationsbedingt
dépense d´énergie Energieaufwand *(m)*
dépenses Kosten *(pl)*, Ausgaben *(f, pl)*
dépenses d´exploitation Betriebskosten *(f, pl)*
déperdition de qualité Qualitätsverschlechterung *(f)*
dépiler enthaaren
déplacement Verschiebung *(f)*
déplacement automatique selbsttätige Schaltbewegung *(f)*
déplacement moléculaire Molekularbewegung *(f)*
déplacer verschieben, versetzen
déployer auseinanderfalten
déplucher (tissage) ausputzen
dépollution Beseitigung *(f)* von Umweltschmutz
dépolymériser depolymerisieren
déposer (chim.) ablagern, absetzen (sich)
déposer, se sich absetzen, sich niederschlagen
dépôt (chim./textil) Ablagerung *(f)*, Auflage *(menge) (f)*
dépôt (sur fibres etc.) Auflage *(f)*
dépôt calcaire Kalkablagerung *(f)* auch: Verkrustung (Wasser)
dépôt de déchets Deponie *(f)*, Mülldeponie *(f)*
dépôt d´impuretés Schmutzablagerung *(f)*
dépôt irrégulier ungleichmäßige Auflage *(f)*
dépôt salin Salzablagerung *(f)*
dépréciation Wertminderung *(f)*
déraidir entsteifen, Steife nehmen (Appr.)
dérangement Störung *(f)*
déranger stören, durcheinanderbringen
dérésinifier entharzen
dérivation à la terre Erdableitung *(f)*
dérivé Derivat *(n)*, Abkömmling *(m)*
dérivé (instrum., thermom.) Meßabweichung *(f)*
dérivé benzénique Benzolderivat *(n)*
dérivé de pétrole Erdölderivat *(n)*
dérivé nitré Nitroverbindung *(f)*, Nitroabkömmling *(m)*
dérivé stilbénique Stilbenabkömmling *(m)*
dériver umleiten
dériver, se sich ableiten (von)
dermophile hautfreundlich
dermophobe hautfeindlich
dernier bain de préparation Präparationsbad *(n)*
dernier cri hochmodisch, letzter Schrei *(m)*
dérochage (métal) Ätzen *(n)*
dérocher (acier) abbeizen
dérouiller entrosten
déroulage Abrollen *(n)*, Abwickeln *(n)*
déroulement (filat.) Ablauf *(m)*, Lauf *(m)*
déroulement de chaîne Kettablaß *(m)*
déroulement de la réaction Reaktionsablauf
déroulement de l´exploitation Betriebsablauf *(m)*
déroulement de production Produktionsablauf *(m)*
déroulement du travail Arbeitsablauf *(m)*, Arbeitsverlauf *(m)*
dérouler abrollen, abwickeln, loswickeln, entfalten, aufrollen
dérouler la chaîne (tiss.) abbäumen, die Kette abbäumen
dérouleur de chaîne Kettablaßvorrichtung *(f)*
dérouleur de lisières Kantenausroller *(m)*
désacidifier entsäuern
désaérant (tent.) Entlüfter *(m)*, Entlüftungsmittel *(n)*
désaérer (bobine p.ex.) entlüften (Spulen)
désagrégation, procédé de désagrégation Aufschlußverfahren *(n)*
désagréger (fibres) auflockern
désagréger des fibres Trennen *(n)* von Fasern
désalcaliniser entalkalisieren
désalignement Falschausrichtung *(f)*
désavantage Nachteil *(m)*
désembrayer (mach.) ausrücken
désemplir abfüllen, teilweise entleeren
désémulsifier demulgieren
désémulsion, désémulsification Brechen *(n)* von Emulsionen, Demulgieren *(n)*
désémulsionner demulgieren

désencollant Entschlichtungsmittel *(n)*
désengrené außer Gang
désensimage Entavivierung *(f)*
déséquilibré unausgeglichen
déséquilibre Unausgeglichenheit *(f)*
déshabillé Negligé *(n)*
déshuiler entölen
déshuileur Ölabscheider *(m)*
déshuileur de vapeur (Ab)Dampfentöler *(m)*
déshydratant Trocknungsmittel *(n)*, Trockenmittel *(n)*
déshydratant (adj.) wasserentziehend
déshydratation Wasserabspaltung *(f)*
déshydrater dehydratisieren, Wasser *(n)* entziehen
déshydratisation Dehydratisation *(f)*, Wasserentzug *(m)*
déshydratiser entwässern, dehydratisieren
déshydrogéner dehydrieren
design Design *(n)*
désinfecter desinfizieren
désintégration thermique thermische Zersetzung *(f)*, Pyrolyse *(f)*
désintréger (fibres) auflösen
désioniser deionisieren, entionisieren
désodorisation Geruchsbeseitigung
dessalement Entsalzung *(f)*, Salzentziehung *(f)*
dessalement de l´eau de mer Meerwasserentsalzung *(f)*
dessaler entsalzen
dessécher austrocknen
desserré gelockert
desserrer lockern
dessicateur Exsikkator *(m)*
dessicateur à vide Vakuumexsikkator *(m)*
dessication (chim.) Trocknen *(n)*
dessin Muster *(n)*, Dessin *(n)*, Musterung *(f)*
dessin à bordure abgepaßtes Muster *(n)*
dessin à carreaux Würfelmuster *(n)*, kariertes Muster *(n)*
dessin à chevron Fischgrätmuster *(n)*, Fischgratmuster *(n)*
dessin à côtes Rippenmuster *(n)*
dessin à l'œil d'oiseau Vogelaugendessin *(n)*
dessin à losanges Rautenmuster *(n)*, Rhomenmuster *(n)*
dessin à nattes Zopfmuster *(n)*
dessin à rayures bayadères Ringelmuster *(n)*
dessin à renoncules Dotterblumenmuster *(n)*
dessin à tulipes Tulpenmuster *(n)*
dessin à vases Vasendessin *(n)*
dessin à vrilles Rankenmuster *(n)*
dessin argyle Argylemuster *(n)*
dessin armorial Wappenmuster *(n)*
dessin classique klassisches Muster *(n)*
dessin continu durchlaufendes Muster *(n)*
dessin d´armure (tissage) Bindungsbild *(n)*
dessin de bordures Bordürenmuster *(n)*
dessin de chasse Jagdmuster *(n)*
dessin de presse Preßmuster *(n)*
dessin de rentrage (tissage) Hebeplan *(m)* (der Kettfäden)
dessin d'un tapis Teppichmuster *(n)*
dessin du tissu Warenbild *(n)*, Stoffmuster *(n)*
dessin écaille Schuppenmuster *(n)*
dessin échiquier Schachbrettmuster *(n)*
dessin effet trame Schußmusterung *(f)*
dessin en forme de palmes Palmblattmuster *(n)*
dessin entrelacs Mäandermuster *(n)*
dessin gaufré, dessin à gaufres Waffelmuster *(n)*, aufgepreßtes Muster *(n)*
dessin géometrique geometrisches Muster *(n)*
dessin industriel Maschinenzeichnung *(f)*
dessin Jacquard Jacquardmuster *(n)*
dessin marqueterie Intarsienmuster *(n)*
dessin obtenu par suppression d'aiguilles Nadelzugmuster *(n)*
dessin ondulé Wellenmuster *(n)*
dessin op-art Op-Art-Musterung *(f)*
dessin par rangées lâches Langreihenmuster *(n)*
dessin par report de mailles Durchbruchmuster *(n)*
dessin peluche Plüschmuster *(n)*
dessin plastique plastische Musterung *(f)*
dessin plissé Plisseemuster *(n)*
dessin rayé Streifenmuster *(n)*
dessin réciproque reziprokes Muster *(n)*
dessin régulier regelmäßiges Muster *(n)*
dessin schématique Schemazeichnung *(f)*

dessin structuré Strukturmuster *(n)*
dessin technique Maschinenzeichnung *(f)*
dessin transposé versetztes Muster *(n)*
dessin treillis Lattendessin *(n)*
dessin vanisé Aufplattiermuster *(n)*, hinterlegt-plattiertes Muster *(n)*
dessin vertical vertikales Muster (n)
dessin zig-zag Zickzackmuster *(n)*
dessin, à dessins gemustert, dessiniert, figuriert
dessin, à gros dessins großgemustert
dessin-modèle Vorlagemuster *(n)*, Vorlage *(f)*
dessinateur Dessinateur *(m)*, Gestalter *(m)*
dessinateur textile Entwerfer *(m)*, Textilentwerfer *(m)*, Textilgestalter *(m)*
dessiné en travers quergemustert
dessiner dessinieren, gestalten, zeichnen (Muster)
dessous Dessous *(n, pl)*
dessous-de-bras Armblätter *(n, pl)*, Schweißblatt *(n)*
dessous de plat Untersetzer *(m)*
dessuintage de laine Wollentschweißung *(f)*, Rohwollwäsche *(f)*
déssulfuration Entschwefelung *(f)*
destillat léger (pétroch.) Petroleumfraktion *(f)*, leichtes Destillat *(n)*
déstructeur de mousse Schaumzerstörer *(m)*
déstruction Zerstörung *(f)*
désulfurer entschwefeln
détachage Detachur *(f)*, Fleckentfernung*(f)*
détachant Detachiermittel *(n)*, Fleckentferner *(m)*, Fleckenwasser *(n)*
détachant au mouillé Naßdetachiermittel *(n)*
détacher Flecken entfernen, detachieren
détaillant Einzelhändler *(m)*
détecteur Sensor *(m)*
déteindre abfärben, abschmieren von Farben *(f, pl)*
déteindre, se sich entfärben, Farbe verlieren, verblassen
détendre entspannen
détergent Detergens *(n)*, (synthetisches) Waschmittel *(n)*
détergent (adj.) waschaktiv
détergent synthétique synthetisches Waschmittel *(n)*
détergents synthétiques Syndets *(n, pl)*
détérioration Verschlechterung *(f)*
détériorer verschlechtern
détermination des résidus Rückstandsbestimmung *(f)*, Rückst. Untersuchung
détermination double (chim.) Doppelbestimmung *(f)*
détermination du titre (fibre/fil) Titerbestimmung *(f)*
détermination quantitative Mengenbestimmung *(f)*
déterminer bestimmen, ermitteln
détersif waschaktiv
détirer ziehen, dehnen
détonner explodieren, detonnieren
détorsionneuse Strangausbreiter *(m)*, Strangöffner *(m)*
détruire zerstören
deuil Trauer *(f)*
deux côtés, de deux côtés zweiseitig
deux faces, sur les deux faces beider-seitig, beidseitig, auf beiden Seiten *(f, pl)*
deux fils, à deux fils zweifädig
deux fois zweimal, doppelt
deux-pièces Deux-Pièces *(n)*
développement de chaleur Wärmeentwicklung *(f)*
développer entwickeln
développeur (couleurs) Entwickler *(m)* (Farben)
déversement des eaux d´egout Einleitung *(f)* von Abwässern
déverser auskippen, verschütten, ausschütten, ausgießen, leeren
déverseur Abwerfvorrichtung *(f)*
déviation du titre (fibre/fil) Titerabweichung *(f)*
dévidage Abwickeln *(n)*, Abhaspeln *(n)*
dévidage à la défilée (bobine) Überkopfabzug *(m)*
dévider (ab)haspeln, abwickeln, (ab)weifen
dévideur de cocons Abspulmaschine für Cocons
dévidoir Garnhaspel *(f)*, Weife *(f)*
dévidoir à doubler Fachweife *(f)*, Dublierweife *(f)*
dévidoir à écheveaux Strangweife *(f)*, Stranghaspel *(f)*
dévidoir à main Handhaspel *(f)*
dévidoir-compteur Zählweife *(f)*

dévidoir de numérotage Sortierweife *(f)*
dévidoir double Doppelweife *(f)*
dévidoir simple Einfachweife *(f)*
dévisser abschrauben
dévoiler, se (dessin) sich verziehen (Muster)
dévoré Ausbrenner *(m)*
dévoré, article en tissu dévoré Ausbrennartikel *(m)*
dextrine Stärkegummi *(m)*, Dextrin *(n)*
dextrogyre (chim.) rechtsdrehend
dextrose Traubenzucker *(m)*, Dextrose *(f)*
diacide zweibasische Säure *(f)*
diacide zweisäurig
diagonal schräg
diagramme de chromacité Farbdiagramm
diagramme de chromaticité Normfarbtafel *(f)* nach CIE
diagramme en fonction du temps Zeitdiagramm *(n)*
dialdéhyde Dialdehyd *(n)*
diamètre Durchmesser *(m)*
diamètre de la bobine Spulendurchmesser *(m)*
diamètre d´enroulement Wickeldurchmesser *(m)*
diamètre du cylindre Zylinderdurchmesser *(m)*
diamine Diamin *(n)*
diapré bunt schillernd
diazobenzène Diazobenzol *(n)*
diazoter diazotieren
dichromate de sodium Natriumbichromat *(n)*
diélectrique dielektrisch, nicht leitend
diéthylamine Diäthylamin *(n)*
différence Differenz *(f)*
différence de pression (phys.) Druckunterschied *(m)*
différence de temps Zeitunterschied *(m)*,
différent verschieden, ungleich
différer differieren, abweichen
difficile schwierig
difficilement inflammable schwer entflammbar
difficilement soluble schwer löslich
diffus diffus, zerstreut (Licht z.B.)
diffuser diffundieren, durchdringen
diffuser à l´intérieur eindiffundieren
diffusion Diffusion *(f)*, Ausbreitung *(f)*
diffusion de liquides Austausch *(m)* von Flüssigkeiten, Diffusion *(f)*
dilatation transversale Querdehnung *(f)*
diluant Verdünner *(m)*, Extender *(m)*, Verdünnungsmittel *(n)*
diluant (chim.) Streckungsmittel *(n)*, Verdünner *(m)*, Extender *(m)*
dilué, non dilué unverdünnt
diluer verdünnen
dimension Abmessung *(f)*, Maß *(n)*, Dimension *(f)*, Größe *(f)*
dimension granulométrique Teilchengröße *(f)*
dimension minimum de la marchandise Warenmindestmaße *(n, pl)*
diméthyle Dimethyl *(n)*
diminuer erniedrigen, vermindern, ermäßigen, verkleinern, verringern
diminuer (taille) abnähen (Taille)
diminuer les mailles Maschen abnehmen, Maschen fallen lassen
diminution Verringerung *(f)*, Schwund *(m)*
diminution de température Temperaturrückgang *(m)*
dimity Dimity *(m)* (gestreifter Barchent)
dioptrique lichtbrechend
dioxanne Dioxan *(n)*, Diäthylenchlorid *(n)*
dioxyde de carbone Kohlendioxid *(n)*
diphasé zweiphasig
dipôle Dipol *(m)*
direct direkt, unmittelbar, gerade
direct, à action directe direkt wirkend
direction Richtung *(f)*
direction d´usine Betriebsleitung *(f)*
directive Richtlinie *(f)*
dirigé gelenkt, geleitet
dirigé dans le même sens *(mach.)* gleichgerichtet
diriger leiten, lenken, dirigieren, steuern
dirigible steuerbar
discontinu diskontinuierlich, unterbrochen
dislocation (chim.) Verschiebung (in Kristallgittern)
disodique Dinatrium....
dispersant Dispergiermittel *(n)*, Dispergens *(n)*
dispersé dispergiert
disperser dispergieren, feinst verteilen
disperseur Dispergieranlage *(f)*, Dispergierer *(m)*

dispersion Dispersion *(f)*, Feinstverteilung *(f)*
dispersion (chim.) Verteilung *(f)*, Dispersion *(f)* (Feststoff)
dispersion de polymères Polymerdispersion *(f)*, Kunststoffdispersion *(f)*
dispersion des résultats Streuung *(f)* der Ergebnisse
dispersion, en dispersion dispergiert
disposé bereit, zur Verfügung *(f)*
disposer disponieren
dispositif Einrichtung *(f)*, Vorrichtung *(f)*
dispositif à démarrage Einschaltvorrichtung *(f)*
dispositif à Jacquard Jacquardeinrichtung *(f)*
dispositif à vaniser Plattiervorrichtung *(f)*
dispositif coupe-lisières Kanten(ab)schneidevorrichtung *(f)*
dispositif d´arrêt Feststellvorrichtung *(f)*
dispositif de chargement Ladegerät *(n)*
dispositif de commande automatique (mach) Automatik *(f)*, automatische Einrichtung *(f)*
dispositif de distribution Abfüllvorrichtung *(f)*, Verteilervorrichtung *(f)*
dispositif de marquage Markierungsvorrichtung *(f)*
dispositif de nivelage Niveauregler *(m)*
dispositif de nivelage de lame Schafteinsteller *(m)*
dispositif de raclage Rakelvorrichtung *(f)*
dispositif de réglage (Ein)-Stellvorrichtung *(f)*
dispositif de relevage des lames Schaftzugvorrichtung *(f)*
dispositif de sécurité Sicherheitsvorrichtung *(f)*
dispositif de tension Spannvorrichrung *(f)*
dispositif d´ajustage Justiervorichtung *(f)*
dispositif d´arrêt Fangvorrichtung *(f)*
dispositif d´enlèvement Abnahmevorrichtung *(f)*
dispositif d´ensouplage à trois rouleaux Dreiwalzenbäummaschine *(f)*
dispositif d´ensouplage croisé Kreuzschärvorrichtung *(f)*
dispositif d´ensouplage croisé (tissage) Changiervorrichtung *(f)*
dispositif envergeur Fadenkreuzvorrichtung *(f)*
dispositif pour bobines suspendues Hängespulenvorrichtung *(f)*
dispositif pour revers à picot Pikotrandeinrichtung *(f)*
dispositif relève-poil Veloursheheapparat *(m)*
disque codeur (ou de codage) Codierscheibe *(f)*
disque diviseur Teilerscheibe *(f)*
disque souple Diskette *(f)* (EDV)
disques de tension (mach. à coudre) Fadenspanner *(m, pl)*
dissociable dissoziationsfähig
dissociation Dissoziation *(f)*, Zerfall *(m)*
dissociation acide Säureabspaltung *(f)*
dissociation thermique thermische Dissoziation *(f)*
dissocié, non dissocié undissoziiert
dissoluble auflösbar
dissolution Auflösung *(f)*, Lösungsvorgang *(m)*
dissolution (chim.) Auflösung *(f)*, Aufschluß *(m)*
dissolvent Auflösemittel
dissoudre auflösen
dissoudre (chim.) auflösen, lösen
dissous, te gelöst
dissous, non dissous ungelöst
distillat Destillat *(n)*
distillation par entraînement à vapeur Dampfdestillation *(f)*
distillation Destillation *(f)*, Destillieren *(n)*
distillation continue kontinuierliche Destillation *(f)*
distillation dans le vide Vakuumdestillation *(f)*
distiller destillieren, abdestillieren
distinct deutlich
distribuer verteilen
distributeur Verteiler *(m)*, auch: Zuteiler *(m)* (EDV)
distribution statistique statistische Verteilung *(f)*
disulfure Bisulfid *(n)*, Disulfid *(n)*
dithionate Dithionat *(n)*
dithionite sodique Natriumdithionit *(n)*
divan Divan *(m)*, Sofa *(n)*

divergence en couleur Farbabweichung *(f)*
diverger kritisch werden
diviser teilen, zerteilen
diviser (math.) dividieren
diviseur à lanière simple Einriemchenflorteiler *(m)*
diviseur à lanières multiples Vielriemchenflorteiler *(m)*
diviseur de voile Florteiler *(m)*
divisible teilbar
divisible par moitié halbierbar
division des aiguilles Nadelteilung *(f)*
dixième partie Zehntel *(n)*
doigtier Fingerling *(m)*
domaine Bereich *(m)*, Gebiet *(n)*
domaine de précision maxima Bereich größter Genauigkeit *(f)*
domaine de réglage Steuerbereich *(m)*, Regelbereich *(m)*
domaine de variation Variationsbreite *(f)*
domaine des rayons infrarouges Infrarotbereich *(m)*
domaine d'application Anwendungsbereich *(m)*, Einsatzbereich *(m)*
domaine professionnel Sachgebiet *(f)*, Fachgebiet *(f)*
domaine utile Nutzbereich *(m)*
domaines d'application du textile textile Anwendungsgebiete *(n, pl)*
domicile, à domicile Heim....
données Daten *(n, pl)*
données biologiques biologische Daten *(n, pl)*
données d´entrée Eingabedaten *(n, pl)*
donner du corps (apprêt) Griff *(m)* geben, volleren Griff geben, füllen
donner du toucher Griff *(m)* geben
dos Rücken(teil) *(m)*
dos d'un vêtement Rückenpartie *(f)*
dos du sac à dos Rucksackrücken *(m)*
dos nu rückenfrei
dosable dosierbar, bestimmbar (analyt.)
dosage quantitative Bestimmung *(f)*, auch: Dosierung *(f)*
dosage de l´acidité Säurebestimmung *(f)*
dosage double (chim.) Doppelbestimmung *(f)*
dosage du mélange Mischungsdosierung *(f)*, Mischungsverhältnis *(n)*
dosage d´azote Stickstoffbestimmung *(f)*
dosage d´eau Wasserbestimmung *(f)*
dosage par colorimétrie colorimetrieren
dosage rapide (test) Schnellbestimmung *(f)* (Test)
dose Dosis *(f)*, Dosisgabe *(f)*
dose d´emploi Einsatzmenge
dose excessive Überdosis *(f)*, Überdosierung *(f)*
doser bestimmen (analyt.), dosieren
doseur Dosierapparat *(m)*
dosimétrie Dosismessung *(f)*, Mengenmessung *(f)*
dosser (tissage) doppeln, doublieren (Web.)
dosseuse (tissage) Doubliermaschine (Web.)
dossier non-tissé Trägervlies
doublage Dublierung *(f)*
doublage avec mousse Schaumstofflaminierung *(f)*
doublage-retordage Fachzwirnen *(n)*
doublé (tissu) verdoppelt, rückseitig verstärkt (Gewebe)
double (adj. + adv.) doppelt, zweifach
double commande Doppelsteuerung *(f)*
doublé en partie halb gefüttert
double face Double-Face *(m)*
double pesée Doppelwägung
double patte de boutonnage verdeckte Knopfleiste *(f)*
double stretch, article double stretch Zweizugware *(f)*, Doppelstretch *(m)*
doublé une face einseitig kaschiert
double, à double face doppelseitig, zweiseitig (Gewebe)
doubler doppeln, doublieren, füttern
doubler (retord.) fachen
doubleuse (retord.) Fachmaschine *(f)*
doublier Mitläufer *(m)*
doublier de décatissage Dekatiertuch *(n)*
doublier intercalaire (finissage) Zwischenläufer *(m)*
doublier pour l'impression Druckmitläufer *(m)*, Druckzwischenläufer *(m)*
doublure Einlagefutterstoff *(m)*, Futterstoff *(m)*, Futter
doublure chaude Wärmfutter *(n)*
doublure de manche Ärmelfutter*(n)*
doublure de manteau Mantelfutter *(n)*
doublure en étoffes nappées Einlagevliesstoff *(m)*

doublure glacée Glanzfutterstoff *(m)*
doublure matelassée Steppfutter *(n)*
doublure pour poches Taschenfutterstoff *(m)*
douceur Weichheit *(f)*
douille Buchse *(f)*
douille Spulenhülse *(f)*
douilleux faltig gewebt
doux weich, mild, auch: süß
d´oxalate oxalsauer
drainer drainieren
drap Tuch *(n)*, Stoff *(m)*
drap de bain Badetuch *(n)*, Frotteetuch *(n)*
drap de lit Bettlaken *(n)*, Bettuch *(n)*
drap-de-soie Drap-de-Soie
drap fort anglais Buckskin
drap militaire Uniformtuch *(n)*
drap pour billard Billardtuch *(n)*
drap serré dichter Stoff *(m)*, schwerer Stoff *(m)*
drap-velvet Tuchsamt *(m)*
drapé Drapé
drapeau Fahne *(f)*, Flagge *(f)*
draper drapieren
draperie Tuchfabrik *(f)*
drapier Tuchfabrikant *(m)*
droit recht
droit-fil in Fadenrichtung *(f)*
droite, à droite rechts
dropper Paßstück *(n)*
drousser droussieren
ductibilité (métal) Dehnbarkeit *(f)* (bei Metall)
ductile (filat. fibr. synthét.) ausziehbar
dufflecoat Dufflecoat *(m)*
duitage Schußdichte *(f)*
duitage irrégulier ungleichmäßige Schußdichte *(f)*
duite Schuß(faden) *(m)*
duite de dessous Unterschuß *(m)*
duite de poil Polschuß *(m)*
duite sautée fehlender Faden (Web.), übersprungener Faden
duite, fausse duite Schußfehler *(m)*
duplicata Duplikat *(n)*
dur hart, fest
dur comme cuir lederartig, zäh
durabilité Dauerhaftigkeit *(f)*, Haltbarkeit *(f)*
durable haltbar
durcir härten, verhärten, aushärten
durcir ultérieurement nachhärten
durcir, se hart werden, sich verhärten, abbinden (Kleber)
durcir, se durcir à l´air an der Luft hart werden
durcissement Verhärtung *(f)*, Aushärtung *(f)*, Aushärten *(n)*, Versprödung *(f)*
durée Dauer *(f)*, Zeitdauer *(f)*
durée de gonflement Quellzeit *(f)*
durée de marche Laufzeit *(f)*
durée de passage Durchlaufdauer *(f)*, Durchlaufzeit *(f)*
durée d´égouttage Tropfzeit *(f)*
durée d´exposition Einwirkungsdauer *(f)*
durée effective de service tatsächliche Betriebsdauer *(f)*
durée totale de fabrication Fertigungsdauer *(f)*
durée, à longue durée Langzeit....
dureté Härte *(f)*
dureté au carbonate Karbonathärte *(f)*
dureté calcaire (eau) Kalkhärte *(f)* (Wasser)
dureté calcique Kalziumhärte *(f)*
dureté calcique (eau) Kalkhärte *(f)* (Wasser)
dureté carbonatée Bikarbonathärte *(f)*
dureté de calcium Kalziumhärte *(f)*
dureté de carbonate Karbonathärte *(f)*
dureté de l´eau Wasserhärte *(f)*
dureté de l´eau partielle Teilhärte *(f)* des Wassers, auch: temporäre Härte
dureté de maturation (teint., blanch.) Verweildauer *(f)*
dureté due au magnésium Magnesiumhärte *(f)*
dureté d´ébullition Kochdauer *(f)*
dureté normalisée eingestellte Härte *(f)* (Wasser)
dureté permanente bleibende (Wasser) Härte *(f)*
dureté résiduelle Resthärte *(f)*
dureté temporaire vorübergehende Härte, temporäre Härte *(f)* (Wasser), Bikarbonathärte
duvet Flaum *(m)*, Faserflug *(m)*, Daunen *(f, pl)*, Daunendecke *(f)*, Federbett *(n)*
duvet de carde Kardenflug *(m)*
duvet de cygne Schwanendaunen *(f, pl)*
duvet de filature Spinnereiflug *(m)*
duvet de métier Stuhlflug *(m)*

duvet de peignage Kammflug *(m)*
dynamique Dynamik *(f)*
dynamomètre Reißfestigkeitsprüfer *(m)*

E

eau Wasser *(n)*
eau condensée Kondenswasser *(n)*
eau connée eingeschlossenes Wasser (Kristall)
eau de condensation Kondenswasser, Schwitzwasser *(n)*
eau de constitution Kristallwasser *(n)*, chemisch gebunden
eau de décharge Abflußwasser *(n)*
eau de javel Natronbleichlauge *(f)*, Chlorbleichlauge *(f)*
eau de lavage Waschwasser *(n)*
eau de refroidissement Kühlwasser *(n)*
eau de rivière Flußwasser *(n)*
eau de source Quellwasser *(n)*
eau de surface Oberflächenwasser *(n)*
eau douce weiches Wasser *(n)*
eau d´alimentation Speisewasser *(n)*
eau d´écoulement Abflußwasser, Ablaufwasser *(n)*
eau d´égout Schmutzwasser *(n)*
eau gazeuse kohlensäurehaltiges Wasser *(n)*
eau industrielle Nutzwasser *(n)*, Brauchwasser *(n)*
eau oxygénée Wasserstoffsuperoxid *(n)*
eau potable Trinkwasser *(n)*
eau projetée Spritzwasser *(n)*
eau réfrigérante Kühlwasser *(n)*
eau régale Königswasser *(n)*
eau salée Salzsole *(f)*
eau usée Schmutzwasser *(n)*
eaux Gewässer *(n)*
eaux d´égout Abwässer *(n)*
eaux résiduaires de teinture au chrome Chromfärbereiabwässer *(n, pl)*
eaux résiduaires industrielles Industrieabwässer *(n, pl)*
eaux souterraines Grundwasser *(n)*
eaux usées Abwasser *(n)*
eaux usées de teinturerie Färbereiabwässer *(n, pl)*
eaux usées industrielles Fabrikabwässer *(f, pl)*, gewerbliche Abwässer*(n, pl)*
ébouillanter (teint.) abbrühen, überbrühen
éboulement (bobine) Abrutschen *(n)* von Fäden
ébullition Aufkochen *(n)*, Kochen *(n)*
ébullition, à bas point d´ébullition niedrigsiedend, mit niedrigem Siedepunkt *(m)*, leicht siedend
ébullition, à douce ébullition schwach siedend, leicht kochend
ébullition, à ébullition sprudelnd kochend, kochend
ébullition, à point d´ébullition élevé hochsiedend
ébullition, être en ébullition sieden
écaille Schuppe *(f)*
écailles, en écailles schuppenförmig, in Schuppen *(f, pl)*
écailleuse, mach. d´écaillage Schuppmaschine *(f)*
écarlate Scharlach *(n)* (Farbe)
écarlate (adj.) scharlachrot
écart Abweichung *(f)*, Abstand *(m)*
écart admissible zulässige Abweichung *(f)*
écart de consigne Abweichung *(f)* vom Sollwert
écart de puissance Leistungsabweichung *(f)*
écart de température Temperaturbereich *(m)*
écart nominal zulässige Maßabweichung *(f)*
écart qualitatif Qualitätsabweichung *(f)*
écartement (tricot.) Teilung *(f)*, Abstand *(m)* (Wirkmasch.)
écartement de broches Spindelteilung *(f)*
écartement des aiguilles de la ratière Schaftmaschinenteilung *(f)*
écartement longitudinal (tissage) Längsteilung *(f)* (z.B. Webketten)
écarter, s' de la nuance originale vom ursprünglichen Farbton abweichen
écarteur Abstandhalter *(m)*, Spreizer *(m)*
échange de charge (électr.) Ladungsaustausch *(m)*
échange d´informations Informationsaustausch *(m)*
échange d´ions Ionenaustausch *(m)*
échangement d´acides Säureaustausch *(m)*

échanger austauschen, wechseln
échanger l´un contre l´autre gegenseitig vertauschen
échangeur d´anions Anionenaustauscher *(m)*
échangeur d´ions Ionenaustauscher *(m)*
échangeur thermique Wärmeaustauscher *(m)*
échanné hochausgeschnitten
échantillon Muster *(n)*, Probemuster *(n)*, Probe *(f)*
échantillon de commande Bestellnummer *(f)*
échantillon de qualité Ausfallmuster *(n)*
échantillon prélevé (au debut) Kontrollmuster *(n)* (vorher entnommen)
échantillon pris au hasard Stichprobe *(f)*, Musterprobe *(f)*
échantillon témoin Vergleichsmuster *(f)*, Vorlagemuster *(n)*, Vorlage
échantillonnage Bemusterung *(f)*
échantillonnage complet (tissage) Durchmusterung *(f)*
échantillonner abmustern, (be)mustern
échappement de vapeur Dampfaustritt
échapper, s' entweichen (z.B. Gas)
écharde Spleiß
échardonner (laine) entkletten (Wolle)
échardonneuse mécanique Klettenwolf *(m)*
écharpe Schärpe *(f)*
échauder abbrühen, überbrühen, (aus)brühen
échaudoir Brühtrog *(m)*
échauffer erhitzen, aufheizen
échauffer, s' sich erhitzen, heiß werden
échelle Stufenleiter *(m)*, Gradmesser *(m)*, Maßstab *(m)*, Maßeinteilung *(f)*
échelle (instrument) Skala *(f)*
échelle de corde Strickleiter *(f)*
échelle de couleurs Farbenreihe *(f)*, Farbskala *(f)*
échelle de gris Graumaßstab *(m)*, Grauleiter *(f)*
échelle de température Temperaturskala *(f)*
échelle d´agrandissement Vergrößerungsmaßstab *(m)*
échelle graduée Skala *(f)*, Instrumentenskala *(f)*
échelle réduite verkleinerter Maßstab *(m)*, Verkleinerungsmaßstab
échelle thermométrique Thermometerskala *(f)*
échelle thermométrique Celsius Celsiusskala *(f)*
échelle, à l'échelle industrielle großtechnisch, im industriellen Maßstab *(m)*
échelon Stufe *(f)*, Grad *(m)*
échelonnage Staffelung *(f)*, Abstufung *(f)*
échelonné, non échelonné stufenlos
échelonnement Abstufung *(f)*
échelonner staffeln, abstufen
écheveau (fil) Strang *(m)*
échevette Strähne *(f)*, Teilsträhne *(f)*, Strängchen *(n)*
échouer versagen, scheitern
éclaboussure Spritzfleck *(m)*
éclairage artificiel künstliche Beleuchtung *(f)*
éclairage intérieur Innenbeleuchtung *(f)*
éclairage naturel Tageslichtbeleuchtung *(f)*
éclaircir (teint.) aufhellen (Färbungen)
éclaircissage, éclaircissement Aufhellung *(f)* (von Färbungen)
éclaircissement de la teinte (nuance) Farbaufhellung *(f)*
éclat Schimmer *(m)*
éclatant leuchtend
éclater bersten
éclatomètre Berstfestigkeitsprüfer *(m)*
écoction (chim.) Abkochen *(n)*
école professionnelle Fachschule *(f)*
écologie Ökologie *(f)*
écologique ökologisch, umweltbedingt
économie d´énergie Energieersparnis
économique wirtschaftlich
écophile umweltfreundlich
écorcer schälen, abschälen, entrinden
écorcher durchscheuern
écorcher, s' sich durchscheuern
écossais Ecossais *(m)*
écosystème Ökosystem *(n)*
écoulement Abfließen *(n)*, Abfluß *(m)*
écoulement d'air Luftstrom *(m)*
écoulement rotationnel Rotationsströmung *(f)* (Flüssigk.)
écouler, s' abfließen
écran Schirm *(m)*, Bildschirm *(m)*

écran (textil) Filmleinwand *(f)*
écran perlé Perlleinwand *(f)*
écrasement Quetschung *(f)*
écrasement du velours Poldruckstelle *(f)*
écriteau (tissu) Schmitze *(f)* (Webfehler)
écron Mutter *(f)*, Schraubenmutter *(f)*
écru (text.) roh, rohweiß, ungebleicht (Gewebe)
écuelle à broyer Reibschale *(f)*
écuelle à pesée Wägeschale *(f)*
écuelle d´évaporation Abdampfschale (im Labor)
écuelle d´incinération (labo) Veraschungsschale *(f)*
écuelle en porcelaine Porzellanschale *(f)*
écume Schaum *(m)*, Gischt *(m)*
écumer (flotation) abrahmen, entrahmen
écumeur Schaumabstreifer *(m)*
écumeux schaumig
édifice moléculaire Molekülverband *(m)*, Molekülgerüst *(n)*
édredon Daunenbett *(n)*, Steppdecke *(f)*, Überbett *(n)*
effectif effektiv, tatsächlich, wirksam
effectif Personalbestand *(m)*, Personal *(n)*, Belegschaft *(f)*
effectuer ausführen, durchführen
effectuer le craquage kracken
effet Wirkung *(f)*, Effekt *(m)*
effet bouillonné bouillonierter Kräuseleffekt *(m)*
effet calorifique Heizeffekt *(f)*
effet d'absorpton Saugwirkung *(f)*
effet de conversion Konversionseffekt *(m)*
effet de couleur pur reine Farbwirkung *(f)*
effet de frisure Kräuseleffekt
effet de lavage Waschwirkung *(f)*
effet de lustrage Lustriereffekt *(m)*
effet de marquage (apprêt) Schreiben *(n)*, Schreibeffekt *(m)*
effet de recouvrement Überdeckungseffekt *(m)*
effet de réserve Reserveeffekt *(m)*
effet de tampon Pufferwirkung
effet de tire-bouchons Korken-ziehererscheinung *(f)*
effet de traction Zugwirkung *(f)*
effet déperlant Abperleffekt
effet dispersant Dispergierwirkung *(f)*, Dispergiereffekt *(m)*
effet d´apprêt glacé (Appretur) Glanzeffekt *(m)*
effet d´épuration Kläreffekt *(m)*
effet d´imperméabilisation Imprägniereffekt *(m)*
effet écaille Schuppeneffekt *(m)*
effet initial Initialeffekt *(m)*
effet iridescent Regenbogenwirkung *(f)*
effet luisant Schimmereffekt *(m)*
effet lustrant Glanzwirkung *(f)*, Glanzeffekt *(m)*
effet martelé (peluche/velours) Hammerschlageffekt *(m)* (Plüsch)
effet pilling Pillingeffekt *(m)*
effet résiduel bleibende Wirkung *(f)*, bleibender Effekt *(m)*
effet secondaire Nebeneffekt *(m)*
effet solvant Lösungswirkung *(f)*
effet synergique synergetischer Effekt *(m)*
effet torque Kringeleffekt *(m)*
effet trame Schußeffekt *(m)*
effet ultérieur Nachwirkung *(f)*
effet utile Nutzeffekt *(m)*
effet, à double effet doppelt wirksam
effet, à effet lent langsam wirkend
efficace wirksam
efficacité Wirksamkeit *(f)*, Effizienz *(f)*
effiler ausfasern
effiler auszupfen
effiler ausnehmen (Stoffe)
effiler, s' sich ausfasern
effilochage Zerreißen *(n)*, Zerfasern *(n)*, Reißerei *(f)*
effiloché gerissen, Reiß....
effilocher zerfasern, zerreißen (Lumpen)
effilocheuse Reißmaschine *(f)*
effleurer (foul./lav.) abstoßen
effort de cisaillement (sollic.) Scherkraft *(f)*
effort de flambage Knickbeanspruchung *(f)*
effort de torsion Drehbeanspruchung *(f)*
effort de traction Zugbeanspruchung *(f)*
effort de traction par l´appareil enrouleur Spannungszug *(m)* der Aufwickelvorrichtung *(f)*
effort excessif Überbeanspruchung *(f)*
égal gleich, egal
égalisation de l´humidité Feuchtigkeitsausgleich *(m)*

égaliser vergleichmäßigen, egalisieren
égout principal Hauptabwasserrohr *(n)*
égoutter abtropfen lassen
égratigner aufrauhen, aufbürsten
égrener entkörnen, egrenieren
égreneuse Entkörnungsmaschine *(f)*
égreneuse à scie Säge-Egreniermaschine *(f)*
égreneuse de coton Baumwoll-entkörnungsmaschine
éjecter la navette den Schützen auswerfen
éjecter la navette en basse Schützen nach unten auswerfen
éjecter la navette en haut Schützen nach oben auswerfen
éjecteur Auswerfer *(m)*, Ausstoßvorrichtung *(f)*
élaboration (pour présent.) Ausarbeitung *(f)*
élaboration d'un point Stichbildung *(f)*
élaborer ausarbeiten
élargir ausweiten, verbreitern, in die Breite ausdehnen
élargissement Ausweitung *(f)*, Ausbreitung *(f)*
élasticité Dehnbarkeit *(f)*, Elastizität *(f)*, Schnellkraft *(f)*
élasticité à la compression Druck-elastizität, Bauschelastizität *(f)*
élasticité de texturation Kräuselungselastizität *(f)* (bei Texturgarnen)
élasticité du gonflant Bauschelastizität *(f)*
élasticité vraie Sprungelastizität *(f)*
élastique elastisch, dehnbar, nachgiebig
élastique (subst.) Gummiband *(n)*, Elastikband *(n)*
élastique au piétinement (tapis) trittelastisch (Teppich)
elastofibre Elastikfaser *(f)*
élastomère Elastomer *(n)*
élastomère à silicone Silikonelastomer *(n)*
élastomère alvéolaire Schaumgummi *(n)*, Schaumelastomer *(n)*
électrique elektrisch
électroconducteur elektrisch leitend
électrode négative negative Elektrode, Kathode *(f)*
électrolyse Elektrolyse *(f)*
électrolyte Elektrolyt *(m)*
électromètre à corde Fadenelektrometer *(n)*
électron Elektron *(n)*
électrostatique Elektrostatik *(f)*
électrostatique elektrostatisch
élégant elegant, schick
élément Teil *(m)*, Bestandteil *(m)*, Glied *(n)*
élément (chim.) Element *(n)*
élément chimique chemisches Element *(n)*
élément de montage Fertigteile *(n, pl)*
élément de traces Spurenelement *(n)*
élément séparateur (tissage) Schloß *(n)* (Webmaschine)
éléments transuraniens Transurane *(n, pl)*
éléments unifiés Fertigteile *(n, pl)*
élévation de température Temperaturerhöhung *(f)*
élevé erhöht, hoch,
éleveur de moutons Schaffarmer *(m)*
élimé eingerissen, ausgefranst, durchgescheuert, fadenscheinig
élimination des déchets Entsorgung
élimination d´un défaut Fehlerbeseitigung *(f)*
éliminer entfernen, beseitigen, eliminieren
éliminer (chim.) herauslösen
éliminer par oxydation aboxydieren
élongation de frisure Kräusellängung *(f)*
emballage (Ballen) Verpackung *(f)*
emballage cadeau Geschenkpackung *(f)*
emballage consigné Mehrwegverpackung *(f)*
emballage en fût Faßgebinde *(n)*
emballage perdu Einwegverpackung *(f)*
emballage pour usage unique Verpackung für einmaligen Verbrauch (Einwegv.)
emballage retournable Mehrwegverpackung *(f)*
emballages en retour Leergut *(n)*
emballages vides Leergut *(n)*
emballer einpacken, verpacken
embaucher einstellen (von Arbeitskräften)
embellir (teinture) schönen
embellissement Verschönerung *(f)*
emblème Emblem *(n)*
embrayable et désembrayable (mach.) ein- und ausrückbar (Masch.)

embrayer (mach.) einrücken
embrouiller verfangen, verwickeln
embrouiller, s' sich verheddern
émeri, émeril Schmirgel *(m)*
émérillon Hänger *(m)*
émeriser schmirgeln
émeriseuse Schmirgelmaschine *(f)*
émétique Brechweinstein *(m)*
émission Emission *(f)*, Ausstoß *(m)* (Schmutz z.B.)
émission des gaz d´échappement Abgasemission
émission électronique Elektronenabgabe *(f)*
emmagasinage Einlagerung *(f)*, Lagerung *(f)*
emmagasiner lagern, einlagern, auf Lager nehmen
emmanchure Armausschnitt *(f)*, Ärmelloch *(n)*
émoucheter (lin) vorhecheln
empaqueter les fils Garn *(n)* bündeln
empâter anteigen, dick auftragen (Farbstoffe z.B.)
empêchement Verhinderung *(f)*
empêcher verhindern
empeignage Rietmachen *(n)*, Blattbinden *(n)*
empeignage (tissage) Blattbreite *(f)*
empeigneur Rieteinzieher *(m)*
empiècement (vêt.) Einsatz, Passe (Kleidg.)
empiler abtafeln, auftafeln (Stückware), (auf)stapeln
empileuse à fourchette Gabelstapler *(m)*
empirique empirisch
emplâtre collant (ou adhésif) Klebepflaster *(n)*
emplir füllen, voll machen,
emplir de auffüllen mit
emploi Gebrauch *(m)*, Verwendung *(f)*, Einsatz (m), Anwendung *(f)*
emploi (techn.) Einsatz *(m)*, Verwendung *(f)*
emploi commun Mitverwendung *(f)*
emploi, dose d´emploi Anwendungsmenge *(f)*
employer benutzen, verwenden, einsetzen, beschäftigen, Arbeit *(f)* geben
employer simultanément mitverwenden, gleichzeitig miteinsetzen
empois Kleister
empoisonnement Vergiftung *(f)*
empoisonner vergiften
emporter par l´eau abschwemmen, durch Wasser *(n)* abschwemmen
empoussiérer verstauben
empoutage (jacquard) Beschnürung *(f)*
empoutage (tissage) Schnürung *(f)*, Harnischeinzug *(m)*
empoutage à tour français Rechtseinzug *(m)*
empoutage à tours anglais offene Schnürung *(f)*, englische Schnürung *(f)*
empoutage suivi (jacquard) gerade Schnürung *(f)*
empreindre aufprägen
émulgateur Emulgator *(m)*,
émulsifiabilité Emulgierbarkeit *(f)*
émulsifiable emulgierbar
émulsifiant Emulgator *(m)*, Emulgiermittel *(n)*
émulsion Emulsion *(f)*
émulsion à l´huile Ölemulsion *(f)*
émulsion aqueuse Öl-in-Wasser-Emulsion *(f)*
émulsion huileuse Wasser in Öl Emulsion *(f)*
émulsion, donnant une émulsion stable emulsionsbeständig
émulsionnable emulgierbar
émulsionner emulgieren
en biais schräg
en plein air Freilicht....
enceinte du salon Messegelände *(n)*
enchaîné (CETIS) verknüpft (EDV)
enchaînement Verkettung *(f)*, Ineinandergreifen *(n)*
enchaînement (Chem.) Kettenbildung *(f)*
enchaîner verketten, aneinanderhängen
enchaîner, s' ineinandergreifen (Sachen, Beziehungen)
enchevêtré verklettet
enchevêtrement (filat.) Verfilzen *(n)*, Verwickeln *(n)*
encirage Einwachsen *(n)*, Wachsbehandlung *(f)*
encirer wachsen, einwachsen, mit Wachs behandeln
enclencher einschnappen, einklinken
encliqueté eingerastet

encollage Schlichte *(f)*, Schlichten *(n)*, Leimung *(f)*
encollage au large Breitschlichten *(n)*
encollage en chaîne Kettschlichten *(n)*
encollage en tambour sécheur Trockentrommelschlichtung *(f)*
encollage permanent Permanentschlichte *(f)*
encollage plastique Kunststoffschlichte *(f)*
encollage tissu sur tissu Stoffaser-verfließung *(f)*
encollage, produit d´encollage Schlichte *(f)*, Schlichtemittel *(n)*
encollé geschlichtet
encoller schlichten, mit Leim tränken, einstreichen, vervliesen
encolleuse Schlichtmaschine *(f)*, Leim (auftrags)maschine *(f)*
encolleuse de chaîne Kettschlichtmaschine *(f)*
encolleuse double Doppelschlichtmaschine *(f)*
encordage Harnischeinzug *(m)*
encordage (jacquard) Beschnürung *(f)*
encordage (tiss.) Schnürung, Abschnürung, Gallierung *(f)*
encordage du harnais Anschnüren des Harnisch (Schnüre des Harn.)
encorder les lames Schäfte *(m, pl)* anschirren
encrassé verschmiert, verdreckt, zugesetzt
encrasser verschmutzen, beschmutzen, verdrecken
encre Tinte *(f)*
encre de (ou pour) **retouche** Retuschiermittel *(n)*, Retuschiertinte *(f)*
encroix (de fils) Fadenkreuz (Web.)
encroix des fils Fadeneinkreuzung *(f)*
encroix multiple (tissage) Mehrfachteilung *(f)* Web.)
endiguement Abdämmung *(f)*
endiguer abdämmen
endommagé beschädigt, schadhaft
endommagement Beschädigung *(f)*, Schädigung *(f)*
endommager beschädigen
endothermique endotherm
endroits, par endroits stellenweise
enduction coating (engl), Beschichten *(n)*, Beschichtung
enduction à la racle (action) Streichappretur *(f)*
enduction de l´envers Rückenbeschichtung *(f)*
enduction de l´envers du tapis Teppichrückenbeschichtung *(f)*
enduction de l´envers en polyuréthane Polyurethan-Rückenbeschichtung *(f)*
enduction imperméable wasserdichte Beschichtung *(f)*
enduction par racle Rakelbeschichtung *(f)*
enduire beschichten, auflegen, einstreichen
enduit Aufstrich *(m)*, Überzug *(m)*
enduit, non enduit unbeschichtet
endurcir, s' hart werden, sich verhärten, abbinden (Kleber)
énergétique energetisch
énergie Energie *(f)*
énergie de réaction Reaktionsenergie *(f)*
énergie nucléaire Atomenergie *(f)*, Kernenergie *(f)*
enfilage automatique Selbsteinfädelung *(f)*
enfile-aiguille Nadeleinfädler *(m)*
enfilement, à enfilement automatique selbsteinfädelnd
enfiler einfädeln, auch: anziehen, hinein-schlüpfen
enfiler la trame dans l´œillet den Schußfaden durch das Leitauge ziehen
enfileur (tissage) Einfädler *(m)*
enflammer, s' sich entzünden
engager l´embrayage einrücken (Masch.)
engluer (tissus) aufkleben (von Geweben)
engommage Gummierung *(f)*
engommé gummiert
engrenage (mach.) Getriebe *(n)*
engrenage différentiel Differentialgetriebe *(m)*
engrener ineinandergreifen
engrener, s' (méc.) ineinandergreifen (Räder u.s.w.)
engrumeler, s' gerinnen, klumpig werden
enjolivure Schnörkel *(m)*
enlaçage des cartons Kartonbinden *(n)*
enlacer ineinanderflechten, miteinander verflechten
enlacer (fil) umschlingen

enlevage blanc à l´acide nitrique Nitratweißätze *(f)*
enlevage coloré Buntätze *(f)*
enlevage rouge Rotätze *(f)*
enlevage, procédé d´enlevage (impr.) Ätzverfahren *(n)* (Textildruck)
enlever entfernen, wegnehmen
enlever de dessus d´un liquide von oben abschöpfen (Flüssigkeiten)
enlever la chaleur die Wärme ableiten
enlever les bobines (filat.) abdocken der Spulen
enlever par lavage durch eine Wäsche entfernen
enlisseronner den Aufzug i.d. Weberei anspannen
ennoblir (textile) veredeln
ennoblissement Veredlung *(f)*
ennoblissements des textiles Textilveredlung *(f)*
énoder Knoten entfernen, putzen (Schauerei)
énoder ausnoppen, putzen
énoué knotenfrei, auch: ausgenäht (nach d. Schaum.)
enregistrement des données Datenerfassung *(f)* (EDV)
enrégistreur à papier déroulant Bandschreiber *(m)*
enrichi angereichert
enrichissement Anreicherung *(f)*
enroulage en état plié en double gedoppeltes Wickeln *(n)*
enroulé serré hart gewickelt, dicht gewickelt
enroulement Aufwicklung *(f)*, Wicklung *(f)* (Stückware), Bewicklung*(f)*, Aufrollen *(n)*
enroulement bobine Garnkörper *(m)*
enroulement du tissu Warenabzug *(m)*
enroulement en chaîne Kettwicklung *(f)*
enroulement parallèle Parallelwicklung *(f)*
enrouler aufwickeln, aufrollen, aufdocken
enrouler (tissus) aufwickeln
enrouler la chaîne aufbäumen
enrouler, s' sich ringeln, sich einrollen, sich einringeln
enrouleur Aufwickler *(m)*, Aufrollvorrichtung *(f)*, Aufwickelmaschine *(f)*, Aufroller *(m)*
enrouleuse de ruban de carde Kardenbandwickelmaschine *(f)*
ensemble zusammen
ensemble (subst.) Gesamtheit *(f)*, Ganze *(n)*, Ganzes *(n)*, Complet *(n)* (Text.), Garnitur *(f)*, Set *(n)*
ensemble de données Datei *(f)*
ensemble deux pièces zweiteiliges Ensemble *(n)*
ensemble du personnel Gesamtbelegschaft *(f)*
ensemble pantalon Hosenanzug *(m)*
ensemble pour bébés Babygarnitur *(f)*
ensimage de (ou à) **filature** Spinnschmälze *(f)*
ensimage d´huile minérale Mineralölschmälze *(f)*
ensimage d´oléine, ens. à oléine Oleinschmälze *(f)*
ensimage primaire Spinnavivage *(f)*, Primäravivage (Faserherst.)
ensimage primaire pour fibres Faserpräparation *(f)*, Primärschmälze *(f)*
ensimage, produit d´ensimage Schmälze *(f)*, Schmälzmittel *(n)*
ensimer schmälzen (Spinn.), avivieren (bei Faserherst.)
ensimeuse Schmälzmaschine *(f)*, Schmälzwolf *(m)*
ensoleillement Sonnenbestrahlung *(f)*, Sonneneinstrahlung *(f)*
ensouplage par réunissage Zusammenbäumen *(n)*, Assemblieren *(n)*
ensouple (de tissage) Kettbaum *(m)*, Warenbaum *(m)*
ensouple à tisser Webkettbaum *(m)*
ensouple de devant Brustbaum *(m)* (Web.)
ensouple de teinture Färbebaum *(m)*
ensouple d´ourdissage Zettelbaum *(m)*
ensouple d´ourdissoir (ou d´ourdissage) Schärbaum *(m)*
ensouple enrouleuse du tissu Warenabzugsbaum *(m)*
ensouple perforé pour teinture perforierter Färbebaum *(m)*
ensouple sectionnel Teilkettbaum *(m)*
ensoupler aufbäumen
ensoupler par réunissage zusammenbäumen
ensoupleuse Bäummaschine *(f)*

entailler einschlitzen
entièrement synthetique vollsynthetisch
entoilage Stoffbespannung *(f)*, Gewebebespannung *(f)*
entonnoir Trichter *(m)*
entonnoir à décantation Scheidetrichter *(m)*
entonnoir d´alimentation Zuführtrichter *(m)*
entonnoir, en entonnoir trichterförmig
entourage de lit (3 tapis) Bettumrandung *(f)*
entourer einfassen, fassen
entraînable à la vapeur d´eau wasserdampfflüchtig
entraînement Antrieb *(m)*
entraîner mitnehmen, einbeziehen, mitreißen
entraver la réaction die Reaktion hemmen
entre-doublure Zwischenfutter *(n)*
entredents *(filat.)* Kämmereiabfall *(m)*
entrée de données Dateneingabe *(f)*
entrée de marchandises Wareneingang *(m)*
entrée du tissu Wareneinlauf *(m)*, Gewebeeinlauf *(m)*
entrée numérique (CETIS) Zahleneingabe *(f)* (EDV)
entrée-sortie Ein-Ausgabe *(f)* EDV
entrejambe Schritteinsatz *(m)*
entrelacé verflochten
entrelacement Verflechtung *(f)*, Verschlingen *(n)*
entrelacer verflechten, einflechten
entrelacer (tissage) einweben
entrelacs Netzwerk *(n)*, Schnörkel *(m, pl)*
entrepli de gomme Gummieinlage *(f)*
entreposage Speicher *(m)*, Warenspeicher *(m)*
entreposage de marchandise Warenspeicher *(m)*
entrepôt Lager *(n)*
entreprise de plusieurs étapes de fabrication mehrstufiger Betrieb *(m)*
entreprise de services Dienstleistungsbetrieb *(m)*
entreprise modèle Musterbetrieb *(m)*, Musterfirma *(f)*
entreprise textile Textilbetrieb *(m)*
entrer en divergence kritisch werden
entrer en fusion flüssig werden
entrer facilement en réaction leicht reagieren
entretien (mach.) Wartung *(f)*, Unterhaltung *(f)*
entretien, d´entretien facile pflegeleicht
enveloppe Hülle *(f)*, Umhüllung *(f)*, Umschlag *(m)* , Mantel *(m)*,
enveloppe acide de la peau Säuremantel *(m)* der Haut
enveloppe de caoutchouc Gummihaut *(f)*
enveloppe de cylindre Walzenbezug *(m)*, Walzenauflage *(f)*
enveloppe électronique Elektronenhülle *(f)*
enveloppe réfrigérante Kühlmantel *(m)*
envelopper umwickeln
enverger par paires (tissage) paarweise einlesen
envergeure (tissage) Fadenkreuz *(n)* (Web.)
envergeure, machine à faire l´envergeure Fadenkreuzeinlesemaschine *(f)*
envergure Ausmaß *(n)*, Umfang *(m)*
envers (subst.) Rücken *(m)*, Rückseite *(f)*
envers (d´un tissu) linke Seite (eines Stoffes), Abseite *(f)* (eines Gewebes)
envers caoutchouté rückengummiert
envers de tapis Teppichrücken *(m)*
envers sécondaire (tapis) Zweitrücken *(m)* (Teppich)
envers, à l´envers linksseitig, verkehrt
environnement Umwelt *(f)*
envoi Versand *(m)*
enzymatique enzymatisch
enzyme Enzym *(n)*
épais dick, zäh (Pasten u.ä.)
épaisseur Stärke *(f)*, Dicke *(f)*
épaisseur de poil Pol (haar)dicke *(f)*
épaisseur de velours Poldicke *(f)*
épaissir eindicken, dickflüssig machen, verdicken
épaissir, s' dickflüssig werden, sich eindicken
épaississant Verdicker *(m)*, Verdickungsmittel *(n)*
épaississant à l´amidon Stärkeverdicker *(m)*, Stärkeverdickungsmittel *(n)*

épaississant pour les pâtes d´impression Druckverdicker *(m)*
épaississant pour l'impression Druckverdicker *(m)*
épaississement Verdicken *(n)*
épancher abgießen
épandage des eaux usées Abwasserverrieselung *(f)*
épargnant du temps zeitsparend
épaules carrées Boxerschultern *(f, pl)*
épaules nues schulterfrei
épaulette Schulterklappe *(f)*, Achselklappe *(f)*, Schulterriegel *(m)*
épincette Noppeisen *(n)*
épinglé genadelt
épingle Stecknadel *(f)*, Heftnadel *(f)*
épingle de cravate Krawattennadel *(f)*
épingle de sûreté Sicherheitsnadel *(f)*
épingler nadeln, aufnadeln, heften
éplucher zupfen, verlesen, putzen (Gewebe)
éplucher (tissu) putzen, ausnoppen
épluchoir Schälmesser *(n)*
épluchures de coton Baumwollabfall *(m)*
éponge Schwamm *(m)*
époxy-résine Epoxydharz *(n)*
épreuve Prüfung *(f)*, Versuchsdurchführung *(f)*
épreuve à feu Feuerprobe *(f)*, Brennprobe *(f)*
épreuve à la flamme Flamm(en)probe *(f)*, Brennprobe *(f)*
épreuve au hasard (action) Stichprobe *(f)* (Vorgang)
épreuve de gomme (résinif.) Abdampfprobe *(f)*, Verharzungsprobe *(f)*
épreuve de pourriture Fäulnisversuch *(m)*
épreuve d´impression Andruck *(m)*, Probedruck *(m)*
épreuve d´impression Druckprobe *(f)*
épreuve informante Übersichtstest *(m)*
épreuve, à l´épreuve du gaz gasbeständig
éprouvé erprobt, bewährt
éprouvé en pratique praxiserprobt
éprouver erproben, testen, auf die Probe stellen
éprouver à l´aéromètre spindeln, Messen von Flüssigkeiten
éprouvette Prüfling *(m)*, Prüfmuster *(n)*
éprouvette à pied (labo) Standglas *(n)*
éprouvette graduée Meßzylinder *(m)*
epsomite Epsomsalz *(n)*, Bittersalz *(n)*
épuisé erschöpft, verbraucht
épuisement de colorant sélectif selektiver Farbstoffauszug *(m)*
épuisement du colorant Farb(stoff)auszug *(m)*
épuisement subséquent (teint.) Nachzug *(m)*
épuiser aufbrauchen, erschöpfen, exhaustieren
épurateur à peigne Kammreiniger *(m)*
épurateur de vapeur Dampfreiniger *(m)*
épuration des eaux d´égout Abwasserreinigung *(f)*
épurer reinigen, säubern, klären
équilibrage Ausgleich *(m)*
équilibrage des couleurs Farbabgleich *(m)*
équilibrant ausgleichend
équilibre Gleichgewicht *(n)*
équilibre acide-basique Säuren-Basen-Gleichgewicht *(n)*
équilibre instable labiles Gleichgewicht *(n)*
équilibre thermique Temperaturgleichgewicht *(n)*
équilibre, en équilibre im Gleichgewicht *(n)*
équilibrer ausgleichen, Gleichgewicht *(n)* herstellen
équipe (travail) Schicht *(f)*, Belegschaft e. Schicht
équipe de collaborateurs Mitarbeiterstab *(m)*
équipe de jour (travail) Tagschicht *(f)*
équipement Ausstattung *(f)*, Einrichtung *(f)*
équipement de laboratoire Laboreinrichtung *(f)*
équipement d´usine Fabrikeinrichtung *(f)*
équiper bestücken
éraillement Verschiebung bei Kett- und Schußfäden
érection Aufbau *(m)*, Aufbauen *(n)*, Erbauen *(n)*
erreur de pesée Einwaagefehler *(m)*, Wägefehler *(m)*
erreur d´indice Indexfehler *(m)*, Anzeigefehler *(m)*

erreur en longitude Längenfehler *(m)*
escarpé steil
espace de temps Zeitspanne *(f)*
espacement des aiguilles Nadelteilung *(f)*
espadrilles Seilschuhe *(m, pl)*
espèce de lumière Lichtart *(f)*
esprit de vin Weingeist *(m)*
essai Versuch *(m)*, Probeversuch *(m)*, Test *(m)*
essai à blanc Blindversuch *(m)*
essai à grande échelle Großversuch *(m)*
essai à l´étachéité Wasserdruckprobe *(f)* (Wassersäule)
essai abrégé Kurz (zeit)versuch *(m)*
essai accéléré de résistance aux intempéries Schnellbewitterungsversuch *(m)*
essai au frottement Reibfestigkeitsprüfung *(f)* (Farbst.)
essai au porter Tragversuch *(m)*
essai comparatif Vergleichsversuch *(m)*
essai continu Dauerversuch *(m)*
essai de boulochage Pillingtest *(m)*
essai de corrosion Korrosionsversuch *(m)*
essai de courte durée Kurzzeitversuch *(m)*, Kurzversuch *(m)*
essai de déchirage Zerreißprüfung *(f)*
essai de fonctionnement Funktionsprüfung *(f)*
essai de longue durée Langzeitversuch *(m)*
essai de matériaux Werkstoffprüfung *(f)*
essai de pénétration du colorant Durchfärbungsversuch *(m)*
essai de perçage Lochversuch *(m)*
essai de poinçonnage Lochversuch *(m)*
essai de pourriture Fäulnisversuch *(m)*
essai de qualité Qualitätsprobe *(f)*
essai de réception (mach.) Abnahmeprüfung *(f)*
essai de résistance aux intempéries Bewitterungsversuch *(m)*
essai de teinture Anfärbeversuch *(m)*
essai de traction au cisaillement Zugscherversuch *(m)*
essai des matériaux Materialprüfung *(f)*
essai du marcheur Begeh(ungs)versuch *(m)*
essai d´abrasion Reibfestigkeitsprüfung *(f)* (Abrieb), Scheuerprüfung *(f)*
essai d´éclatement Berstfestigkeitsprüfung
essai d´endurance Dauerversuch *(m)*
essai industriel Großversuch *(m)*
essai préliminaire Vorversuch *(m)*
essai témoin Kontrollversuch *(m)*
essai, à titre d´essai zu Versuchszwecken *(m, pl)*, für Versuche *(m, pl)*, versuchsweise
essai-type Modellversuch *(m)*
essais en série Reihenversuche *(m, pl)*
essanger einweichen (von Wäsche)
essayage Anprobe *(f)*
essayer versuchen, erproben, prüfen, anprobieren, (aus)probieren
essayer l´un après l´autre durchprobieren
essence Benzin, Motorbenzin *(n)*
essence Essenz *(f)*, auch: Benzin
essence de citronelle Zitronellöl *(n)*, Lemongrasöl *(n)*
essence lourde Schwerbenzin *(n)*
essorage Trockenschleudern *(n)*, Zentrifugieren *(n)*
essorer (aus)schleudern, entwässern
essoreuse Zentrifuge *(f)*, Trockenschleuder *(f)*
essoreuse oscillante Pendelzentrifuge *(f)*
essoreuse pour tissus au large Gewebebreitschleuder *(f)*
essuie-main Handtuch *(n)*
essuyer wischen
estampe Stanze *(f)*
estamper stanzen
ester Ester *(m)*
ester de l´acide chloroformique Chlorameisensäureester *(m)*
ester de l´acide méthacrylique Polymethacrylsäureester *(m)*
ester d´acide phosphorique Phosphorsäureester *(m)*
ester méthacrylique Methacrylsäureester *(m)*
ester méthylique Methylester *(m)*
ester phosphorique Phosphorsäureester *(m)*
ester théréphtalique Terephthalsäureester *(m)*
estérification Veresterung *(f)*
estérifier esterifizieren

estimation Wertung *(f)*, Bewertung *(f)*
étage de vente Verkaufsetage *(f)*
étain Zinn *(n)*
étalage Auslage *(f)*, Schaufenster-dekoration *(f)*
étaler ausbreiten, auslegen, ausstellen
étaler (filat.) anlegen
étaleur (filat.) Aufbreitmaschine *(f)*
étalon blanc (mesur. de color.) Weißstandard *(m)* (Farbmessung)
étalon d´intensité de la couleur Standardfarbtiefe *(f)*
étalonnage Eichung *(f)*
étalonner eichen
étamine Gitterleinen *(n)*, Etamin *(m)*
étanche à l'eau wasserfest, wasserdicht
étanche à l´air luftdicht
étanche à l´eau sous pression druckwasserdicht
étanche à l´huile öldicht
étanche au gaz gasdicht
étanche au vide vakuumdicht
étanche aux gouttes tropfdicht
étape Stufe *(f)*, Etappe *(f)*, Schritt *(m)*
étape de la production Fertigungsstufe *(f)*, Fertigungsschritt *(m)*
étape, à deux étapes zweistufig
étape, à plusieurs étapes mehrstufig, Mehrstufen....
étapes, par étapes stufenweise
état Zustand *(m)*, Stand *(m)*, Stadium *(n)*, Lage *(f)*
état (techn.) Zustand *(m)*
état anhydre (fibres) wasserfreier Zustand, auch: ofentrocken
état conditionné klimatisierter Zustand
état cristallin kristallförmiger Zustand *(m)*
état final Endzustand *(m)*
état gazeux gasförmiger Aggregatzustand *(m)*
état granuleux Körnigkeit *(f)*
état mouillé Naßzustand *(m)*
état pelucheux Flusigkeit *(f)*
état physique Aggregatzustand *(m)*
état physique liquide flüssiger Aggregat-zustand
état physique solide fester Aggregat-zustand
état solide fester Aggregatzustand *(m)*
état transitoire Übergangsstadium *(n)*
état vitreux (mat. plast.) Glaszustand *(m)*
étendre ausdehnen, ausstrecken, (an)spannen
étendre (pâte) verstreichen, streichend verteilen
étendre, s' sich ausdehnen, sich ausstrecken
étendu ausgedehnt, weit
étendu de tout son long langgestreckt
étendue d´échelle Skalenbereich *(m)*, Meßbereich *(m)*
étendue d´une erreur Fehlerbereich *(m)*
étendue en longueur Längenausdehnung *(f)*, Längenabmessung *(f)*
éther Äther *(m)*
éther cellulosique Zelluloseäther *(m)*
éther de pétrole Waschbenzin *(n)*, Petroläther *(m)*
éthoxylation Oxäthylierung *(f)*, Äthoxylierung *(f)*
éthylene Äthylen *(n)*
étincelle Funke *(m)*
étiquette Etikett *(n)*
étiquette auto-adhésive Haftetikett *(n)*, Selbstklebeetikett *(n)*
étiquette de prix Preisschild *(n)*
étiquetter etikettieren, auszeichnen, bezetteln
étirable streckbar, verstreckbar
étirage Verstreckung *(f)*, Strecken *(n)*
étirage (filat.) Verzug *(m)*
étirage à double rangée de barettes Doppelnadelstrecke *(f)*, Intersectingstrecke *(f)*
étirage à froid (fibre) Kaltverstreckung *(f)*
étirage à frottoirs Nitschelstrecke *(f)*
étirage en gros (filat.) Grobstrecke *(f)*
étirage partiel Teilverzug *(m)*
étirage préparatoire (filat.) Vorstrecke *(f)*, Grobstrecke *(f)*
étirage rapide Schnellverstreckung *(f)*
étirage total (filat.) Gesamtverzug *(m)*
étirage, exempt d´étirage verzugsfrei
étirage-frotteur à barettes Nadelstabstrecke *(f)*, Intersectingstrecke *(f)*
étirage-texturation Strecktexturierung *(f)*
étiré, non étiré unverstreckt
étire-rideau Gardinenspannrahmen *(m)*
étirer strecken, ausdehnen, verstrecken (Fasern), ausziehen
étirer en (ou au) **filage** spinnstrecken

étireur en fin de coton Baumwollfeinstrecker *(m)*
étireuse à égaliser au large Breitstreckegalisiermaschine *(f)*
étireuse en nappe (fibre chim.) Fadenscharstreckmaschine (Chemiefaser-herst.)
étireuse préliminaire Vorstrecke *(f)*
étoffe Stoff *(m)* (Textil)
étoffe (ou tissu) **diagonale** Diagonalgewebe *(n)*
étoffe à doublure Futterstoff *(m)*
étoffe à fourrure Pelzstoff *(m)*
étoffe alligator Alligatortuch *(n)*
étoffe aux tons changeants Changeantgewebe *(n)*
étoffe cirée Lacktuch *(n)*
étoffe collégienne Collegetuch *(n)*
étoffe croisée Diagonalgewebe *(n)*
étoffe de coton Baumwollstoff *(m)*
étoffe de laine Wollstoff *(m)*
étoffe de rembourrage Füllvliesstoff *(m)*
étoffe d´habillement Kleiderstoff
étoffe frisée Kräuselgewebe *(n)*, Crimps*(n)*
étoffe moutonnée Moutonnestoff *(m)*
étoffes de confection pour femmes Damenkonfektionsstoffe *(m,pl)*
étoffes de rideaux Vorhangstoffe *(m, pl)*
étoile de teinture Färbestern *(m)*, auch: Stern *(m)*
étoile, teindre sur étoile auf dem Stern färben
étoile, teinture sur étoile (de lyonnaise) Sternfärberei *(f)*
étole Stola *(f)*
étoupe Werg *(n)*
étoupe de chanvre Hanfwerg
étoupe de corde Fadenwerg *(n)*
étoupe de lin Flachswerg *(n)*
étoupe de peignage (lin) Hechelwerg *(n)* (bei Flachs)
étranger fremd
étranglement (vapeur) Drosselung *(f)*
étrangler drosseln, abdrosseln (Masch.), abschnüren
étrangler (vapeur) drosseln
être apte à sich eignen zu, geeignet sein für
être ardent (fer) glühen
être corrodé (v. intrans.) korrodieren, korrodiert werden
être différent differieren, abweichen
être fluorescent fluoreszieren
être gonflant sich bauschen, sich aufbauschen
être lumineux leuchten
être placé liegen (bei)
être rouge (fer) glühen
être situé liegen (bei)
être suspendu hängen, aufgehängt sein
étroit schmal
études de marché Marktforschung *(f)*
étudié à fond gründlich durchgearbeitet (erforscht)
étuve Trockenofen *(m)*, Trockenschrank *(m)*
étuve à vapeur Dampftrockenapparat *(m)* (Chemie)
europalette Europalette *(f)*
eutrophe (un lac p.ex.) eutroph
eutrophie Eutrophie *(f)*
eutrophisation Eutrophierung *(f)*
évacuation des eaux usées Abwasserbeseitigung *(f)*
évacuer räumen, leeren, evakuieren
évacuer (bain) leeren, ablassen
évacuer par pompe abpumpen
évaluation Wertung *(f)*, Bewertung *(f)*
évaluation colorimétrique colorimetrische Bestimmung *(f)*
évaluer veranschlagen, schätzen
évaporation Verdunstung *(f)*
évaporation ultérieure Nachverdampfung *(f)*
évaporatoire Verdunstungs....,
évaporer abdampfen, verdampfen
évaporeur à vide Vakuumverdampfer *(m)*
évasé ausgestellt
event Luftabzug *(m)*
éviter, pour éviter zur Vermeidung, zur Verhinderung *(f)*
exact genau, exakt
exact en nuance farbtongenau
exactitude Genauigkeit *(f)*, Exaktheit *(f)*
exactitude de la nuance Farbtongenauigkeit *(f)*
exactitude de mesurage Meßgenauigkeit *(f)*
examiner prüfen, untersuchen
examiner au microscope mikroskopieren, im Mikroskop untersuchen
excédent Überschuß *(m)*

excédent de consommation Mehrverbrauch *(m)*
excédent d´acide Säureüberschuß *(m)*
excédentaire überschüssig
excéder überschreiten, darüber hinausgehen
excentrique (Subst.) Schlingenhalter-Exzenter
excentrique de la planche à crochets Platinenbodenexzenter *(m)*
excentrique pour pas ouvert Offenfachexzenter *(n)*
excès, en excès überschüssig, im Überschuß *(m)*
exécutable durchführbar, ausführbar
exécuter ausführen, durchführen
exécuter par stades successifs stufenweise durchführen
exécution Durchführung *(f)*, Ausführung *(f)*
exécution d´essai Versuchsausführung *(f)*, Versuchsdurchführung
exemple Beispiel *(n)*, Muster *(n)*
exempt de frei von
exempt de carbone kohlenstofffrei
exempt de charges füllstofffrei
exempt de chlore chlorfrei
exempt de noppes noppenfrei
exempt de peluches flusenfrei
exempt de plomb bleifrei
exempt de précipitation niederschlagsfrei, ohne Niederschlag *(m)*
exempt de sel salzfrei, frei von Salz *(n)*
exempt de solvants lösungsmittelfrei
exempt d´acide säurefrei
exempt d´oxygène sauerstofffrei
exercer ausüben
exercer une influence mutuelle sich gegenseitig beeinflussen
exhausteur Exhaustor *(m)*, Saugapparat *(m)*
exhaustion Absaugung *(f)*, Entleerung *(f)*
exigence de normes Normvorschrift *(f)*
exigence de précision Genauigkeitsanforderung *(f)*
expansibilité Ausdehnbarkeit *(f)*
expansion à l´éclatement Berstdehnung *(f)*
expérience Erfahrung *(f)*, praktische Erfahrung
expérimentalement präparativ, experimentell (adv.)
expérimentation Experiment *(n)*
expérimentel experimentell
expérimenter experimentieren, Versuche *(m, pl)* machen
expert (subst.) Sachverständiger *(m)*
expertise Sachverständigengutachten *(n)*, Expertise *(f)*
expirer verfallen, ungültig werden
exploitation Ausnutzung *(f)*
exploitation *(f)* **de données** Datenauswertung *(f)*
explorateur Abtaster *(m)*
exploser explodieren
explosibilité Explodierbarkeit *(f)*
explosible explosiv, explosibel
explosif explosiv
explosion, à l´épreuve de l´explosion explosionssicher
explosion de la demande Nachfrageboom *(m)*
exportations textiles Textilexporte *(m, pl)*
exposant Aussteller *(m)*
exposer ausstellen
exposer à (soleil, air) aussetzen (mit Dativ)
exposer à la lumière belichten
exposer à l´air der Luft aussetzen
exposer aux intempéries bewittern (Test)
exposition Messe *(f)*, Ausstellung *(f)*
exposition à la lumière Belichtung *(f)* (Test)
exposition aux agents chimiques chemische Beanspruchung *(f)*
exprimage Abquetschen *(n)*, Ausquetschen *(n)*
exprimage, effet d´exprimage Abquetscheffekt (Foulard)
exprimer auspressen, ausdrücken, abquetschen
exsudation (sels etc) Ausschwitzen *(n)*
extendeur (chim.) Extender *(m)*, Verdünnungsmittel *(m)*, Streckmittel
extensibilité Dehnbarkeit *(f)*, Ausdehnbarkeit *(f)*, Streckbarkeit *(f)*, Verstreckbarkeit *(f)*
extensible dehnbar, streckbar, ausdehnbar
extension Streckung *(f)*, Ausdehnung *(f)*

extirabilité Ausziehbarkeit *(f)*, Verstreckbarkeit *(f)*
extraction Extraktion *(f)*
extraction par solvant Lösungsmittelextraktion *(f)*
extra-fort Eckenband *(n)*
extraire extrahieren
extraire (chim.) entziehen, herausholen
extraire par (la) **cuisson** (chim.) auskochen
extraire par pression abpressen, auspressen
extrait Extrakt *(m)*, Auszug *(m)*
extrait aqueux wässriger Auszug *(m)*
extrait sec Trockenauszug *(m)*
extrait sec, faire l´extrait sec die Trockensubstanz bestimmen (ermitteln)
éthyle Äthyl *(n)*

F

fabricant Fabrikant *(m)*
fabricant de tapis Teppichhersteller *(m)*
fabrication Fabrikation *(f)*, Fertigung *(f)*, Herstellung *(f)*
fabrication à la chaîne Fließbandfertigung *(f)*
fabrication de bas pour dames Damenstrumpfindustrie *(f)*, -herstellung *(f)*
fabrication de maille Wirkwarenherstellung *(f)*
fabrication de tricots Trikotagenfabrikation *(f)*
fabrication en masse Massenfabrikation *(f)*
fabrication spéciale Sonderanfertigung *(f)*
fabrique de couleurs Farbenfabrik *(f)*
fabriquer herstellen, fabrizieren, erzeugen, anfertigen
face d´un tissu Außenseite *(f)* resp. Vorderseite eines Stoffes
face frontale Stirnseite *(f)*
face interne Innenseite *(f)*
face supérieure Oberseite *(f)*
face, à une face (mach.) einseitig
facile à entretenir pflegeleicht
facilement décomposable leicht abbaubar, leicht zersetzlich
facilement fusible leicht schmelzbar
facilement inflammable leicht entzündlich
facilement soluble leicht löslich
facilité de teinture Aufnahmefähigkeit *(f)* für Farbstoffe, Anfärbbarkeit *(f)*
facilité d´impression Bedruckbarkeit
façon Art *(f)*, Weise *(f)*, Façon (Text.)
façon de fonctionnement Wirkungsweise *(f)*
façonnage Bearbeitung *(f)*, Ausarbeitung *(f)*, Verarbeitung *(f)*, Formarbeit *(f)*
façonné façonné
façonné rayé (dessin) längsgestreift, längsgemustert
façonner bearbeiten, verarbeiten, fertigbearbeiten, fertigstellen
facteur de conversion Umrechnungsfaktor *(m)*
facteur de luminance Remissionsgrad *(m)* (opt.)
facteur de pureté colorimétrique spektrale Farbdichte
facteur de pureté d´exication spektraler Farbanteil *(m)*
facteur de saturation Sättigungsfaktor *(m)*
facteur de sécurité Sicherheitsfaktor *(m)*
facteur de temps Zeitfaktor *(m)*
facteur réducteur Reduktionsfaktor *(m)*
facturer fakturieren
faculté d´absorption Aufnahmefähigkeit *(f)*
faculté d´écoulement Rieselfähigkeit *(f)*
fadéomètre Lichtechtheitsprüfer *(m)*
fading par l´action de l´ozone ausbleichen durch Ozon
faible schwach, gering, kraftlos, matt
faiblement acide schwach sauer
faille Faille *(f)*
faire agir einwirken lassen, wirken lassen
faire bouillir (auf)kochen, zum Kochen bringen
faire la dentelle au fuseau Spitzen *(f, pl)* klöppeln
faire s´écouler ablaufen lassen
faire tourner laufen lassen
faire une première tonte vorscheren
faisceau de fibres Faserbüschel *(n)*, Faserbündel *(n)*
fait sur mesure nach Maß gearbeitet
falsifier verfälschen
faner, se (couleur) verblassen (Farben)

farinacé mehlartig, mehlig
farine Mehl *(n)*, Kernmehl *(n)*
farine de caroube Johannisbrotkernmehl *(n)*
fascinant faszinierend
fatigue (matér.) Ermüdung *(f)* (Material)
fatigue, essai à la fatigue Ermüdungsversuch *(m)*
fatiguer ermüden (Material)
faufiler heften
fausse couture Imitiernaht *(f)*, falsche Naht
fausse lisière (tissage) Schnittleiste *(f)*
fausse manche Ärmelschoner *(m)*
fausse torsion (retord.) Falschdraht
fausser, se (dessin) sich verziehen (Muster)
faute (génér.) Fehler *(m)*
faute de nettoyage Reinigungsfehler *(m)*
faute de rentrage au peigne Blatteinzugsfehler *(m)*
faute de teinture Farbfehler *(m)* (in der Färbung)
faute d'impression Druck(erei)fehler *(m)*
faute, sans fautes fehlerfrei
fauteuil Sessel *(m)*
faux falsch, unrichtig
favori de la mode Modefavorit *(m)*
favorisant la corrosion korrosionsfördernd
fécule Stärke *(f)*, Kartoffelstärke *(f)*
fécule de manioc Maniokastärke *(f)*
fécule de pomme de terre Kartoffelstärke *(f)*
féculent stärkehaltig (Kartoffel)
féderation du commerce de détail textil allemand Bundesverband *(m)* des Deutschen Textileinzelhandels
fendage Spaltung *(f)*, Teilung *(f)*
fendille capillaire Haarriß *(m)*
fendiller einritzen
fendre schlitzen
fente Spalte *(f)*, Schlitz *(m)*
fente dans le dos Rückenschlitz *(m)*
fente de guidage Führungsschlitz *(m)*
fente de la poche Tascheneinschnitt *(m)*
fer Eisen *(n)*
fer à repasser Plätteisen *(n)*
fer à velours Samtnadel *(f)*
fer, de fer ou en fer eisern, aus Eisen
fer, exempt de fer eisenfrei
fermé geschlossen
ferme fest
ferment Ferment *(n)*
fermentable gärfähig, gärbar
fermentation Gärung *(f)*
fermenter gären, vergären
fermenter, faire fermenter fermentieren lassen, zur Gärung *(f)* bringen
fermer schließen, zuschließen, abschließen
fermeture Stillegung *(f)*, Verschluß *(m)*
fermeture à glissière à deux voies Zweiwegreißverschluß *(m)*
fermeture à nœud Schlingenverschluß *(m)*
fermeture brevetée Patentverschluß *(m)*
fermeture de la foule (tissage) Fachschluß *(m)*
fermeture éclair Reißverschluß *(m)*
fermeture métallique Metallverschluß *(m)*
ferrifère eisenhaltig
festonnage par trame Bogenschuß *(m)* (Webfehler)
festonné langettiert
fête, de fête festlich
feuillard d'emballage Bandeisen
feuille de cardes Kratzenblatt *(n)*, Kardenblatt *(n)*
feuille métallique Metallfolie *(f)*
feuille plastique Plastikfolie *(f)*, Kunststoffolie *(f)*
feuille transparente Klarsichtfolie *(f)*
feutrabilité Verfilzbarkeit *(f)*, Filzvermögen *(n)*
feutrable filzfähig
feutrage Filzen *(n)*, Verfilzung *(f)*
feutrage à aiguilles Nadelfilzherstellung *(f)*, Nadelfilzen *(n)*
feutre Filz *(m)*
feutré filzartig, filzig, gefilzt
feutre à lisser Glättfilz *(m)*
feutre aiguilleté Nadelfilz *(m)*
feutre asphalté Asphaltfilz *(m)*
feutre comprimé Preßfilz *(m)*
feutre de jute Jutefilz *(m)*
feutre de laine Wollfilz *(m)*
feutre de poil Haarfilz *(m)*
feutre d'habillement Bekleidungsfilz *(m)*, Kleiderfilz *(m)*
feutre foulé Walkfilz *(m)*
feutre gras (en laine) Schweißfilz *(m)*
feutre liège bitumé Bitumenkorkfilz *(m)*

feutre pressé Preßfilz *(m)*
feutre tissé gewebtes Filztuch *(n)*, Webfilz *(m)*
feutre tissé aiguilleté genadeltes Filztuch *(n)*
feutrer filzen
feutrer, commencer à feutrer anfilzen
feutreuse à aiguilles Nadelfilzmaschine *(f)*
fiabilité Zuverlässigkeit *(f)*
fiable zuverlässig
fibrage Ziehen *(n)* der Spinnmasse zu Fäden
fibranne Zellwolle *(f)*
fibranne d'acétate Acetatspinnfaser *(f)*
fibre Faser *(f)*
fibre à grand retrait Hochschrumpffaser *(f)*
fibre acrylique Acrylfaser *(f)*
fibre auto-extinctrice selbstlöschende Faser *(f)*
fibre caroa Caroafaser *(f)*
fibre céramique Keramikfaser *(f)*
fibre chimique Chemiefaser *(f)*, Kunstfaser *(f)*, synthetische Faser *(f)*
fibre coupée Stapelfaser *(f)*
fibre creuse Hohlfaser *(f)*
fibre cuproammoniacale Kupferkunstseide *(f)*
fibre d'acier Stahlfaser *(f)*
fibre de caséine Kaseinfaser *(f)*
fibre de coco Kokosfaser *(f)*, Kokosbast *(m)*
fibre de coton Baumwollfaser *(f)*
fibre de laine Wollfaser *(f)*
fibre de polyaddition Polyadditionsfaser *(f)*
fibre de polycondensation Polykondensat(ions)faser *(f)*
fibre de quartz Quartzfaser *(f)*
fibre de soie Seidenfaser *(f)*
fibre de verre Glasfaser *(f)*
fibre de verre textile broyée Textilglaskurzfaser *(f)*, verra
fibre discontinue Spinnfaser *(f)*, Stapelfaser *(f)*
fibre discontinue de verre textile Glasstapelfaser *(f)*
fibre d´ortie Nesselfaser *(f)*
fibre high-wet Hochmodulfaser *(f)*
fibre libérienne Bastfaser *(f)*
fibre libérienne floconnée Flockenbast *(m)*
fibre minérale Mineralfaser *(f)*
fibre modacrylique Modacrylfaser *(f)*
fibre multipolymère Multipolymerisationsfaser *(f)*
fibre naturelle Naturfaser *(f)*
fibre polyester Polyesterfaser *(f)*
fibre polymère Polymerisatfaser *(f)*
fibre polynosic Modalfaser *(f)*, Polynosicfaser *(f)*
fibre pour tapis Teppichfaser *(f)*
fibre pour velours Polfaser *(f)*, Faser für den Pol
fibre protéinique Eiweiß(chemie)faser *(f)*
fibre protéique Proteinfaser *(f)*
fibre Ramie Ramiefaser *(f)*
fibre rétractable Schrumpffaser *(f)*, S-Faser *(m)*
fibre rétrécie geschrumpfte Faser *(f)*
fibre synthétique synthetische Faser *(f)*, Kunstfaser *(f)*, Chemiefaser *(f)*, Synthesefaser *(f)*
fibre technique technische Faser *(f)*
fibre textile textile Faser *(f)*, Gespinstfaser *(f)*, Textilfaser *(f)*
fibre textile artificielle (en génér.) Kunstfaser *(f)*, textile Kunstfaser *(f)*
fibre transversale Querfaser *(f)*
fibre végétale Pflanzenfaser *(f)*
fibre viscose Viskosefaser *(f)*
fibre volante Flugfaser *(f)*
fibre vulcanisée vulkanisierte Faser *(f)*
fibre, à fibres droites geradfaserig
fibre, à fibres longues langfaserig, langstapelig
fibres de verre textile Textilglasfasern *(f, pl)*
fibres dures Hartfasern *(f, pl)*
fibres, dans le sens des fibres in Faserrichtung *(f)*, mit der Faser
fibres, en sens transversal aux fibres quer zur Faserrichtung *(f)*
fibres, en travers de la fibre quer zur Faserrichtung *(f)*
fibreux faserstoffartig, aus Fasern *(f, pl)*, faserig
fibrille Fäserchen *(n)*, Fibrille *(f)*
ficelle Schnur *(f)*, Schnürband *(f)*, Bindfaden *(m)*, dünne Schnur *(f)*
ficelle de lieuse Erntegarn *(n)*

fiche de tissage Hebeplan *(m)* (der Kettfäden)
fiche indicateur Indikatorstreifen *(m)*
fiche suiveuse Laufzettel *(m)*
fiche technique technisches Datenblatt *(n)*, Prospekt *(m)*
fichier de données Datei *(f)*
fichier d'entrée Eingabedatei *(f)*
fichu Halstuch *(n)*
fidèle dans la nuance farbtongetreu, farbgetreu, farbtonrichtig
fidélité des couleurs farbengetreue Wiedergabe *(f)*
figure Figur *(f)*
fil Faden *(m)*, Garn *(n)*
fil à boutons Noppengarn *(n)*
fil à broder, fil de broderie Stickgarn *(n)*
fil à coudre Nähgarn *(n)*
fil à fuseau Spindelgarn *(n)*
fil à grosseur différente Titerschwankungsgarn *(n)*
fil à lisière Leistengarn *(n)*
fil à ourdir Schärgarn *(n)*
fil à repriser Stopfgarn *(n)*, Stopftwist *(m)*
fil à retorsion de séparation, retors de sépar. Trennzwirn *(m)*
fil à tricotage rapide Schnellstrickgarn *(n)* (-wolle *(f)*)
fil à tricoter Strickgarn *(n)*, Garn für Wirkwaren
fil à vaniser Deckfaden *(m)* (Web.)
fil acrylique Acrylfaden *(m)*
fil bicomposé Bikomponentengarn *(n)*
fil bouclé Schlingengarn *(n)*, Loopgarn *(n)*, Schlaufengarn *(n)*
fil boutonné Noppengarn *(n)*, genopptes Garn *(n)*
fil câblé Kabelgarn *(n)*, auch: Mehrfachzwirn *(m)*, Mehrfachgarn *(n)*
fil cardé Streichgarn *(n)*
fil cardé en coton à fibre courte Streichgarn *(n)* aus kurzer Baumwolle
fil cardé-peigné Halbkammgarn *(n)*
fil cheviote Cheviotgarn *(n)*
fil chirurgical chirurgischer Faden *(m)*
fil continu Endlosfaden *(m)*, Filamentgarn *(n)*
fil continu de verre textile Glasfilamentgarn *(n)*
fil continu partiellement orienté teilverstrecktes Filamentgarn *(n)*
fil continu texturé texturiertes Filamentgarn *(n)*
fil cordonnet Litzengarn *(n)* Kordonnetgarn *(n)*
fil couru (tissage) schlaffer Faden *(m)*
fil d'acier Stahlfaden *(m)*
fil de base Grundfaden *(m)*
fil de base de verre textile Glasspinnfaden *(m)*
fil de bonneterie Strickgarn, Trikotgarn *(n)*
fil de broderie au tambour Rahmengarn *(n)*
fil de caret Kabelgarn *(n)*
fil de cellulose Zellulosegarn *(n)*
fil de chaîne Kettgarn *(n)*, Zettelgarn *(n)*
fil de chaîne cassé gerissener Kettfaden
fil de changement Wechselfaden *(m)*
fil de chenille Raupengarn *(n)*, Chenillegarn *(n)*
fil de continu à anneau Ringgarn *(n)*, ringgesponnenes Garn *(n)*
fil de coton Baumwollgarn *(n)*, Baumwollfaden *(m)*
fil de coton cardé Baumwollstreichgarn *(n)*
fil de coton gazé gasiertes (gesengtes) Baumwollgarn *(n)*
fil de coton peigné Baumwollkammgarn *(n)*
fil de décoration Zierfaden *(m)*
fil de dessus Oberfaden *(m)*
fil de fibre discontinue de verre textile Glasstapelfasergarn *(n)*
fil de fibres dures Hartfasergarn *(n)*
fil de fond Grundfaden *(m)*, Kernfaden *(m)*
fil de fourrure Füllfaden *(m)*
fil de laine Wollgarn *(n)*
fil de laine de bois Waldwollgarn *(n)*
fil de lin Leinengarn *(n)*, Flachsgarn *(n)*
fil de lisière Randfaden *(m)*, Kantenfaden *(m)*
fil de métal Draht *(m)*
fil de poil Polfaden *(m)*, Polgarn *(n)*, Florfaden *(m)*
fil de protection Fangdraht *(m)*
fil de renfort Verstärkungsfaden *(m)*, Verstärkerfaden *(m)*, Nebenfaden *(m)*
fil de renvideur Selfaktorgarn *(n)*
fil de schappe Schappegarn *(n)*
fil de sisal Sisalgarn *(n)*

fil de soie Seidenfaden *(m)*
fil de soie galette Galettgarn *(n)*, Filosellegarn
fil de soie retors Seidenzwirn *(m)*
fil de tapis Teppichgarn *(n)*
fil de tour Schlingfaden *(m)*, Dreherfaden *(m)*
fil de tour (filat.) Dreherfaden *(m)*, Polfaden der Gaze
fil de trame Schußfaden *(m)*
fil de trame cassé gerissener Schußfaden
fil de vanisage (tissage) Plattierfaden *(m)*
fil de verranne Glasstapelfasergarn *(n)*
fil de verre Glasfaden *(m)*
fil de verre textile Textilglasgarn *(n)*
fil de vigogne Vigognegarn *(n)*, Vigogne *(n)*
fil dévidé gehaspeltes Garn, abgehaspeltes Garn *(n)*
fil d'or louisor Louisor-Goldfaden *(m)*
fil double (tissage) Doppelfaden *(m)* (Webfehler)
fil double de chaîne Doppelkettgarn *(n)*
fil double mèche Zweizylindergarn *(n)*
fil duveteux flusiger Faden *(m)*
fil d´acier Stahldraht *(m)*
fil d´âme Seelenfaden *(m)*
fil d´arcade Litzenfaden *(m)*, Litzenzwirn *(m)* , Geschirrfaden *(m)*
fil d´arcade (tissage) Aufheber *(m)* (Web.)
fil d´Ecosse Brillantgarn *(n)*
fil d´effet métallisé Metalleffektfaden *(m)*
fil d´etoupe Werggarn *(n)*, Towgarn *(n)*
fil effet de trame Effektschuß *(m)*
fil égal gleichmäßiges Garn
fil en cannette Kötzergarn *(n)*
fil en écheveaux Stranggarn *(n)*
fil en papier Papiergarn *(n)*
fil entièrement étiré vollverstrecktes Garn *(n)*
fil équilibré drehungsfreier Faden *(m)*
fil expérimental Versuchsgarn *(n)*
fil fantaisie Phantasiegarn *(n)*, Effektgarn*(n)*
fil fantaisie retordu Effektzwirn *(m)*
fil fausse torsion fixé Falschdrahtsetgarn *(n)*
fil filé automatiquement mechanisch gesponnenes Garn *(n)*
fil flanelle Bibergarn *(n)*
fil frisé continuel hochelastisches Endlosgarn
fil glacé Glanzgarn *(n)*, auch: Eisengarn *(n)*
fil gonflant bauschiger Faden *(m)*, bauschiges Garn *(n)*
fil gonflé Bauschgarn *(n)* (nicht texturiert)
fil imitation Imitatgarn *(n)*
fil inférieur Unterfaden *(m)*
fil irrégulier unregelmäßiges, schnittiges Garn *(n)*
fil jaspé Jaspégarn *(n)*
fil jumel Makogarn *(n)*
fil lustre Lüstergarn *(n)*
fil marengo Marengogarn *(n)*
fil mat Mattgarn *(n)*
fil mèche Vorgespinst *(n)*, Vorgarn *(n)*, Docht *(m)*
fil mélangé Melangegarn *(n)*, Minglegarn *(n)*
fil mercerie Handarbeitsgarn *(n)*
fil métallique Metallgarn *(n)*, Metallfaden *(m)*
fil mi-chaîne Halbkettgarn *(n)*
fil mi-laine Halbwollgarn *(n)*
fil mixte Mischgarn *(n)*
fil mohair Mohairgarn *(n)*
fil moucheté scheckiges Garn, Effektgarn *(n)*
fil mouliné Molinegarn *(n)*, Mouliné
fil mousse fausse torsion Falschdrahtbauschgarn *(n)*
fil multifilament Multifilgarn
fil mungo Mungogarn *(n)*
fil non-salissant schmutzunempfindliche Faser *(f)*
fil orienté bas niederorientiertes Garn *(n)*
fil parallelisé Parallelgarn *(n)*
fil partiellement orienté teilorientiertes Garn *(n)*
fil peigné Kammgarn *(n)*
fil peigné pour trame Kammgarnschuß *(m)*
fil plat Flachgarn *(n)*
fil pleinement orienté vollorientiertes Garn *(n)*
fil pour bonneterie Strumpfgarn *(n)*
fil pour crêpe Kreppgarn *(n)*
fil pour harnais Geschirrfaden *(m)*, Harnischfaden *(m)*
fil pré-orienté vororientiertes Garn *(n)*
fil profilé Profilfaden *(m)*

fil retordu Zwirn *(m)*, gezwirntes Garn *(n)*
fil retors de laine peigne wollener Kammgarnzwirn *(m)*
fil retors de lin Leinenzwirn *(m)*
fil retors frisé gekräuselter Zwirn *(m)*, Frotteegarn *(n)*
fil rotor Rotorgarn *(n)*
fil sauté (tissage) Überspringer *(m)*
fil scintillant Glitzergarn *(n)*
fil semi-peigné Halbkammgarn *(n)*
fil simple Einzelfaden *(m)*
fil souillé Schmutzfaden *(m)*
fil stretch continuel hochelastisches Endlosgarn *(n)*
fil tendeur Spannfaden *(m)*, Einflechtfaden *(m)*
fil textiline Textilin
fil texturé Bauschgarn *(n)*, Texturgarn *(n)*
fil tordu à torsion droite rechtsgedrehtes Garn *(n)*
fil torque Torquegarn *(n)*
fil tricoté-détricoté knit-deknit-Garn *(n)*
fil triple Dreifachgarn *(n)*
fil vigoreux Vigoreuxgarn *(n)*
fil zibeline Zibelinegarn *(n)*
fil, à contre-fil gegen die Faser, gegen die Faserrichtung
fil-à-fil (tiss.) Fil-à-Fil
filabilité Verspinnbarkeit *(f)*
filable spinnfähig, spinnbar, verspinnbar
filage Spinnen *(n)*
filage à anneau Ringspinnerei *(f)*
filage à sec Trockenspinnerei *(f)*, Trockenspinnverfahren *(n)*
filage au mouillé Naßspinnen *(n)*, Naßspinnverfahren *(n)*
filage avec étirage Streckspinnen *(n)*
filage du verre Glasverspinnung *(f)*
filage en gros Vorspinnen *(n)*, Flyern *(n)*
filage par extrusion Schmelzspinnen *(n)*
filage sur métier continu à anneau Ringspinnerei *(f)*
filament Filament *(n)*, Chemiefaser Endlosgarn *(n)*, Endlosfaser *(f)*
filament cuproammoniacal Kupferkunstseidenfilament *(n)*
filament de cocon Kokonfaden *(m)*, Kokonendlosfaden *(m)*
filament de verre textile Glasfilament *(n)*, Glasfaserfilament *(n)*
filament fibrillé Spaltfaser *(f)*, Splitfaser *(f)*
filament textile pour tapis textiles Endlos-Teppichgarn *(n)*
filant fadenziehend, spinnend
filasse Fasermasse*(f)*, Werg *(n)*
filasse de chanvre Leinenbast *(m)*
filasse de lin reine Flachsfaser *(f)*, Reinflachs *(m)*, Leinenbast *(m)*
filature Spinnerei *(f)*, Verspinnen *(n)*, Spinnen *(n)*
filature (de laine) **cardée** Streichgarnspinnerei *(f)*
filature à entonnoir Trichterspinnverfahren *(n)*
filature à fibre libérée Open-end Spinnen *(n)*
filature à l´acide Säurespinnverfahren *(n)*
filature à l´eau chaude Heißwasserspinnen *(n)*
filature au rotor Rotorspinnerei *(f)*
filature de coton Baumwollspinnerei *(f)*
filature de coton cardé Zweizylinderspinnerei *(f)*
filature de fibres courtes Kurzfaserspinnen *(n)*
filature de filés de poil Haargarnspinnerei *(f)*
filature de fils en couleur Buntspinnerei *(f)*
filature de jute Jutespinnerei *(f)*
filature de laine Wollspinnerei *(f)*
filature de poils Haargarnspinnerei *(f)*
filature de soie Seidenspinnerei *(f)*
filature de verre Glasspinnerei *(f)*
filature directe du ruban Direktspinnverfahren *(n)*
filature du peigné Kammgarnspinnerei *(f)*
filature molle ou douce Weichspinnerei *(f)*
filature open-end Open-end Spinnen *(n)*
filature rapide Schnellspinnen *(n)*
filé gesponnenes Garn, Fasergarn *(n)*
filé (subst.) Spinnfasergarn *(n)*, Fasergarn *(n)*
filé à fil d´âme Core-spun-Garn *(n)*
filé à tricoter à la main Handstrickgarn*(n)*
filé à trois cylindres Dreizylindergarn *(n)*
filé crêpe Kräuselgarn *(n)*, Kreppgarn *(n)*
filé de coton mélangé Baumwoll-mischgarn
filé de fibres Spinnfasergarn *(n)*, Fasergarn *(n)*

filé de fil d´âme Seelengarn *(n)*
filé de longue soie Combinggarn *(n)*
filé de poil Haargarn *(n)*
filé fin Feingarn *(n)*
filé frisé Kräuselgarn *(n)*
filé gros Grobgarn *(n)*, Grobgespinst *(n)*
filé haut gonflant Hochbauschgarn *(n)*
filé ondulé Kräuselgarn *(n)*
filé stretch Stretchgarn *(n)*
filé, apte à être filé spinnfähig, spinngeeignet, spinnbar
filer spinnen, verspinnen, ausspinnen
filer à filière düsenspinnen
filer au mouiller naßspinnen
filer en fin feinspinnen
filer en gros grob spinnen, auch: vorspinnen
filés mixtes Mischgespinste *(n, pl)*
filet Fischernetz *(n)*
filet à cheveux Haarnetz *(n)*
filet à gauche Linksgewinde *(n)*
filet à provisions Einkaufsnetz *(n)*
filet de camouflage Tarnnetz *(n)*
filet de pêche Fischnetz *(n)*
filet de sauvetage Rettungsnetz *(n)*
filet protecteur/de garde Schutznetz *(n)*
filetage Gewinde *(n)*
fileur Spinner *(m)*
fileuse pour câble Kabelspinnmaschine *(f)*
filière Spinndüse *(f)*
filiforme fadenförmig
filigrane Filigran *(n)*
film Film *(m)*
film d´huile Ölfilm *(m)*
film moléculaire Molekularfilm *(m)* (Oberflächenfilm)
fils collés Schlichtstelle *(f)*
fils de chaîne cassés gerissene Kettfäden *(m,pl)*
fils de liage Bindefäden *(m,pl)*
fils de remplissage Füllfäden *(m, pl)*
fils doubles Doppelfaden *(m)*, Grobgarn *(n)*
fils flottés hinterlegte Fäden *(m, pl)*, flottliegende Fäden
fils texturés Texturseide *(f)*
fils, à plusieurs fils mehrfädig
fils, à trois fils dreifädig
filtrage Filtration *(f)*
filtrat Filtrat *(n)*
filtration Filtration *(f)*
filtration à vide Vakuumfiltration *(f)*
filtration par aspiration Saugfiltration *(n)*, Abnutschen *(n)*
filtre Filter *(m)*
filtre à membrane Blattfilter *(m)*
filtre à sac Sackfilter *(n)*
filtre de clarification Klärfilter
filtre de fibres Faserfilter *(n)*
filtre de succion Nutsche *(f)*, Vakuumfilter *(m)*, Saugfilter *(m)*
filtre de verre de frittage Frittenglasfilter *(n)*
filtre séparateur Gabelfilter *(n)*, Trennfilter *(n)*
filtrer filtrieren, filtern, abfiltern
filtrer à la trompe abnutschen, durch Filter *(m)* absaugen
filtrer par aspiration abnutschen, durch Filter *(m)* absaugen
filtrer par succion nutschen, abnutschen
filtrer sous vide vakuumfiltrieren, abnutschen, nutschen
fin fein
fin, à fins fils feinfädig, dünnfädig
fin, en fin de chaîne (chim.) entständig
final End....
finement dispersé feinverteilt, feinstverteilt
finesse de mailles Maschenfeinheit *(f)*
finesse du fil Garnfeinheit *(f)*
finesse effective Istfeinheit *(f)*
finesse nominale Nennfeinheit
finette gerauhter Futterstoff *(m)*
fini fertig
finir ausrüsten, auch: veredeln, fertigstellen
finissage Appretur *(f)* (Vorgang d. Appr.)
finissage (textil) Ausrüstung *(f)*
finissage avec poil brossé Strichappretur *(f)*
finissage de tissu Tuchausrüstung *(f)*
finissage des textiles Textilausrüstung *(f)*
finissage en pièce Stückausrüstung *(f)*
finisseur hérisson Nadelwalzenstrecke *(f)*
finisseuse (tiss.) Finishmaschine (Web.)
finition de filage Spinnpräparation *(f)*
finition des bas Strumpfwarenausrüstung *(f)*

fins de la chaîne (tissage) Webenden *(n, pl)*, Kettenden *(n, pl)*
fiole conique Erlenmeyerkolben *(m)*, Becherkolben *(m)*
fiole jaugée Meßkolben *(m)*
fissure Riß *(m)*
fissure capillaire Haarriß *(m)*
fixable fixierbar
fixage Fixieren *(n)*
fixage à l´eau bouillante Krabben *(n)*, Einbrennen *(n)*
fixage au mouillé Naßfixieren *(n)*
fixage permanent Dauerfixierung *(f)*
fixatif (colorant) Fixiermittel *(n)*
fixation Fixieren *(n)*
fixation de retordage Zwirnfixieren *(n)*
fixé (chim.) gebunden (Chem.)
fixe-manche Ärmelhalter *(m)*
fixé par rodage eingeschliffen
fixer fixieren
fixer à la vapeur dampffixieren
fixer l´eau Wasser binden
fixer par crabbing (finissage) einbrennen, crabben
flacon à deux cols (labo) Zweihalsflasche *(f)*
flacon à pesée Wägeglas *(n)*
flacon à trois tubulures (labo) Dreihalsflasche *(f)*
flacon laveur Waschflasche *(f)*, Läuterflasche *(f)*
flamber sengen, absengen, (ab)flammen
flambeuse Senge *(f)*, Flammensengmaschine *(f)*
flambeuse à gaz Gasiermaschine *(f)*, Gassenge *(f)*
flambeuse à plaques Plattensengmaschine *(f)*
flammage (impress.) Beflammen (Druck)
flanelle Flanell *(m)*
flanelle de (ou pour) **chemises** Hemdenflanell *(m)*
flannelette Biberette *(f)*
flasque lappig, schlaff
flasque (tissu) lappig, schlaff
flasque de retenue de bain (foulard) Zwickel *(m)* (zwischen Foulardwalzen)
flasque d´ensouple Kettbaumscheibe *(f)*
fleur de soufre Schwefelblume *(f)*, Schwefel in Pulverform
fleur, à fleurs geblümt, mit Blumenmuster *(n)*
flexibilité Biegbarkeit *(f)*, Flexibilität *(f)*, Nachgiebigkeit *(f)*
flexible nachgiebig, dehnbar, flexibel, schmiegsam
flocage Beflocken *(n)*, Beflockung *(f)*
floche, à torsion floche lose gesponnen, mit leichter Drehung *(f)*
flocon (en génér.) Flocke, kleines Büschel *(n)*
floconner flocken
floconneux flockig
floculant Ausflockungsmittel *(n)*, Flockungsmittel *(n)*
floculation Ausflockung *(f)*, Flockung *(f)*
floculation à hydroxyde d'aluminium Aluminiumsalzflockung *(f)*
floculer ausflocken
flotation par écumage Schaumflotation *(f)*
flotté (tissu) Flottierung *(f)*
flotté de trame Schußflottung *(f)*
flotter (marchand. dans un bain) schwimmen (Ware in der Flotte)
flou verschwommen
fluctuation de lumière Lichtschwankung *(f)*
fluide dünnflüssig, fließend (Text.)
fluidification Verflüssigung *(f)*
fluidifier flüssig machen, verflüssigen
fluidité flüssiger Zustand *(m)*, Fließfähigkeit *(f)*, Dünnflüssigkeit *(f)*
fluor Fluor *(n)*
fluorescence Fluoreszens *(f)*
fluorescénine Fluoreszin *(n)*
fluorofibre Fluorfaser *(f)*
fluorure Fluorid *(n)*
fluorure de sodium Natriumfluorid *(n)*
fluorure d´hydrogène Fluorwasserstoff *(m)*
foire Messe
folie mode Modetorheit *(f)*
folklore Folklore *(f)*
folklorique folkloristisch
foncé (couleur) tief, dunkel (Farben)
foncé (nuance) voll, gesättigt (Farbton)
foncer dunkler färben, den Farbton dunkler machen
foncer (teint.) nachdunkeln, abdunkeln (Färb.)

foncer, se dunkler werden (Farbe)
fonction Funktion *(f)*
fonction, à plusieurs fonctions Mehrzweck....
fonctionnel funktionell, zweckmäßig
fonctionnement Ablauf *(m)*, Funktionieren *(n)*
fonctionnement instantané Betriebsbereitschaft *(f)*
fonctions, à deux fonctions bifunktionell
fond (teint.) Untergrund *(m)*, Grund *(m)*, Fond *(m)*
fond de garde-robe Grundgarderobe *(f)*
fond de pantalon Gesäßpartie *(f)*
fond de robe Unterkleid *(n)*
fond fantaisie Phantasieboden *(m)*
fond supplémentaire zusätzliches Grundgewebe *(n)*
fond, en fond Grundmuster *(n)*
fondre schmelzen, aufschmelzen
fondre, faire fondre zerlassen, schmelzen lassen
fonds de cuir Ellbogenflicken *(m, pl)*
fongicide (adj.) pilztötend
fongicide (subst.) Pilzschutzmittel *(n)*
fonture Nadelreihe *(f)*, Nadelbett *(n)*
fonture, à deux fontures zweifonturig, zweibettig
fonture, à une fonture einfonturig (Strickmasch.)
force Kraft *(f)*, Stärke *(f)*
force de cohésion Kohäsionskraft *(f)*
force de frottement Reibungskraft *(f)*
force de liaison Bindungskraft *(f)*
force de pénétration Penetrationskraft *(f)*
force de rupture Höchstzugkraft *(f)*
force de torsion Drehkraft *(f)*, Verdrehungskraft *(f)*
force de traction Zugkraft *(f)*
force dipolaire Dipolkraft *(f)*
force d´adhérence Adhäsionskraft *(f)*, Haftfestigkeit *(f)*
force d´adhésion Bindekraft *(f)*, Klebkraft *(f)*
force intermoléculaire zwischenmolekulare Kraft *(f)*
forces de van der Waals van der Waalsche Kräfte *(f,pl)*
formaldéhyde Formaldehyd *(n)*
formaline Formalin *(n)*
format Format *(n)*
formation de bobines Spulenaufbau *(m)*
formation de boucles Schlingenbildung *(f)*
formation de chaînes (chim.) Kettenbildung *(f)*, Verkettung *(f)*
formation de film Filmbildung *(f)*
formation de fissures Rißbildung *(f)*
formation de foule (tissage) Fachbildung *(f)*, Webfachbildung (g)
formation de mailles Maschenbildung *(f)*
formation de mousse Schaumbildung *(f)*
formation de noeuds Knotenbildung *(f)*
formation de noppes Noppenbildug *(f)*
formation de pluie Regenbildung *(f)*
formation de rouille Rostbildung *(f)*
formation de vapeur Dampfentwicklung, Dampfbildung *(f)*
formation des bulles Blasenbildung *(f)*
formation des duvets Bildung *(f)* von Faserflug
formation du pas (tissage) Fachbildung *(f)*, Webfachbildung *(f)*
formation intermédiaire Zwischenbildung *(f)*
formation inverse Rückbildung *(f)*
forme à chapeau Hutstumpen *(m)*, Stumpen *(m)*
forme bas Strumpfform *(f)*
former formen, gestalten, Form geben, bilden, aufbauen
formiate Formiat *(n)*
formulation Formulierung *(f)*, auch: Rezept *(n)*, Rezeptur *(f)*
formulation de colorant (teint.) Farbrezeptur *(f)*, Färberezeptur *(f)*
formule Formel *(f)*
formule brute Summenformel *(f)*
formule chimique chemische Formel *(f)*
formule de constitution Konstitutionsformel *(f)*, Strukturformel *(f)*
formule de structure Strukturformel *(f)*
fort stark, kräftig, auch: fest, vollschlank
fort brillant hochglänzend
fortement radioactif hoch radioaktiv
fortement surchauffé hochüberhitzt
fouet de chasse-navette (tissage) Schlagstock *(m)*
foulage Walken *(n)*

foulage à sec Trockenwalke *(f)*
foulage en gras Schmutzwalke *(f)*, Walke *(f)* im Fett
foulage ensuint Schmutzwalke *(f)*, Walke im Schmutz
foulage, apte au foulage walkfähig
foulard Foulard *(m)*, Klotzmaschine *(f)*
foulard (tissu) Schal *(m)*, leichter Stoff *(m)*, Halstuch (n), Kopftuch *(n)*
foulard à deux rouleaux Zweiwalzenfoulard *(m)*
foulard à quatre cylindres Vierwalzenfoulard *(m)*, Fibe *(f)*
foulard à quatre rouleaux Vierwalzenfoulard *(m)*
foulard à racle Rakelfoulard *(m)*
foulard de teinture Färbefoulard
foulard d´apprêt Appreturfoulard *(m)*
foulard d´imprégnation Imprägnierfoulard *(m)*
foulard exprimeur Quetschfoulard *(m)*, Quetsche *(f)*, Abquetschfoulard
foulard tubulaire Schlauchschal *(m)*
foulardage aux pigments Pigmentklotzverfahren
foularder klotzen, aufklotzen, foulardieren
foulé gewalkt
foule Fach *(n)*, Webfach *(n)*
foule (ou pas) **de la navette** Schützenfach*(n)*
foule centrale (tissage) Zentralfach *(n)*
foule de chaîne (tissage) Webfach *(n)*
foule de levée (tissage) Hochfach *(n)*
foule double (tissage) Doppelfach *(n)*
foule d´en bas (tissage) Tieffach *(n)*
foule fermée geschlossenes Fach *(n)*
foule formée (tissage) ausgehobenes Fach *(n)*
foule haute (tissage) Hochfach *(n)*
foule inférieure (tissage) Unterfach *(n)*
foule mi-ouverte Halboffenfach *(n)*
foule ondulante (tissage) Wellenfach *(n)*
fouler walken
fouler à fond durchwalken
fouler légèrement anstoßen, leicht anwalken
foulerie Walkerei *(f)*
fouleur de feutre Filzwalker
foulon Walke *(f)*, Walkmaschine *(f)*
foulon à cylindres Zylinderwalke *(f)*
foulon à maillets Hammerwalke *(f)*
foulon à pas de pélerin Pilgerschrittwalke *(f)*
foulonnage Walken *(n)*
fourbir putzen, polieren
fourchette (gant) Zwickel *(m)*
fourchette de casse trame Schußwächtergabel *(f)*
four de séchage Trockenofen *(m)*
fournisseur de fil (mach. à tricot.) Fournisseur, Fadenzubringer *(m)* (Strickmasch.)
fourniture d'un magasin Ladeneinrichtung *(f)*
fournitures de sous-traitance Fremdleistungen *(f, pl)*
fournitures sous-traitées Fremdleistungen *(f, pl)*
fourreau Schlauchkleid *(n)*
fourreur Kürschner *(m)*
fourrure Futterstoff *(m)*, Futter *(n)*, Rauchwaren *(f, pl)*
fourrure de chaussure pelzartiger Schuhfutterstoff *(m)*
fourrure de martre Marderpelz *(m)*
frac Schwalbenschwanz *(m)*
fraction (chim.) Fraktion *(f)* (Chem.)
fraction de tête (chim.) Spitzenfraktion *(f)* (Chem.)
fraction fine (chim.) Feinstanteil (Chem.)
fraction neutre (colorimétrie) Grauanteil (Farbmessung)
fraction pétrolière Erdölfraktion *(f)*
fractionné par distillation fraktioniert durch Destillation, gekrackt
fractionnement Fraktionierung *(f)*
fractionner (chim.) trennen, fraktionieren, stufenweise destillieren
fractions légères (chim.) Vorlauf *(m)*, Leichtfraktionen *(f, pl)*
fragile zierlich, zerbrechlich
frais kühl, frisch
frais (subst. pl) Kosten *(pl)*
frais de production Herstellungskosten *(f, pl)*
frais de travail direct Fertigungslohn *(m)*
frais d´exploitation Betriebskosten *(f, pl)*
frais généraux de fabrication Fertigungsgemeinkosten (pl)
fraise Halskrause *(f)*
frange Franse *(f)*

frange des couleurs Fransenfarbensaum *(m)*
frange satin Satin-Franse *(f)*
frapelt Wimpel *(m)*
frapper klopfen
frein de l´ensouple Kettbaumbremse *(f)*
fréquence Frequenz *(f)*, Häufigkeitszahl *(f)*
fréquence (électr.) Frequenz *(f)*
fréquence de frisure Kräuselfrequenz *(f)*
fréquent häufig, häufig eintretend
fresque (tissu) Fresko *(m)*
friction Reibung *(f)* , Friktion *(f)*
friction à l´interface Grenzflächenreibung *(f)*
friction de glissement Gleitreibung *(f)*
friction limite höchste Reibung *(f)*, auch: höchster Reibwert *(m)*
friction statique statische Reibung *(f)*
friction statique d´adhérence Haftreibung *(f)*
friction, à friction Friktions....
frisage (fibre) Crinkle-Verfahren, Kräuselverfahren *(n)*
frisage du fil Fadenkräuselung *(f)*
frisé gekräuselt
frisé, non frisé (fil) ungekräuselt, glatt
friser fälteln, kräuseln
frisure (fibres) Kräuselung
frisure latente latente Kräuselung *(f)*
frittage Sintern *(n)*
fritte (labo) Fritte *(f)*, Glasfritte *(f)*
fritter, se sintern
froc Kutte *(f)*
froid et humide klamm
froissé faltig, zerknittert
froissement Knittern *(n)*
froisser knittern, kräuseln
froisser, se knittern, knittrig werden
froissure (tissu) Knitter (pl)
fronce Krause *(f)*
froncer pullern
front Stirn *(f)*
front, de front stirnseitig, frontal
frottage de glissement Gleitreibung *(f)*
frotté aufgerauht
frottement Reibung *(f)*
frottement de l´air Luftreibung *(f)*
frottement par adhérence Haftreibung *(f)*, Reibung durch Haftung
frottement par glissement gleitende Reibung *(f)*
frottement statique Haftreibung *(f)*
frottement superficiel des fibres Oberflächenreibung *(f)* der Fasern
frotter reiben, auch: nitscheln, wischen, scheuern
frotter (tissage) würgeln, frottieren
frotteur à manchon Frotteurstrecke *(f)*
frotteur de préparation à grand étirage Hochverzugsnitschelstrecke *(f)*
frotteur de préparation à hérisson Nadelwalzenstrecke *(f)*
frotteur en fin Feinnitschler *(m)*
frotteur intermédiaire Mittelnitschler *(m)*
frotteur intermédiaire (filat.) Zwischennitschler *(m)*
frottis Reibstelle *(f)*
frottoir (filat.) Nitschelhose *(f)*
frottoirs Nitschler *(m, pl)*, Nitschelwerk *(n)*
fuel leichtes Heizöl *(n)*
fulgineux (flamme) rußend
fumée épaisse Qualm
fumer rauchen, qualmen, dampfen
fungicide (subst.) Fungizid *(m)*
furane Furan *(n)*
fuseau Spindel *(f)*, Kopsspindel *(f)*
fuserolle Spindel *(f)* (im Weberschiffchen)
fusette Fadenrolle *(f)*
fusion, de fusion schmelzend
fusion, en fusion geschmolzen, schmelzflüssig
fusion, porter à fusion zum Schmelzen bringen, aufschmelzen
fût Faß *(n)*

G

gabardine Gabardine *(m)*
gain de temps Zeitgewinn *(m)*
gaine de câble Kabelmantel *(m)*
gaine de verre textile tressé Textilglasflechtschlauch *(m)*
galbant modellierend
galbé rundgearbeitet
galène de cuivre Kupferglanz *(m)*
galet de guidage (fabr. fibre) Führungsrolle (Faserherst.)
galet de guidage de la galette Galettenüberlaufrolle *(f)*
galette Galette *(f)*

gallique (chim.) Gall.... (Chem.)
galoches Galoschen *(f, pl)*
galon Borte *(f)*
gamme Palette *(f)* (v. Farbst. z.B.)
gamme complète de nuances komplette Farbtonpalette *(f)*
gamme de brillance Helligkeitsbereich *(m)*
gamme de fabrication Fertigungsprogramm *(n)*
gamme de types Typenspektrum *(n)*
gamme des couleurs Farb(en)skala
gamme opératoire Arbeitsablauf *(m)* im Einzelnen
ganse Kordel *(f)*
gant Handschuh *(m)*
gant à casserole Topfhandschuh *(m)*
gant à revers Stulpenhandschuh *(m)*
gant de toilette Seifenlappen *(m)*, Waschhandschuh *(m)*
gant de travail Arbeitshandschuh *(m)*
gant en tissu Stoffhandschuh *(m)*
gant protecteur Schutzhandschuh *(m)*
gant tricoté Strickhandschuh *(m)*
garance Krapp *(n)*, Krapprot *(n)*
garancer krappen, krapprotfärben
garantie Garantie *(f)*
garde de bobinage Wickelschutz *(m)*
garde des rangées de mailles Maschenreihenwächter *(m)*
garde-duvet Flusenwächter *(m)*
garde-lisières Kantenwächter *(m)*
garde-navette Schützenfänger *(m)*
garde-platines (tiss.) Hauptplatinen *(f, pl)*
garde-robe Garderobe *(f)*
garde-robe de base Grundgarderobe *(f)*
garder en lieu frais kühl aufbewahren, kühl lagern
garni de caoutchouc gummiüberzogen
garnir besetzen, garnieren, einfassen
garnir de ausstatten mit, versehen mit
garnir de carreaux karieren
garnissage Verzierung *(f)*
garnissage de bobines Spulenaufstecken *(n)*
garniture Besatz *(m)*
garniture (techn.) Dichtung
garniture d´aiguilles Nadelbesatz
garniture de carde Kratzenbelag *(m)*, Kardenbeschlag *(m)*, Garnitur *(f)*
garniture de dentelles Spitzenbesatz *(m)*
garniture de fourrure Pelzbesatz *(m)*
garniture de lit Bettbezug *(m)*
garniture en caoutchouc Gummidichtung *(f)*
garniture en cuir Lederbesatz *(m)*
garniture en ocelot Ozelotbesatz *(m)*
garniture en vison Nerzbesatz *(m)*
gâteau à filer Spinnkuchen *(m)*
gauche, à gauche links
gaufrage Prägen *(n)*, auch: Prägeausrüstung *(f)*, Walzenprägung *(f)*
gaufrage permanent Dauerprägung (Textil)
gaufrage solide Echtprägung *(f)*
gaufré Gaufré, Reliefdruck *(m)*
gaufrer prägen
gaufrure Model *(n)* (Druck)
gaz Gas *(n)*
gaz carbonique Kohlendioxid *(n)*
gaz chloré Chlorgas *(n)*
gaz chlorhydrique Salzsäuregas *(n)*
gaz combustible liquéfié Flüssiggas *(n)*
gaz de couverture Abdeckgas *(n)* (Labor)
gaz hydrochlorique Chlorwasserstoff *(m)*
gaz inerte Inertgas, reaktionsloses Gas
gaz noble Edelgas *(n)*
gaz propulseur Treibgas *(n)*
gaz rare Edelgas *(n)*
gazage (tissu) Sengen, Gasieren
gazage du filé Garnsengerei *(f)*, Garnsengen *(n)*
gaze Gaze *(f)*, Mull *(m)*
gaze à blutoir Müllergaze *(f)*
gaze à demi-tour Halbdrehergewebe *(n)*
gaze à pansement Verbandsmull *(m)*, Verbandsstoff *(m)*
gaze pour cadres d´impression Schablonengaze *(f)*
gaze, fausse gaze Scheindrehergewebe *(n)*
gazéfier (chim.) vergasen, in Gasphase bringen
gazéiforme gasförmig
gazer sengen, gasieren
gazeux gasförmig
gazoduc Gasfernleitung *(f)*
gazon artificiel Kunstrasen *(m)*
gel Gel *(n)*

gel de silice Kieselgel *(m)*
gélatine Gelatine *(f)*, Gallert *(n)*
gélatineux gelatinös, gelatineartig, gallertartig
gelée, à l´abri de la gelée frostgeschützt, frostfrei
geler, se gefrieren, einfrieren
gélifiant Gelatinierungsmittel *(n)*
gélification Gelbildung *(f)*, Gelierung *(f)*
gélification du latex Latexgelierung *(f)*
gélification, produit de gélification Geliermittel
gélifier gelieren
gêner stören
général (adj.) generell, allgemein
genre de commande Antriebsart *(f)*
genre de maille Strickart *(f)*
genre de tissage Webart *(f)*
géochimie Geochemie *(f)*
georgette de laine Wollgeorgette *(m)*
gerbeur Gabelstapler *(m)*
gérer führen, verwalten
gilet Westover *(m)*, Gilet *(m)*
gilet de sauvetage Schwimmweste *(f)*
gilet de signalisation Signalweste *(f)*
gilet d'homme Herrenweste *(f)*
gilet pare-balles schußsichere Weste *(f)*
givrage Frostingeffekt *(m)*, Grauschleier *(m)*
glace Eis *(n)*
glacé Glacé
glacis (couleur) Lasur *(f)*
gland Quaste *(f)*
glaubérite Glaubersalz *(n)*
glissant glitschig, glatt, schlüpfrig
glissement (mach.) Schlupf *(m)*
glissement, de glissement freinant rutschhemmend
glisser gleiten
glissière (mach.) Schlitten *(m)*, Gleitschiene *(f)*
glissière, renverser la glissière Schlitten zurückschicken
gluant klebend, klebrig
glucose Glucose *(f)*
glutineux klebrig, klebend
glutinosité Zähigkeit *(f)*, Klebrigkeit *(f)*
glycérine Glyzerin *(n)*
glycérol Glyzerin *(n)*
glycine Glycin *(n)*
glycocolle Glycocoll *(n)*
glycogène Glycogen *(n)*
glyoxal Glyoxal *(n)*
glyoxaline Imidazol *(n)*, Glyoxalin *(n)*
gobelet gradué Meßbecher *(m)*
gobelin Gobelin *(m)*
godage (tissage) Bausch *(m)*
godet Godetfalte *(f)*
gommage Gummierung *(f)*
gommé gummiert
gomme arabique Gummi *(m)* arabicum
gomme de soie Seidenbast *(m)*
gommer gummieren
gommeux gummiartig, gummihaltig
gommier Gummibaum *(m)*
gondoler quellen, sich verwerfen
gonflement Quellung *(f)*, Quellen *(n)*, Anschwellen *(n)*
gonflement par solvant Lösungsmittelquellung *(f)*
gonfler, se quellen, dick werden, sich aufblähen
gorge de guidage Führungsrille *(f)*, Nut *(f)*
goudron Teer *(m)*
goudronneux teerig, teerartig
gousset Billettasche *(f)*, Keil *(m)*, Leistentasche *(f)*
goutte Tropfen *(m)*
gouttes d´eau Tropfwasser *(n)*
gradation Abstufung *(f)*, Graduierung *(f)*
gradation de vitesse Geschwindigkeitsabstufung *(f)*
gradation des couleurs Farbabstufung *(f)*
gradient de concentration Konzentrationsgradient *(m)*, Konz.-Gefälle *(n)*
graduant les couleurs farbabstufend
graduation Graduierung *(f)*, Maßeinteilung *(f)*, Gradeinteilung *(f)*, Abstufung *(f)*
graduation (instrument) Skala *(f)*
graduation des couleurs Farb (en)abstufung *(f)*
graduation du harnais Geschirrteilung *(f)*
gradué abgestuft
graduel graduell, stufenweise
graduellement gradweise
graduer abstufen, graduieren, in Grade einteilen

graduer des teintures abstufen von Färbungen *(f, pl)*
grains, en gros grains grobkörnig
graissage Fetten *(n)*, Schmieren *(n)*, Abschmieren *(n)*
graisse Fett *(n)*
graisse de coco Kokosfett *(n)*
graisse de laine Wollfett *(n)*
graisse durcie gehärtetes Fett *(n)*
graisse pour courseurs Ringläuferfett *(n)*
graisser fetten, einfetten, schmälzen, batschen
graisser (mach.) abschmieren, schmieren, fetten
graisseux schmierig. fettig
grammage d´un tissu Quadratmetergewicht *(n)* eines Gewebes
gramme Gramm *(n)*
gramme par litre Gramm *(n)* pro Liter
grand col rabattu Tellerkragen *(m)*
grandeur Größe *(f)*
grandeur de la particule élémentaire Teilchengröße *(f)*
grandeur de mailles Maschengröße *(f)*
grandeur de référence (donnée) Richtwert *(m)* (vorgegeb.)
grandeur, de même grandeur gleichgroß, von gleicher Größe *(f)*
granité (tissu) Granite *(m)*
granulat Granulat *(n)*
granulé gekörnt, granuliert
granulé (subst.) Granulat *(n)*
granuler körnen, granulieren
granulés pour la filature Spinngranulat *(n)*
graphite Graphit *(m)*
grattage Rauhen *(n)*
gratté gerauht
gratter rauhen, kratzen, auskratzen
gratter à rebrousse-poil rauhen gegen den Strich *(m)*
gratter au mouiller naßrauhen
gratter suivant le poil rauhen mit dem Strich *(m)*
gratteuse Rauhmaschine *(f)*
gratteuse au mouillé Naßrauhmaschine *(f)*
gravimétrie gravimetrische Bestimmung *(f)*
gravimétrique gravimetrisch
gravure Gravur *(f)*, Gravierung *(f)*
grège (subst.) Rohseide *(f)*, Greige
grenouillère Rutschhose *(f)*, Strampelhose *(f)*, Strampler *(m)*
grès cérame Steinzeug *(n)*
griffe d´entraînement (confect.) Stoffschieber *(m)*, Stofftransportierer *(m)*
griffe du transporteur(machine à coudre) Transportierklaue *(f)* (Nähmasch.)
grille Rost *(m)*, Gitter *(n)*, Grill *(m)*
grille à goupille Stiftgatter *(n)*
grille en lattes Lattenrost *(m)*
grippage (mach.) Festfressen (Masch.)
grippement (mach.) Festfressen *(n)* (Masch.)
gripper, se schrumplig werden, schrumpeln
gris grau
gris argent silbergrau
gris bleu blaugrau, hechtgrau
gris fumée rauchgrau
gris pâle Weißgrau *(n)*
grisage Grauschleier *(m)*
gros grob
gros (mesure) groß, stark, dick
gros numéro du fil grobe Garnnummer *(f)*
gros, à gros fil grobfädig
grosse bobine Großspule *(f)*
grosse toile grobes Leinen *(n)*
grosseur de fil Garnstärke *(f)*, Stärke eines Garnes (Fadens)
grossier grob, derb
grossiste Großhändler *(m)*, Grossist *(m)*
groufrouter knistern (Stoff)
groupe Gruppe *(f)*, Satz *(m)*
groupe carboxyle Carboxylgruppe *(f)*
groupe de machines Gruppe *(f)* von Maschinen
groupe de travail des fabricants allemands d'articles chaussants Arbeitsgemeinschaft Deutscher Strumpfstrickereien (ads) *(f)*
groupe fonctionnel funktionelle Gruppe *(f)*, auch: Radikal *(n)*
groupe frigorifique Kühlaggregat *(n)*
groupe hydroxyle Hydroxylgruppe *(f)*
groupe méthyle Methylgruppe *(f)*
groupe OH OH-Gruppe *(f)*
groupe vinyle Vinylgruppe *(f)*
groupement azo Azogruppe *(f)*

grouper zusammenstellen, ordnen, gruppieren
grumeler, se gerinnen, klumpig werden
grumeleux krümelig, klumpig
guépière Taillenmieder *(n)*
guêtres Gamaschen *(f, pl)*, Stutzen *(m, pl)*
guidage (mach.) Führung *(f)*
guidage de tissu Warenführung *(f)*
guidage des lisières Kantenführung *(f)*
guidage du chariot Wagenführung *(f)*
guidage du matériel Materialführung *(f)*
guidage unilatéral einseitige Führung *(f)*
guidé gelenkt, geleitet
guide (machine à coudre) Schnurhalter (Nähmaschine) *(m)*
guide galon Bordenführer (Nähmasch.) *(m)*
guide-fil Fadenführer *(m)*
guide-fil mobile schwingender Fadenführer, beweglicher Fadenf.
guide-fil oscillant Pendelfadenführer *(m)*
guide-fil tournant rotierende Fadenführung *(f)*
guide-lisière Kantenführer *(m)*
guide-mèche Luntenführer *(m)*
guide-mèche alimentaire Eingangsluntenführer *(m)*
guide-ruban (filat.) Bandführer *(m)*
guide-tissu Gewebebahnführer *(m)*, Warenführer *(m)*
guide-toile Waren(bahn)führer
guider führen
guingan Gingham *(m)*
guipage Umspinnung *(f)*
guipage de coton Baumwollumspinnung *(f)*
guipage de retors (d´un retors) Zwirnumspinnung *(f)*
guipage de soie Seidenumspinnung *(f)*
guipage en jute Juteumspinnung *(f)*
guipage en retors (avec retors) Zwirnumspinnung *(f)*
guipage, à guipage double doppeltumsponnen
guipé à coton simple einfachbaumwollumsponnen
guipé de soie seidenumsponnen
guiper umspinnen
guipure Guipurespitze *(f)*

H

habit Frack *(m)*
hachures Schraffierung *(f)*
hall d´usine Fabrikhalle *(f)*
halle de montage Montagehalle *(f)*
halogéné halogeniert, halogenhaltig
halogène Halogen *(n)*, Salzbildner *(m)*
hamac Hängematte *(f)*
hanche Hüfte *(f)*
haranis de gaze Dreherwerk (Web.)
hardes abgelegte Kleidung *(f)*
harmonie des couleurs Farbenharmonie *(f)*
harnais (tiss.) Harnisch *(m)* (Web.), auch: Geschirr *(n)* (Web.)
haut hoch
haut (vêt.) Top *(n)* (Bekleidg.), Oberteil *(n)*
haut polymère Hochpolymer *(n)*
haute couture Haute-Couture *(f)*
haute lisse (tissage) hochschaftig
haute pression Hochdruck *(m)*
hautement (ou très) **sensible** hochempfindlich
hauteur Höhe *(f)*
hauteur de la foule (tissage) Fachhöhe *(f)*
hauteur de poil Polhöhe *(f)*
hauteur des lames Schafthöhe *(f)*
hauteur du pas (tissage) Fachhöhe *(f)*
hauteur du poil Florhöhe *(f)*, Höhe *(f)* des Flors
hauteur d´aspiration (test) Steighöhe *(f)*
hélice (chim.) Helix *(f)*
hélicoidal spiralförmig, schraubenförmig
hélio-rouge solide Helioechtrot *(n)*
hélium Helium *(n)*
héméralopie Nachtblindheit *(f)*
hémicellulose Hemizellulose *(f)*
hérisson (filat.) Igel *(m)*, Läufer *(m)* (Spinn.)
hétérocyclique heterozyklisch
hétérogène heterogen
hétérogénéité Heterogeneität *(f)*
heure Stunde *(f)*
heure, de plusieurs heures mehrstündig, Mehrstunden....
heures de travail Arbeitszeit *(f)*, Arbeitsstunden *(f, pl)*
heures supplémentaires Überstunden *(f, pl)*
hexane Hexan *(n)*

hexavalent sechswertig
Hombourg (chapeau) Homburg *(m)* (Hut)
homodispersé homodispers, gleichmäßig dispers
homogène gleichförmig, gleichmäßig, homogen, einheitlich
homogénéisateur Homogenisierapparat *(m)*
homogénéiser homogenisieren
homogénéité Homogenität *(f)*
homologation Abnahme *(f)*, Zulassung *(f)*
homologuer amtlich zulassen
homopolymère Homopolymerisat *(n)*
horizontal liegend, horizontal
hors du pas, être hors du pas (tissage) Überspringen *(n)*
houille Steinkohle *(f)*
houppe Troddel (f)
housse de matelas Matratzenschoner *(m)*
housse de protection Schonbezug *(m)*
housse de protection pour automobile Autoschonbezug *(m)*
housse de selle Satteldecke *(f)*
housse de siège Sitzbezug *(m)*
huilage Ölen *(n)*, Ölung *(f)*
huile Öl *(n)*
huile à engrenages Getriebeöl *(n)*
huile à sanforiser (de sanforisage) Sanforöl *(n)*
huile blanche Weißöl *(n)*
huile de baleine Walfischtran *(m)*
huile de blanc de baleine Walratöl *(n)*
huile de bobinage Spulöl *(n)*
huile de coco Kokos(fett)öl *(n)*, Kokosöl *(n)*
huile de filature Spinnöl *(n)*
huile de fluxage Stellöl *(n)* (für Viscositätsänderung)
huile de lin Leinöl *(n)*
huile de palmier Palmöl *(n)*
huile de paraffine Paraffinöl *(n)*
huile de poisson Tran *(m)*, Fischtran *(m)*, Fischöl *(n)*
huile de silicone Silikonöl *(n)*
huile de soja Sojaöl *(n)*
huile de spermacéti Spermöl *(n)*
huile de térébentine Terpentinöl *(n)*
huile d´ensimage Schmälzöl *(n)*
huile fine Spindelöl *(n)*
huile fluide dünnflüssiges Öl *(n)*
huile lactame Laktamöl *(n)*
huile légère Leichtöl *(n)*
huile lourde Schweröl *(n)*
huile minérale Mineralöl *(n)*
huile minérale claire Weißöl
huile minérale hydrocarbonée Mineralölkohlenwasserstoff *(m)*
huile neutre Neutralöl *(n)*
huile pour rouge turc Türkischrotöl *(n)*
huile-ester Esteröl *(n)*
huiler ölen, einölen
huiles essentielles ätherische Öle *(n, pl)*
huileux ölig
huilifère (génér.) ölhaltig
humectation d´air Luftbefeuchtung *(f)*
humecter netzen, benetzen, befeuchten, anfeuchten
humide feucht
humidificateur Befeuchter *(m)*
humidificateur-vaporisateur Befeuchtungsdämpfer *(m)*
humidification d´air Luftbefeuchtung *(f)*
humidifier anfeuchten, befeuchten
humidité Feuchtigkeit *(f)*, Nässe *(f)*, Feuchte *(f)*
humidité adhérente anhaftende Feuchtigkeit *(f)*, Feuchte *(f)*
humidité atmosphérique Feuchtigkeitsgehalt *(m)* der Luft, Luftfeuchtigkeit *(f)*
humidité relative de l´air relative Luftfeuchtigkeit *(f)*
humidité relative de l´air de 65% (sous) Luftfeuchtigkeit *(f)* von 65% (bei Luftf.)
humidité résiduelle Restfeuchtigkeit *(f)*
hydratant Feuchthaltemittel *(n)*
hydratant wasseranlagernd
hydraté (chim.) wasserhaltig
hydrater hydratieren, Wasser *(n)* anlagern
hydraulique Hydraulik *(f)*
hydrogénable hydrierbar
hydrolyser l´amidon Stärke *(f)* aufschließen
hydrocarbure Kohlenwasserstoff *(m)*
hydrocarbure chloré Chlorkohlenwasserstoff *(m)*
hydrocarbure de benzène Benzolkohlenwasserstoff *(m)*
hydrocarbure fluoré Fluorkohlen (wasser)stoff *(m)*
hydrocarbures de pétrole Ölkohlenwasserstoffe *(m, pl)*

hydrocarbures saturés paraffines Paraffinkohlenwasserstoffe *(m, pl)*
hydrocellulose Hydrozellulose
hydrochimique hydrochemisch
hydrochlorure Hydrochlorid *(n)* (salzsaures Salz)
hydro-extracteur Schwenker *(m)*
hydrofuge wasserabweisend, feuchtigkeitsabweisend, wasserabstoßend
hydrofuger wasserabstoßend machen, hydrophobieren
hydrogène Wasserstoff *(m)*
hydrogéner hydrieren, Wasserstoff *(m)* anlagern
hydrolysabilité Hydrolisierbarkeit *(f)*
hydrolyse Hydrolyse *(f)*
hydrolyse acide Säurespaltung *(f)*
hydrolyser hydrolysieren, aufschließen
hydrolyser hydrolysieren
hydrolytique hydrolytisch
hydrométrie Wasserhärteprüfung *(f)*
hydrophile hydrophil, saugfähig, wasseranziehend
hydrophilie Hydrophilie *(f)*
hydrophobe wasserabstoßend, hydrophob
hydrophober hydrophobieren
hydrophobie Hydrophobie *(f)*
hydrosulfite Hydrosulfit *(n)*
hydrotimétrie Härtebestimmung *(f)* (des Wassers)
hydroxyde Hydroxid *(n)*
hydroxyde de sodium Natriumhydroxyd, Ätznatron
hydroxyéthylcellulose Hydroxyäthylzellulose *(f)*
hydroxylé hydroxyliert
hygiène Hygiene *(f)*
hygiénique hygienisch
hygromètre Luftfeuchtigkeitsmesser *(m)*
hygroscope wasseranziehend, hygroskopisch
hygroscopique feuchtigkeitsanziehend, hygroskopisch
hyperacidification Übersäuerung *(f)*
hyperoxydation Überoxidation *(f)*
hypersensibilité Überempfindlichkeit *(f)*
hypochlorite Hypochlorit *(n)*
hypochlorite de sodium Natriumhypochlorit *(n)*
hyposulfite de sodium Natriumhydrosulfit *(n)*

I

identifier identifizieren, nachweisen
identique identisch
ignifugé feuerfest imprägniert
ignifuge flammfest, flammhemmend
ignifugeant Flammschutzmittel *(n)*
ignition, être en ignition glimmen
illuminant normalisé Normlichtwert (DIN 5031)
illuminer beleuchten, illuminieren
imbiber tränken, imprägnieren
imide Imid *(n)*
imidogène (subst.), **groupe imidogène** Imidogruppe *(f)*
imitation Imitation *(f)*
imitation daim Wildledergewebe *(n)*
imitation de fourrure Pelzimitation *(f)*
imitation tricot Trikotimitat *(n)*
imiter nachbilden, imitieren
immédiatement plus bas nächstniedrig, nächsttiefer
immerger eintauchen, tauchen
immersion, par immersion im Tauchbadverfahren *(n)*
immission Immission *(f)*
imperméabilisant Hydrophobiermittel *(n)*
imperméabilisation Imprägnierung *(f)*, Wasserdichtausrüstung *(f)*, Hydrophobierung *(f)*
imperméabiliser imprägnieren, wasserdicht machen
imperméable undurchlässig, dicht
imperméable (subst.) Regenmantel *(m)*, Wettermantel *(m)*
imperméable à la pluie regendicht
imperméable à l´air luftdicht
imperméable à l´eau wasserundurchlässig
imperméable au gaz gasdicht
implosion Implosion *(f)*
importations textiles Textilimporte *(m, pl)*
imprégnation Imprägnierung *(f)*
imprégnation aux résines synthétiques Kunstharzimprägnierung *(f)*
imprégné de matière synthétique kunststoffimprägniert
imprégné jusqu´à saturation sattgetränkt, getränkt bis zur Sättigung *(f)*

imprégner imprägnieren
impression Bedrucken *(n)*, Druck *(m)* (Stoffdruck)
impression (text.) Druck *(m)*, Stoffdruck *(m)*
impression à la main Handdruck *(m)*
impression à l'huile Öldruck *(m)* (Druckerei)
impression à planche Modeldruck *(m)*
impression à plat Flachdruck *(m)*
impression à rouleau Rouleaudruck *(m)*
impression à trois couleurs Dreifarbendruck
impression à une seule couleur Einfarbendruck *(m)*
impression all-over All-Over-Druck *(m)*
impression au bloc Blockdruck *(m)*
impression au bloc (textil) Tafeldruck *(m)*, Modeldruck *(m)*
impression au cadre Schablonendruck *(m)*, Filmdruck *(m)*
impression au ferroprussiate Eisenblaudruck *(m)*
impression avec réserve (de réserve) Reservedruck *(m)*
impression bandana Bandanadruck *(m)*
impression bicolore Zweifarbendruck *(m)*
impression combinée Combiné-Druck *(m)*
impression couvrante großflächiger Druck *(m)*, deckender Druck
impression de fils vigoreux Vigoreuxdruck *(m)*
impression de flocage (ou par flocage) Flockdruck *(m)*
impression de tapis Teppichdruck *(m)*
impression directe Direktdruck *(m)*
impression d'indiennes Kattundruck *(m)*
impression d'indigo Indigodruck *(m)*
impression en bleu Blaudruck *(m)*
impression en couleurs Farb(en)druck *(m)*
impression en creux Tiefdruck *(m)*
impression en deux couleurs Zweifarbendruck *(m)*
impression en deux phases Zweiphasendruck *(m)*
impression en plusieurs couleurs Mehrfarbendruck *(m)*
impression en quatre couleurs Vierfarbendruck *(m)*
impression en relief Reliefdruck *(m)*
impression figurée Figurendruck
impression multicolore Vielfarbendruck *(m)*
impression naphtolate Naphtholatdruck *(m)*
impression offset Offsetdruck *(m)*
impression par enlevage Ätzdruck *(m)*
impression par la planche Handdruck *(m)*
impression par pulvérisation Spritzdruck *(m)*
impression par recouvrement (impress.) Deckerdruck *(m)*
impression par transfer Transferdruck *(m)*
impression pigmentaire Pigmentdruck *(m)*
impression polychrome Vielfarbendruck *(m)*
impression rotative Rotationsdruck *(m)*, auch: Rotationsfilmdruck *(m)*
impression sur chaînes Kettdruck *(m)*
impression sur les deux faces beidseitiger Druck
impression sur soie Seidendruck *(m)*
impression textile Stoffdruck *(m)*, Textildruck *(m)*
impression tracée Rasterdruck *(m)*
impression trichrome Dreifarbendruck *(m)*
impression vigoreux Kammzugdruck *(m)*, Vigoreuxdruck *(m)*
impression-gaufrage Prägedruck *(m)*
imprimabilité (tissus) Bedruckbarkeit *(f)*
imprimé Imprimé *(m)*
imprimer drucken, bedrucken (Textil)
imprimer (couleur) drucken, aufdrucken (Farbe)
imprimerie Druckerei *(f)*, Stoffdruckerei *(f)*
imprimerie d'indiennes (usine) Kattundruckerei *(f)* (Fabrik)
imprimerie en couleurs vapeur Dampffarbendruck *(m)*
imprimeur (profess.) Drucker *(m)*, Stoffdrucker *(m)*
imprimeuse au pochoir aux rouleaux Walzenfilmdruckmaschine *(f)*

imprimeuse au rouleau Rouleau-druckmaschine *(f)*
imprimeuse aux rouleaux Rouleau-druckmaschine *(f)*, Walzendruckmasch.
impropre unsachgemäß
impulsion Impuls *(m)*, Antrieb *(m)*
impur unrein, verschmutzt
impureté Beimengung *(f)*, Verunreinigung *(f)*, Unreinheit *(f)*, Fremdkörper *(m)*, Fremdstoff *(m)*
impureté d´accompagnement Begleitstoff *(m)*
imputrescible fäulnisverhütend
in vitro in vitro
inactif inaktiv
inaltérable par vieillissement alterungs-beständig
incinérer veraschen
inclinaison de la ligne du corps Steigungsgrad *(m)* der Körperlinie
inclusion Einschluß *(m)*
incoloration Farblosigkeit *(f)*
incolore farblos
incoloré ungefärbt
incombustible unbrennbar
incommodation de l´odorat Geruchsbelästigung *(f)*
incompatibilité Unverträglichkeit *(f)*
incompatible unverträglich
incomplet unvollständig
incorporer einarbeiten, hineinmischen, hineinarbeiten
incorporer (chim.) einarbeiten (von Substanzen z.B.)
incorrect unrichtig, unkorrekt, unsachgemäß
incrustation Verkrustung *(f)*, Krustenbildung *(f)*
incrustation calcaire Kalkverkrustung *(f)*, Kalkablagerung *(f)*
incrustation de dentelle aufgesetzte Spitze *(f)*
incrustation de rouleau (cylindre) Walzenbelag *(m)*
incruster, s´incruster verkrusten, sich verkrusten, sich ansetzen
Indanthrène Indanthren *(n)*
indéchirable unzerreißbar
indécomposable nicht abbaubar, nicht zersetzbar
indéformable nicht deformierbar, formstabil
indégradable nicht abbaubar, nicht zersetzbar
indémaillable maschenfest, laufmaschenfest, laufmaschensicher
indémaillable réalisé au moyen de la barre à revers dentelé Pin-point
indéréglable genau gehend
index Index *(m)*
indexer indizieren (EDV)
indicateur Indikator *(m)*
indicateur coloré Farbindikator *(m)*
indicateur de niveau Füllstandanzeiger *(m)*
indicateur de passage (bain de teint.) Durchflußanzeigen
indicateur de pH pH-Indikator *(m)*
indicateur interne in der betr. Lösung befindlicher Indikator
indicateur liquide Nachweisflüssigkeit *(f)*, flüssiger Indikator
indication de code Schlüsselbefehl *(m)* (EDV)
indication de la température Temperaturangabe *(f)*
indication fausse (app.) Falschanzeige (App.)
indice Anzeichen *(n)*, Zeichen *(n)*
indice de brome Bromzahl *(f)*
indice de chlore Chlorzahl *(f)*
indice de coloration à l´échelle d´iode Jodfarbzahl *(f)*
indice de coordination Koordinations-zahl *(f)*
indice de corrosion Korrosions-erscheinung *(f)*
indice de couleur Farbenindex *(m)*
indice de mousse (test) Schaumzahl *(f)*
indice de neutralisation Neutralisationszahl *(f)*, Säurezahl *(f)*
indice de peroxyde Peroxidzahl *(f)*
indice de saponification Verseifungszahl *(f)*
indice d´acide (ou d´acidité) Säurezahl *(f)*
indice d´iode Jodzahl
indice d´octane Oktanzahl *(f)*
indice Uster Usterwert *(m)*
indice-ester Esterzahl *(f)*
indienne bedruckter Baumwollstoff *(m)*, Kattun *(m)*

indienne glacée Glanzkattun *(m)*
indifférence vis-à-vis de Indifferenz *(f)* gegenüber
indifférent (chim.) indifferent
indigo Indigo *(m)*
indigotier Indigopflanze *(f)*
indigotine Indigoblau *(n)*
indigotique indigohaltig
indiquer (mach., compteur) anzeigen
indirect indirekt, mittelbar
inducteur Induktionsapparat *(m)*
inductif induktiv
industrialiser industrialisieren
industrie Industrie *(f)*
industrie à domicile Heimindustrie *(f)*
industrie aéronautique et spatiale Luft- und Raumfahrtindustrie *(f)*
industrie cotonnière Baumwollindustrie *(f)*
industrie de la corseterie Miederindustrie *(f)*
industrie de la maille Strickwarenindustrie *(f)*, Maschinenindustrie *(f)*
industrie de services Dienstleistungsindustrie *(f)*
industrie des colorants Farbstoff-industrie
industrie des matières premières Rohstoffindustrie *(f)*
industrie du vêtement Bekleidungsindustrie *(f)*
industrie familiale Heimindustrie *(f)*
industrie lanière Wollindustrie *(f)*
industrie textile Textilindustrie *(f)*
industrie tullière Tüllindustrie *(f)*
industriel industriell, gewerblich
ineffectif unwirksam
inefficace unwirksam
inertance Trägheit *(f)*, Inertanz *(f)*
inerte (chim.) reaktionslos, inaktiv (Chem.), träge
inévitable unvermeidbar, zwangsläufig
infestation Schädlingsbefall *(m)*
infestation par vermines Befall *(m)* durch Ungeziefer
infeutrable nicht filzfähig, filzfrei
infeutrable, apprêt infeutrable filzfreie Ausrüstung *(f)*, Filzfreiausrüstung *(f)*
infiltrer durchsickern
infiltrer, s' versickern
inflammable feuergefährlich, entzündbar, entflammbar
inflammable, spontanément inflammable selbstentzündlich
inflammation Entzündung *(f)*
inflammation spontanée Selbstentzündung *(f)*
inflammer entzünden
influence Einfluß *(m)*
influence négative Beeinträchtigung *(f)*
influencer sur einwirken auf
influer (influencer) **négativement** beeinträchtigen, negativ beeinflussen
informaticien Informatiker *(m)*
information Information *(f)*
informatique (adj.) informatorisch, informierend
informatique (subst.) Informatik
informer informieren
infrarouge Infrarot *(n)*
infroissabiliser knitterfest machen
infroissabilité Knitterarmut *(f)*, Knitterwiderstand *(m)*, Knitterechtheit *(f)*, Faltenbeständigkeit *(f)*
infusion Infusion *(f)*, Aufguß *(m)*
ingéniérie Ingenieurwesen *(n)*
ingénieur Ingenieur *(m)*
ingénieur de fabrication Betriebsingenieur *(m)*
ingénieur d´exploitation Betriebs-ingenieur
ingrédient Bestandteil *(m)*, Zutat *(f)*, Zusatzstoff *(m)*
ingrédient de mélange Mischungszutat *(f)*, Mischungsbestandteil *(m)*
inhibiteur Inhibitor *(m)*
inhibiteur à la corrosion korrosions-hemmend
inhibiteur de corrosion Korrosionshemmstoff *(m)*
inhibiteur de migration Migrationsinhibitor *(m)*
ininflammabilité Flammfestigkeit *(f)*, Flammwidrigkeit *(f)*
ininflammable unentflammbar
ininflammable, rendre ininflammable unentflammbar machen
initiateur Initiator *(m)*, Anreger *(m)*
injecter einspritzen, injizieren
injection Einspritzung *(f)*

innovation Neuerung *(f)*
inobservation Nichtbeachtung *(f)*
inoculation (chim.) Impfung *(f)*
inoculer (chim.) impfen
inodore geruchlos
inonder überschwemmen, überfluten
inorganique anorganisch
inoxydable nicht oxydierend, oxydationsfrei
insaponifiable nicht verseifbar, unverseifbar
insaponifié (subst.) Unverseiftes
insecte nuisible Schädling *(m)*
insectes nuisibles à la laine Wollschädlinge *(m, pl)*
insecticide Insektizid *(n)*
insérer la duite sur deux côtes den Schuß von verschiedenen Seiten eintragen
insérer duite à duite alternativement Schuß um Schuß abwechselnd eintragen
insertion de trame Schußeintrag *(m)*
insignifiant nebensächlich
insipide (chim.) geschmacklos
insolation Sonneneinstrahlung *(f)*
insoluble (subst.) Unlösliches
insoluble dans l´eau wasserunlöslich
insonore geräuschlos
inspection finale Endabnahme *(f)*
inspection permanente laufende Überwachung *(f)*
instabilité Instabilität *(f)*, Unbeständigkeit *(f)*
instabilité à Unbeständigkeit gegen
instable instabil, labil, unbeständig
installation Einrichtung *(f)*, Einbau *(m)*, Anlage *(f)*
installation à feutre pour rétrécissement Filzkrumpfanlage *(f)*
installation annexe Nebenanlage *(f)*
installation au craquage Krackanlage *(f)*
installation de blanchiment en continu Kontinuebleichanlage *(f)*
installation de chaudières Dampfkesselanlage *(f)*
installation de clarification Kläranlage*(f)*
installation de clarification biologique biologische Kläranlage *(f)*
installation de commande Steueranlage *(f)*
installation de conditionnement d´air Klimaanlage *(f)*
installation de pulvérisation Spritzanlage *(f)*
installation de récupération Rückgewinnungsanlage *(f)*
installation de récupération d´huile Ölrückgewinnungsanlage *(f)*
installation de réservoir Tankanlage *(f)*
installation de séchage Trockenanlage *(f)*, Trocknungsanlage *(f)*
installation de teinture discontinue diskontinuierliche Färbeanlage *(f)*
installation de teinture en continu Kontinuefärbeanlage *(f)*
installation d´adoucissement Enthärtungsanlage
installation d´arrosage Rieselanlage *(f)*, Bewässerungsanlage *(f)*, Beregnungsanlage *(f)*
installation d´entreposage en boyaux Strangverweileinrichtung *(f)*
installation d´humidification d´air Raumbefeuchtungsanlage *(f)*
installation d´incinération des déchets Abfallverbrennungsanlage *(f)*
installation frigorifique Kühlanlage *(f)*
installation hydraulique hydraulische Einrichtung *(f)*
installation pilote Pilotanlage *(f)*, (Groß)Versuchsanlage *(f)*
installations de vidange Abwasseranlagen *(f,pl)*
installer installieren, einbauen
instiller einträufeln, träufeln
institut de la mode Modeinstitut *(n)*
instruction Instruktion *(f)*
instruction de branchement (CETIS) Transferbefehl *(m)* (EDV)
instruction de lavage Waschanleitung *(f)*
instruction de service Betriebsanleitung *(f)*, Bedienungsanleitung *(f)*
instruction de travail Arbeitsvorschrift *(f)*
instructions de service Behandlungsvorschrift *(f)*, Beh. Anweisung *(f)*
instructions de traitement Behandlungsanweisung *(f)*, Beh.Vorschrift *(f)*
instrument Instrument *(n)*
instrument de contrôle Kontrollgerät *(n)*

instrument de mesurage Meßinstrument *(n)*, Meßgerät *(n)*
instrumental instrumental
insuffisant mangelhaft, ungenügend, unzureichend
insuffler (gaz) einblasen
insuflation de fines bulles Hindurchperlen *(n)*
insulfaté (subst.) Unsulfatiertes
insulfonable unsulfonierbar
insulfoné (subst.) Unsulfoniertes
intégrer integrieren
intensif intensiv
intensification Intensivierung *(f)*
intensifier intensivieren
intensité Stärkegrad *(m)*, Intensität *(f)*
intensité de la coloration Farbintensität *(f)*
intensité de la couleur (nuance) Leuchten *(n)*, Intensität eines Farbtons *(m)*
intensité de la nuance Farbtonintensität *(f)*, Farbtiefe *(f)*
intensité du courant Stromstärke *(f)*
intensité lumineuse Leuchtkraft *(f)*
interaction gegenseitige Beeinflussung *(f)*
intercalaire (Subst.) Mitläufer *(m)*
intercristallin interkristallin
intérieur (adj.) innen.... , innere
intérieur (subst.) Inneres, Innere *(n)*
intérieur, à l'intérieur et à l´extérieur innen und außen
intérieur, de l´intérieur à l´extérieur von innen nach außen (z.B. Flottenrichtung)
interlock circulaire Interlock-Rundstrickmaschine *(f)*
intermède (chim.) Zwischenstufe *(f)*
intermoléculaire zwischenmolekular
interphase Phasengrenzfläche *(f)*
interpoler interpolieren
interprétation des essais Versuchsauswertung *(f)*
interrupteur Ausschalter *(m)*, Abschalter *(m)*
interrupteur de champ magnétique Magnetausschalter *(m)*
interruption Unterbrechung *(f)*, Betriebsausfall
intersecting rapide (filat.) Schnelläufer *(m)*
intersecting régulateur (filat.) Regulierstrecke *(f)*
intersecting-frotteur Frotteurstrecke *(f)*, Intersectingstrecke *(f)*
intervalle Intervall *(m)*, Pause *(f)*, Unterbrechung *(f)*
intervalle clair-obscur hell-dunkel Intervall *(n)*
intervalle de confiance (prod. de fibres) Vertrauensbereich *(m)*
intervalle de temps Zeitabstand *(m)*
intervalle d´impulsions Impulsintervall *(m)*, Impulsabstand *(m)*
intoxication Vergiftung *(f)*
intramoléculaire intramolekular
introduction Einleitung *(f)*, Zuführung *(f)*, Einführung *(f)*, Eintrag *(m)*, Zulauf *(m)*, Einlauf *(m)*
introduction de trame (tissage) Schußeintrag
introduction des eaux usées Abwassereinleitung *(f)*
introduction manuelle des données manuelle Dateneingabe *(f)*, Dateneingabe von Hand (EDV)
introduire hineintun, hineinschieben, einführen, eingeben (EDV)
introduire avec une pipette einpipettieren
introduire en mémoire einspeichern (EDV)
introduire goutte à goutte einträufeln, tropfenweise zugeben
invariable invariabel
inventaire du dépôt Lagerbestand *(m)*, Inventar *(n)*
inventaire, faire l´inventaire Inventur machen
inverse invers
inversé umgekehrt
inversé latéralement spiegelbildlich seitenverkehrt
inverse, être en raison inverse sich umgekehrt verhalten
inversion Umkehrung *(f)*, Inversion *(f)*
investir investieren
investissement Investition *(f)*
iode Jod *(n)*
iodé jodhaltig
iodure Jodid *(n)*
iodure de potassium Jodkalium *(n)*
ion Ion *(n)*
ion hermaphrodite Zwitterion *(n)*

ion hydrogène Wasserstoffion *(n)*
ionicité Ionogenität *(f)*
ionique ionisch
ionisation Ionisation *(f)*
ioniser ionisieren
ionogène ionogen
iridescent irisierend
iridescent schillernd
irisé schillernd
irradier bestrahlen
irrégulier unregelmäßig
irrétrécissabilité Krumpfechtheit *(f)*, Schrumpffestigkeit *(f)*
irrétrécissable krumpfecht, nicht einlaufend (Gewebe), schrumpfecht, schrumpffest
irréversible irreversibel, nicht umkehrbar
irrigation (eau usée) Verrieselung *(f)*
irrigation des eaux usées Abwasserverrieselung *(f)*
irritant la peau hautreizend
irritation Reizung *(f)*
irritation de la peau Hautreizung *(f)*
isobutane Isobutan *(n)*
isochrone zeitgleich, gleich lang dauernd
isocyanate Isocyanat *(n)*
isolant isolierend
isolant (subst.) Isoliermittel *(n)*
isolation Isolation *(f)*
isolation phonique Schallisolierung *(f)*
isolation thermique Wärmeisolierung *(f)*
isolé par cavité hohlraumisoliert
isoler isolieren
isopropanol Isopropylalkohol *(m)*
isotope Isotop *(n)*
ivoirin elfenbeinfarbig

J

jabot Jabot *(n)*
J-box (blanch.) Stiefel *(m)*, J-Box *(f)*
J-box de blanchiment Bleichstiefel *(m)*
jacquard à double lève Doppelhub-jacquardmaschine *(f)*
jaillissement d´huile Ölspritzer *(m)*
jailli abgeschleudert, abgespritzt
jambe de pantalon Hosenbein *(n)*
jaquette Jacke *(f)*, Jackett *(n)*, Cut(away) *(m)*
jaquette d'homme Herrenjacke *(f)*
jarre Borstenhaar *(m)*
jarré borstenhaarig, borstig
jarre Grannenhaar *(n)*, Granne *(f)*, Stichelhaar *(n)*
jarretière Strumpfband *(n)*
jarreux struppig, rauhhaarig, stichelhaarig
jauge Gauge *(f)*, Flachkuliermaschinen-teilung *(f)*
jauge du harnais Geschirrteilung
jauger eichen (von Hohlmaßen)
jaunâtre gelblich
jaune gelb
jaune acide Säuregelb *(n)*
jaune citron zitronengelb
jaune clair hellgelb
jaune de chrome Chromgelb *(n)*
jaune d´or goldgelb
jaune Indanthrène G Indanthrengelb *(n)* G
jaune miel honiggelb
jaune ocre gelbbraun, ockerfarben, ockergelb
jaune olive olivgelb
jaune paille strohgelb
jaune pâle falb
jauni vergilbt
jaunir vergilben
jaunissement Vergilbung *(f)*
javellisation Chlorierung mit Na-Hypochl.
jean à rivets Nietenhose *(f)*
jersey Jersey *(m)*
jersey de coton Baumwolljersey *(m)*
jersey de laine Wolljersey *(m)*
jersey de soie Seidenjersey *(m)*
jersey double Webstrick *(m)*
jersey simple einfacher Jersey *(m)*
jet Jet *(m)*, Düsenfärbemaschine *(f)*
jet voir: Druckfärbeapparat *(m)*
jet d´eau Schwall *(m)* Wasser, Wasserstrahl *(m)*
jette-bouts Fadenanleger *(m)*
jigger Jigger *(m)*
jigger de teinture Färbejigger *(m)*
joindre en filant einen Faden anspinnen
joint (techn.) Dichtung *(f)*
joint annulaire en caoutchouc Abdichtungsgummiring *(m)*
jointure Verbindungsstelle *(f)*, Fuge *(f)*, auch: Gelenk
jointure en caoutchouc Gummidichtung *(f)*

jour chômé Feierschicht *(f)*
jour, à contre jour gegen das Licht
journée (travail) Schicht *(f)*, Arbeitsschicht *(f)*
juger beurteilen
jumelé Zwillings....
jupe Rock *(m)*
jupe à bretelles Trägerrock *(m)*
jupe à empiècement de hanches Sattelrock *(m)*
jupe à fente geschlitzter Rock *(m)*
jupe à lés Bahnenrock *(m)*, Faltenrock *(m)*
jupe à pans Zipfelrock *(m)*
jupe à plis Faltenrock *(m)*
jupe à plis non repassés ungebügelter Faltenrock *(m)*
jupe à volants Stufenrock *(m)*
jupe bavaroise Dirndlrock *(m)*
jupe ciseaux Scherenrock *(m)*
jupe cloche Glockenrock *(m)*
jupe-culotte Hosenrock *(m)*
jupe droite gerader Rock *(m)*
jupe écossaise Schottenrock *(m)*
jupe fendue Schlitzrock *(m)*
jupe fourreau hautenger Rock *(m)*, Röhrenrock *(m)*
jupe paysanne Dirndlrock *(m)*
jupe plissée Faltenrock *(m)*, Plisseerock *(m)*
jupe porte-feuille Wickelrock *(m)*
jupon Petticoat *(m)*, Unterrock *(m)*
juste richtig, recht, genau
jute Jute *(f)*
jute taillis gebrochene Jute *(f)*
juxtaposer nebeneinanderlegen

K

kaolin Kaolin *(n)*
kérosène Kerosin *(n)*
kimono Kimono *(m)*
knicker(s) Kniebundhose *(f)*
knickerbockers Knickerbocker *(f)*
krypton Krypton *(n)*

L

labile labil
laborantin (e) Laborant (in)
laboratoire Labor *(n)*
laboratoire de recherche Entwicklungslabor *(n)*
laboratoire d´analyse Untersuchungslabor *(n)*
laboratoire d´essai des matériaux Materialprüfanstalt *(f)*
laboratoire d´usine Betriebslabor *(n)*
laboratoire textile Textillabor *(n)*
lacet Schnurband *(n)*
lacets Schnürsenkel *(m, pl)*
lâche locker, lose, schlaff, schlapp
lâcher la couleur Farbe verlieren, verblassen, abfärben, Farbe *(f)* lassen
lactame Laktam *(n)*
lactate Laktat *(n)*
lainage (tissu) Tuchrauherei *(f)*, Rauhen *(n)*
lainage au large Breitrauhen *(n)*
lainages Wollwaren *(f,pl)*
laine Wolle *(f)*, Schafwolle *(f)*
laine à carde Streichgarnwolle *(f)*
laine à feutre Filzwolle *(f)*, Krullwolle *(f)*
laine à polir Putzwolle *(f)*
laine à repriser Stopfwolle *(f)*
laine à tricoter Strickwolle *(f)*
laine croisée Crossbredwolle *(f)*
laine d'Afghanistan Afgalaine *(f)*
laine d'agneau Lambswool *(f)*
laine d´antenais Jährlingswolle *(f)*
laine de basalte Basaltwolle *(f)*
laine de brébis Schafwolle *(f)* (vom Mutterschaf), Mutterwolle *(f)*
laine de guanaco Guanakowolle *(f)*
laine de lama Lamawolle *(f)*
laine de Mazamet Schwödewolle *(f)*
laine de mépisserie Randwolle *(f)*
laine de mouton Schafwolle *(f)*
laine de peau Gerberwolle *(f)*, Rohwolle *(f)*
laine de peau Schödewolle *(f)*, Hautwolle *(f)*
laine de printemps Winterwolle *(f)*
laine de rebut Abfallwolle *(f)*, Klunkerwolle *(f)*, Ausschußwolle *(f)*
laine de renaissance Shoddy-Wolle *(f)*
laine de verre (coton de verre) Glaswolle *(f)*
laine de vigogne Vicuniawolle *(f)*
laine demi-fine Comebackwolle *(f)*
laine d´une seule tonte Einschurwolle

laine en suint Fettwolle *(f)*, Wolle im Fett, Schweißwolle *(f)*, Wolle im Schweiß, Schmutzwolle, Schweißwolle *(f)*
laine en suint riche en graisse besonders fettige Schmutzwolle *(f)*
laine filée Wollgarn *(n)*
laine fine et douce Babygarn *(n)*
laine grossière grobe Wolle *(f)*
laine jarreuse Wolle *(f)* mit Stichelhaar
laine mélangée Mischwolle *(f)*
laine mère Mutterwolle *(f)*, Oberwolle *(f)*
laine mérinos Merinowolle *(f)*
laine métis Mischwolle *(f)*
laine mixte Mischwolle *(f)*
laine mohair Mohairwolle *(f)*, Angoraziegenwolle *(f)*
laine peignée gekämmte Wolle *(f)*
laine peignée convertie Converter-Kammzug *(m)*
laine pelote Hautwolle *(f)*
laine récupérée Reißwolle *(f)*
laine refaite Reißwolle *(f)*
laine renaissance Reißwolle *(f)*
laine shetland Shetlandwolle *(f)*
laine vierge Schurwolle *(f)*
laine, en laine aus Wolle, wollen
lainer rauhen
lainer au mouillé naßrauhen
laineuse Rauhmaschine *(f)*
laineuse à cardes Kratzenrauhmaschine *(f)*
laineuse à chardons Distelrauhmaschine *(f)*, auch: Kardenrauhmasch.
laineuse à chardons roulants Rollkardenrauhmaschine *(f)*
laineuse au mouillé Naßrauhmaschine *(f)*
laineux wollig
laisser échapper (air, vapeur) ablassen (Luft, Dampf)
lait Milch *(f)*
laiteux milchig
laiton Messing *(n)*
laize Stoffbreite *(f)*
laize iirégulière ungleiche Breite *(f)*
lambeau Fetzen *(m)*, Stoffetzen *(m)*, Lumpen *(m)*
lame Lamelle *(f)*, Blättchen *(n)*, Streifen *(m)*, Schneide *(f)*, Klinge *(f)*
lame (électr.) Lamelle *(f)*
lame (tissage) Schaft *(m)* (Web.)
lamé Lamé *(m)*
lame à peigne Kammblatt *(n)*
lame du peigne Rietstab *(m)*
lamé d´or golddurchwirkt
lame forme la foule supérieure Schaft *(m)* geht in das Oberfach
lame refendue Folienbändchen *(n)*
lame tondeuse Scherblatt *(n)*, Schermesser *(n)*, Scherklinge *(f)*
lame, faire descendre les lames Schäfte *(m, pl)* senken
lamellaire lamellenförmig, lamellenartig
lamelle Lamelle *(f)*, Blättchen *(n)*
lamelle casse-chaînes Lamelle *(f)* für Kettfadenwächter
lamelle de soufflage Blasfolie *(f)*
lames (Jacquard) Hebeschäfte *(m, pl)*
lames, faire remonter les lames Schäfte *(m, pl)* heben, Sch. hochheben
lamier-rotier Blatteinrichter *(m)*
laminage à double manchon Doppelriemchen-Streckwerk *(n)*
laminage avec mousse Schaumstofflaminieren *(n)*
laminer laminieren, auswalzen
laminoir de coton Baumwollstrecke *(f)*
lampe à lumière solaire Tageslichtlampe *(f)*
lampe néon Neonlampe *(f)*
lampe ultraviolette Ultraviolettlampe *(f)*
lanamètre Lanameter *(n)*
lance-bouts Fadenanleger *(m)*
lancer la navette den Schützen einwerfen, abschießen
lancer la navette (tissage) durchschießen, den Schützen durchschießen
lancer la navette par la foule den Schützen durch das Fach schießen (schlagen)
langage du métier Fachsprache *(f)*
langage technique Fachsprache *(f)*, Sprache der Technik
lanière Riemen *(m)*, Trägerband *(n)*
lanière diviseuse Teilerriemen *(m)*
lanoline Lanolin *(n)*
lapin Kanin *(n)*
laque Lack *(m)*
laque en feuilles/écailles Schellack *(m)*
laquer lackieren
largeur de bobinage maximale maximale Bewicklungsbreite *(f)*

largeur de la nappe d´ourdissage Schärbandbreite *(f)*
largeur de mailles Maschenweite *(f)*, Maschengröße *(f)*
largeur de peigne Kammbreite *(f)*
largeur de rot (de ros, de peigne) Rietbreite *(f)*
largeur de tension Spannbreite *(f)*
largeur de tissu Warenbreite *(f)*
largeur de travail Arbeitsbreite *(f)*
largeur du buste sous la poitrine Unterbrustweite *(f)*
largeur du peigne Blattbreite *(f)*
largeur du tissu Stoffbreite *(f)*
largeur du tissu écru Rohwarenbreite *(f)*
largeur d´impression Druckbreite *(f)* (Stoffdruck)
largeur d´ourdissage Schärbreite *(f)*
largeur effective Laufbreite *(f)*
largeur finale Fertigbreite *(f)*
largeur minimale Mindestbreite *(f)*
largeur tissée Webbreite
laser Laser *(m)*
lastex tissé Weblastex *(m)*
latex de caoutchouc Kautschukmilch *(f)*, Latex *(m)*
latex nitrile Nitrillatex *(m)*
latex synthétique Syntheselatex *(m)*
latex-ciment Latexkleber *(m)*
latte Latte *(f)*
laurate Laurat *(n)*
laurique Laurin.... , Lauryl....
lavable waschbar, abwaschbar
lavable machine maschinenwaschbar
lavage Wäsche *(f)*, Waschprozess *(m)*
lavage à l´ébullition Wäsche bei Kochtemperatur *(f)*, Kochwäsche *(f)*
lavage délicat Schonwäsche *(f)*
lavage doux milde Wäsche *(f)*, leichte Wäsche *(f)*
lavage en boyaux (tissu) Strangwäsche *(f)*
lavage subséquent (ou ultérieur) Nachwäsche
Laval-injecteur Lavaldüse *(f)*
lavande (couleur) lavendelfarben
avé, non lavé ungewaschen
laver waschen, auswaschen
laver et porter wash-and-wear
laver subséquemment nachwaschen
laverie Wascheinrichtung *(f)*
lavette Waschlappen *(m)*
laveuse Waschmaschine *(f)*
laveuse au large Breitwaschmaschine *(f)*
laveuse de boyaux Strangwaschmaschine *(f)*
laveuse d´échevaux Garnwaschmaschine *(f)*
laveuse pour écheveaux Stranggarnwaschmaschine *(f)*
le plus bas kleinst, niedrigst
lecture de l´échelle (instrument) Skalenablesung *(f)*
lecture du dessin (tissage) Musterlesen *(n)*, Mustereinlesen *(n)*
lecture précise Feinablesung *(f)*
léger leicht (Gewicht)
lent langsam
lent (chim.) träge
lés, à deux lés zweibahnig (Stoff)
lés, à trois lés (tissu) dreibahnig (Gewebe)
lessivage Beuchlauge *(f)*
lessivage à la soude caustique Laugieren *(n)* mit Natronlauge
lessive Waschlauge *(f)*
lessive (de carbonate) **de soude** Sodalauge *(f)*
lessive à merceriser (à mercerisage) Merzerisierlauge *(f)*
lessive alcaline Alkalilauge *(f)*, Lauge *(f)*
lessive caustique Ätzalkalilauge *(f)*
lessive de blanchiment Bleichlauge *(f)*, Bleichflüssigkeit *(f)*
lessive de savon Seifenlauge *(f)*
lessive de soude caustique Natronlauge *(f)*
lessive de sulfite résiduelle Sulfitablauge *(f)*
lessive de sulfite usée Sulfitablauge *(f)*
lessive mère Mutterlauge *(f)*, Stammlauge *(f)*
lessive résiduaire Ablauge
lessive résiduaire récupérée eingedampfte Ablauge *(f)*, wiedergewonnene Ablauge
lessiver auslaugen, laugieren
leuco-colorant Leukofarbstoff *(m)*
leuco-colorant à cuve Leukoküpenfarbstoff *(m)*
leucodérivé Leukoverbindung *(f)*

leucoester de colorant de cuve Leukoküpenesterfarbstoff *(m)*
lévantine Levantine
lève de la boîte à navettes Schützenkastenhebung *(f)*
levée (filat.) Abzug *(m)*
levée (mécan.) Hub *(m)*
levée des bobines d´un cantre Abziehen *(n)* der Spulen von einem Gatter
levée des crochets Platinenhebung *(f)*
lever heben
leveur (mailles) Aufnehmer *(m)* (bei Maschen)
léviathan Leviathan *(m)*
levier Hebel *(m)*
levier de commande des lames Schafthebel *(m)*
levier d'arrêt Feststellhebel
lévogyre (chim.) linksdrehend
liage du poil Noppenfestigkeit *(f)* (bei Florgew.+ Teppich)
liage par piqûre Verfestigung *(f)* mittels Nähtechnik
liaison (chim./phys.) Bindung *(f)*
liaison atomique Atombindung *(f)*, kovalente Bindung *(f)*
liaison dative (chim.) semipolare Bindung *(f)*
liaison dative double (chim.) semipolare Doppelbindung *(f)*
liaison de van der Waals van der Waalsche Bindung *(f)*
liaison double (chim.) Zweifachbindung *(f)*, Doppelbindung *(f)*
liaison entre les fibres Faser-zu-Faser-Bindung
liaison éthylénique olefinische Doppelbindung *(f)*, Kohlenstoffdoppelbindung *(f)*
liaison hétéropolaire Ionenbindung, heteropolare Bindung *(f)*
liaison métallique (chim.) Metallbindung *(f)* (Chem.)
liaison multiple (chim.) Mehrfachbindung *(f)*
liaison par électrovalence Ionenbindung *(f)*, Valenzbindung *(f)*
liaison polaire polare Bindung *(f)*
liaison saline Salzbindung *(f)*
liaison semi-polaire halbpolare Bindung *(f)*
liaison simple (chim.) Einfachbindung *(f)*
liaison triple (chim.) Dreifachbindung *(f)*
liant Bindemittel *(n)*, Binder *(m)*
liant à dispersion Bindemitteldispersion *(f)*
liant gonflant Quellbindemittel *(n)*
liant pour couleurs Farbenbindemittel *(n)*
liber Bast *(m)*
liberté des mouvements Bewegungsfreiheit *(f)*
lice (tissage) Litze *(f)*, Schaftlitze *(f)*
licence Lizenz *(f)*
lié verbunden, verknüpft
liège Kork *(m)*, Korkrinde *(f)*
lien Bund *(m)*, Band *(n)*
lier binden, anbinden, festbinden
lier (tissage) einbinden
ligature éclissée (tissage) Schienenbund *(m)* (Webblatt)
ligne Linie *(f)*, Angelschnur *(f)*
ligne de la taille Taillenlinie *(f)*
ligne longue long-line *(f)*
ligne mince schlanke Linie *(f)*
ligne princesse Prinzeßlinie *(f)*
ligner linieren
lignine Lignin *(n)*
lignocellulose Holzzellulose *(f)*
lignose Lignin *(n)*
lilas (couleur) Flieder (Farbe), lila
limitation des émissions Emissionsbegrenzung *(f)*
limite Grenzwert *(m)*, oberste Grenze *(f)*, Limit *(n)*
limite d'allongement bleibende Dehnung *(f)*
limite de charge höchstzulässige Belastung *(f)*
limite de confiance (prod. de fibres) Vertrauensgrenze *(f)*
limite de décèlement Nachweisgrenze *(f)* (Analyt.)
limite de détection Nachweisgrenze *(f)*
limite de filabilité Ausspinngrenze *(f)*
limite de rupture Festigkeitsgrenze *(f)*
limite de saturation Sättigungsgrenze *(f)*
limite de stabilité Stabilitätsgrenze *(f)*
limite de température Temperaturgrenze *(f)*
limite de tolérance Toleranzgrenze *(f)*
limite d´élasticité Elastizitätsgrenze *(f)*
limite d´immission Immissionsgrenze *(f)*
limite d´indication Nachweisgrenze *(f)*

limite d´inflammabilité Zündgrenze *(f)*
limite élastique Elastizitätsgrenze *(f)*, Fließgrenze *(f)*
limite inférieure Untergrenze *(f)*, unterer Grenzwert *(m)*
limite pratique d´erreur praktische Fehlergrenze (Faserprod.)
limiter limitieren, begrenzen
limpide klar, durchsichtig (Lösung)
lin Leinen *(n)*, Linnen *(n)*, Leinpflanze *(f)*, Leinwand (f), Flachs *(m)*
lin cru roher Flachs *(m)*, rohes Leinen *(n)*
lin émeri Schmirgelleinen *(n)*
lin moiré Moosleinen *(n)*
lin pour mouchoir Taschentuchleinen *(n)*
linéaire linear, gradlinig
linge Wäsche *(f)*, auch: Leinentuch *(n)* für Bettwäsche
linge damassé Damastleinwand *(f)*
linge de corps Leibwäsche *(f)*
linge de corps masculin Herrenunterwäsche *(f)*
linge de couleur Buntwäsche *(f)*
linge de maison Haushaltswäsche *(f)*
linge de table Tischwäsche *(f)*
linge supportant l´ébullition Kochwäsche *(f)*
lingerie Weißwaren *(f, pl)*
lingerie de nuit Nachtwäsche *(f)*
lingerie fine Feinwäsche *(f)*
linoléum Linoleum *(n)*
linon de coton Linon
linters de coton Baumwollinters *(f, pl)*
liparoide fettartig, fettähnlich
lipoide fettartig, fettähnlich
lipoide Lipoid *(n)*
lipolyse Fettspaltung *(f)*
lipophile lipophil
liposolubilité Fettlöslichkeit *(f)*
liposoluble fettlöslich, in Fett löslich
liquéfier flüssig machen, verflüssigen
liquéfier, se sich verflüssigen
liqueur Fehling Fehlingsche Lösung *(f)*
liquidation Räumungsverkauf *(m)*
liquide flüssig
liquide (subst.) Flüssigkeit *(f)*
liquide colorant Färbelösung
liquide cristallin Kristallflüssigkeit *(f)*
liquide de séparation Trennflüssigkeit *(f)*
liquide d´inclusion Einbettungsflüssigkeit *(f)*
liquide entraîné (distill.) mitgerissene Flüssigkeit *(f)*
liquide mucilagineux schleimige Lösung *(f)*
liquidité flüssiger Zustand *(m)*, Fließfähigkeit *(f)*
liseur et perceur automatique Dessiniermaschine *(f)*, Ausschlagmaschine *(f)*
liseur et perceur mécanique Musterzeichen- u. Kartenlochmaschine *(f)*
liseuse Bettjäckchen *(f)*
lisière Webkante *(f)*, Kante *(f)* am Gewebe, (Web)Leiste *(f)*, Rand *(m)* des Gewebes
lisière (vêtem.) Stoßkante *(f)*
lisière déchirée (tissage) abgerissene Leiste *(f)*
lisière ondulée wellige Leiste *(f)*
lisière sur lisière leistengerade, Leiste auf Leiste *(f)*
lissage Glättung *(f)*, Lissieren *(n)*
lissage (filat.) Glätten *(n)*
lisse (adj.) glatt
lisse (subst.) Glätte *(f)*, Litze *(f)*
lisse (tissage) Litze *(f)*, Schaftlitze *(f)*
lisser glätten, glatt machen, auch: einbrennen (Gew.)
lisseuse Kammzugwasch-und Imprägniermaschine *(f)*, Lisseuse *(f)*
lit, grand lit Doppelbett *(n)*
lit à baldaquin Himmelbett *(n)*
lit de camp Zeltbett *(n)*
literie Bettzeug *(n)*
litre Liter *(m)*
local örtlich
local de vente Verkaufsraum *(m)*
loden (Walk)Loden *(m)*
loft Loft *(n)*
logiciel Software *(f)* (EDV)
loin entfernt, weit (weg)
long, longue lang
long et mince lang und dünn
longévité Langlebigkeit *(f)*, lange Lebensdauer *(f)*
longueur Länge *(f)*
longueur à ourdir Schärlänge *(f)*
longueur calculée Sollänge *(f)*
longueur de base Basislänge *(f)*
longueur de coupe (fibres) Stapellänge *(f)*, Schnittlänge *(f)*

longueur de fibre Stapellänge *(f)*
longueur de guidage Führungslänge *(f)*
longueur de jupe Rocklänge *(f)*
longueur de la chaîne Kettlänge *(f)*, Zettellänge *(f)*
longueur de mesurage Meßlänge *(f)*
longueur de pied Fußlänge *(f)*
longueur de rupture Reißlänge *(f)*
longueur du point Stichlänge *(f)*
longueur entrejambe Schrittlänge *(f)*
longueur finale Fertiglänge *(f)*
longueur kilométrique de rupture Reißkilometer *(m)*
longueur moyenne (fibres) mittlere Länge *(f)*
longueur nominale Nennlänge *(f)*
losange Raute *(f)*, Rhombus *(m)*
losange, orné à losanges rhombenförmig geschmückt (gemustert)
lot abgemessene Menge *(f)*, abgeteilte Menge *(f)*, Lieferposten *(m)*, Partie
lot de rattrapage Nachrüstsatz *(m)*
lot spécial Sonderposten *(m)*
loup (filat.) Reißwolf *(m)*, Wolf *(m)*
loup batteur Öffner *(m)*
loup cardeur Krempelwolf *(m)*
loup d´effilochage Reißwolf *(m)*
loup mélangeur (fibres) Mischwolf *(m)*, Melierwolf *(m)*
loupe Lupe *(f)*, Vergrößerungsglas *(n)*
lourd schwer
louvetage Wolfen *(n)*, Wolferei *(f)*
louveter wolfen, mischen
lubrifiant Schmiermittel, Gleitmittel *(n)*
lubrifiants Schmierstoffe *(m,pl)*
lubrification Schmierung *(f)*
lubrifier ölen, schmieren
lubrifier *(mach,)* einfetten, schmieren
lueur Schein *(m)*, Glanz *(m)*, Schimmer *(m)*
luire leuchten
luisant glänzend, leuchtend
luisant de graisse fettglänzend
lumière Licht *(n)*
lumière blanche Weißlicht *(n)*
lumière du jour Tageslicht *(n)*
lumière du jour artificielle künstliches Tageslicht *(n)* (Lampe)
lumière multicolore mehrfarbiges Licht *(n)*
lumière naturelle Tageslicht *(n)*
lumière transmise Durchlicht *(n)*
lumière ultraviolette ultraviolettes Licht *(n)*
luminance Leuchtkraft *(f)*, Lichtstärke *(f)*, Helligkeit *(f)*
luminance de reflexion Remission *(f)* (optisch)
luminosité Helligkeit *(f)*
luminosité du fond Helligkeit *(f)* des (Unter)grundes (des Fond)
luminosité d´un instrument optique Lichtstärke *(f)*, Helligkeit eines opt. Instrum.
lunettes protectrices Schutzbrille *(f)*
lurex Lurex *(m)*
lustrage Lüstrieren *(n)*
lustre Glanz *(m)*, Lüster *(m)*
lustré glänzend, lustriert
lustre de soie, lustre soyeux Seidenglanz *(m)*
lustre nacré Perlglanz *(m)*, Perlmuttglanz *(m)*
lustre onctueux fettiger Glanz *(m)*
lustre perlaire Perglanz *(m)*
lustrer glänzen, lüstrieren, glänzend machen, Glanz geben
lustrine Glanzkattun *(m)*, Lustrin *(n)*
l´eau, exempt de l´eau wasserfrei
l´un à côté de l´autre nebeneinander

M

macérer à chaud auslaugen
machine Maschine *(f)*
machine à bobiner Bobinenspulmaschine *(f)*
machine à boutonnière Knopflochnähmaschine *(f)*
machine à broder automatique Schiffchen-Stickmaschine *(f)*
machine à carde Karde *(f)*
machine à cheniller Chenilleschneidemaschine *(f)*
machine à chiner les chaînes Kettschiniermaschine *(f)*
machine à coudre Nähmaschine *(f)*
machine à coudre à plateau Flach(bett)nähmaschine *(f)*
machine à coudre industrielle Industrienähmaschine *(f)*

machine à couper le velours côtelé Cordschneidemaschine *(f)*
machine à couper les lisières Kantenschneidemaschine *(f)*
machine à couper zig-zag Zackenmusterschneidemaschine *(f)*
machine à écanguer (lin) Quetschmaschine *(f)* (Flachsaufber.)
machine à égaliser (tissage) Egalisiermaschine *(f)*
machine à feutrer Filzmaschine *(f)*
machine à filature directe Direktspinnmaschine *(f)*
machine à filer centrifuge Dosenspinnmaschine *(f)*
machine à fixer Fixiermaschine *(f)*
machine à flamber Senge *(f)*, Flammaschine *(f)*
machine à floquer Beflockungsmaschine *(f)*
machine à former les bas Strumpfformmaschine *(f)*
machine à fouler le feutre Filzwalkmaschine *(f)*
machine à gazer Flammensengmaschine *(f)*, Flämmaschine *(f)*
machine à gazer les fils Garnsengmaschine *(f)*
machine à gommer Gummiermaschine *(f)*
machine à imprimer Druckmaschine *(f)* (Stoffdruck)
machine à imprimer à double face Duplexdruckmaschine *(f)*
machine à imprimer à une seule couleur Einfarbendruckmaschine *(f)*
machine à imprimer en relief Reliefdruckmaschine *(f)*
machine à lacer les cartons Jacquad Kartenbindemaschine *(f)* (Jacquardweb.)
machine à laver le linge Waschmaschine *(f)*
machine à lisser Glättmaschine *(f)*
machine à neutraliser et rincer Neutralisations-Spülmaschine *(f)*
machine à nouer Fadenknüpfmaschine, Knüpfmaschine *(f)*, (An)Knotmaschine *(f)*
machine à padding Paddingmaschine *(f)*
machine à passepoiler Paspelmaschine *(f)*
machine à placage (impress.) Grundiermaschine *(f)*
machine à plier Legemaschine *(f)*
machine à rectifier Schleifmaschine *(f)*
machine à rentrer les fils de chaîne Ketteneinziehmaschine *(f)*
machine à repasser par vapeur Dampfbügelmaschine *(f)*
machine à rétrécir Shrinkmaschine *(f)*
machine à sanforiser Sanforisiermaschine *(f)*
machine à sucer Absaugmaschine *(f)*
machine à teindre à palettes Paddelfärbemaschine *(f)*
machine à teindre à tambour Trommelfärbemaschine *(f)*
machine à teindre aux tuyères Düsenfärbemaschine *(f)*, Jet *(m)*
machine à teindre en écheveaux *(fil)* Strangfärbemaschine *(f)*
machine à tendre au large Breitspannmaschine *(f)*
machine à texturer Texturiermaschine *(f)*
machine à thermo-impression Thermodruckmaschine *(f)* (Transfert)
machine à tresser les cordes Flechtmaschine *(f)* für Seile
machine à tresser les lisses Litzenmaschine *(f)* für Weblitzen (pl)
machine à (ou pour) **tufting** Tuftingmaschine *(f)*
machine à tufting Tuftingmaschine *(f)*, Nadelflormaschine *(f)*
machine à usiner Bearbeitungsmaschine *(f)*
machine à vaporiser et à fixer à chaud Dämpf- und Fixiermaschine *(f)*
machine à visiter Schaumaschine *(f)*, Warenschaumaschine *(f)*
machine coloplast Coloplast-Maschine *(f)*
machine Cotton Cotton-Maschine *(f)*
machine coupe-lisières Kantenschneidemaschine *(f)*
machine d´apprêt pour tapis Teppichappreturmaschine *(f)*
machine d´apprêtage à racle Rakelappreturmaschine *(f)*
machine d´armure (Jacquard) Kammaschine *(f)*
machine de lisage Einlesemaschine *(f)*

machine de maturation au large Breitverweileinrichtung *(f)*
machine de mercerisage Merzerisiermaschine *(f)*
machine de mercerisage pour fils Garnmerzerisiermaschine *(f)*
machine de retordage par étirage Streckzwirnmaschine *(f)*
machine d´enduction (apprêt) Streichmaschine *(f)*
machine d´imprégnation au large Breitimprägniermaschine *(f)*
machine d´imprégnation et de maturation Imprägniermaschine *(f)* mit Verweileinrichtung
machine d´impression au cadre Filmdruckmaschine *(f)*
machine d´impression de flocage Flockdruckmaschine *(f)*
machine d´impression par transfert Transferdruckmaschine *(f)*
machine effilocher au mouillé Naßreißmaschine
machine enrouleuse Aufwickelmaschine *(f)*
machine entièrement automatique Vollautomat *(m)*
machine frigorifique Kältemaschine *(f)*
machine lapping Lappingmaschine *(f)*
machine pour apprêt envers Rückenappreturmasch. *(f)*, Streichmaschine *(f)*
machine pour crêponnage Kreppmaschine *(f)*
machine pour formage Formmaschine *(f)*
machine Wildman Wildmanmaschine *(f)*
machinerie Maschinerie *(f)*
macramé Makramée *(n)*
macromoléculaire makromolekular, hochmolekular
macromolécule Makromolekül *(n)*
madras Madras *(m)*
magasin Lager *(n)*, Lagerraum *(m)*, Magazin *(n)*, Laden *(m)*
magasin d'articles masculins Herrenartikelgeschäft *(n)*
magasin d'habillement masculin et féminin Herren- und Damenbekleidungsgeschäft *(n)*
magasin de canettes Schußspulenmagazin *(n)*
magasin de sport Sportwarengeschäft *(n)*
magasin de tissus Tuchgeschäft *(n)*
magasin de vêtements féminins Damenbekleidungsgeschäft *(n)*
magasin discount Discountladen *(m)*
magasin textile spécialisé Textilfachgeschäft *(n)*
magasin, grand magasin Kaufhaus *(n)*, Warenhaus *(n)*
magasinier Lagerverwalter *(m)*
magnésie Magnesia *(f)*
magnétique magnetisch
maigre mager
maille Masche *(f)*, auch:Maschenware *(f)*, Wirkware *(f)*
maillé maschig
maille à la droite Rechtsmasche *(f)*
maille chargée Fangmasche *(f)*
maille coulée Fallmasche *(f)*
maille de lisière Randmasche *(f)*
maille d'un tricot Strickmasche *(f)*
maille filée Laufmasche *(f)*
maille formée par la platine Platinenmasche *(f)*
maille retenue Fangmasche
maille sautée Laufmasche *(f)*
maille tubulaire Maschenschlauchware *(f)*, Maschenware i. Schl.
mailles, à grandes mailles grobmaschig
mailles, à grosses mailles grobmaschig
mailles, à mailles fines feinmaschig
mailles, à mailles serrées engmaschig
mailles, à petites mailles kleinmaschig
mailles, à larges mailles weitmaschig
maillon Glied einer Kette
maillon (tissage) Litzenauge *(n)*
maillot de bain Badeanzug *(m)*
maillot de corps Unterhemd *(n)*
maillot de gymnastique Turnhemd *(n)*
main Hand *(f)*
maintenance (mach.) Pflege *(f)*, Instandhaltung *(f)*
maintenir beibehalten, instandhalten (Masch.)
maintenir la lame à la position intermédiaire Schaft in der Mittellage halten
maintien (mach.) Wartung *(f)*, Unterhaltung *(f)*, Pflege *(f)*

maison de vente par correspondance Versandhaus *(n)*
maître-tisserand Webmeister *(m)*
mal tourner schlecht laufen (Ware z.B.)
malaxer mischen durch kneten
malaxeur Misch- und Knettrommel
malfonctionnement Störung *(f)*, schlechtes Laufen *(n)* (Masch.)
manche Ärmel *(m)*
manche à aillette *(mode)* Flügelärmel *(m)*
manche à revers Stulpenärmel *(m)*
manche bouffante Bauschärmel *(m)*, Puffärmel *(m)*
manche chauve-souris Fledermausärmel *(m)*
manche courte Halbärmel *(m)*, Kurzärmel *(m)*
manche de chemise Hemdärmel *(m)*
manche gigot Keulenärmel *(m)*
manche kimono Kimonoärmel *(m)*
manche magyare Magyarärmel *(m)*
manche montée eingesetzter Ärmel *(m)*, Passenärmel *(m)*
manche papillon Schmetterlingsärmel *(m)*
manche raglan Raglanärmel *(m)*
manche rembourrée Polsterärmel *(m)*
manchette Manschette *(f)*
manchon Muff *(m)*, Wickel *(m)* in Kreuzwicklung, Manchon
manchon frotteur Nitschelhose *(f)*
manganèse Mangan *(n)*
manganésifère manganhaltig
mangeure de mites Mottenfraß *(m)*
maniement Handhabung *(f)*, Bedienung *(f)*
maniement aisé (ou facile) leichte Handhabung *(f)*
manier (Mach.) bedienen, handhaben
manière Art *(f)*, Weise *(f)*
manipulant Konverter *(m)*
manipulation Handhabung *(f)*, Manipulation *(f)*
manique Topflappen *(m)*
manivelle Kurbel *(f)*
mannequin Ankleidepuppe *(f)*, Mannequin *(n)*, Schaufensterpuppe *(f)*, Schneiderpuppe *(f)*
mannequin masculin Dressman *(m)*
manœuvre manuelle Handbetätigung *(f)*
manœuvrer bedienen (Masch.), führen
manomètre Dampfdruckmesser *(m)*, Manometer *(n)*
manométrique manometrisch
manquant fehlend
manque de ressources Rohstoffverknappung *(f)*
manque d´unisson (teint.) schlecht egalisiert, bunt
manquer verfehlen
mansarde de séchage Mansardentrockner *(m)*
mansarde de vaporisage Kammerdämpfer *(m)*, Mansardendämpfer *(m)*
manteau Mantel *(m)*
(manteau) ciré Lackmantel *(m)*
manteau de demi-saison Übergangsmantel *(m)*
manteau de fourrure Pelzmantel *(m)*
manteau de soirée Abendmantel *(m)*
manteau de ville Stadtmantel *(m)*
manteau de vision Nerzmantel *(m)*
(manteau en) loden Lodenmantel *(m)*
manteau en peau de mouton Schafpelzmantel *(m)*
manteau en poil de chameau Kamelhaarmantel *(m)*
manteau raglan Raglanmantel *(m)*
manteau sportif pour la voiture Auto-Coat *(m)*
manuel manuell, mit der Hand
manufacture de coton Baumwollherstellung *(f)*, Baumw.Weberei *(f)*
manufacture de tapis Teppichmanufaktur *(f)*, Teppichweberei *(f)*
maquette Anschauungsmuster *(n)*, Schaumuster *(n)*
marabout Marabu *(m)*
marbré geadert
marbrer (tissu) flammen (Gewebe)
marbrer marmorieren
marchandise Ware *(f)*
marchandise au mètre Meterware *(f)*
marchandise de choix, march. de qualité Qualitätsware *(f)*
marchandise double stretch Doppelstretchware *(f)*, Zweizugware *(f)*
marchandise écrue Rohware *(f)*
marchandise interlock Interlockware *(f)*
marchandise serrée dichtgewebte Ware *(f)*
marchandise simplex Simplexware *(f)*
marchandises Güter *(n, pl)* , Waren *(f, pl)*
marché Markt *(m)*

marche (mach.) Gang *(m)*, Lauf *(m)*, Betrieb *(m)*
marche à vide Leerlauf *(m)*
marche de fibres Faserdurchlauf *(m)*, Faserlauf *(m)*
marche de jour et de nuit Tag- und Nachtbetrieb *(m)*
marche de production Produktionsablauf *(m)*
marche, être en marche in Betrieb sein
marche, mise en marche Inbetriebnahme *(f)*
marcher laufen, in Betrieb sein, funktionieren, arbeiten
marcher (mach.) laufen
marge de tolérance Toleranzbereich *(m)*
marier (couleurs) abstimmen (Farben)
marque Marke *(f)*, Sorte *(f)*
marque de fabrique Fabrikmarke *(f)*, Markenzeichen *(n)*
marqué de points gepunktet
marque de qualité Gütezeichen *(n)*, Qualitätssiegel *(n)*
marque de remplissage Füllstrich *(m)*
marque déposée eingetragenes Warenzeichen *(n)*
marquer markieren, kenntlich machen, (an)zeichnen
marquer (apprêt) schreiben
marquer (teint.) stippen
marquise Markise *(f)*
marquisette Markisette *(f)*
marron kastanienbraun
marteau Hammer *(m)*
martingale Rückengurt *(m)*
masquer (chim.) maskieren
masse Masse *(f)*
masse à fibres de verre au polyester Polyesterglasfasermasse *(f)*
masse anhydre Trockenmasse *(f)*
masse d´enduction Streichmasse *(f)*
masse facturée (fibres) Rechnungsmasse *(f)*
masse linéique längenbezogene Masse *(f)*, Titer *(m)*
masse molaire (ou moléculaire) molare Masse *(f)*
masse nette (fabr. fibre) Nettomasse
masse volumique Schüttdichte *(f)*
masse volumique de la bobine Spulendichte *(f)*
massicot Schneidevorrichtung *(f)* (Faserherstellung)
matage au filage Spinnmattieren *(n)*, Spinnmattierung *(f)*
matage dans la masse Spinnmattieren *(n)*
maté dans la masse spinnmattiert
matelas Matratze *(f)*
matelas de paille Strohmatratze *(f)*
matelas isolant de veranne Glasfaserdämmplatte *(f)*
matelas pneumatique Luftmatratze *(f)*
matériau isolant Isolierstoff *(m)*, Dämmstoff *(m)*
matériel Material *(n)*, Gerätschaften *(f,pl)*
matériel (adj.) stofflich, materiell
matériel de bisage (ou à biser) Umfärber *(m)*
matériel de support Trägermaterial *(n)*
matériel de voie Obermaterial *(n)*
matériel fritté Sinterwerkstoff *(m)*
matière Materie *(f)*, Stoff *(m)*
matière à floquer Beflockungsmaterial *(n)*
matière à peigner Kämmgut *(n)*
matière artificielle Kunststoff *(m)*
matière calorifuge Wärmedämmstoff *(m)*
matière de base Ausgangsstoff *(m)*, Grundstoff *(m)*
matière de charge Beschwerungsmaterial *(n)*
matière de rembourrage Polstermaterial *(n)*
matière de remplissage Füllmaterial *(n)*
matière de remplissage des couleurs Farbenstreckmittel
matière de tannage Gerbstoff *(m)*
matière en bourre (text.) loses Material *(n)*, Flocke *(f)*
matière en suspension (en solution) Schwebestoff *(m)*
matière étrangère Fremdstoff *(m)*
matière facile à entretenir pflegeleichtes Material *(n)*
matière fibreuse Fasergut *(n)*, Faserstoff *(m)*
matière filable Spinngut *(n)*
matière filable uniforme einheitlicher Spinnstoff *(m)*
matière granulée crue Rohgranulat *(n)*
matière isolante Isolationsmaterial *(n)*

matière isolante fibreuse Faserdämmstoff *(m)*
matière nuisible Schadstoff *(m)*
matière plastique Kunststoff *(m)*, Plastik *(f)*, Plaste *(f)*
matière première Rohstoff *(m)*, Rohmaterial *(n)*, Grundstoff *(m)*, Vorprodukt *(n)*
matière première pour détergents Waschrohstoff *(m)*
matière sèche Trockensubstanz *(f)*
matière solide Feststoff
matière synthétique Kunststoff *(m)*
matière tannante Gerbstoff *(m)*
matière textile brute Faserrohstoff *(m)*
matières plastiques en dispersion Kunststoffdispersion *(f)*
matières synthétiques en dispersion Kunststoffdispersion *(f)*
matras (chim.) Kolben, Glaskolben
matrice Stanze *(f)*
matter mattieren
mauvais grattage Trennstelle *(f)*
mauvéine Mauvein *(n)*
maximal größt, höchst, maximal
maximum Maximum *(n)*, Höchstwert *(m)*
mazout schweres Heizöl *(n)*
mécanicien Mechaniker *(m)*
mécanique mechanisch, mechanisiert, maschinell
mécanique (subst.) Mechanik *(f)*
mécanique Jacquard à pas ouvert Offenfachjacquardmaschine *(f)*
mécaniser mechanisieren
mécanisme Werk *(n)*, Mechanismus *(m)*
mécanisme à rebrousser (tissage) Aufstoßeinrichtung *(f)*
mécanisme de chasse (tissage) Schlagvorrichtung *(f)*
mécanisme de réglage Regeleinrichtung *(f)*
mécanisme diviseur Teilervorrichtung *(f)*
mécanisme régulateur Regeleinrichtung *(f)*
mèche Docht *(m)*, Lunte *(f)*, Vorgarn *(n)*
mèche de fibres Stapelfaserband *(n)*
mèche de filature Spinnband *(n)*
mèche de frottoir genitscheltes Vorgespinst *(n)*, gen. Vorgarn *(n)*
mèche de lin Flachsvorgarn *(n)*
mèche de verre textile Glasstapelfaservorgarn *(n)*
médaillon Medaillon *(n)*
médian mittlere, mittlerer, mittleres
médiateur (chim.) Vermittler *(m)*, auch: Beschleuniger *(m)*
médiocre mittelmäßig
mélamine Melamin *(n)*
mélange Mischung *(f)*, Gemisch *(n)*, Mengung *(f)*, Vermischung *(f)*
mélange air-gaz Gas-Luftgemisch *(n)*
mélange coloré maître Farbkonzentrat *(n)*
mélange de couleurs Melange *(f)*, Farbmischung *(f)*
mélange de matières filables Spinnstoffmischung *(f)*, Spinngutmischung *(f)*
mélange explosible explosibles Gemisch *(n)*
mélange fini Fertiggemisch *(n)*
mélange peigné Kammgarnmischung *(f)*, Kammgarnmelange *(f)*
mélange réactionnel Reaktionsgemisch *(n)*
mélanger mischen, durchmischen, vermischen
mélanger avec zumischen, beimischen
mélanger par charge mischen beim (oder durch) Einpumpen
mélanger par couleurs melangieren, melieren
mélangeur Mischer *(m)*, Mischapparat *(m)*
mélangeur brasseur Rührmischer *(m)*
mélangeur continu Durchlaufmischer *(m)*
mélangeur d´encollage Schlichtemischer *(m)*
mêlé-cheviote Cheviotfarbmischgarn *(n)*
mêler mengen, mischen, vermischen, vermengen, zusammenschütten, zusammenmischen
mêler en filant einspinnen, mit dazu spinnen
melon Melone *(f)*
melton Melton *(m)*, Kutschertuch *(n)*
mémoire (trait. électr.) Speicher *(m)* (EDV)
mémoire circulante periodischer Speicher *(m)* (EDV)
mémoire d´informations Datenspeicher *(m)*
mémoire en série Serienspeicher *(m)* (EDV)

mémorisation des informations Informationsspeicherung *(f)*
mémoriser speichern
mensuration Messung *(f)*
mercerie Kurzwarengeschäft *(f)*
mercerisage Merzerisierung *(f)*
mercerisage de fil Garnmerzerisierung *(f)*
mercerisage du coton écru Rohmerzerisierung *(f)* von Baumwolle
mercerisage en écheveaux Stranggarnmerzerisierung *(f)*
mercerisage en pièce Stückmerzerisierung *(f)*
merceriser merzerisieren
mercure Quecksilber *(n)*
mercuriel quecksilberhaltig
mersolate Mersolat *(n)*
mesurage Messung *(f)*
mesurage de pH pH-Messung *(f)*
mesure Maß *(n)*, Maßnahme *(f)*
mésure colorimétrique Farbmaßzahl *(f)*
mesure comparative Vergleichsmessung *(f)*
mesure d´économie Sparmaßnahme *(f)*
mesure en moins Untermaß *(n)*
mesure, sur mesure nach Maß
mesurer messen, zumessen
mesurer, prendre la mesure abmessen, messen
mesureur Dosiergefäß *(n)*
métabolisme Stoffwechsel *(m)*, Metabolismus *(m)*
métabolisme basal Grundumsatz *(m)*
métacrylate Methacrylat *(n)*
métal Metall *(n)*
métal léger Leichtmetall *(n)*
métal lourd Schwermetall *(n)*
métal précieux Edelmetall *(n)*
métallifère metallhaltig
métallique metallisch, metallartig
métallisation au vide Metallbedampfung *(f)*
métalliser metallisieren
métalliser sous vide Metalle *(n,pl)* im Vakuum aufdampfen
métallochimie Metallchemie *(f)*
métallurgie Metallurgie *(f)*
métamerie Farbsehen *(n)*, Metamerie *(f)*
métasilicate Metasilikat *(n)*
méthacrylate de méthyle Methacrylsäuremethylester *(m)*
méthane Methan *(n)*
méthanole Methanol *(n)*, Methylalkohol *(m)*
méthode de fabrication Fabrikationsverfahren *(n)*, -prozess *(m)*
méthode de mesurage Meßmethode *(f)*
méthode de travail Arbeitsweise *(f)*
méthode d´essai Prüfmethode *(f)*
méthode d´étude Untersuchungsmethode *(f)*
méthode opératoire Verfahrensschema *(n)*
méthode par extraction Extraktionverfahren *(n)*
méthode rapide Schnellverfahren *(n)*
méthode spectrophotométrique Spektralverfahren *(n)* (Farbmessung)
méthodes de pose Methoden *(f, pl)* des Legens
méthodes de vente Verkaufsmethoden *(f, pl)*
méthylamine Methylamin *(n)*
méthyle Methyl *(n)*
méthylhydroxyéthylcellulose Methylhydroxyäthylzellulose *(f)*
métier Gewerbe *(n)*, Handwerk *(n)*, Beruf *(m)*
métier (à tisser) **à buses d´eau** Wasserdüsenwebstuhl *(m)*
métier (à tisser) **automatique** Automatenwebstuhl *(m)*
métier (textil) Webstuhl *(m)*, Wirkmaschine *(f)*
métier à armure Hebe- und Mustermaschine *(f)* (Web.)
métier à bas Strumpfwirkmaschine *(f)*
métier à basse lisse Flachwebstuhl *(m)*, Tiefschaftstuhl *(m)*
métier à brocher Broschierwebstuhl *(m)*
métier à broder Stickrahmen *(m)*
métier à buse d´air Luftdüsenwebstuhl *(m)*
métier à chaîne d´arrêt (Fang)kettstuhl *(m)*
métier à changement autom. de canettes Schußspulenwechselautomat *(m)*
métier à chargement automatique de navette Webstuhl mit selbsttätigem Schützenwechsel
métier à chargeur Magazinwebstuhl *(m)*

métier à chasse par le haut Oberschlagwebmaschine *(f)*
métier à dentelles Spitzen (herstellungs)maschine *(f)*
métier à drap Tuchwebstuhl *(m)*
métier à échantillon Musterwebstuhl *(m)*
métier à filer Spinnmaschine *(f)*
métier à filer à rotor Rotorspinnmaschine *(f)*
métier à filer à sec Trockenspinnmaschine *(f)*
métier à filer en fin Feinspinnmaschine *(f)*
métier à filer le coton Baumwollspinnmaschine *(f)*
métier à filet Netzwebstuhl *(m)*
métier à injection Düsenwebmaschine *(f)*
métier à lance Greiferstuhl *(m)*, Webmaschine mit Greifer
métier à lances à verges Rutengreiferstuhl *(m)*
métier à l´armure (tissage) Mustermaschine *(f)* (Web.)
métier à main Handwebstuhl *(m)*
métier à navette à commande électronique elektronisch gesteuerte Schützenwebmaschine *(f)*
métier à peigne fixe Festblattwebmaschine *(f)*
métier à pélérines Eyelet-Rundstrickmaschine *(f)*
métier à pinces à verges Rutengreiferstuhl *(m)*
métier à plusieurs têtes mehrköpfige Maschine *(f)*
métier à ratière Schaft (web)stuhl *(m)*
métier à rentrer les chaînes Geschirr- oder Ketteneinzugsmaschine *(f)*
métier à rideau Gardinenmaschine *(f)*
métier à rubans Bandwebstuhl *(m)*
métier à simple cylindre Einzylindermaschine *(f)*
métier à tapis Teppich(web)stuhl *(m)*
métier à tisser Webstuhl *(m)*, auch: Stuhl (Weberei)
métier à tisser à projectile Projektilwebstuhl *(m)*
métier à tisser à tuyères Düsenwebmaschine *(f)*
métier à tisser à crochets Hakenwebmaschine *(f)*
métier à tisser à lances Greifer (web)stuhl *(m)*
métier à tisser à pinces Greifer (web)stuhl *(m)*
métier à tisser automatique Webautomat *(m)*
métier à tisser la peluche Plüschwebstuhl *(m)*
métier à tisser sans navettes schützenlose Webmaschine *(f)*
métier à tresser Flechtmaschine *(f)*
métier à tresses et à fuseaux Flecht- und Klöppelmaschine *(f)*
métier à tricot cueilli Kulierwirkmaschine *(f)*
métier à tricoter Wirkmaschine *(f)*, Strickmaschine
métier à tricoter à double chute Doppelschloßstrickmaschine *(f)*
métier à tricoter à main Handstrickmaschine *(f)*
métier à tricoter circulaire Rundstrickmaschine *(f)*
métier à tricoter circulaire en chaîne Rundkettenwirkmasch. *(m)*, Rundkettenstuhl *(m)*
métier à tricoter circulaire Jacquard Jacquardrundstrickmaschine *(f)*
métier à tricoter en double chute Doppelschloß-Strickmaschine *(f)*
métier à tricoter les doigts de gants Finger-Strickmaschine *(f)* (Handschuhe)
métier à tricoter rectiligne à double chute Doppelschloß-Flachstrickmaschine *(f)*
métier à tricoter rectiligne à main Handflachstrickmaschine *(f)*
métier à tricoter rectiligne au moteur Motorflachstrickmaschine *(f)*
métier à trois aiguilles Dreinadelstuhl *(m)*
métier à tulle Bobinetmaschine *(f)*, Tüllmaschine *(f)*
métier à une fonture einfonturige Maschine *(f)*
métier à verges Rutenwebmaschine *(f)*, Rutenstuhl *(m)*
métier à x têtes x-köpfige Maschine *(f)*, x-fonturige Maschine
métier autom. simple chute pour bas einsystemiger Strumpfautomat *(m)*

métier automatique pour bas Strumpfautomat *(m)*
métier chaîne Kettenstuhl *(m)*, Kettenwirkmaschine *(f)*
métier chaîne à côte Fangkettenstuhl *(m)*
métier chaîne à double fonture doppelfonturiger Fangkettenstuhl *(m)*
métier chaîne à grande vitesse Schnelläuferkettenwirkmaschine *(f)*, Schnelläuferkettenstuhl *(m)*
métier chaîne circulaire Rundkettenstuhl *(m)*, auch:Rundkettenwirkmasch.
métier chaîne Jacquard Kettenwirkmaschine *(f)* mit Jacquardeinr.
métier chaîne pour milanaise Milanese-Kettenwirkmaschine *(f)*
métier chaîne rectiligne Flachkettenwirkmaschine *(f)*
métier circulaire Rundstuhl *(m)*, Rundwirkmaschine *(f)*
métier circulaire à aiguilles à becs Rundwirkmaschine *(f)* mit Hakennadeln
métier circulaire à bords-côtes Rundränderstrickmaschine *(f)*
métier circulaire à côtes Ripprundstrickmaschine *(f)*
métier circulaire à côtes fines Feinrippmaschine *(f)*
métier circulaire à mailleuses Rundkulierwirkmaschine *(f)*
métier circulaire à main Handrundstrickmaschine *(f)*
métier circulaire à roues à dessin Musterradrundstrickmaschine *(f)*
métier circulaire à tricot Rundwirkmaschine *(f)*
métier circulaire à une fonture einfonturige Rundstrickmaschine *(f)*
métier circulaire autom. à chaussettes Sockenautomat *(m)*
métier circulaire autom. à un cylindre Einzylinderstrumpfautomat *(m)*
métier circulaire de grand diamètre Großrundstrickmasch. *(f)* (rechts/rechts)
métier circulaire Jacq. de grand diamètre Großrundstrick-Jacquardmaschine *(f)*
métier circulaire pour camisoles Leibweitenmaschine *(f)*
métier circulaire pour Jersey simple face einfonturige Rundstrickmaschine *(f)*
métier circulaire pour panneaux Maschine *(f)* für abgepasste Warenstücke
métier continu à anneau Ringspinnmaschine *(f)*
métier continu à filer à anneaux Ringspinnmaschine *(f)*, Drossel *(f)*
métier cotton Cottonmaschine *(f)*
métier Cotton à bas diminués Flachstrumpfwirkmaschine *(f)*
métier de bonneterie Wirk- und Strickmaschine *(f)*
métier de passementerie Bortenwirkerstuhl *(m)*
métier dentelles Spitzenmaschine *(f)*
métier diagonal Milanesestuhl *(m)*
métier double cylindre à mailles retournées Links/Links-Rundstrickmaschine *(f)*
métier double fonture Zweinadelbettstrickmaschine *(f)*
métier Duplex à double fonture Doppelkettenstuhl *(m)*, Doppelkettenwirkm.
métier interlock Interlockmaschine *(f)*
métier Interlock uni Maschine *(f)* für glatte Interlockware
métier Jacquard Jacquard(web)stuhl *(m)*
métier Jacquard circulaire Jacquardrundstrickmaschine *(f)*
métier large Breit(web)stuhl *(m)*
métier mécanique mechanischer Webstuhl *(m)*
métier non-automatique nicht automatischer Webstuhl *(m)*
métier petinet Petinetmaschine *(f)*
métier plat à aiguilles à becs Flachkulierstuhl *(m)*
métier pour brochage Lancierstuhl *(m)*
métier pour longs de bas Strumpflängenmaschine *(f)*
métier pour tissus éponge Frottierwebmaschine *(f)*
métier pour tricot à jour Petinetmaschine *(f)*
métier Raschel Raschelmaschine *(f)*
métier Raschel à rideaux Gardinenraschel(maschine) *(f)*
métier Raschel Jacquard Jacquardraschelmaschine *(f)*
métier Raschel pour filet de pêche Fischnetzraschelmaschine *(f)*

métier Raschel pour galons Galonraschelmaschine *(f)*
métier rectiligne à bérets Mützenflachstrickmaschine *(f)*
métier rectiligne à bords-côtes Flachränderstrickmaschine *(f)*
métier rectiligne à chaîne Flachkettenwirkmaschine *(f)*
métier rectiligne à chariot court Kurzschlittenstrickmaschine *(f)*
métier rectiligne à côte un par un (1+1) Rechts-Rechts-Flachstrickmaschine *(f)*
métier rectiligne à intarsies Intarsia-Flachstrickmaschine *(f)*
métier rectiligne à mailles retournées Links/Links-Flachstrickmaschine *(f)*
métier simple Webstuhl *(m)* mit glatter Lade
métrage Meterlänge *(f)*, Länge *(f)* in Metern
mètre Meter *(m)*, Meßband *(n)*
mètre carré Quadratmeter *(m)*
mètre courant laufender Meter *(m)*
mètre cube Kubikmeter *(m)*
métreuse Meßmaschine *(f)* (Längenmessung)
métreuse-plieuse Meß- und Legemaschine *(f)*
métrie à tulle bobin Bobinet Tüll- und Spitzenmaschine *(f)*
metrie de damas Damastwebstuhl *(m)*
métrique metrisch
métrique de couleurs Farbmetrik *(f)*
mettre legen, stellen, setzen, (Kleidg.) tragen
mettre à part aussondern
mettre au même niveau angleichen, auf dasselbe Niveau bringen
mettre aux baguettes (teint.) aufstaben, auf Stäbe ziehen
mettre en carte (tissage) Bindung *(f)* zeichnen, Bindung entwerfen
mettre en contact (électr.) anschalten
mettre en liberté (chim.) freisetzen,
mettre en marche ingangsetzen, anlaufen lassen
mettre en marche (mach.) einschalten (Masch.)
mettre en mémoire speichern (EDV)
mettre en mouvement ingangsetzen
mettre en règle in ein System bringen
mettre en stock einlagern, auf Lager legen
mettre en train anlaufen lassen, in Betrieb nehmen
mettre une bride flanschen, anflanschen
meubles rembourrés/capitonnés Polstermöbel *(n, pl)*
mi-bas Kniestrumpf *(m)*
mi-laine Halbwolle *(f)*
mi-toile mi-laine halbleinen-halbwollen
micelle Mizelle *(f)*
micro-mesh Micro-Mesh
micro-onde Mikrowelle *(f)*
microchimie Mikrochemie *(f)*
micromorphologique mikromorphologisch
microscope Mikroskop *(n)*
microscope à grossissement de 50 Mikroskop *(n)* mit 50 facher Vergrößerung
miellat Honigtau *(m)*, Meltau *(m)*
migration Migration *(f)*, Wanderung *(f)*
migratoire wandernd, migrierend
milanaise Baumwolltwill *(m)*, Milanese
milieu 1. Mitte *(f)*, 2. Milieu *(n)*
milieu (alcalin ou acide) Medium *(n)* (alkal. oder sauer)
milieu, au milieu de mitten, inmitten (von)
millefleurs Millefleurs
millepoints Millepoints
millième Tausendstel *(n)*
millilitre Milliliter *(m)*
millimètre Millimeter *(m)*
mince dünn, schlank
mince dünn, schwach
mince comme un fil hauchdünn
minérai de fer Eisenerz *(n)*
minéral Mineral *(n)*
minéral (adj.) mineralisch
mini-jupe Minirock *(m)*
mini-robe Minikleid *(f)*
minimal kleinst, geringst
minimal Mindest....
minime kleinst, geringst
minutage Zeiteinteilung *(f)*, Timing *(n)*
miroir Spiegel *(m)*
miroitement Spiegelung *(f)*, Schattierung *(f)*, Changieren *(n)*
miscibilité Mischbarkeit *(f)*
miscible mischbar
mise à profit Ausnutzung *(f)*

mise du frein en règle (tricot.) Bremsabstimmung *(f)* (Wirk.)
mise en carte (tissage) Bindungszeichnung *(f)*, Patrone *(f)*
mise en marche Ingangsetzung *(f)*, Start *(m)*
mise en service Ingebrauchnahme *(f)*
mite Motte *(f)*, Kleidermotte *(f)*
mixture Mixtur *(f)*
mobile mobil
mode Mode *(f)*, Modus *(m)*, Art *(f)*, Weise *(f)*
mode balnéaire Bademode *(f)*
mode de fabrication Machart *(f)*
mode de procédé Versuchsanordnung *(f)*, Vorgehen *(n)*
mode de tissage Webart *(f)*
mode d´emploi Gebrauchsanweisung *(f)*
mode d'été Sommermode *(f)*
mode féminine Damenmode *(f)*
mode gitane Zigeunerlook *(m)*
mode masculine Herrenmode *(f)*
mode maternité Storchmode *(f)*
mode opératoire Arbeitsweise *(f)*, Verfahrensschema *(n)*
mode pré-maman Storchmode *(f)*
modèle Modell *(n)*, Muster *(n)*, Typ *(m)*
modèle (impress.) Model, Druckmodel *(n)*
modèle déposé Gebrauchsmuster *(n)*
modelé, bien modelé feinmodelliert
modéliste Modezeichner(in) *(m/f)*
modéré maßvoll, mäßig, mild
moderne aktuell
modification Abänderung *(f)*, Modifikation *(f)*
modifier abändern, midifizieren
module mouillé Naßmodul *(m)*
mohair Mohairwolle *(f)*, Mohair *(n)*
mohair, fil de mohair Angoragarn
moiré de soie Seidenmoiré *(m)*
moirer moirieren
moirure Moiré *(n)*, Moiréeffekt *(m)*
moisi schimmelig
moisir schimmeln, stocken, modern
moisissure Schimmel *(m)*, Schimmelpilz *(m)*
moitié Hälfte *(f)*
moitié lin halbleinen
moitié, à moitié halb, zur Hälfte, halbiert
molaire molar, Molar....
mole Mol *(n)*, Grammolekül *(n)*
moléculaire molekular, molar, Molar....
moléculaire, de poids moléculaire élevé hochmolekular
molécule filiforme Fadenmolekül *(n)*
moletage Rändelung *(f)*
moleter rändeln
moleton Moll *(m)*
molette (tissage) Läufer *(m)*
(bande) **molletière** Wickelgamasche *(f)*
molleton-coton Baumwollmolton *(m)*
moment Zeitpunkt *(m)*, Moment *(m)*
monoacide einsäurig
monoalcool Monoalkohol, einwertiger Alkohol *(m)*
monobroche einspindlig
monochlorbenzène Monochlorbenzol *(n)*
monochrome einfarbig, monochrom
monoéthènoide einfach ungesättigt
monofil einfädig, Einfaden....
monofilaire monofil
monofilament Monofilament *(n)*
monofilament synthétique Chemiemonofilament *(n)*
monogramme Monogramm *(n)*
monokini „Oben-ohne"
monomère monomer
monophasé einphasig
monovalence Einwertigkeit *(f)*
monovalent (chim.) einwertig (Chemie)
monoxyde de carbone Kohlenmonoxid *(n)*
montage Montage *(f)*, Aufbau *(m)*, Aufbauen *(n)*
montage du harnais Litzenaufschlagen *(n)*
montant (robe) hochgeschlossen (Kleid)
montant directement (colorant) direktziehend (Farbst.)
montant en bain neutre (colorant) neutral ziehend, neutral färbend
monte-aiguille Nadelheber *(m)*
monte-charge Materialaufzug *(m)*
montée (colorants) Aufziehen *(n)*
montée sélective de colorants selektives Aufziehen von Farbstoffen
monter steigen, auch: montieren, zusammenbauen
monter (colorant) ziehen, aufziehen
monter la chaîne aufbäumen, die Kette aufbäumen

monter substantivement substantiv aufziehen
monter ultérieurement (colorant) nachziehen
montrant la corde fadensichtig (Scherfehler)
montre-carte d´échantillon Musterkarte *(f)*
montrer zeigen
moquette Auslegeware *(f)*, Moquette, Mokett *(m)*
moquette aiguilletée Polvliesbodenbelag *(m)*, genadelter Mokett *(m)*
moquette bouclée Frieselmokett *(m)*
moquette tissée à verges Rutenmoquette *(m)*, Rutenteppich *(m)*
moquette tricotée Wirkteppich *(m)*
moquette tuftée Tuftingteppich *(m)*, Moquette *(m)*
moquette veloutée Wilton(-teppich)
morceau Schnitzel *(m)*
mordançage (métal) Ätzen *(n)*
mordancer ätzen (Metall)
mordant Beize, Beizmittel
mordant à couleurs (impress.) farbige Deckbeize *(f)*, farbige Beize *(f)* (Druck)
mordant d´alun Alaunbeize *(f)*
mordant métallique Metallbeize *(f)*
mordre beizen
morphologie Morphologie *(f)*
mortier Mörser
moteur Motor *(m)*
moteur (adj.) motorisch
motif Motiv *(n)*
motif à feuilles d'olivier Olivenblattmuster *(n)*
motif d´impression Druckmuster *(n)*
motif floral Floralmuster *(n)*
motif ornemental Ornamentmuster *(n)*
motif rustique rustikales Muster *(n)*
motif semis de fleurs Streublumenmuster *(n)*
motif, à motifs (tissu) gemustert
motteux klumpig
mouchetages Tupfen *(m, pl)*
moucheté getupft, mit Tupfen *(m, pl)*
moucheté, être moucheté (teint.) stippig sein
moucheter betupfen (für Test z.B.), punktieren
moucheter (dessin) sprenkeln
mouchoir Taschentuch *(n)*
moudre mahlen
moufle Fausthandschuh *(m)*, Fäustling *(m)*
mouillabilité Benetzbarkeit *(f)*, Netzfähigkeit *(f)*
mouillable benetzbar
mouillant (subst.) Netzmittel *(n)*
mouillé naß, genetzt
mouillé sur mouillé naß in naß
mouiller (be)netzen, aufweichen, naß machen, durchfeuchten
moule Model *(n)* (Form)
moulé geformt
moulin à granuler Granuliermühle
mouliner moulinieren
moulineuse de fausse torsion Falschdrahtzwirnmaschine *(f)*
moussant (subst.) Schäumer *(m)*, Schaumbildner *(m)*
mousse à polymériser Polymerisierschaum *(m)*
mousse ABS ABS-Schaumstoff *(m)*
mousse de latex Latexschaum *(m)*
mousse de latex soufflé geblähter Latexschaum *(m)*
mousse, faire mousse (v. intrans.) aufschäumen, schäumen
mousseline Mousseline *(m)*, Mull *(m)*
mousseline dacca Dacca
mousseline de coton Baumwollmusselin *(m)*
mousseline de laine Wollmusselin *(m)*, Kammertuch *(n)*
mousseline madras Scherlimuster *(n)*
mousser schäumen, aufschäumen
mousseux schaumig
moustiquaire Moskitonetz *(n)*
moutarde Senf *(m)*
mouvement Bewegung *(f)*
mouvement alternatif Versatzbewegung *(f)*
mouvement de la navette Schützenbewegung *(f)*
mouvement en arrière de l´ensouple du tissu Rückbewegung *(f)* des Warenbaums
mouvement latéral de la barre de trame Versatzbewegung *(f)* der Legeschienen
mouvement moléculaire Molekularbewegung *(f)*

mouvement pneumatique de la navette pneumatisch betriebener Schützenschlag *(m)*
mouvement posit.pour dérouler la chaîne positive Abwicklung der Webkette
mouvement rapide Schnellgang *(m)*
mouvement rotatif Drehbewegung *(f)*
mouvement transversal Querbewegung *(f)*
mouvement, mettre en mouvement in Gang *(m)* setzen (Masch.)
moyen (adj.) mittel, mittlerer, durchschnittlich
moyen (subst.) Mittel
moyen, au moyen de mittels
moyenne Mittel *(n)*, Mittelwert *(m)*, Durchschnitt *(m)*
moyenne, en moyenne im Durchschnitt *(m)*, im Mittel *(n)*
moyenne, faire la moyenne den Durchschnitt *(m)* nehmen, das Mittel nehmen
moyenne, se monter en moyenne à durchschnittlich betragen
mucilage Schleim *(m)*, Pflanzenschleim *(m)*
mudule de torsion Torsionsmodul *(n)*
mules Pantoletten *(f, pl)*
multi.... , multiple Mehr.... , mehrfach....
multicolore mehrfarbig, mehrfarben, vielfarbig, bunt
multifilaire multifil
multifilament Multifilament, mehrfaches Endlosgarn
multilatéral vielseitig
multiple vielfach
munir de ausstatten mit, versehen mit, bestücken
mur Mauer *(f)*
mur-à-mur Wand zu Wand
mur de séparation Trennwand *(f)*
muriaté mit Salzsäure gesättigt
mutuel gegenseitig, wechselseitig

N

nacre Perlmutt *(n)*
nacré perlmuttschillernd
naissant naszierend, freiwerdend
naissant (chim.) im Status nascendi
naphthaline (ou naphthalène) Naphthali *(n)*
naphthe Naphtha *(n)*
naphtol Naphthol *(n)*
naphtoliser naphtholieren
nappe Tafeldecke *(f)*, Tischdecke *(f)*, Tischtuch *(n)*
nappe à fibres croisées (carde) Querfaserlage *(f)*, Querfaserpelz *(m)*
nappe câblée pour pneus Reifenkordeinlage *(f)*, Reifenkord *(m)*
nappe de carde Vlies *(n)*. Faservlies *(n)*
nappe de cuisine Küchentischdecke *(f)*
nappe de fibres Faservlies *(n)*, Spinnvlies *(n)*
nappe de fils Fadenschar *(f)*
nappe de tissu Warenbahn *(f)*
nappe de voile Pelz *(m)* (text.), mehrschichtiger Flor *(m)*
nappe du batteur finisseur Endwickel *(m)* (Karde)
nappe d´ourdissage Kettfadenschar *(f)*, Kettfadenlage *(f)*
nappe irrégulière unregelmäßiger Wickel *(m)*
nappe tricotée poil Polvliesstoff *(m)*
napperon à plateau Tablettdeckchen *(n)*
nappeuse Wickelmaschine, Aufbreitmaschine *(f)*, Kokonöffner *(m)*
natte Zopf *(m)*, Flechte *(f)*, Tresse *(f)*, Matte *(f)*
natté natté
natte de coco Kokosmatte *(f)*
navette Schiffchen *(n)*, Schütze *(m)*
navette à couvercle (tissage) Deckelschützen *(m)*
navette à enfilage automatique Schützen mit Einfädelvorrichtung
navette à pinces Greiferschützen *(m)*
navette automatique Automatenschützen *(m)*
navette court dans la foule Schützen läuft durch das Fach
navette court sur la planchette du battant Schützen läuft auf der Ladenbahn
navette épuisée Schützen, leergelaufen vom Schußgarn
navette rebondit Schützen prallt zurück
navette revient à sa position initiale Schützen kehrt in seine Anfangsstellung zurück
navette revient dans la boîte Schützen kehrt in den Kasten zurück

navette saute hors de sa boîte à l´arrière Schützen fliegt nach hinten aus dem Kasten
navette, faire passer la navette (tissage) durchschießen
Ne (numéro anglais) Ne (Nummer englisch)
négatif negativ
négligé Negligé *(n)*
négligeable zu vernachlässigen
négliger vernachlässigen
négociant en gros Grossist *(m)*
négrillon Negerpuppe *(f)*
néon Neon *(n)*
néoprène Neopren *(n)*
néphélomètre Trübungsmesser *(m)*
néphélométrie Trübungsmessung
nervosité Sprungelastizität *(f)*
nervosité de frisure Kräusellebendigkeit *(f)*
nervure Falbel *(f)*
nervuré gerippt, mit Rippen versehen
nervure horizontale Querrips *(n)*
nervurer zwickeln
net klar, deutlich, netto, rein
nettement déterminé scharf abgegrenzt
nettement fixé scharf fixiert, scharf abgegrenzt
nettoyage Reinigung *(f)*
nettoyage à sec Trockenreinigung *(f)*, chemische Reinigung *(f)*
nettoyage à sec ultérieur Nachreinigung mit Lösungsmittel
nettoyage des égouts Kanalreinigung *(f)*
nettoyage par voie humide Naßreinigung *(f)*
nettoyage réducteur reduktive Reinigung *(f)*
nettoyage ultérieure Nachreinigung *(f)*, Nachwäsche *(f)*
nettoyer reinigen, säubern
nettoyer en lavant abwaschen, säubern durch waschen
nettoyeur de bobines Spulenreiniger *(m)*
nettoyeur de noeuds Knotenfänger (Web.)
nettoyeuse pour déchets de carde Abfallreiniger *(m)* (Spinn.)
neuf neu
neutralisant (subst.) Neutralisationsmittel *(n)*, Säurebinder *(m)*
neutralisation Neutralisation *(f)*
neutraliser neutralisieren
neutraliser neutralisieren, auch:Säure binden
neutraliser (chim.) neutralisieren, abstumpfen
neutralité Neutralität *(f)*
neutre (chimiquement) neutral (chemisch)
Nf (numéro français) Nf (Nummer französisch)
nickel Nickel *(n)*
nicki Nicki *(m)*
nid d'abeille wabenartig
nier negieren
nitrable nitrierbar
nitrate Nitrat *(n)*
nitrate de sodium Natriumnitrat *(n)*
nitration Nitrierung *(f)* (mit NO_2)
nitrer nitrieren, NO_2-Gruppe einfügen
nitreux salpetrig
nitrile Nitril *(n)*
nitrite Nitrit *(n)*
nitrite de sodium Natriumnitrit *(n)*
nitro-aniline Nitroanilin *(n)*
nitrocellulose Nitrozellulose *(f)*
nitrotoluène Nitrotoluol *(n)*
niveau Niveau *(n)*
niveau de bain Flottenhöhe *(f)*
niveau de lumière Helligkeitsgrad *(m)*
niveau de l´eau Wasserstand *(m)*
niveau des eaux souterraines Grundwasserspiegel
niveau d´éthoxylation Oxäthylierungsgrad *(m)*
niveau qualitatif Qualitätsniveau *(n)*
niveler les lames Schäfte *(m, pl)* gleichstellen
Nm (numéro métrique) Nm (Nummer metrisch)
nœud Knoten *(m)*
nœud papillon Fliege *(f)*
nœud plat Kreuzknoten *(m)*, Weberknoten *(m)*
noir schwarz
noir (subst.) Schwärze *(f)*
noir au soufre Schwefelschwarz *(n)*
noir comme du charbon vollschwarz
noir de carbone Carbon Black *(n)*
noir diamine Diaminschwarz *(n)*
noir d´oxydation Oxydationsschwarz *(n)*
noir-noir Samtschwarz *(n)*

noirâtre schwärzlich
noirci geschwärzt
noircissement Schwärzung *(f)*
nom de marques Markenname *(m)*
nombre Zahl *(f)*
nombre atomique Atomzahl *(f)*, Ordnungszahl *(f)*
nombre de capillaires Kapillarzahl *(f)*
nombre de coordination Koordinationszahl *(f)*
nombre de covalences de charges Ladungszahl *(f)* (Chem.)
nombre de crochets Platinenzahl *(f)*
nombre de duites Schußzahl *(f)*
nombre de fibres Faserzahl *(f)*
nombre de fils Fadenzahl *(f)*
nombre de fils cassés Fadenbruchzahl *(f)*
nombre de noeuds par unité de surface Teppichnoppeneinstellungsdichte *(f)*
nombre de noppes (tapis) Noppenzahl *(f)* (Teppich)
nombre de tours Drehzahl *(f)* (Masch.), Tourenzahl *(f)*
nombre de tours par minute, tr/min Umdrehung pro Minute, U/min
nombre de valence Valenzzahl *(f)*
nombre de viscosité Viskositätszahl *(f)*, Viskositätsbeiwert *(m)*
nombre normal Normzahl *(f)* (NZ)
nombre ordinal Ordinalzahl *(f)*, Ordnungszahl *(f)*
nombreux zahlreich, häufig
nomenclature Nomenklatur *(f)*
nominal Nenn....
non nicht
non au rapport nicht rapporthaltig
non congelable gefrierfest, kältebeständig
non emballé offen, unverpackt
non exécutable nicht durchführbar, nicht ausführbar
non feutrant nicht filzend
non foulant nicht walkend
non ouvré nicht bearbeitet, roh
non tachant nicht fleckend
non vénéneux ungiftig
non volatil nicht flüchtig
non-coloration Farblosigkeit *(f)*
non-corrosif nicht korrodierend
non-doublé ungefüttert
non-feutré unverfilzt
non-homogène inhomogen
non-ionogène nichtionogen
non-polluant umweltfreundlich
non-terminal (chim.) nicht endständig
non-tissé Faserverbundstoff *(m)*, Textilverbundstoff *(m)*, Vliesstoff *(m)*, Nonwovens
non-tissé aiguilleté Nadelverbundstoff *(m)*
non-traité unbehandelt
non-valent nullwertig
non-vieillissant alterungsbeständig
noppe Noppe *(f)*, Knoten
noppe bouclée Schlingennoppe *(f)*
nopper noppen, ausnoppen
normal normal, üblich
normalisé genormt, normalisiert
norme Norm *(f)*
norme de qualité Qualitätsstandard *(m)*
norme d´essai Prüfnorm *(f)*
norme industrielle Industrienorm *(f)*
normes industrielles allemandes Deutsche Industrienorm (DIN) *(f)*
notation chimique chemische Formel
notion pH pH-Begriff *(m)*
nouage Anknoten *(n)*, Andrehen *(n)*
nouage de chaînes Anknoten *(n)* der Webketten
nouage de chaînes Kettenanknoten *(n)*
nouer knoten, knüpfen, einknoten, einknüpfen, anknoten, Knoten machen, verknoten, verknüpfen
noueuse Knotmaschine *(f)*, Anknotmaschine *(f)*
noueuse à main Handküpfapparat *(m)*
noueuse de chaîne Kettanknüpfmaschine *(f)*
noueuse de franges Fransenknüpfmaschine *(f)*
noueuse de la chaîne Webkettenanknüpfmaschine *(f)*
nounours Teddybär *(m)*
nouveauté Neuheit *(f)*, Nouveauté *(f)*
nouveauté mode Modeneuheit *(f)*
noyau Kern *(m)* (auch bei Atom)
noyau benzénique, noyau de benzène Benzolkern *(m)*
noyau de bobine Spulenkern *(m)*
nuageux (teinture) wolkig
nuancage Nuancierung *(f)*
nuance Ton *(m)*, Farbton *(m)*, Nuance *(f)*

nuancé abschattiert
nuance corsée voller Farbton *(m)*
nuance de base (couleur) Grundton *(m)* (Farbe)
nuance de fond Grundton *(m)* (Farbe)
nuance foncée tiefer Farbton *(m)*, tiefe Nuance *(f)*, voller Farbton *(m)*
nuance mixte Mischnuance *(f)*, Mischton *(m)* (Farbe)
nuance ou nuance de couleur Farbton *(m)*
nuance par mélange Mischton *(m)*
nuancer nuancieren, nachtonen, (nach)tönen
nuancer la couleur nuancieren, tönen
nucléaire nuklear
nuir schädigen, schädlich sein
nuisible schädlich
nul Null *(n)*, Nichts *(n)*
numdah numdah
numérique numerisch, digital
numérique, à commande numérique digital gesteuert
numéro Nummer *(f)*, Zahl *(f)*
numéro bas du fil niedrige (grobe) Garnnummer *(f)*
numéro de fil Garnnummer *(f)*
numéro de finesse Feinheitsnummer *(f)* (Garn)
numéro de la garniture (carde) Beschlagnummer (a.d. Karde)
numéro de lot Partienummer *(f)*
numéro de maille Maschenzahl *(f)*
numéro de série laufende Nummer *(f)*
numéro du fil Feinheitsnummer, Garnnummer *(f)*
numéro d´aiguille Nadelstärke *(f)*
numéro d´ordre laufende Nummer *(f)*
numéro élevé (fil) hohe Garnnummer *(f)*
numéro fin (fil) feine Garnnummer *(f)*
numéro métrique (fil) metrische Nummer *(f)*
numéro (titrage gros-fin) Nummer *(f)* (grobe N., feine N.)
numérotage Numerierung *(f)*
numérotage du peigne (tissage) Blattnummerierung *(f)*
numéroter numerieren
numéroter en continu fortlaufend numerieren
nylon Nylon *(n)*

O

objectif Ziel *(n)*, Zweck *(m)*
obligation de donnner la composition Auszeichnungspflicht *(f)*
obligatoire Zwangs...., obligatorisch
oblong länglich
ocelot Ozelot *(m)*
ocre Ocker *(m)*
odeur Geruch *(m)*
odeur de poisson (apprêt résine) Fischgeruch *(m)*
odeur de triméthylamine (apprêt résine) Fischgeruch *(m)*
œil, à l´oeil nu mit bloßem Auge
œillet Öse *(f)*
œillet (tissage) Auge, Litzenhäuschen
œillet de la lisse Fadenauge *(n)*
œillet de la navette Fadenauge *(n)*, Schützenauge *(n)*
œuvre, mise en œuvre Inangriffnahme *(f)*
offre et demande Angebot und Nachfrage
offre spéciale Sonderangebot *(n)*, Spezialangebot *(n)*
oiseau du paradis Paradiesvogel *(m)*
oléagineux ölig, schmierig von Öl, ölartig
oléate Oleat *(n)*
oléfiant ölbildend
oléfine Olefin *(n)*
oléiforme ölartig
oléine Olein *(n)*
oléophobe ölabweisend
oléum Oleum *(n)*, rauchende Schwefelsäure *(f)*
oligomères Oligomere *(n, pl)*
ombre Schatten *(m)*
ombré abschattiert
ombré (subst.) (tissage) Schattenatlas *(m)*
ombrelle Sonnenschirm *(m)*
ombrer schattieren
onctueux ölig, fettig
ondulation Welligkeit *(f)*, Kräuselung *(f)*
ondulation (fibre) Crinkle-Verfahren *(n)*, Kräuselverfahren *(n)*
ondulé wellenförmig
onduler kräuseln, in Wellen legen, wellen
opacification Eintrübung *(f)*, Trübwerden *(n)*
opalescent opalisierend
opaque opak, undurchsichtig

opaque (couleur) gut deckend (Farbe)
opération Operation *(f)* (auch bei EDV), Verfahren *(n)*,
opération de la fabrication Fabrikationsstufe *(f)*
opération de machines Maschinenbedienung *(f)*
opération en parallèle Parallelbetrieb *(m)*
opératoire präparativ
optimal optimal
optimer optimieren
optimisation Optimierung *(f)*, Optimalisierung *(f)*
optimum (subst.) Optimum *(n)*, Bestwert *(m)*
optique Optik *(f)*
optique (adj.) optisch
optique d'un tissu Stoffoptik *(f)*
orangé orangenrot
orange (adj.) orange
orbite des électrons Elektronenbahn *(f)*
orchidée Orchidee *(f)*
ordinateur Datenverarbeitungsanlage *(f)*, Computer *(m)*, Rechner *(m)*
ordonnancement Arbeitsvorbereitung *(f)*, Disposition *(f)*, Arbeitsplanung *(f)*, Arbeitsvorgabe *(f)*
ordre Ordnung *(f)*, Reihe *(f)*
ordre chronologique Zeitfolge *(f)*
ordre de duites Schußfolge *(f)*
ordre de marche Betriebsbereitschaft *(f)*
ordre des duites Schußfadenfolge *(f)*
ordre, en ordre de marche betriebsbereit
oreiller Kopfkissen *(n)*
oreillette Ohrenklappe *(f)*
oreillon Ohrenschützer *(m)*
organdi Organdi *(m)*, Glasbatist *(m)*
organicien (chim.) Organiker *(m)*
organique organisch
organiser organisieren, ordnen
organisme Organismus *(m)*
organsin à fort apprêt Atlaszwirn *(m)*
organsinage Doppelzwirnen *(n)*, Nachzwirnen *(n)*
organsiner nachzwirnen, organsinieren, doppelt zwirnen
organza Organza
oriental orientalisch
orientation de fibres Faserorientierung *(f)*
orientation de fibres en long Faserorientierung *(f)* in Längsrichtung
orientation des rayes Streifenrichtung *(f)*
orientation moléculaire Molekülorientierung *(f)*, Fließorientierung von Molekülen
orienté à la pratique praxisorientiert
orienté vers le traitement prozessorientiert
orienté vers le traitement verfahrensorientiert
orienter (chim.) orientieren, strecken (Moleküle)
orienter par étirage orientieren durch Verstreckung *(f)*
orifice Öffnung *(f)* (von Masch.)
orifice d´écoulement Ausflußöffnung *(f)*
original (subst.) Original *(n)*
original apart
origine Ursprung *(m)*
orlon Orlon *(n)*
ornement Zier(de) *(f)*
ornemental ornamental
oscillation Schwingung *(f)*, Schwankung *(f)*, Oszillation *(f)*
oscillation du battant Schwingung *(f)* der Lade
osciller schwanken, oszillieren
osmose Osmose *(f)*
osmotique osmotisch
osséine Knochenleim *(m)*
ôter en frottant abreiben, abnutzen durch Reiben
ôter le poil abhaaren
otoman Ottomane *(f)*
ouate Watte *(f)*
ouaté wattiert
ouate à pansement Verbandswatte *(f)*
ouate de cellulose Zellstoffwatte *(f)*
ouate de verre Glaswatte *(f)*
ouate tricotée Vlieswirkstoff *(m)*
ouater wattieren
ourdir schären, zetteln
ourdir à sections in Abschnitten schären
ourdir par nappes in Bändern *(n, pl)* schären
ourdissage Schären *(n)*, Zetteln *(n)*
ourdissage au large Breitzettlerei *(f)*
ourdissage sur ensouple Bandschären *(n)*

ourdisseur Schärer *(m)*, Kettenanschärer *(m)*
ourdissoir Schärmaschine *(f)*, Zettelmaschine *(f)*
ourdissoir à rouleau Schärmaschine mit Schärbaum
ourdissoir long gerader Schärrahmen *(m)*
ourdissoir mécanique à sections Sektional-Schärmaschine *(f)*
ourdissoir pour ensouples en sections Teilkettbaumschermaschine *(f)*
ourlet à jour Hohlsaum *(m)*
ourlet de dentelle Spitzensaum *(m)*
ourlet piqué Steppsaum *(m)*
ourlet roulotté Rollsaum *(m)*
ourlet, faire l´ourlet (tiss.) anschlagen (i.d. Weberei)
outil Werkzeug *(n)*, Instrument *(n)*
outilage Gerät *(n)*, Handwerkszeug *(n)*
outils Werkzeuge *(n,pl)*
ouvert offen
ouverture Öffnen *(n)*, Öffnung *(f)*
ouverture à la base de la navette Bodenschlitz *(m)* des Webschützen
ouverture d´entrée Einfülloch *(n)*
ouverture du pas (tissage) Öffnen *(n)* des Fachs
ouvrer verarbeiten, bearbeiten
ouvreuse de tricot tubulaire Schlauchöffner *(m)*
ouvreuse fermée Kastenöffner *(m)*, geschlossener Öffner *(m)*
ouvreuse horizontale Horizontalöffner *(m)*
ouvreuse mécanique (filat.) Öffner *(m)*
ouvreuse pour étoupes Wergwolf *(m)*
ouvreuse pour mèches de préparation Vorgarnöffner *(m)*
ouvreuse préparatoire (filat.) Voröffner *(m)*
ouvreuse verticale (filat.) Vertikalöffner *(m)*
ouvrier Arbeiter *(m)*
ouvrier de fabrique Fabrikarbeiter *(m)*
ouvrier d´usine Fabrikarbeiter *(m)*
ouvrier qualifié Facharbeiter *(m)*
ouvrier spécialisé Facharbeiter *(m)*
ouvrière Arbeiterin *(f)*
ouvrir öffnen
overall Overall *(m)*
oxalate Oxalat *(n)*
oxalique Oxal...., oxalisch
oxamide Oxamid *(n)*
oxazine Oxazin *(n)*
oxycellulose Oxyzellulose *(f)*
oxydabilité Oxydierbarkeit *(f)*
oxydable oxydierbar
oxydant (subst.) Oxydans *(n)*, Oxydator *(m)*
oxydase Oxydase *(f)*
oxydation Oxydation *(f)*
oxydation subséquente Nachoxydation *(f)*
oxydation, par voie d´oxydation oxydisch
oxyde Oxid *(n)*
oxyde azotique Stickoxid *(n)*
oxyde de carbone Kohlenmonoxid *(n)*
oxyde de cuivre ammoniacal Kuoxam *(n)*
oxyde de magnésium Magnesiumoxyd*(n)*
oxyde d´aluminium Tonerde *(f)*
oxyde nitrique Stickoxid *(n)*
oxyde sulfonique Sulfoxid *(n)*
oxyde titanique Titandioxid *(n)*
oxyder oxydieren
oxyder électrolytiquement eloxieren
oxydimétrique oxydometrisch
oxydoréduction Oxydation-Reduktion *(f)*
oxygène Sauerstoff *(m)*, Oxygen *(n)*
oxygéné sauerstoffhaltig
oxygène atmosphérique Luftsauerstoff *(m)*
oxygéner mit Sauerstoff (O_2) anreichern, oxydieren
oxygénifère sauerstoffhaltig
ozone Ozon *(n)*, Trisauerstoff *(m)*
ozone, résistant à l'ozone ozonfest

P

padding Schulterpolster *(n)*
paillasse Strohsack *(m)*
paillasson Strohmatte *(f)*, Türvorlage *(f)*, Vorleger *(m)*
paillasson d'automobile Automatte *(f)*
(chapeau de) **paille florentin** Florentiner(hut) *(m)*
paillettes (tissus) Glanzstellen *(f, pl)*, glänzende Stellen *(f, pl)*, Flitter *(m)*, Pailletten *(f, pl)*

pailleux spröde, brüchig
paire Paar *(n)*
pâle fahl
palette Palette *(f)* (Verpack.)
paliers, par paliers stufenweise
pâlir (couleur) verblassen
palmer Palmerausbreiter *(m)*, Palmer *(m)*
palpeur Fühler *(m)*, Abtaststift *(m)*, Sensor *(m)*
palpeur de contrôle Kontrollfühler *(m)*
(chapeau) **Panama** Panama *(m)* (Hut)
pan Schoß *(m)*, Schößchen *(n)*
panchromatique panchromatisch
panier Korb *(m)*
panier de (l´)**essoreuse** Trommel *(f)* der Zentrifuge, Tr. der Schleuder
panne Panne *(f)*
panne de velours Pannesamt *(m)*
panne, être en panne eine Panne haben
panneau Panneau *(n)*
panneau de fibres Faserplatte *(f)*
pantalon (Breeches) Hose *(f)*
pantalon à rayures verticales Scheitelhose *(f)*
pantalon corsaire Slacks *(f, pl)*
pantalon de sport Freizeithose *(f)*
pantalon de ski Skihose *(f)*
pantalon de travail Arbeitshose *(f)*
pantalon en velours de coton Manchesterhose *(f)*
papier filtre Filterpapier *(n)*
(pantalon) fuseau Keilhose *(f)*, Steghose *(f)*
pantalon retroussable Krempelhose *(f)*
pantalon sport Sporthose *(f)*
pantalon stretch Stretchhose *(f)*
pantalon tube Röhrenhose *(f)*
pantoufles Hausschuhe *(m, pl)*, Pantoffeln *(m, pl)*
panty Miederhöschen *(n)*, Schlüpfergürtel *(m)*
panty forme page Pagenform-Schlüpfer *(m)*
papier Papier *(n)*
papier à patrons Patronenpapier *(n)*
papier de tapisserie Tapete *(f)*
papier de tournesol Lackmuspapier *(n)*
papier d´amidon à iodure de potassium Jodkaliumstärkepapier *(n)*
papier d´émeri Schmirgelpapier *(n)*
papier glacé Hochglanzpapier
papier indicateur Indikatorpapier *(n)*
papier iodoamidonné Jodkaliumstärkepapier *(n)*
papier Jacquard Jacquardpapier *(n)*
papier-peint textile Textiltapete *(f)*
papier pour emballage Packpapier *(n)*
papier réactif Reagenzpapier *(n)*
paquet Paket *(n)*, Packen *(m)*, Gebund *(n)*, Bündel *(n)*
par durch, pro
par minute pro Minute *(f)*
par rapport à bezogen, berechnet auf
para, en position para para-ständig
parachute Fallschirm
paraffinage Paraffinierung *(f)*, Paraffinieren *(n)*
paraffine Paraffin *(n)*
paraffine brute Rohparaffin *(n)*
paraffine dure Hartparaffin *(n)*
paraffine molle Weichparaffin *(n)*
paraffiner paraffinieren
paraffineur (bobin.) Paraffinscheibe *(f)*
paraffinique paraffinisch, paraffinhaltig
paraformaldéhyde Paraformaldehyd*(n)*
parallèle parallel
parallèle, mis en parallèle parallelgeschaltet
parallélisation des fibres Parallelisieren *(n)* der Fasern
parallélo Parallelo *(m)*
paramètre Parameter *(m)*
paramolécule Paramolekül
parapluie Regenschirm *(m)*
parasol Sonnenschirm *(m)*
parasol de jardin Gartenschirm *(m)*
paravent Trennwand *(f)*
parchemin Pergament *(n)*
parcheminé pergamentartig
parcheminer pergamentieren
pardessus Paletot *(m)*, Überzieher *(m)*
pare-neige Schneeschutzzaun *(m)*
parement Vorderseite *(f)*, Ärmelaufschlag *(m)*
parer schmücken
pareo Wickelrock *(m)*
parfait vollkommen
parfumer parfumieren
parité Parität *(f)*, Gleichheit *(f)*
paroi Wand *(f)*
paroi, à double paroi doppelwandig
part Teil *(m)*, Anteil *(m)*

part de marché Marktanteil *(m)*
partager teilen, zerteilen
particule Teilchen *(n)*, Partikel *(n)*
particule colloidale Kolloidteilchen *(n)*
particulier Sonder...., apart
partie avant Vorderteil *(n)*
partie constituante Bestandteil *(m)*
partie intégrante integrierender Bestandteil *(m)*
partie supérieure Oberteil *(n)*
partie, à plusieurs parties mehrteilig
partiel partiell
parts par million p.p.m. , parts per million
parure Garnitur *(f)*, Zier *(f)*, Zierde *(f)*
parure de bébés Ausfahrgarnitur *(f)*
parure pour landau Sportwagengarnitur *(f)*
pas (génér.) Schritt *(m)*
pas (tissage) Fach *(n)*, Webfach *(n)*
pas à pas schrittweise
pas de chaîne (tissage) Webfach *(n)*
pas de lames Schaftteilung *(f)*
pas double (tissage) Doppelfach *(n)*
pas d´en haut (tissage) Oberfach *(n)*, Kreuzfach *(n)*
pas égal (tissage) Schrägfach *(n)*, reines Fach *(n)*
pas fermé (tiss.) geschlossenes Fach *(n)*
pas ondulant (tissage) Wellenfach *(n)*
pas ouvert, à pas ouvert (tissage) Offenfach *(n)*, bei Offenfach *(n)*
pas pour le fer (tricot.) Nadelfach *(n)*
pas, à plusieurs pas mehrstufig, Mehrstufen....
pas, à un seul pas einstufig, in einem Schritt *(m)*
passage Durchgang *(m)*, Ablauf *(m)*
passage (bain de teint.) Durchfluß *(m)*
passage (teint.) Passage *(f)*, Durchgang *(m)*
passage à l´air (teint.) Luftgang *(m)*, Luftpassage *(f)* (Färb.)
passage au large Breitpassage *(f)*
passage de fils de chaîne Einziehen *(n)* der Kettfäden
passage de la navette Schützendurchgang *(m)*
passage d´électrons d´une orbite à l´autre Sprung v. Elektronen von einer Bahn auf d. and.
passe-ceinture Gürtelschlaufe *(f)*
passe d´usinage Stufe *(f)* der Be-oder Verarbeitung
passementerie Posamente *(n, pl)*
passepoil Paspel *(f)*, Borte *(f)*, Litze *(f)*, Biese *(f)*, Paspellierung *(f)*
passer à la fabrication an die Fabrikation weiterleiten
passer des fils Fäden einziehen
passer sur rame ausspannen
passer, faire passer dans einleiten, hineinleiten
passette (tissage) Einziehhaken *(m)*
passette pour peigne Rietmesser *(n)*
passette pour peigne (tissage) Blattmesser *(n)*
passif passiv
passoir Sieb
pastel pastell
pastille Pastille *(f)*
pastilleuse Pastillenmaschine *(f)*, Pastillenpresse *(f)*
pâte Paste *(f)*, Brei *(m)*, breiartige Masse *(f)*, Teig *(m)*
pâte à la soude Natronzellstoff *(m)*, Natronzellulose *(f)*
pâte chimique Zellstoff *(m)*
pâte d´impression (ou pour impression) Druckpaste *(f)*
pâte pigmentaire Pigmentpaste *(f)*
pâte textile Kunstfaserzellstoff *(m)*
pâteux pastig, pastös, teigartig
patron Ausschneidebogen *(m)*
patron (tissage) Patrone *(f)*
patron pour le croisement Bindungspatrone *(f)*
patron sur mesure Paßmuster *(n)*
patte Passe *(f)*, Patte *(f)*
patte de boutonnière Knopfleiste *(f)*
patte d'épaule Schulterklappe *(f)*
pattemouille feuchtes Bügeltuch *(n)*
pause Pause *(f)*
peau Haut *(f)*
peau d'agneau Lammfell *(n)*
peau de léopard Leopardenfell *(n)*
peau de mouton Schafpelz *(m)*
peau de phoque Seehundfell *(n)*
pectine Pektin *(n)*
peignage de laine Wollkämmerei *(f)*
peignage du coton Baumwollkämmerei *(f)*

peigne Kamm *(m)*, Scherblatt *(n)* (Webmasch.), Webblatt *(n)*, Riet
peigne (carde) Hacker
peigné gekämmt
peigné (subst.) Kammgarn *(n)*, Gekämmtes *(n)*
peigne (tiss.) Kamm *(m)*, Webkamm *(m)*
peigne à ressorts (tissage) Federkamm (Web.)
peigne articulé Gelenkschärblatt *(n)*
peigne circulaire Nadelwalze *(f)*, Kämmwalze *(f)*
peigne circulaire (filat.peign.) Igel *(m)* (Kammgarnsp.)
peigne d'abattage Abschlagkamm *(m)*
peigne d´avant Schärblatt *(n)*
peigne de guidage Führungskamm *(m)*
peigne d´envergure Geleseblatt *(n)*
peigne détacheur Abnehmerkamm *(m)*
peigne diviseur Teilerkamm *(m)*
peigne d´ourdissage Schärkamm *(m)*
peigne d´ourdissoir Schärriet *(n)*
peigne envergeur Kreuzschärblatt *(n)*
peigne fixe Füllkamm *(m)*
peigne miseur Schärblatt *(n)*
peigné pur reiner Kammzug *(m)*
peigne répartiteur Scheidekamm *(m)*
peigne zig-zag Scherkamm
peigne, fabrication du peigne (tissage) Blattbinden *(n)*, Riet *(n)* machen
peigner kämmen, peignieren
peigneur (carde) Abnehmer *(m)*
peigneur (filat.) Abnehmer *(m)*, Filet *(n)*
peigneuse Kämmaschine *(f)*
peigneuse à lin Flachshechel *(f)*
peigneuse circulaire *(filat.)* Rundkämmer *(m)*
peigneuse mécanique à chanvre Hanfhechel(maschine) *(f)*
peignoir Bademantel *(m)*
peinture à base de dispersion Binderfarbe, Anstrichfarbe *(f)*
peinture phosphorescente Leuchtfarbe *(f)*
peler schälen, abschälen
pélerin, de pélerin Pilger....
pélerine Umhang *(m)*, Pelerine *(f)*
pélerine imperméable Regencape *(n)*
pelleterie Kürschnerei *(f)*
pelleterie non-ouvrée Rauchwaren *(f, pl)*
pelletier Kürschner *(m)*
pellicule Häutchen *(n)*, dünner Film *(m)*
pelliculer kaschieren, mit Folie *(f)* bekleben
pelliplacage Folienbeschichtung *(f)*
pelote Knäuel *(n)* (Garn)
pelote d'épingles Nadelkissen *(n)*
peloton Knäuel *(n)* (Garn)
pelotonner auf Knäuel wickeln
pelotonneuse Watte/Knäuelwickelmaschine *(f)*
peluche Fluse *(f)*, Plüsch *(m)*
peluche double face Doppelplüsch *(m)*
peluche (tissu) Plüsch *(m)*, Plüschgewebe *(n)*, Teddybär-Gewebe *(n)*
peluche à trame double zweischütziger Plüsch *(m)*
peluche bouclé Schlingenplüsch *(m)*
peluche de coton Baumwollplüsch *(m)*
peluche de soie Seidenplüsch *(m)*
peluche (de) **mohair** Mohairplüsch *(m)*
peluche tigre Tigerplüsch *(m)*
pelucher fusseln, aushaaren
pelucheux fusselig, haarig, plüschartig, Plüsch....
pénalités contractuelles de retard Konventionalstrafe *(f)* bei Verzögerung
pendant toute la journée ganztägig
pendre aufhängen, hängen
pénétration Durchdringung *(f)*, Eindringen *(n)*, Penetration *(f)*
pénétration des colorants Durchfärbung *(f)*
pénétration du fond Durchscheinen *(n)* der Grundfarbe (des Grundes)
pénétration du produit imprégnant Aufnahme *(f)* des Imprägniermittels
pénétré, bien pénétré par les colorants gut durchgefärbt
pénétrer durchdringen, eindringen
pénétrer des colorants durchfärben
penne abgewebter Kettrest, Garnenden der Webkette, Anfang *(m)* der Webkette
pentachloréthane Pentachloräthan *(n)*
pentachlorphénol Pentachlorphenol *(n)*
pentane Pentan *(n)*
pentavalent (chim.) fünfwertig (Chem.)
peptide Peptid *(n)*
perborate Perborat *(n)*
percale (très apprétée) Perkal *(m)* (stark appretiert)

percé (carton de Jacquard) geschlagen (Jacquardkarte)
perception de couleurs Farbempfinden *(n)*
percer durchlöchern, lochen, (durch)-stechen
perceur de cartons Jacquard Jacquard-Kartenschläger *(m)*
perdre de poil Haare lassen, Haare *(n, pl)* verlieren
perfectionnement (technique) Weiterentwicklung *(f)*
perforé gelocht
perforer perforieren, lochen, durchstechen
perhydrogéner perhydrieren
perhydrol Perhydrol *(n)*, 30prozentiges H_2O_2
période Zeitabschnitt *(m)*, Periode *(f)*
période de demi-vie Halbwertzeit *(f)*
période d´arrêt Stillstandszeit *(f)*
période élémentaire Taktperiode (EDV)
périodicité Periodizität *(f)*
périodique periodisch, regelmäßig wiederkehrend
perle Perle *(f)*
perle au borax Boraxperle *(f)*
perle de verre (analyt.) Glasperle *(f)*
perliné perliné
perlon Perlon *(n)*
permanence Permanenz *(f)*, Beständigkeit *(f)*
permanent bleibend, permanent, dauernd, dauerhaft, ständig
permanganate Permanganat *(n)*
permanganate de potassium Kaliumpermanganat *(n)*
permanganate de sodium Natriumpermanganat *(n)*
perméabilité Durchlässigkeit *(f)*
perméabilité à la vapeur d´eau Wasserdampfdurchlässigkeit *(f)*
perméabilité à l´air Luftdurchlässigkeit *(f)*
perméabilité à vapeur Dampfdurchlässigkeit *(f)*
perméable permeabel, durchlässig
perméable à l´eau wasserdurchlässig
permuter permutieren
permutite Permutit *(n)* (Kat.-austauscher)
peroxyde Peroxid *(n)*
peroxyhydrate de métaborate de sodium Natriumperborat *(n)*
perruque Perücke *(f)*
persel Per-salz *(n)*
personnel Belegschaft *(f)*, Personal *(n)*
perte Verlust *(m)*
perte au lavage Auswaschverlust *(m)*
perte au rapport Rapportverschnitt *(m)*
perte de poil Haarverlust *(m)*, Haaren *(n)*
perte de puissance Leistungsverlust *(m)*
perte de qualité Qualitätsverlust *(m)*
perte de temps Zeitverlust *(m)*
perte de valeur Wertverlust *(m)*
perte d´énergie Energieverlust
perte d´exploitation Produktionsverlust *(m)*
perte par rejets Verlust *(m)* durch Ausschuß
perte par séchage Trocknungsverlust *(m)*
perte, sans pertes verlustfrei
pesé eingewogen
peser wiegen, abwiegen
peser en retour (analyse) zurückwägen, zurückwiegen
peseuse Waage *(f)*, Abfüllwaage *(f)*
pesticide Pestizid *(n)*
pétinet Petinet
petit coin (bas) Zwickel *(m)*
petite main Näherin *(f)*
pétrir kneten
pétrisseuse Knetmaschine *(f)*, Knetwerk *(n)*
pétrol, industrie de la pétroléochimie erdölchemische Industrie *(f)*
pétrole Erdöl *(n)*, Petroleum *(n)*
pétrole brut Erdöl *(n)*, Rohöl *(n)*
pétroléochimie Erdölchemie *(f)*, Petrolchemie *(f)*
pétrolifère (géolog.) ölhaltig
pettidress Pettidress *(m)*
peu combustible schwer brennbar
peu contrasté kontrastarm
peu encombrant platzsparend
peu solide en couleur farbunecht
peu visqueux niedrigviskos
peu volatil schwerflüchtig
pH potentiel hydrogène pH, Wasserstoffexponent *(m)*
pH-mètre pH-Meßgerät *(n)*
pH-mètre de réglage pH-Regelgerät *(n)*
phase Stufe *(f)*, Phase *(f)*, auch: Moment *(m)*
phase de traitement Verarbeitungsstufe *(f)*

phase de travail Arbeitsstufe *(f)*
phase dispersée disperse Phase *(f)*
phase gazeuse Gasphase *(f)*
phase liquide flüssige Phase *(f)*
phase préparatoire (procédé) Vorstufe *(f)*
phase vapeur Dampfphase *(f)*
phases de travail Arbeitsablauf *(m)*, Verlauf *(m)* der Arbeit
phénol Phenol *(n)*
phénolphtaléine Phenolphthalein *(n)*
phényle Phenyl *(n)*
phosphate Phosphat *(n)*
phosphate trisodique Trinatriumphosphat *(n)*
phosphonation Phosphonierung *(f)*
phosphore Phosphor *(m)*
phosphorescent phosphoreszierend
photo-oxydation Photooxydation *(f)*, Oxydation am Licht
photoélectrique photoelektrisch
photon Photon *(n)*
photosensible lichtempfindlich, empfindlich gegen Licht *(n)*
physicien Physiker *(m)*
physico-chimie physikalische Chemie *(f)*
physiologique physiologisch
physique (adj.) physikalisch
physique (subst.) Physik *(f)*
picotage à suralimentation Voreilaufnadelung *(f)*
picoté, être picoté (teint.) stippig sein
picots Rattenzähne *(m, pl)*
picots (dans un liquide) Stippen *(f, pl)*, Körnchen *(n, pl)*
pièce Stück *(n)*, Stückware *(f)*
pièce de modèle Mustervorlage *(f)*, Musterstück *(n)*, Modell *(n)*
pièce de racommodage Flicken *(m)*
pièce de rechange Ersatzteil *(n)*
pièce détachée Einzelteil *(n)*
pièce en laize Stück in voller Warenbreite
pièce intercalaire Zwischenlage *(f)*, Einlage *(f)*
pièce originale Musterstück *(n)*, Original *(n)*
pièce par pièce Stückware *(f)*
pièce, en pièce im Stück *(n)*
pièce, teint en pièce stückgefärbt, im Stück *(n)* gefärbt
pied à broder Stickfuß *(m)*
pied à repriser (couture) Stopffuß *(m)*
pied de corde Schnurfuß *(m)*
pied de platine Platinenfuß *(m)*
pied de poule (dessin) Pepita *(n)*, Hahnentritt *(m)*, Pied-de-poule
pied ourleur (coudre) Säumerfuß *(m)* (Nähmasch.)
piétage Grundierung *(f)*
piétage en naphtol Naphtholgrundierung *(f)*
piéter (teint.) grundieren
piézochimie Piezochemie *(f)*
piézoélectrique piezoelektrisch
pigment Pigment *(n)*
pigment blanc Weißpigment *(n)*
pigmenter pigmentieren
pignon Ritzel *(n)*
pignon de la commande de bobines Spulentriebrad *(n)*
pile au mercure Quecksilberbatterie *(f)*
pilon Stößel (m)
pilou Molton *(m)*
pimpant flott
pince Pinzette *(f)*, Zange *(f)*, Greifer *(m)*
pince (confection) Abnäher *(m)* (Konfekt.)
pince à corde Schnureinnäher *(m)*
pince de poitrine Brustabnäher *(m)*
pince du fil Fadenklappe *(f)*
pince-aiguille Nadelhalter *(m)*
pincer les fils die Fäden *(m,pl)* einspannen
pincette (ou pincettes) Pinzette *(f)*
pine à nopper Nopp(en)zange *(f)*
pineapple-cone Pineapple-Cone *(m)*
pinnule à fils Fadendiopter *(m)*, Fadenvisiereinrichtung *(f)*
pipette Pipette *(f)*
pipette graduée Meßpipette *(f)*
pipette jaugée Meßpipette *(f)*
pipette jaugée (graduée) graduierte Pipette *(f)*
pipetter pipettieren
piquage au peigne Rieteinzug *(m)*
piquant stechend, scharf
piqué (dessin) Piqué *(n)*, Pikee *(n)*
piquer stechen
piquer (confect.) steppen
piquer (couture) (Naht) abnähen
piquer du dessin Musterschläger *(m)*, Kartenschläger *(m)*
piqueur de cartons Kartenschläger *(m)*
piqûre Nadelstichloch *(n)*, Lochbildung *(f)* (beim Nähen)

piqûre Stich *(m)*, Einstich *(m)*
pistolet d'aspiration Saugpistole *(f)*
pistolet-pulvérisateur Spritzpistole *(f)*
piston Kolben *(m)*
placage, plaquage Pflatschen *(n)*
place rasée (tissu) kahlgeschorene Stelle *(f)*
placement de lamelles Lamellenaufstecken *(n)*
placer dans einsetzen
plaid Plaid *(n)*, Reisedecke *(f)*
plan de filage Spinnplan *(m)*
plan de travaux Arbeitsplan *(m)*
planche (impress.) Model *(n)* (Druck)
planche à crochets Platinenboden *(m)*
planche à crochets s´abaisse Platinenboden wird gesenkt
planche à repasser Bügelbrett *(n)*
planche de filature Spinnplatte *(f)*
planche de support des platines Platinenboden *(m)*
planche d´arcades Harnischbrett *(n)*
planche mobile guide-nappe (filat.) Wickelumschlagbrett *(n)*
planche-patron Schnittmusterbogen *(m)*
planchette de guide-fil Fadenführerklappe *(f)*
plane, à surface plane mit ebener Oberfläche *(f)*, glatt abschließend, ebenflächig
planer ebnen, einebnen, glätten
plaque Tafel *(f)*, Platte *(f)*
plaque à bobines Aufsteckbrett *(n)* für Spulen
plaque d'aiguille (machine à coudre) Stichplatte (Nähmasch.)
plaque de cardes Kratzenblatt *(n)*, Kardenblatt *(n)*
plaquer pflatschen
plaquette à picots (métier) Nadelleiste *(f)*
plaquette à picots à croche Hakennadelleiste *(f)*
plastifiant, sans plastifiant (plastique) weichmacherfrei
plastifier plastifizieren
plastique plastisch
plastique (subst.) Plastik *(f)*
plastron Hemdbrust *(f)*, Vorhemd *(n)*
plat flach, eben, platt
plat (tissu) flach
plate-bande de broches Spindelschien *(f)*
plateau Tablett *(n)*
plateau-support d´ensouple Kettbaumträger *(m)*
platine Platine *(f)*
platine à cueillage (tissage) Einschließplatine *(f)*
platine abaisseuse fallende Platine *(f)*
platine d'abattage Abschlagplatine *(f)*
platine de distribution Verteilerplatine *(f)*
platine de la lame Schaftplatine *(f)*
platine d´insertion Einlegeplatine *(f)*
platine fixe stehende Platine *(f)*
platine peluche Polplatine *(f)*
platine soulève la lame Platine hebt den Schaft *(m)*
platines restent stationnaires Platinen bleiben liegen
plein voll
pli Falte *(f)*, Kniff *(m)*
pli central Mittelfalte *(f)*
pli couché Liegefalte *(f)*
pli creux Kellerfalte *(f)*, Quetschfalte *(f)*
pli Dior Diorfalte *(f)*
pli dos Rückenfalte *(f)*
pli droit Stehfalte *(f)*
pli non repassé Rollfalte *(f)*, ungebügelte Falte *(f)*
pli permanent Schirmfalte *(f)*
pli religieux flache Falte *(f)*
pli repassé Bügelfalte *(f)*
pli tout autour Rundumfalte *(f)*
pli transversal Querfalte *(f)*
pli, exempt de plis faltenfrei
pli, faux pli Falte *(f)*, Knitter *(m)*
pli, sans plis faltenfrei, ohne Falten
pliage (tissus) Ablegen *(n)*
pliage au large Breitfalten *(n)*, Breitfaltung *(f)*
plier falten, zusammenfalten, einschlagen, abtafeln
plier (tissus) zusammenlegen (Stoffe)
plier au centre in der Mitte falten
plieur (tissus) Abtafler *(m)*, Ableger *(m)*
plieuse Legemaschine, Abtafler *(m)*, Abtafelmaschine *(f)*
plieuse de dessous Untertafler *(m)*
plis ouverts aufspringende Falten
plis sens machine Längsfalte *(f)*
plissage Plissieren *(n)*
plissé Plissee *(n)*

plissé permanent Permanentplissé *(n)*
plissé soleil Sonnenplissee *(m)*
plissé tricoté Strickplissee *(m)*, Wirkplissee *(m)*
plisser plissieren, in Falten legen, mit Falten versehen, fälteln
plonger tauchen, eintauchen
plume Feder *(f)*, Vogelfeder *(f)*
plumeau Möbelpinsel *(m)*
plumes d'autruche Straußfedern *(f, pl)*
plumetis Tupfenmull *(m)*
plusieurs étages, à vielstufig
pneu à carcasse radiale Radialreifen *(m)*, Gürtelreifen *(m)*
pneu à carcasse textile Textilcordreifen *(m)*
pneu à ceinture Gürtelreifen *(m)*
pneu à cord Kordreifen *(m)*
pneu à couches textiles Gewebereifen *(m)*, Reifen *(m)* mit Gewebeeinlage
pneu classique konventioneller Reifen *(m)*
poche Tasche *(f)*
poche à rabat Pattentasche *(f)*
poche appliquée aufgesetzte Tasche *(f)*
poche arrière Gesäßtasche *(f)*
poche de côté Seitentasche *(f)*
poche de devant Vordertasche *(f)*
poche de pantalon Hosentasche *(f)*
poche d´eau (sur un rouleau) Wassersack *(m)*
poche en biais eingeschnittene Tasche *(f)*
poche fendue Schlitztasche *(f)*
poche intérieure Brusttasche *(f)*
poche sans patte Schubtasche *(f)*
pochoir (impress.) Druckschablone *(f)*
pochoir pour l´impression au cadre Filmdruckschablone *(f)*
pochoir rotatif Rundschablone *(f)*
poid facturé (fibres) Rechnungsgewicht *(n)*
poidoseur Dosierwaage *(f)*
poids Gewicht *(n)*
poids (ou masse) **commercial**(e) Handelsgewicht *(n)*
poids à l´état sec Trockengewicht *(n)*
poids à vide Leergewicht *(n)*
poids anhydre Trockengewicht *(n)*
poids atomique Atomgewicht *(n)*
poids brut Rohgewicht *(n)*; Bruttogewicht *(n)*
poids calculé errechnetes Gewicht, berechnetes Gewicht *(n)*, Sollgewicht *(n)*
poids constant Gewichtskonstanz *(f)*, konstantes Gewicht *(n)*
poids de la marchandise Warengewicht *(n)*
poids de remplissage Füllgewicht *(n)*
poids de velours Polgewicht *(n)*
poids molaire Mol(ar)gewicht *(n)*, Molekulargewicht *(n)*
poids mort Eigengewicht *(n)*
poids net Reingewicht *(n)*, Nettogewicht *(n)*
poids net du fil Garnnettogewicht *(n)*
poids par mètre Metergewicht *(n)*, auch: Längengewicht *(n)*
poids par mètre Metergewicht *(n)*
poids spécifique spezifisches Gewicht *(n)* (volumenbezogen)
poids spécifique absolu absolutes spez. Gewicht *(n)*
poignet (confect.) Bündchen *(n)*
poil Flor *(m)*, Pol *(m)*, Polflor *(m)*, Haar *(n)*, Fell *(n)*
poil (tissu) Pol *(m)*, Haar *(n)*, Tierhaar *(n)*
poil brillant Glanzflor *(m)*
poil couché liegender Flor *(m)*
poil de boucle Schlingenflor *(m)*
poil de castor Biberhaar *(n)*
poil de chameau Kamelhaar *(n)*
poil de chèvre Ziegenhaar *(n)*
poil de lapin Kaninchenhaar *(n)*
poil de trame Schußflorgewebe *(n)*
poil droit aufrecht stehender Flor *(m)*
poil superficiel Oberhaar, Oberflächenhaar *(n)*
poil supérieur Oberhaar
poil, à contre poil gegen den Pol, gegen den Strich
poil, à long poil hochflorig
poil, à simple poil einflorig
poil, sans poil ungenoppt, glatt
poilu haarig, rauhaarig, fusselig
poinçon Pfriem *(m)*
poinçonner lochstanzen
point arrière Rückstich (Nähmasch.)
point bâti Heftstich *(m)*
point de chaînette Luftmasche *(f)*
point de chaînette double Doppelkettenstich *(m)*

point de condensation Taupunkt *(m)*, Kondensationspunkt *(m)*
point de congélation Gefrierpunkt *(m)*, Erstarrungspunkt *(m)*
point de congélation (huile) Stockpunkt *(m)*
point de couture Nadelstich *(m)*
point de cristallisation Kristallisationspunkt *(m)*
point de fragilité Sprödigkeitspunkt *(m)*
point de fusion Schmelzpunkt *(m)*
point de goutte (graisse) Tropfpunkt *(m)*
point de liage (tissage) Bindungspunkt *(m)*
point de maille Maschenstich *(m)*
point de mire Blickfang *(m)*
point de ramollissement Erweichungspunkt *(m)*
point de remaillage Kettelstich *(m)*
point de retour Umkehrstelle *(f)*
point de rosé Taupunkt *(m)*
point de solidification Erstarrungspunkt *(m)*
point de suintement (graisse) Tropfpunkt *(m)*
point de transition de phase Phasenübergang *(m)*
point de trouble Trübungspunkt *(m)*
point de vente Verkaufsstelle *(f)*
point d´ébullition Siedepunkt *(m)*, Kochpunkt *(m)*
point d´ébullition de l´eau Dampfpunkt *(m)*
point d´ecoulement (huile) Stockpunkt *(m)*
point d´évaporation Verdampfungspunkt *(m)*
point d´inflammation Brennpunkt *(m)*, Flammpunkt *(m)*, Entflammungspunkt *(m)*, Zündpunkt *(m)*
point d´inflammation élevé hoher Flammpunkt *(m)*
point d´ornementation Zierstich *(m)*
point droit (coudre) Geradestich *(m)*
point invisible Blindstich *(m)*
point isoélectrique isoelektrischer Punkt *(m)*
point (de) **mousse** Moosstich *(m)*
point neutre Neutralpunkt *(m)*
point noué Steppstich *(m)*
point perlé Perlstich *(m)*
point russe Hexenstich *(m)*
pointe Spitze *(f)*, Dreieckshöschen *(n)*, Windelhöschen *(n)*
pointe de bleu Blaustich *(m)*, Stich *(m)* ins Blaue
pointe de col Schenkel (am Kragen)
pointe de goudron Teerspitze *(f)*
pointe de jaune Gelbstich *(m)*
pointe de registre Rapportstift *(m)*
pointe pendulaire Pendelspitze *(f)*
pointe renforcée Spitzenverstärkung *f)*
pointes de goudron (laine) Teerspitzen *(f, pl)*, Pechspitzen *(f, pl)*
pointes de poix (laine) Pechspitzen *(f, pl)*
pointiller (teint.) stippen
pointillés (faute de teint.) Stippen *(f, pl)*
pointu spitz
poison Gift
poison bactérien Bakteriengift *(n)*
poisseux pechartig
poix Pech *(n)*, auch: Teer *(m)*
poix de pétrole Petrolpech *(n)*
polaire polar
polarisable polarisierbar
polarisation Polarisation *(f)*
polarisé polarisiert
pôle mort toter Pol *(m)*
pôle positif Pluspol *(m)*
poli (subst.) Politur *(f)*, Glanz *(m)*
poli spéculaire (galvanotechn.) Hochglanz
polir polieren, glänzend machen, Glanz *(m)* geben, schleifen, glätten
polir à l´émeri abschleifen, abschmirgeln
polluer (eau et air) verunreinigen
pollution (Umwelt)verschmutzung *(f)*
pollution atmosphérique Luftverschmutzung *(f)*
pollution des fleuves Flußverschmutzung *(f)*
pollution d´air Luftverschmutzung *(f)*
pollutions Schadstoffemission *(f)*, Schadst.Ausstoß
polyacrylonitrile Polyacrylnitril *(n)*
polyaddition Polyaddition *(f)*
polyalcool Polyalkohol *(m)*, mehrwertiger Alkohol *(m)*
polyamide Polyamid *(n)*
polybasique mehrbasisch
polycarbamide Polyharnstoff *(m)*

polychroisme (phys.) Mehrfarbigkeit *(f)* (Phys.)
polychrome vielfarbig, vielfarben
polychromie Polychromie *(f)*, Vielfarbigkeit *(f)*
polychromie (teint.) Mehrfarbigkeit *(f)* (Färb.)
polycondensat Polykondensat *(n)*
polycyclique polyzyklisch
polydispersé polydispers
polydispersité Polydispersität *(f)*
polyester Polyester *(n)*
polyester acrylique Polyacrylsäureester *(m)*
polyester chargé verre glasfaserverstärktes Polyester *(n)*
polyéther Polyäther *(m)*
polyéthylène Polyäthylen(terephthalat) *(n)*
polyéthylène basse pression Niederdruckpolyäthylen, Hartpolyäthylen *(n)*
polyéthylène dur Hartpolyäthylen *(n)*
polymère Polymer *(n)*
polymère alvéolaire Schaumstoff *(m)* auf Kunststoffbasis
polymère complexe Multipolymerisat *(n)*
polymère en échelle Leiterpolymer *(n)*
polymère implanté Pfropfpolymerisat *(n)*
polymérisation polymerisation *(f)*
polymérisation continue Vk-polymerisation *(f)*
polymérisation en masse alcaline Blockpolymerisation *(f)*
polymérisation en solution Lösungspolymerisation *(f)*
polymérisation implantée Pfropfpolymerisation *(f)*
polymériser polymerisieren
polymériseuse d´apprêt Kondensierofen *(m)*, Kondensiermaschine (Appr.)
polyoléfine Polyolefin *(n)*
polyphasé mehrphasen...., mehrphasig
polypropylène Polypropylen *(n)*
polysiloxane Polysiloxan *(n)*
polystyrène Polystyrol *(n)*
polyuréthane Polyurethan *(n)*
polyvalence Vielwertigkeit *(f)*
polyvalent vielwertig
polyvalent (chim.) mehrwertig
polyvinylacétate Polyvinylacetat *(n)*
pompabilité Pumpfähigkeit *(f)*
pompable pumpfähig
pompe Pumpe *(f)*
pompe à vis Schneckenpumpe *(f)*
pompe aspirante Saugpumpe *(f)*
pompe centrifuge Kreiselpumpe *(f)*
pompe de circulation Umwälzpumpe *(f)*
pompe de dosage Dosierpumpe *(f)*, Abmeßpumpe *(f)*
pompe doseuse de filature Spinnpumpe *(f)*, Spinndosierpumpe *(f)*
pompe d´alimentation Förderpumpe *(f)*, Speisepumpe *(f)*
pompe d´aspiration Absaugpumpe
pompe mélangeuse Mischpumpe *(f)*
pomper pumpen
pompon Bommel *(m)*, Quaste *(f)*, Pompon *(m)*
poncho Poncho *(m)*
ponctuel punktförmig
pongé Pongé *(m)*
pont hydrogène Wasserstoffbrücke *(f)*
pont salin Salzbrücke *(f)*
popeline Popelin *(m)*
porcelaine Porzellan *(n)*
pore Pore *(f)*
pores, au micropores feinporig
pores, aux pores minces feinporig
poreux porös, porig
porosité Porosität *(f)*
poromérique poromerisch
porte guide-fil Ösenleiste
porte-burette Bürettenständer *(m)*
porte-clés mural Schlüsselbord *(n)*
porte-jarretelles Strumpfhaltergürtel *(m)*, Tanzgürtel *(m)*
porte-parapluies Schirmständer *(n)*
portée interne Innenweite *(f)*
porter tragen, anziehen
porter à l´ébullition zum Kochen bringen
porter au rouge zum Glühen *(n)* bringen
pose de tapis Verlegen *(n)* von Teppichen (Teppichboden), Teppichverlegung *(f)*
poser legen
positif positiv
position de coupe Schnittlage *(f)*
position du filage Spinnstelle *(f)*
position neutre Leerlaufstellung (Masch.)
possibilité d´usinage Verarbeitbarkeit *(f)*
post-chromatage Nachchromieren *(n)*, Nachchromierung *(f)*
post-fixage Nachfixierung *(f)*

post-fixer nachfixieren
post-rinçage Nachspülen *(n)*
poste de distribution Schaltanlage *(f)* (elektr.)
poste terminal Terminal *(n)* (EDV), Datenendeinrichtung *(f)*
poste, à poste fixe stationär, feststehend
postérieur später, nachträglich
postétirage (fibres) Nachstreckung *(f)*, Nachverstreckung *(f)*
postétirer nachstrecken
postsavonnage Nachseifen *(n)*
postsavonner nachseifen, nachwaschen
pot (filat.) Kanne *(f)*
pot à carde Kardenkanne *(f)*
pot de filature Spinntopf *(m)*, Spinndose *(f)*
pot de filature tournant rotierender Spinnkopf *(m)*
pot de ruban (filat. peigné) Spinnkanne *(f)*
pot d´étirage Ansatzkanne *(f)* (Spinn.)
pot tournant (filat.) Dreherkanne *(f)*
potasse Pottasche *(f)*, Kaliumkarbonat *(n)*
potassium Kalium *(n)*
potentiel (adj.) potentiell
potentiel (subst.) Potential *(n)*
potentiel redox Redoxpotential *(n)*
poucier Dampfkalander *(m)*
poudre Pulver *(n)*, Puder *(n)*
poudre frittée Sinterpulver *(n)*
pouf Sitzkissen *(n)*
poupée Puppe *(f)*
poupée en tissu Stoffpuppe *(f)*
pourcent de volume Volumen%
pourcentage Prozent *(n)*, Prozentsatz *(m)*
pourcentage d´humidité Feuchtigkeitsgehalt in %
pourcentage d´utilisation Auslastungsgrad *(m)*
pourcentage en poids Gewichtsprozent *(n)*, Massenanteil *(m)*
pourcentage, d'un pourcentage élevé hochprozentig
pourpoint Wams *(m)*
pourpre Purpur
pourrir faulen, verfaulen, verrotten
pourriture Fäulnis *(f)*
pourriture de capsule Kapselfäule *(f)*
pourriture, essai de pourriture Verrottungsversuch *(m)*
poursuite (mach.) Nachführung *(f)*, Nachlauf *(m)*
poursuite automatique Nachführautomatik *(f)*
pousser schieben, drücken, stoßen
poussière Staub *(m)*
poussière de fibres Faserstaub *(m)*
poussière, dégager de la poussière (intr.) stauben, Staub *(m)* entwickeln
poussière, sans poussière staubfrei
poussière, tenir la poussière Staub binden
poussières de coton Baumwoll(flug)staub *(m)*
poutre de filature Spinnbalken *(m)*
pouvoir absorbant Absorbiervermögen *(n)*, Aufnahmevermögen *(n)*, Saugfähigkeit *(f)*
pouvoir adhésif Bindekraft *(f)*, Klebkraft *(f)*
pouvoir adhésif Haftvermögen *(n)*
pouvoir colorant Färbevermögen *(n)*, Färbekraft *(f)*, Farbstärke *(f)* (ei. Farbstoffs)
pouvoir conducteur Leitfähigkeit *(f)*
pouvoir couvrant (teint.) Deckfähigkeit *(f)*, Deckvermögen *(n)* (Farben)
pouvoir de gonflement Quellvermögen *(n)*
pouvoir de liaison (chim.) Bindungsfähigkeit *(f)*
pouvoir de montée Aufziehvermögen (Farbstoffe)
pouvoir de montée de colorants Ziehvermögen *(n)* von Farbstoffen
pouvoir de pénétration Penetrationsvermögen *(n)*
pouvoir de remontée (colorant) Wiederaufziehvermögen *(n)*
pouvoir de résolution des couleurs Farbauflösevermögen *(n)*
pouvoir de rétention (teint.) Rückhaltevermögen *(n)*
pouvoir détergent Waschvermögen *(n)*
pouvoir dispersant Dispergiervermögen *(n)*
pouvoir dispersant envers les savons calc. Kalkseifenbindevermögen *(n)*
pouvoir dissolvant Lösungsvermögen *(n)*, Lösungsfähigkeit *(f)*
pouvoir d´anti-redéposition Schmutztragevermögen *(n)*

pouvoir égalisateur Ausgleichsvermögen *(n)*
pouvoir émulsionnant Emulgiervermögen
pouvoir feutrant Filzvermögen *(n)*
pouvoir lubrifiant Schmierfähigkeit *(f)*
pouvoir moussant Schaumbildungsvermögen *(n)*
pouvoir réducteur Reduktionsvermögen *(n)*
pouvoir rétardateur Rückhaltevermögen *(n)*
pouvoir séquestrant Sequestriervermögen *(n)*
pouvoir solubilisateur Lösungsvermögen *(n)*, Lösungsfähigkeit *(f)*
pouvoir suspensif Suspendiervermögen *(n)*
pouvoir tinctorial Anfärbbarkeit *(f)*, Färbevermögen *(n)*
pratique (adj.) praktisch, zweckmäßig
pratique (subst.) Praxis *(f)*
pratique, en pratique in der Praxis
pratiquer praktizieren
préaccorder vorabstimmen
préadhérisage (fabr. de fibres) Vordippen *(n)*
pré-aiguilleter vorvernadeln
préalable vorläufig
précédent vorhergehend, vorausgehend
précipitable fällbar, ausfällbar
précipitable (chim.) fällbar, abscheidbar
précipitant Fällungsmittel *(n)*
précipitation (Aus)Fällung *(f)*, Niederschlag *(m)*
précipitation chimique chemische Fällung *(f)* (Abwasserbeh.)
précipitation de chaux (sur le tissu) Kalkablagerung *(f)*
précipitation d´oligomères Oligomerenausfall *(m)*
précipiter fällen, ausfällen, auch: ausfallen, sich niederschlagen
précipiter (chim.) ausfallen, sich absetzen
précis genau, präzise
précision Genauigkeit *(f)*, Präzision *(f)*
précision de cadrage Paßgenauigkeit *(f)*
précision de réglage Einstellgenauigkeit *(f)*
précision des lectures Ablesegenauigkeit *(f)*
précision dimensionnelle Maßgenauigkeit *(f)*
précision, de précision Präzisions....
préclarifié (eau) vorgereinigt
prédétachage Vordetachur *(f)*, vorherige Fleckentfernung *(f)*
prédiluer vorlösen
prédoublage Vorfachen *(n)*
prédoubler (retordre) vorfachen
préenduire (moquette p.ex.) vorstreichen
préenduit Vorstrich *(m)*
préétabli (CETIS) vorgefertigt (EDV)
préétirer vorstrecken
préférence, de préférence vorzugsweise
préfixage, préfixation Vorfixierung *(f)*
préfixer vorfixieren
préfouler anstoßen, leicht anwalken
préfractionnateur (chim.) Vorabscheider *(m)*
prélainé vorgerauht
prélart Plane *(f)*
prélavage Vorwäsche *(f)*, Vorreinigung *(f)*
prélavé vorgewaschen
prélaver vorwaschen
prélèvement du programme Programmabruf *(m)*
prélever un échantillon ein Muster entnehmen, eine Probe ziehen
préliminaire vorläufig
prématuré (adj.) vorzeitig
premier degré (chim.) Vorstufe *(f)*
premier encollage Vorschlichte *(f)*
premier enduit Vorstrich *(m)*
première distillation (chim.) Vorlauf *(m)*, Erstdestillation *(f)*
première rangée Anfangsreihe *(f)*
prémordancer vorbeizen
prémordant (subst.) Vorbeize
prémouiller vornetzen
prendre couleur Farbe annehmen
prendre des mesures Maßnahmen *(f, pl)* ergreifen
prénettoyage Vorreinigung *(f)*
prénettoyer vorreinigen
préparation Vorbereitung *(f)*, auch: Präparat *(n)*
préparation à l´état de pureté Reindarstellung *(f)*
préparation de coton Baumwollaufbereitung *(f)*

préparation de déchets Abgangs-, Abfallaufbereitung *(f)*
préparation de l´eau d´alimentation Speisewasseraufbereitung *(f)*
préparation du lin Flachsaufbereitung *(f)*
préparation du travail Arbeitsvorbereitung *(f)*
préparer vorbereiten, herrichten, präparieren, zubereiten
préparer (chim.) darstellen
préparer en agitant anrühren
prépolymère Vorpolymerisat *(n)*
prépondérant, être prépondérant überwiegend, überwiegen
préscription Vorschrift *(f)*
préscriptions de sécurité Sicherheitsvorschriften *(f, pl)*
près du corps körperbetonend
préséchage Vortrocknung *(f)*
présécher vortrocknen
présentation (textiles) Aufmachung *(f)*
présentation de mode Modevorführung *(f)*
présenter vorstellen, vorführen, zeigen
préservant les fibres faserschonend
préserver de l´humidité vor Feuchtigkeit *(f)* schützen, trocken aufbewahren
presse Presse *(f)*
presse à coton Baumwollpresse *(f)*
presse à cuvette Muldenpresse *(f)*
presse à cuvette avec feutre sans fin Muldenpresse *(f)* mit Mitläuferfilz
presse à cylindre Zylinderpresse *(f)*
presse à emballer Ballenpackpresse *(f)*
presse à empaqueter Packpresse *(f)*
presse à fils Garn(pack)presse *(f)*
presse à plier et façonner Biege- und Formpresse *(f)*
presse à vapeur Dampfpresse *(f)*
presse cylindrique Muldenpresse *(f)*
presse cylindrique avec feutre sans fin Muldenpresse mit Mitläuferfilz
presse-repasseuse Bügelpresse *(f)*
presser drücken, Druck *(m)* ausüben, pressen
pression (gaz, liquide) Druck *(m)*
pression de gonflage (pneu) Luftdruck *(m)* (Reifen)
pression de la presse Preßdruck *m)*
pression de vapeur Dampfdruck *(m)*
pression d´air Luftdruck *(m)*
pression d´éclatement Berstdruck *(m)*
pression hydrostatique Flüssigkeitsdruck *(m)*
pression, à haute pression (vapeur) hochgespannt
prêt bereit, fertig
prêt à l´emploi gebrauchsfertig
prêt à l´envoi versandfertig
prêt à l´impression druckfertig
prêt-à-porter von der Stange
Prêt-à-porter féminin Damenoberbekleidung *(f)*
prêt pour le métier stuhlfertig
prêtant nachgebend
préteinture Vorfärbung *(f)*
prétendre vorspannen
prétension Vorspannung *(f)*, Vorspannkraft *(f)*
prétension normale (test fil/fibre) Normvorspannkraft *(f)*
prétorsion (fil) Vordrall *(m)*
prétraitement Vorbehandlung
preuve Nachweis *(m)*
préventif verhütend
primaire primär
prince de Galles Glencheck *(m)*
principe Prinzip *(n)*
principe, par principe prinzipiell
prise Entnahme *(f)*
prise de terre (électr.) Erdleitung *(f)*
prise d´échantillon Probenahme *(f)*
prise, à prise rapide (colle) schnellbindend
prix recommandé empfohlener Preis *(m)*
procédé Prozess *(m)*, Fabrikationsprozess, Verfahren *(n)*, Vorgang *(m)*, Ablauf *(m)*
procédé (en) **deux bains** Zweibadverfahren *(n)*
procédé à boue activée Schlammbelebungsverfahren *(n)*, Belebtschl.Verf.
procédé à buse d´air Luftdüsenverfahren *(n)*, Taslanverfahren *(n)*
procédé à contre-courant Gegenstromverfahren *(n)*
procédé à filer à pots Topfspinnverfahren *(n)*
procédé à permutite Permutitverfahren *(n)*
procédé à plusieurs étapes Mehrstufenverfahren *(n)*

procédé au foulard-jigger Pad-Jig
procédé au foulardage-enroulage Pad-Roll-Verfahren
procédé Ban-lon Bani-Lon-Verfahren *(n)*
procédé chlorex Chlorexprozess *(m)*
procédé continu à colorants de cuve Küpenkontinuverfahren *(n)*
procédé de blanchiment Bleichprozess *(m)*
procédé de blanchiment en continu Kontinuebleiche *(f)*
procédé de bobinage Spulvorgang *(m)*
procédé de contact Kontaktverfahren *(n)*
procédé de dispersion Dispergiervorgang *(m)*
procédé de fermentation-digestion Gärfaulverfahren *(n)*
procédé de filature Spinnprozess *(m)*, Spinnvorgang *(m)*, Spinnverfahren *(n)*
procédé de filature interrompu unterbrochenes Spinnverfahren *(n)*
procédé de filature par conversion Spinnbandverfahren *(n)*, Konverterverfahren *(n)*
procédé de foulage Walkprozess *(m)*
procédé de foulardage Klotzverfahren *(n)*
procédé de foulardage à la cuve acide Küpensäureklotzverfahren *(n)*
procédé de foulardage et d´enroulement Klotz-Aufdockverfahren *(n)*
procédé de lavage Waschverfahren *(n)*
procédé de maturation à froid Kaltverweilverfahren *(n)*
procédé de nouage Rhia Rhiaknotverfahren *(n)*
procédé de retordage au mouillé Naßzwirnverfahren *(n)*
procédé de texture Texturierverfahren *(n)*
procédé de tufting (ou seulem. tufting) Tuftingprozess *(m)*
procédé discontinu Diskontinuverfahren *(n)*
procédé d´apprêt Appreturverfahren *(n)*
procédé d´épuration par boues activées Belebungsverfahren *(n)* (Abwasser)
procédé d´imprimer (ou d´impression) Druckverfahren *(n)*
procédé d´oxydation Oxydationsvorgang *(m)*
procédé d´oxydoréduction Ox-Redox-Verfahren *(n)*
procédé d´usinage Bearbeitungsverfahren *(n)*
procédé en bain unique Einbadverfahren *(n)*
procédé en continu Kontinueverfahren *(n)*
procédé en lit fluidisé (poudre plast.) Wirbelschichtverfahren *(n)*
procédé en un seul bain Enbadverfahren *(n)*
procédé fausse torsion Falschdrahtverfahren *(n)*
procédé foulardage-vapeur Klotzdämpfverfahren *(n)*
procédé Helanca Helancaverfahren *(n)*
procédé monobain Einbadverfahren *(n)*
procédé mouillé sur mouillé naß in naß Verfahren *(n)*
procédé non-torque Non-Torque-Verfahren *(n)*
procédé pad-jig Pad-Jig-Verfahren
procédé pad-roll Pad-Roll-Verfahren
procédé par boues activées Belebtschlammverfahren
procédé par enroulement à froid Kaltverweilverfahren *(n)*
procédé par immersion Tauchverfahren *(n)*
procédé polychrome Mehrfarbenverfahren *(n)*
procédé potting Pottingverfahren *(n)*
procédé pressé permanent Permanent-Press-Verfahren *(n)*
procédé Taslan Taslan-Verfahren *(n)*
procédé Thermosol Thermosolverfahren *(n)*
procéder verfahren, vorgehen
procéder vorgehen, verfahren
processus de combustion Verbrennungsvorgang *(m)*
processus de crêpage à roue dentée Zahnradtexturierung *(f)*
processus de retordage Rückzwirnprozeß *(m)*
processus de séparation Trennverfahren *(n)*

processus de travail Arbeitsprozess *(m)*, auch: Verfahren *(n)*
productif produktiv, leistungsfähig
production Herstellung *(f)*, Produktion *(f)*
production en masse Massenproduktion *(f)*
production journalière Tagesproduktion *(f)*
production par an Jahresproduktion *(f)*
production, de production Produktions....
production, orienter la production die Produktion steuern
productivité Produktivität *(f)*, Wirtschaftlichkeit *(f)*
produire herstellen, erzeugen, produzieren
produire de l´effet wirksam sein, wirken
produire synthétiquement (ou par synthèse) synthetisch herstellen
produit Produkt *(n)*, Erzeugnis *(n)*, Mittel *(n)*, Fabrikat *(n)*
produit (ou agent) **ignifuge** Flammschutzmittel *(n)*
produit anticassure Faltenverhüter *(m)*, Faltenverhütungsmittel *(n)*
produit antimousse Antischaummittel *(n)*, Entschäumer *(m)*
produit auxiliaire textile Textilhilfsmittel *(n)*
produit chimiques Chemikalien *(f,pl)*
produit commercial Handelsprodukt *(n)*
produit composé Compoundprodukt *(n)*, Compound *(n)*
produit concentré Konzentrat *(n)*, konzentriertes Produkt
produit de condensation Kondensationsprodukt *(n)*
produit de décomposition Zersetzungsprodukt *(n)*, Abbauprodukt *(n)*
produit de filtrage Filtrat *(n)*
produit de lavage Spülmittel *(n)*
produit de récupération (utilisable) Abfallprodukt
produit de remplacement Ersatzprodukt *(n)*
produit de substitution Substitutionsprodukt *(n)*
produit d´addition Zusatzprodukt *(n)*
produit d´encirage pour chaînes Kettwachsprodukt *(n)*
produit d´extraction Extraktionsmittel
produit filtré Filtrat *(n)*
produit final Fertigprodukt *(n)*, Fertigerzeugnis *(n)*
produit intermédiaire Zwischenprodukt *(n)*
produit net Reinertrag *(m)*
produit nocif Schadstoff *(m)*
produit pétrolier Mineralölprodukt *(n)*
produit protegeant la fibre Faserschutzmittel *(n)*
produit raffiné Raffinat *(n)*
produit réactionnel Reaktionsprodukt *(n)*
produit récupéré Regeneratprodukt *(n)*, Regenerat *(n)*
produit réfrigérant Kühlmittel *(n)*
produit secondaire Nebenprodukt *(n)*
produit tensio-actif grenzflächenaktives Produkt *(n)*, Tensid *(n)*
produit-étalon (chim.) Eichsubstanz *(f)*
produits chimiques minéraux Schwerchemikalien *(f, pl)*
produits de pollution atmosphérique Luftschadstoffe *(m, pl)*
produits finis Fertigprodukte *(n, pl)*
produits pétroléochimiques Petrochemikalien *(f, pl)*, Erdölprodukte *(n, pl)*
professionnel gewerblich, beruflich, auch: sachgemäß
profil Profil *(n)*
profiler profilieren
profond (génér.) tief
profondeur (génér.) Tiefe *(f)*
programme Programm *(n)*
programme (de) **machine** Maschinenprogramm *(n)*
programme de fabrication Fertigungsprogramm *(f)*
programme de services Dienstleistungsprogramm *(n)* (EDV)
programme des travaux Arbeitsprogramm *(n)*, Arbeitsplan *(m)*
programme d´essai Versuchsprogramm *(n)*, Testprogramm *(n)*
programme test Testprogramm *(n)*
programme, à programme fixe festprogrammiert
programmer programmieren
progressivement schrittweise
projecté abgeschleudert, weggeschleudert
projection Spritzer *(m)*, Abspritzen *(n)*

projeter herausschleudern, abspritzen, spritzen
prolonger (temps) verlängern
promotion de ventes Verkaufsförderung *(f)*
proportion Größenverhältnis *(n)*, Maß *(n)*, Verhältnis *(n)*, Proportion *(f)*
proportion de combinaison Verbindungsverhältnis *(n)*
proportion de la concentration Konzentrationsverhältnis *(n)*
proportion de mélange Mischungsverhältnis *(n)*
proportion, toutes proportions gardées unter (sonst) gleichen Verhältnissen
proportionné im richtigen Verhältnis, proportioniert
proportionnel verhältnisgleich, verhältnismäßig, proportional
proportionnellement faible verhältnismäßig schwach
proportionnellement supérieur überproportional
proportionner abpassen, anpassen, proportionieren
propre sauber, rein
propre à geeignet zu (oder für)
propriété Eigenschaft *(f)*
propriété adhésive Haftfähigkeit *(f)*
propriété hygroscopique Feuchtigkeitsaufnahmefähigkeit *(f)*, Wasseraufnahmefähigkeit *(f)*
propriétés chimiques chemische Eigenschaften *(f, pl)*
propriétés de (ou à) **façonnage** Laufeigenschaften *(f, pl)*
propylène Propylen *(n)*
proroger (temps) verlängern
prospectus Prospekt *(m)*, Druckschrift *(f)*
protection (contre) Schutz *(m)* (gegen)
protection accordée des modèles Musterschutz *(m)*
protection antirouille Rostschutz *(m)*
protection contre la lumière Lichtschutz *(m)*
protection contre la pourriture Fäulnisschutz
protection contre les acides Säureschutz
protection de l´environnement Umweltschutz *(m)*
protection des bords de tapis Teppichkantenschutz *(m)*
protection des eaux Gewässerschutz *(m)*
protection des marques déposées Markenschutz *(m)*
protection des modèles et dessins Gebrauchsmusterschutz *(m)*
protection imputrescible Fäulnisschutz
protége-manche Ärmelschoner *(m)*
protéine Protein *(n)*
protéine fibreuse Faserprotein *(n)*
prototype Urmuster *(n)*, Original *(n)*, Prototyp *(m)*
provoquer verursachen, auslösen
pseudo-acide Pseudosäure *(f)*
puanteur Gestank *(m)*
publicité Werbung *(f)*
publicité en vitrine Schauwerbung *(f)*
publicité sur le lieu de vente P.L.V. Werbung *(f)* auf der Verkaufsstelle
publicité, faire de la publicité werben
publicité, frais de publicité Werbungskosten *(f, pl)*
puiser schöpfen
puisette Schöpflöffel *(m)*
puissance (mach.) Leistung *(f)*
puissance calorifique Heizkraft *(f)*
puissance débitée Leistungsabgabe *(f)*
puissance du moteur Motorleistung *(f)*, Leistung *(f)* des Motors
puissance électrique elektrische Leistung *(f)*
puissance nécessaire Leistungsbedarf*(m)*
puissance pleine volle Leistung *(f)*
puissance volumétrique Literleistung *(f)*
puissant leistungsfähig, hochwirksam
puits Brunnen *(m)*
pull Pulli *(m)*
pull à col roulé Rolli *(m)*
pullover Pullover *(m)*
pullover à col roulé Rollkragenpullover *(m)*
pullover à côtes Rippenpulli *(m)*
pulvérisateur Spritzdüse *(f)*, Spritzmaschine *(f)*, Zerstäuber *(m)*
pulvériser sprühen, aufsprühen, versprühen, zerstäuben, verstäuben, pulverxisieren
pulvérulant feinpulverig

pupitre de commande Steuerpult *(n)*
pur rein, unvermischt, pur, klar
pur en couleur farbenrein
pur, le plus pur reinst
pure laine reinwollen
pure laine vierge reine Schurwolle *(f)*
pureté Reinheit *(f)*
pureté, de grande pureté hochrein (chem.)
purgeur de fil Fadenreiniger *(m)*
purifier von Unreinheiten befreien, reinigen, klären
putréfaction des boues Schlammfaulung *(f)*
pyjama Pyjama *(m)*, Schlafanzug *(m)*
pyjama d'enfant Kinderschlafanzug *(m)*
pyramide de couleurs Farbenpyramide *(f)*
pyridine Pyridin *(n)*
pyrochimique pyrochemisch
pyrolyse Pyrolyse *(f)*, thermische Zersetzung *(f)*
pyrophorique luftentzündlich

Q

quadrillé gewürfelt, kariert, gekästelt
qualification Eignung *(f)*, Qualifikation *(f)*
qualifier qualifizieren
qualitatif qualitativ
qualité Güte *(f)*, Qualität *(f)*
qualité de la laine Wollqualität *(f)*
qualité d´impression Druckqualität *(f)*
qualité supérieure Spitzenqualität (f)
qualité, de haute qualité hochwertig, von hoher Qualität *(f)*
qualité, de qualité élevée Qualitäts...., von gehobener Qualität *(f)*
quantifiable quantitativ bestimmbar
quantifier quantitativ bestimmen
quantitatif mengenmäßig, quantitativ
quantité Menge *(f)*, Quantität *(f)*
quantité pesée (analyt.) eingewogene Menge
quarternaire quarternair, quartair
quartz Quartz *(m)*
quasiélastique quasielastisch
quatre fils, à vierfädig
quatre liaisons, à (chim.) Vierfachbindung *(f)*
queue Schweif *(m)*
queue de cochon Sauschwanz *(m)*
quinoléine Chinolin *(n)*
quotidien (adj.) täglich
quotient Quotient *(m)*

R

rabais Preisbegünstigung *(f)*, Rabatt *(m)*
rabat Patte *(f)*
rabat de poche Taschenklappe *(f)*
rabatteur du fil Fadenrückzugeinrichtung *(f)*
rabattre herunterklappen
rabot Samtmesser *(n)*
raboteux faserknotig
raccourcir kürzer machen, kürzen, verkürzen, auch: kürzer werden
raclage Rakeln *(n)*, Aufrakeln *(n)*
racle Rakel *(f)*
racle à air (comprimé) Luftrakel *(n)*
racle en caoutchouc Gummirakel *(m)*
racle, trait de racle Rakelstrich *(m)*
racler rakeln, aufrakeln, abrakeln, abstreifen
racleur Abstreifer *(m)*, Egalisiervorrichtung *(f)*
racloir Rakel *(f)*
racommoder stopfen, ausbessern, flicken
radiateur Radiator *(m)*
radical chimique chemisches Radikal *(n)*
radical libre freies Radikal
radical méthyle Methylgruppe *(f)*
radical (chim.) Radikal *(n)*
radicalaire radikalartig
radier strahlen
radio-indicateur radioaktiver Indikator *(m)*
radioactif radioactiv
radioactivité Radioaktivität *(f)*
radon Radon *(n)*
raffinement du ruban par l´étirage Verfeinern *(n)* des Faserbandes durch Verziehen
raffinerie Raffinerie *(f)*
raffinerie de pétrole Ölraffinerie *(f)*
rafraîchir abkühlen
raide starr, steif, hart
raideur Starrheit *(f)*, Steifigkeit *(f)*, Steife *(f)*

raidir versteifen
raie Streifen *(m)*, Strich *(m)*
raie transversale Querstreifen *(m)*
raies, à raies gestreift, mit Streifen
rail de glissière *(mach.)* Schlittenführung *(f)* (Schiene)
rail porte-broches Spindelbank *(f)*
rainure Schlitz *(m)*, Einschnitt *(m)*, Rille *(f)*
rainure du fil Fadennut *(f)*
rajustage Nachregulierung *(f)*, Nachjustierung *(f)*
rajuster nachstellen, einstellen, nachjustieren, nachregeln
ralentir verlangsamen
ralentir, se langsamer werden
rame Spannrahmen *(m)*, Rahmen *(m)*
rame (rameuse) **à aiguilles** Nadelspannrahmen *(m)*
rame à égaliser Egalisier (spann)rahmen *(m)*
rame à plusieurs étages Mehretagenspannrahmen *(m)*
rame de fixage (ou de fixation) Fixierrahmen *(m)*
rame d´oscillation Changierrahmen *(m)*
rame plane Planrahmen *(m)*
rame sécheuse Spannrahmentrockner *(m)*, Trockenrahmen *(m)*
rame (sécheuse) **à étages** Etagen-(trocken)rahmen
ramer (textiles) spannen
ramie Ramie *(n)*, Ramiefaser *(f)*
ramification (chim.) Verzweigung *(f)*
ramifié (chim.) verzweigt
ramollissement Weichmachung *(f)*, Plastifizierung *(f)*
rance ranzig, tranig
rancissement Ranzigwerden *(n)*
rang Rang *(m)*, Reihe *(f)*
rangée Reihe *(f)*
rangée d´aiguilles Nadelreihe *(f)*
rangée d'arrêt Maschenfang *(m)*
rangée de mailles Maschenreihe *(f)*
rangée de rapport Rapportstreifen *(m)*
rangée de touffes Noppenquerreihe *(f)* (im Schnittpolteppich)
rangée des fils Fadenlage *(f)*
rangée en largeur Querreihe *(f)*
rangée lâche Langreihe *(f)*
râpé fadenscheinig
rapide schnell (adj.)
rapide, très rapide (émuls. photo) hochempfindlich
rapidité Schnelligkeit *(f)*
rapplicage sur les rouleaux (teint.) abklatschen auf den Walzen
rapport Verhältnis *(n)*, Rapport *(m)*
rapport d´armure Bindungsrapport *(m)*
rapport de cartons Kartenrapport
rapport de changement Wechselrapport *(m)*
rapport de concentration Konzentrationsverhältnis *(n)*
rapport de mélange Mischungsverhältnis *(n)*
rapport des duites Schußfaden-bindungseinheit *(f)*, Schußrapport *(m)*
rapport d'étirage Streckverhältnis *(n)*
rapport d´ourdissage Schärrapport *(m)*
rapport d´ourdissoir Schärmuster *(n)*
rapport du bain Flottenverhältnis *(n)*
rapport du dessin Musterrapport *(m)*
rapport du tambour à dessin Serie *(f)* im Musterrad (Dessin)
rapport en chaîne Schermuster *(n)*
rapport volumétrique Mengenverhältnis *(n)*
rapport, être au rapport Rapport *(m)* einhalten
rapport, par rapport à im Verhältnis zu
rapporter rapportieren, auch: einbringen
rare selten, rar
ras (tissu) glatt, kahl
rasé (tissu) kahlgeschoren, kahlgeschnitten (Tuch)
raser scheren, rasieren, glattschneiden
raser le velours den Velours glattschneiden, Samt scheren
raté (Subst.) Aussetzer (an Maschinen)
râteau (tissage) Büschelteiler *(m)*
râtelier à bobines Aufsteckgatter für Spulen
râtelier à tubes à réaction Reagenzglasgestell *(n)*
râtelier de bobines Spulengatter *(n)*
râtelier porte-bobines Spulenrahmen *(m)*, Spulenhalter *(m)*
râtelier porte-d´ensouple Färbebaumträger (Kette od. Stück)
ratière à la baisse Schaftmaschine *(f)* für Tieffach

ratière à la lève Schaftmaschine *(f)* für Hochfach
ratière à la lève et baisse Schaftmaschine für Hoch- u. Tieffach
ratière de rabat Schaftmaschine *(f)* für Tieffach
ratière, ratière d´armures Schaftmaschine *(f)*
ratine Ratine *(f)*
ratine ondulée wellinierter Stoff *(m)*
ratiner ratinieren
ratineuse Ratiniermaschine *(f)*
rationalisation Rationalisierung *(f)*
rationnel rationell, rational
rattachage Andrehen
rattacher anknoten
rattacher des fils andrehen (Fäden i.d. Weberei)
rattacheur Andreher *(m)*
rayé gestreift, streifig
rayé en travers quergestreift
rayé transversalement quergestreift
rayé, aspect rayé Streifigkeit *(f)*
rayon d´action Arbeitsbereich *(m)*
rayon lumineux Lichtstrahl *(m)*, Strahl *(m)*
rayonne Reyon *(n)*, Kunstseide *(f)*, Chemieviscosefaser *(f)*, Viskosereyon *(n)* (Zellulose)
rayonne cuproammoniacale Kupferkunstseide *(f)*
rayonne viscose glacée Glanzviskose *(f)*
rayonner strahlen, ausstrahlen
rayure (teint.) Streifen *(m)*, Farbstreifen *(m,)*
rayure (tissage) Blattstreifen *(m)* (Webfehler)
rayure, à rayures longitudinales (faute) längsstreifig, längsgestreift (Fehler)
rayures (au crayon) Kreidestreifen *(m, pl)*
rayures longitudinales Längsstreifen *(m, pl)*
rayures, à très fines rayures Nadelstreifen *(m, pl)*
rayures, exempt de rayures streifenfrei
réactant (subst.) Reaktionsmittel *(n)*
réacteur Reaktionsgefäß *(n)*, Reaktor *(m)*
réacteur nucléaire Kernreaktor *(m)*
réacteur pour procédés chimiques Chemiereaktor *(m)*
réactif reaktiv, reagierend
réactif (subst.) Reagenz *(n)*
réaction Reaktion *(f)*
réaction chimique chemische Reaktion *(f)*
réaction colorée Farbreaktion *(f)* (Analyse)
réaction de formation (chim.) Bildungsreaktion *(f)*
réaction de transfert Übertragungsreaktion *(f)*
réaction inverse Umkehrreaktion *(f)*
réaction partielle unvollständige Reaktion *(f)*, Teilreaktion *(f)*
réaction secondaire Begleitreaktion *(f)*, Nebenreaktion *(f)*
réaction simultanée Begleitreaktion *(f)*
réaction totale (chim.) vollständige Reaktion
réaction type (chim.) spezifische Reaktion *(f)* (Chem.)
réaction vive heftige Reaktion
réaction, à réaction rückgekoppelt
réaction, la réaction se produit die Reaktion verläuft...
réactivité Reaktionsvermögen *(f)*, Reaktivität *(f)*
réadaption de la production Produktionsumstellung *(f)*
réagir reagieren
réagissant rapidement schnell reagierend
réalisations techniques technische Errungenschaften *(f, pl)*
réassortiment Nachmusterung *(f)*
rebobiner (zu)rückspulen, umspulen
rebondissement, sans rebondissement prallfrei, prellfrei
rebord Krempe *(f)*
rebrodé verziert
rebrousser aufbürsten
rebuts textiles textile Abfälle *(m,pl)*
réception des matières Materialabnahme *(f)*
recette Rezeptur *(f)*, Rezept *(n)*
réchauffage Erhitzung *(f)*, Erwärmung *(f)*
réchauffer wärmen, aufheizen
réchauffeur à vapeur d´échappement Abdampfvorwärmer
réchauffeur de vapeur Dampfvorwärmer *(m)*
réchauffeur d´air Lufterhitzer *(m)*

rêche (tissu) rauh
recherche Forschung *(f)*, Untersuchung *(f)*
recherche fondamentale Grundlagenforschung *(f)*
recherche, de recherche Forschungs....
rechercher forschen, untersuchen
recipient Behälter *(m)*, Gefäß *(n)*, Rezipient *(m)*
récipient d´évaporation Abdampfgefäß *(n)*
réciproque reziprok, gegenseitig
réclamation Reklamation *(f)*, Beanstandung *(f)*
reconvertir dans umstellen auf
recoupe Stoffschnitzel *(m)*
recouvrement Bezug *(m)*, Überzug *(m)*
recouvrement (impression) Überfall *(m)*, Überdeckung *(f)*
recouvrement métallique Metallüberzug *(m)*
recouvrir überziehen, überdecken
recouvrir d´étoffe mit Stoff *(m)* bespannen
rectifieuse Schleifmaschine *(f)*
rectiligne geradlinig
recueillir un liquide eine Flüssigkeit auffangen
récupération Rückgewinnung *(f)*, Wiedergewinnung *(f)*
récupération de la chaleur Wärmerückgewinnung *(f)*
récupération de la chaleur perdue Abhitzerückgewinnung *(f)*
récupération de lessive Laugenrückgewinnung *(f)*
récupération de l´énergie Energierückgewinnung *(f)*
récupération des déchets Abfallverwertung *(f)*, Abfallrückgewinnung *(f)*
récupération du solvant Lösungsmittelrückgewinnung *(f)*
récupération, de récupération Rückgewinnungs....
récupérer wiedergewinnen, aufbereiten, (zu)rückgewinnen
récurer aufscheuern, abscheuern
récurrence d´impulsions Impulsfolge *(f)*, Impulswiederholung *(f)*
recyclage des eaux résiduaires Wiederverwendung *(f)* von Brauchwasser
rédéposition des salissures Waschvergrauung *(f)*
redévider umhaspeln
redingote Redingote *(f)*
redressement par action sur la lisière Schrägverzug *(m)*
redresseur de trame Schußfadenrichter *(m)*
redresseur de trame courbe Bogenverzugsrichter *(m)*
redresseur de trame oblique (tissage) Schrägverzugsrichter *(m)*
réducteur reduzierend
réductible reduktionsfähig, reduzierbar
réductif reduktiv
réduction Reduktion *(f)*, Preisbegünstigung *(f)*
réduction (colorant de cuve) Verküpung *(f)*
réduction de la pression de vapeur Dampfdruckverminderung *(f)*
réduction de la puissance Herunterfahren *(n)* der Leistung
réduire verkleinern, reduzieren
réduire (colorant de cuve) verküpen
réduire le temps die Zeit verkürzen
réduire par ébullition eindampfen, einkochen
réel real, wirklich, reell
réenrouler (teint.) umdocken
réensoupler umbäumen
rééquiper umrüsten
refaire umarbeiten, nochmals bearbeiten
refaire le plein nachfüllen
refendre aufschlitzen, schlitzen
réflectomètre Weißgradmesser *(m)*
reflet superficiel Oberflächenglanz *(m)*
refleter zurückstrahlen, reflektieren, (wider)spiegeln
réflexion spectrale Remission *(f)* (spektral)
reflux Rückfluß *(m)*
refondre einschmelzen
reformer (chim.) rückbilden, zurückbilden
refouler stauchen
réfractaire feuerfest, hitzebeständig
réfraction (de lumière) Lichtbrechung *(f)*
réfraction des couleurs Farb(en)-brechung *(f)*
réfrigérant (subst.) Kühlanlage *(f)*
réfringent lichtbrechend
refroidi au sodium natriumgekühlt

refroidi par l'eau wassergekühlt
refroidi par liquide flüssigkeitsgekühlt
refroidi par l´huile ölgekühlt
refroidir abkühlen, auskühlen, herunterkühlen
refroidir, faire refroidir abkühlen lassen
refroidir, se sich abkühlen
refroidissement Abkühlung *(f)*, Auskühlung *(f)*
regarnir nachsetzen
régénérant (subst.) Regenerierungsmittel *(n)*
régénératif regenerierend
régénération Regenerierung *(f)*
régénérer auffrischen, regenerieren
régénérer (teint.) nachschärfen (Färbebad)
réglable regelbar, regulierbar, verstellbar
réglage Regelung *(f)*, Lenkung *(f)*, Steuerung *(f)*
réglage à la main Handeinstellung *(f)*
réglage de cylindre Walzeneinstellung *(f)*
réglage de la foule Facheinstellung *(f)*, Webfacheinstellung *(f)*
réglage de température Temperaturregelung *(f)*
réglage du cylindre Zylindereinstellung *(f)*
réglage, à réglage continu stufenlos regelbar, kontinuierlich regelbar
règle Regel *(f)*, auch: Lineal *(n)*
règlement de service Bedienungsvorschrift *(f)*, Betriebsordnung *(f)*, Dienstvorschrift *(f)*
règlement technique technische Vorschriften *(f, pl)*
règle-point (machine à coudre) Stichsteller *(m)* (Nähmaschine)
régler einstellen, stellen, (ein)regulieren, verstellen
régler le duitage die Schußzahl einstellen
règles de procédé Verfahrensregeln *(f, pl)*, Verfahrensgrundsätze *(m, pl)*
régleur Regler *(m)*
régularité Regelmäßigkeit *(f)*, Gleichmäßigkeit *(f)*
régulateur d'ensouple Warenbaumregulator *(m)*
régulateur de pression de vapeur Dampfdruckregler *(m)*
régulateur de tension de chaîne Kettspannungsregler *(m)*
régulateur du mouvement de chasse Schützenschlagsteuerung *(f)*
régulateur pneumatique pneumatischer Regler *(m)*
régulier regelmäßig
rejets chimiques Abfallchemikalien *(f,pl)*
relâché schlaff, entspannt, schlapp, gelockert
relâcher entspannen, nachlassen, lockern
relâcher à la fabrication für die Fabrikation freigeben
relais Relais *(n)*
relais thermique Bimetallrelais *(n)*
relargage (savon) Aussalzung *(f)*
relarguer (savon) aussalzen
relatif relativ
relatif à la technique du tissage webtechnisch
relation Verhältnis *(n)*, Relation *(f)*
relation prix-services Preis-Leistungsverhältnis *(n)*
relaxation Relaxation *(f)*
relaxion Relaxion *(f)*
relevage des lames Schafthebung *(f)*
releveur de fil (mach. à coudre) Fadengeber *(m)*, Fadengeberhebel *(m)*
relief Relief *(n)*
reliure en tissu Gewebeeinband (stoff) *(m)* (für Bücher)
reliure en toile Leineneinband *(m)*
remailler ketteln
remailleuse Kettelmaschine *(f)*
remailleuse circulaire Rundkettelmaschine *(f)*
remailleuse rectiligne Flachkettelmaschine *(f)*
rembourrage Polsterwatte *(f)*, Polstermaterial *(n)*, Polsterung *(f)*
rembourrage de protection Schutzpolsterung *(f)*
rembourrage pour les épaules Schulterpolster *(n)*
rembourré gepolstert
rembourrer auspolstern
remesurer nachmessen
remise en service Wiederinbetriebnahme *(f)*
remonter (couleur) durchschlagen
remonter les lames Schäfte *(m, pl)* zurückbringen
remonture pleine Vollachsel *(f)*

remouiller wiederbenetzen
remplacement Ersatz *(m)*
rempli voll, gefüllt
remplir füllen, voll machen, auffüllen, nachfüllen
remplir de auffüllen mit
remuer rühren, umrühren, aufrühren
remueur Rührer *(m)*
rémunération Entlohnung *(f)*, Gehalt *(n)*
renard bleu Blaufuchs *(m)*
rendement Ausbeute *(f)*, Wirkungsgrad *(m)*, Nutzeffekt *(m)*, Rendement *(n)*, Ertrag *(m)*
rendement annuel Jahresproduktion *(f)*, Jahresleistung *(f)*
rendement de la turbine Turbinenleistung *(f)*
rendement horaire Stundenleistung *(f)*
rendement journalier Tagesleistung *(f)*
rendement maximal Spitzenleistung *(f)*
rendement, à grand rendement Hochleistungs...., leistungsfähig
rendre brillant glänzend machen, Glanz geben
rendre impur (mat. chim.) verunreinigen
rendre inactif inaktivieren
rendre plus foncé (teint.) abdunkeln
rendu des couleurs Farbwiedergabe *(f)*
rendument du colorant Farbstoffausbeute *(f)*, Farbausbeute *(f)*
renfiler les fils de chaîne einziehen od. passieren der Kettfäden
renflé wulstig
renflement Wulst *(m)*, Verdickung *(f)*
renforçateur de mousse Schaumverbesserer *(m)*
renforcé nylon nylonverstärkt
renforcé par fibres faserverstärkt
renforcé par fibres de verre glasfaserverstärkt
renforcement Verstärkung *(f)*
renforcement du dos Rückenverstärkung *(f)*
renforcement du revers Oberrandverstärkung *(f)*
renforcer verstärken, nachsetzen
rentabilité Wirtschaftlichkeit *(f)*
rentable wirtschaftlich, rentabel
rentrage à droite Rechtseinzug *(m)*
rentrage dans les lamelles Einziehen *(n)* in die Lamellen, Lamelleneinziehen
rentrage de fils de chaîne Einziehen *(n)* der Kettfäden
rentrage des fils (dans les lames) Schafteinzug *(m)*
rentrage discontinu (tissage) satzweiser Einzug *(m)*
rentrage droit (tissage) gerader Einzug *(m)*
rentrage par groupes partieweises Einziehen *(n)*
rentrée des classes Schulanfang *(m)*
rentrée du chariot Wageneinzug *(m)*
rentrer les fils die Fäden einziehen
rentrer les fils de chaîne einziehen od. passieren der Kettfäden
rentrer les fils de la lisière en doubles Randkettfäden doppelfädig einziehen
renversé umgekehrt
renvidage (fils) Aufwickeln *(n)*
renvider winden, aufwinden
renvider (fils) aufwickeln
renvideur Wagenspinner *(m)*
renvideur à retordre Zwirnselfaktor *(m)*
renvideur automatique Selbstspinner *(m)*, Selfaktor *(m)*
réparation générale (mach.) Grundüberholung *(f)* (Masch.)
réparer ausbessern, reparieren
répartir (colorants e.t.c.) verteilen
répartition Verteilung
repassage Bügeln *(n)*, auch: Nacharbeit *(f)*, Nachbesserung
repassage, à minimum de repassage bügelarm
repassage, essai de repassage Bügelprobe *(f)*
repassage, sans repassage bügelfrei
repassage, température de repassage Bügeltemperatur *(f)*
repasser bügeln, auch: nacharbeiten, nachbessern
repasser (au fer) bügeln
repasser (tissage) repassieren
repasser, facile à repasser bügelleicht
repasser, machine à repasser Bügelmaschine *(f)*
repeignage (filat.) Nachkämmen *(n)*
repère de couleurs Farbenregister *(n)*
repère de nuances Farbenregister
repeser nachwiegen
répéter wiederholen

répétiteuse (Jacquard) Repetiermaschine *(f)*
répétition d´impulsions Impulswiederholung *(f)*
répétition du dessin Musterrapport *(m)*
répétition médiale du rapport (impress.) Mittelrapport *(m)*
report de mailles Umhängemuster *(n)*
repoussant les électrons elektronenabstoßend
reprendre les mailles Maschen aufnehmen
reprise (teint.) Ausbesserung *(f)* (Färbung)
reprise (tissage) Anwebstelle (Fehler i.d. Web.)
reprise d´humidité (fils) zulässige Feuchtigkeit *(f)* (von Garnen), vorhandene Feuchtigkeit *(f)*
reprise élastique elastische Erholung *(f)*
repriser stopfen, ausbessern
reproductibilité Reproduzierbarkeit *(f)*
reproductible reproduzierbar
reproduction Reproduktion *(f)*
reproduire reproduzieren
reproduire, se sich wiederholen
reps Rips *(m)*
reps de trame Schußrips *(m)*
reps diagonal Schrägrips *(m)*
reps travers Kettrips *(m)*
réseau Netz *(n)*, (Verteilernetz, Elektr. u.s.w.)
réseau cristallin Kristallgitter *(n)*
réseau ionique Ionengitter *(n)*
réserve Reserve *(f)*,auch: Überschuß *(m)*
réserve colorée Buntreserve *(f)*
réserve préimprimée (impress.) Vordruckreserve *(f)*
réservoir Tank *(m)*, Reservoir *(n)*
réservoir de compensation Ausgleichsbehälter *(m)*
reservoir de décantation Absetzbecken *(n)*, Klärbecken *(n)*
réservoir des déchets Abfallbehälter *(m)*
résidu (chim.) Rückstand *(m)*
résidu de combustion Verbrennungsrückstand *(m)*
résidu de la flotte Restflotte *(f)*
résidu d´évaporation Abdampfrückstand *(m)*
résidu d´huile Ölrückstand *(m)*
résidu sec Trockenrückstand *(m)*
résiduaire restlich, verbleibend
résiduel restlich, verbleibend
résine Harz *(n)*
résine à ester Esterharz *(n)*
résine acrylique Acrylharz *(n)*
résine alkyde Alkydharz *(n)*
résine au dicyandiamide Dicyandiamidharz *(n)*
résine carbamide Carbamidharz *(n)*
résine de remplissage Füllharz *(n)*
résine de térébentine Terpentinharz *(n)*
résine d´huile du pin Tallöl *(n)*
résine d´urée Harnstoffharz *(n)*
résine échangeuse d´ions Ionenaustauscherharz *(n)*
résine époxy Epoxydharz *(n)*
résine formaldéhyde Formaldehydharz *(n)*
résine maléique Maleinharz *(n)*
résine mélamine-formaldéhyde Melamin-Formaldehydharz *(n)*
résine méthacrylique Methacrylharz *(n)*
résine polyester Polyesterharz *(n)*
résine réactive Reaktantharz *(n)*
résine silicone Silikonharz *(n)*
résine synthétique Kunstharz *(n)*
résine synthétique thermodurcissante in Wärme aushärtendes Kunstharz *(n)*
résine thio-urée-formaldéhyde Thioharnstoff-Formaldehydharz *(n)*
résine U.F. Karbamidharz *(n)*
résine urée-formaldéhyde Harnstoff-Formaldehydharz *(n)*
résineux harzähnlich
résinifère harzbildend
résinification Verharzung *(f)*, auch: Harzbildung *(f)*
résinifier, se résinifier verharzen, zu Harz *(n)* werden
résiniforme harzähnlich
résistance Widerstand *(m)*, Widerstandsfähigkeit *(f)*
résistance à la corrosion Korrosionsbeständigkeit *(f)*
résistance à la déchirure Einreißfestigkeit *(f)*
résistance à la déchirure amorcée Weiterreißfestigkeit *(f)*
résistance à la déchirure du bord Kanteneinreißfestigkeit *(f)*

résistance à la déformation Formbeständigkeit *(f)*, Beständigkeit gegenüber Verformung
résistance à la flamme Flammfestigkeit *(f)*
résistance à la rouille Rostbeständigkeit *(f)*
résistance à la température Temperaturbeständigkeit *(f)*
résistance à la torsion Drehungsfestigkeit *(f)*
résistance à la traction Zugfestigkeit *(f)*
résistance à l´abrasion Scheuerfestigkeit *(f)*
résistance à l´éclatement Berstfestigkeit *(f)*
résistance à l´éraillage Schiebefestigkeit *(f)*
résistance à l'humidité Naßechtheit *(f)*
résistance à l'usure Verschleißfestigkeit *(f)*
résistance au cisaillement Scherfestigkeit *(f)*
résistance au frottement Reibfestigkeit *(f)*
résistance au gonflement Quellbeständigkeit *(f)*
résistance au mouillé Naßbeständigkeit *(f)*, Naßfestigkeit *(f)*
résistance au piétinement Trittfestigkeit *(f)*
résistance au stockage Lagerbeständigkeit *(f)*
résistance chimique chemischer Widerstand *(m)*
résistance de la boucle Schlingenfestigkeit *(f)*
résistance de noyage Knotenfestigkeit *(f)* (gegen Knoten)
résistance des lisières au déchirement Kanteneinreißfestigkeit *(f)*
résistance kilométrique Reißlänge *(f)*
résistance spécifique à la rupture Reißfestigkeit *(f)* auf den Querschnitt bezogen
résistance sur éprouvette enteillée Kerbschlagzähigkeit *(f)*
résistance, à haute résistance hochwiderstandsfähig
résistant resistent, haltbar, widerstandsfähig, stabil
résistant à chaud heißfest
résistant à l'abrasion scheuerfest
résistant à la chaleur hitzefest
résistant à la corrosion korrosionsbeständig
résistant à la dureté de l´eau härtebeständig (gegen Wasserhärte)
résistant à la frisure kräuselbeständig, nicht kräuselnd
résistant à la lessive laugenbeständig
résistant à la pourriture verrottungsfest
résistant à la pression (phys.) druckfest
résistant à la rognure d´insectes insektenfest
résistant à l'hydrolyse hydrolysenfest
résistant à l´eau wasserbeständig
résistant à l´huile ölbeständig
résistant à l´humidité feuchtigkeitsbeständig, naßecht
résistant au boulochage pillingfest
résistant au chlore chlorfest
résistant au frottage wischfest
résistant au gel kältebeständig
résistant au gonflement quellfest
résistant au lavage waschfest
résistant au lavage à la machine waschmaschinenfest
résistant au pilling pillingfest
résistant aux acides säurebeständig
résistant aux effets de chaleur thermisch beständig
résistant aux intempéries wetterbeständig, wetterfest
résistant aux mites mottenfest, mottenecht
résistant aux rayons ultra-violets UV-beständig
résister widerstehen, Widerstand *(m)* leisten
résorber resorbieren, aufsaugen
résoudre auflösen, lösen (Problem)
respiratoire porenatmend, atmend
respiratoire (text.) atmend
responsabilité de la défectuosité Mängelhaftung *(f)*
resserrer nachspannen
ressort Feder *(f)* (an Masch.)
restant übrig, restlich
restant (subst.) Rest *(m)*, Übrigbleibende *(n)*

restant, le restant de propriétés übrige Eigenschaften *(f, pl)*
reste (subst.) Rest *(m)*
rester accroché hängenbleiben
restes de tissu Stoffreste *(m, pl)*
résultat Resultat *(n)*
résultat de marchandise Warenausfall *(m)*
résultat des essais Versuchsergebnis *(n)*
résultat expérimental Versuchsergebnis *(n)*
résultat final Schlußergebnis *(n)*
résumer zusammenfassen, kurz darstellen
retaille d'étoffe Stoffschnitzel *(m)*
retard Verspätung *(f)*, Verzögerung *(f)*, Zurückbleiben *(n)*
retard à l'ébullition Siedeverzug *(m)*
retard à l'engagement (rame) Nacheilung *(f)*
retard, en retard (mach.) nacheilend
retard, être en retard (mach.) nacheilen
retard, retardement Verzögerung *(f)*
retardateur (subst.) Retarder *(m)*
retardement Retardierung *(f)*, Verzögerung *(f)*
retarder retardieren, zurückhalten, verzögern
reteindre auffärben (von neuem), umfärben
retendre nachspannen
rétention Retention *(f)*, Zurückhaltung *(f)*
rétention de chlore Chlorretention *(f)*
rétention d'eau Wasserrückhaltevermögen *(n)*
réticulaire netzförmig
réticulant Vernetzer *(m)*
réticulation Vernetzung *(f)*
réticulation transversale Quervernetzung *(f)*
réticulation, à réticulation automatique selbstvernetzend
réticulé chimiquement chemisch vernetzt
réticuler (chim.) vernetzen
retirage (filat.) Nachzug *(m)*
retirons *(m, pl)* Kämmling *(m)*
retombée radioactive Fallout *(m)*, radiaktiver Fallout
retordage Zwirnerei *(f)*, Zwirnen *(n)*
retordage par étirage Streckzwirnen *(n)*
retordage préliminaire Vorzwirnen *(n)*
retordement Zwirnung *(f)*, Zwirndrehung *(f)*
retorderie Zwirnerei *(f)*
retordeuse Zwirnmaschine *(f)*
retordeuse à deux étages Zweietagenzwirnmaschine *(f)*
retordeuse à étages Etagenzwirnmaschine
retordeuse à filière Düsenzwirnmaschine *(f)*
retordeuse à trois étages Dreietagenzwirnmaschine *(f)*
retordeuse à une face einseitige Zwirnmaschine *(f)*
retordeuse fil fantaisie Effektzwirnmaschine *(f)*
retordeuse-fileuse Zwirnspinnmaschine *(f)*
retordre zwirnen
retordu gezwirnt
retordu floche lose gezwirnt
retordu lâche lose gezwirnt
retors (adj.) gezwirnt
retors (subst.) gezwirnter Stoff *(m)*, Zwirn *(m)*
retors à deux fils Zweifachzwirn *(m)*
retors boutonné Knopfgarn *(n)*
retors câblé Mehrfachzwirn *(m)*
retors crêpe Kräuselzwirn *(m)*
retors de silonne Glasfilamentzwirn *(m)*
retors de verranne Glastapelfaserzwirn *(m)*
retors gonflé Kräuselzwirn *(m)*
retors inégal ungleichmäßiger Zwirn *(m)*
retors pour cord de pneus Reifenkordzwirn *(m)*
retors pour filature Spinnzwirn *(m)*
retors pour velours Kordzwirn *(m)*
retors simple Einfachzwirn *(m)*
retouche Nacharbeit *(f)*, Nachbesserung *(f)*, Ausbesserung *(f)*, Retusche *(f)*
retoucher retuschieren, ausbessern
rétraction Retraktion *(f)*
retrait Schrumpf *(m)*, Einsprung *(m)*
retrait au fixage Fixierschrumpf *(m)*
retrait au mouillé Naßschrumpf *(m)*
retrait de fabrication Nachschrumpfung *(f)*
retrait en longueur Längeneinsprung *(m)*, Längeneingang *(m)*

retrait résiduel Restkrumpfung *(f)*, Restschrumpf *(m)*
retrait thermique Thermoschrumpf *(m)*
retrait transversal Querschrumpfung *(f)*
retraiter wiederaufarbeiten
rétrécir zusammenziehen, schrumpfen, einlaufen, krimpen, krumpfen, verengen
rétrécir préalablement vorschrumpfen
rétrécir, se einlaufen, krumpfen, schrumpfen, eingehen, schrinken
retrécissage Einschrumpfung *(f)*, Einsprung *(m)*
rétrécissage préalable vorgeschrumpft
rétrécissage thermique Thermoschrumpf *(m)*
rétrécissement Krumpfung *(f)*, Einsprung *(m)*, Schrumpf *(m)*, Zusammenziehen *(n)*
rétrécissement dans la largeur Breiteneinsprung *(m)*
rétrécissement irrégulier unterschiedliche Schrumpfung *(f)*
rétrécissement progressif progressive Schrumpfung *(f)*
rétroactif rückwirkend
rétroaction Rückwirkung *(f)*
rétroaction (chim.) Rückwirkung *(f)*
rétroaction du fil Rückführung *(f)* des Fadens
retrousser (Ärmel) aufschlagen
réunir (filat.) vereinigen
réunir (techn.) zusammenfassen, vereinigen
réunissage (d´ensouples) Zusammenbäumen *(n)*
réunisseur (filat.) Ablieferungswalze *(f)*, Lieferwalze *(f)*
réunisseuse Bandwickelmaschine *(f)*, Banddoppler *(m)*
réussir un coloris einen Farbton *(m)* treffen
réutilisable wiederverwendbar
réutilisation Wiederverarbeitung *(f)*
revendication Forderung *(f)*, Reklamation *(f)*
revers Oberrand *(m)*, Revers *(n)*
revers de manche Ärmelaufschlag *(m)*
revers de pantalon Hosenumschlag *(m)*
revers de visière Lanzenrevers *(n)*
revers double Doppelrand *(m)*
revers, à revers linksseitig
réversible reversibel, umkehrbar
réversion (chim.) Rückbildung *(f)*
revêtement Bezug *(m)*, Überzug *(m)*, Verkleidung *(f)*, Ummantelung *(f)*
revêtement de capitonnage Polsterbelag *(m)*
revêtement de cylindre Walzenbezug *(m)*, Walzenauflage *(f)*
revêtement de sol Bodenbelag *(m)*
revêtement de sol textile textiler Bodenbelag *(m)*
revêtement de sol vinylique Vinyl-Fußbodenbelag *(m)*
revêtement d'escalier Treppenbelag *(m)*
revêtement du sol Bodenbelag *(m)*, Auslegware *(f)*
revêtement du sol piqué Nähwirkbodenbelag *(m)*
revêtement en caoutchouc Gummiüberzug *(m)*
revêtement intérieur Innenauskleidung *(f)*
revêtement mural Wandverkleidung *(f)*
revêtement par poudre Pulverbeschichtung *(f)* (Kaschieren)
revêtement pour rouleaux Walzenbezug *(m)*, Walzenauflage *(f)*
revêtement résistant aux acides säurefeste Auskleidung *(f)*
revêtement tapis du sol Teppichboden *(m)*
revêtements en amiante Asbestverkleidung *(f)*, Asb.-Belag
revêtir verkleiden, beschlagen
revêtu de fourrure pelzig
revue professionnelle textile Textilfachzeitschrift *(f)*
rhabiller ausbessern
rhodamine Rhodamin *(n)*
ridé faltig, gerippt, runzelig
rideau Vorhang *(m)*, Gardine *(f)*
rideau de séparation Trenngardine *(f)*
rideau en mailles filet Netzgardine *(f)*
rideau en tulle Tüllgardine *(f)*
rigide starr, steif, hart
rigidifier versteifen
rigidité Starrheit *(f)*, Härte *(f)*
rigidité, à haute rigidité hochfest, starr
rinçage Spülung *(f)*, Spülen *(n)*, Spülvorgang *(m)*, Ausspülen *(n)*
rinçage à circulation Umlaufspülung *(f)*
rinçage final letzter Spülgang *(m)*, Nachspülen *(n)*

rinçage ultérieur Nachspülen *(n)*
rincer ausspülen, spülen, abbrausen
rincer à trop-plein im Überlauf spülen
rincer ultérieurement nachspülen
rinceuse à plateau Spülteller *(m)*
risque de gelée (ou de gel) Frostgefahr *(f)*
rivet Niete *(f)*
robe Kleid *(n)*, Etuikleid *(n)*, Talar *(m)*
robe à bretelles Hängerkleid *(n)*
robe à capuche Kapuzenkleid *(n)*
robe à pans Schoßkleid *(n)*
robe chemisier Chemisierkleid *(n)*, Hemdblusenkleid *(n)*
robe confectionnée Fertigkleid *(n)*
robe coupe triangulaire Zeltkleid *(n)*
robe d'après-midi Nachmittagskleid *(n)*
robe de baptême Taufkleid *(n)*
robe de chambre Morgenmantel *(m)*, Hausmantel *(m)*, Morgenrock *(m)*
robe de cocktail Cocktailkleid *(n)*
robe de communion Kommunionkleid *(n)*
robe de mariée Brautkleid *(n)*
robe de maternité Umstandskleid *(n)*
robe de poupée Puppenkleid *(n)*
robe de surprise-partie Partykleid *(n)*
robe de tennis Tenniskleid *(n)*
robe décolletée au dos rückendekolltiertes Kleid *(n)*
robe d'hôtesse Kaminkleid *(n)*
robe d'intérieur Hauskleid *(n)*
robe du soir Abendkleid *(n)*
robe fourreau Futteralkleid *(n)*
robe en maille Strickkleid *(n)*
robe gitane Zigeunerkleid *(n)*
robe jumper Jumperkleid *(n)*
robe-manteau Mantelkleid *(n)*
robe moulante hautnahes Kleid *(n)*
robe-sac Sackkleid *(n)*
robe sur mesure Schnittkleid *(n)*
robe-sweater Sweater-Kleid *(n)*
robe-tablier Kittelkleid *(n)*, Schürzenkleid *(n)*
robinet Hahn *(m)*, Sperrhahn *(m)*
robinet à deux voies Zweiwegehahn *(m)*
robinet compte-gouttes Tropfhahn *(m)*
robinet de prise Zapfhahn *(m)*, Entnahmehahn *(m)*
robinet de purge Auslaufhahn *(m)*
robinet de règlage (dosage) Dosierhahn
robinet d´arrêt Absperrhahn *(m)*
robinet général Haupthahn *(m)*
robinet puisard (ou de puisage) Zapfhahn *(m)*
robinet-vanne (mach.) Schieber *(m)*, (Öffner am Färbeapparat)
robot Roboter *(m)*
robot industriel Industrieroboter *(m)*
roder (mach.) einfahren, einlaufen lassen
romaine Garnwaage *(f)*
romaine de numérotage Garnbestimmungswaage *(f)*
romaine de précision Präzisionsgarnwaage *(f)*
rompre brechen (Appr.)
rond rund
rond de serviette Serviettenring *(m)*
rondelle de garniture Dichtungsring *(m)*
rongéabilité Ätzbarkeit *(f)*
rongeage à Rongalite Rongalitätze *(f)*
rongeage coloré Buntätze *(f)*
rongeant Ätzmittel *(n)*, Ätzdruck *(m)*
rongeant réducteur Reduktionsätze *(f)*
rongeâtre rötlich
ronger (impr.) ätzen,
ros Blatt *(n)* (Web.), Riet *(n)*, Webblatt *(n)*
ros (tissage) Kamm *(m)*, Webkamm *(m)*
ros, passage du fil dans le ros Rieteinzug *(m)*
rose choquant schocking-rosa
rose délicat zart rosa
rossignols Ladenhüter *(m, pl)*
rotafrotteur Nitschelwerk *(n)*
rotation Drehbewegung *(f)*, Rotation *(f)*, Umdrehung *(f)*
rotation au cadre rotatif (sur rotative) Rotationsfilmdruck *(m)*
rotation en sens des aiguilles du montre Drehung *(f)* im Uhrzeigersinn
rotation, à rotation complète rundum schwenkbar
rotor poil Polrotor *(m)*
roue Rad *(n)*
roue à dessin Musterrad *(n)*
roue de filature Spinnrad *(n)*
roue de registre (impress.) Rapportrad *(n)*
roue dentée Zahnrad *(n)*
roue d´engrenage Zahnrad *(n)*
roue excentrique Exzenterrad *(n)*, Exzenterscheibe *(f)*
rouge rot
rouge bordeaux Bordeaurot *(n)*

rouge brun rotbraun
rouge coquelicot mohnrot
rouge de Soudan Sudanrot *(n)*
rouge prune pflaumenrot
rouge rubis rubinrot
rouge sanguin blutrot
rouge turc Türkischrot *(n)*, Alizarinrot *(n)*
rouge vif hochrot
rouille Rost *(m)*
rouillé rostig, verrostet
rouissage (lin) Rotten *(n)* (Flachs)
rouissage de lin Flachsröste *(f)*
rouissage de vapeur (lin) Dampfröste *(f)* (Flachs)
rouleau Rolle *(f)*, Walze *(f)*
rouleau brosseur Bürstenwalze *(f)*
rouleau compensateur (ou de compensation) Tänzerwalze *(f)*, Pendelwalze *(f)*
rouleau compresseur Preßwalze *(f)*
rouleau danseur Tastrolle *(f)*
rouleau de doubleur Mitläuferwalze *(f)*
rouleau de guidage Führungsrolle *(f)*
rouleau de lissage Glättwalze *(f)*
rouleau de nappe (filat.) Wickel *(m)*
rouleau de nappe d´étirage Streckenwickel *(m)*
rouleau de tissu Geweberolle *(f)*, Docke *(f)*
rouleau diviseur Teilerwalze *(f)*
rouleau d´appel (Raschel) Sandwalze *(f)*
rouleau d´enroulage Docke *(f)*, Aufrollvorrichtung *(f)* für Gewebe, Wickler *(m)*
rouleau élargisseur Ausbreitwalze *(f)*, Breitlegewalze *(f)*, Rillenwalze*(f)*
rouleau en caoutchouc Gummiwalze *(f)*
rouleau encolleur Leimwalze *(f)*, Schlichtewalze *(f)*, Auftragswalze *(f)*
rouleau exprimeur Quetschwalze *(f)*
rouleau-guide Leitwalze *(f)*
rouleau imprimeur (avec motif) Druckwalze *(f)*
rouleau plongeur Tauchwalze *(f)*
rouleau presseur (calandre) Druckwalze *(f)*
rouleau rainure Nuten(teil)walze *(f)*
rouleau supérieur Oberwalze *(f)*
roulement (mach.) Lauf *(m)*, Gang *(m)*, Betrieb *(m)*
roulement à billes Kugellager *(n)*
roulement à vide Leerlauf *(m)*
rouler rollen
roulette de tirage Abzugswalze *(f)* in der Wirkerei
rouloir Wickelwalze *(f)*, Aufwickelapparat *(m)*
roux rotgelb, fuchsrot
ruban (de laine) **peigné** Kammzug *(m)*
ruban (filat. et génér.) (Träger)Band *(n)*
ruban à repasser aufbügelbares Band *(n)*
ruban adhésif Klebeband *(n)*
ruban de câble Kabelband *(n)*
ruban de carde Kardenband *(n)*
ruban de convertisseur Konverterband *(n)*, Konverterzug *(m)*
ruban de fibres Faserband *(n)*
ruban de fibres discontinues Reißspinnband *(n)*
ruban de filoselle Florettband *(n)*
ruban de fils Fadenband *(n)*
ruban de laine cardée Wollkrempelband *(n)*
ruban de linge Wäscheband *(n)*
ruban de verre textile Glasstapelfaserband *(n)*,
ruban de voile Florband *(n)*
ruban d´étirage Streck(en)band *(n)*
ruban en caoutchouc Gummiband *(n)*
ruban en reps Ripsband *(n)*
ruban en soie Seidenband *(n)*
ruban en taffetas Taftband *(n)*
ruban nourricier (filat.) Einlaßband *(n)* (Spinn.)
ruban oblique Schrägband *(n)*
ruban pour machines à écrire Schreibmaschinenband *(n)*
ruban tissé Webband *(n)*
ruban, petit ruban Bändchen *(n)*
rubanerie Bandweberei *(f)*
rubaneuse Bandmaschine *(f)*
rubans de laine peignée Wollkammzug *(m)*
rubis Rubin
rubrique Rubrik *(f)*
ruche Rüsche *(f)*
ruche zig-zag Zickzackrüsche *(f)*
rugosité Rauhigkeit *(f)*
ruisseler triefen
rustique rustikal
rupture de fatigue Ermüdungsbruch *(m)*
rupture de fil Fadenbruch *(m)*

rupture de trame Schußbruch *(m)*
rupture du fil de chaîne Kettfadenbruch *(m)*
rupture d´une émulsion Brechen *(n)*, Instabilwerden *(n)* einer Emulsion

S

sable, à couleur de sable sandfarben
sac Sack *(m)*, Beutel *(m)*, auch: Tüte *(f)*
sac à bandoulière Umhängebeutel *(m)*
sac à dos Rucksack *(m)*
sac à main Handtasche *(f)*
sac à pieds Fußsack *(m)*
sac à poussière Staubbeutel *(m)*
sac à provisions Einkaufstasche *(f)*
sac de bain Badetasche *(f)*
sac de couchage Schlafsack *(m)*
sac de golf Golftasche *(f)*
sac de marin Seesack *(m)*
sac de sable Sandsack *(m)*
sac de voyage Reisetasche *(f)*
sac du soir Abendtasche *(f)*
sac en bandelettes tissées Bändchensack *(m)* (Folie)
sac postal Postsack *(m)*
saccadé (adj.) stoßartig
saccades, par saccades (adv.) stoßartig, stoßweise
saccharide Saccharid *(n)*
saccharification Verzuckerung *(f)*
saccharifier verzuckern
sachet kleiner Sack *(m)*, kleiner Beutel *(m)*
saisie de données Datenerfassung *(f)*
saison Saison *(f)*
salaire Lohn, Arbeitslohn *(m)*
salaire de base Grundlohn *(m)*
salaire horaire Stundenlohn *(m)*
salaire tarifaire Tariflohn *(m)*
salaires directes Fertigungslöhne
salé kochsalzhaltig
sale schmutzig
saler salzen, einsalzen
sali par d´huile verölt, verschmutzt durch Öl
salicylique Salicyl....
salifiable salzbildend
salification Salzbildung *(f)*
salifière salzhaltig
salin salzig, salzartig
salinité Salzigkeit *(f)*, Salzgehalt *(m)*
salir verschmutzen, beschmutzen
salir, se schmutzig werden, sich anschmutzen
salissure Anschmutzen *(n)*, Anschmutzung *(f)*, Verschmutzung *(f)*, Schmutz *(m)*
salissure de graisse Schmiere *(f)*, Schmutz *(f)*, Fettverschmutzung *(f)*
salle de bobinage Spulerei *(f)* (Fabrik)
salle de métiers Websaal *(m)*
salle de vente Verkaufsraum *(m)*
salle d´épluchage et nettoyage Putzerei *(f)*
salle d´ourdissage Zettelei *(f)*
salon Messe *(f)*, Ausstellung *(f)*
salon de la fourrure Pelzmesse *(f)*
salon de la mode Modemesse *(f)*
salopette Latzhose *(f)*
salpêtre Salpeter *(m)*
sandale de plage Strandschuh *(m)*
sanforisage Sanforisieren *(n)*
sanforiser sanforisieren
sangle Gurtband *(n)*
sangle de coton Baumwollgurt *(m)*
sangle de selle Sattelgurt *(m)*
sangle tissé Gewebegurt
sanitaire gesundheitlich
sans à-coups ruckfrei
sans contact kontaktlos
sans couture seamless
sans fin endlos
sans manches ärmellos
sans noeuds knotenfrei
sans porosités porenfrei
saponification Verseifung *(f)*
saponifier verseifen
sarape Sarape
sarcenet Sarsenet *(m)*
sari Sari *(m)*
sarong Sarong *(m)*
sas Luftschleuse *(f)*
satin Satin *(m)*, Seidenatlas *(m)*
satin broché Atlasbrokat *(m)*
satin double face Doppelatlas *(m)*
satin duchesse Duchesse *(m)*
satin effet (de) **chaîne** Kettatlas *(m)*
satin effet trame Schußatlas *(m)*
satin irrégulier brisé versetzter Atlas *(m)*
satin lié/renforcé verstärkter Atlas *(m)*
satin par chaîne Kettatlas *(m)*

satin turc fünfbindiger Atlas *(m)*, türkischer Atlas *(m)*
satinage Atlasglanz *(m)*
satinage à froid Kaltglätten *(n)*
satiner satinieren
saturation Sättigung *(f)*
saturation de couleur Farbsättigung *(f)*
saturé gesättigt
saturé (chim.) gesättigt
saturé, non saturé ungesättigt
saumure Lake *(f)*, Salzlake *(f)*, Sole *(f)*, Salzlösung *(f)*
saupoudrable streufähig
saupoudrer aufstäuben, überstäuben, (ein)streuen, aufstreuen, überstreuen
saut (génér.) Sprung *(m)*
sauter springen, überspringen, auslassen
savon Seife *(f)*
savon à foulon Walkseife *(f)*
savon calcaire Kalkseife *(f)*
savon de chaux Kalkseife *(f)*
savon de Marseille Marseiller Seife *(f)*, auch: Kernseife
savon d´étain Zinnseife *(f)*
savon en paillettes Seifenflocken *(f,pl)*
savon en poudre Seifenpulver *(n)*, Waschpulver *(n)*
savon inverti Invertseife (kat. Seife)
savon noir Schmierseife *(f)*
savonner seifen, einseifen
saxony (tissu) Saxony (Stoff)
schématique schematisch
science technique technische Wissenschaft *(f)*, Technik *(f)*
scientifique wissenschaftlich
se couvrir de buée beschlagen, sich mit Feuchtigkeit beschlagen
seau Eimer *(m)*
sec trocken
séchage Trocknung *(f)*
séchage aux rouleaux (aux cylindres) Walzentrocknung *(f)*
séchage des morceaux Schnitzeltrockner *(m)*
séchage final Nachtrocknung *(f)*
séchage infrarouge Infrarottrocknung *(f)*
séchage par contact Kontakttrocknung *(f)*
séchage par convection Konvektionstrocknung *(f)*
séchage par pulvérisation Sprühtrocknung *(f)*
séchage par rayons infrarouges Infrarottrocknung *(f)*
séchage sur claies Hordentrocknung *(f)*
séchage, à séchage rapide schnelltrocknend
séchant rapidement schnelltrocknend
séché à l´air luftgetrocknet
sécher (trans.) trocknen, eintrocknen
sécher ensuite nachtrocknen, nachfolgend trocknen
sécher, se (réfl.) eintrocknen, trocken werden
sécheresse Trockenheit *(f)*, Dürre *(f)*
sécheur Trockner *(m)*, Trockenapparat *(m)*
sécheur à cylindres Zylindertrockner *(m)*
sécheur à tambour perforé Siebtrommeltrockner *(m)*
sécheur à vide Vakuumtrockner *(m)*
sécheur aux tuyères Düsentrockner
sécheur continu Durchlauftrockner *(m)*
sécheur de (à, par) **contact** Kontakttrockner *(m)*
sécheur de fibres à ruban multiple Faserbandetagentrockner *(m)*
sécheur horizontal Flachtrockner *(m)*
sécheur par oscillation Taumeltrockner *(m)*
sécheur pour (tissus) **non-tissés** Vliestrockner *(m)* (für Vliese)
sécheuse-rameuse Trocken- und Spannmaschine *(f)*
séchoir à bande transporteuse Bandtrockner *(m)*
séchoir à claies Hordentrockner *(m)*
séchoir à haute fréquence Hochfrequenztrockner *(m)*
séchoir à plis Schleifentrockner *(m)*
séchoir à plis suspendus Kurzschleifentrockner *(m)*
séchoir à plusieurs parcours Mehrbahntrockner *(m)*, mehrbahniger Trockner *(m)*
séchoir à suspension Schwebetrockner *(m)*
séchoir à tambour Trommeltrockner *(m)*
séchoir à tambour pneumatique Traglufttrommeltrockner *(m)*
séchoir à tuyères d´aspiration Saugdüsentrockner *(m)*
séchoir micro-ondes Mikrowellentrockner *(m)*

séchoir pour articles tubulaires Trockner *(m)* für Waren in Schlauchform
séchoir rapide Schnelltrockner *(m)*
secondaire sekondär, Neben.... , Zweit....,
Secrétariat international de la laine Internationales Wollsekretariat *(n)*
sécréter absondern, abscheiden
secteur Gebiet *(n)*, Sektor *(m)*
secteur d´application Einsatzgebiet *(n)*, Einsatzbereich *(m)*
section (filat.) Teil *(n)*, Durchgang *(m)*
section de l´installation Teilanlage *(f)*
section de procédé Verfahrensabschnitt *(m)*
section de séparation des fils à l´état humide Naßteilfeld *(n) (für Garne)*
section d´ourdissage Schärband *(n)*
section profilée profilierter Querschnitt *(m)*
section transversale Querschnitt *(m)*
sectionnement Aufgliederung *(f)*
sécurité de fonctionnement Funktionssicherheit *(f)*
sédiment Sediment *(n)*, abgesetzter Niederschlag *(m)*, Ablagerung *(f)*
sédiment (chim.) Ablagerung *(f)*
sédiment salin Salzablagerung *(f)*
sédiment, déposer des sédiments sedimentieren
sédimentation Sedimentation *(f)*
sédimentation, déposé par sédimentation sedimentiert
seersucker Seersucker *(m)*
sel Salz *(n)*
sel ammoniaque Ammoniaksalz *(n)*
sel basique basisches Salz *(n)*
sel chromeux Chrom-II-Salz *(n)*
sel chromique ChromIII-Salz *(n)*
sel commun Färbesalz *(n)*, Kochsalz *(n)* für Färbungen
sel complexe Komplexsalz *(n)*
sel de gemme Steinsalz *(n)*
sel de Glauber Glaubersalz *(n)*
sel de table Kochsalz *(n)*
sel de teinture solide Echtfärbesalz *(n)*
sel double Doppelsalz *(n)*
sel d´Epsom Bittersalz *(n)*, Epsomsalz *(n)*
sel d´oseille Kleesalz *(n)*
sel Glauber Glaubersalz *(n)*, Natriumsulfat *(n)*
sel gris ungereinigtes Meersalz *(n)*
sel marin Kochsalz *(n)*, Meersalz *(n)*
sel métallique Metallsalz *(n)*
sel phosphonium Phosphoniumsalz *(n)*
sel zincique Zinksalz *(n)*
sel-gemme Steinsalz *(n)*
sélectif selektiv
sélection Auswahl *(f)*
sélection de produits orientée aux besoins Bedarfsbündelung *(f)*
sélectivité Selektivität *(f)*
sélénium Selen *(n)*
self-service Selbstbedienung *(f)*
sels de dureté Härtebildner *(m, pl)* (des Wassers)
semelle Sohle *(f)*
semelle split Splitsohle *(f)*
semence de coton Baumwollsamen *(m)*
semi.... halb....
semi-automatique halbautomatisch
semi-brillant (subst.) Mattglanz *(m)*
semi-conducteur Halbleiter *(m)*
semi-continu, en semi-continu halbkontinuierlich
sémi-cyclique semizyklisch
semi-fluide halbflüssig
semi-liquide zähflüssig
semi-lustre Mattglanz *(m)*
semi-mat halbmatt
semi-opaque (couleur) halbdeckend
semi-ouvré halbfertig
semiperméable halbdurchlässig, semipermeabel
sémi-polaire semipolar
sens Sinn *(m)*, auch: Richtung *(f)*
sens alternant du bain wechselnde Flottenrichtung *(f)*
sens de circulation Strömungsrichtung *(f)*, Strömungsverlauf *(m)*
sens de la trame Schußfadenrichtung *(f)*
sens de marche Laufrichtung *(f)*
sens de tissu Strich *(m)* des Gewebes, Florrichtung d. Gewebes
sens de tordage (torsion) *(filat.)* Drehungsrichtung *(f)*
sens des couleurs Farbensinn *(m)*
sens des fibres Faserrichtung *(f)*, Flottenrichtung *(f)*
sens du bain Richtung *(f)* der Flotte
sens du fil, dans les sens du fil in Fadenrichtung *(f)*, mit dem Strich *(m)*
sens inverse Gegenrichtung *(f)*

sens longitudinal Längsrichtung *(f)*
sens travers Querrichtung *(f)*
sens, dans le sens de largeur der Breite *(f)* nach
sens, en sens inverse in umgekehrter Richtung *(f)*
sens, en sens traversal aux fibres quer zur Faserrichtung *(f)*
sensibilité Empfindlichkeit *(f)*
sensibilité à la chaleur Wärmeempfindlichkeit *(f)*, Hitzeempfindlichkeit *(f)*
sensibilité aux métaux Metallempfindlichkeit *(f)*
sensibilité chromatique Farbempfindlichkeit *(f)*
sensibilité de mesurage Meßempfindlichkeit *(f)*
sensibilité excessive au rouge Rotüberempfindlichkeit *(f)*, Rotsichtigkeit *(f)*
sensible empfindlich
sensible à empfindlich gegen
sensible à froid kälteempfindlich
sensible à la chaleur hitzeempfindlich, wärmeempfindlich
sensible à la dureté de l'eau härteempfindlich (gegen Wasserhärte)
sensible à la lumière lichtempfindlich
sensible à la phase phasenabhängig
sensible au feu feuerempfindlich
sensible aux acides säureempfindlich
sensoriel sensorisch
séparable trennbar, lösbar, separabel
séparable (chim.) trennbar
séparateur de graisse Fettabscheider *(m)*
séparateur de vapeur Dampfabscheider *(m)*
séparateur des fils Fadenteiler *(m)*
séparateur d´eau de condensation Kondenswasserabscheider *(m)*
séparateur d´huile Ölabscheider *(m)*
séparation Trennung *(f)*, Teilung *(f)*
séparation chromatique Farbaufteilung *(f)*
séparation des couleurs Farbzerlegung *(f)*
séparation du mélange Entmischung *(f)*
séparation d´impuretés Schmutzabscheidung *(f)*
séparé getrennt, Neben..., Separates *(n, pl)*
séparer trennen, absondern, teilen
séparer (chim.) entmischen
séparer, se séparer à l´état cristallin auskristallisieren, sich auskristallisieren
séquence Folge *(f)*, Sequenz *(f)*
séquence des opérations Verfahrensfolge *(f)*
séquestrant Wasserenthärtungsmittel *(n)*, Wasserenthärter *(m)*, Maskierungsmittel *(n)*, Sequestriermittel *(n)*
sérancer hecheln
serge Serge *(m)*
sergé (subst.) ungleichseitiger Köper *(m)*, geköperter Stoff *(m)*
sergé à dents Rietköper *(m)*
sergé brisé gebrochener Köper *(m)*
sergé cannelé Ripsköper *(m)*
sergé de coton Baumwollköper *(m)*
sergé de quatre lames vierbindiger Köper *(m)*
sergé de trois dreischäftiger Köper
sergé d´étaim Wolltwill *(m)*, Feinköper *(m)* aus Wolle
sergé effet chaîne Kettköper *(m)*
sergé effet trame Schußköper *(m)*
sergé en chevron Fischgratköper *(m)*
sergé ondulé Wellenköper *(m)*
sergé, faux sergé Scheinköper *(m)*
sériciculture Seidenzucht *(f)*
séricine Seidenbast *(m)*
série Serie *(f)*, Reihe *(f)*, Reihenfolge *(f)*
série de nombres Zahlenreihe *(f)*
série d´essais Versuchsreihe *(f)*
série homologue homologe Reihe *(f)* (Chem.)
série, par séries, par rangs reihenweise
sérigraphie Siebdruck *(m)*
serpentin à vapeur Dampfheizschlange *(f)*
serpentin de chauffage Heizschlange *(f)*
serrage des noeuds Knotenrutschfestigkeit *(f)*
serrage des rubans de nappe Bandverdichtung *(f)* (Spinn.)
serrage en longueur Teilung in Schußrichtung *(f)*
serré dicht, fest geschlossen
serré (tissage) dichtgeschlagen, dichtgewebt (Web.), hartgewebt
serré (tissu) dicht, fest
serre-navette Schürzenhalter *(m)*

serre optimale nadelfest
serre-taille Taillengürtel *(m)*
serrer einengen, quetschen, drücken, verengen, zusammenziehen
serrer la vis die Schraube festziehen
serrure Schloß *(n)*
service Dienst
service après-vente Kundendienst *(m)*
service de contrôle Prüfstelle *(f)*
service technique technische Abteilung *(f)*, technischer Dienst *(m)*
service, être hors service stillstehen
service, hors service außer Betrieb, stillstehend
service, mise en service Inbetriebnahme *(f)*
serviette Handtuch *(n)*, Serviette *(f)*
serviette de bain Badetuch *(n)*
serviette-éponge Frottierhandtuch *(n)*
serviette pour les invités Gästetuch *(n)*
set Set *(n)*
short bermuda Bermudahose *(f)*
shortie Shortie *(m)*
shorts Shorts *(f, pl)*
sibérienne sibirienne
siccatif (chim.) schnelltrocknend
siège Sitz *(m)*
signal Signal *(n)*, Zeichen *(n)*
signaler melden, anzeigen,
signalisation des défauts Fehleranzeige *(f)*
signe Zeichen *(n)*, Marke *(f)*
signe convenu Formelzeichen *(n)*
signe d'entretien Pflegekennzeichen *(n)*
signe moins Minuszeichen *(n)*, negatives Vorzeichen *(n)*
silicate Silikat *(n)*
silicate alcalin Alkalisilikat *(n)*
silicate de sodium Natronwasserglas *(n)*
silicate de sodium Wasserglas *(n)*, Natriumsilikat *(n)*
silicé kieselsäurehaltig
silicieux kieselsäurehaltig
silicium Silizium *(n)*
silicone Silikon *(n)*
silonne (subst.) Glasfasererzeugnis *(n)*
silonne coupée Stapelglasseide *(f)*
siloxane Siloxan *(n)*
simili (bijoux) (Schmuck-) Imitation *(f)*
simili-cuir Kunstleder *(n)*, Lederimitation *(f)*
simple einfach, ungeteilt
simple, à fil simple Einzelfaden....
simplification du travail Arbeitsvereinfachung *(f)*
simplifier vereinfachen
simulation Simulierung *(f)*
simultané zeitgleich, gleichzeitig, zur selben Zeit *(f)*, simultan
simultané (adj.) gleichzeitig
siphonner hebern
sirop Sirup *(m)*
sisal Sisal *(m)*
slip (Damen)Schlüpfer *(m)*, Höschen *(n)*
slip hygiénique Hygiene-Slip *(m)*
smocks Smoken
smocks, faire des smocks smoken
smoking Smoking (m)
socquettes Kurzsocken *(f, pl)*, Söckchen *(n, pl)*
sodé sodahaltig
sodium Natrium *(n)*
soie Seide *(f)*
soie à coudre Nähseide *(f)*
soie à cravates Krawattenseide *(f)*
soie à dentelles Spitzenseide *(f)*
soie à la nitrocellulose Nitratseide
soie à l´acétocellulose Zelluloseacetatseide *(f)*
soie à parachute Fallschirmseide *(f)*
soie à parapluie Schirmseide *(f)*
soie artificielle Kunstseide *(f)*, Alginatchemiefaser *(f)*
soie au cuivre Kupferkunstseide *(f)*
soie chappe Florettseide *(f)*
soie chargée beschwerte Seide
soie cordonnet Kordonnetseide *(f)*
soie crue Rohseide, Bastseide
soie cuite Cuiteseide *(f)*
soie dacca Daccaseide *(f)*
soie d'acétate Acetatseide *(f)*
soie de coton Baumwollstapelfaser *(f)*
soie de fleuret Schappseide
soie de néri Neriseide *(f)*
soie de porc Schweineborste *(f)*
soie de trame Schußseide *(f)*, Tramseide *(f)*
soie du Japon Japanseide *(f)*
soie écrue rohe Seide *(f)*
soie grège Bastseide *(f)*, Seide im Bast, Rohseide *(f)*
soie grenadine Grenadineseide *(f)*

soie météore Meteorseide *(f)*
soie naturelle Naturseide *(f)*, Maulbeerseide *(f))*, echte Seide *(f)*
soie plate Plattseide *(f)*, Flachseide *(f)*
soie poilue Poileseide *(f)*
soie pure reine Seide *(f)*
soie sauvage wilde Seide *(f)*
soie sirius Siriusseide *(f)*
soie tussah Tussah *(f)*
soie viscose Viskoseseide *(f)*, Lunaseide *(f)*
soie, de soie seiden
soierie (usine) Seidenspinnerei *(f)*, Seidenfabrik *(f)*
soigner pflegen
soigneux schonend
solaire Solar....
soldes Ausverkauf *(m)*
soldes d'été Sommerschlußverkauf *(m)*
soldes d'hiver Winterschlußverkauf *(m)*
solide dauerhaft, fest, solide, haltbar, echt
solide à la lumière lichtecht
solide à la sueur schweißecht
solide à la surteinture überfärbeecht
solide à l´eau wasserecht
solide à l´eau de mer seewasserecht
solide à l´ébullition au carbonate de soude sodakochecht
solide à l´encollage schlichtecht
solide au blanchiment bleichecht
solide au débouillisage acide säurekochecht
solide au décatissage dekatierecht
solide au lavage waschecht, waschfest
solide au lessivage beuchecht, laugierbeständig
solide au nettoyage à sec (chemisch) reinigungsbeständig
solide au plissage plissierecht
solide au repassage bügelecht
solide aux acides säureecht
solide en couleur farbecht
solide, peu solide (couleur) unecht
solidification Festwerden *(n)*, Verfestigung *(n)*
solidifié festgeworden (Subst.)
solidifier, se erstarren, fest werden, sich verfestigen
solidité Echtheit *(f)*, Beständigkeit *(f)* (Farben), Festigkeit *(f)*, Haltbarkeit *(f)*
solidité à gouttes de l´eau Wassertropfenechtheit *(f)*
solidité à la chaleur sèche Trockenhitzeechtheit *(f)*
solidité à la lumière Lichtechtheit *(f)*
solidité à la rupture Reißfestigkeit *(f)*
solidité à la sueur Schweißechtheit *(f)*
solidité à la surteinture Überfärbeechtheit *(f)*
solidité à l´avivage Avivierechtheit *(f)*
solidité à l´eau Wasserechtheit *(f)*
solidité à l´eau de mer Meerwasserechtheit *(f)*
solidité au carbonisage Karbonisierechtheit *(f)*
solidité au chlore Chlorechtheit *(f)*
solidité au décatissage Dekaturechtheit *(f)*, Dekatierechtheit *(f)*
solidité au décatissage à l´eau bouillante Pottingechtheit *(f)*
solidité au dégommage Entbastungsechtheit *(f)*
solidité au foulage Walkechtheit *(f)*
solidité au frottement Reibechtheit *(f)*
solidité au lavage Waschechtheit *(f)*
solidité au lessivage Beuchechtheit *(f)*
solidité au mercerisage Merzerisierechtheit *(f)*
solidité au plissage Plissierechtheit *(f)*
solidité au potting Pottingechtheit *(f)*
solidité au retrait Krumpfechtheit *(f)*
solidité au soufre Schwefelechtheit *(f)*
solidité au thermofixage Trockenhitzefixierechtheit *(f)*
solidité au vaporisage Dämpfechtheit *(f)*
solidité aux acides Säureechtheit *(f)*
solidité aux intempéries Wetterbeständigkeit *(f)*
solidité aux solvants organiques Lösungsmittelechtheit *(f)*
solidité de teinture Farbbeständigkeit *(f)*
solidité des couleurs Farbechtheit *(f)*
solidité des teintures Farbechtheit *(f)*
solidité d´attache Haftfestigkeit *(f)*
sollicitation à la torsion Drehbeanspruchung *(f)*
sollicitation au cisaillement (émuls.) Scherbeanspruchung *(f)*
sollicitation de flambage Knickbeanspruchung *(f)*

sollicitation de torsion Verdrehungsbeanspruchung *(f)*
sollicitation maximale höchste Beanspruchung *(f)*
solubiliseur Lösungsvermittler *(m)*
solubilité Löslichkeit *(f)*
solubilité dans les lipoides Lipoidlöslichkeit *(f)*
soluble löslich
soluble dans l´acide säurelöslich
soluble dans l´eau wasserlöslich
solution Lösung *(f)*
solution (de carbonate) **de soude** Sodalösung *(f)*
solution à filer Spinnlösung *(f)*, Spinnflüssigkeit *(f)*
solution ammoniacale Salmiakgeist *(m)*, ammoniakalische Lösung
solution aqueuse wässrige Lösung *(f)*
solution colloidale kolloidale Lösung *(f)*
solution de base (chim.) Grundlösung *(f)*, Stammlösung *(f)*
solution de nourissage Nachsatzlösung *(f)*
solution de potassium iodo-iodurée Jod-Jodkaliumlösung *(f)*
solution de titrage Titrierlösung *(f)*
solution décinormale Zehntel-Normallösung *(f)*
solution étalon Normallösung *(f)*, n-Lösung *(f)*
solution étendue verdünnte Lösung *(f)*
solution fondamentale (chim.) Grundlösung *(f)*, Stammlösung *(f)*
solution molaire molare Lösung *(f)*, echte Lösung *(f)*
solution moléculaire echte Lösung *(f)*, molekulare Lösung *(f)*
solution saline Salzlösung *(f)*
solution tampon Pufferlösung *(f)*
solution type Normallösung *(f)*, n-Lösung
solution-mère Stammlösung *(f)*
solvant Lösungsmittel *(n)*
solvant de graisse Fettlöser *(m)*
solvant volatil flüchtiges Lösungsmittel *(n)*
solvent d´extraction Extraktions-(lösungs)mittel *(n)*
sonde (Meß)Sonde *(f)*, Fühler *(m)*
sorte Sorte *(f)*, Art *(f)*
sorte de tissu Gewebeart *(f)*
sortie (filat.) Abführung (Spinn.)
sortie de bal Abendmantel *(m)*
soubassement unicolore Einfarbenflächendruck *(m)*
soudage à froid Kaltschweißen *(n)*
soudage de traits (filat.) Anstückeln der Züge (Spinn.)
soude Soda *(f)*, Natriumkarbonat *(n)*
soude à blanchir Bleichsoda *(f)*
soude caustique Ätznatron *(n)*, Ätzalkali *(n)*, Natriumhydroxyd *(n)*
soufflerie à vapeur Dampfgebläse *(n)*
soufre Schwefel *(m)*
soufre cristallisé kristallisierter Schwefel *(m)*
soufre élementaire elementarer Schwefel *(m)*
souiller beschmieren, beschmutzen, verschmutzen
souillure Schmutzfleck *(m)*, Verschmutzung *(f)*, Anschmutzen *(n)*, Anschmutzung *(f)*
soulever heben, hochheben
soulier Schuh *(m)*
soumettre à des efforts Belastungen *(f, pl)* unterziehen
soupape Ventil *(n)*
soupape à vapeur Dampfventil *(n)*
soupape d'arrêt Abschlußventil
soupape de réglage Regelventil *(n)*
soupape de trop-plein Überlaufventil *(n)*
soupape d´admission Einlaßventil *(n)*
soupape d´évacuation Abblaseventil *(n)*, Ablaßventil *(n)*
soupape injectrice Einspritzventil *(n)*
souple geschmeidig, flexibel
souplesse Geschmeidigkeit *(f)*, Weichheit *(f)*
source lumineuse Lichtquelle *(f)*
sous-couche alvéolée Prägeschaum *(m)* (Unterschicht)
sous-couche de tissu métallique Metallgewebeeinlage *(f)*
sous-couche gaufrée (tapis) Waffelrücken *(m)*
sous-couche mousse (tapis) Schaumrücken *(m)*
sous-effet Nebeneffekt *(m)*
sous-livraison Unterlieferung *(f)* (Nacheilung)
sous-pied (Hosen)Steg *(m)*

sous-produit Nebenprodukt *(n)*
sous-tapis en mousse Schaumunterlage *(f)* für Teppiche
sous-traitant Zulieferant *(m)*
sous-vêtements Unterwäsche *(f)*, Unterbekleidung *(f)*
sous-vêtements de ski Skiunterwäsche *(f)*
sous-vêtements masculins Herrenunterhosen *(f, pl)*
soustraction Subtraktion *(f)*
soustraire subtrahieren
soutien-gorge Büstenhalter *(m)*, BH
soutirage Anzapfung *(f)*, Entnahme *(f)*
soutirer abziehen (von Flüssigkeiten)
soyeux seidenartig, seidig
soyeux, à reflets soyeux seidenglänzend
space-dying Spacedyeing *(n)*
spacieux geräumig
sparadrap Pflaster *(n)*, Schnellverband *(m)*
spatule Spatel *(m)*
spatule en bois Holzspatel *(m)*
spécial spezial, Spezial...., Sonder....,
spécialiste, en spécialiste sachgemäß
spécification de qualité Gütevorschrift *(f)*
spécifications techniques technische Angaben *(f, pl)*
spécifier spezifizieren
spécifique spezifisch
spectomètre Spektrometer *(n)*
spectométrique spektrometrisch
spectral spektral
spectre de couleurs Farbspektrum *(n)*
spectre de fréquences Frequenzspektrum *(n)*
spectre d´activité Wirkungsspektrum *(n)*
spencer Spencer *(m)*
spire (bobinage) Windung *(f)*
spire de fil Fadenwindung *(f)*
spire, en spire spiralförmig, schraubenförmig
sports d'hiver Wintersport *(m)*
spray Spray *(n)*
stabilisant (subst.) Stabilisator *(m)*, Stabilisiermittel *(n)*
stabilisateur Stabilisator *(m)*
stabilisateur de mousse Schaumstabilisator *(m)*
stabilisation Stabilisierung *(f)*
stabilisation d´une combinaison chimique Verfestigen *(n)* einer chemischen Verbindung
stabiliser stabilisieren
stabilité Stabilität *(f)*, Beständigkeit *(f)* (gegen etwas), Haltbarkeit *(f)*, Festigkeit *(f)*
stabilité à l´oxydation Oxydationsbeständigkeit *(f)*
stabilité de couleurs Beständigkeit *(f)*, Dauerhaftigkeit *(f)* von Farben
stabilité de frisure Kräuselbeständigkeit *(f)*, Beständ. der Kräuselung
stabilité de mousse Schaumstabilität *(f)*
stabilité de plis Beständigkeit *(f)* der Falten, Faltenfestigkeit *(f)*
stabilité des dimensions Maßbeständigkeit *(f)*
stabilité des noeuds Knotenfestigkeit *(f)* (des Knotens)
stabilité dimensionnelle Formbeständigkeit *(f)*, Beständigkeit d. Form, Maßbeständigkeit *(f)*, Maßstabilität *(f)*
stabilité en stockage Lagerbeständigkeit *(f)*
stabilité thermique thermische Stabilität *(f)*
stable stabil, fest, beständig
stable à l´ébullition kochfest
stade expérimental Versuchsstadium *(n)*
stand Messestand *(m)*
standard Standard....,
standardisation Normung *(f)*
standardiser normen, standardisieren, vereinheitlichen
station de chargement Füllstation *(f)*
station d´épuration Abwasserkläranlage *(f)*, Kläranlage *(f)*
stationnaire stationär, fest, feststehend
statique statisch
statistique (adj.) statistisch
statistique (subst.) Statistik *(f)*
stéarate Stearat *(n)*
stéarine Stearin *(n)*
stéréomicroscope Stereomikroskop *(n)*
stibiotartrate de potassium Brechweinstein *(m)*
stilbène Stilben *(n)*
stilligoutte Tropfenzähler *(m)*, Tropfflasche *(f)*
stock Lager *(n)*, Vorrat *(m)*
stock, en stock auf Lager

stockage Lagerung *(f)*, Einlagerung *(f)*
stocker lagern, einlagern
stocks Lagerbestand *(m)*
stoechiométrie Stöchiometrie *(f)*
stoechiométrique stöchiometrisch
stoppage (cout.) Kunststopferei *(f)*
stopper (cout.) kunststopfen
store Store *(m)*
stratifié (subst.) Laminat *(n)*
stratifil Roving *(m)*, Glasseidenstrang *(m)*
stratifil de verre textile Textil-Glasroving *(m)*
stretch Stretch *(m)*, Stretchgewebe *(n)*
stretch tissé Webstretch *(m)*
stretch valamer Valamer-Stretch *(m)*
strie Streifen *(m)*, Schliere *(f)* (Gewebe)
strié streifig
strié en long längsgerippt
strie filiforme Fadenschliere *(f)* (in Lösungen)
stries en chaîne Kettstreifen *(m, pl)* auch: Längsstreifen *(m, pl)*
structure Struktur *(f)*
structure des molécules Molekülbau *(m)*, Molekülstruktur *(f)*
structure pneumatique Traglufthalle (f)
style Stil *(m)*
style conventionnel herkömmliche Art *(f)*
style Empire Empirelinie *(f)*
style folklorique Trachtenlook *(m)*, Trachtenstil *(m)*
style Louis-Philippe Biedermeierstil *(m)*
style Mondrian Mondrian-Stil *(m)*
style Régence Regencestil *(m)*
style safari Safaristil *(m)*
style trench Trench-Stil *(m)*
style trompette Trompetenstil *(m)*
style vareuse Vareusestil *(m)*
stylisme Gestaltung *(f)*, Design *(n)*, Styling *(n)*
subdivisé unterteilt
subdivision Unterteilung *(f)*
sublimable sublimierbar
sublimant sublimierend
sublimant, non sublimant nicht sublimierend
sublimation Sublimation *(f)*
sublimation, solide à sublimation sublimierecht
sublimé (subst.) Sublimat *(n)*
sublimer sublimieren
substance Substanz *(f)*
substance concomitante Begleitsubstanz *(f)*
substance de base Ausgangsmaterial *(n)*, Grundmaterial *(n)*
substance de référence Vergleichssubstanz *(f)*
substance d´amorçage Initialsubstanz *(f)*, auslösende Subst. (Reaktion)
substance nuisible Schadstoff *(m)*
substances chimiques Chemikalien *(f, pl)*
substantiv substantif
substituer ersetzen, verdrängen, substituieren
substitution Verdrängung *(f)*
substrat Substrat *(n)*
successivement nacheinander
succinamate Succinamat *(n)*
sucer saugen, absaugen
suceuse Absaugmaschine *(f)*
sucre Zucker *(m)*
suie Ruß *(m)*
suif Talg *(m)*
suif, de suif aus Talg *(m)*, talgig
suifeux talgig, talgartig
suint, en suint (laine) ungewaschen, roh, fettig, im Fett
suite Reihenfolge *(f)*, Folge *(f)*
suite des opérations Arbeitsablauf *(m)*, Reihenfolge *(f)* der Arbeiten
suite, de suite nacheinander, in Reihenfolge
suivant nachfolgend
suivi fortlaufend
suivre nachfolgen, folgen
sulfatage Sulfatierung *(f)*
sulfatation Sulfatierung *(f)*
sulfate Sulfat *(n)*
sulfate acide Bisulfat *(n)*
sulfate cuivrique Kupfer-II-Sulfat *(n)*
sulfate de baryum Bariumsulfat *(n)*
sulfate de cuivre Kupfersulfat *(n)*
sulfate de magnésium Magnesiumsulfat *(n)*
sulfate de sodium Natriumsulfat *(n)*, Glaubersalz *(n)*
sulfate d´alcool gras Fettalkoholsulfat *(n)*
sulfate d´aluminium schwefelsaure Tonerde *(f)*

sulfater sulfatieren
sulfatiser sulfatisieren
sulfitation Sulfitierung *(f)*
sulfochloration Sulfochlorierung *(f)*
sulfochlorure Sulfochlorid *(n)*
sulfonation Sulfonierung *(f)*
sulfoner sulfonieren
sulfuré schwefelartig
sulfure Sulfid *(n)*
sulfureux schweflig
sulfuriser sulfurisieren
superficie Oberfläche *(f)*
supermarché Supermarkt *(m)*, Verbrauchermarkt *(m)*
superposé übereinander angeordnet
superrefractaire hochfeuerfest
super-soft super-soft
supplément Ergänzung *(f)*, Zusatz *(m)*
supplémentaire nachträglich
support Schlingenhalter-Träger *(m)*, Unterlage *(f)*
support chaussettes Sockenhalter *(m)*
support de canette Copsaufnehmer *(m)*, Copshalter *(m)*
support de données Datenträger *(m)*
support de mailles Maschenraffer *(m)*
support du peigne (ourdiss.) Schärblatthalter *(m)*
support d´ensouple Schärbaumgestell *(n)*
support d´informations Datenträger *(m)*
support en feutre Filzunterlage *(f)*
support en latex Latexuntergrund *(m)*
support, de support Trag....,
supporter aushalten, vertragen
supprimer verhindern, unterdrücken
sûr sicher, zuverlässig
surah **Surah**
surchargé überlastet
surcharger überlasten, überladen, überbeanspruchen
surchauffe Überhitzung *(f)*
surchauffer überhitzen
surchauffeur de vapeur Dampfüberhitzer
sur-chemise Jackenhemd *(n)*
surdosage Überdosierung *(f)*
surface Oberfläche *(f)*
surface de coupe Schnittfläche *(f)*
surface de section Schnittfläche *(f)*
surface de séparation Grenzfläche *(f)*
surface du fil Fadenoberfläche *(f)*, Fadenmantel *(m)*
surface d´adhérence Haftfläche *(f)*
surface limite Grenzfläche *(f)*
surface utile d'un tapis Teppichnutzfläche *(f)*
surface, à grande surface großflächig, mit großer (Ober)fläche *(f)*
surfoularder überklotzen
surimpression (text.) Überdruck *(m)*
surimprimer überdrucken
sur-jupe Überrock *(m)*
surlargeur Überbreite *(f)*
surlongueur Überlänge *(f)*
surplus, en surplus überzählig
surpiqûre Übersteppererei *(f)*, Überstich *(m)*
surpression (phys.) Überdruck *(m)*
sursaturation (chim.) Übersättigung *(f)*
sursaturé (chim.) übersättigt
surteindre überfärben
surteinture Überfärbung (g)
surtordre überzwirnen
surtordre (fil) überdrehen
surveiller überwachen
survêtement Trainingsanzug *(m)*
survêtement de protection Überziehkleidung *(f)*
sus-jacent darüberliegend
suspendre aufhängen, hinhängen
suspendre (chim.) suspendieren
suspendre sur ressorts abfedern, an Federn aufhängen
suspendu eingehängt, aufgehängt, schwebend, hängend
suspension Aufhängung *(f)* (Räder z.B.)
suspension (à ressort) Federung *(f)*
suspension, à suspension Hänge....
suspension, mettre en suspension aufschlämmen, suspendieren
suspension, tenir en suspension (chim.) suspendieren, in Suspension halten
sweater Sweater *(m)*
sweater de plage Strandsweater *(m)*
symbole Symbol, Formelzeichen *(n)*, Zeichen *(n)*
symbole chimique chemisches Zeichen *(n)*
symboles d'entretien Pflegesymbole *(n, pl)*
symmétrique symmetrisch

symptôme de fatigue Ermüdungserscheinung *(f)*
symptôme d´intoxication Vergiftungserscheinung *(f)*
synchrone gleichgehend, synchron, zeitgleich, gleichzeitig
synchroniser synchronisieren
synschronisme Gleichlauf *(m)*
synthèse Synthese *(f)*
synthétiques Synthetics *(n, pl)* (Textilien)
systématique systematisch
système System *(n)*
système à chaîne unique Einkettsystem *(n)*
système à deux composants Zweikomponentensystem *(n)*
système asservi continu kontinuierlicher Regelkreis *(m)*
système Bradford Bradford-System *(n)*
système de caléfaction postérieure Nacherhitzer *(m)*
système de couplage (mach.) Verbundsystem *(n)*
système de formulation Rezeptiersystem *(n)*
système de liaison (chim.) Bindungssystem *(n)*
système de réglage à circuit fermé prozessgesteuertes Regelsystem *(n)*
système d'étirage Verzugssystem *(n)*
système optimalisant Optimierungssystem *(n)*
système polychrome Mehrfarbensystem *(n)*
système, orienté système systemorientiert
s´appliquer à passend sein, zutreffen, passen zu

T

tabellaire tabellarisch
table Tisch *(m)*
table à vaporiser Dämpftisch *(m)*
table à visiter Schautisch *(m)*
table d´alimentation (confection) Zuführtisch *(m)*
table de conversion Umrechnungstabelle *(f)*
table de conversion de fils Garnumrechnungstafel *(f)*
table de couleurs Farb(en)karte *(f)*
table de coupe Zuschneidetisch *(m)*
table de laboratoire Labortisch *(m)*
table de râtelier Spulentisch *(m)*
table de travail (machine à coudre) Stoffplatte (Nähmaschine)
table de vente Verkaufstisch *(m)*
table d´étalonnage Eichtabelle *(f)*
table visiteuse Schautisch *(m)*
tableau Tabelle *(f)*, Aufstellung *(f)*
tableau de fréquences Häufigkeitsdiagramm *(n)*
tableau de pochoirs Schablonenheft *(n)*
tableau périodique des éléments Tabelle des period. Systems der Elemente
tablier Schürze *(f)*
tablier à bretelles Trägerschürze *(f)*
tablier à pointes Nadeltuch *(n)*
tablier casaque Kasack-Schürze *(f)*
tablier d'alimentation Anlegetisch *(m)*
tablier de cuisine Küchenschürze *(f)*
tablier porte-feuille Wickelkittel *(m)*, Wickelschürze *(f)*
tache Fleck *(m)*, Flecken *(m)*, Schmutzstelle *(f)*
tâche Aufgabe *(f)*, Arbeit *(f)*
taché fleckig, verschmutzt
tache d´eau Wasserfleck *(m)*
tache d´huile Ölfleck *(m)*
tache facilement sensible à la saleté schmutzempfindlich
taché par l´humidité stockfleckig
tacher beflecken
taches difficiles à effacer hartnäckige Flecken, schwer entfernbare Flecken
taches d´humidité Stockflecken *(m, pl)*
tacheté gefleckt, gesprenkelt, fleckig, auch: scheckig (Färb.)
tachiste Tachist *(m)*
taffetas Taft *(m)*
taffetas changeant Schillertaft *(m)*
taffetas de soie Seidentaft *(m)*
taffetas glacé Glanztaft *(m)*
taffetas quadrillé Taftquadrillé *(m)*
taffetas rayé Taftrayé *(m)*
taillader einschlitzen
taille Abmessung *(f)*, Größe *(f)* (Konfektion), Taille *(f)*
taille Maß *(n)*, Konfektionsgröße *(f)*

taille de femmes Damengröße *(f)*
taille critique (nucléaire) kritische Größe *(f)* (Nukl.)
taille de garçons Burschengröße *(f)*
taille d'enfant Kindergröße *(f)*
taille d'homme Herrengröße *(f)*
taille d'une pelote Wickelgröße *(f)*
taille (de) fillettes Mädchengröße *(f)*
taille forte vollschlanke/beleibte Figur *(f)*, Übergröße *(f)*
taille standard übliche Größe *(f)*
tailler et rogner des petits morceaux schnitzelschneiden
tailles normalisées pour articles de bonneterie einheitliche Größenbezeichnung *(f)* für Wirk- und Strickwaren
tailleur Kostüm *(n)*, Rockkostüm *(n)*, Tailleur *(m)*, Schneider *(m)*
tailleur Chanel Chanelkostüm *(n)*
tailleur de jour Tageskostüm *(n)*
talc Talkum *(n)*
talents multiples Vielseitigkeit *(f)*
talon Ferse *(f)*
talon circulaire Pendelferse *(f)*
talon dégradé abgesetzter Nadelschaft *(m)*
talon uni glatte Ferse *(f)*
talon-parure Zierferse *(f)*
talon standard Standardferse *(f)*
talonner anfersen
talonnette Hosenschoner *(m)*
tambour Trommel *(f)*, Tambour *(m)*
tambour (filat.) Tambour *(m)*
tambour à crocs Reißtrommel *(f)*
tambour à fente Schlitztrommel *(f)*
tambour cribleur Siebtrommel *(f)*
tambour de carde Kardentrommel *(f)*
tambour d´ourdissoir Schärtrommel *(f)*
tambour enrouleur Aufrolltrommel
tambour enrouleur de nappe Vliestrommel *(f)*
tambour ouvreur Öffnertrommel *(f)*
tambour sécheur Trockentrommel *(f)*
tambour, second tambour (filat.) Mitlauftrommel *(f)*
tamis Feinsieb *(n)*, Sieb *(n)*
tamis à fil fin Haarsieb *(n)*
tamis à gaze Gazesieb *(n)*
tamis fin Feinsieb *(n)*
tamis métallique Drahtsieb *(n)*
tamiser sieben, absieben, durchsieben
tampon Puffer *(m)*, Tampon *(m)*
tampon de carbonate Karbonatpuffer *(m)*
tampon de phosphate Phosphatpuffer *(m)*
tampon d´ouate Wattebausch *(m)*
tamponnage Puffern *(n)*, Abpuffern *(n)*
tamponner abpuffern, puffern
tandem Tandem *(n)*
tandem, monter en tandem im Tandem anordnen
tannage végétal vegetabilische Gerbung *(f)*, Pflanzengerbung *(f)*
tanner (cuir) gerben (Leder)
tannin Tannin *(n)*
tannin, traiter au tannin tannieren, mit Tannin *(n)* behandeln
tape-à-l'œil Blickfang *(m)*
tapette à tapis Teppichklopfer *(m)*
tapis Teppich *(m)*
tapis à bord cousu Spannteppich *(m)* mit angenähter Borte
tapis à bordure abgepaßter Teppich *(m)*
tapis à dessin structuré Strukturteppich *(m)*
tapis à local d´habitation Teppich *(m)* für den Wohnbereich
tapis à local professionnel Teppich für den Objektbereich
tapis à long poil Hochflorteppich *(m)*
tapis à médaillon Medaillonteppich *(m)*
tapis au métier à aiguilles Nadelstuhlteppich *(m)*
tapis berbère Berberteppich *(m)*
tapis bordé eingefaßter Teppich *(m)*
tapis bouclé Schlingenteppich *(m)*, Schlaufenteppich *(m)*
tapis bouclé-coupé geschnittener Schlingenteppich
tapis brodé gestickter Teppich *(m)*
tapis chenille Raupenteppich *(m)*
tapis d'Anatolie anatolischer Teppich *(m)*
tapis d'assemblage textile Textilverbundteppich *(m)*
tapis d'Axminster Axminster-Teppich *(m)*
tapis de bain Badematte *(f)*
tapis de Bruxelles Brüsseler Teppich *(m)*
tapis de coco Kokosteppich *(m)*
tapis de jardin Gartenteppich *(m)*
tapis de peau Fellteppich *(m)*
tapis de peluche Plüschteppich *(m)*
tapis de prière Gebetsteppich *(m)*
tapis de sisal Sisalteppich *(m)*

tapis de Smyrne Smyrnateppich *(m)*
tapis de Tournai Tournaiteppich *(m)*
tapis de voiture Bodenteppich*(m)* des Autos
tapis d´escalier Treppenläufer *(m)*
tapis d'extérieur „Outdoor"-Teppich *(m)*
tapis d'Orient Orientteppich *(m)*
tapis double face Wendeteppich *(m)*
tapis en poil Haargarnteppich *(m)*
tapis en velours Samtteppich *(m)*
tapis flammé Teppich aus farbigem Effektgarn
tapis indien indischer Teppich *(m)*
tapis kilim Kelim *(m)*
tapis non tissé nicht gewebter Teppich *(m)*
tapis persan Perserteppich *(m)*
tapis Rachel Raschelteppich *(m)*
tapis rayé Teppich in Streifenmusterung
tapis roulant Fließband *(n)*
tapis Rya Rya-Teppich *(m)*
tapis texturé Teppich mit Oberflächenstruktur
tapis tissé Webteppich *(m)*
tapis tondu Scherteppich *(m)*
tapis tufté Tuftingteppich *(m)*
tapis turc türkischer Teppich *(m)*
tapis uni Uniteppich *(m)*
tapis velours Veloursteppich *(m)*, Samtteppich *(m)*
tapis velouté à longs poils Langflorteppich *(m)*
tapis velouté à mailles Maschenflorteppich *(m)*
tapis-chemin Läufer *(m)*, schmaler Teppich
tapis-moquette Polteppich *(m)*
tapisserie Tapisserie *(f)*, Wandbehang *(m)*
tapisserie en tissu Tapetengewebe *(n)*, Arazzo
tapissier Polsterei *(f)*
tare Tara *(n)*, Leergewicht *(n)*
tarif Tarif *(m)*
tarlatane Baumwollgaze *(f)*
tarpaulin Persenning
tartrate Tartrat *(n)*
tartre, traitement contre le tartre Threshold-treatment
tas Haufen
tâter tasten, abtasten
tâteur de casse-fil Fadenbruchfühler *(m)*
tâteur de fil Fadenfühler *(m)*
tâteur de trame Schußfühler *(m)*
taux Prozentsatz *(m)*
taux conventionnel de conditionnement Handelsgewichtszuschlag *(m)* (Garn z.B.)
taux d´accroissement Zuwachsrate *(f)*
taux d'adsorption Adsorptionsgrad *(m)*
taux de défaillance Ausfallquote *(f)*
taux de mailles Maschendichte *(f)*
taux de rétention de l´eau Wasserrückhaltevermögen *(n)*
taux d´erreurs Fehlerquote *(f)*
technicien Techniker *(m)*
technicien de teinture Färbereitechniker *(m)*
technicien-chimiste Chemotechniker *(m)*
technique (adj.) technisch
technique (subst.) Technik *(f)*
technique de fabrication Fertigungstechnik *(f)*
technique de pointe Spitzentechnik *(f)*
technique de teinture Färbereitechnik *(f)*
technique de tricotage sur métier chaîne Kettwirktechnik *(f)*
technique des procédés industriels Verfahrenstechnik *(f)*
technologie Technologie *(f)*
technologie Malimo Malimo-Technik *(f)*
technologique technologisch
téfaliser teflonisieren, mit Teflon überziehen
téflon Teflon *(n)*
teignant färbend
teignant en rouge rotfärbend
teigneuse (au) large Breitfärbemaschine *(f)*
teilleuse Flachshechel *(f)*
teilleuse mécanique Flachsbrechmaschine *(f)* (Leinen)
teilleuse mécanique (lin) Abbastmaschine *(f)*
teindre färben, einfärben
teindre à haute température färben bei Hochtemperatur
teindre au rouge turc türkischrot färben
teindre conforme à la nuance nach Vorlage färben, nach Muster *(n)* färben
teindre dans la masse in der Spinnmasse *(f)* färben

teindre en bain court in kurzer Flotte färben
teindre en bain long in langer Flotte färben
teindre en bain neutre neutral färben
teindre en bourre färben in der Flocke *(f)*
teindre en boyaux (tissu) im Strang färben
teindre en câble färben im Spinnkabel *(n)*
teindre en colorants solides echtfärben
teindre en continu im Kontinueverfahren färben
teindre en différentiel Differentialfärben *(n)*
teindre en écheveaux (fil) im Strang färben
teindre en effet changeant changeant färben
teindre en fil färben im Garn *(n)*
teindre en gâteau färben im Spinnkuchen *(m)*
teindre en mèche färben im Vorgarn *(n)*
teindre en nuances foncées dunkel färben, in tiefen Tönen *(m, pl)* färben
teindre en pièce färben im Stück *(n)*
teindre en ruban de peigne färben im Kammzug
teindre en un seul bain färben im Einbadverfahren *(n)*
teindre jaune gelbfärben
teindre par foulardage färben im Klotzverfahren *(n)*
teindre par lots partieweise färben
teindre sur barque à tourniquet färben auf der Haspelkufe *(f)*
teindre sur ensouple färben auf dem (im) Kettbaum *(m)*
teindre vert grünfärben
teint gefärbt
teint dans la masse (prod. de fibres) düsengefärbt, in der Masse gefärbt, spinngefärbt
teint en bloc de filature spinnkuchengefärbt
teint en bobine spulengefärbt, in der Spule gefärbt
teint en boyaux (tissu) stranggefärbt
teint en colorant résistant au blanchiment buntbleichecht
teint en écheveaux (fil) stranggefärbt
teint en empaquetage packgefärbt
teint en fil garngefärbt
teint en laine in der Wolle gefärbt
teint en masse in der Masse gefärbt
teint uni unigefärbt
teint, pas grand teint farbunecht
teinte Farbstich *(m)*, (An)färbung *(f)*
teinte (couleur) Tönung *(f)*
teinte d´identification Kennfarbe *(f)*, Farbe zur Identifikation *(f)*
teinte unie Unifarbe *(f)*
teinture Färbung *(f)*, auch: Färberei (Tätigkeit)
teinture à froid Kaltfärbung *(f)*
teinture à haute température Hochtemperaturfärberei *(f)*
teinture à l´ombrage Schattenfärbung *(f)*
teinture à sec (granulés) Trockeneinfärben *(n)* (Granulate)
teinture algo Algolfarbstoff *(m)*
teinture au (ou sur) **jigger** Jiggerfärbung *(f)*
teinture au métachrome Metachromfärbung *(f)*
teinture au solvant Lösungsmittelfärbung *(f)*, auch: Trockeneinfärbg.
teinture au type Typfärbung *(f)*
teinture aux colorants de cuve Küpenfärbung *(f)*
teinture aux naphtoles Naphtholfärberei
teinture aux pigments Pigmentfärbeverfahren *(n)*
teinture brune Braunfärbung *(f)* (Einfärbung)
teinture comparative Vergleichs (aus)färbung *(f)*
teinture dans la masse Spinnfärbung *(f)*
teinture de chaînes Kettfärberei *(f)*
teinture de comparaison Vergleichs (aus)färbung *(f)*
teinture de fond Fondfärbung *(f)*
teinture défectueuse Fehlfärbung *(f)*, fehlerhafte Färbung *(f)*
teinture du fil Garnfärbung *(f)*
teinture du coton cardé Wattefärberei *(f)*
teinture du fond Färbung des (Unter)grundes *(m)*
teinture en bac Kufenfärbung *(f)*
teinture en barque à tourniquet Haspelkufenfärbung *(f)*, Kufenfärbung *(f)*
teinture en boyaux (tissu) Strangfärberei *(f)*

teinture en continu Kontinuefärbung *(f)*, Kontinuefärberei *(f)*
teinture en deux tons Doppeltonfärbung *(f)*, Zweitonfärbung *(f)*
teinture en écheveaux *(fil)* Strangfärberei *(f)*
teinture en nuance foncée dunkle Färbung *(f)*, tiefe Färbung *(f)*
teinture en nuances claires hellgetönte Färbung, helle Färbung *(f)*
teinture en pelote Wickelfärbung *(f)*
teinture en pièce Stückfärbung *(f)*
teinture en plusieurs bains Mehrbadfärbung *(f)*, mehrbadige Färbung *(f)*
teinture en rubans peignés Kammzugfärbung *(f)*
teinture irrégulière unruhige Färbung, ungleichmäßige Färbung *(f)*
teinture mate matte, leere Färbung *(f)*
teinture par choc en milieu acide (fixation) Säureschockfärbung *(f)*
teinture par foulardage Klotzfärbung *(f)*
teinture partielle örtliche Anfärbung, teilweise Anfärbung *(f)*
teinture pigmentaire Pigmentfärbeverfahren *(n)*
teinture réparande Reparant *(m)*, Fehlfärbung, zu reparierende Fbg.
teinture sur bobines Spulenfärbung *(f)*
teinture sur bobines croisées Kreuzspulfärbung *(f)*
teinture sur foulard Klotzfärbung *(f)*
teinture terne trübe, leere Färbung *(f)*
teinture ton sur ton Ton-in-Ton Färbung
teinture uniforme gleichmäßige, egale Färbung *(f)*
teinture, de teinture Färbe...., Farb...., färberisch
teinturerie Färbereibetrieb *(m)*, Färberei *(f)*
teinturerie à façon Lohnfärberei *(f)*
teinturerie de fils Garnfärberei *(f)*
teinturerie pour pièces Stückfärberei *(f)*
teinturier Färber *(m)*
teinturier d´échantillon Musterfärber *(m)*
télécontrôle Fernsehüberwachung *(f)*
télésurveillé fernsehüberwacht
tellure Tellur *(n)*
température Temperatur *(f)*
température ambiente Zimmertemperatur *(f)*, Raumtemperatur *(f)*
température contrôlée, à temperaturgeregelt
température d´admission Eintrittstemperatur *(f)*, Eingangstemp.
température de radiation Strahlungstemperatur *(f)*
température de référence Justiertemperatur *(f)*
température de repassage admissible zulässige Bügeltemperatur *(f)*
température de séchage Trockentemperatur *(f)*, Trocknungstemperatur *(f)*
température de sortie Austrittstemperatur *(f)*
température d´ébullition Siedetemperatur *(f)*
température d´entrée Eintrittstemperatur
température d´inflammation Entzündungstemperatur *(f)*, Zündtemperatur *(f)*
température d´inflammation spontanée Selbstentzündungstemperatur *(f)*
température élevée erhöhte Temperatur, höhere Temperatur *(f)*
température finale Endtemperatur *(f)*
température inférieure à zéro Temperatur unter null
température initiale Anfangstemperatur *(f)*
température naturelle Eigentemperatur *(f)*
température, mettre en équilibre de tempér. auf gleiche Temperatur bringen
température, mettre en température auf Temperatur bringen
températures de fonctionnement Betriebstemperaturbereich *(m)*
tempérer temperieren, mäßigen
templet Breithalter *(m)*
templet à cylindre Walzenbreithalter *(m)*
temporaire vorübergehend, temporär, zeitlich
temps Zeit *(m)*, auch: Wetter *(n)*
temps alloué Vorgabezeit *(f)*
temps de contact Kontaktzeit *(f)*
temps de dépôt Absetzzeit *(f)*
temps de fonctionnement Laufzeit *(f)*
temps de gélification Gelzeit
temps de marche Laufzeit *(f)*
temps de maturation (teint., blanch.) Verweilzeit *(f)*

temps de mise en route Rüstzeit *(f)*
temps de panne de machine Maschinenausfallzeit *(f)*
temps de passage Durchlaufzeit *(f)*
temps de réaction Reaktionszeit *(f)*
temps de rodage d´une machine Einlaufzeit *(f)* einer Maschine
temps de travail Arbeitszeit *(f)*
temps d´arrêt Ausfallzeit *(f)*
temps d´échauffement Aufheizzeit
temps d´utilisation Standzeit *(f)*, Topfzeit *(f)*
temps effectif de fabrication Fertigungsdauer *(f)*
temps réel Echtzeit *(f)* (EDV)
temps total de fabrication gesamte Fertigungsdauer *(f)*
temps utile de travail reine Arbeitszeit *(f)*
temps, variable en fonction de temps zeitabhängig
temps, variable en temps zeitabhängig
tenace zäh, fest
ténacité Festigkeit *(f)*, Zähigkeit *(f)*
ténacité à la rupture au mouillé Naßreißfestigkeit *(f)*
tenailles Kneifzange *(f)*
tendance Trend *(m)*, Richtung *(f)*, Tendenz *(f)*
tendance à la corrosion Korrosionsneigung *(f)*
tendance à mousser Schaumneigung *(f)*
tendance mode Modetrend *(m)*
tendance, avoir tendance à tendieren zu (nach)
tendeur de largeur (tissage) Breithalter *(m)*
tendeur de fil Snag
tendeur du fil de lisse Schaftspanner *(m)*
tendeur, tendeur de fil Fadenbremse *(f)*
tendre spannen, anspannen
tendre à neigen zu
tendre sur (tissage) aufziehen auf, aufspannen auf
teneur en cendres (analyse) Aschegehalt *(m)*
teneur en chlore Chlorgehalt *(m)*
teneur en corps étrangers Fremdstoffgehalt *(m)*
teneur en eau Wassergehalt *(m)*
teneur en graisse Fettgehalt *(m)*
teneur en huile Ölgehalt *(m)*
teneur en humidité Feuchtigkeitsgehalt *(m)*
teneur en matière sèche Trockengehalt *(m)*, Trockensubstanzanteil *(m)*
teneur en matière solide Feststoffgehalt *(m)*
teneur en sel Salzgehalt *(m)*
teneur minimale Mindestgehalt *(m)*
teneur résiduelle en graisse Restfettgehalt *(m)*
teneur volumétrique Volumengehalt *(n)*
teneur, faible teneur de geringer Gehalt *(m)* an
teneur-limite d´émission Emissionsgrenzwert *(m)*
tenir tragen, halten
tenir humide feucht halten
tensio-actif oberflächenaktiv, grenzflächenaktiv
tensio-activité Oberflächenaktivität *(f)*
tension Spannung *(f)*, Zug *(m)*
tension chaîne Kettzug *(m)*
tension de chaîne Kettspannung *(f)*
tension de navette Schiffchenspannung *(f)*
tension de traction Zugspannung *(f)*
tension de vapeur Dampfspannung *(f)*
tension d´entrée Vorspannung *(f)*, Vorspannkraft *(f)*, Einlaufspannung *(f)*
tension d´entrée (fil) Zulaufspannung *(f)*, Einlaufspannung *(f)* (Faden)
tension initiale de fils Fadenvorspannung *(f)*
tension interfaciale Grenzflächenspannung *(f)*
tension interne Eigenspannung *(f)*
tension superficielle Oberflächenspannung *(f)*
tension tangentielle du fil tangentieller Fadenzug *(m)*
tension, à basse tension superficielle entspannt, mit niedriger Oberflächenspannung
tension, à haute tension (électr.) Hochspannungs....
tension, sans tension spannungsfrei
tension, sécher à faible tension spannungsarm trocknen

tente Zelt *(n)*
tente gonflable Luftkissenzelt *(n)*
tenture murale Wandbespannung *(f)*, Wandbehang *(m)*
tenue (d'un costume) Sitz (eines Anzugs usw.)
tenue à la corrosion Korrosionsverhalten *(n)*
tenue de cérémonie Gesellschafts-kleidung *(f)*
tenue de mousse Schaumverhalten *(n)*
tenue de soirée Abendanzug *(m)*
tenue de sortie Ausgehkleid *(m)*
tenue de sport Dreß (Fußball) *(m)*
tenue de ville Stadtkleidung *(f)*
tenue viscosité-température Viskositäts-Temperatur-Verhalten *(n)*
tenure Behang *(m)*
térébentine Terpentin *(n)*
terme de métier Fachausdruck
terme générique Oberbegriff *(m)*
terme technique technischer Begriff *(m)*
terme, à long terme langfristig
ternaire ternär
terne matt, glanzlos, stumpf, fahl
ternir trüber machen, abstumpfen (Färbungen)
ternir, se stumpf werden, matt werden, sich eintrüben, anlaufen, beschlagen
terpène Terpen *(n)*
terpolymère Terpolymer *(n)*
terre colorante Erdfarbe *(f)*
terre décolorante Bleicherde *(f)*
terres rares seltene Erden *(f,pl)*
tertiaire tertiär
test Test *(m)*, Prüfung *(f)*
test au pied de chaise Stuhlbeintest *(m)* (Teppich)
test de performance Funktionsprüfung *(f)*
tester testen
tête à filer Spinnkopf *(m)*
tête de la bobine Stirnfläche *(f)* der Spule, Spulenkopf *(m)*
tête de platine Platinenkopf *(m)*
tête d´étirage Streckkopf *(m)*
tetrabasique vierbasisch
tetrachloréthylène Perchloräthylen *(n)*
tetrachlorure de carbone Tetrachlorkohlenstoff *(m)*
tetracyclique (chim.) vierringig
tetravalent vierwertig
tex (finesse de fil) tex
texoide textiles Kunstleder *(n)*
textile Textil....,
textile multicouche Laminate *(n, pl)*, Multitextilien *(n, pl)*
textile pour chaussures Schuhstoff *(m)*
textiles tuftés Nadelflortextilien *(f, pl)*, Tuftingtextilien *(f, pl)*
texturation Texturierung *(f)*
texturation à boîte frisante Texturierung nach dem Stauch(kammer)verfahren
texturation à la lame Kantenkräuselverfahren *(n)*
texturation au procédé de torsion Texturierung nach dem Drallverfahren
texturation en boîte friseuse Stauchkammertexturierung *(f)*
texturation par air comprimé Texturierung nach dem Düsenverfahren
texturation par compression Stauchkammertexturierung *(f)*
texturation par engrenage Zahnradtexturierung *(f)*
texturation par filage Spinntexturierung *(f)*
texturation par fluide Blastexturierung *(f)*
texturation par torsion Torsionstexturierung *(f)*
texturation sur arête Kantenziehtexturierung *(f)*
texturation tricotage-détricotage knit-deknit-Texturierung *(f)*
texture chimique chemische Texturierung *(f)*
texturé par filage spinntexturiert
texture tricot fixation Strick-Fixier-Texturierung *(f)*
texturer texturieren
théorie des armures Bindungslehre *(f)*
théorie des couleurs Farbenlehre *(f)*
thermalisation Thermosolierung *(f)*
thermique thermisch
thermochimie Thermochemie *(f)*
thermocouleur Thermofarbe *(f)*, auf Wärme reagierende Farbe *(f)*
thermodynamique Thermodynamik *(f)*
thermoélasticité Thermoelastizität *(f)*
thermofixage Heißfixierung *(f)*, Thermofixierung *(f)*
thermofixer thermofixieren

thermofixeuse Thermofixiermaschine *(f)*, Heißfixiermaschine *(f)*
thermofixeuse par (ou à) **l´air chaud** Heißluftfixiermaschine *(f)*
thermographe Temperaturschreiber *(m)*
thermomètre Thermometer *(n)*
thermomètre à bilame Bimetallthermometer *(n)*
thermomètre à dilation Ausdehnungsthermometer *(n)*
thermomètre centésimal Celsiusthermometer *(n)*
thermométrie Temperaturmessung *(f)*
thermoplasticité Thermoplastizität *(f)*
thermoplastiques thermoplastische Kunstharze *(n, pl)*
thermorégulateur Temperaturregler *(m)*, Wärmeregler *(m)*
thermoscellage Heißsiegeln *(n)*, Heißversiegelung *(f)*
thermosensibilité Wärmeempfindlichkeit *(f)*
thermosensible wärmeempfindlich
thermosolage Thermosolieren *(n)*, Thermosolverfahren *(n)*
thermosoudable heißsiegelfähig
thermostabilité Thermostabilität *(f)*
thermostat Thermostat *(m)*, Temperaturregler *(m)*, Wärmeregler *(m)*
thiazine Thiazin *(n)*
thiocarbamide Sulfoharnstoff *(m)*
thiourée Thioharnstoff *(m)*
thixotrope thixotrop
thixotropie Thixotropie *(f)*
tiède lau, lauwarm, handwarm
tige (mécan.) Stange *(f)*, Hubstange *(f)*
tige de déclenchement Platine *(f)*
tiges (mach.) Gestänge *(n)*
tiges de guidage Führungsgestänge *(n)*
tigrer flammen (Gewebe)
tinctorial färberisch
tinctorial Färbe...., Farb...., färberisch
tip-shearing Tip-Shearing *(n)* (Anschneiden der längeren Polfasern)
tirage Kopie *(f)*, Pause *(f)*
tirage supplémentaire Nachdrehung *(f)*
tire-bouchon Korkenzieher *(m)*
tire-bouchon, en tire-bouchon (fil) geringelt
tirer (génér.) ziehen
tirer (impress. tissus) abklatschen (von Farbe)
tiroir d´évacuation Auslaufschieber *(m)*
tissage Weben *(n)*
tissage à la main Handweberei *(f)*
tissage au Jacquard Jacquardweberei *(f)*
tissage de peluche Plüschweberei *(f)*
tissage de soie Seidenweberei *(f)*
tissage du velours Samtweberei *(f)*
tissage en couleurs Buntweberei *(f)*
tissanderie Weberhandwerk *(n)*
tissé gewebt
tissé à main handgewebt
tissé serré dichtgewebt
tissé, non tissé spunbonded
tisser weben, verweben, abweben
tisseurs Stoffhersteller *(m, pl)*
tissu Stoff *(m)*, Gewebe *(n)*
tissu (à l'effet) **de pied de poule** Pepitagewebe *(n)*
tissu (de fils) **de verre** Glasgewebe *(n)*
tissu à côtes Kordgewebe *(n)*
tissu à double face zweiseitiges Gewebe *(n)*
tissu à drapeaux Fahnenstoff
tissu à fond uni Gewebe mit Grund in Leinwandbindung
tissu à lames Schaftgewebe *(n)*
tissu à long poil Hochflorgewebe *(n)*
tissu à longs poils Flauschgewebe *(n)*
tissu à mailles Trikotgewebe *(n)*, Maschengewebe *(n)*
tissu à mélange de fibranne Zellwollmischgewebe *(n)*
tissu à noppes Noppengewebe *(n)*, Noppenstoff *(m)*
tissu à poil Polgewebe *(n)*, samtartiges Gewebe *(n)*, Florgewebe *(n)*
tissu à une face einseitiges Gewebe *(n)*
tissu bouclé Schlingengewebe *(n)*
tissu broché lancierter Stoff *(m)*, lanciertes Gewebe *(n)*
tissu caoutchouté Gummistoff *(m)*, Gummigewebe *(n)*, G.-tuch
tissu clair durchscheinendes Gewebe *(n)*
tissu cord sans trame schußloses Cordgewebe *(n)* (für Reifen)
tissu côtelé Kord *(m)*, Kordgewebe *(n)*, geripptes Gewebe *(n)*
tissu crêpe Kreppgewebe *(n)*
tissu crin Roßhaargewebe *(n)*

tissu croisé geköpertes Gewebe *(n)*, Köper *(m)*, geköperter Stoff *(m)*
tissu d´ameublement Möbelstoff *(m)*, Möbelbezugsstoff *(m)* Dekorationsstoff *(m)*
tissu de bandelettes étirées Flachgarngewebe *(n)*, Bändchengewebe *(n)*
tissu de base Grundgewebe *(n)*
tissu de coton Baumwollgewebe *(n)*
tissu de coton écru Nesselstoff *(m)*, Nessel *(m)*
tissu de crin, tissu crin Haargarngewebe *(n)*
tissu de fil continu de verre textile Glasfilamentgewebe *(n)*
tissu de fils teint Buntgewebe *(n)* (garngefärbt)
tissu de fond Grundgewebe *(n)*
tissu de fond à tapis Teppichgrundgewebe *(n)*
tissu de gaze Drehergewebe *(n)*
tissu de jeans Jeansstoff *(m)*
tissu de jupe Rockstoff *(m)*
tissu de laine Wollgewebe *(n)*
tissu de laine peigné Wollkammgarngewebe *(n)*
tissu de lin Flachsleinwand *(f)*, Leinengewebe *(n)*
tissu de sachet soyeux seidenes Beuteltuch *(n)*
tissu de silonne Textilglasfilamentgewebe *(n)*
tissu de support Trägergewebe *(n)*
tissu de tablier Schürzenstoff *(m)*
tissu de verranne Glasstapelfasergewebe *(n)*
tissu de verre textile (Textil)glasgewebe *(n)*
tissu d´emballage Verpackungsstoff *(m)*
tissu dévoré Ausbrennergewebe *(n)*
tissu dirndl (à motifs traditionnels) Dirndlstoff *(m)*
tissu double Doppelgewebe *(n)*
tissu doublé gebondeter Stoff *(m)*
tissu écru Rohware *(f)*, Rohgewebe *(n)*
tissu élastique elastisches Gewebe *(n)*
tissu élastique en largeur querelastischer Stoff *(m)*
tissu élastique en longueur längselastischer Stoff *(m)*
tissu émerisé geschmirgeltes Gewebe *(n)*
tissu en boyau Stoff *(m)* in Strangform
tissu en fibres Fasergewebe *(n)*
tissu en fils de chaîne Kettgewebe *(n)*
tissu encollé Verbundstoff *(m)*
tissu enduit beschichtetes Gewebe *(n)*, auch: Gewebekunstleder, gebondeter Stoff *(m)*
tissu éponge Frotteegewebe *(n)*, Frottee *(m)*
tissu étroit Schmalgewebe *(n)*
tissu filtrant Filtergewebe *(n)*
tissu foulé gewalktes Gewebe *(n)*
tissu gaufré Waffelgewebe *(n)*
tissu imprimé Druckstoff *(m)*, bedruckter Stoff *(m)*
tissu industriel technisches Gewebe *(f)*
tissu intercalaire Zwischengewebe *(n)*
tissu kaki Khakistoff *(m)*
tissu lâche loser Stoff *(m)*, loses Gewebe *(n)*
tissu lastex Lastexgewebe *(n)*
tissu lin Leinengewebe *(n)*
tissu lisse Glattgewebe *(n)*
tissu maille Wirkware *(f)*, Strickstoff *(m)*
tissu maille au mètre Maschenmeterware *(f)*
tissu maille cousue Nähwirkware *(f)*
tissu maille Raschel Raschelware *(f)*
tissu matelassé Doppelgewebe *(n)*
tissu mélangé Mischgewebe *(n)*
tissu métallique Metallgewebe *(n)*
tissu mixte Mischgewebe *(n)*
tissu moucheté getupftes Gewebe *(n)*, Tupfenstoff *(m)*
tissu multi-axial Multiaxialstoff *(m)*
tissu multicouche Mehrlagengewebe *(n)*
tissu multiple Mehrfachgewebe *(n)*
tissu non-imprégné unimprägniertes Gewebe *(n)*
tissu peluche Plüschgewebe *(n)*
tissu perlé Perlengewebe *(n)*
tissu plat Flachgewebe *(n)*
tissu plissé Plisseestoff *(m)*
tissu poils Florgewebe *(n)*
tissu pour chemises Hemdenstoff *(m)*
tissu pour complet Anzugstoff *(m)*
tissu pour édredon Inlett *(n)*, Bettendrell *(m)*
tissu pour garnitures de cardes Kratzentuch *(n)*
tissu pour manteau Mantelstoff *(m)*
tissu pour marquises Markisenstoff *(m)*

tissu pour pneus Reifengewebe *(n)*
tissu pour reliures Einbandgewebe *(n)*, Bucheinbandgewebe *(f)*
tissu réversible seitengleicher Stoff *(m)*, zweiseitiges Gewebe *(n)*
tissu sac Sackgewebe *(n)*
(tissu) sibérienne Duffel(stoff) *(m)*
tissu silonne Glasfilamentgewebe *(n)*
tissu spunbonded Faservlies *(n)*
tissu stratifil Textilglasrovinggewebe *(n)*
tissu stretch Stretchstoff *(m)*
tissu strié en chaîne kettstreifiges Gewebe *(n)*
tissu structuré Strukturgewebe *(n)*
tissu support Stützgewebe *(n)*
tissu synthétique Chemiefasergewebe *(n)*, synthetisches Gewebe
tissu témoin (test) Standardgewebe *(n)* (für Test)
tissu tennis Tennisstoff *(m)*
tissu tout lin Ganzleinengewebe *(n)*
tissu transparent durchsichtiges Gewebe *(n)*
tissu tricoté Trikotgewebe *(n)*
tissu tricoté en chaîne Kettstuhlware *(f)*, Kettwirkware *(f)*
tissu tubulaire Rundstuhlware *(f)*
tissu tufté Tufted-Textilien *(f,pl)*
tissu uni Unistoff *(m)*
tissu velouté Florgewebe *(n)*
tissu velouté par chaîne Kettflorgewebe *(n)*
tissu verni Lackgewebe *(n)*
tissu voile de nonne Nonnenschleiertuch *(n)*
tissus à domicile Heimtextilien *(f, pl)*
tissus à mailles Gewirke und Gestricke *(f, pl)*
tissus bondings Bondings
titane Titan *(n)*
titrage Titration *(f)*
titration par indicateur coloré Farbindikator-Titration *(f)*
titre (masse par rapport à la longueur) Titer *(m)*
titre de fil Garntiter *(m)*, Garnnummer *(f)*, Titer *(m)*
titre du fil Garntiter *(m)*, Garnnummer *(f)*
titre étalon Urtiter *(m)*
titre nominal Nenntiter *(m)*
titre unitaire Einzeltiter
titre, à titre fin feinsttitrig
titre, amener à un titre déterminé auf einen bestimmten Titer einstellen
titrer titrieren
toc d´entraînement Mitnehmer *(m)*
toile Schliertuch *(n)*, Toile *(m)*
toile à drap de lit Bettuchleinwand *(f)*
toile à filtrer Filtertuch *(n)*
toile à matelas Matratzendrell, Bettendrell *(m)*
toile à reliure Bucheinbandstoff *(m)*
toile à tamiser Siebtuch *(n)*
toile à voile Segelleinwand *(f)*
toile cirée Wachstuch *(n)*, Wachsleinwand *(f)*
toile damassée Leinendamast *(m)*
toile de Jouy Bildertapete *(f)* auf Gewebe
toile de jute Juteleinen *(n)*, Juteleinwand *(f)*
toile de jute à emballer Jutesackleinwand *(f)*
toile de lin Flachsleinwand *(f)*, Leinwand *(f)*
toile de tente Zeltleinwand *(f)*
toile de tête (apprêt) Vorläufer *(m)*
toile d´emballage Verpackungsstoff *(m)*, Sackleinwand *(f)*
toile goudronnée Teerleinwand *(f)*
toile grossière grobe Leinwand *(f)*
toile métisse Halbleinen *(n)*
toile pour blue-jean Bluejeansstoff *(m)*
toile vernie Lackgewebe *(n)*
toile, de toile leinen, von Leinwand *(f)*
toile-tailleur Einlagefutterstoff *(m)*, Futterstoff *(m)*
toile-verre Glasleinwand *(f)*
toilette du soir Abendgarderobe *(f)*
toilette, grande toilette Abendgarderobe *(f)*
toison Vlies *(n)*, Fell *(n)*
toit de stade Stadionüberdachung *(f)*
toit de tente Zeltdach *(n)*
tôle de chicane (laveuse) Prallblech *(n)*
tôle de dosage Abstreifblech *(n)*
tôle de protection Abdeckblech *(n)*
tôle de rebondissement (laveuse) Prallblech *(n)*
tôle d´égouttage Auffangblech *(n)*, Tropfblech *(n)*
tolérance Toleranz *(f)*
tolérance commerciale Handelstoleranz *(f)*

toléré, le plus haut toléré höchstzulässig
toluène Toluol *(n)*
tombé Fall *(m)* (Stoff)
tombée de sulfate Sulfatausscheidung *(f)*
ton chaud warmer Farbton *(m)*
ton sur ton Ton in Ton
tondeuse Schermaschine *(f)*, Tuchschermaschine *(f)*
tondeuse de fils flottants Wechselfädenabschneider *(m)*
tondeuse de tissus Gewebeschermaschine *(f)*
tondeuse diagonale Querschermaschine *(f)*
tondre scheren
tondu (p.p.) (tissu) geschoren
tonne (poids) Tonne *(f)*
tonneau Tonne *(f)*, Faß *(n)*
tonte Schur *(f)*, Scheren *(n)*
tonte (de laine) Wollschur *(f)*, Schur *(f)*, abgeschorene Wolle *(f)*
tonte de moutons Schafschur *(f)*
tonte par étirage Streckscheren *(n)*
toque Barett *(n)*
toque de fourrure Pelzmütze *(f)*
torchon Scheuertuch *(n)*, Scheuerlappen *(m)*, Spültuch *(n)*, Tellertuch *(n)*, Wischtuch *(n)*, Wischlappen *(m)*, Geschirrtuch *(n)*
tordage Zusammendrehen *(n)*, Drehen *(n)*
tordre drehen, zusammendrehen, zwirnen, verdrehen, verwinden, wringen
tordu, fortement tordu fest gedreht (Garn)
tordu, non tordu ungedreht
torréfier rösten, dörren (Flachs, Kaffee)
tors Drall *(m)*, Verwindung *(f)*
torsiomètre Torsionsmesser *(m)*, Drehungsmesser *(m)*, Garndrehungszähler *(m)*
torsiomètre de fil Garntorsionsmesser *(m)*
torsion Torsion *(f)*, Drehung *(f)*, Drall *(f)*, Verdrehung *(f)*, Verwindung *(f)*
torsion droite (retors) Rechtsdraht *(m)*, Rechtsdrehung *(f)*
torsion du fil Drehung *(f)* des Fadens, Garndrehung *(f)*
torsion-S S-Draht *(m)*
torsion zero Nulldraht *(m)*
torsion, à faible torsion leicht (oder schwach) gezwirnt, schwach gedreht (Garn)
torsion, à forte torsion stark gezwirnt, hochgezwirnt
torsion, à torsion floche lose gedreht, schwach gedreht (Garn)
total gesamt, total, restlos, komplett
totalité Gesamtheit *(f)*, Ganze *(f)*
toucher (subst.) (p.ex. d´un tissu) Griff *(m)* (z. B. ei. Stoffes), Touch *(m)*
toucher carteux brettiger Griff *(m)*
toucher craquant Knirschgriff *(m)*
toucher craquant de soie Seidenknirschgriff *(m)*
toucher de la marchandise Warengriff *(m)*
toucher doux weicher Griff *(m)*
toucher plein voller Griff *(m)*
toucher sec trockener Griff *(m)*
toucher soyeux seidiger Griff *(m)*, Seidengriff *(m)*
touffe Noppe *(f)* (im Schnittpolteppich)
tour de broche Spindelumdrehung *(f)*
tour de hanches Hüftumfang *(m)*, Hüftweite *(f)*
tour de poitrine Brustumfang *(m)*, Oberweite *(f)*
tour de taille Bundweite *(f)*, Körpermaß *(n)*, Taillenweite *(f)*
tourbillonnement Verwirbelung *(f)*
tourbillonner wirbeln, verwirbeln
tourbillonner (fil) verwirbeln
tourner drehen, laufen, umlaufen, sich drehen, wenden, umdrehen
tourner (roues, moteurs) laufen, drehen
tourner rond (moteur) rund laufen, sauber laufen
tournesol (labo) Lackmus *(m)*
tourniller (tricot.) abketteln
tourniquet de teinture Färbehaspel
tourniquet oval Ovalhaspel *(f)*
tours par minute Drehungen *(f,pl)* pro Minute
tout lin Ganzleinen *(n)*, Volleinen *(n)*
toxicité Toxizität *(f)*, Giftigkeit *(f)*
toxifère gifthaltig
toxique giftig, toxisch
toxique respiratoire Atemgift *(n)*
tracé Linienführung *(f)*
tracer Tracer *(m)*
traces, en traces spurenweise, in Spuren *(f, pl)*
traceur Tracer *(m)*, Indikator
traceur radioactif radioaktiver Tracer *(m)*
traction Zug *(m)*, Ziehen *(n)*

traction, de traction Zieh...., Zug....,
traditionnel herkömmlich
traîne Schleppe *(f)*
traîner en longueur in die Länge ziehen
trait Strich *(m)*
trait de gradation Teilstrich *(m)*, Strichmarke *(f)*
trait de mesure Meßstrich *(m)*
traitement Behandlung *(f)*, Bearbeitung *(f)*
traitement à chaud Heißbehandlung *(f)*
traitement à l´acide Säurebehandlung *(f)*
traitement anti-feutrable Antifilzausrüstung *(f)*
traitement au large Breitbehandlung *(f)*
traitement bactéricide Antibakterizidbehandlung *(f)*
traitement chimique chemische Behandlung *(f)*, chem. Aufbereitung *(f)*
traitement de finition Schlußbehandlung *(f)*
traitement de l´information Informationsverarbeitung *(f)*
traitement des eaux usées Abwasserbehandlung *(f)*
traitement électronique des données elektronische Datenverarbeitung *(f)*
traitement imperméable wasserabweisende Ausrüstung *(f)*
traitement infeutrable Filzfreibehandlung *(f)*
traitement irrétrecissable schrumpffreie Ausrüstung *(f)*
traitement irrétrécissable compressif Stauchkrumpfung *(f)*
traitement préalable Vorbehandlung *(f)*
traitement subséquent Nachbehandlung
traitement ultérieur Weiterbehandlung *(f)*, Nachbehandlung *(f)*
traiter behandeln, bearbeiten
traiter au tannin tannieren, gallieren, mit Tannin behandeln
traiter des données Daten (pl) verarbeiten
traiter infroissable knitterfest machen
traiter postérieurement nachbehandeln
trajectoire circulaire Kreisbahn *(f)*
trame (tissage) Schuß *(m)* (Web.)
trame à brocher Broschierschuß *(m)*
trame brochée (tissage) Lancierschuß *(m)*
trame de dessin musterbildender Schuß *(m)*
trame de dessous Einschnittschuß *(m)*
trame de dessus Oberschuß *(m)*
trame de poil Florschuß *(m)*, Floreinschuß *(m)*, Noppenschuß *(m)*
trame d´endroit Oberschuß *(m)*
trame d´envers Unterschuß *(m)*
trame d´envers apparaît à l´envers du tissu Unterschuß liegt auf d. Rückseite des Gewebes
trame éboulée abgeschlagener Schuß *(m)*
trame, à effet de trame schußgemustert
trame, d´une seule trame einschüssig
tranchant scharf, schneidend
trancher zerschneiden, zerlegen
transestérification Umesterung *(f)*
transfert Transfermuster *(n)*
transformateur Transformator *(m)*, Trafo *(m)*
transformation (chim.) Umsetzung *(f)*
transformation chimique chemische Umwandlung *(f)*
transformation inverse Rückverwandlung *(f)*
transformer en (chim.) überführen in, umsetzen in (Chem.)
transition Übergang *(m)*, Wechsel *(m)*
transitoire vorübergehend
translation de nuance Tonverschiebung *(f)*
transmettre übertragen
transmission automatique Automatikgetriebe *(n)*
transmission de force Kraftübertragung *(f)*
transmission des informations Informationsübertragung *(f)*
transparaître durchscheinen
transparence Transparenz *(f)*
transparent durchscheinend, transparent, lichtdurchlässig, hauchdünn
transparent (subst.) Transparent *(n)*
transport Transport *(m)*
transposition (phys.) Umlagerung *(f)*
transuranien Transuran....,
transvaser umfüllen, umgießen
transvaser par pompe umpumpen
transversal (adj.) quer
transversale, de (ou en) **coupe transversale** Querschnitts....

travail Arbeit *(f)*
travail à façon Lohnarbeit *(f)*
travail à la chaîne Bandarbeit *(f)*, Bandfertigung *(f)*
travail à la pièce Arbeit im Stücklohn
travail à mi-temps Halbtagsarbeit
travail à trois postes Dreischichtbetrieb *(m)*
travail de qualité Qualitätsarbeit *(f)*
travail d´émulsionnement Emulgierarbeit *(f)*
travail nécessaire Arbeitsaufwand *(m)*
travail utile Nutzeffekt *(m)*
travailler arbeiten
travailler au fuseau klöppeln
travaux préparatifs de tissage Webereivorbereitung *(f)*
travers, à travers quer durch
travers, en travers (adv.) quer
treillis Drell *(m)*, Drillich *(m)*, Zwillich
treillis de coton Baumwolldrell *(m)*
trempé, au trempé im Tauchbadverfahren
tremper einweichen, durchfeuchten, durchweichen, (ein)tauchen
trench-coat Trench *(m)*
tressage de cordes Seilflechten *(n)*
tresse Geflecht *(n)*, Flechtband *(n)*, Zopf *(m)*, Flechte *(f)*, Tresse *(f)*
tressé verflochten
tresse de coton Baumwollumklöppelung *(f)*
tresser flechten
tresseuse pour passementerie Litzenmaschine für Posamenten (pl)
triacétate Triazetat *(n)*
triage de laine Wollsortierung *(f)*
triage par couleur Farbsortierung *(f)*, Trennung *(f)* nach Farben
triangle des couleurs Farbdreieck
triangulaire dreieckig
triazine Triazin *(n)*
triazone Triazon *(n)*
tricel Tricel
trichloréthane Trichloräthan *(n)*
trichloréthylène Trichloräthylen *(n)*
trichroisme Dreifarbigkeit *(f)*
trichrome trichromatisch, dreifarben
trichromie Trichromie *(f)*
tricot Trikot *(n)*
tricot à mailles retournées Links-links-Ware *(f)*
tricot côtes fines Feinrippware *(f)*
tricot de fibranne Zellwolltrikot *(n)*
tricot de gymnastique Turntrikot *(n)*
tricot de verre textile Glasgestrick *(n)*, Glasgewirke *(n)*
tricot en maille Netztrikot *(n)*
tricot gratté gerauhte Wirkware *(f)*
tricot rectiligne Flachstrickware *(f)*
tricot-satin Satin-Trikot *(m)*
tricot-satinette Trikot-Satinette
tricot tubulaire Wirkwarenschlauch *(m)*
tricot tubulaire à deux bouts zweifädige Rundwirkwaren *(f, pl)*
tricotage Trikotage *(f)*, Strickware *(f)*, Strickerei *(f)*, Wirkerei *(f)*
tricotage lin Leinenstrickerei *(f)*
tricotage sur métier chaîne Kettwirken *(n)*, Kettwirkerei *(f)*
tricotages Strickwaren *(f,pl)*
tricoté gestrickt, gewirkt
tricoté en tubulaire rundgestrickt
tricoter wirken, stricken
tricoter à droite rechts stricken
tricoter à gauche links stricken
tricoter à l´envers links stricken
tricoterie Trikotagenfabrik *(f)*
tricoteuse Strickmaschine *(f)*
tricoteuse automatique Strickautomat *(m)*
tricoteuse circulaire Rundstrickmaschine
tricoteuse circulaire à côte fine Feinripp-Rundstrickmaschine *(f)*
tricoteuse circulaire à lisière Leistenrundstrickmaschine *(f)*
tricoteuse circulaire à une fonture einfonturige Rundstrickmaschine *(f)*
tricoteuse mécanique rectiligne Handflachstrickmaschine *(f)*
tricoteuse rectiligne Flachstrickmaschine *(f)*
tricoteuse rectiligne à une fonture einbettige Flachstrickmaschine *(f)*
trier sichten, aussuchen, einteilen, aussondern, sortieren
trier préalablement grob sortieren, vorsortieren
triéthanolamine Triäthanolamin *(n)*
trifluorochloréthylène Trifluorchloräthylen *(n)*
trilobé trilobal
triméthylamine Trimethylamin *(n)*

trimoléculaire trimolekular
tringle Stange *(f)*, Leiste *(f)*
tringle de lisses Litzenschiene *(f)*
tringle diviseuse Teilschiene *(f)*
tringle-tendeur Spannleiste *(f)*
trioxyde Trioxid *(n)*
triphasé Dreiphasen....
triple dreifach
tripler verdreifachen
trivalent dreiwertig
trois pièces Trois-Pièces *(n)*
trois-quarts dreiviertellang
tronçon de chaîne Kettenteilstück *(n)*
trop-plein (subst) Überlauf *(m)* (Flotte, Bad)
tropical tropical
tropicalisé tropenfest
tropicaliser tropenfest machen
trou Loch *(n)*
trouble trübe
troublé (liquide) eingetrübt
trouble (subst.) Schleier *(m)*, Trübung *(f)*
troubler trüben, eintrüben
troubler, se trübe werden, sich eintrüben
troué gelocht
trouer lochen
trousseau Aussteuer *(f)*
trubéniser trubenisieren
truité gesprenkelt
t-shirt T-Shirt *(n)*
tube Röhre *(f)*, Rohr *(n)*, Tube *(f)*
tube à essai Reagenzglas *(n)*
tube à réaction Reagenzglas *(n)*
tube biconique bikonische Hülse *(f)*
tube de cannette Kötzerhülse *(f)*
tube de purge Abblasrohr *(n)*
tube de tufting Tuftingrohr *(n)*
tube d´écoulement Abflußrohr *(n)*
tube d´injection Einspritzrohr *(n)*
tube en carton Papphülse *(f)*
tube fluorescent du type lumière du jour Tageslichtleuchtstoffröhre *(f)*
tube néon Neonröhre *(f)*
tube perforé perforierte Färbehülse *(f)*
tube pour filage et retordage Spinn- und Zwirnhülse
tube tissé Schlauch *(m)*, gewebte Schlauchware *(f)*
tubulure d´échappement Abdampfstutzen *(m)*
tufter tuften
tufting exagéré übermäßiges Tufting (n)
tulipe Tulpe *(f)*
tulle Tüll *(m)*
tulle anglais englischer Tüll *(m)*
tulle bobin Bobinet *(m)*, Tüll *(m)*,
tulle pour rideaux Gardinentüll *(m)*
tulle Rachel Rascheltüll *(m)*
tullerie Tüllweberei *(f)*
tulliste Tüllweber *(m)*
tumbler Tumbler *(m)*
tunique Tunika *(f)*
turban Turban *(m)*
turbidité Schleier *(m)*, Trübung *(f)*
turbine Turbine *(f)*
turbostapler Turbostapler *(m)*
turbulence Turbulenz *(f)*, Wirbelströmung *(f)*, Wirbel *(m)*
turbulent turbulent
turquoise türkis
tuyau Rohr *(n)*, Röhre *(f)*
tuyau alimentaire Zuführschlauch *(m)*
tuyau de descente Fallrohr *(n)*
tuyau de descente (ou de chute) Abflußrohr *(n)*
tuyau de trop-plein Überlaufrohr *(n)*
tuyau de vapeur Dampfrohr *(n)*
tuyau d´alimentation Zuleitungsrohr *(n)*
tuyau flexible Schlauch *(m)* (Wasser)
tuyauterie Rohrleitungssystem *(n)*
tuyauterie de vapeur Dampfleitung(en) *(f)*, Dampfrohre *(n, pl)*
tuyère à pulvérisation Spritzdüse *(f)*
tuyère annulaire Ringdüse *(f)*
tuyère circulaire Runddüse *(f)*
tuyère de Laval Lavaldüse *(f)*
tuyère de vaporisateur Sprühdüse *(f)*
tuyère rectangulaire Rechteckdüse *(f)*
tweed Tweed *(m)*
tweed Donegal Donegal *(m)*
tweed Harris Harris-Tweed *(m)*
twill Twill *(m)*, Feinköper *(m)*
twin-set Twinset *(n)*
tylose Tylose *(f)*
type Typ *(m)*, Art *(f)*, Bauart *(f)*, Muster *(n)*
type commercial, du type commercial handelsüblich
type de dessin Musterart *(f)*
type de liaison (chim./phys.) Bindungsart *(f)*
type de rotor Rotorausführung *(f)*
type standard Standardausführung *(f)*

typique typisch
typiser typisieren

U

ulster Ulster *(m)*
ultérieur nachträglich, später
ultraviolet ultraviolett
uni uni, einfarbig
uni (tissu) glatt, einfach, auch: egal
uni, mal uni (teinture) unegal, schlecht egalisiert
unicolore einfarbig
unidirectionnel in einer Richtung *(f)*
uniforme gleichförmig, gleichmäßig, uniform, einheitlich
uniforme (teint./avivage) gleichmäßig
uniforme Uniform *(f)*
uniforme d'écolier Schuluniform *(f)*
uniforme, en uniforme uniformiert
uniformément réparti gleichmäßig verteilt
unilatéral (génér.) einseitig
unique einmalig, Einmal....
unité de charge (électr.) Ladungseinheit *(f)*
unité de mesure Maßeinheit *(f)*, Meßeinheit *(f)*
universel universell, Mehrzweck....,
uranifère uranhaltig
uranium Uran *(n)*
urée Harnstoff *(m)*
usage Gebrauch *(m)*
usage, à plusieurs usages Mehrzweck....
usages industriels industrieller Einsatz *(m)*
usages multiples, à vielseitig verwendbar
usé abgenutzt, verbraucht
user, s' verschleißen
usinage électrochimique elektrochemische Bearbeitung *(f)*
usinage ultérieur Weiterverarbeitung *(f)*
usine Betrieb *(m)*, Fabrik *(f)*, Werk *(n)*
usine d´apprêts Appreturanstalt
usine pilote Versuchsbetrieb *(m)*
usine, à partir de l´usine ab Werk
usiner verarbeiten
usiner la surface die Oberfläche *(f)* bearbeiten
usuel gebräuchlich, üblich, gewöhnlich
usuel à l´industrie industrieüblich
usure Verschleiß *(m)*, Abnutzung *(f)*
usure localisée stellenweise Abnutzung *(f)*
usure, résistant à l´usure strapazierfähig
utile nützlich, zweckmäßig
utilisable nutzbar, verwendbar, brauchbar, gebrauchsfähig
utilisation Nutzung *(f)*, Verwendung *(f)*, Benutzung *(f)*, Gebrauch *(m)*, Einsatz *(m)*
utilisation des eaux d´égout Abwasserverwertung *(f)*
utilisation de la chaleur perdue Abhitzeverwertung *(f)*
utilisation de vapeur d´échappement Abdampfverwertung *(f)*
utilisé à plein rendement voll ausgenützt
utiliser verwenden, benutzen, gebrauchen
utiliser pour autre emploi aufarbeiten
utilité Zweckmäßigkeit *(f)*

V

vacuum Vakuum *(n)*
vagabond (électron) vagabundierend
vaisseau de remplissage Einfüllgefäß *(n)*
valable gültig
valence (chim.) Valenz *(f)*, Wertigkeit *(f)*
valence ionique Ionenwertigkeit *(f)*
valence secondaire Nebenvalenz *(f)*, Nebenwertigkeit *(f)*
valence zéro Nullwertigkeit *(f)*
valence, à plusieurs valences (chim.) mehrwertig
valeur Wert *(m)*
valeur approximative Richtwert *(m)*, angenäherter Wert *(m)*
valeur calorifique Heizwert *(m)*
valeur de l´essai à blanc Blindwert *(m)*
valeur du facteur de rétention (chim.) Rf-Wert *(m)*, chemischer Rückhaltewert *(m)*
valeur du retrait résiduel Restkrumpfwert *(m)*, Krumpfwert *(m)*
valeur effective Istwert *(m)*, effektiver Wert *(m)*

valeur expérimentale Prüfwert *(m)*
valeur indicative (recomm.) Richtwert *(m)* (empfohl.)
valeur indiquée Meßwert *(m)*, zu messender Wert *(m)*
valeur limite Grenzwert *(m)*
valeur maximale Spitzenwert *m)*
valeur mesurée Meßwert *(m)*, gemessener Wert *(m)*
valeur moyenne Mittelwert *(m)*
valeur pH, valeur du pH pH-Wert
valeur propre Eigenwert *(m)*
valeur blanc Blindwert *(m)*
valeur, de grande valeur hochwertig
valeur-limite critique kritischer Grenzwert *(m)*
vanisage inversé wendeplattiert
vaniser (tissage) plattieren
vanne papillon Drosselklappe *(f)*
vapeur Dampf *(m)*
vapeur de chauffage Heizdampf *(m)*
vapeur d´échappement Abdampf *(m)*
vapeur fraîche Frischdampf *(m)*
vapeur humide Naßdampf *(m)*
vapeur saturée gesättigter Dampf *(m)*, Sattdampf *(m)*
vapeur sèche Trockendampf *(m)*
vapeur surchauffée überhitzter Dampf *(m)*
vapeur vive Frischdampf *(m)*
vapeurs des solvants Lösungsmitteldämpfe *(m,pl)*
vaporisage Dämpfen *(n)*, Dampfbehandlung *(f)*
vaporisage flash Flash-aging-Verfahren *(n)*
vaporisateur Dämpfer *(m)*, Dämpfapparat *(m)*
vaporisateur de coton Baumwolldämpfer *(m)*
vaporisateur d´humidification Befeuchtungsdämpfer *(m)*
vaporisateur en étoile Sterndämpfer *(m)*
vaporisateur rapide Schnelldämpfer *(m)*, Kurzdämpfer *(m)*
vaporiser mit Dampf behandeln, dämpfen
vaporiser (trans.) verdampfen, verdampfen lassen
vaporiseur Dämpfer *(m)*, Dämpfapparat *(m)*
vaporiseur à cylindre Zylinderdämpfer *(m)*
vaporiseur à plis suspendus Hänge (schleifen)dämpfer *(m)*
vaporiseur circulaire Runddämpfer *(m)*
vaporiseur de fixation Fixierdämpfer *(m)*
vareuse Hemdjacke *(f)*, Joppe *(f)*
variabilité avec la température Temperaturabhängigkeit *(f)*
variable veränderlich, variable
variable avec la température temperaturabhängig
variable par degrés abstufbar, stufenweise regelbar
variation de température Temperaturschwankung *(f)*
variation dimensionnelle Maßabweichung *(f)*
variation du titre *(fibre/fil)* Titerungleichmäßigkeit *(f)*
varier verändern, variieren
vase Gefäß *(n)*, Vase *(f)*
vase d´eaux usées Abwasserschlamm *(m)*
vase d´expansion Expansionsgefäß *(n)*
vase évaporatoire Verdampferschale *(f)*
vase jaugé Meßgefäß *(n)*
vaste weit, geräumig
végétal vegetabilisch, pflanzlich
véhicule d´informations Informationsträger *(m)*
véhiculeur Färbebeschleuniger *(m)*, Carrier *(m)*
velours Velours *(m)*, Samt *(m)*
velours à côtes Rippensamt *(m)*
velours à fines côtes Feincord *(m)*
velours bouclé Schlingensamt *(m)*, ungeschnittener Samt
velours bouclé coupé Schnittflor *(m)*
velours bouclé rasé Polschicht mit Musterung durch tip-shearing
velours chaîne Kettsamt *(m)*
velours changeant Schillersamt *(m)*
velours chenille Chenillesamt *(m)*
velours ciselé Polschicht gemustert durch Scheren (ziseliert)
velours côtelé Rippensamt *(m)*, Kordsamt *(m)*, Kord *(m)*, Kordgewebe *(n)*, Manchester *(m)*
velours côtelé velcorex Velcorex-Cordsamt *(m)*

velours coupé Schnittvelours *(m)*
velours de coton Baumwollsamt *(m)*
velours de coton à fond croisé Köpermanchester *(m)*, Genuacord *(m)* (aus Baumwolle)
velours de laine Wollsamt *(m)*
velours de soie Seidensamt *(m)*
velours de trame Schußsamt *(m)*
velours double-pièce Doppelsamt *(m)*
velours en relief Polschicht *(f)* mit Reliefstruktur
velours épinglé Halbsamt *(m)*
velours gaufré Prägesamt *(m)*
velours non coupé Halbsamt *(m)*
velours peluché Plüschvelours *(m)*
velours tapisserie Tapestry-Velours *(m)*
velours tricoté Wirksamt *(m)*
velours uni glatter Samt
velours utile Polnutzschicht *(f)*
velouté samtig, samtartig
velu pelzig
vélum Zeltdach *(n)*
velvetine Velveton *(m)*
vendeur Verkäufer *(m)*
vendeuse Verkäuferin *(f)*
vénéneux giftig, toxisch
vénénifique giftbildend
vente Verkauf *(m)*
ventilateur aspirant Abluftventilator *(m)*
ventilation Lüftung *(f)*, Ventilation *(f)*, Entlüftung (f), Belüftung *(f)*, , Auslüften *(n)*
ventilation intérieure Innenbelüftung *(f)*
ventiler lüften, belüften
ventrière Bauchbinde *(f)*
ver à soie Seidenraupe *(f)*
verdillon (tissage) Einlegestäbchen *(n)*, Rute *(f)*
verduniser Trinkwasser chlorieren
verge Rute *(f)*
verge à couteau Schnittrute *(f)*
verge en encoches Profilrute *(f)*, Wellenrute *(f)*
verge ondulée Wellenrute *(f)*, Profilrute *(f)*
verge plate Zugrute *(f)*
verge ronde Rundrute *(f)*
vérificateur d´égalité du fil Garngleichheitsprüfer *(m)*
vérification Kontrolluntersuchung *(f)*
vérification de la qualité Qualitätsprüfung *(f)*, Qualitätskontrolle *(f)*
vérification de l´inventaire Inventurprüfung *(f)*
vérification des dimensions Maßkontrolle *(f)*
vérifier nachprüfen, prüfen
vérifier la nuance abmustern, die Nuance (Farbton) kontrollieren, mustern
vérifier la quantité en litres auslitern
vérifier une dimension Maß nachprüfen
véritable wirklich, zutreffend, echt
vermillon Zinnoberrot *(n)*
verni Lackleder *(n)*
vernir lackieren
vernis protecteur Schutzlack *(m)*
vernis résistant aux acides säurefester Lack *(m)*
verranne Glasstapelfaser *(f)*
verre Glas
verre à feu feuerfestes Glas, feuerbeständiges Glas *(n)*, Jenaer Glas *(n)*
verre filé Glasgespinst *(n)*
verre quartzeux Quartzglas *(n)*
verre textile Textilglas *(n)*
verre, de verre gläsern
verrouiller verriegeln
verser gießen, eingießen, schütten
vert grün
vert bleu céladon meergrün, blaugrün
vert-bouteille flaschengrün
vert chasseur jägergrün
vert de Cassel Mangangrün *(n)*
vert-de-gris Grünspan *(m)*
vert-de-grisé grünspanüberzogen
vert-jaune grüngelb
vert jonc schilfgrün
vert mousse moosgrün
vert olive olivgrün
vert pomme apfelgrün
vertical vertikal, senkrecht, senkrecht stehend
veste Jacke *(f)*
veste bavaroise Janker *(m)*
veste de golf Golfjacke *(f)*
veste de moto Motorradjacke *(f)*
veste de smoking Smokingjacke *(f)*
veste de sport Sakko *(m)*, Sportjacke *(f)*
veste de travail Arbeitsjacke *(f)*
veste d'équitation Reitjacke *(f)*
veste écossaise Schottenweste *(f)*
veste en cuir Lederjacke *(f)*
veste-layette Westchen *(n)*

veste marinière Matrosenjacke *(f)*
veste sport large Sportsakko *(m)*
veste trappeur Holzfällerjacke *(f)*
veste tricotée Strickjacke *(f)*
veston Jacke *(f)*, Joppe *(f)*
vêtement Oberbekleidung *(f)*, Bekleidung *(f)*
vêtement de protection Schutzanzug *(m)*, Schutzkleidungg *(f)*
vêtement de sport Dreß (Fußball)
vêtement de travail Arbeitskleidung *(f)*, Berufskleidung *(f)*
vêtement d'intérieur Hausanzug *(m)*
vêtement professionel Berufskleidung *(f)*
vêtement, vêtements Kleidung *(f)*, Bekleidung *(f)*, Garderobe *(f)*
vêtements après-ski Après-Ski-Kleidung*(f)*
vêtements de dessus tricotés Obertrikotagen *(f, pl)*
vêtements de deuil Trauerkleidung *(f)*
vêtements de jour Tageskleidung *(f)*
vêtements de loisirs Freizeitkleidung *(f)*, Legerbekleidung *(f)*
vêtements de maternité Umstandskleidung *(f)*
vêtements de plage Strandbekleidung *(f)*
vêtements de pluie Regenbekleidung *(f)*
vêtements de poupée Puppenbekleidung *(f)*
vêtements de protection Arbeitsschutzkleidung *(f)*
vêtements de ski Ski-Bekleidung *(f)*
vêtements de soirée Abendkleidung *(f)*
vêtements de sport Sportbekleidung *(f)*
vêtements de sports d'hiver Wintersport-Bekleidung *(f)*
vêtements de travail Arbeitskleidung *(f)*
vêtements d'échauffement Aufwärmebekleidung *(f)*
vêtements d'enfant Kinderbekleidung *(f)*
vêtements d'hiver Winterbekleidung *(f)*
vêtements en amiante Asbestkleidung *(f)*
vêtements habillés formelle Kleidung *(f)*
vêtements masculins HAKA (Herren- und Knabenoberbekleidung *(f)*)
vêtements pour fillettes Mädchenkleidung *(f)*
vêtements pour le bureau Bürokleidung *(f)*
vêtements pour les clients exigeants anspruchsvolle Bekleidung *(f)*
vêtements résistant aux intempéries wetterfeste Kleidung *(f)*
vêtements style collégien Collegekleidung *(f)*
vêtements style western Westernkleidung *(f)*
vêtements usagés abgelegteKleidung *(f)*
vêtements, vieux vêtements abgelegte Kleidung *(f)*
vibroscope Vibroskop *(n)*
vice caché versteckter Mangel
vichy Vichy-Karo *(n)*
vidange Entleerung *(f)* (Öl, Wasser)
vidanger entleeren
vide leer
vide (subst.) Vakuum *(n)*
vide partiel Teilvakuum *(n)*
vide, sous ou dans le vide im Vakuum *(n)*, unter Vakuum
vider entleeren, leermachen, leeren
vider (bain) ablassen, leeren
vider par pompe abpumpen, leeren durch pumpen
vie en pot (chim.) Standzeit *(f)*, Topfzeit *(f)*
vieillissement de longue durée (tissu) Langzeitalterung *(f)*
vieillissement rapide (test) Schnellalterung *(f)*
vieillissement, résistance au vieilissem. Alterungsbeständigkeit
vielli veraltet
vif (couleur) lebhaft, hell, leuchtend
vilène Vellin
vinaigre Essig *(m)*
vinyle Vinyl *(n)*
violet violett
virage de couleur (de nuance) Farb(ton)umschlag *(m)*
virage de la couleur Farbumschlag *(m)*, Farbtonumschlag *(m)*
virage de teinte Farb(ton)umschlag *(m)*
vis Schraube *(f)*
vis agitatrice Rührschnecke *(f)*
viscoplastique zähelastisch
viscose Viskose *(f)*
viscosimètre Viskosimeter *(n)*
viscosimètre à chute de bille Kugelfallviskosimeter *(n)*

viscosité Flüssigkeitsgrad *(m)*, Viskosität *(f)*, Dickflüssigkeit*(f)*, Zähflüssigkeit *(f)*
viscosité inhérente Eigenviskosität *(f)*
viscosité, de basse viscosité niedrigviskos, von niedriger Viskosität
visible sichtbar
visière de casquette Mützenschirm *(m)*
vision achromatique de l´oeil Grausehen *(n)*, Grauempfindung *(f)*
vison Nerz *m)*
visqueux dickflüssig, zähflüssig, viskos
visser schrauben, einschrauben
visuel visuell
vite schnell (adv.)
vitesse Geschwindigkeit *(f)*
vitesse de broches Spindeldrehzahl *(f)*
vitesse de la navette Schützengeschwindigkeit *(f)*
vitesse de migration Migrationsgeschwindigkeit *(f)*
vitesse de passage (bain de teint.) Durchflußgeschwindigkeit *(f)*
vitesse de réaction Reaktionsgeschwindigkeit *(f)*
vitesse de séchage Trocknungsgeschwindigkeit *(f)*, Trockengeschwindigkeit *(f)*
vitesse de sortie (gaz p.ex.) Austrittsgeschwindigkeit *(f)*
vitesse d´aspiration (test) Steigzeit *(f)*, Steiggeschwindigkeit *(f)*
vitesse d´écoulement Abflußgeschwindigkeit *(f)*, Strömungsgeschwindigkeit *(f)*
vitesse d´impression Druckgeschwindigkeit *(f)*
vitesse, à grande vitesse (mach.) schnellaufend
vitesse, à petite vitesse (mach.) langsam laufend
vitreux glasartig
vitrine Schaufenster *(n)*, Vitrine *(f)*
vitrine d'exposition Ausstellungsvitrine *(f)*
voie d´embranchement d´usine Fabrikanschlußgleis *(n)*
voile Segel *(n)*
voile (filat.) Voile *(m)*, Schleierstoff *(m)*, Schleier *(m)* (Spinn.)
voile de carde Faserflor *(m)* der Karde, Kardenflor *(m)*
voile de tapis Teppichflor
volant Volant *(m)*
volant (carde) Ausheberwalze *(f)*
volatil (chim.) flüchtig, abdampfend
volatil, très volatil hochflüchtig
volatiliser abdampfen lassen, verdunsten lassen
volatiliser, se verdunsten, sich verflüchtigen
volatilité (chim.) Flüchtigkeit *(f)* (Chem.)
volatilité à la vapeur d´eau Wasserdampfflüchtigkeit *(f)*
volet d´aération Luftklappe *(f)*
voleur de magasin Ladendieb *(m)*
volume Rauminhalt *(m)*, Volumen *(n)*
volume aux conditions normales Normvolumen *(n)*
volume de remplissage Füllvolumen *(n)*
volumétrique volumetrisch, mengenmäßig
volumineux voluminös
voluminosité (fil/fibre) Bausch *(m)*, Volumen *(n)*
voyant (couleur) auffallend
voyant (mach. de teint.) Kontrollfenster *(n)* (Färbeapp.)
voyant (mach.) Schauglas *(n)*, Sichtfenster *(n)*
voyant lumineux Leuchtanzeige *(f)*
vrillage (tissage) Einrollen *(n)* (Webfehler)
vrille (tissage) Schlinge *(f)*, Schleife *(f)* (Webfehler)
vulcanisation Vulkanisation *(f)*
vulcanisation au chlorure de soufre Chlorschwefelvulkanisation *(f)*

W

whipcord Whipcord
white-spirit Testbenzin *(n)*
woolmark Wollsiegel *(n)*

X

x, en x x-förmig
xanthate, transformer en xanthate xantieren (Viskose)
xantogénate Xantogenat *(n)*
xantogéner xantogenieren
xénon Xenon *(n)*

xylène, xylol Xylol *(n)*
xylidine Dimethylanilin

Z

zébré Zebrastreifen *(m, pl)*
zéphir, zéphyr Zephir *(m)*
zéro Null *(f)*, Nullwert *(m)*
zéro, amener au zéro auf Null einstellen
zéro, être à zéro auf Null stehen
zibeline Zobel *(m)*
zig-zag zick-zack
zinc Zink *(n)*
zircon Zirkon *(n)*
zirconien zirkonhaltig
zone Zone *(f)*, Bereich *(m)*
zone de fixation (rame) Fixierfeld *(n)*, Fixierbereich *(m)*
zone de mesure Meßbereich *(m)*
zone de séchage Trocknungsbereich *(m)*
zone de sortie (mach.) Auslaufzone *(f)*, Austrittzone *(f)*
zone de température Temperaturbereich *(m)*
zone de tolérance Toleranzbereich *(m)*
zone de transition Übergangsbereich *(m)*
zone d´ébullition Siedebereich *(m)*
zone élastique d´allongement (filat.) Streckbereich *(m)*

Schema der Textilfasern

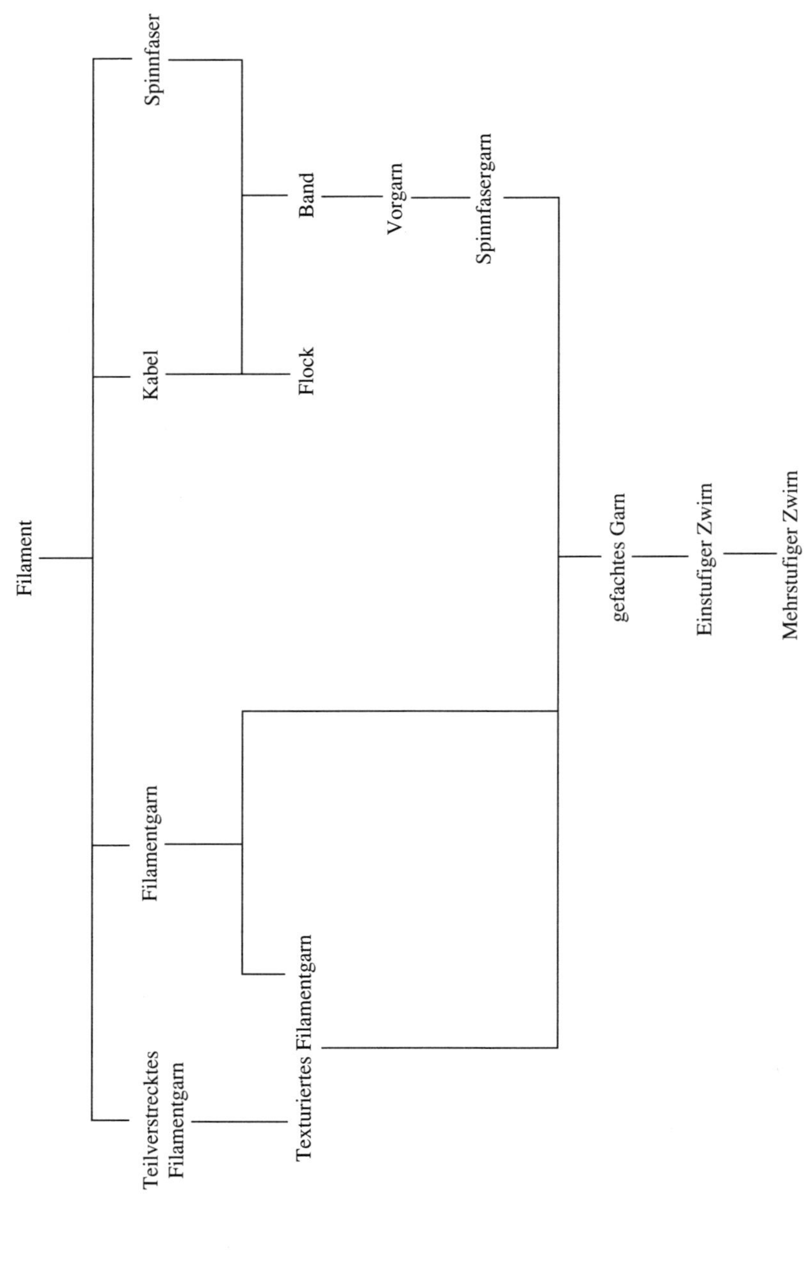

Schéma des fibres textiles

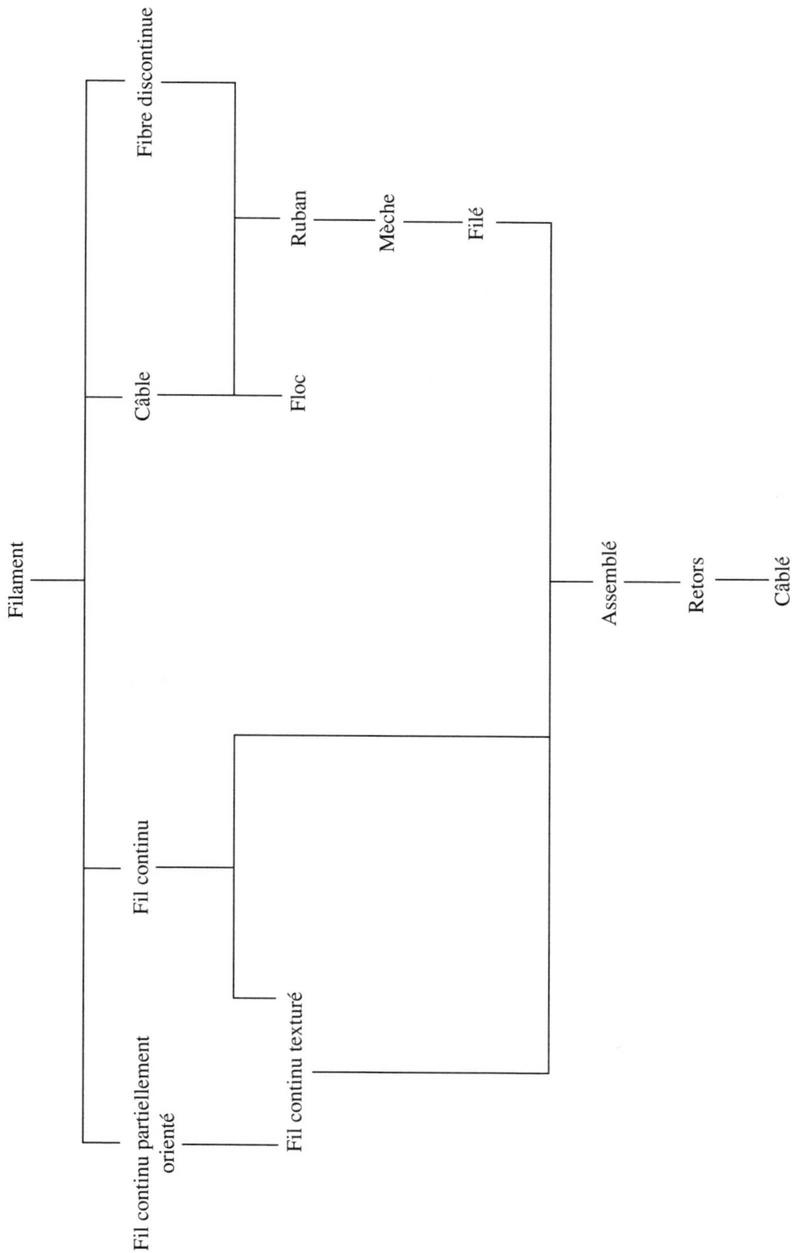

Schema der Glasfasern

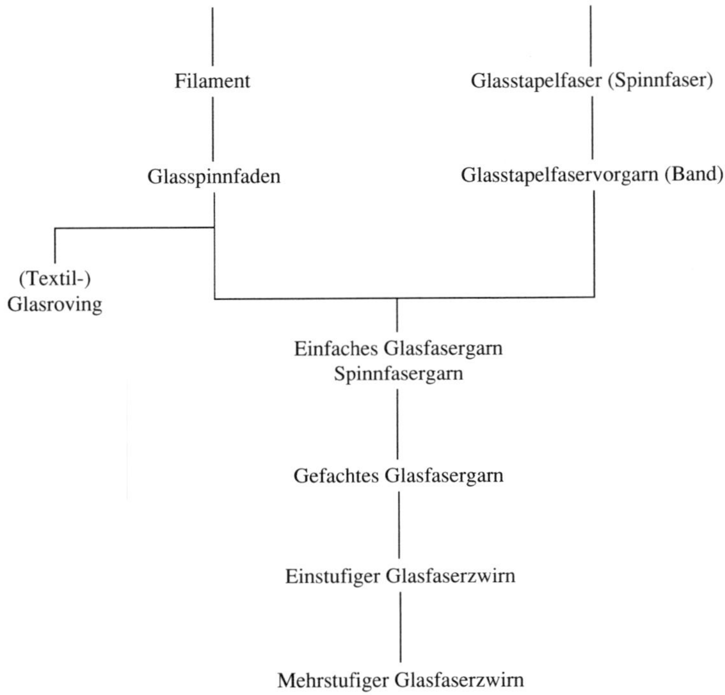

Schema der Metallfasern

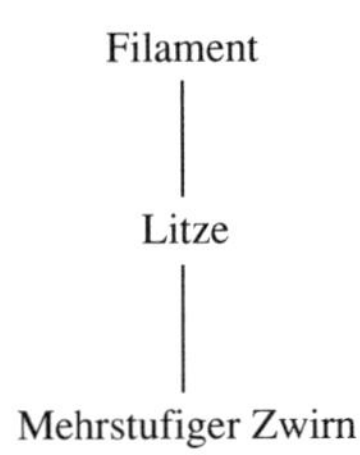

Schéma des fibres de verre textile

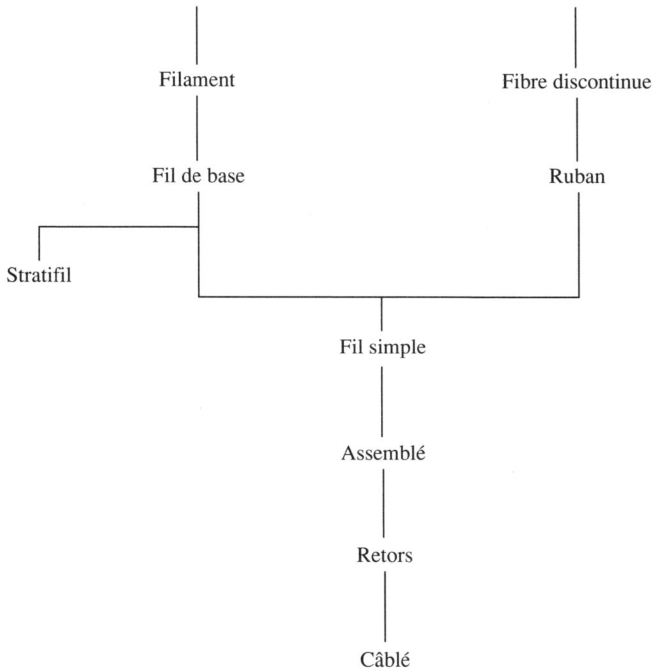

Schéma des fibres de métal

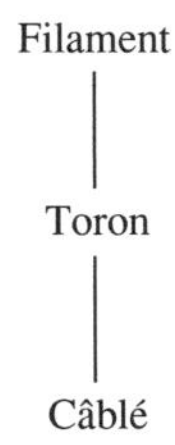

Bezeichnung der Garne nach dem Tex System

1. Textile Garne ausgenommen Glas- und Metallgarne

Eine genormte Bezeichnung der Garnkonstruktion ist in der internationalen Norm ISO 1139-1973 wiedergegeben. Diese Beschreibung bezieht sich in zusammengedrängter Form auf die Einzelheiten der Garnzusammensetzung, vor allem die Werte der längenbezogenen Masse, der Drehung und des Drehungssinnes, der Anzahl usw., seiner Komponenten und eventuell der charakteristischen Eigenschaften des Garnes, die sich aus der Konstruktion und vor allem seiner längenbezogenen Masse ergeben.

Folgende Symbole werden verwendet:

R: Symbol für die „resultierende längenbezogene Masse", vor den numerischen Wert gesetzt.

f: Symbol für „Filament", vor den Zahlenwert der Filamente gesetzt.

t0: Symbol um auszudrücken, daß das Garn keine Drehung hat. Drehungswerte werden durchTouren pro Meter des gedrehten Garnes angegeben. Davor werden die Buchstaben S oder Z als Hinweis auf den Drehungssinn gesetzt. (Siehe internationale Norm ISO 2-1973)

Die Bezeichnungsweise wird am besten mit folgenden Beispielen dargestellt. Sie sind Auszüge aus der internationalen Norm ISO 1139-1973:

Désignation des fils dans le système tex

1. Fils textiles autres que les fils de verre textile et de métal

Une désignation normalisée de la construction des fils est décrite dans la norme internationale ISO 1139-1973. Cette désignation représente par une formule condensée les détails de la composition du fil, notamment les valeurs des masses linéiques, les torsions et les sens de torsion, le nombre de bouts, etc., de ses composants et éventuellement les propriétés caractéristiques du fil résultant de cette construction, notamment sa masse linéique.

Deux méthodes pour la désignation des fils sont utilisables. La désignation *«du fil simple au retors»* commence par la masse linéique du fil simple, la désignation *«du retors au fil simple»* commence par la masse linéique du fil résultant. Les symboles employés dans les deux systèmes sont identiques; les différences résident dans l'ordre de la présentation, dans l'emploi du signe de la multiplication (x) dans la désignation «du fil simple au retors», et de la barre oblique (/) dans la désignation «du retors au fil simple». Il n'y a pas lieu de faire de distinction entre ces deux méthodes, dans le cas des fils simples filés, des monofilaments, des multifilaments sans torsion, ni des fils assemblés.

Les symboles suivants sont utilisés:

R: symbole pour «masse linéique résultante», à placer devant sa valeur numérique,

f: symbole pour «filaments», à placer devant le nombre de filaments,

t0: symbole pour indiquer que le fil est sans torsion. D'autres valeurs de la torsion sont représentées par le nombre de tours par mètre du fil tordu précédé par S ou Z pour l'indication du sens de torsion (voir la norme internationale ISO 2-1973).

Le mode de désignation est illustré au mieux par des exemples, dont les suivants sont extraits de la norme internationale ISO 1139-1973:

	Bezeichnung vom Einfachgarn zum Zwirn	Bezeichnung vom Zwirn zum Einfachgarn
Einfachgarne		(in der BRD nicht gebräuchlich und nicht genormt und daher nicht übersetzt)
Spinnfasergarn mit 660 n/m Drehung Z	40 tex Z 660	
Monofilament ohne Drehung	17 dtex f1 t0	
Monofilament mit Drehung	17 dtex f1 S 800; R 17,4 dtex	
Multifilament ohne Drehung	133 dtex f40 t0	
Multifilament mit Drehung	133 dtex f40 S 1000, R 136 dtex	
Gefachte Garne		
Fachung gebildet aus 2 Spinnfasergarnen von 40 tex	40 tex S 155 x 2 t0	
Fachung gebildet aus 2 verschiedenen Spinnfasergarnen	(25 tex S 420 + 60 tex Z 80) t0	
Zwirn		
Zwirn gebildet aus 2 gleichartigen Garnen	34 tex S 600 x 2 Z 400; R 69,3 tex	
Zwirn gebildet aus 2 verschiedenen Garnen	(25 tex S 420 + 60 tex Z 80) S 360; R 89,2 tex	
Mehrstufiger Zwirn		
3stufiger Zwirn Zwirn in 3 aufeinanderfolgenden Zwirnvorgängen hergestellt	20 tex Z 700 x 2 S 400 x 3 Z 200; R 132 tex	
Mehrstufiger Zwirn gebildet aus verschiedenartigen Garnen	(20 tex Z 700 x 3 S 400 + 34 tex S 600) Z 200; R 96 tex	

	Désignation «du fil simple au retors»	Désignation «du retors au fil simple»
Fils simples		
Filé avec 660 t/m de torsion Z	40 tex Z 660	
Monofilament sans torsion	17 dtex f1 t0	
Monofilament avec torsion	17 dtex f1 S 800; R 17,4 dtex	R 17,4 dtex f1 S 800; 17 dtex
Multifilament sans torsion	133 dtex f40 t0	
Multifilament avec torsion	133 dtex f40 S 1000; R 136 dtex	R 136 dtex f 40 S 1000 133 dtex
Fils assemblés		
Assemblé composé de 2 filés de 40 tex	40 tex S 155 x 2 t0	
Assemblé composé de 2 filés différents	(25 tex S 420 + 60 tex Z 80) t0	
Retors		
Retors composé de 2 filés identiques	34 tex S 600 x 2 Z 400; R 69,3 tex	R 69,3 tex Z 400/2 S 600; 34 tex
Retors composé de 2 fils différents	(25 tex S 420 + 60 tex Z 80) S 360; R 89,2 tex	R 89,2 tex S 360/ (S 420 + Z 80) 25 tex + 60 tex
Câblés		
Câblé composé de 3 bouts de 2 retors identiques	20 tex Z 700 x 2 S 400 x 3 Z 200; R 132 tex	R 132 tex Z 200/3 S 400/2 Z 700; 20 tex
Câblé composé de fils différents	(20 tex Z 700 x 3 S 400 + 34 tex S 600) Z 200; R 96 tex	R 96 tex Z 200/ (S 600 + S 400/3 Z 700); 34 tex + 20 tex x 3